"十三五"国家重点出版物出版规划项目

经济科学译丛

离散时间的经济动力学

ECONOMIC DYNAMICS IN DISCRETE TIME

苗建军（Jianjun Miao） 著

王高望 译

中国人民大学出版社

·北京·

《经济科学译丛》

编辑委员会

《经济科学译丛》总序

中国是一个文明古国，有着几千年的辉煌历史。近百年来，中国由盛而衰，一度成为世界上最贫穷、落后的国家之一。中国共产党领导的革命，把中国从饥饿、贫困、被欺侮、被奴役的境地中解放出来，1949 年中华人民共和国成立，中国人民从此当家做主。1978 年以来的改革开放，使中国真正走上了通向繁荣富强的道路。

中国改革开放的目标是建立一个有效的社会主义市场经济体制，加速发展经济，提高人民生活水平。但是，要完成这一历史使命绝非易事，我们不仅需要从自己的实践中总结教训，也要从别人的实践中获取经验，还要用理论来指导我们的改革。市场经济虽然对我们这个共和国来说是全新的，但市场经济的运行在发达国家已有几百年的历史，市场经济的理论亦在不断发展完善，并形成了一个现代经济学理论体系。虽然许多经济学名著出自西方学者之手，研究的是西方国家的经济问题，但他们归纳出来的许多经济学理论反映的是人类社会的普遍行为，这些理论是全人类的共同财富。要想迅速稳定地改革和发展我国的经济，我们必须学习和借鉴世界各国包括西方国家在内的先进经济学的理论与知识。

本着这一目的，我们组织翻译了这套经济学教科书系列。这套译丛的特点是：第一，全面系统。除了经济学、宏观经济学、微观经济学等基本原理之外，这套译丛还包括了产业组织理论、国际经济学、发展经济学、货币金融学、财政学、劳动经济学、计量经济学等重要领域。第二，简明通俗。与经济学的经典名著不同，这套丛书都是国外大学通用的经济学教科书，大部分都已发行了几版或十几版。作者尽可能地用简明通俗的语言来阐述深奥的经济学原理，并附有案例与习题，对于初学者来说，更容易理解与掌握。

经济学是一门社会科学，许多基本原理的应用受各种不同的社会、政治或经济体制的影响，许多经济学理论是建立在一定的假设条件上的，假设条件不同，结论也就不一定成立。因此，正确理解掌握经济分析的方法而不是生搬硬套某些不同条件下产生的结论，才是我们学习当代经济学的正确方法。

本套译丛于 1995 年春由中国人民大学出版社发起筹备并成立了由许多经济学专家学者组成的编辑委员会。中国留美经济学会的许多学者参与了原著的推荐工作。中国人民大学出版社向所有原著的出版社购买了翻译版权。北京大学、中国人民大学、复旦大学以及中国社会科学院的许多专家教授参与了翻译工作。前任策划编辑梁晶女士为本套译丛的出版做出了重要贡献，在此表示衷心的感谢。在构建高水平社会主义市场经济体制时期，我们把这套译丛献给读者，希望为中国经济的深入改革与发展做出贡献。

《经济科学译丛》编辑委员会

前　言

本书讨论有关求解动态经济问题的分析和数值方法，主要介绍递归方法，它应当包含在每个经济学家的工具箱中。总的说来，递归方法通过一个状态变量集合和一对函数来刻画经济动态：一个函数（称为状态转移函数）把模型今天的状态和控制（或者行动）映射到明天的状态；另一个函数（称为政策函数）把状态映射到模型的控制。经济数据可能来自动态最优化问题或者市场均衡。它们可能非常复杂和难以处理，但是通过利用有限个状态变量和一对函数去概括经济数据，我们能够大大地简化分析。

本书告诉读者如何将递归方法应用于各种动态经济问题。本书以介绍求解确定性和随机差分方程的线性和非线性系统的理论和数值方法作为开始。这些系统可以从动态优化或者均衡条件推导出来。这些讨论包括求解动态优化问题的理论和数值方法。一种强大的工具是动态规划；另一种强大的工具是最大值原理或者 Lagrange 方法。尽管集中讨论前一种工具，但本书还是讨论了这两种工具之间的关系，而且只要后一种方法更方便，我们就利用它。

本书的一个重要特点是，它把理论基础和数值方法结合起来了。对于每一个课题，本书都给出了理论基础、明确定义和严格证明，然后给出了能够实现它们的数值方法和计算机程序。前些年，利用数值方法求解动态随机一般均衡（DSGE）模型是十分困难的。学生和研究者们发现，很难复制已发表论文中的数值结果。在1990年代，这种状况改变了。研究者最终发展出有效的方法来求解中等规模和大规模DSGE模型以及做这些模型的Bayes估计。在1990年代末期，随着Dynare的投入使用，这些方法变得流行起来。Dynare是处理一大类经济模型特别是DSGE模型和世代交叠（OLG）模型的软件平台。它可用于Windows、Mac和Linux系统，可以在商业软件Matlab和免费软件Octave下运行。本书用很大篇幅把Dynare介绍给读者，并用很多例子展示了如何利用Dynare求DSGE模型的数值解和对这些DSGE模型做Bayes估计。

本书由五部分构成。第Ⅰ部分给出了动态系统的理论和求解动态系统的数值方法，为本书的其他部分奠定了基础。第1章和第2章介绍了求解确定性和随机线性及非线性差分方程系统的分析和数值方法。这两章还介绍了如何使用Dynare实施这些数值方法。第3章介绍了Markov过程及其收敛的理论。这个理论对于建立动态优化问题是重要的。第4章讲述了遍历理论和平稳过程。遍历理论对于理解随机过程的长期性质是重要的，它在计量经济学中有许多应用。

第Ⅱ部分介绍了动态优化的理论和应用。第5章介绍了如何利用Markov决策过程模型建立动态优化问题。第6章和第7章分别介绍了有限期和无穷期的动态规划。这两章展示了如何分析Bellman方程以及值函数和政策函数的性质。我们还讨论了最大值原理以及它与动态规划之间的关系。第8章给出了动态规划的许多应用，包括离散选择、消费/储蓄、投资组合选择、存货和投资。第9章介绍了线性二次模型和稳健控制。我们讨论了它们在政策分析中的应用，包括承诺和时间不一致的概念。第10章讲述了滤波和部分信息下的控制。特别地，这一章介绍了Kalman滤波，它对于第15章中研究的Bayes估计是重要的。第11章给出了求解动态规划问题的数值方法，强调了投影法、扰动法和值函数迭代方法。第12章介绍了动态优化问题的结构估计方法。它包括广义矩估计、极大似然估计和基于模拟的估计。

第Ⅲ部分给出了宏观经济学中许多核心模型的均衡分析。对于每一个模型，我们先刻画它的基本结构，而后讨论它的各种扩展。第13章讲述了完备市场纯粹交换经济模型。这些模型对于理解消费保险和资产定价是有用的。第14章介绍了新古典增长模型。这些模型是现代宏观经济学的基石。第15章介绍了如何使用Dynare对

DSGE 模型进行 Bayes 估计。第 16 章介绍了世代交叠模型。这些模型是公共财政领域的基本模型，而且它们可以生成资产价格泡沫。第 17 章研究了一类特殊的不完备市场模型，即 Bewley-Aiyagari-Huggett 模型。在这个模型中，市场不完备源于缺失的市场。第 18 章介绍了搜寻和匹配模型。这些模型对于理解失业是有用的。第 19 章给出了动态新 Keynes 模型。这些模型对于理解通货膨胀和货币政策是有用的。

第Ⅳ部分研究了另外三个课题。第 20 章研究了递归效用。递归效用在金融和宏观经济学中越来越流行。递归方法（通过动态规划）可以很方便地应用于带递归效用的模型。该章也把决策理论中的许多静态效用模型嵌入递归效用的动态框架。这些静态效用模型通常违背理性预期假设，由像 Allais 悖论和 Ellsberg 悖论那样的实验证据所引发。把它们引入递归效用的框架使得这些模型可以被用来回答许多动态资产定价方面的问题。

第 21 章介绍了动态博弈和可信的政府政策。这里的主要分析工具由 Abreu、Pearce 和 Stacchetti（APS，1990）发现。有了这个工具，递归方法的应用取得了重要进展。与基于 Bellman 方程的传统动态规划方法不同，APS 方法的目标是集合而不是函数。关键的思想是利用连续价值作为状态变量，从而使问题递归化。第 22 章介绍了递归合约。由于合约条款的历史依赖性，带激励问题的模型很难分析。为了使问题递归化，通过引入委托人向代理人承诺的连续价值作为状态变量，Spear 和 Srivastava（1987）、Thomas 和 Worrall（1988）以及 APS（1990）取得了重大突破。

本书第Ⅴ部分包含了四个数学附录，提示读者回忆线性代数、实分析和泛函分析、凸分析、测度论和概率论的基本概念和结果。本书还将超出本科阶段有关分析、线性代数和概率论的内容的必要数学概念和结果都收集在附录里。

本书使用 Matlab 程序求解各种例子和习题。这些程序可以在本书末尾的特殊索引里查阅。它们可以从以下网站下载：https://sites.google.com/site/jianjunmiao-book/home/matlab-codes。

与本书包含的课题有重叠的其他书包括：Sargent（1987），Blanchard 和 Fischer（1989），Stokey、Lucas 和 Prescott（1989），Cooley（1995），Farmer（1993），Azariadis（1993），Chow（1997），Judd（1998），Miranda 和 Fackler（2002），Adda 和 Cooper（2003），Woodford（2003），Hansen 和 Sargent（2008），Acemoglu（2008），Walsh（2010），DeJong 和 Dave（2007），Romer（2012），以及 Ljungqvist

和 Sargent（2004，2012）。

上面提到的每本书都有它的目标和主题。本书的新颖之处在于它强调分析和数值方法的平衡以及对经济动力学近来发展的最新探讨。理论结果以命题或者定理的形式被呈现，并且被严格地证明。数值方法给出了理论基础，只要有可能就给出它们的数值实现。由于自 1990 年代以来经济动态领域发展迅速，因此本书进一步加入了求解线性和非线性理性预期模型、稳健控制、DSGE 模型的 Bayes 估计、扰动法、投影法、资产价格泡沫、模糊和稳健的递归模型、递归效用和递归合约等最新发展。

本书只集中讨论离散时间模型，而且关注分析和数值工具而不是实证应用。本书既不给出数据分析，又不把理论与数据联系起来。而且，离散时间模型的许多基本思想能够被应用于连续时间模型。为了控制教材的篇幅，我决定在另一本书中介绍连续时间问题，在那里我也将介绍一些在本书中遗漏的重要课题，比如内生增长、财政政策和最优税。

尽管本书的大多数应用集中于宏观经济学，但这些理论和方法对于其他经济学领域也应当是有价值的。例如，动态规划的理论和数值方法可以被应用于分析经济学任何领域的任何动态优化问题。第 21 章关于动态博弈和第 22 章关于递归合约的处理可能会引起博弈理论家的兴趣。第 20 章引入的递归效用对于决策理论应当是有价值的。第 13 章和第 20 章关于资产定价的讨论在金融中有用。

本书可以用于许多不同的课程。这里给出一些例子：

（1）研究生一年级第一学期的宏观经济学课程：第 1～3 章、第 5～7 章和第 13～16 章。

（2）研究生一年级第二学期的宏观经济学课程：第 8～9 章、第 11 章、第 17～19 章，以及第 20～22 章中的任意一章。

（3）研究生的经济动力学课程：第Ⅰ部分和第Ⅱ部分的主要内容。教师可以根据学生的兴趣在剩下的部分中任选章节。

（4）研究生二年级的宏观经济学或者金融经济学专题课程：从第Ⅲ部分和第Ⅳ部分中任选章节。

致　谢

我从与许多合作者的长年合作研究中获益良多，他们包括 Rui Albuquerque，Jess Benhabib，Dan Bernhardt，Hui Chen，Larry Epstein，Zhigang Feng，François Gourio，Xin Guo，Dirk Hackbarth，Takashi Hayashi，Nengjiu Ju，Larry Kotlikoff，Hening Liu，Zheng Liu，Erwan Morellec，Adrian Peralta-Alva，Manuel Santos，Neng Wang，Pengfei Wang，Bin Wei，Danyang Xie，Lifang Xu，Zhiwei Xu，Tao Zha 和 Hao Zhou。

本书基于我在波士顿大学教了九年的研究生课程“经济动力学”的讲义。感谢 Bob King 建议和鼓励我开设这门课程。也感谢波士顿大学和中央财经大学的许多学生对本书的讨论。特别感谢 Brittany Baumann，Chenyu Hui，Yue Jiang，Hyosung Kwon，Xiao Yang 和 Fan Zhuo。Albert Zevele 也给了我有用的反馈。感谢外部评审人的评论和 MIT 出版社的编辑 Dana Andrus。最后，深深感谢我的妻子 Qian Jiang 在我写作本书时所给予的支持。没有她的支持，本书不可能完成。

目　录

I　动态系统

Ⅱ 动态优化

Ⅲ 均衡分析

Ⅳ 附加课题

数学附录

I

动态系统

经济变量的动态通常由下述 p-阶差分方程决定：

$$x_{t+p}=f(x_t,x_{t+1},\cdots,x_{t+p-1},z_t,z_{t+1},\cdots,z_{t+p-1})$$

其中，对于所有 $t=0$，1，…，f：$\mathbb{R}^{np}\times\mathbb{R}^{n_z p}\rightarrow\mathbb{R}^n$，$x_t\in\mathbb{R}^n$，$z_t\in\mathbb{R}^{n_z}$，而 n、n_z 和 p 是自然数。向量 z_t 由外生给定的强制变量构成。我们必须加上某些初始或者终点条件以求解这些方程。这些条件通常依赖于所讨论的经济问题。通过适当的变量代换，我们通常把上述表达式变成适当的一阶差分系统。如果序列 $\{z_t\}$ 是确定性的，这些方程就构成确定性的系统。在第 1 章，我们研究了这种情形。如果 $\{z_t\}$ 是随机过程，方程系统就是随机系统。在这种情况下，我们引入信息结构并要求 f 满足某些可测条件。在动态经济中，经济代理人一定会形成对未来变量的预期。如果上面给出的方程系统刻画了一个理性预期均衡，那么我们必须在这个系统中引入条件期望。在第 2 章，我们研究了随机的情形。研究者通常利用递归方法研究动态均衡。在这种方法下，均衡变量通常满足某些 Markov 性。在第 3 章，我们研究 Markov 过程和它们的收敛性。核心问题是稳定分布的存在性和唯一性。在第 4 章，我们讨论了遍历理论和它在平稳过程中的应用。特别地，我们给出了平稳过程和 Markov 过程的几个强大数定律。

第 1 章 确定性差分方程

本章目标

在本章，我们集中讨论由一阶线性差分方程系统刻画的确定性动态。我们会区分奇异系统和非奇异系统，因为这两种情形使用了不同的求解方法。我们也会介绍滞后算子，并应用它们求解二阶线性差分方程。最后，我们简单介绍非线性动力学。

1.1 参数一阶线性方程

考虑下述参数一阶线性差分方程：

$$x_{t+1}=bx_t+cz_t, t\geqslant 0 \tag{1.1}$$

其中，x_t、b、c 和 z_t 都是实数。假设 $\{z_t\}$ 是外生给定的有界序列。如果 z_t 对于每个 t 都不变，式（1.1）就是**自治的**（autonomous）。当对于所有 t 都有 $cz_t=0$ 时，我们称式（1.1）为**齐次**（homogeneous）差分方程。这些概念可以被推广至以后要介绍的高阶差分方程系统。

对于自治的情形，不失一般性地，我们可以假设在式（1.1）中，对于所有 t，都有 $z_t=1$。于是，我们得到

$$x_{t+1}=bx_t+c \tag{1.2}$$

这个差分方程的一个特解是常数解 $x_t=\bar{x}$（对于所有 t）。其中，$\bar{x}=\frac{c}{1-b}$（对于 $b\neq1$）。

这个解被称为**平稳点**（stationary point）或者**稳态**（steady state）。式（1.2）的通解为

$$x_t=(x_0-\bar{x})b^t+\bar{x} \tag{1.3}$$

我们对式（1.3）中解的长期行为感兴趣。

- 如果 $|b|<1$，那么对于任意初值 x_0，式（1.3）中的解都渐近收敛于稳态 $\bar{x}$。在这种情形下，我们称 $\bar{x}$ 为**全局渐近稳定的**（globally asymptotically stable）稳态。如果初值 x_0 不是外生给定的，那么解是**不定的**（indeterminate）。从任意初值 x_0 出发，方程（1.3）给出了方程（1.2）的一个解。
- 如果 $|b|>1$，那么对于任意给定的初值 $x_0\neq\bar{x}$，方程（1.3）中的解会发散或者是不稳定的，除非 $x_0=\bar{x}$。在这种情况下，我们经常假设 x_0 是未知的，从而求 x_t 的全部路径。唯一的稳定解是 $x_t=\bar{x}$（对于所有的 $t\geqslant0$）。

表 1.1 概括了差分方程（1.2）的解。

表 1.1　差分方程（1.2）的解

	x_0 给定	x_0 未知
$\|b\|>1$	发散，除非 $x_0=\bar{x}$	$x_t=\bar{x}$（对于所有的 $t\geqslant0$）
$\|b\|<1$	全局渐近稳定	不定

对于非齐次情形，根据初值 x_0 是否外生给定，我们可以用两种方式求解 $\{x_t\}$。首先，考虑 x_0 外生给定的情形。然后，我们利用不断代入向后解 x_t 得到后顾性解：

$$x_t=c\sum_{j=0}^{t-1}b^jz_{t-1-j}+b^tx_0 \tag{1.4}$$

如果 $|b|<1$，那么

$$\lim_{t\to\infty}x_t=\lim_{t\to\infty}c\sum_{j=0}^{t-1}b^jz_{t-1-j} \tag{1.5}$$

这里存在有限的极限，因为我们假设 $\{z_t\}$ 是有界序列。于是，对于任意给定的初值 x_0，差分方程（1.1）有收敛于式（1.5）中有限极限的 $\{x_t\}$ 的一个解。我们称这个极限为**广义稳态**（generalized steady state）。它是全局渐近稳定的。如果 $|b|>1$，那么方程（1.4）表明 $\{x_t\}$ 发散。如果 $|b|=1$，那么除非 $\sum_{j=0}^{\infty} z_j$ 有限，否则解不会收敛于有限极限。即使有限极限存在，它也依赖于初始条件 x_0，因此，解不是全局稳定的。

其次，假设初始值 x_0 不是外生给定的，例如，x_t 代表一种资产的价格。令 b 代表总回报，$-cz_t>0$ 代表资产的红利。那么，方程（1.1）是资产定价方程。通过不断代入我们向前解 x_t：

$$x_t=\left(\frac{1}{b}\right)^T x_{t+T}-\frac{c}{b}\sum_{j=0}^{T-1}\left(\frac{1}{b}\right)^j z_{t+j}, \quad \text{对于任意 } T\geqslant 1 \tag{1.6}$$

取 $T\to\infty$ 并假设下述**横截性条件**（transversality condition）[或**无泡沫条件**（no-bubble condition）] 成立：

$$\lim_{T\to\infty}\left(\frac{1}{b}\right)^T x_{t+T}=0 \tag{1.7}$$

我们得到前瞻性解：

$$x_t=-\frac{c}{b}\sum_{j=0}^{\infty}\left(\frac{1}{b}\right)^j z_{t+j} \tag{1.8}$$

如果 $|b|>1$，那么上面的无穷和是有限的，因为 $\{z_t\}$ 是有界序列。显然，方程（1.8）中的解也满足横截性条件（1.7）。对于所有 $t\geqslant 0$，x_t 是有界的，在这个意义下，这个解是**稳定的**（stable）。

如果我们不考虑横截性条件，方程（1.1）就会允许许多不稳定解。令 x_t^* 代表由方程（1.8）给出的解。这样，对于满足

$$B_{t+1}=bB_t \tag{1.9}$$

的任意 B_t，表达式 $x_t=x_t^*+B_t$ 是方程（1.1）的解。我们通常称 x_t^* 为**基本值**（fundamental value），B_t 为**泡沫**（bubble）。泡沫以总速率 b 增长。

如果 $|b|<1$，那么方程（1.8）中的无穷和通常不会收敛。存在无穷多个全局稳定而非发散的泡沫解。例如，令 $z_t=1$ 对于所有的 t 都成立，那么下面的表达式是方程（1.1）的解：

$$x_t=\frac{c}{1-b}+B_t$$

其中，B_t 满足方程（1.9），B_0 是任意给定的数值。这就与上面讨论的自治系统的不定性联系起来了。后面研究的定理 1.4.3 将会考虑更一般的情形。

例 1.1.1 （适应性预期和理性预期下的资产价格）考虑下述资产定价方程：

$$p_t=\frac{{}_tp_{t+1}^e+d}{R} \tag{1.10}$$

其中，d 代表常值红利，R 是资产的总回报，p_t 是 t 期的资产价格，${}_tp_{t+1}^e$ 是投资者对 $t+1$ 期价格的 t 期预期。重要的问题是如何形成这种预测。根据适应性预期假设，预测满足

$$ {}_tp_{t+1}^e=(1-\lambda)_{t-1}p_t^e+\lambda p_t \tag{1.11}$$

其中，$\lambda\in(0,1)$。这表明，投资者对下一期价格的当前预测等于当前价格和当前价格上一期预测的加权平均。利用方程（1.10）把${}_tp_{t+1}^e$和${}_{t-1}p_t^e$ 代入方程（1.11），我们有

$$Rp_t-d=(1-\lambda)(Rp_{t-1}-d)+\lambda p_t$$

简化可得

$$(R-\lambda)p_t=(1-\lambda)Rp_{t-1}+\lambda d$$

向后解这个方程直到 0 期，我们得到后顾性解：

$$p_t=a^tp_0+\frac{(1-a^t)d}{R-1}$$

其中，$a=\frac{R(1-\lambda)}{R-\lambda}$。我们需要指定一个外生给定的初值 p_0。为了使这个解稳定，我们必须假设$|a|<1$。在这种情况下，从任意初值 p_0 出发，p_t 都会收敛于它的稳态值$\bar{p}=\frac{d}{R-1}$。

下面我们转向理性预期的情形。在确定性模型中，理性预期意味着完美预见，在这个意义下，${}_tp_{t+1}^e=p_{t+1}$。也就是说，投资者对未来价格的预期等于它的真实值。在这种情况下，我们把方程（1.10）重新写为

$$p_t=\frac{p_{t+1}+d}{R} \tag{1.12}$$

向前解这个方程，我们得到

$$p_t=\frac{d}{R-1}+\lim_{T\to\infty}\frac{p_{t+T}}{R^T}$$

排除泡沫，我们获得前瞻性解 $p_t=\frac{d}{R-1}$，$t\geqslant 0$。这表明，每期的股票价格总是等于不变的基本价值。

例 1.1.2 （红利税）假定从 0 时刻到 T 时刻红利以不变税率 $\mathcal{T}_1$ 被征税。从 $T+1$ 时刻开始，红利税永久性地增加到 $\mathcal{T}_2$。假定这个政策在 0 时刻公开宣告。0 时刻的股票价格将会发生什么变化？给定理性预期假设，我们求解 T 时刻的价格：

$$p_T=\frac{(1-\mathcal{T}_2)d}{R-1}$$

在 0 时刻，我们利用方程（1.6）推出前瞻性解：

$$\begin{aligned}p_0&=\frac{1}{R^T}p_T+\frac{1}{R}\sum_{j=0}^{T-1}\frac{(1-\mathcal{T}_1)d}{R^j}\\&=\frac{(1-\mathcal{T}_1)d}{R-1}+\frac{1}{R^T}\left[\frac{(1-\mathcal{T}_2)d}{R-1}-\frac{(1-\mathcal{T}_1)d}{R-1}\right]\end{aligned}$$

因此，股票价格在 0 时刻立刻下降，然后一直下降到新的基本价值。图 1.1 给出了一个数值例子。虚线和实线分别表示没有税收变化和有税收变化的价格路径。

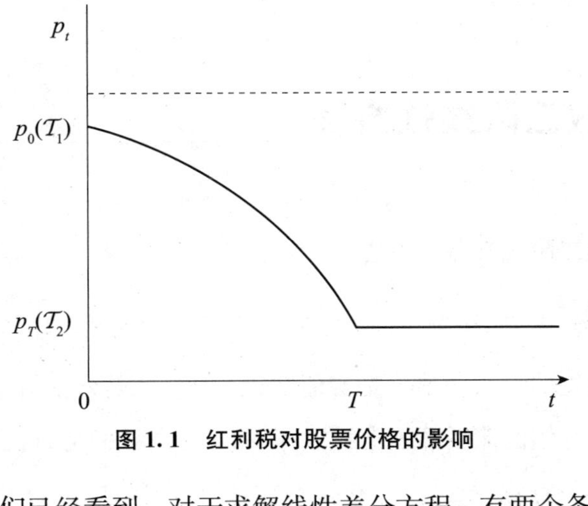

图 1.1　红利税对股票价格的影响

在本部分，我们已经看到，对于求解线性差分方程，有两个条件是重要的：(1) 初始值是否给定；(2) 系数 b 的绝对值是否小于 1。我们将在下面表明，类似的条件适用于一般的多元线性系统。特别地，第一个条件决定变量 x_t 是不是**前定的**（predetermined），第二个条件决定特征根是不是稳定的。

1.2 滞后算子

滞后算子为求解差分方程提供了强大的工具。它们对于分析经济动态和时间序列计量经济学也有用。现在，我们介绍这些算子。[①]

考虑序列 $\{X_t\}_{t=-\infty}^{\infty}$。这个序列上的滞后算子 $\mathbf{L}$ 可以定义为

$$\mathbf{L}X_t = X_{t-1},\ \mathbf{L}^n X_t = X_{t-n},\ \text{对于所有 } n = \cdots, -2, -1, 0, 1, 2, \cdots$$

而且，$\mathbf{L}^n c = c$ 对独立于时间的任何常数 c 均成立。在应用时，下面的公式是有用的：

$$\frac{1}{1-\lambda\mathbf{L}^n} = \sum_{j=0}^{\infty}\lambda^j\mathbf{L}^{nj}$$

$$\frac{1}{(1-\lambda\mathbf{L}^n)^2} = \sum_{j=0}^{\infty}(j+1)\lambda^j\mathbf{L}^{nj}$$

对于$|\lambda|<1$成立，且如果矩阵 A 的特征根都在单位圆里，那么

$$(1-A\mathbf{L}^n)^{-1} = \sum_{j=0}^{\infty}\lambda^j\mathbf{L}^{nj}$$

其中，n 是任意整数。

1.3 参数二阶线性方程

考虑下列参数二阶线性差分方程：

$$x_{t+2} = ax_{t+1} + bx_t + cz_t \tag{1.13}$$

其中，$x_0 \in \mathbb{R}$是给定的，a、b 和 c 是实值常数，$\{z_t\}_{t\geqslant 0}$是外生给定的有界实数序列。我们将利用上一节介绍的滞后算子求解方程（1.13）。我们把方程写为

$$(\mathbf{L}^{-2} - a\mathbf{L}^{-1} - b)x_t = cz_t \tag{1.14}$$

我们把特征方程定义为

① 更详细的介绍，读者可以参考 Sargent（1987）和 Hamilton（1994）。

$$\lambda^2-a\lambda-b=0$$

这个方程有两个（可能为复根）特征根 λ_1 和 λ_2，它们满足：$\lambda_1+\lambda_2=a$，$\lambda_1\lambda_2=-b$。后面将会表明，这些根对应线性系统的特征根。对方程（1.14）左侧分解因式，我们可以推导出

$$(\mathbf{L}^{-1}-\lambda_1)(\mathbf{L}^{-1}-\lambda_2)x_t=cz_t \tag{1.15}$$

下面的求解方法依赖于这个因式分解。由于这个原因，它通常被称为因式分解法（Sargent，1987）。一个特解为

$$x_t^p=\frac{cz_t}{(\mathbf{L}^{-1}-\lambda_1)(\mathbf{L}^{-1}-\lambda_2)}$$

如果我们能够找到齐次方程

$$x_{t+2}=ax_{t+1}+bx_t \tag{1.16}$$

的解 x_t^h，那么非齐次方程（1.13）的解由 $x_t=x_t^h+x_t^p$ 给出。下面我们集中讨论齐次的情形。需要考虑三种情形。

情形 1　两个根 λ_1 和 λ_2 是不等实根。方程（1.16）的通解为

$$x_t^h=c_1\lambda_1^t+c_2\lambda_2^t \tag{1.17}$$

其中，c_1 和 c_2 是待定常数，它们由初始条件和另一个边界条件来决定。如果$|\lambda_1|>1$ 且$|\lambda_2|>1$，那么解会随着时间的推移而发散。这时稳态称为**源点**（source）。如果$|\lambda_1|<1$ 且$|\lambda_2|<1$，那么对于任意初值，解均会收敛于稳态。这时稳态称为**汇点**（sink）。如果没有加上其他在有限时间点的边界条件，两个常数 c_1 和 c_2 就不能唯一决定。因而，解是不定的。有趣的情形是，一个特征根的绝对值大于 1 而另一个特征根的绝对值小于 1。这种情形下的解通常被称为**鞍点路径**（saddle path）解。相应的稳态被称为**鞍点**（saddle point）。

不失一般性地，我们假设$|\lambda_1|<1$ 和$|\lambda_2|>1$。由方程（1.15）可知，

$$(\mathbf{L}^{-1}-\lambda_1)x_t=\frac{cz_t}{\mathbf{L}^{-1}-\lambda_2}=\frac{-cz_t}{\lambda_2(1-\lambda_2^{-1}\mathbf{L}^{-1})} \tag{1.18}$$

进而，我们有

$$x_{t+1}=\lambda_1x_t-\frac{c}{\lambda_2}\sum_{j=0}^{\infty}\lambda_2^{-j}\mathbf{L}^{-j}z_t=\lambda_1x_t-\frac{c}{\lambda_2}\sum_{j=0}^{\infty}\lambda_2^{-j}z_{t+j}$$

给定初始值 x_0，这个方程给出了方程（1.13）的解。注意，为了保证无穷和收敛，我们假定 $\{z_t\}$ 是有界序列。

情形 2 两个根 λ_1 和 λ_2 相等。齐次方程（1.16）的通解为

$$x_t^h=(c_1+tc_2)\lambda_1^t$$

其中，c_1 和 c_2 是由边界条件决定的两个待定常数。为了稳定性，我们需要两个根都小于 1。如果不加上有限时间的边界条件，解是不定的，因为 c_1 和 c_2 不能被唯一决定。为了验证上面的解，我们进行下列计算：

$$\begin{aligned}x_{t+2}-ax_{t+1}-bx_t&=(\mathbf{L}^{-1}-\lambda_1)^2x_t=(\mathbf{L}^{-1}-\lambda_1)^2(c_1+tc_2)\lambda_1^t\\&=(\mathbf{L}^{-1}-\lambda_1)\{[c_1+(t+1)c_2]\lambda_1^{t+1}-\lambda_1(c_1+tc_2)\lambda_1^t\}\\&=(\mathbf{L}^{-1}-\lambda_1)c_2\lambda_1^{t+1}=0\end{aligned}$$

情形 3 两个根 λ_1 和 λ_2 都是复根。假设 $\lambda_1=re^{i\theta}$ 和 $\lambda_2=re^{-i\theta}$，其中，$i=\sqrt{-1}$。方程（1.16）的通解由下式给出：

$$x_t^h=c_1\lambda_1^t+c_2\lambda_2^t=r^t(c_1e^{i\theta t}+c_2e^{-i\theta t})$$

其中，c_1 和 c_2 是两个待定常数。如果边界条件仅涉及实数，那么解一定是实解。因此，我们需要 c_1 和 c_2 的限制条件。我们可以证明

$$\begin{aligned}x_t^h&=r^t(c_1e^{i\theta t}+c_2e^{-i\theta t})\\&=r^tc_1[\cos(\theta t)+\sin(\theta t)i]+r^tc_2[\cos(\theta t)-\sin(\theta t)i]\\&=r^t(c_1+c_2)\cos(\theta t)+r^t(c_1-c_2)\sin(\theta t)i\end{aligned}$$

因此，如果 c_1 和 c_2 是共轭复数，那么 c_1+c_2 和 $(c_1-c_2)i$ 都是实数。然后，我们把解写为

$$x_t^h=r^t[A\cos(\theta t)+B\sin(\theta t)]$$

其中，A 和 B 是由两个边界条件决定的两个实数。这个解是振荡的，$\theta/2\pi$ 是振荡频率。如果 $r<1$，那么振荡是阻尼的；如果 $r>1$，那么它们是发散的。

1.4 一阶线性系统

求解二阶线性差分方程（1.13）的另一种方法是把它转化成线性差分系统：

$$\begin{bmatrix} x_{t+1} \\ x_{t+2} \end{bmatrix} = \begin{bmatrix} 0 & 1 \\ b & a \end{bmatrix} \begin{bmatrix} x_t \\ x_{t+1} \end{bmatrix} + \begin{bmatrix} 0 \\ c \end{bmatrix} z_t \tag{1.19}$$

在这种情况下，x_t 是前定的，而 x_{t+1} 是非前定的。类似地，我们可以把任何高阶线性差分方程转化成线性差分方程系统。在本节，我们转而研究线性系统。考虑下述形式的一般系统：

$$Ax_{t+1} = Bx_t + Cz_t, t=0,1,2,\cdots \tag{1.20}$$

其中，$x_t \in \mathbb{R}^n$ 是内生的，$z_t \in \mathbb{R}^{n_z}$ 是外生的强制变量向量，A、B、C 是相容矩阵。我们将会表明，许多经济问题可以用这种形式来刻画。

沿用 King 和 Watson（1998），我们做下述正则性假设：

假设 1.4.1 （正则性）$\det(A\alpha - B) \neq 0$ 关于 α 一致成立。

当对 (A,B) 满足这个假设时，我们说它是正则的。这个假设本质上是一个可解条件。如果这个假设不满足，那么对于一般的外生序列，方程（1.20）可能无解。为了理解这一点，我们把方程（1.20）重新写为

$$(A\mathbf{L}^{-1} - B)x_t = Cz_t$$

如果 $A\alpha - B$ 关于 α 是一致奇异的，那么它的行是线性相关的，因此存在行向量多项式 $\psi(\alpha)$ 使得 $\psi(\alpha)(A\alpha - B) = 0$ 关于 α 一致成立。于是，我们有 $\psi(\mathbf{L}^{-1})Cz_t = 0$。这个序列不能对所有序列 $\{z_t\}$ 都成立。作为一个简单的例子，考虑参数差分方程：$ax_{t+1} = bx_t + cz_t$。如果 $a=b=0$，那么不存在 α 使得 $\det(A\alpha - B) \neq 0$。因此，假设 1.4.1 不成立，对于 $cz_t \neq 0$，差分方程无解。

有时，我们做下述假设：

假设 1.4.2 存在 $T>0$，使得对于所有的 $t \geqslant T$ 都有 $z_t = \bar{z}$。

在此假设下，系统（1.20）可能有稳态。

定义 1.4.1 序列 $\{X_t\}$ 的**稳态**或者**平稳点**是使得如果 $X_t = \bar{X}$，那么对于所有 $s>t$ 都有 $X_s = \bar{X}$ 的点 $\bar{X}$。

总之，如果序列到达一个稳态，那么它总是停留在稳态。令假设 1.4.2 成立。如果 $A-B$ 可逆，那么方程（1.20）的解有唯一的稳态 $\bar{x}$，它由下式给出

$$\bar{x} = (A-B)^{-1}C\bar{z} \tag{1.21}$$

对于有限维 Euclid 空间中的任意序列，我们引入下述定义：

定义 1.4.2 如果存在$M>0$，使得$\| x_t \|_{\max}<M$对于所有t都成立，那么序列$\{X_t\}$是**稳定的**。其中，对于任意$X\in \mathbb{R}^n$，$\| X \|_{\max}=\max_j | X_j |$。

为了推导非发散解，这个定义排除了序列的增长。原则上，我们可以放松这个定义以允许增长。序列中一旦有增长，我们就可以用增长因子把它正则化以得到一个稳定序列。

定义 1.4.3 如果对于某X_0，$\lim_{t\to\infty} X_t=\overline{X}$，则称对于序列$\{X_t\}$，点$\overline{X}$是**渐近稳定的**（asymptotically）。渐近稳定稳态的**盆**（basin）或者**吸引盆**（attraction）是满足$\lim_{t\to\infty} X_t=\overline{X}$的所有点$\overline{X}$的集合。

定义 1.4.4 如果对于任何初始状态X_0，都有$\lim_{t\to\infty} X_t=\overline{X}$，则称对于序列$\{X_t\}$，点$\overline{X}$是**全局（渐近）稳定的**［globally（asymptotically） stable］。

在本部分，我们做以下假设：

假设 1.4.3 $\{z_t\}$是稳定序列。

我们的目标是寻找方程（1.20）的稳定解。给定假设 1.4.2，我们也将讨论渐近稳定的问题。

□ 1.4.1 非奇异系统

Blanchard 和 Kahn（1980）首先研究了非奇异A情形下方程（1.20）的解。在这种情形下，我们把方程（1.20）重新写为

$$x_{t+1}=A^{-1}Bx_t+A^{-1}Cz_t \tag{1.22}$$

正则假设 1.4.1 总是满足的。① 定义$W=A^{-1}B$。利用 Jordan 型（见附录 A），存在非奇异矩阵P（W的左特征向量）使得$W=p^1 JP$，其中，J是 Jordan 矩阵：

$$J=\begin{bmatrix} J_1 & & & \\ & J_2 & & \\ & & \cdots & \\ & & & J_l \end{bmatrix}，其中，J_i=\begin{bmatrix} \lambda_i & 1 & & \\ & \lambda_i & 1 & \\ & & \cdots & 1 \\ & & & \lambda_i \end{bmatrix}_{m_i\times m_i}$$

其中，$\lambda_1,\lambda_2\cdots,\lambda_l$是$W$的特征根，它们满足$\det(W-\lambda I)=0$。有些特征根可能是重根。

---

① 如果z不是$A^{-1}B$的特征根，那么$\det(Az-B)=\det(A)\det(Iz-A^{-1}B)\neq 0$。

定义 1.4.5 如果某个矩阵有小于 1 的模，那么它的特征根是**稳定的**。如果某个矩阵有大于 1 的模，那么它是**不稳定的**（unstable）。如果矩阵的所有特征根的模都小于 1，那么它是**稳定的**。

定义

$$x_t^* = Px_t \text{ 和 } C^* = PA^{-1}C \tag{1.23}$$

由方程（1.22）可知，

$$x_{t+1}^* = Jx_t^* + C^* z_t \tag{1.24}$$

向后解这个方程，我们得到后顾性解：

$$x_t^* = J^t x_0^* + \sum_{j=0}^{t-1} J^j C^* z_{t-1-j}, \quad t \geqslant 1 \tag{1.25}$$

其中，

$$J^t = \begin{bmatrix} J_1^t & & & \\ & J_2^t & & \\ & & \cdots & \\ & & & J_l^t \end{bmatrix}, \text{其中，} J_i^t = \begin{bmatrix} \lambda_i^t & t\lambda_i^{t-1} & \frac{t(t-1)}{2}\lambda_i^{t-2} & \cdots \\ & \lambda_i^t & t\lambda_i^{t-1} & \cdots \\ & & \cdots & \\ & & & \lambda_i^t \end{bmatrix}$$

如果初值 x_0 是外生给定的，那么 $x_0^* = Px_0$ 就被决定了。由方程（1.25），我们可以解 $\{x_t^*\}$。变换回去，我们得到方程（1.22）的解：$x_t = p^{-1}x_t^*$。接下来，我们研究稳定的问题：

定理 1.4.1 假设 A 和 $I-W$ 是非奇异的且假设 1.4.2 是满足的。令 $\bar{x}$ 由方程（1.21）给出。那么当且仅当 W 的所有特征根都是稳定的时，存在解 $\{x_t\}$ 使得 $\lim_{t\to\infty} x_t = \bar{x}$ 对于任意给定的 x_0 都成立。

证明 我们以前已经构造了一个解。假设对于 $t \geqslant T$，$z_t = \bar{z}$。像方程（1.25）那样，我们可以推导出

$$x_{t+1}^* = J^{t-T+1} x_T^* + \sum_{j=0}^{t-T} J^j C^* z_{t-j} = J^{t-T+1} x_T^* + \sum_{j=0}^{t-T} J^j C^* \bar{z}$$

如果 W 的所有特征根都是稳定的，那么我们得到

$$\lim_{t\to\infty} x_{t+1}^* = \lim_{t\to\infty} \sum_{j=0}^{t-T} J^j C^* \bar{z} = (I-J)^{-1} C^* \bar{z}$$

因此，由定义（1.23），

$$\lim_{t\to\infty}x_{t+1}=\lim_{t\to\infty}p^{-1}x_{t+1}^{*}=p^{-1}(I-J)^{-1}C^{*}\bar{z}=(I-W)^{-1}A^{-1}C\bar{z}=\bar{x}$$

反过来也是对的。

如果满足定理中的条件，那么稳态称为**汇点**。如果 W 的所有特征根都在单位圆之外，那么稳态称为**源点**。如果初始 x_0 的某些部分不是给定的，那么将会怎样？对于确定性的情形，如果变量的初值是外生给定的，那么我们称它是**前定的**。否则，我们称它是**非前定的**（non-predetermined）或者**跳跃的**（jump）。在存在非前定变量的情况下，我们不能利用后顾性解（1.25），因此不能利用定理 1.4.1。

接下来，我们转到这种情形。我们把 x_t 的组成部分重新排序为 $x_t=[k_t',y_t']'$，其中，向量 y_t 包括 n_y 个非前定变量，向量 k_t 包括 $n_k=n-n_y$ 个前定变量。假定 W 有 n_u 个不稳定的特征根和 $n_s=n-n_u$ 个稳定的特征根。我们排除某些特征根在单位圆上的情形。我们把它的 Jordan 矩阵 J 分块为

$$J=\begin{bmatrix}J_s & \\ & J_u\end{bmatrix}$$

其中，$n_s\times n_s$ 矩阵 J_s 的所有特征根都是稳定的，$n_u\times n_u$ 矩阵 J_u 的所有特征根都是不稳定的。我们把 x_t^* 和 C^* 分别分块为

$$x_t^*=\begin{bmatrix}s_t\\ u_t\end{bmatrix},\quad C^*=\begin{bmatrix}C_s^*\\ C_u^*\end{bmatrix}$$

使得它们与 J 的分块是相容的。然后，我们把方程（1.24）重写为

$$\begin{bmatrix}s_{t+1}\\ u_{t+1}\end{bmatrix}=\begin{bmatrix}J_s & \\ & J_u\end{bmatrix}\begin{bmatrix}s_t\\ u_t\end{bmatrix}+\begin{bmatrix}C_s^*\\ C_u^*\end{bmatrix}z_t \tag{1.26}$$

由定义（1.23），我们可以写出

$$\begin{bmatrix}s_t\\ u_t\end{bmatrix}=P\begin{bmatrix}k_t\\ y_t\end{bmatrix}=\begin{bmatrix}P_{sk} & P_{sy}\\ P_{uk} & P_{uy}\end{bmatrix}\begin{bmatrix}k_t\\ y_t\end{bmatrix} \tag{1.27}$$

其中，我们把 P 合理分块。例如，P_{uy} 是 $n_u\times n_y$ 矩阵。令 $R=P^{-1}$。由定义可知，

$$\begin{bmatrix}k_t\\ y_t\end{bmatrix}=R\begin{bmatrix}s_t\\ u_t\end{bmatrix}=\begin{bmatrix}R_{ks} & R_{ku}\\ R_{ys} & R_{yu}\end{bmatrix}\begin{bmatrix}s_t\\ u_t\end{bmatrix} \tag{1.28}$$

其中，我们已经把 R 进行了合理分块。

现在，我们已经为证明 Blanchard 和 Kahn（1980）的下述定理做好了准备。

定理 1.4.2 假设满足下面三个条件：(a) $W=A^{-1}B$ 的不稳定特征根的个数等于非前定变量的个数，即 $n_u=n_y$；(b) P_{uy} 是非奇异的；(c) 不存在在单位圆上的特征根。那么，对于给定的 k_0 和任意稳定序列 $\{z_t\}$，系统（1.22）均有唯一解。

证明 我们首先求解 u_t。利用滞后算子 $\mathbf{L}$ 把方程（1.26）重写为

$$\mathbf{L}^{-1}u_t=J_u u_t+C_u^* z_t$$

其中，J_u 包含所有不稳定的特征根。往前解得到前瞻性解：

$$\begin{aligned}u_t &= (\mathbf{L}^{-1}-J_u)^{-1}C_u^* z_t=-J_u^{-1}(I-\mathbf{L}^{-1}J_u^{-1})^{-1}C_u^* z_t\\ &=-\sum_{j=0}^{\infty}J_u^{-j-1}C_u^* z_{t+j}\end{aligned}\tag{1.29}$$

其中，为了保证级数收敛，我们要求 $\{z_t\}$ 是稳定的。

由方程（1.27），我们得到

$$s_t=P_{sy}y_t+P_{sk}k_t\tag{1.30}$$

$$u_t=P_{uy}y_t+P_{uk}k_t\tag{1.31}$$

当 P_{uy} 是非奇异的时，我们可以把 y_t 解为

$$y_t=P_{uy}^{-1}u_t-P_{uy}^{-1}P_{uk}k_t\tag{1.32}$$

为了解 k_t，我们利用式（1.28）推导出

$$k_{t+1}=R_{ku}u_{t+1}+R_{ks}s_{t+1}$$

把式（1.26）代入这个方程得到

$$\begin{aligned}k_{t+1}&=R_{ku}(J_u u_t+C_u^* z_t)+R_{ks}(J_s s_t+C_s^* z_t)\\ &=R_{ku}(J_u u_t+C_u^* z_t)+R_{ks}[J_s(P_{sy}y_t+P_{sk}k_t)+C_s^* z_t]\\ &=R_{ku}(J_u u_t+C_u^* z_t)+R_{ks}J_sP_{sy}(P_{uy}^{-1}u_t-P_{uy}^{-1}P_{uk}k_t)\\ &\quad+R_{ks}J_sP_{sk}k_t+R_{ks}C_s^* z_t\end{aligned}$$

其中，在第二个等式里我们用式（1.30）代替了 s_t，在第三个等式里用式（1.32）代替了 y_t。简化方程得到

$$k_{t+1}=R_{ks}J_sR_{ks}^{-1}k_t+(R_{ku}C_u^*+R_{ks}C_s^*)z_t$$
$$+(R_{ku}J_uP_{uy}+R_{ks}J_sP_{sy})P_{uy}^{-1}u_t \tag{1.33}$$

其中，由 R 的分块和 P_{uy} 是非奇异的这一假设，我们推出 R_{ks} 也是奇异的，且

$$R_{ks}=[P_{sk}-P_{sy}P_{uy}^{-1}P_{uk}]^{-1}$$

最后，式（1.29）和式（1.32）给出了 y_t 的解。注意，因为 J_s 包含了所有稳定的特征根，所以式（1.33）表明 $\{k_t\}$ 是稳定的。

在文献中，定理 1.4.2 中前两个条件通常称为 Blanchard-Kahn 条件。如果排除了单位圆上的特征根的话，它们等价于以下条件：(a) $n_s=n_k$（阶条件）；(b) R_{ks} 或者 P_{uy} 是可逆的（秩条件）。证明背后的直觉如下：我们首先利用前瞻性解决定与不稳定根相关的被转换变量。这些被转换变量的数目等于不稳定根的数目。接下来，把这些变量变回原有的非前定变量，这需要某个矩阵是可逆的，以及非前定变量的数目等于不稳定特征根的数目。最后，我们利用后顾性解来决定前定变量。上面给出的定理证明是构造性的，而且给出了推导线性系统（1.22）的稳定解的算法。

上述定理的一个直接推论如下：

推论 1.4.1 如果满足定理 1.4.2 中的条件和假设 1.4.2，那么方程（1.22）的解满足 $\lim_{t\to\infty}x_t=\bar{x}$，其中 $\bar{x}$ 是方程（1.21）定义的稳态。

我们把这种情况下的稳态 $\bar{x}$ 称为**鞍点**。由式（1.32）可知，初值 (k_0,y_0) 满足

$$y_0=P_{uy}^{-1}u_0-P_{uy}^{-1}P_{uk}k_0 \tag{1.34}$$

满足上述方程的所有点 (k_0,y_0) 构成 $\mathbb{R}^n$ 的 n_k 维子空间；这个空间称为方程（1.22）的**稳定流形**（stable manifold）或者**稳定分支**（stable arm）。

如果 W 的某些特征根在单位圆上，那么会发生什么？上面的定理证明中构造的解依然可以应用于这种情形。然而，解可能不是稳定的。例如，假定 $n_k=1$，那么式（1.33）表明，k_t 看起来像一个随机漫步，它通常不是稳定的。定理 1.4.2 中的条件（c）通常称为**双曲条件**（hyperbolic condition）。

如果不满足 Blanchard-Kahn 条件，那么会发生什么？

定理 1.4.3 如果 $n_u>n_y$，那么方程（1.22）不存在解。如果 $n_u<n_y$，那么方程（1.22）存在无穷多个解。

证明 由方程（1.31），我们有

$$u_0 = P_{uy} y_0 + P_{uk} k_0 \tag{1.35}$$

其中，k_0 是给定的，u_0 是从式（1.29）推导出来的，P_{uy} 是一个 $n_u \times n_y$ 矩阵。如果 $n_u > n_y$，那么 y_0 无解。如果 $n_u < n_y$，那么 y_0 有无穷多个解。

直觉上说，如果不稳定特征根的个数多于非前定变量的个数，那么对非前定变量的初始值的限制就太多。因此，这些初值不能被决定。如果不稳定特征根的个数少于非前定变量的个数，那么对这些初值的限制就太少，使得有无穷多个解可满足这些限制。在这种情况下，解是**不定的**。

□ 1.4.2 奇异系统

在许多经济问题中，A 是非奇异的这一假设是不满足的。为了表明这一点，考虑 Cagan（1956）模型的简单形式。令 R_t 为名义利率，p_t 为价格水平的对数，m_t 为货币存量的对数。模型由 Fisher 方程 $R_t = p_{t+1} - p_t$ 和货币均衡条件 $m_t - p_t = \alpha R_t$ 构成。把这些方程写成一个线性系统：

$$\begin{bmatrix} 0 & 1 \\ 0 & 0 \end{bmatrix} \begin{bmatrix} R_{t+1} \\ p_{t+1} \end{bmatrix} = \begin{bmatrix} 1 & 1 \\ \alpha & -1 \end{bmatrix} \begin{bmatrix} R_t \\ p_t \end{bmatrix} + \begin{bmatrix} 0 \\ 1 \end{bmatrix} m_t$$

在这个系统中，A 是奇异的。这个例子表明，只要存在同期关系，A 就是奇异的。

King 和 Watson（1998，2002）、Sims（2000）以及 Klein（2000）给出了求解奇异系统的算法。我们沿用 Klein（2000）的算法。首先，我们介绍一些定义：

定义 1.4.6 如果存在非零向量 $x \in \mathbb{C}^n$ 使得 $Bx = \lambda Ax$，那么标量 $\lambda \in \mathbb{C}$ 是矩阵 (A,B) 的**广义特征根**（generalized eigenvalue）。① 我们称 x 为相应的**右广义特征向量**（right generalized eigenvector）。

令 $\lambda(A,B)$ 代表 (A,B) 所有广义特征根的集合。令 d_{ij} 代表任意矩阵 D 在第 i 行第 j 列的元素。

定理 1.4.4（复广义 Schur 型）（complex generalized Schur form） 令 $n \times n$ 矩阵 A 和 B 是正则的，即假设 1.4.1 成立。那么，存在复数 Q 和 Z 的 $n \times n$ **单位矩阵**（unitary matrice）②，使得

（a）$QAZ = S$ 是上三角；

---

① $\mathbb{C}$ 是复数空间。

② 关于单位矩阵的定义，参见附录 A。

(b) $QBZ=T$ 是上三角；

(c) 对于每个 i，s_{ii} 和 t_{ii} 不会同时非零；

(d) $\lambda(A,B)=\{t_{ii}/s_{ii}:s_{ii}\neq 0\}$；

(e) 对 $(s_{ii},t_{ii}),i=1,\cdots,n$ 可以以任何顺序排列。

我们可以在 Golub 和 van Loan（1996）中找到证明，这里省略。广义 Schur 型也称为 **QZ 分解**（QZ decomposition）。注意，假设 1.4.1 排除了 $s_{ii}=t_{ii}=0$ 对于某个 i 成立的可能性。注意，$\lambda(A,B)$ 包含的元素可能少于 n，因为如果 A 是奇异的，那么我们有 $s_{ii}=0$。因为 s_{ii} 和 t_{ii} 不能同时等于零，我们把对应于 $s_{ii}=0$ 的特征根解释为无穷，因此它是不稳定的。令 S 和 T 以这样一种方式排列，即把 n_s 个稳定的广义特征根排在前面。剩下的 n_u 个广义特征根是不稳定的。定义 $x_t^*=Z^H x_t$，其中，$Z^H=Z^{-1}$ 代表 Z 的共轭转置。像前面一样，我们利用分块

$$x_t=\begin{bmatrix}k_t\\y_t\end{bmatrix}\begin{matrix}n_k\times 1,\\n_y\times 1,\end{matrix}\quad x_t^*=\begin{bmatrix}s_t\\u_t\end{bmatrix}\begin{matrix}n_s\times 1\\n_u\times 1\end{matrix}$$

我们也以与上面的分块相容的方式将 Z 分块：

$$Z=\begin{bmatrix}Z_{11}&Z_{12}\\Z_{21}&Z_{22}\end{bmatrix}$$

其中，例如，Z_{11} 是 $n_s\times n_k$ 矩阵。

定理 1.4.5 假定下述条件成立，即 (a) $n_s=n_k$，(b) Z_{11} 是可逆的，(c) (A,B) 没有广义特征根在单位圆上，那么对于任意给定的 k_0 和任意稳定序列 $\{z_t\}$，系统 (1.20) 均有唯一稳定解。

证明 我们利用定理 1.4.4，并把方程 (1.20) 重写为

$$Sx_{t+1}^*=Tx_t^*+QCz_t$$

我们对矩阵合理分块得到

$$\begin{bmatrix}S_{11}&S_{12}\\0&S_{22}\end{bmatrix}\begin{bmatrix}s_{t+1}\\u_{t+1}\end{bmatrix}=\begin{bmatrix}T_{11}&T_{12}\\0&T_{22}\end{bmatrix}\begin{bmatrix}s_t\\u_t\end{bmatrix}+\begin{bmatrix}Q_1\\Q_2\end{bmatrix}Cz_t \tag{1.36}$$

根据稳定广义特征根的排序，S_{11} 是可逆的，因为 S_{11} 的所有对角元素 s_{ii} 均不能为零。T_{22} 也是可逆的，因为 T_{22} 的所有对角元素 t_{ii} 也不能为零。类似于定理 1.4.2 的证明，我们利用下述步骤：

第 1 步 求解 $\{u_t\}$。根据其构造，(S_{22}, T_{22}) 的所有广义特征根都是不稳定的。然后，我们可以推导出前瞻性解：

$$u_t = -T_{22}^{-1}\sum_{j=0}^{\infty}[T_{22}^{-1}S_{22}]^j Q_2 C z_{t+j} \tag{1.37}$$

第 2 步 求解 $\{s_t\}$。由式（1.36）的第一块，有

$$S_{11}s_{t+1} + S_{12}u_{t+1} = T_{11}s_t + T_{12}u_t + Q_1 C z_t$$

处理上式得到后顾性解

$$s_{t+1} = S_{11}^{-1}T_{11}s_t + S_{11}^{-1}T_{12}u_t - S_{11}^{-1}S_{12}u_{t+1} + S_{11}^{-1}Q_1 C z_t \tag{1.38}$$

我们需要决定 s_0。由定义，$x_t = Zx_t^*$，于是我们得到

$$k_t = Z_{11}s_t + Z_{12}u_t \tag{1.39}$$

$$y_t = Z_{21}s_t + Z_{22}u_t \tag{1.40}$$

因为根据假设可知 Z_{11} 是可逆的，我们有

$$s_0 = Z_{11}^{-1}(k_0 - Z_{12}u_0)$$

第 3 步 求解 $\{k_t\}$ 和 $\{y_t\}$。给定在第 1 步和第 2 步得到的 $\{s_t\}$ 和 $\{u_t\}$，方程（1.39）和方程（1.40）给出了 $\{k_t\}$ 和 $\{y_t\}$ 的解。

为了利用上述定理求解系统（1.20），我们必须规定外生的强制序列 $\{z_t\}$。一个典型的设定为 $z_{t+1} = \Phi z_t$，其中，Φ 是 $n_z \times n_z$ 稳定矩阵。在这种情况下，我们可以简化式（1.37）中 u_t 的计算。另一种方式是把系统（1.20）重新写为

$$\begin{bmatrix} I_{n_z} & 0 \\ 0 & A \end{bmatrix}\begin{bmatrix} z_{t+1} \\ x_{t+1} \end{bmatrix} = \begin{bmatrix} \Phi & 0 \\ C & B \end{bmatrix}\begin{bmatrix} z_t \\ x_t \end{bmatrix}$$

因此，我们需要求解不带强制变量的关于 $(z_t', x_t')'$ 的线性系统。在定理 1.4.5 的证明中，我们可以简化某些公式。例如，一方面，我们有 $u_t = 0$。另一方面，变换后的矩阵 A 和 B 更大。我们必须处理这些更大的矩阵，它们的计算要花费很大成本。

如果满足假设 1.4.2 和定理 1.4.5 中的条件，我们可以给出一个与推论 1.4.1 类似的推论。这里，我们不再重复。

1.5 相图

相图是表明两维动态系统轨道的直觉性图形装置。对于分析线性系统和非线性系统，它们是有用的。这里，我们利用线性系统来表明它们的用途。

考虑下述线性系统：

$$x_{t+1}=\tilde{a}x_t+by_t-e$$
$$y_{t+1}=cx_t-\tilde{d}y_t+f$$

其中，x_0 是给定的。定义 $\Delta x_t=x_{t+1}-x_t$，$\Delta y_t=y_{t+1}-y_t$。然后，我们有

$$\Delta x_t=ax_t+by_t-e$$
$$\Delta y_t=cx_t-dy_t+f$$

其中，$a=\tilde{a}-1$，$d=\tilde{d}+1$。我们假设 a、b、c、d、e 和 f 是正的。在平面 (x_t, y_t) 中，我们画出等倾线 $\Delta x_t=0$ 和 $\Delta y_t=0$，箭头表明了 x_t 和 y_t 变化的方向。这些箭头称为**向量场**（vector field）。

由于

$$\Delta x_t\geqslant 0\Leftrightarrow y_t\geqslant -\frac{a}{b}x_t+\frac{e}{b}$$

$$\Delta y_t\geqslant 0\Leftrightarrow y_t\leqslant \frac{c}{d}x_t+\frac{f}{d}$$

我们推出，当且仅当 x_t 在等倾线 $\Delta x_t=0$ 的上方时，它会增加；当且仅当 y_t 在等倾线 $\Delta y_t=0$ 的下方时，它会增加。图 1.2 展示了等倾线和向量场。

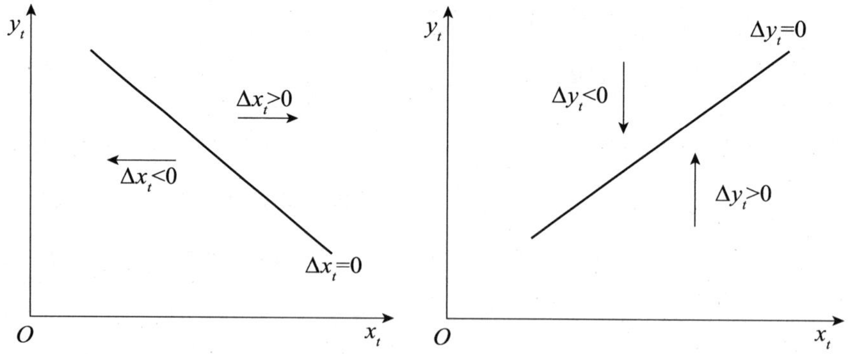

图 1.2　等倾线

说明：左图和右图分别画出了等倾线 $\Delta x_t=0$ 和 $\Delta y_t=0$。

把图 1.2 中的两个图形结合起来，我们得到图 1.3 中的相图。这个图表明了穿过上下象限的收敛鞍点路径的存在性，所有其他路径都是发散的。

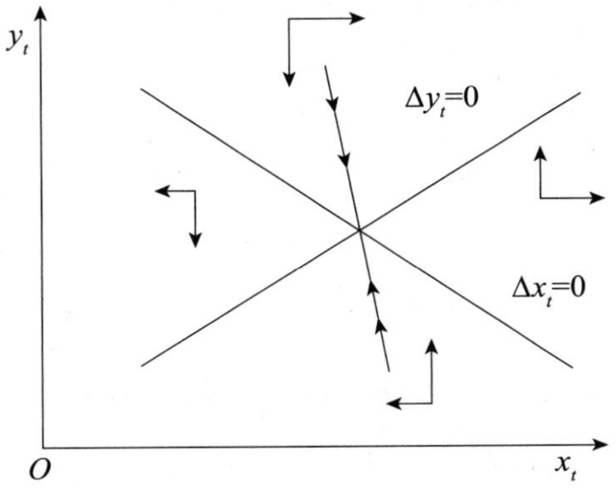

图 1.3　相图

1.6　非线性系统

考虑下述一阶非线性系统：

$$f(x_{t+1},x_t,z_t)=0 \tag{1.41}$$

其中，$x_t\in\mathbb{R}^n$ 是内生的，$z_t\in\mathbb{R}^{n_z}$ 是外生的强制变量向量，$f:\mathbb{R}^{2n}\times\mathbb{R}^{n_z}\to\mathbb{R}^n$。许多高阶非线性系统可以通过适当的变量代换转化成一阶系统，就像我们前面所做的那样。为了研究非线性系统的稳态，我们假设存在 $T>0$，使得对于所有 $t\geqslant T$，$z_t=\bar{z}$。那么，式（1.41）定义的 $\{x_{t+1}\}$ 的稳态是满足 $f(\bar{x},\bar{x},\bar{z})=0$ 的点 $\bar{x}$。现在，我们对式（1.41）关于 $\bar{x}$ 取一阶 Taylor 逼近：

$$0=f_{x'}\mathrm{d}x_{t+1}+f_x\mathrm{d}x_t+f_z\mathrm{d}z_t \tag{1.42}$$

其中，$f_{x'}$、f_x 和 f_z 是 f 分别关于 x_{t+1}、x_t 和 z_t 的偏导数，它们在稳态处取值。对于任意变量 X_t，我们都可以把 $\mathrm{d}X_t$ 解释成对稳态的水平偏离，即 $\mathrm{d}X_t=X_t-\overline{X}$。有时，我们也考察变量对其稳态的对数偏离。我们采用下述记号：

$$\hat{X}_t=\frac{\mathrm{d}X_t}{\overline{X}}=\frac{X_t-\overline{X}}{\overline{X}}\simeq\ln\left(\frac{X_t}{\overline{X}}\right)$$

因为方程（1.42）是形如式（1.20）的线性系统，我们可以应用上面讨论的方法分析这个系统。稳定的临界条件取决于在稳态处取值的 Jacob 矩阵对（$f_{x'}$，$-f_x$）广义特征值的性质。

例 1.6.1 （最优增长）考虑一个社会计划者问题：

$$\max_{\{C_t,K_{t+1}\}}\sum_{t=0}^{\infty}\beta^t u(C_t)$$

满足资源约束

$$C_t+K_{t+1}-(1-\delta)K_t=f(K_t),\quad K_0\ 给定 \tag{1.43}$$

其中，β，$\delta\in(0,1)$。假定 u 和 f 是递增的、凹的、两阶连续可微的，且满足 Inada 条件。最优分配满足差分方程系统、式（1.43）和

$$u'(C_t)=\beta u'(C_{t+1})(f'(K_{t+1})+1-\delta)$$

稳态（$\bar{K}$,$\bar{C}$）满足方程系统

$$C=f(K)-\delta K$$
$$1=\beta(f'(K)+1-\delta)$$

为了分析稳态的稳定性，我们在稳态处线性化动态系统：

$$u''\mathrm{d}C_t=\beta u''(f'+1-\delta)\mathrm{d}C_{t+1}+\beta u'f''\mathrm{d}K_{t+1}$$
$$\mathrm{d}C_t+\mathrm{d}K_{t+1}-(1-\delta)\mathrm{d}K_t=f'\mathrm{d}K_t$$

简化得到

$$\begin{bmatrix}\dfrac{\beta u'f''}{u''} & 1\\ 1 & 0\end{bmatrix}\begin{bmatrix}\mathrm{d}K_{t+1}\\ \mathrm{d}C_{t+1}\end{bmatrix}=\begin{bmatrix}0 & 1\\ f'+1-\delta & -1\end{bmatrix}\begin{bmatrix}\mathrm{d}K_t\\ \mathrm{d}C_t\end{bmatrix}$$

这是一个非奇异的线性系统，它等价于

$$\begin{bmatrix}\mathrm{d}K_{t+1}\\ \mathrm{d}C_{t+1}\end{bmatrix}=\begin{bmatrix}1/\beta & -1\\ \dfrac{f''(\bar{K})}{A(\bar{C})} & 1-\dfrac{\beta f''(\bar{K})}{A(\bar{C})}\end{bmatrix}\begin{bmatrix}\mathrm{d}K_t\\ \mathrm{d}C_t\end{bmatrix}$$

其中，$A(\bar{C})=-u''(\bar{C})/u'(\bar{C})$。上面的系数矩阵有迹

$$T=1+\frac{1}{\beta}-\frac{\beta f''(\bar{K})}{A(\bar{C})}>1+\frac{1}{\beta}>2$$

和行列式 $D=1/\beta>1$。于是，特征方程 $\lambda^2-T\lambda+D=0$ 有两个正实根，它们满足 $0<$

$\lambda_1<1<\lambda_2$。因此，稳态是一个鞍点。

非线性系统可能生成复杂的动态。

定义 1.6.1 对于动态系统 $x_{t+1}=f(x_t)$，如果它是 f 的第 p 次迭代的不动点，即如果 $f^p(x^*)=x^*$，且 p 是使得其成立的最小的整数，那么点 x^* 称为周期为 p 的**周期点**（periodic point）。周期点所有迭代的集合

$$\{x_1^*=x^*,x_2^*=f(x^*),\cdots,x_p^*=f^{p-1}(x^*)\}$$

称为周期为 p 的**周期轨道**（periodic orbit）或者 p-**循环**（cycle）。

这里我们不再研究周期性循环存在的一般条件①，而是从 Stokey、Lucas 和 Prescott（1989）中找出一个简单的例子：

$$x_{t+1}=f(x_t)=4x_t-4x_t^2$$

我们可以计算 f 的两次迭代，得到

$$\begin{aligned}x_{t+2}=f^2(x_t)&=4(4x_t-4x_t^2)-4(4x_t-4x_t^2)^2\\&=16x_t-80x_t^2+128x_t^3-64x_t^4\end{aligned}$$

图 1.4 画出了 $f(x)$ 和 $f^2(x)$。直接验证：f 有两个不动点，即 0 和 0.75；f^2 有四个不动点，即 0、0.345 5、0.75 和 0.904 5。0.345 5 和 0.904 5 两点构成一个双循环。

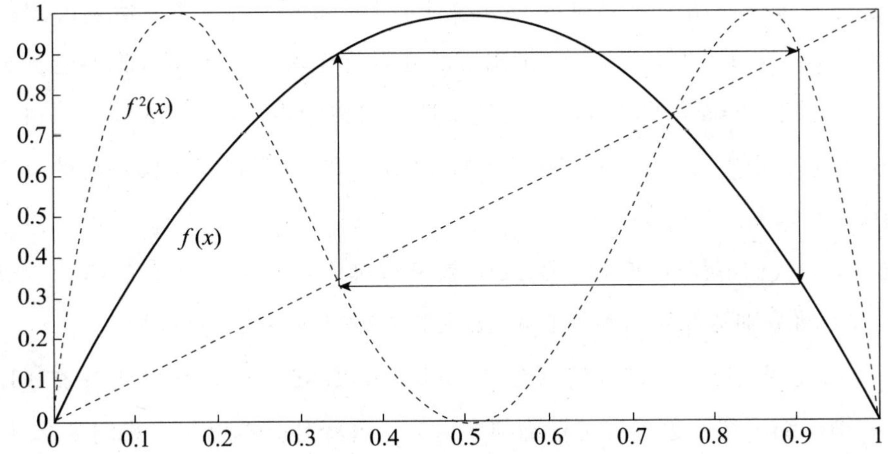

图 1.4 双循环

说明：这里 $f(x)=4x-4x^2$ 和 f^2 是 f 的第二次迭代。45°线上的点是不动点。

① 参见 Azariadis（1993）对非线性动态的介绍。

1.7 利用 Dynare 进行数值计算

万维网上有一些公开可用的 Matlab 程序，它们可以实施前面所讨论的算法。这里我们简单介绍一种既强大又方便的软件：Dynare。① Dynare 是求解和估计动态随机一般均衡模型和世代交叠模型的软件平台。它也可以求解确定性的线性或者非线性差分方程系统。Dynare 通常处理基于理性预期假设的模型，但它也可以被用来求解通过不同方式形成预期的模型：一种极端情形是代理人完美预测未来的模型；另一种极端情形是代理人关于经济的状态具有有限理性或者不完美知识，因而通过学习过程形成预期的模型。Dynare 可以求解包括消费者、生产性企业、政府、货币当局、投资者和金融中介的复杂模型。Dynare 也可以处理异质性代理人模型（通过包括上面提到的每个代理人的几个不同种类）。

Dynare 程序文件命名为文件名 . mod。为了运行 Dynare 程序，在 Matlab 命令行简单地输入：dynare ‘文件名 . mod’。Dynare 有它自身关于时间的惯例。特别地，每个变量的计时反映了这个变量何时被决定。在 t 时刻选择的变量 x_t 在 Dynare 中写为 x。类似地，x_{t-j} 写为 $x(-j)$，x_{t+j} 写为 $x(+j)$。在 $t-1$ 时刻选择并在 t 时刻已知的变量，比如资本存量，通常用 t 时刻的 k_t 来表示，但是在 Dynare 中写为 $k(-1)$。这个惯例应用于任何前定变量，对于 Dynare 识别哪些变量是前定的很重要。变量后的（+1）告诉 Dynare 把出现的变量看作跳跃变量、前瞻性变量或者非前定变量。对于 Dynare 的其他特别之处，读者可以参考 Adjemian 等（2011）写的《Dynare 参考手册》（*Dynare Reference Manual*）和 Griffoli（2010）写的《Dynare 用户指南》（*Dynare User Guide*）。

在本节，我们解释如何利用 Dynare 来求解确定性模型。在本章第 2.5 节和第 15 章，我们将分别解释如何利用 Dynare 求解随机模型和估计这些模型。

Dynare 使用 Newton 型算法（参考 Juillard，1996）求解非线性系统（1.41）。它比上一节介绍的线性逼近方法精确很多。为了解释其基本思想，我们令 $x_t=(k'_t, y'_t)'$，其中，k_t 是前定变量的 $n_k\times 1$ 向量，y_t 是非前定变量的 $n_y\times 1$ 向量。初始值

---

① 参见 Adjemian 等（2011）写的《Dynare 参考手册》。可以从以下网站免费下载 Dynare：http://www.dynare.org。

$k_0=k_0^*$ 是给定的。假设终值 $y_{T+1}=y_{T+1}^*$ 在 $T+1$ 时刻是已知的。我们的目标是求解 $(T+1)\times(n_k+n_y)$ 个未知量，$\{k_1,k_2,\cdots,k_{T+1};y_0,y_1,\cdots,y_T\}$。我们利用系统 (1.41) 推导出 $(T+1)\times(n_k+n_y)$ 个非线性方程：

$$F(k_t,y_t,k_{t+1},y_{t+1},z_t)\equiv f(x_t,x_{t+1},z_t)=0,\quad t=0,1,\cdots,T$$

然后，我们可以利用 Newton 型求根方法求解这个系统。对于无穷期问题，终点条件通常表达为横截性条件。然后，我们寻找稳定解。我们利用打靶算法，通过设定系统到达稳态的时刻 $T+1$，使得 $F(\bar{k},\bar{y},\bar{k},\bar{y},\bar{z})=0$。然后，令 $y_{T+1}=\bar{y}$，并利用上面的算法。最后，我们调整 T，直到 k_{T+1} 的解充分接近 $\bar{k}$。要使这个算法能找到稳定解，一定要满足 Blanchard-Kahn 条件。

利用 Dynare 关于时间的惯例，Dynare 求解形如

$$F(y_{t-1}^-,y_t,y_{t+1}^+,e_t)=0 \tag{1.44}$$

的任何确定性模型，其中，y_t 是包含内生变量的向量，y_{t-1}^- 是前定变量或者带滞后的变量的子集，y_{t+1}^+ 是带前推的变量的子集，e_t 是外生的强制变量向量。注意，这个形式更加具有一般性，其中，带一期滞后和一期前推的变量都进入系统。y_{-1}^- 的初始值是给定的。

我们利用一个简单的例子来展示如何使用 Dynare①：

$$\max_{\{C_t,N_t,K_{t+1}\}}\sum_{t=0}^{\infty}\beta^t\{\ln(C_t)+\chi\ln(1-N_t)\}$$

满足

$$C_t+K_{t+1}-(1-\delta)K_t=z_tK_t^{\alpha}N_t^{1-\alpha},K_0\text{ 给定} \tag{1.45}$$

$$\ln z_t=\rho\ln z_{t-1}+\sigma e_t,z_0\text{ 给定} \tag{1.46}$$

其中，确定性序列 $\{e_t\}$ 是外生给定的。均衡由关于三个未知数 C_t、N_t 和 K_{t+1} 的包含三个方程的系统以及式 (1.45) 构成：

$$\frac{1}{C_t}=\frac{\beta}{C_{t+1}}(z_{t+1}\alpha K_{t+1}^{\alpha-1}N_{t+1}^{1-\alpha}+1-\delta)$$

$$\frac{\chi C_t}{1-N_t}=(1-\alpha)z_tK_t^{\alpha}N_t^{-\alpha}$$

① Dynare 代码是 deterministicgrowth. mod。

注意，z_t 通常被看成“内生”变量，方程（1.46）被用来求解这个变量。在这种情况下，z_{t-1}、z_t 和 z_{t+1} 以式（1.44）的形式进入系统。

Dynare 程序由以下几个模块构成：

前导码 前导码通常涉及三个命令，它们分别描述了模型变量是什么、哪些变量是内生的、哪些是参数。这些命令如下：

Var 列出内生变量，中间用逗号隔开；

Varexo 列出将会引入冲击的外生变量；

Parameters 列出参数并为每一个参数赋值。

对于我们的例子，前导码模块可以写为：

```
var c k n z;
varexo e;
parameters beta chi delta alpha rho;
alpha = 0.33;
beta = 0.99;
delta = 0.023;
chi = 1.75;
rho = 0.95;
```

模型 Dynare 的一个优美之处在于，我们可以很自然地利用 Dynare 的规则输入模型方程。下面是一些规则：

- .mod 文件的模型模块以命令 model 开始，以命令 end 结束。
- 方程的个数一定要与我们使用 var 表明的内生变量一样多（这实际上是 Dynare 要核对的第一件事情；如果有任何问题，它会立刻让我们知道）。
- 与前导码和 .mod 文件的任何地方一样，每一行都以分号结束（除了某一行特别长，我们想要把它们分成两行外。这不像 Matlab 那样，在其中打断一行，我们就需要加上“…”）。
- 方程是一行一行地输入的；矩阵表达是不必要的。注意，模型模块中使用的变量和参数名字一定要与前导码一致，变量和参数名字要区分大小写。

在我们的例子中，模型模块为：

```
model;
  (1/c) = beta * (1/c(+1)) * (1 + alpha * (k^(alpha - 1)) * exp(z(+1)) * (n(+1))^(1 -
```

```
alpha) - delta);
    chi * c/(1 - n) = (1 - alpha) * (k( - 1)^alpha) * exp(z) * (n^( - alpha));
    c + k - (1 - delta) * k( - 1) = (k( - 1)^alpha) * exp(z) * n^(1 - alpha);
    z = rho * z( - 1) + e;
end;
```

注意，$z(-1)$ 和 $z(+1)$ 都出现在模型模块中。Dynare 既把它看作前定变量，又把它看作非前定变量。这样，存在三个非前定变量（C、N、z）和两个前定变量（K、z）。

稳态和初值 在这个模块中，Dynare 的命令由 initval、endval、steady 和 check 组成。确定性模型不需要为了求解而线性化。因此，从技术上来讲，我们不需要为这些模型提供一个稳态。但是，在应用中，研究者经常关注经济从初始稳态开始如何对冲击做出反应和在新稳态结束。如果想要从某个稳态开始引入冲击，我们就需要在 initval 模块输入逼近（或者精确）的稳态值，然后输入命令 steady，它将计算初始稳态。否则，如果想要从任意点开始解路径，我们就需要在 initval 模块输入那些值，不使用 steady 命令。

求解稳态往往是最困难的部分。对于复杂的模型，Dynare 命令 steady 可能找不到稳态，因为为了保证收敛我们需要好的初始猜测。在这种情况下，我们可以另外写一个 Matlab 文件，用逆向工程策略计算稳态。利用这个策略，我们将求出某些参数值，使得利用数据的矩预先设定某些稳态值。

在命令 steady 之后，我们可以利用命令 check 给出广义特征根来验证 Blanchard-Kahn 条件。在我们的例子中，为了使 Blanchard-Kahn 条件成立，我们需要三个大于 1 的广义特征根。

如果冲击是暂时的，那么新稳态等同于旧稳态，就不需要 endval 模块了。在我们的例子中，如果考虑暂时性技术冲击的影响，我们将把稳态或者初始值的模块写为

```
initval;
  k = 9;
  c = 0.76;
  n = 0.3;
  z = 0;
  e = 0;
```

```
end;
steady;
```

如果冲击是永久性的，那么我们必须在 initval 和 steady 模块之后使用命令 endval。endval 模块给出了永久性冲击后的终点条件。这个终点条件通常是新稳态。因此，在 endval 模块之后，通常使用命令 steady。

在我们的例子中，如果我们考虑 e_t 从 0 永久性地变到 0.01 的永久性技术冲击的影响，那么我们需要写

```
endval;
  k = 9;
  c = 0.76;
  n = 0.3;
  z = 0;
  e = 0.01;
end;
steady;
```

steady 的结果保存在向量 oo_.steady_state 里面。每个元素对应 var 中定义的一个变量，而且以相同的顺序排列。

冲击　为了研究暂时性冲击的影响，我们一定要规定好冲击的持续性和水平。为了设定持续 10 期的冲击 e_t，例如，我们需要写

```
shocks;
var e; periods 1:10;
values 0.01;
end;
```

给定这些编码，Dynare 将用 0.01 代替 initval 模块中设定的 e_t 从第 1 期到第 10 期的值。注意，为了研究预期到的暂时性冲击的影响，我们将在冲击模块中输入未来期比如 5:10 期的值。

如果冲击是永久性的而且从第 1 期立即开始，就不需要冲击模块了。但是，如果冲击是永久性的而且从未来开始，那么我们需要在 endval 模块之后加入冲击模块，以“取消”永久性冲击的前几期。例如，假定从第 10 期开始，技术冲击 e_t 变为 0.01，那么在 endval 模块之后，我们需要写

```
shocks;
var e; periods 1:9;
values 0;
end;
```

计算 这个模块的 Dynare 命令是 simul。输入 periods，它设定了模拟时期的数目。在应用中，我们可以选择任意大的时期数，然后调整这个数目，直到解不会在误差界限内发生变化。输出结果存储在矩阵 oo_.endo_simul 里。变量根据命令 var 的设定按行排列。注意，oo_.endo_simul 也包含初始和终点条件，因此它比 periods 选项值多两列。在我们的例子中，我们写

```
simul(periods = 200);
```

结果 最后的模块用图和表给出计算的结果。结果也可以存储在某些变量里。这个模块在 Dynare 中是不需要的，它已经由用户定义好了。在我们的例子中，为了画出暂时性冲击的影响，我们写

```
tt = 0:201;
figure
subplot(2,2,1);
plot(tt,oo_.endo_simul(1,:),width,tt,oo_.steady_state(1) * ones(1,202));
title('C')
subplot(2,2,2);
plot(tt,oo_.endo_simul(2,:),tt,oo_.steady_state(2) * ones(1,202));
title('K')
subplot(2,2,3);
plot(tt,oo_.endo.simul(3,:),tt,oo_.steady_state(3) * ones(1,202));
title('N');
subplot(2,2,4);
plot(tt,oo_.endo_simul(4,:));
title('z');
```

我们在图 1.5 中给出结果。注意，根据 Dynare 的惯例，输出的结果中第一列给出了冲击前的初始值。这对应于第 0 期。内生变量对应于水平轴上从第 1 期开始的冲击。

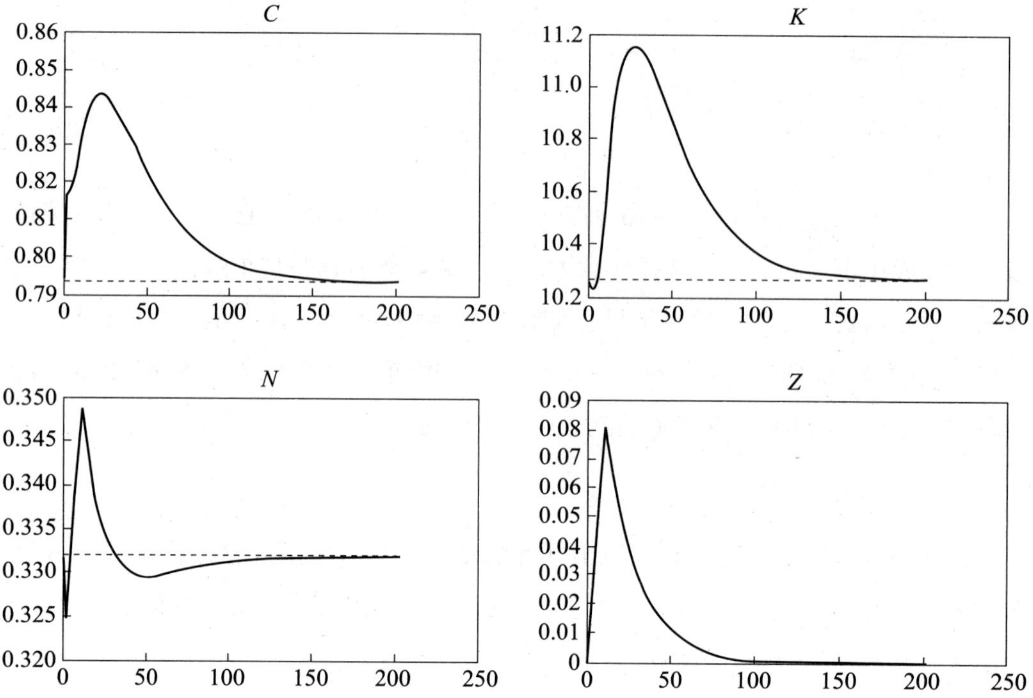

图 1.5　暂时性技术冲击的转移动态

1.8　习题

1. 考虑确定性 Cagan (1956) 模型：

$$m_t - p_t = -\alpha(p_{t+1}^e - p_t), \quad \alpha > 0$$

其中，m_t 是名义货币供给的对数，p_t 是价格水平的对数。在理性预期下，$p_{t+1}^e = p_{t+1}$。假设货币供给满足

$$m_{t+1} = \rho m_t + \mu, \rho \in [0,1], m_0 \text{ 给定}$$

(a) 给出 p_t 存在唯一稳定解的参数条件。推导这个解。

(b) 假定公开宣称货币供给在未来某个 T 期将会增加。特别地，对于 $t<T$，货币供给是 $m_t=\bar{m}$，对于 $t \geqslant T$，$m_t = \bar{m}' > \bar{m}$。推导 $\{p_t\}$ 的路径。

2. 考虑下述 Dornbusch (1976) 的模型：

$$y_t^d = \delta(e_t + p^* - p_t) - \gamma r_t + \phi y + g$$

$$p_{t+1}-p_t=\theta(y_t^d-y)$$

$$m_t-p_t=\alpha y-\beta r_t$$

$$r_t=r^*+e_{t+1}-e_t$$

其中，y_t^d 是国内总需求，e_t 是名义汇率，m_t 是外生的国内货币供给，p_t 是价格水平，y 是不变的国内产出供给，g 是不变的国内政府支出，r_t 是国内名义利率，$*$ 代表相应的国外变量。所有这些变量都是对数形式。假定所有参数都是正的。另外，p_t 是缓慢调整的，因而它是前定变量。

(a) 推导模型稳态。

(b) 给出参数值的条件，使得存在唯一的稳定解。

(c) 画出相图。

(d) 假定对于所有 t，$m_t=\overline{m}$。假定经济初始时处于稳态，分析在 0 时刻，货币供给从 $\overline{m}$ 未预料到地、永久性地增加到 $\overline{m}'$ 的效应。

(e) 在上一个问题中，假定公开宣称货币供给在未来 T 时刻增加到 $\overline{m}'$，意味着对于 $t<T$，$m_t=\overline{m}$，对于 $t\geqslant T$，$m_t=\overline{m}'>\overline{m}$。分析均衡动态。

3. 考虑第 1.7 节研究的例子。如果在 simul 中设定 periods = 50 选项，将会发生什么？再取其他设定，讨论如何选择这个选项。

4. 考虑第 1.7 节研究的例子。利用 Dynare 求解产出 r_t、投资 I_t、工资率 w_t 和租金 R_t。画出这些变量的转移动态，作为对下述冲击的反应：

(a) 暂时性冲击，从第 5 期到第 10 期，$e_t=0.015$；

(b) 永久性冲击，从第 1 期开始，$e_t=0.015$。

第2章 随机差分方程

本章目标

在本章，我们把随机冲击引入在第1章中研究的确定性系统。我们集中讨论线性理性预期模型的求解方法。在本章中，我们固定概率空间 $(\Omega,\mathcal{F},\Pr)$ 和滤波 $\{\mathcal{F}_t\}_{t\geqslant 0}$。① 状态空间为 $\mathbb{X}$ 的**随机过程**（stochastic process）$\{X_t\}_{t\geqslant 0}$ 是在 $\mathbb{X}$ 中取值的随机变量序列。如果对于每个时刻 $t=0,1,2,\cdots$，X_t 关于 $\mathcal{F}_t$ 都是可测的，则我们称 $\{X_t\}$ **适应于**（adapt to）$\{\mathcal{F}_t\}$。在这种情况下，我们也称 $\{X_t\}$ 为**适应性过程**（adapted process）。除非明显提到，否则我们假设本章中所有随机过程都适应于 $\{\mathcal{F}_t\}$，而且在某个有限维 Euclid 空间中取值。我们用 E_t 代表在给定信息 $\mathcal{F}_t$ 情况下的条件期望算子。

2.1 一阶线性系统

我们通常假定外生冲击 $\{z_t\}$ 由下面的一阶线性差分方程来控制：

① 严格地说，$\{\mathcal{F}_t\}_{t\geqslant 0}$ 是一个 σ—代数的递增序列 $\mathcal{F}_0\subset\mathcal{F}_1\subset\mathcal{F}_2\subset\cdots\subset\mathcal{F}$。

$$z_{t+1} = \Phi z_t + \Sigma \varepsilon_{t+1}, z_0 \text{ 给定} \tag{2.1}$$

其中，$\{z_t\}$ 是在$\mathbb{R}^{n_z}$中取值的随机过程，Φ 是 $n_z \times n_z$ 矩阵，Σ 是 $n_z \times n_\varepsilon$ 矩阵，$\{\varepsilon_{t+1}\}$ 是满足

$$E_t \varepsilon_{t+1} = 0 \text{ 和 } E_t \varepsilon_{t+1} \varepsilon'_{t+1} = I \tag{2.2}$$

的随机过程，其中，I 是恒等矩阵。很多随机过程可以写成式（2.1）的形式。

例 2.1.1 （非零均值的参数一阶自回归过程）令

$$y_{t+1} = b y_t + d + \sigma \varepsilon_{t+1}$$

其中，b、d 和 σ 是常数，满足 $1-b \neq 0$。定义 $z_t = y_t - d/(1-b)$。我们有

$$z_{t+1} = b z_t + \sigma \varepsilon_{t+1}$$

例 2.1.2 （一阶参数混合移动平均和自回归过程）令

$$y_{t+1} = b y_t + \varepsilon_{t+1} + c \varepsilon_t$$

其中，b 和 c 是常数。把前面的方程重新写为

$$\begin{bmatrix} y_{t+1} \\ \varepsilon_{t+1} \end{bmatrix} = \begin{bmatrix} b & c \\ 0 & 0 \end{bmatrix} \begin{bmatrix} y_t \\ \varepsilon_t \end{bmatrix} + \begin{bmatrix} 1 \\ 1 \end{bmatrix} \varepsilon_{t+1}$$

例 2.1.3 （向量自回归）令

$$y_{t+1} = A_1 y_t + A_2 y_{t-1} + C \varepsilon_{t+1}$$

其中，$\{y_t\}$ 是在$\mathbb{R}^n$中取值的随机过程。我们将方程重写为

$$\begin{bmatrix} y_{t+1} \\ y_t \end{bmatrix} = \begin{bmatrix} A_1 & A_2 \\ I & 0 \end{bmatrix} \begin{bmatrix} y_t \\ y_{t-1} \end{bmatrix} + \begin{bmatrix} C \\ 0 \end{bmatrix} \varepsilon_{t+1}$$

我们对刻画由式（2.1）所定义的 $\{z_t\}$ 的一阶矩和二阶矩感兴趣。

定义 2.1.1 如果随机过程 $\{X_t\}$ 有常数均值 $m = EX_t$、有限的二阶矩（即 $EX_t^2 < \infty$），且其协方差矩阵 $E[(X_t - m)(X_t - m)']$ 仅依赖于时间差 $|t-s|$，那么它是**协方差平稳的**（covariance stationary）。

假设矩阵 Φ 的所有特征根都在单位圆里面，那么 $\{z_t\}$ 有唯一的平稳分布。假设 z_0 抽自均值为 $\mu_0 = Ez_0$、协方差矩阵为 $E(z_0 - \mu_0)(z_0 - \mu_0)'$ 的平稳分布。我们也

将计算这些矩和所有协方差矩阵。对式（2.1）两侧取数学期望，我们有 $\mu_{t+1}=\Phi\mu_t$，其中，$\mu_t=Ez_t$。如果矩阵 Φ 的所有特征根都在单位圆里面，那么当 $t\to\infty$时，$\mu_t\to 0$。这样，当取 $\mu_0=0$ 时，对于所有的 t 都有 $\mu_t=0$。

接下来，我们计算平稳的协方差矩阵：

$$C_z(0)\equiv E[z_t z_t']=\Phi C_z(0)\Phi'+\Sigma\Sigma'$$

这个方程是关于 $n_z\times n_z$ 矩阵 $C_z(0)$ 的离散的 Lyapunov 方程。它可以用连续迭代的方法求出数值解。为了求出自协方差矩阵，我们注意

$$z_{t+j}=\Phi^j z_t+\Sigma\varepsilon_{t+j}+\Phi\Sigma\varepsilon_{t+j-1}+\cdots+\Phi^{j-1}\Sigma\varepsilon_{t+1}$$

两侧后乘 z_t' 并取期望，我们可以表明自协方差矩阵满足

$$C_z(j)\equiv E(z_{t+j}z_t')=\Phi^j C_z(0)$$

在解出 $C_z(0)$ 以后，上面的方程给出了自协方差矩阵的整个序列。我们把它叫作**自协变差图**（autocovariogram）。

现在我们转向脉冲反应函数。我们仍然假设矩阵 Φ 的所有特征根都在单位圆里面。利用滞后算子 $\mathbf{L}$，我们得到

$$(1-\Phi\mathbf{L})z_{t+1}=\Sigma\varepsilon_{t+1}$$

因此，

$$z_{t+1}=\Sigma\varepsilon_{t+1}+\Phi\Sigma\varepsilon_t+\Phi^2\Sigma z_{t-1}+\cdots+\Phi^j\varepsilon_{t+1-j}+\cdots$$

将 $\Phi^j\Sigma$ 看作滞后 j 的函数，称它为**脉冲反应函数**（impulse response function）。它给出了 ε_{t+1}对未来值 ε_{t+1+j}（对于所有的 j）的影响。或者说，它给出了所有过去的 ε_{t+1-j}对 z_{t+1}的影响。

2.2 参数线性理性预期模型

参数线性理性预期模型通常可以求解析解。这里我们介绍两种广为采用的方法：滞后算子法和待定系数法。

□ 2.2.1 滞后算子

我们采用下述滞后算子作用在任意随机过程 $\{X_t\}$ 上的规则：

$$\mathbf{L}^j X_t = X_{t-j}, \quad \mathbf{L}^j E_t X_{t+i} = E_t X_{t+i-j}$$

$$\mathbf{L}^{-j} X_t = E_t X_{t+j}, \quad i \geqslant 0, \quad j \geqslant 0$$

根据这些规则，滞后算子变换变量 X_{t+i}的时期，但是不变换条件期望 E_t 的时期。另外，由于 $\mathbf{L}^j E_t X_{t+j} = E_t X_t = X_t$，我们用与以前相同的方式定义逆滞后算子 $\mathbf{L}^{-j}$。

为了说明滞后算子的用途，我们首先考虑下列参数一阶差分方程：

$$E_t x_{t+1} = b x_t + c z_t$$

其中，b、c 是常数，$\{z_t\}$ 是有界的随机过程。假设 $|b|>1$。利用逆滞后算子，我们把前面的方程重写为

$$(\mathbf{L}^{-1} - b) x_t = c z_t$$

这样我们得到前瞻性解或者基本解：

$$\begin{aligned} x_t &= \frac{c z_t}{\mathbf{L}^{-1} - b} = \frac{-c z_t}{b(1 - b^{-1}\mathbf{L}^{-1})} \\ &= -c \sum_{j=0}^{\infty} b^{-j-1} \mathbf{L}^{-j} z_t = -c \sum_{j=0}^{\infty} b^{-j-1} E_t z_{t+j} \end{aligned} \tag{2.3}$$

通常，存在一个带泡沫的解：

$$x_t = x_t^* + B_t$$

其中，x_t^* 代表式（2.3）中给出的基本解，B_t 是满足

$$E_t B_{t+1} = b B_t \tag{2.4}$$

的泡沫解。

如果加上横截性（或者无泡沫）条件

$$\lim_{T\to\infty} b^{-T} E_t x_{t+T} = 0 \tag{2.5}$$

那么泡沫就不存在。

例 2.2.1 （资产价格泡沫；Blanchard and Watson，1982）假定股票价格满足资产定价方程

$$p_t = \frac{E_t p_{t+1} + d_t}{R}$$

其中，$R>1$，d_t 满足

$$d_t=\rho d_{t-1}+\varepsilon_t,\quad |\rho|<1$$

假定 ε_t 服从均值为零的独立同分布。股票价格的通解为

$$p_t=\frac{d_t}{R-\rho}+B_t$$

其中，泡沫 $\{B_t\}$ 满足

$$B_{t+1}=\begin{cases}\dfrac{RB_t}{q+e_{t+1}}, & \text{概率为 } q\\ e_{t+1}, & \text{概率为 } 1-q\end{cases}$$

$$E_t e_{t+1}=0$$

这个过程满足式（2.4）。每期泡沫以概率 $1-q$ 破灭，以概率 q 持续。如果它破灭，那么它的期望值回到零。加上像式（2.5）那样的横截性条件可以排除泡沫。

接下来，我们应用滞后算子求解下面的随机二阶差分方程：

$$E_t x_{t+1}=ax_t+bx_{t-1}+cz_t \tag{2.6}$$

其中，$x_0\in\mathbb{R}$ 是给定的，a、b 和 c 是实值常数，$\{z_t\}_{t\geqslant 0}$ 是外生给定的有界随机过程。我们把上述方程重新写为：

$$(\mathbf{L}^{-1}-a-b\mathbf{L})x_t=cz_t \tag{2.7}$$

令 λ_1 和 λ_2 为第 1.3 节定义的两个特征根。假设 $|\lambda_1|<1$，$|\lambda_2|>1$。我们把式（2.7）重写为

$$(\mathbf{L}^{-1}-\lambda_1)(\mathbf{L}^{-1}-\lambda_2)\mathbf{L}x_t=cz_t \tag{2.8}$$

由式（1.15）可知，

$$(\mathbf{L}^{-1}-\lambda_1)\mathbf{L}x_t=\frac{cz_t}{\mathbf{L}^{-1}-\lambda_2}=\frac{-cz_t}{\lambda_2(1-\lambda_2^{-1}\mathbf{L}^{-1})} \tag{2.9}$$

然后，我们得到解：

$$x_t=\lambda_1 x_{t-1}-\frac{c}{\lambda_2}\sum_{j=0}^{\infty}\lambda_2^{-j}\mathbf{L}^{-j}z_t=\lambda_1 x_{t-1}-\frac{c}{\lambda_2}\sum_{j=0}^{\infty}\lambda_2^{-j}E_t z_{t+j}$$

最后，我们考虑下述随机二阶差分方程：

$$E_t x_{t+1}=a_0x_t+a_1E_{t-1}x_t+a_2x_{t-1}+cz_t \tag{2.10}$$

其中，a_0、a_1、a_2 和 c 是常数，$\{z_t\}$ 是有界的随机过程。这个方程的一个特殊性质是它涉及 $t-1$ 期的条件期望。为了求解这个方程，我们首先求基于 $t-1$ 期的信息取条件期望，推导出

$$E_{t-1}x_{t+1}=a_0E_{t-1}x_t+a_1E_{t-1}x_t+a_2x_{t-1}+cE_{t-1}z_t$$

接下来，我们应用滞后算子把上述方程重写为

$$(\mathbf{L}^{-1}-(a_0+a_1)-a_2\mathbf{L})E_{t-1}x_t=cE_{t-1}z_t$$

这个方程类似于方程（2.7），可以以相同的方式求解。在解出 $E_{t-1}x_t$ 之后，通过向前推一期，我们可以得到 E_tx_{t+1} 的解。最后，把 $E_{t-1}x_t$ 和 E_tx_{t+1} 的解代入方程（2.10），我们得到 x_t 的解。

□ 2.2.2　待定系数法

待定系数法对于求解线性模型特别有用。为了应用这种方法，我们首先猜测解的形式；然后，我们验证猜测和求解待定系数。我们利用随机二阶差分方程（2.6）来解释这种方法。我们假设 $\{z_t\}$ 满足

$$z_t=\rho z_{t-1}+\varepsilon_t$$

其中，$|\rho|<1$，ε_t 是独立同分布（IID）的，且均值为零。

我们也猜测解是线性的：

$$x_t=Gx_{t-1}+Hz_t$$

其中，G 和 H 是待定系数。把猜测代入方程（2.6）推导出

$$\begin{aligned}E_t(Gx_t+Hz_{t+1})&=a(Gx_{t-1}+Hz_t)+bx_{t-1}+cz_t\\&=G^2x_{t-1}+GHz_t+\rho Hz_t\end{aligned}$$

匹配 x_{t-1} 和 z_t 的系数，得出

$$G^2=aG+b$$
$$GH+\rho H=aH+c$$

第一个方程是二次的，它有两个根。假定一个根的模小于 1，另一个根的模大于 1。为了得到稳定和非发散的解，我们选择模小于 1 的解。一旦我们得到 G，第二个方程就会给出 H 的解。Uhlig（1999）提供了用待定系数法求解线性系统和非线性系

统的工具箱。

2.3 多变量线性理性预期模型

多变量线性理性预期模型通常可以用下述一阶系统来刻画：

$$AE_t x_{t+1} = Bx_t + Cz_t \tag{2.11}$$

其中，x_t 是 $n\times1$ 随机向量，A 和 B 是 $n\times n$ 矩阵，C 是 $n\times n_z$ 矩阵，z_t 是外生给定的 n_z 维随机过程。由于与第 1.4 节相同的原因，我们维持正则假设 1.4.1。

定义 2.3.1 如果存在 $M>0$，使得 $\|X_t\|_{\max}<M$ 对于所有 t 都成立，其中，对于任意在 $\mathbb{R}^n$ 上取值的随机变量 x，$\|x\|_{\max}=\max_j E|x_j|$，那么随机过程 $\{X_t\}$ 是**稳定的**。①

我们假设 $\{z_t\}$ 是稳定的随机过程。在应用中，我们通常假设 $\{z_t\}$ 取式 (2.1) 中的形式。我们打算求方程 (2.11) 的稳定解。

对于求解方程 (2.11)，有两个问题是重要的：(1) 矩阵 A 可能不是奇异的；(2) x_t的某些部分是前定的，其他部分是非前定的。下面三种方法通过不同的方式回答了这两个问题。

□ 2.3.1 Blanchard-Kahn 方法

我们首先介绍由 Blanchard 和 Kahn (1980) 提出的方法。与第 1.4.1 节讨论的确定性情形类似，Blanchard 和 Kahn (1980) 假设 A 是非奇异的。因此，我们定义 $W=A^{-1}B$ 和对 W 应用 Jordan 分解。然后，我们可以利用与第 1.4.1 节类似的方法。然而，我们必须重新定义前定变量的概念。根据 Blanchard 和 Kahn (1980)，如果 X_0 是外生给定的，且 X_{t+1}关于 $\mathcal{F}_t$ 是可测的，即 $E[X_{t+1}|\mathcal{F}_t]=X_{t+1}$，那么随机过程 $\{X_t\}_{t\geqslant0}$是**前定的**。

与确定性情形类似，令 $x_t=[k_t',y_t']'$，其中，向量 y_t 包括 n_y 个非前定变量，向量 k_t 包括 $n_k=n-n_y$ 个前定变量。假定 W 有 n_u 个不稳定的特征根和 $n_s=n-n_u$ 个

① 沿用 Blanchard 和 Kahn (1980) 以及 Sims (2000) 的思路，我们可以将稳定的概念推广到包含增长在内。在应用时，经常使用剔除趋势后的变量。

稳定的特征根。那么，尽管有些小的改变，但定理 1.4.2 和推论 1.4.1 依然适用。特别地，与不稳定的特征根对应的转换变量的前瞻性解由下式给出：

$$u_t = -J_u^{-1}(I-\mathbf{L}^{-1}J_u^{-1})^{-1}C_u^* z_t = -\sum_{j=0}^{\infty} J_u^{-j-1}C_u^* E_t z_{t+j} \tag{2.12}$$

用于证明定理 1.4.2 的其余公式依然适用。结果，我们得到线性理性预期模型的确定性等价原理：除了在随机情形下条件期望算子 E_t 应用于与 $\{z_t\}$ 有关的所有项之外，x_t 在随机情形下的解与确定性情形下的解是一样的。特别地，在确定性情形下，如果 $\{z_t\}$ 由式（2.1）给出，且 $\Sigma=0$，那么两个解会给出相同的表达式。另外，确定性情形下的定理 1.4.3 也适用于此。

例 2.3.1 （新 Keynes 模型中的利率）我们考虑一个简单的对数线性化的新 Keynes 模型：

$$\pi_t = \kappa x_t + \beta E_t \pi_{t+1} \tag{2.13}$$

$$x_t = E_t x_{t+1} - \frac{1}{\gamma}(i_t - E_t \pi_{t+1}) + \varepsilon_t^x \tag{2.14}$$

其中，π_t 是对数通货膨胀率，x_t 是产出缺口，i_t 是对数总名义利率，e_t 代表外生的独立同分布的冲击，κ、β 和 γ 是正常数。方程（2.13）代表短期总供给关系或者 Phillips 曲线。方程（2.14）代表总需求关系或者 *IS* 曲线。一旦我们设定了中央银行的政策规则，就可以得到均衡。这里我们假设货币政策由下述利率规则表示：

$$i_t = \rho_r i_{t-1} + \varepsilon_t \tag{2.15}$$

其中，$|\rho_r|<1$，且 ε_t 是独立同分布的。把方程（2.13）、方程（2.14）和方程（2.15）结合起来得到下述系统：

$$\begin{bmatrix} 1 & 0 & 0 \\ -1/\gamma & 1 & 1/\gamma \\ 0 & 0 & \beta \end{bmatrix}\begin{bmatrix} i_t \\ E_t x_{t+1} \\ E_t \pi_{t+1} \end{bmatrix} = \begin{bmatrix} \rho_r & 0 & 0 \\ 0 & 1 & 0 \\ 0 & -\kappa & 1 \end{bmatrix}\begin{bmatrix} i_{t-1} \\ x_t \\ \pi_t \end{bmatrix} + \begin{bmatrix} \varepsilon_t \\ -\varepsilon_t^x \\ 0 \end{bmatrix} \tag{2.16}$$

两边前乘左边矩阵的逆矩阵，得到

$$\begin{bmatrix} i_t \\ E_t x_{t+1} \\ E_t \pi_{t+1} \end{bmatrix} = W\begin{bmatrix} i_{t-1} \\ x_t \\ \pi_t \end{bmatrix} + \begin{bmatrix} 1 & 0 & 0 \\ -\gamma^{-1} & 1 & \gamma^{-1} \\ 0 & 0 & \beta \end{bmatrix}^{-1}\begin{bmatrix} \varepsilon_t \\ -\varepsilon_t^x \\ 0 \end{bmatrix}$$

其中，

$$W=\begin{bmatrix}\rho_r & 0 & 0\\ \frac{\rho_r}{\gamma} & 1+\frac{\kappa}{\beta\gamma} & -\frac{1}{\beta\gamma}\\ 0 & -\frac{\kappa}{\beta} & \frac{1}{\beta}\end{bmatrix}$$

当且仅当 W 在单位圆之外的特征根的个数等于非前定变量的个数时，上述系统有唯一的稳定解。在这种情形下，它是 2。因为由假设 $|\rho_r|<1$，我们可以表明 W 仅有一个特征根在单位圆之外，因此均衡是不定的。

这个例子表明，不对内生变量做出反应的外生政策规则可以导致不定性。在本章后面的习题 2 中，要求读者给出当利率对通胀或者产出缺口做出反应的时候唯一均衡存在的条件。

□ 2.3.2 Klein 方法

Klein（2000）允许 A 是奇异的。另外，Klein（2000）推广了由 Blanchard 和 Kahn（1980）给出的关于前定变量的定义。为了介绍这个定义，我们定义下述概念：

定义 2.3.2 如果对于所有 $t\geqslant 0$，$E_tX_{t+1}=X_t$，那么随机过程 $\{X_t\}$ 是**鞅**（martingale）。如果 $E_tX_{t+1}=0$，那么它是**鞅差分过程**（martingale difference process）。

定义 2.3.3 如果 $E[X_t]=0$ 且

$$E[X_tX_s']=\begin{cases}0, & \text{如果 } s\neq t\\ \Sigma, & \text{如果 } s=t\end{cases}$$

其中，Σ 是一个矩阵，那么随机过程 $\{X_t\}$ 是**白噪声**（white noise）。

鞅过程可能不是稳定的。如果它是一致有界的，那么它就是稳定的。白噪声过程是稳定的。满足式（2.2）的过程 $\{\varepsilon_{t+1}\}$ 是白噪声。然而，白噪声可能不满足式（2.2）。

定义 2.3.4 如果（a）由 $\xi_{t+1}=X_{t+1}-E_tX_{t+1}$ 定义的预测误差 $\{\xi_t\}$ 是外生给定的鞅差分过程，（b）初始值 X_0 关于 $\mathcal{F}_0$ 是可测的，且是外生给定的，那么过程 $\{X_t\}$ 是**前定的**（predetermined）或者**后顾性的**（backward-looking）。

当 $\xi_{t+1}=0$ 时，我们得到 Blanchard 和 Kahn（1980）的定义。我们假设在定义

2.3.4 的意义下，给定外生的预测误差 $\{\xi_t\}$，k_t 是前定的。我们也做与定理 1.4.5 相同的假设。

我们现在利用广义 Schur 分解定理和与定理 1.4.5 证明中类似的步骤。在第一步，我们修正方程（1.37）：

$$u_t = -T_{22}^{-1}\sum_{i=0}^{\infty}[T_{22}^{-1}S_{22}]^{j}Q_2CE_tz_{t+j} \tag{2.17}$$

我们修正第二步如下。我们用

$$E_ts_{t+1}=S_{11}^{-1}T_{11}s_t+S_{11}^{-1}T_{12}u_t-S_{11}^{-1}S_{12}E_tu_{t+1}+S_{11}^{-1}Q_1Cz_t$$

代替方程（1.38）。我们也有

$$k_{t+1}=Z_{11}s_{t+1}+Z_{12}u_{t+1}$$

由于在外生给定预测误差 $\{\xi_t\}$ 的情况下 $\{k_t\}$ 是前定的，我们推导出

$$\xi_{t+1}=k_{t+1}-E_tk_{t+1}=Z_{11}(s_{t+1}-E_ts_{t+1})+Z_{12}(u_{t+1}-E_tu_{t+1})$$

因为 Z_{11} 是可逆的，我们插入上述关于 E_ts_{t+1} 和 u_t 的表达式，推导出

$$\begin{aligned}s_{t+1}=&S_{11}^{-1}T_{11}s_t+S_{11}^{-1}T_{12}u_t-S_{11}^{-1}S_{12}E_tu_{t+1}+S_{11}^{-1}Q_1Cz_t\\&-Z_{11}^{-1}Z_{12}(u_{t+1}-E_tu_{t+1})+Z_{11}^{-1}\xi_{t+1}\end{aligned}$$

剩下的步骤与定理 1.4.5 的证明步骤相同。与 Blanchard-Kahn 方法不同，由于前定变量的新定义，$\{\xi_t\}$ 进入解的表达式。如果假设 $\{z_t\}$ 满足式（2.1），我们就能简化解。在这种情形下，解将采用下述形式：

$$\begin{aligned}y_t&=A_{yk}k_t+A_{yz}z_t\\k_{t+1}&=A_{kk}k_t+A_{kz}z_t+\xi_{t+1}\end{aligned}$$

其中，k_0 和 z_0 是给定的。关于细节，读者可以参考 Klein（2000）。

为了展示前面广义前定变量的用途，我们考虑下述线性二次控制问题：

$$\max_{\{u_t\}}-\frac{1}{2}E\sum_{t=0}^{\infty}\beta^t[x_t',u_t']\begin{bmatrix}Q & S\\S' & R\end{bmatrix}\begin{bmatrix}x_t\\u_t\end{bmatrix}$$

满足

$$x_{t+1}=Ax_t+Bu_t+C\xi_{t+1}\text{，}x_0\text{ 给定} \tag{2.18}$$

其中，$\{\xi_t\}$ 是外生给定的白噪声过程。令 $\mathcal{F}_t$ 为由 $\{x_0, \xi_1, \xi_2, \cdots, \xi_t\}$ 生成的 σ-代数。假设 $\{x_t\}$ 和 $\{u_t\}$ 适应于 $\{\mathcal{F}_t\}$，那么 $\{x_t\}$ 是前定的，预测误差为 $\{\xi_t\}$。假设矩阵

$$\begin{bmatrix} Q & S \\ S' & R \end{bmatrix}$$

是对称的和正定的，使得一阶条件和横截性条件关于最优是必要且充分的。令 $\beta^{t+1}\lambda_{t+1}$ 为与式（2.18）有关的 Lagrange 乘子。我们得到与式（2.11）类似的线性系统：

$$\begin{bmatrix} I & 0 & 0 \\ 0 & 0 & -\beta B' \\ 0 & 0 & \beta A' \end{bmatrix} \begin{bmatrix} E_t x_{t+1} \\ E_t u_{t+1} \\ E_t \lambda_{t+1} \end{bmatrix} = \begin{bmatrix} A & B & 0 \\ S' & R & 0 \\ -Q & -S & I \end{bmatrix} \begin{bmatrix} x_t \\ u_t \\ \lambda_t \end{bmatrix}$$

在这个系统中，u_t 和 λ_t 是前瞻性变量或者非前定变量。我们就可以利用 Klein 方法求解这个系统。这个方法不要求矩阵 R 是可逆的，而且比 Anderson 等（1996）讨论的许多其他方法更具一般性。关于线性二次模型，参考第 9 章。

□ 2.3.3 Sims 方法

Sims（2000）给出了不同的方法。他把理性预期模型写成如下形式：

$$\Gamma_0 y_t = \Gamma_1 y_{t-1} + C + \Psi z_t + \Pi \eta_t \qquad (2.19)$$

其中，y_t 是 $n\times1$ 随机向量，z_t 是外生给定的 $n_z\times1$ 随机向量，η_t 是满足 $E_t\eta_{t+1}=0$ 的内生决定的 $m\times1$ 预测误差向量。另外，Γ_0 和 Γ_1 是 $n\times n$ 矩阵，C 是 $n\times1$ 常数向量，Ψ 是 $n\times n_z$ 矩阵，Π 是 $n\times m$ 矩阵。不失一般性，通过像例 2.1.1 那样适当的变量代换，我们可以假设 $C=0$。如果它是由式（2.1）给出的过程，我们也可以假设 $\{z_t\}$ 序列相关而且均值为零，因为我们可以把 z_t 加到 y_t 上，并在式（2.19）中用 ε_t 代替 z_t。由于这些原因，我们考虑下述系统：

$$\Gamma_0 y_t = \Gamma_1 y_{t-1} + \Psi \varepsilon_t + \Pi \eta_t \qquad (2.20)$$

其中，$E_t\varepsilon_{t+1}=0$。

像 Klein 方法那样，Γ_0 可以是奇异的。我们假设对 (Γ_0, Γ_1) 是正则的，即它满足假设 1.4.1。与 Blanchard 和 Kahn（1980）以及 Klein（2000）不同，Sims 方法首先不需要定义哪些变量是前定的或者非前定的。这种方法内生决定前定变量的一

个线性组合。而且，Sims 方法采用这样的惯例，即所有时期为 t 的变量在 t 时刻都可以观测，即所有变量都适应于 $\{\mathcal{F}_t\}$。

我们对 (Γ_0,Γ_1) 利用广义 Schur 分解。存在单位复矩阵 Q 和 Z，以及上三角矩阵 S 和 T，使得 $Q\Gamma_0 Z=S$，$Q\Gamma_1 Z=T$。令 S 和 T 以下述方式排列，即前 n_s 个广义特征根是稳定的，剩下的 n_u 个广义特征根是不稳定的。定义 $y_t^*=Z^H y_t$。我们把 y_t^* 分割为

$$y_t^*=\begin{bmatrix} s_t \\ u_t \end{bmatrix}\begin{matrix} n_s\times 1 \\ n_u\times 1 \end{matrix}$$

在方程（2.19）的两侧前乘 Q 得到

$$Sy_t^*=Ty_{t-1}^*+Q(\Psi\varepsilon_t+\Pi\eta_t)$$

对矩阵进行相容的分块，使得

$$\begin{bmatrix} S_{11} & S_{12} \\ 0 & S_{22} \end{bmatrix}\begin{bmatrix} s_t \\ u_t \end{bmatrix}=\begin{bmatrix} T_{11} & T_{12} \\ 0 & T_{22} \end{bmatrix}\begin{bmatrix} s_{t-1} \\ u_{t-1} \end{bmatrix}+\begin{bmatrix} Q_1 \\ Q_2 \end{bmatrix}(\Psi\varepsilon_t+\Pi\eta_t) \tag{2.21}$$

其中，Q_1 是 Q 的前 n_s 行，Q_2 是 Q 的后 n_u 行。

由于 u_t 对应不稳定的广义特征根，我们往前解得到

$$u_t=-T_{22}^{-1}\sum_{j=1}^{\infty}[T_{22}^{-1}S_{22}]^j Q_2(\Psi\varepsilon_{t+j}+\Pi\eta_{t+j}) \tag{2.22}$$

取期望 E_t，得到

$E_t u_t=u_t=0$，对于所有的 t

这里我们利用了 u_t 是 $\mathcal{F}_t$ 可测的这一约定。把 $y_t^*=Z^H y_t$ 分块为

$$y_t^*=\begin{bmatrix} s_t \\ u_t \end{bmatrix}=\begin{bmatrix} Z_1^H \\ Z_2^H \end{bmatrix}y_t$$

于是，

$Z_2^H y_t=0$，$t\geqslant 0$

这个方程给出了 y_t 的初始值满足的条件。

由方程（2.21）和对于所有的 t 都有 $u_t=0$ 这一条件，我们得到

$$\underbrace{Q_{2\cdot}}_{n_u \times n}(\Psi\varepsilon_t + \Pi\eta_t) = 0 \tag{2.23}$$

我们的目标是求出用外生冲击 ε_t 表示的 η_t。

引理 2.3.1 当且仅当存在$m \times n_z$ 矩阵 Λ 使得 $Q_{2.}\Psi = Q_{2.}\Pi\Lambda$ 时，对于每个 ε_t，均存在满足方程（2.23）的 $\eta_t \in \mathbb{R}^m$。

证明 对于“充分性”部分，通过取 $\eta_t = -\Lambda\varepsilon_t$，我们得到式（2.23）。对于“必要性”部分，令 Λ 的第 j 列为η_t，它对于$\varepsilon_t = I_j$ 是式（2.23）的解，其中，I_j 是 $n_z \times n_z$ 恒等矩阵的第j 列，$j = 1, \cdots, n_z$。

因此，为了保证解存在，我们必须加上以下条件：

假设 2.3.1 $Q_{2.}\Psi$ 的列空间包含在 $Q_{2.}\Pi$ 的列空间里面，即存在 $m \times n_z$ 矩阵 Λ 使得 $Q_{2.}\Psi = Q_{2.}\Pi\Lambda$。

这个假设推广了通常的存在性条件 $n_u \leqslant m$。这个推广允许 $Q_{2.}\Pi$ 中线性相关行的可能性。换句话说，如果 $n_u > m$ 成立，我们就有存在性。另外，我们需要下述关于唯一性的假设：

假设 2.3.2 存在 $n_s \times n_u$ 矩阵Ξ 使得

$$Q_{1.}\Pi = \Xi Q_{2.}\Pi$$

给定这个假设，我们用［$1-\Xi$］前乘式（2.21）推出

$$\begin{bmatrix} S_{11} & S_{12} - \Xi S_{22} \\ 0 & I \end{bmatrix} \begin{bmatrix} s_t \\ u_t \end{bmatrix} = \begin{bmatrix} T_{11} & T_{12} - \Xi T_{12} \\ 0 & 0 \end{bmatrix} \begin{bmatrix} s_{t-1} \\ u_{t-1} \end{bmatrix} + \begin{bmatrix} Q_{1.} - \Xi Q_2 \\ 0 \end{bmatrix} (\Psi\varepsilon_t - \Pi\eta_t) \tag{2.24}$$

其中，我们把下面的矩阵块加上，以合并 $u_t = 0$。利用假设 2.3.2，我们推出

$$\begin{bmatrix} S_{11} & S_{12} - \Xi S_{22} \\ 0 & I \end{bmatrix} \begin{bmatrix} s_t \\ u_t \end{bmatrix}$$

$$\begin{bmatrix} T_{11} & T_{12} - \Xi T_{22} \\ 0 & 0 \end{bmatrix} \begin{bmatrix} s_{t-1} \\ u_{t-1} \end{bmatrix} + \begin{bmatrix} Q_{1.} - \Xi Q_{2.} \\ 0 \end{bmatrix} \Psi\varepsilon_t$$

利用 $y_t = Zy_t^*$ 和上面的方程，我们得到方程（2.20）的解：

$$y_t = \Theta_1 y_{t-1} + \Theta_2 \varepsilon_t$$

其中，

$$\Theta_1 = Z\begin{bmatrix} S_{11} & S_{12}-\Xi S_{22} \\ 0 & I \end{bmatrix}^{-1}\begin{bmatrix} T_{11} & T_{12}-\Xi T_{22} \\ 0 & 0 \end{bmatrix}Z^H$$

$$\Theta_2 = z\begin{bmatrix} S_{11} & S_{12}-\Xi S_{22} \\ 0 & I \end{bmatrix}^{-1}\begin{bmatrix} Q_{1.}-\Xi Q_{2.} \\ 0 \end{bmatrix}\Psi$$

下述定理概述了我们的分析：

定理 2.3.1 式（2.20）存在唯一解的必要和充分条件是假设 2.3.1 和假设 2.3.2。

这个定理的条件不同于 Blanchard-Kahn 条件，后者检验秩条件，以及不稳定的特征根 n_u 的个数是否等于非前定变量（可能是 m）的个数。为了应用定理 2.19 中的条件和实施上面的算法，我们利用 $n_u \times m$ 矩阵 $Q_{2.}\Pi$ 的**奇异值分解**（singular value decomposition，SVD）（见附录 A）。因为它的行很可能是线性相关的，用它的 SVD 很方便：

$$\begin{aligned} Q_{2.}\Pi &= \underbrace{U}_{n_u\times n_u}\underbrace{D}_{n_u\times m}\underbrace{V^H}_{m\times m} \\ &= \begin{bmatrix} U_{.1} & U_{.2} \end{bmatrix}\begin{bmatrix} D_{11} & 0 \\ 0 & 0 \end{bmatrix}\begin{bmatrix} V_{.1}^H \\ V_{.2}^H \end{bmatrix} \\ &= \underbrace{U_{.1}}_{n_u\times r}\underbrace{D_{11}}_{r\times r}\underbrace{V_{.1}^H}_{r\times m} \end{aligned} \tag{2.25}$$

其中，D_{11}是非奇异 $r\times r$ 对角矩阵，U 和 V 是分别满足 $U^HU=UU^H=I$ 和 $V^HV=VV^H=I$ 的单位矩阵。我们用记号 $U_{.1}$代表 U 的前 r 列，用 $U_{.2}$代表剩余列，那么 $V_{.1}V_{.1}^H+V_{.2}V_{.2}^H=I$，$V_{.1}^HV_{.1}=I$，$V_{.1}^HV_{.2}=0$。对于 U，类似的方程也成立。

如果 $m=r$，那么 $V_{.2}=0$。在这种情况下，我们有

$$\Lambda=V_{.1}D_{11}^{-1}u_{.1}^H(Q_{2.}\Psi)\text{和 }\Xi=(Q_{1.}\Pi)V_{.1}D_{11}^{-1}U_{.1}^H$$

因此，我们证明了下述结果：

推论 2.3.1 给定假设 2.3.1，方程（2.20）的稳定解唯一的充分必要条件是 $m=r$。

Lubik 和 Schorfheide（2003）推广了这个结果，并证明了如果 $m>r$，就存在无穷多个稳定解。他们还提供了计算机算法求解这种情形。Qu 和 Tkachenko（2012）改进和实施了这种算法。这种算法把式（2.25）应用到式（2.23），得到

$$(U_{.1}D_{11}V_{.1}^H)\eta_t=-Q_{2.}\Psi\varepsilon_t$$

这是关于 m 个未知变量 η_t 的包含 n_u 个线性方程的系统。通解为

$$\eta_t = -V_{.1}D_{11}^{-1}u_{.1}^{H}Q_{2.}\Psi\varepsilon_t + V_{.2}e_t \tag{2.26}$$

其中，e_t 是与 $V_{.2}$ 相容且满足 $E_{t-1}e_t=0$ 的任意向量。注意，$V_{.2}e_t$ 是齐次方程的解，因为 V 是单位矩阵。我们可以把 e_t 解释为太阳黑子冲击。

如果不满足假设 2.3.2，我们取

$$\Xi = Q_{1.}\Pi V_{.1}D_{11}^{-1}U_{.1}^{H}$$

那么，

$$Q_{1.}\Pi - \Xi Q_{2.}\Pi = Q_{1.}\Pi(I - V_{.1}V_{.1}^{H})$$

它通常不等于零。

像确定性情形一样，我们可以导出方程（2.24）。但是，我们必须求解

$$\begin{aligned}(Q_{1.} - \Xi Q_{2.})\Pi\eta_t &= (Q_{1.} - \Xi Q_{2.})\Pi(-V_{.1}D_{11}^{-1}U_{.1}^{H}Q_{2.}\Psi\varepsilon_t + V_{.2}e_t)\\ &= -Q_{1.}\Pi(I - V_{.1}V_{.1}^{H})V_{.1}D_{11}^{-1}U_{.1}^{H}Q_{2.}\Psi\varepsilon_t\\ &\quad + Q_{1.}\Pi(I - V_{.1}V_{.1}^{H})V_{.2}e_t\\ &= Q_{1.}\Pi(I - V_{.1}V_{.1}^{H})V_{.2}e_t\end{aligned}$$

其中，我们在第一个等式中应用了式（2.26）。

现在，我们利用方程（2.24）推导

$$\begin{bmatrix} S_{11} & S_{12} - \Xi S_{22} \\ 0 & I \end{bmatrix}\begin{bmatrix} s_t \\ u_t \end{bmatrix} = \begin{bmatrix} T_{11} & T_{12} - \Xi T_{22} \\ 0 & 0 \end{bmatrix}\begin{bmatrix} s_{t-1} \\ u_{t-1} \end{bmatrix} + \begin{bmatrix} Q_{1.} - \Xi Q_{2} \\ 0 \end{bmatrix}\Psi\varepsilon_t + \begin{bmatrix} Q_{1.}\Pi\ (I - V_{.1}V_{.1}^{H}) \\ 0 \end{bmatrix}V_{.2}e_t$$

利用 $y_t = Zy_t^*$ 和上面的方程，我们得到方程（2.20）的解：

$$y_t = \Theta_1 y_{t-1} + \Theta_2\varepsilon_t + \Theta_3 e_t$$

其中，Θ_1 和 Θ_2 同以前一样，

$$\Theta_3 = Z\begin{bmatrix} S_{11} & S_{12} - \Xi S_{22} \\ 0 & I \end{bmatrix}^{-1}\begin{bmatrix} Q_{1.}\Pi\ (I - V_{.1}V'_{.1}) \\ 0 \end{bmatrix}V_{.2}$$

这个解表明，太阳黑子冲击能够影响经济中的均衡分配和价格。

例 2.3.2 我们利用例 2.3.1 中的模型来解释如何利用 Sims 方法。令 $E_t\pi_{t+1}=\xi_t^\pi$，$E_t x_{t+1}=\xi_t^x$，$\eta_t^\pi=\pi_t-\xi_{t-1}^\pi$，$\eta_t^x=x_t-\xi_{t-1}^x$，将系统（2.16）重新写成 Sims 形式（2.20）：

$$\begin{bmatrix}1 & 0 & 0 & 0 & 0\\ -\gamma^{-1} & 1 & \gamma^{-1} & 0 & 0\\ 0 & 0 & \beta & 0 & 0\\ 0 & 0 & 0 & 1 & 0\\ 0 & 0 & 0 & 0 & 1\end{bmatrix}\begin{bmatrix}i_t\\ \xi_t^x\\ \xi_t^\pi\\ x_t\\ \pi_t\end{bmatrix}=\begin{bmatrix}\rho_r & 0 & 0 & 0 & 0\\ 0 & 1 & 0 & 0 & 0\\ 0 & -\kappa & 1 & 0 & 0\\ 0 & 1 & 0 & 0 & 0\\ 0 & 0 & 1 & 0 & 0\end{bmatrix}\begin{bmatrix}i_{i-1}\\ \xi_{t-1}^x\\ \xi_{t-1}^\pi\\ x_{t-1}\\ \pi_{t-1}\end{bmatrix}$$

$$+\begin{bmatrix}1 & 0\\ 0 & -1\\ 0 & 0\\ 0 & 0\\ 0 & 0\end{bmatrix}\begin{bmatrix}\varepsilon_t\\ \varepsilon_t^x\end{bmatrix}+\begin{bmatrix}0 & 0\\ 1 & 0\\ -\kappa & 1\\ 1 & 0\\ 0 & 1\end{bmatrix}\begin{bmatrix}\eta_t^x\\ \eta_t^\pi\end{bmatrix}$$

为了直接推导出 x_t 和 π_t 的决策规则，我们把 x_t、π_t 以及两个恒等式 $\eta_t^\pi=\pi_t-\xi_{t-1}^\pi$ 和 $\eta_t^x=x_t-\xi_{t-1}^x$ 加进这个系统。

2.4 非线性理性预期模型

许多非线性理性预期模型可以写成下述形式：

$$E_t[f(y_{t+1},y_t,x_{t+1},x_t)]=0 \tag{2.27}$$

其中，在 Blanchard 和 Kahn（1980）的意义下，x_t 是前定变量的 $(n_k+n_z)\times 1$ 向量，y_t 是非前定变量的 $n_y\times 1$ 向量。令 $n=n_k+n_z+n_y$，假设函数 $f:\mathbb{R}^{2n}\to\mathbb{R}^n$。向量 x_t 由 n_k 个内生变量和 n_z 个外生冲击组成：$x_t=[k'_t,z'_t]'$。除了 k_0 和 z_0 的初始值之外，还存在形如横截性条件的终点条件。我们将集中讨论满足这些条件的稳定解（参见定义 2.3.1)，而不是明显地设定横截性条件。

假设 z_t 满足式（2.1)，其中，Φ 的所有特征根都在单位圆里。假设系统（2.27）有满足 $f(\bar{y},\bar{y},\bar{x},\bar{x})=0$ 的确定性稳态 $(\bar{x},\bar{y})$。我们打算在确定性稳态附近寻找局部线性化的解。对系统（2.27）全微分得到线性化的系统：

$$f_{y'}E_t\mathrm{d}y_{t+1}+f_y\mathrm{d}y_t+f_{x'}E_t\mathrm{d}x_{t+1}+f_x\mathrm{d}x_t=0$$

其中，f 的 Jacob 矩阵在稳态处取值。采用在第 1.6 节引入的记号，我们也可以推导出对数线性化的系统。两个系统都取式（2.11）的形式：

$$[f_{x'} \quad f_{y'}]\begin{bmatrix}E_t\mathrm{d}x_{t+1}\\ E_t\mathrm{d}y_{t+1}\end{bmatrix}=-[f_x \quad f_y]\begin{bmatrix}\mathrm{d}x_t\\ \mathrm{d}y_t\end{bmatrix} \tag{2.28}$$

因此，我们可以利用以前的方法求解这些系统。稳定解将采取下述形式：

$$\begin{aligned}\mathrm{d}y_t &= A_{yk}\mathrm{d}k_t + A_{yz}\mathrm{d}z_t\\ \mathrm{d}k_{t+1} &= A_{kk}\mathrm{d}k_t + A_{kz}\mathrm{d}z_t\\ \mathrm{d}z_{t+1} &= \Phi\mathrm{d}z_t + \Sigma\varepsilon_{t+1}\end{aligned}$$

其中，$\mathrm{d}k_0$ 和 $\mathrm{d}z_0$ 是给定的。

对于计算风险溢价和福利来说，线性近似的解是不精确的。计算这些目标需要高阶逼近。现在，我们介绍 Schmitt-Grohé 和 Uribe（2004）研究的二阶逼近方法。实际上，这种方法是将在第 11.3 节介绍的更一般的扰动方法的应用。为了应用这种方法，我们在式（2.1）中引入扰动参数 $\sigma\in\mathbb{R}$：

$$z_{t+1} = \Phi z_t + \sigma\Sigma\varepsilon_{t+1}$$

其中，$\{\varepsilon_t\}$ 是带有界支撑的 IID 过程。

假定方程（2.27）的解取下述形式：

$$y_t=g(x_t,\sigma), \quad x_{t+1}=h(x_t,\sigma)+\eta\sigma\varepsilon_{t+1} \tag{2.29}$$

其中，g 和 h 是待定函数，η 是由

$$\eta=\begin{bmatrix}0\\ \Sigma\end{bmatrix}$$

定义的 $n_x\times n_\varepsilon$ 矩阵。

我们的目标是找到 g 和 h 的近似解。我们将在特殊点 $(\bar{x},\bar{\sigma})$ 附近考虑局部近似解。在应用时，要取的一个方便的点是非随机稳态 $(\bar{x},0)$。在这一点，$f(\bar{y},\bar{y},\bar{x},\bar{x})=0$。然后，我们把 Taylor 逼近写到两阶：

$$\begin{aligned}g(x,\sigma)=&g(\bar{x},0)+g_x(\bar{x},0)(x-\bar{x})+g_\sigma(\bar{x},0)\sigma\\ &+\frac{1}{2}g_{xx}(\bar{x},0)(x-\bar{x})^2+g_{x\sigma}(\bar{x},0)(x-\bar{x})\sigma\end{aligned}$$

$$+\frac{1}{2}g_{\sigma\sigma}(\bar{x},0)\sigma^2$$

$$h(x,\sigma)=h(\bar{x},0)+h_x(\bar{x},0)(x-\bar{x})+h_\sigma(\bar{x},0)\sigma$$

$$+\frac{1}{2}h_{xx}(\bar{x},0)(x-\bar{x})^2+h_{x\sigma}(\bar{x},0)(x-\bar{x})\sigma$$

$$+\frac{1}{2}h_{\sigma\sigma}(\bar{x},0)\sigma^2$$

其中，为了记号方便，我们仅考虑参数的情形。我们将沿用由 Schmitt-Grohé 和 Uribe（2004）导出的一种算法求解所有的系数。① 这种算法可以应用于一般的高维情形。我们首先要注意

$$\bar{y}=g(\bar{x},0),\quad \bar{x}=h(\bar{x},0)$$

然后，我们定义

$$0=F(x,\sigma)\equiv Ef(g(h(x,\sigma)+\eta\sigma\varepsilon',\sigma),g(x,\sigma),h(x,\sigma)+\eta\sigma\varepsilon',x) \tag{2.30}$$

其中，我们把式（2.29）代入方程（2.27），期望是关于 ε'取的。因为对于 (x,σ) 的任意值，$F(x,\sigma)$ 等于零，所以一定有

$$F_{x^i\sigma^j}(x,\sigma)=0,\text{对于任意 } i,j,x,\sigma$$

其中，$F_{x^i\sigma^j}$代表 F 关于 x 取 i 次偏导数，关于 σ 取 j 次偏导数。我们将利用上述方程推导出近似解中的其他系数。

我们从一阶逼近开始。令

$$F_x(\bar{x},0)=0,\quad F_\sigma(\bar{x},0)=0$$

然后，我们利用式（2.30）计算

$$F_\sigma(\bar{x},0)=E\{f_{y'}[g_x(h_\sigma+\eta\varepsilon')+g_\sigma]+f_y g_\sigma+f_{x'}(h_\sigma+\eta\varepsilon')\}$$

$$=f_{y'}[g_x h_\sigma+g_\sigma]+f_y g_\sigma+f_{x'}h_\sigma=0$$

其中，所有导数都在非随机稳态处取值。这是关于 g_σ 和 h_σ 的齐次线性方程系统。为了使唯一解存在，一定有

$$g_\sigma=h_\sigma=0$$

① Matlab 程序可在网站 http://www.columbia.edu/~mu2166/2nd_order.htm 上下载。

这个结果反映了确定性等价原理，即一阶逼近的政策函数独立于冲击的方差。因此，在回答风险溢价和福利问题时，线性近似是不合适的。

接下来，我们利用式（2.30）计算

$$F_x(\bar{x},0)=f_{y'}g_xh_x+f_yg_x+f_{x'}h_x+f_x=0$$

我们可以把上述方程等价地写为

$$[f_{x'}\quad f_{y'}]\begin{bmatrix}I\\g_x\end{bmatrix}h_x=-[f_x\quad f_y]\begin{bmatrix}I\\g_x\end{bmatrix}\tag{2.31}$$

令 $A=[f_{x'}\quad f_{y'}]$，$B=-[f_x\quad f_y]$，$\hat{x}_t=x_t-\bar{x}$。在方程（2.31）的两侧后乘 $\hat{x}_t$ 得到

$$A\begin{bmatrix}I\\g_x\end{bmatrix}h_x\hat{x}_t=B\begin{bmatrix}I\\g_x\end{bmatrix}\hat{x}_t\tag{2.32}$$

对于线性化的非随机解，利用 $\hat{x}_{t+1}=h_x\hat{x}_t$ 和 $\hat{y}_t=g_x\hat{x}_t$ 这两个事实，我们有

$$A\begin{bmatrix}\hat{x}_{t+1}\\\hat{y}_{t+1}\end{bmatrix}=B\begin{bmatrix}\hat{x}_t\\\hat{y}_t\end{bmatrix}\tag{2.33}$$

注意，这个方程等价于方程（2.28）。我们可以利用 Klein 方法或者 Sims 方法求解这个线性系统。这个解将给出 h_x 和 g_x。

接下来，我们转向二次逼近。我们计算

$$\begin{aligned}0=F_{xx}(\bar{x},0)=&[f_{y'y}g_xh_x+f_{y'y}g_x+f_{y'x'}h_x+f_{y'x}]g_xh_x\\&+f_{y'}g_{xx}h_xh_x+f_{y'}g_xh_{xx}\\&+[f_{yy'}g_xh_x+f_{yy}g_x+f_{yx'}h_x+f_{yx}]g_x+f_yg_{xx}\\&+[f_{x'y'}g_xh_x+f_{x'y}g_x+f_{x'x'}h_x+f_{x'x}]h_x+f_{x'}h_{xx}\\&+f_{xy'}g_xh_x+f_{xy}g_x+f_{xx'}h_x+f_{xx}\end{aligned}$$

因为我们知道 f 的导数以及 g 和 h 的一阶导数都是在 $(\bar{y},\bar{y},\bar{x},\bar{x})$ 处取值的，所以对于 g_{xx} 和 h_{xx} 给出的相同个数的未知数，上述方程代表一个 $n\times n_x\times n_x$ 线性方程系统。

类似地，通过求解方程 $F_{\sigma\sigma}(\bar{x},0)=0$，我们计算 $g_{\sigma\sigma}$ 和 $h_{\sigma\sigma}$。我们计算

$$\begin{aligned}0=F_{\sigma\sigma}(\bar{x},0)=&f_{y'}g_xh_{\sigma\sigma}+f_{y'y'}g_x\eta g_x\eta I\\&+f_{y'x'}\eta g_x\eta I+f_{y'}g_{xx}\eta\eta I+f_{y'}g_{\sigma\sigma}\end{aligned}$$

$$+f_y g_{\sigma\sigma}+f_{x'}h_{\sigma\sigma}+f_{x'y'}g_x\eta\eta I+f_{x'x'}\eta\eta I$$

这是关于 n 个未知数 $g_{\sigma\sigma}$ 和 $h_{\sigma\sigma}$ 的包含 n 个方程的线性系统。

最后，我们证明当在 $(\bar{x},0)$ 处取值时，交叉导数 $g_{\sigma x}$ 和 $h_{\sigma x}$ 等于零。我们计算

$$0=F_{\sigma x}(\bar{x},0)=f_{y'}g_x h_{\sigma x}+f_{y'}g_{\sigma x}h_x+f_y g_{\sigma x}+f_{x'}h_{\sigma x}$$

这是关于 $n\times n_x$ 个未知数 $g_{\sigma x}$ 和 $h_{\sigma x}$ 的 $n\times n_x$ 线性齐次方程系统。如果存在唯一解，解就一定等于零。

总之，不确定性在二阶逼近系统中通过 $\frac{1}{2}g_{\sigma\sigma}(\bar{x},0)\sigma^2$ 和 $\frac{1}{2}h_{\sigma\sigma}(\bar{x},0)\sigma^2$ 项起作用。在应用时，当 Σ 的取值“小”时，我们通常取 $\sigma=1$。原则上，我们可以利用前面的程序去计算三阶或者更高阶的近似解。因为计算很复杂，所以我们这里省略。

2.5 利用 Dynare 求数值解

Dynare 可以求解形如方程（2.27）的 DSGE 模型。利用 Dynare 关于时间的惯例，Dynare 可以求解任何具有下述一般形式的随机模型：

$$E_t f(y_{t-1}^-, y_t, y_{t+1}^+, \varepsilon_t)=0 \tag{2.34}$$

其中，y_t 是包含内生变量的向量，y_{t-1}^- 是前定变量或者带滞后的变量的子集，y_{t+1}^+ 是带前推的变量的子集，ε_t 是均值为零的外生 IID 冲击的向量。这种形式比方程（2.27）更具一般性，前者可以加入既带一期前推又带一期滞后的变量。例如，对于习惯形成效用，消费 Euler 方程包含当前消费以及前推一期和滞后一期的消费。因此，消费既是前定变量，又是非前定变量，可以自然纳入 Dynare 形式（2.34）而非方程（2.27）。我们必须进行变量代换，以把习惯形成引入方程（2.27）。

方程（2.34）的解由下述形式给出：

$$y_t=g(y_{t-1}^-, \varepsilon_t)$$

Dynare 使用跟前一节一样的扰动方法给出三阶近似解。特别地，我们引入扰动参数，然后利用 Taylor 展开。最后，我们令 $\sigma=1$。一阶近似解由下式给出：

$$y_t=\bar{y}+g_y\hat{y}_{t-1}^-+g_u\varepsilon_t$$

其中，$\hat{y}_{t-1}^{-}=y_{t-1}^{-}-\bar{y}$。

与第 1.7 节讨论的确定性情形类似，Dynare 程序一般包含五个模块。不管是确定性情形还是随机情形，前导码和模型模块都是类似的。对于随机情形，稳态和初值模块是必要的，因为 Dynare 必须用非随机稳态作为扰动点。两种情形的主要区别在于冲击模块和计算模块。

我们将利用下面简单的随机增长模型作为例子展示如何使用 Dynare：

$$\max_{\{C_t, N_t, K_{t+1}\}} E\sum_{t=0}^{\infty}\beta^t\{\ln(C_t)+\chi\ln(1-N_t)\}$$

满足

$$C_t+K_{t+1}-(1-\delta)K_t=z_tK_t^{\alpha}N_t^{1-\alpha} \tag{2.35}$$

$$\ln z_t=\rho\ln z_{t-1}+\sigma\varepsilon_t \tag{2.36}$$

均衡系统由关于三个未知量 C_t、K_t 和 N_t 的两个一阶条件

$$\frac{1}{C_t}=E_t\frac{\beta}{C_{t+1}}(z_{t+1}\alpha K_{t+1}^{\alpha-1}N_{t+1}^{1-\alpha}+1-\delta)$$

$$\frac{\chi C_t}{1-N_t}=(1-\alpha)z_tK_t^{\alpha}N_t^{-\alpha}$$

和资源约束（2.35）构成。我们必须决定是使用关于水平的近似还是使用关于对数的近似。如果使用关于对数的近似，那么对于任何变量 x_t，我们做下述变换：

$$lx_t=\ln(x_t)\text{和 } x_t=\exp(lx_t)$$

然后，我们使用变换后的变量重写均衡系统。Dynare 将执行这些变量的近似。注意，Dynare 把外生冲击（例如 z_t）看成内生变量，把冲击的扰动项看成外生变量。

对于上述例子，我们将使用关于水平的近似写 Dynare 程序。我们以前面三个模块开始：

```
%-----------------------------------------------
% 1. Preamble
%-----------------------------------------------
var c k n z;
varexo e;
parameters beta chi delta alpha rho sigma;
```

```
alpha = 0.33;
beta = 0.99;
delta = 0.023;
chi = 1.75;
rho = 0.95;
sigma = 0.01;
%-------------------------------------------------
% 2. Model
%-------------------------------------------------
model;
```

---

4. The Dynare code is rbc0.mod.

```
  (1/c) = beta* (1/c(+1))* (1+alpha* (k^(alpha-1))* exp(z(+1))
  * (n(+1))^(1-alpha) - delta);
  chi* c/(1-n) = (1-alpha)* (k(-1)^alpha)* exp(z)* (n^(-alpha));
  c+k-(1-delta)* k(-1) = (k(-1)^alpha)* exp(z)* n^(1-alpha);
  z = rho* z(-1) + e;
end;
%-------------------------------------------------
% 3. Steady State and Initial Values
%-------------------------------------------------
initval;
  k = 9;
  c = 0.76;
  n = 0.3;
  z = 0;
  e = 0;
end;
steady;
check;
```

冲击　接下来，我们介绍冲击模块。为了做随机模拟，冲击模块规定外生变量冲击协方差矩阵的非零元。我们将在这个模块中使用下述命令：

```
var VARIABLE_NAME; stderr EXPRESSION;
```

规定变量的标准差。

```
var VARIABLE_NAME = EXPRESSION;
```

规定变量的方差。

```
var VARIABLE_NAME, VARIABLE_NAME = EXPRESSION;
```

规定两个变量的协方差。

```
corr VARIABLE_NAME, VARIABLE_NAME = EXPRESSION;
```

规定两个变量的相关性。

在我们的例子中，我们把冲击模块写为：

```
%-----------------------------------------------
% 4. Shocks Block
%-----------------------------------------------
shocks;
var e = sigma^2;
end;
```

在构建代理人从模拟开始就知道未来外生变化的模型时，有可能混淆确定性冲击和随机冲击。在这种情况下，通过把未来的信息加进状态空间（在命令 stoch_simul 的输出里什么都不显示），stoch_simul 可以计算理性预期解，命令 forecast 将计算有关初始条件和未来信息的模拟条件。

这里举一个例子：

```
varexo_det tau;
varexo e;
…
shocks;
var e; stderr 0.01;
var tau;
periods 1:9;
values -0.15;
```

```
end;
stoch_simul(irf = 0);
forecast;
```

计算 现在我们转向计算模块。在这一模块中使用的 Dynare 命令是

```
stoch_simul (OPTIONS...) [VARIABLE_NAME...];
```

通过在稳态附近对政策函数和转移函数进行 Taylor 展开，这个命令利用扰动的方法求解随机（即理性预期）模型。利用这个解，它可以计算脉冲反应函数（IRF）和各种描述性统计量（矩、方差分解、相关系数和自相关系数）。对于相关的冲击，与 VAR 文献类似，我们通过对外生变量的协方差矩阵进行 Cholesky 分解来计算方差分解。当冲击是相关的时，在 varexo 命令中，方差分解依赖于变量的阶数。

脉冲反应函数为沿着从第 1 期开始的冲击的变量轨道和它的稳态值的差。这里仅仅画出 12 个变量的脉冲反应函数。如果模型包含的内生变量超过 12 个，就选择那些你想要知道的。

仅仅给出那些有正方差的变量的方差分解、相关性和自相关性。仅仅画出那些反应大于 10^{-10}的变量的脉冲反应函数。

对于每一种冲击贡献的总和计算方差分解。当然，在正常情况下，这等于总方差，但是，如果模型生成非常大的方差，由于数值误差，这两者可能相差一个很大的数。如果每一种冲击贡献的总和与总方差的最大相对差大于 0.01%，Dynare 就会给出警告。

在冲击模块中规定冲击的协方差矩阵。当设定一列 VARIABLE_NAME 的时候，会仅对这些变量显示结果。

命令 stoch_simul 包含很多选项。这里列出一些常用的选项。关于更多的选项，读者可以参考《Dynare 参考手册》。

- ar＝INTEGER：要计算和打印的自相关系数的阶数。默认：5。
- drop＝INTEGER：在计算所有统计量之前，在模拟一开始放弃的点数。默认：100。
- Hp_filter＝INTEGER：在计算矩之前，使用满足“＝INTEGER”这一条件的 HP 滤波。默认：无滤波。
- irf＝INTEGER：要计算的脉冲反应函数的期数。取“irf = 0”就不画脉冲反

应函数。默认：40。

- relative_irf：要求计算以每个冲击标准差的百分比表示的正规化的脉冲反应函数。
- linear：表明原模型是线性的（把它放在模型命令里）。
- nocorr：不打印相关矩阵（默认打印）。
- nofunctions：不打印近似解的系数（默认打印）。
- noments：不打印内生变量的矩（默认打印）。
- nograph：不打印图。对循环有好处。
- noprint：什么都不打印。对循环有好处。
- print：打印结果（与什么都不打印相反）。
- order=INTEGER：Taylor 逼近的阶数。能接受的数值是 1、2 和 3。注意，对于三阶，暗含有 k_order_solver 选项，且仅能获得实证矩（必须提供 periods 选项的数值）。默认：2。
- periods=INTEGER：如果不同于 0，那么将计算实证矩而不是理论矩。选择的数值规定了模拟使用的时期数。initval 模块的值将被用作模拟的起点，它很可能由命令 steady 重新计算了。用户可以在一个向量和概括矩阵 oo_.endo_simul 中看到每一个模拟的内生变量。默认：0。
- conditional_variance_decompostion=INTEGER：参见下文。
- conditional_variance_decompostion=[INTEGER1:INTEGER2]：参见下文。
- conditional_variance_decompostion=[INTEGER1 INTEGER2...]：对于设定好的时期，计算条件方差分解。条件方差由 $\mathrm{var}_t(y_{t+k})$ 给出。对于第 1 期，条件方差分解给出了冲击效应的分解。
- pruning：当迭代计算解的模拟时，像 Kim 等（2008）一样放弃高阶项。
- Partial_information：沿着 Pearlman、Currie 和 Levine（1986）的思路，计算局部信息下模型的解。假设代理人只能观测到某些经济变量。使用命令 varobs 表明观测变量的集合。注意，如果没有 varobs 或者包括所有内生变量，那么这就是完全信息的情况，且这个选项不会产生影响。

在我们的例子中，我们可以写

```
%------------------------------------------------
% 5. Computation Block
```

```
%--------------------------------------------------
stoch_simul(hp_filter = 1600, order = 1);
```

输出和结果　命令 stoch_simul 导出下述结果，它们从 oo_. 开始储存在 Matlab 全局变量里：

- **模型总结**：模型中各种变量类型（内生变量、跳跃变量等）。
- **特征根**：如果使用命令 check 会显示。验证 Blanchard-Kahn 条件。
- **外生冲击的协方差矩阵**：应当与你在 . mod 文件中提供的冲击方差和协方差相符。
- **政策和转移函数**：这些函数的系数储存在三阶近似里面，屏幕上显示到二阶近似。参见下文。
- **模拟变量的矩**：多至 4 阶。
- **模拟变量的相关性**：在一个表中列出同期相关性。
- **模拟变量的自相关性**：像在 stoch_simul 的选项中规定的，直到第 5 次滞后。
- **脉冲反应函数的图**：多至 12 个内生变量。

你可以容易地从 Matlab 中的 oo_. 浏览输出的全局变量，要么从命令行调出它们，要么使用工作界面。稳态值储存在 oo_. dr. ys 或者 oo_. steady_state 里。脉冲反应函数储存在下述命名里："x_e" 表示变量 x 关于冲击 e 的脉冲反应。注意，变量将出现在 . mod 文件前导码的命令里。

变量的类型和排序　Dynare 区分四种内生变量：

- **纯后向（或前定）变量** [purely backward (or purely predetermined) variable]：模型中那些仅出现当前期和过去期，但不出现未来期的变量（即仅出现 t 期和 $t-1$ 期，不出现 $t+1$ 期的变量）。这些变量的数目等于 oo_. dr. npred-oo_. dr. nboth。
- **纯前向变量** (purely forward variable)：模型中那些仅出现当前期和未来期，但不出现过去期的变量（即仅出现 t 期和 $t+1$ 期，不出现 $t-1$ 期的变量）。这些变量的数目储存在 oo_. dr. nfwrd 里。
- **混合变量** (mixed variable)：模型中那些出现当前期、过去期和未来期的变量（即出现 t 期、$t-1$ 期和 $t+1$ 期的变量）。这些变量的数目储存在 oo_. dr. nboth 里。
- **静态变量** (static variable)：模型中那些仅出现当前期，不出现过去期和未来期的变量（即仅出现 t 期，不出现 $t+1$ 期或者 $t-1$ 期的变量）。这些变量的数目储存在 oo_.dr.nstatic 里。

注意，所有内生变量都必须属于四种中的一种，因为在引入辅助变量之后所有内生变量至多有一个前推和一个滞后。因此，我们有下述等式：

```
oo_.dr.npred + oo_.dr.nfwrd + oo_.dr.nstatic = M_.endo_nbr
```

Dynare 内部使用两种排序：声明排序（反映在命令 M_.endo_names 里）和基于上面描述的四种类型的排序，后一种我们称之为 DR 排序（"DR"代表决策规则）。大多数时候使用声明排序，但是，对于决策规则的组成元素使用 DR 排序。

DR 排序如下：首先是状态变量，然后是纯后向变量，再次是混合变量，最后是纯前向变量。同一种变量内部采用声明排序。

一阶近似 这种近似形如

$$y_t=\bar{y}+A\hat{y}_{t-1}^{-}+B\varepsilon_t$$

其中，$\bar{y}$ 是 y_t 的确定性稳态值，且 $\hat{y}_{t-1}^{-}=y_{t-1}^{-}-\bar{y}^{-}$。

决策规则的系数存储如下：

$\bar{y}$ 存储在 oo_.dr.ys 里。矢量行对应声明排序中的所有内生变量。

A 存储在 oo_.dr.ghx 里。矩阵的行对应于 DR 排序中所有的内生变量。矩阵的列对应于 DR 排序中的状态变量。

B 存储在 oo_.dr.ghu 里。矩阵的行对应于 DR 排序中所有的内生变量。矩阵的列对应于 DR 排序中的外生变量。

对于我们的例子，表 2.1 给出了政策函数和转移函数的一阶近似。

表 2.1 **政策函数和转移函数**

	c	k	n	z
常数	0.793 902	10.269 592	0.331 892	0
$k(-1)$	0.041 667	0.951 446	−0.008 169	0
$z(-1)$	0.306 067	1.143 748	0.226 601	0.950 000
e	0.322 175	1.203 945	0.238 528	1.000 000

"常数"行应当给出模型的稳态值。作为例子，我们把消费政策写成更一般的形式：

$$C_t=0.793\,902+0.041\,667\hat{K}_t+0.306\,067\hat{z}_{t-1}+0.322\,175\varepsilon_t$$

或者

$$\hat{C}_t = 0.041\ 667\hat{K}_t + 0.322\ 175\hat{z}_t$$

其中，我们用到了事实 $\hat{z}_t = 0.95\hat{z}_{t-1} + \varepsilon_t$。

二阶近似 这种近似形如

$$y_t = \bar{y} + \frac{1}{2}g_{\sigma\sigma} + A\hat{y}_{t-1}^{-} + B\varepsilon_t + \frac{1}{2}C(\hat{y}_{t-1}^{-} \otimes \hat{y}_{t-1}^{-}) + \frac{1}{2}D(\varepsilon_t \otimes \varepsilon_t) + F[\hat{y}_{t-1}^{-} \otimes \varepsilon_t]$$

其中，$g_{\sigma\sigma}$是未来冲击方差的平移效应，$\otimes$代表 Kronecker 乘积。决策规则的系数存储于一阶近似情形刻画的变量里，加上下述变量：

- $g_{\sigma\sigma}$存储在 oo_. dr. ghs2 里。矢量行对应于 DR 排序中的所有内生变量。
- C 存储在 oo_. dr. ghxx 里。矩阵的行对应于 DR 排序中的所有内生变量。矩阵的列对应于 DR 排序中状态变量向量的 Kronecker 乘积。
- D 存储在 oo_. dr. ghuu 里。矩阵的行对应于 DR 排序中的所有内生变量。矩阵的列对应于声明排序中外生变量向量的 Kronecker 乘积。
- F 存储在 oo_. dr. ghxu 里。矩阵的行对应于 DR 排序中的所有内生变量。矩阵的列对应于状态变量向量（DR 排序）乘外生变量向量（声明排序）的 Kronecker 乘积。

我们经常把 $y_s \equiv \bar{y} + 0.5g_{\sigma\sigma}$当作**随机稳态**（stochastic steady state），它矫正了不确定性。它是设当前冲击 $\varepsilon_t = 0$，但考虑外生冲击时的稳态。这与在所有时期关闭冲击的确定性稳态不同。

三阶近似 这种近似形如

$$y_t = \bar{y} + G_0 + G_1 x_t + G_2(x_t \otimes x_t) + G_3(x_t \otimes x_t \otimes x_t)$$

其中，x_t 是一个向量，它由 $t-1$ 时刻的状态变量（在 DR 排序里）的偏离以及 t 时刻的外生变量（在声明排序里）组成。决策规则的系数按如下方式存储：

$\bar{y}$ 存储在 oo_. dr. ys 里。向量行对应声明排序里的所有内生变量。

G_0 存储在 oo_. dr. g_0 里。

G_1 存储在 oo_. dr. g_1 里。

G_2 存储在 oo_. dr. g_2 里。

G_3 存储在 oo_. dr. g_3 里。

2.6 习题

1. 考虑随机 Cagan（1956）模型：

$$m_t - p_t = -\alpha E_t(p_{t+1} - p_t), \alpha > 0$$

其中，m_t 是名义货币供给的对数，p_t 是价格水平的对数。假设货币供给满足

$$m_{t+1} = \rho m_t + \varepsilon_{t+1}, \rho \in [0,1], m_0 \text{ 给定}$$

其中，ε_{t+1}是白噪声。给出 p_t 存在唯一稳态均衡的参数条件。推导这个解。

2. 修改例 2.3.1 中的政策规则如下：

（a）把政策规则设定为

$$i_t = \delta \pi_t + \varepsilon_t$$

证明 $\delta > 1$ 是唯一稳态均衡存在的充要条件。我们称此条件为 **Taylor 原理**（Taylor principle）。

（b）假定政策规则由下述 **Taylor 规则**（Taylor rule）给出：

$$i_t = \delta_\pi \pi_t + \delta_x x_t + \varepsilon_t$$

推导唯一稳态均衡存在的条件。

3. 对于第 2.5 节的例子，写出利用对数近似的 Dynare 程序。画出消费 C_t、投资 I_t、产出 Y_t、工作小时 N_t、资本 K_t、工资 w_t 和租金率 R_t 的脉冲反应函数。利用一阶、二阶和三阶近似求解。

第 3 章

Markov 过程

本章目标

经济数据和经济模型通常具有递归结构。递归结构对于研究者使用递归方法研究动态问题是必要的，而它对于组织时间序列数据也是方便的。为了引入递归结构，我们有必要假设外生冲击服从 Markov 过程。我们也对由这些外生冲击和经济代理人最优化行为所导致的 Markov 过程的长期行为感兴趣。在本章中，我们对 Markov 过程及其收敛性做一个简要的介绍。① 我们首先研究有限状态空间的 Markov 链。然后研究无限状态空间的 Markov 链，最后讨论一般 Markov 过程的强收敛和弱收敛。

在本章中，我们都固定概率空间 $(\Omega, \mathcal{F}, \Pr)$ 和可测空间 $(\mathbb{X}, \mathcal{X})$。

定义 3.0.1 如果

$$\Pr(X_{t+1} \in A \mid X_t = x_0, X_{t-1} = x_1, \cdots, X_{t-k} = x_k) = \Pr(X_{t+1} \in A \mid X_t = x_0)$$

① 我们的阐述大量援引了 Lucas、Stokey 和 Prescott（1989），Billingsley（1995），Shiryaev（1996）以及 Gallager（1996）中的处理。

对于所有 $A\in\mathcal{X}$，所有 $x_0,x_1,\cdots,x_k\in\mathbb{X}$，所有 $0\leqslant k\leqslant t$ 和所有 $t\geqslant 0$ 都成立，则称状态空间为$\mathbb{X}$的随机过程 $\{X_t\}_{t=0}^{\infty}$是 **Markov 过程**（Markov process）。如果上面的概率不依赖于 t，则 Markov 过程就是**时齐的**（time homogeneous）。

在本章中，我们仅仅关注时齐的 Markov 过程。我们建议读者查阅附录 D，其中总结了本章中使用的测度论和概率论的一些基本概念和结论。

3.1 Markov 链

如果状态空间$\mathbb{X}$是可数的或者有限的，那么 Markov 过程 $\{X_t\}$ 被称为 **Markov 链**（Markov chain）。[①] Markov 链 $\{X_t\}$ 由以下三点来刻画：

- 可数的或有限的状态空间$\mathbb{X}$。这个集合给出了 x_t 可能取的所有可能值。不失一般性，我们可以简单假设 $\mathbb{X}=\{1,2,\cdots,n\}$，这里 $n\leqslant\infty$。

- **转移矩阵**（transition matrix）［或**随机矩阵**（stochastic matrix）］$P=(p_{ij})_{n\times n}$，其中，

$$p_{ij}=\Pr(X_{t+1}=j\,|\,X_t=i),\quad \sum_{k=1}^{n}p_{ik}=1$$

对于所有 $i,j=1,2,\cdots,n$。

- 初始分布 $\pi_0=(\pi_{01},\pi_{02},\cdots,\pi_{0n})$，其中，$\pi_{0i}=\Pr(x_0=i)$，$\sum_{i=1}^{n}\pi_{0i}=1$。

给定转移矩阵 P 和初始分布 π_0，存在 $(\mathbb{X}^{\infty},\mathcal{X}^{\infty})$ 上唯一的概率分布 Pr，使得存在定义在这个概率空间上的 Markov 链 $\{X_t\}$，以及对于所有的 $i,j\in\mathbb{X}$，均有

$$\Pr(x_0=i)=\pi_{0i},\quad \Pr(X_{t+1}=j\,|\,X_t=i)=p_{ij}$$

这个结果的一般形式在下面的定理 3.2.3 中有陈述。

给定转移矩阵 P，我们可以计算通过 m 步从状态 i 转移到状态 j 的概率，$m=1,2,3,\cdots$。特别地，我们可以验证，如果 P 是转移矩阵，那么 P^m 也是转移矩阵。如果初始状态是 i，那么往前 m 期状态的概率分布由 P^m 的第 i 行给出。我们用 $p_{ij}^{(m)}$ 代表 P^m 的第 i 行和第 j 列。m 步转移概率满足 **Chapman-Kolmogorov 方程**（Chap-

① 在文献中，一些研究者用术语“Markov 链”指代具有离散时间参数的任意 Markov 过程，而不管状态空间的性质。

man-Kolmogorov equation)：

$$P^{m+k}=P^kP^m \text{ 或者 } p_{ij}^{(m+k)}=\sum_{r=1}^{n}p_{ir}^{(k)}p_{rj}^{(m)}\text{，对于任意 } m,k\geqslant 1 \tag{3.1}$$

使用有方向的图刻画 Markov 链是很方便的。在图中，每一个状态对应一个节点，而每个非零转移概率对应一段有方向的圆弧。如果 $p_{ij}=0$，那么从节点 i 到节点 j 的圆弧就省略。因为 Markov 链的许多重要性质仅依赖于哪些转移概率为 0，所以图形表示可以帮助我们直观地理解这些性质。图 3.1 给出了一个例子。我们在下面也给出了更多的例子。

$$P=\begin{bmatrix}1/3 & 0 & 2/3 & 0\\ 0 & 1/4 & 0 & 3/4\\ 1/2 & 0 & 1/2 & 0\\ 0 & 1/4 & 0 & 3/4\end{bmatrix}$$

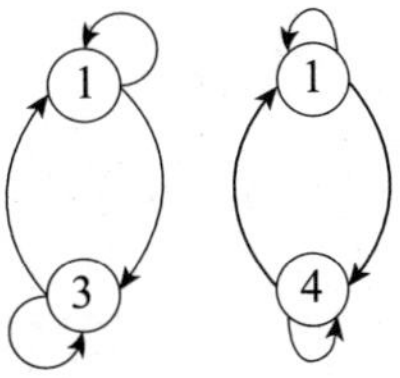

图 3.1　Markov 链的图形表示

例 3.1.1　机制转换。假设存在两个状态，分别代表繁荣和衰退。转移矩阵为

$$P=\begin{bmatrix}p & 1-p\\ 1-q & q\end{bmatrix},p\in(0,1),q\in(0,1)$$

m 步转移矩阵为

$$P^m=\frac{1}{2-p-q}\begin{bmatrix}1-q & 1-p\\ 1-q & 1-p\end{bmatrix}+\frac{(p+q-1)^m}{2-p-q}\begin{bmatrix}1-p & p-1\\ q-1 & 1-p\end{bmatrix}$$

因此，

$$\lim_{m\to\infty}P^m=\frac{1}{2-p-q}\begin{bmatrix}1-q & 1-p\\ 1-q & 1-p\end{bmatrix}$$

例 3.1.2　（周期运动子集）假设转移矩阵为

$$P=\begin{bmatrix}0 & P_1\\ P_2 & 0\end{bmatrix}$$

其中，P_1 和 P_2 分别是 $k\times(n-k)$ 和 $(n-k)\times k$ 转移矩阵，每个都由严格正的元素构成。那么，

$$P^{2m}=\begin{bmatrix}(P_1P_2)^m & 0\\ 0 & (P_2P_1)^m\end{bmatrix}$$

$$P^{2m+1}=\begin{bmatrix}0 & (P_1P_2)^mP_1\\ (P_2P_1)^mP_2 & 0\end{bmatrix}$$

例 3.1.3 假设转移矩阵为

$$P=\begin{bmatrix}1-\alpha & \alpha/2 & \alpha/2\\ 0 & 1/2 & 1/2\\ 0 & 1/2 & 1/2\end{bmatrix},\alpha\in(0,1)$$

通过简单的计算可以得出

$$P^m=\begin{bmatrix}(1-\alpha)^m & \beta_m/2 & \beta_m/2\\ 0 & 1/2 & 1/2\\ 0 & 1/2 & 1/2\end{bmatrix}$$

其中，$\beta_m=1-(1-\alpha)^m$。因为 $\alpha\in(0,1)$，所以

$$\lim_{m\to\infty}P^m=\begin{bmatrix}0 & 1/2 & 1/2\\ 0 & 1/2 & 1/2\\ 0 & 1/2 & 1/2\end{bmatrix}$$

例 3.1.4 （生灭 Markov 链）取一个 IID 的二元随机变量序列 $\{b_t\}_{t\geqslant1}$，其中，$\Pr(b_t=1)=p$，$\Pr(b_t=-1)=q=1-p$。令 $X_t=\max\{0,b_t+X_{t-1}\}$，其中，$X_0=0$。序列 $\{X_t\}$ 是一个特殊的生灭 Markov 链。它的状态空间是 $\{0,1,2,\cdots\}$，它的图形表达由图 3.2 给出。

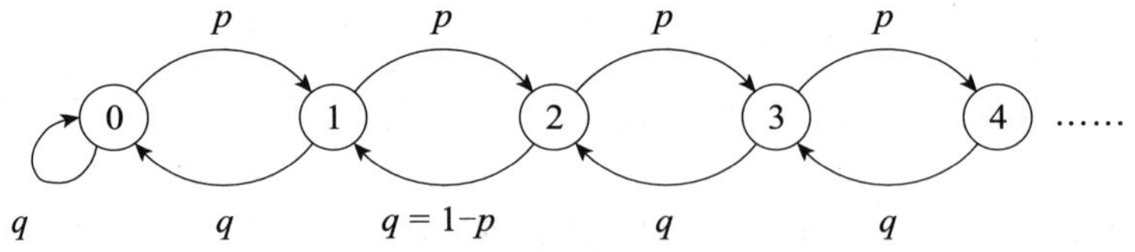

图 3.2 生灭 Markov 链的图形表示

例 3.1.5 （无限制的一维随机漫步）考虑 IID 的随机变量序列 $\{w_t: t\geqslant1\}$，其中，$\Pr(w_t=1)=0.5$，$\Pr(w_t=-1)=0.5$。无限制的一维随机漫步 $\{X_t\}$ 被定义为 $X_t=X_{t-1}+w_t$，$X_0=0$。它的状态空间是 $\{\cdots,-2,-1,0,1,2,\cdots\}$。它的图形表示由图 3.3 给出。

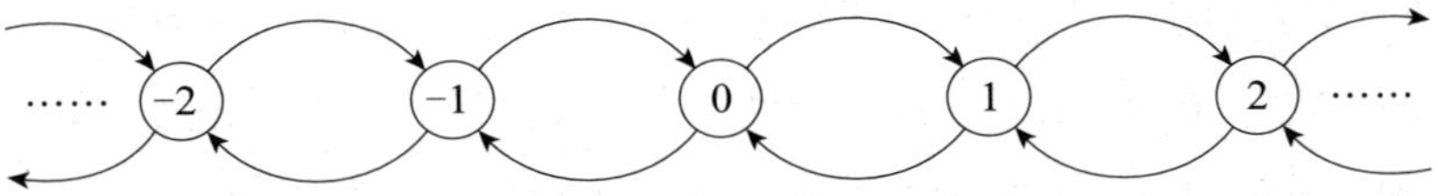

图 3.3　无限制一维随机漫步的图形表示

例 3.1.6　（带两个关卡的随机漫步）假设存在四个状态 $\{1,2,3,4\}$，转移矩阵为

$$P=\begin{bmatrix}1&0&0&0\\q&0&p&0\\0&q&0&p\\0&0&0&1\end{bmatrix}$$

状态 1 和 4 是**吸收态**（absorbing state），即，一旦链进入其中一个状态，它就会永远停留在那里。

在第 3.1 节和第 3.2 节，我们集中讨论有限状态的 Markov 链。在第 3.3 节，我们简要介绍可数状态的 Markov 链，并强调这两种情形的主要区别。

□ 3.1.1　状态的分类

除非特别提到，否则本节适用于有限和可数状态的 Markov 链。我们从几个定义开始。

定义 3.1.1　如果对于某个 $m\geqslant 1$，$p_{ij}^{(m)}>0$，那么状态 j 是从状态 i **可达的**（accessible，用 $i\rightarrow j$ 表示）。如果 i 是从 j 可达的且 j 是从 i 可达的，则两个不同的状态 i 和 j 是**互通的**（communicate，用 $i\leftrightarrow j$ 表示）。取 $i\leftrightarrow i$，不管 $p_{ii}^{(m)}>0$ 是否成立。

互通性是一种等价性质，因为下面的性质成立：

- $i\leftrightarrow i$（反身性）。
- 当且仅当 $j\leftrightarrow i$ 时，$i\leftrightarrow j$（对称性）。
- $i\leftrightarrow k$ 且 $k\leftrightarrow j$ 意味着 $i\leftrightarrow j$（传递性）。

因此，根据等价关系 $\leftrightarrow$，状态空间 $\mathbb{X}$ 可以彻底分成不相交的等价类。对于图 3.1 的例子，存在两个等价类：$\{1,3\}$ 和 $\{2,4\}$。

定义 3.1.2　如果状态空间仅包含一个互通等价类，那么 Markov 链是**不可约的**（irreducible）。如果至少存在两个等价类，那么它是**可分解的**（decomposable）。

由此定义可知，对于转移矩阵为 P 的不可约 Markov 链来说，对于任意状态 i，

j，存在 k（这个 k 可能依赖于 i,j）使得 $p_{ij}^{(k)}>0$。也就是说，所有状态彼此是互通的。有时，这种性质被用来定义不可约性。如果转移矩阵是可分解的，那么我们能够根据某一类中的状态是常返的还是滑过的而对等价类进行分类。

定义 3.1.3 对于有限状态的 Markov 链，如果对于状态 j，无论何时 $i\to j$，就一定有 $j\to i$，那么状态 i 是**常返的**（recurrent）。如果状态不是常返的，则称它是**滑过的**（transient）。

根据这个定义，如果有限状态 Markov 链中的状态 i 到达状态 j 不存在不返回的可能性，那么状态 i 是常返的。如果存在状态 j，从状态 i 到状态 j 是可达的但不可能返回，则状态 i 是滑过的。对于图 3.1 中的例子，所有状态都是常返的。例 3.1.1 和例 3.1.2 中的所有状态都是常返的。在例 3.1.3 中，状态 1 是滑过的，状态 2 和 3 是常返的。例 3.1.4 和例 3.1.5 给出了两个可数状态 Markov 链。我们将在第 3.3 节看到，对于可数状态空间来讲，有限状态 Markov 链常返的定义是不够的。在第 3.3 节，我们将给出新的定义。

定理 3.1.1 （a）对于有限状态 Markov 链，一个等价类中的所有状态要么都是滑过的，要么都是常返的。（b）有限状态空间可以被分割成至少一个常返类和一个滑过状态的集合。（c）对于不可约的有限状态 Markov 链，所有状态都是常返的。

证明 （a）如果一个等价类中不存在滑过状态，那么这个等价类是常返的。假设一个等价类中有一个滑过状态 i，使得 $i\to j$ 但 $j\not\to i$，且假设 i 和 m 在同一类中，意味着 $i\leftrightarrow m$，那么 $m\to i$ 且 $i\to j$，因此 $m\to j$。但是，$j\not\to m$，否则 $j\to m\to i$，矛盾。于是，m 是滑过的。因此，包含 i 的这一类中所有状态都是滑过的。

（b）首先，我们表明至少存在一个常返态，从而至少存在一个常返类。假定状态 i_1 是滑过的，那么存在状态 i_2 使得 $i_1\to i_2$ 但 $i_2\not\to i_1$。如果 i_2 是常返的，则证毕。如果 i_2 是滑过的，那么存在 i_3 使得 $i_2\to i_3$ 但 $i_3\not\to i_2$ 且 $i_3\not\to i_1$。以这种方式往下继续，我们得到一个不包含任何周期的有向图。因为状态空间是有限的，所以存在最后一个状态 j 不包含向外的圆弧。根据构造 $p_{jj}=1$ 和 $p_{jk}=0$（对所有的 $k\neq j$），节点 j 一定是常返的。如果存在一个滑过状态，那么所有滑过状态构成一类。剩下的状态是常返的，利用等价关系$\leftrightarrow$可以分割成不相交的常返类。

（c）由定义可知，不可约 Markov 链仅有一类。如果这个类不是常返的，那么在此类中存在状态 i，在此类外存在状态 j，使得 $i\to j$ 但 $j\not\to i$。状态 j 属于另一个等价类，与此 Markov 链的不可约性矛盾。

备注 3.1.1 Stokey、Lucas 和 Prescott（1989）把常返类称为**遍历集**（ergodic set）。他们的定义为：如果对于所有 $i \in E$ 均有 $\sum_{j \in E} p_{ij} = 1$，且 E 的任何真子集都不具有这种性质，那么遍历集为状态 E 的一个子集。本章习题 1 要求读者验证：这个定义等价于我们定义的有限 Markov 链的常返类。

根据 Markov 链的图，如果存在从类中的一个节点到类外的一个节点的有向弧，那么这个类就是滑过的。因为不可约 Markov 链仅有一类，所以如果状态空间是有限的，那么这一类一定是常返的。对于图 3.1 中的例子，$\{1,3\}$ 和 $\{2,4\}$ 是两个常返类。在例 3.1.1 和例 3.1.2 中，所有状态都是常返的，Markov 链是不可约的。例 3.1.3 中的 Markov 链有两类：一类仅由状态 1 构成，是滑过的；另一类由状态 2 和 3 构成，是常返的。对于例 3.1.6，存在三类：$\{1\}$、$\{2,3\}$ 和 $\{4\}$，其中类 $\{1\}$ 和类 $\{4\}$ 是常返的，类 $\{2,3\}$ 是滑过的。

下面我们根据周期对状态进行分类。

定义 3.1.4 一个状态的**周期**（period），是使得 $p_{ii}^{(m)}>0$ 的那些 m 值的最大公约数，用 $d(i)$ 来代表。如果周期是 1，则状态是**非周期的**（aperiodic）；如果周期至少是 2，则状态是**周期的**（periodic）。

由此定义可知，如果除非经过 $d(i)$ 步，$2d(i)$ 步，$3d(i)$ 步，…，否则回到 i 是不可能的，且 $d(i) \geqslant 1$ 是具有此性质的最大整数，那么状态 i 是周期的，周期为 $d(i)$。很明显，此定义仅适用于常返状态。它也适用于有限和可数状态的 Markov 链。对于图 3.1 中的例子、例 3.1.1 和例 3.1.4，所有状态都是非周期的。在例 3.1.3 中，两个常返状态 2 和 3 都是非周期的。在例 3.1.2 和例 3.1.5 中，所有状态都具有周期 2。

定理 3.1.2 对于任何有限或者可数状态的 Markov 链，同一类中的所有状态都具有相同的周期。

证明 取同一类中任意一对不同状态 i 和 j，那么 $i \leftrightarrow j$，存在某个 r 使得 $p_{ij}^{(r)}>0$，且存在某个 s 使得 $p_{ji}^{(s)}>0$。这样，由 Chapman-Kolmogorov 方程可知，$p_{ii}^{(r+s)}>0$。由定义，$r+s$ 一定能被 $d(i)$ 整除。令 t 为满足 $p_{jj}^{(t)}>0$ 的任意整数。由 Chapman-Kolmogorov 方程（3.1），$p_{ii}^{(r+s+t)}>0$。因此，$r+s+t$ 一定被 $d(i)$ 整除，进而 t 被 $d(i)$ 整除。因为这对于满足 $p_{jj}^{t}>0$ 的任意 t 都是成立的，所以 $d(j)$ 可以被 $d(i)$ 整除。由对称的论证可知，$d(i)$ 可以被 $d(j)$ 整除，因此 $d(i)=d(j)$。

根据周期以及它是常返的还是滑过的，我们对有限状态 Markov 链的状态进行了分类。概括地说，我们能对状态重新排序，使得转移矩阵可以写成以下形式：

$$P=\begin{bmatrix} A_1 & 0 & \cdots & 0 \\ 0 & A_2 & \cdots & 0 \\ 0 & 0 & \cdots & 0 \\ B_1 & B_2 & \cdots & A_k \end{bmatrix}$$

其中，$A_1,\cdots,A_{k-1}$ 对应于 $k-1$ 个常返状态类。最后一块对应于滑过状态的集合。每个子矩阵 $A_i(i=1,\cdots,k-1)$ 构成一个转移矩阵。对应于这个矩阵的状态具有相同的周期。我们可以对周期为 d 的子矩阵的状态重新排序，使得它可以被分解成 d 个子类，像例 3.1.2 那样。在例 3.1.6 中，状态｛1｝和状态｛4｝构成两个常返类。状态｛2,3｝构成一个滑过类。

□ 3.1.2 平稳分布

假设状态空间 X 上的初始分布由行向量 π_0 给出。那么 t 期的分布为 $\pi_t=\pi_0 P^t$。我们对 Markov 链的长期行为感兴趣。也就是说，π_t 会收敛于一个分布吗？这种收敛依赖于初始分布 π_0 吗？我们正式引入下面的定义来研究这些问题。

定义 3.1.5 转移矩阵为 P 的 Markov 链的**不变分布**（invariant distribution）或**平稳分布**（stationary distribution）是满足 $\pi=\pi P$ 的分布（行向量）π。

下面的定理给出了平稳分布存在且唯一的充分条件。

定理 3.1.3 对于转移矩阵为 P 的有限状态 Markov 链，如果对于某个 $k>0$ 和所有 i,j 都有 $p_{ij}^{(k)}>0$，那么这个 Markov 链具有唯一的平稳分布 π，使得 $\lim_{t\to\infty} p_{ij}^{(t)}=\pi_j>0$ 对于所有的 j 和 i 都成立。

证明 对于所有的 $t\geqslant 1$，固定 P^t 的第 j 列。取 $m_t=\min_i p_{ij}^{(t)}$，$M_t=\max_i p_{ij}^{(t)}$。我们将要证明：

(1) 序列 $\{m_t\}$ 是递增的；

(2) 序列 $\{M_t\}$ 是递减的；

(3) $\Delta_t=M_t-m_t$ 以指数速度收敛到零。

为了证明第一个性质，我们应用 Chapman-Kolmogorov 方程：

$$m_{t+1}=\min_i \sum_v p_{iv} p_{vj}^{(t)} \geqslant \min_i \sum_v p_{iv} m_t = m_t$$

利用类似的论证方法可得到第二个性质。为了证明第三个性质，我们暂时假设所有

$p_{ij}>0$。令 $\delta=\min_{i,j} p_{ij}>0$。因为至少存在两个状态，所以可由 $\sum_j p_{ij}\geqslant 2\delta$ 推知 $\delta\leqslant \frac{1}{2}$。令 l 为使得 $M_t=p_{lj}^{(t)}$ 的行。那么，

$$\begin{aligned} m_{t+1} &= \min_i p_{ij}^{(t+1)} = \min_i \sum_k p_{ik} p_{kj}^{(t)} = \min_i p_{il} M_t + \sum_{k\neq l} p_{ik} p_{kj}^{(t)} \\ &\geqslant \min_i p_{il} M_t + \sum_{k\neq l} p_{ik} m_t = \min_i p_{il} M_t + (1-p_{il}) m_t \\ &\geqslant \delta M_t + (1-\delta) m_t \end{aligned}$$

类似地，

$$M_{t+1}\leqslant \delta m_t+(1-\delta)M_t$$

同时考虑这两个不等式得到

$$\Delta_{t+1}=M_{t+1}-m_{t+1}\leqslant(1-2\delta)(M_t-m_t)=(1-2\delta)\Delta_t\leqslant(1-2\delta)^{t+1}$$

令 $t\to\infty$，我们发现 m_t 和 M_t 收敛于一个共同的极限，即 π_j。由于 m_t 是递增的，因此 $\pi_j=\lim_t m_t\geqslant m_1>0$。对于对某个 $k>0$，$p_{ij}^{(k)}>0$ 的情形，我们考虑 m_{kt} 和 M_{kt}。采用类似的推理，我们能够得出 $M_{kt}-m_{kt}\leqslant(1-2\delta)^t$。令 $t\to\infty$ 也能得到想要的结果。

由于例 3.1.1 满足此定理的假设，因此存在唯一的平稳分布，并且极限转移矩阵的每一行给出了这个平稳分布。例 3.1.2 违背定理的假设。更具体地，令

$$P_1=P_2=\begin{bmatrix}3/4 & 1/4\\ 1/4 & 3/4\end{bmatrix}$$

然后，当 $m\to\infty$ 时，

$$P^{2m}\to\begin{bmatrix}1/2 & 1/2 & 0 & 0\\ 1/2 & 1/2 & 0 & 0\\ 0 & 0 & 1/2 & 1/2\\ 0 & 0 & 1/2 & 1/2\end{bmatrix},\quad P^{2m+1}\to\begin{bmatrix}0 & 0 & 1/2 & 1/2\\ 0 & 0 & 1/2 & 1/2\\ 1/2 & 1/2 & 0 & 0\\ 1/2 & 1/2 & 0 & 0\end{bmatrix}$$

因为我们能够检验 $(1/4,1/4,1/4,1/4)$ 是唯一的不变分布，所以前面的定理不能被应用于这个例子。

当转移矩阵的维数很大时，此定理的条件可能很难验证。下述定理给出了简单的等价条件。

定理 3.1.4 当且仅当存在 $k_0>0$ 使得 $p_{ij}^{(k)}>0$ 对于所有的 i,j 和所有的 $k\geqslant k_0$ 都成立时，有限状态 Markov 链是不可约的和非周期的。

证明 “充分性”部分是平凡的。我们考虑“必要性”部分。由于 Markov 链是不可约的，因此存在某个 $m\geqslant 0$，使得对于某个 j 有 $p_{jj}^{(m)}>0$。定义集合

$$S=\{k:p_{jj}^{(k)}>0,k\geqslant 1\}$$

由 Chapman-Kolmogorov 方程可知，$p_{jj}^{(k+l)}\geqslant p_{jj}^{(k)}p_{jj}^{(l)}$。因此，如果 $k,l\in S$，那么 $k+l\in S$。根据数论中的一个引理，如果一个正整数的集合关于加法封闭且有最大公约数 1，那么它包括超过某个 k_j 的所有整数［参见 Billingsley（1995）的附录 A21］。我们可以应用这个引理，因为 Markov 链是非周期的。给定 i 和 j，存在 r_{ij} 使得 $p_{ij}^{(r_{ij})}>0$，因为 Markov 链是不可约的。对于所有 $k>k_{ij}\equiv k_j+r_{ij}$，$p_{ij}^{k}\geqslant p_{ij}^{(r_{ij})}p_{jj}^{(k-r_{ij})}>0$。因为状态空间是有限的，所以我们可以在所有 k_{ij} 中选择最大的，就取为 k_0。

由定义可知，对于不可约 Markov 链，存在 $k>0$ 使得 $p_{ij}^{(k)}>0$ 对于任意的 i 和 j 都成立。然而，对于不同的 i 和 j，这个 k 可以取不同的值。定理的力量在于，对于所有的 i,j，我们可以选择公共的 k_0 使得对所有的 $k>k_0$ 都有 $p_{ij}^{(k)}>0$。例 3.1.2 中的 Markov 链有周期 2，这违背了定理的假设。像上面表明的那样，定理 3.1.4 不能适用于这个例子。

对于一般的非不可约情形，我们把状态空间分割成许多类常返状态和一类滑过状态。于是，每个常返类对应于其支撑就是这个常返类的不变分布。所有的不变分布都是与常返类相关的那些不变分布的线性组合。这样，如果至少存在两个常返类，那么就存在无穷多个不变分布。对这个结果的更严格证明参见 Stokey、Lucas 和 Prescott（1989）的定理 11.1。

下面的结果提供了一种更精确的刻画，也给出了定理 3.1.3 的逆命题。

定理 3.1.5 （a）当且仅当有限 Markov 链有唯一的常返类并且是非周期的时，这个有限 Markov 链有一个极限平稳分布。（b）当且仅当有限 Markov 链有唯一的常返类时，这个有限 Markov 链有唯一的平稳分布。

对这个定理的证明是根据前面两个定理得到的。这里我们略去。Stokey、Lucas 和 Prescott（1989）中的定理 11.2 和定理 11.4 与我们的定理 3.1.5 有关。

□ 3.1.3 可数状态 Markov 链

可数状态 Markov 链具有某些有限状态 Markov 链所不具有的行为类型。我们

利用例 3.1.4 和例 3.1.5 来说明可数状态空间提出的新问题。对于例 3.1.5，所有状态和所有其他状态都是互通的，因此属于同一类。链是不可约的，所有状态都有周期 2。当时间趋于无穷时，每个状态的概率趋于零。这些概率不能构成一个稳态分布。

现在考虑例 3.1.4。这个链是不可约的和非周期的。对于 $p>0.5$，与转移到左侧相比，转移到右侧发生的频率更高。按此推理，我们会认为，随着 t 的增加，t 期的状态 X_t 会向右侧漂移。给定 $X_0=0$，对于任何给定的 j，随着 l 的增加，在时刻 l 在状态 j 的概率 $p_{0j}^{(l)}$ 趋于零。因此，稳态不可能存在。

把例 3.1.4 中的 Markov 链和截断的有限状态 Markov 链相比较是有趣的。特别地，假设存在 k 个状态 $\{0,1,\cdots,k-1\}$。转移概率由图 3.2 给出。另外，$p_{k-1,k-1}=p$。在这种情况下，本章习题 3 要求读者证明平稳分布 $\pi=(\pi_0,\pi_1,\cdots,\pi_{k-1})$ 由 $\pi_i=\dfrac{(1-\rho)\rho^i}{1-\rho^k}$ 给出，其中，$\rho=\dfrac{p}{q}$，$\rho\neq1$。对于 $\rho=1$，$\pi_i=\dfrac{1}{k}$。现在考虑当 $k\to\infty$ 时的极限行为。一方面，对于 $\rho<1(p<0.5)$，$\pi_i\to(1-\rho)\rho^i$ 对于所有 i 都成立，以后我们把它解释为未截断链的稳定分布。另一方面，对于 $\rho>1(p>0.5)$，$\pi_i\to0$ 对于所有 i 都成立。因此，对于未截断链，这个极限不可能是平稳分布。

这两个例子促使我们重新定义常返。为此，我们用 τ_i 代表 Markov 链 $\{X_t\}_{t=0}^{\infty}$ 到达状态 i 的**首次返回时间**（first return time）：

$$\tau_i=\min\{k\geqslant1:X_k=i\}$$

我们用 Pr 代表 $\{X_t\}$ 的概率分布。

定义 3.1.6 状态 i 被称为：

- **正常返的**（positive recurrent），如果 $\Pr(\mathcal{T}_i<\infty\mid X_0=i)=1$ 且 $E[\mathcal{T}_i\mid X_0=i]<\infty$；
- **零常返的**（null recurrent），如果 $\Pr(\mathcal{T}_i<\infty\mid X_0=i)=1$ 且 $E[\mathcal{T}_i\mid X_0=i]=\infty$；
- **滑过的**（transient），如果 $\Pr(\mathcal{T}_i<\infty\mid X_0=i)<1$。

根据这个定义，如果从 i 开始 Markov 链最终确定会返回到 i 以及平均返回时间是有限的（无穷的），那么状态 i 是正（零）常返的。如果存在正概率使得从状态 i 开始的 Markov 链最终离开这个状态，那么状态 i 是滑过的。给定常返的新定义，定理 3.1.1 的（a）和（b）部分依然成立，但是证明一定要修改［参见 Shiryaev (1996) 第 575 页的引理 1］。另外，可数状态空间的常返类可以进一步分为正常返态或者零常返态。（c）部分不再正确。对于不可约可数状态 Markov 链，所有状态要么是滑过的，要么是常返的［参见 Billingsley（1995）中的定理 8.3］。对于例 3.1.4，如果 $p>0.5$，那么所有状态都是滑过的。如果 $p=0.5$，那么有可能证明所有状态都是零常返的。定义 3.1.5 和定理 3.1.2 中周期的概念对于可数状态 Markov 链也适用。定理 3.1.4 也适用，但是它的证明要修改［参见 Billingsley（1995）第 8 节的引理 2］。定理 3.1.3 不再适用，后文将进行修改［参见 Billingsley（1995）中的定理 8.8］。

定理 3.1.6 对于不可约的且非周期的 Markov 链，存在三种可能的情形：

（a）链是滑过的。对于所有 i 和 j，$\lim_{k\to\infty} p_{ij}^{(k)}=0$ 且 $\sum_k p_{ij}^{(k)}<\infty$。

（b）链是零常返的，但是不存在平稳分布。对于所有 i,j，$\lim_{k\to\infty} p_{ij}^{(k)}=0$，但是逼近速度如此缓慢，以至于 $\sum_k p_{ij}^{(k)}=\infty$，$E[\mathcal{T}_j|X_0=j]=\infty$。

（c）链是正常返的，存在唯一的平稳分布 π 使得对于所有 i,j 都有 $\lim_{k\to\infty} p_{ij}^{(k)}=\pi_j=1/E[\mathcal{T}_j|X_0=j]>0$。

（c）部分描述了状态的平稳概率等于停留在此状态的长期频率的直观含义。对于有限状态空间，情形（a）和（b）不可能发生，因为 $\sum_j p_{ij}^{(k)}=1$。对于可数状态 Markov 链，如果用正常返类代替常返类，定理 3.1.5 依然成立［参见 Shiryaev（1996）第 586 页定理 4］。

3.2 一般 Markov 过程

一般 Markov 过程可以用转移函数来方便地描述，类似于有限状态 Markov 链的转移矩阵。固定可测空间（$\mathbb{X},\mathcal{X}$）与（$\mathbb{Y},\mathcal{Y}$）。

定义 3.2.1 如果

（a）对任意 $x\in\mathbb{X}$，$P(x,\cdot)$ 是 $(\mathbb{Y},\mathcal{Y})$ 上的概率测度，且

（b）对任意 $A\in\mathcal{Y}$，$P(\cdot,A)$ 是 $\mathcal{X}$ 可测函数，

则称函数 $P:\mathbb{X}\times\mathcal{Y}\to[0,1]$ 为**随机核**（stochastic kernel）。

如果两个空间（$\mathbb{X},\mathcal{X}$）与（$\mathbb{Y},\mathcal{Y}$）相同，则称 P 为**转移函数**（transition function）。

给定定义在概率空间 $(\Omega,\mathcal{F},\Pr)$ 上的状态空间为 $\mathbb{X}$ 的任何时齐的 Markov 过程

$\{X_t\}$，我们可以构造如下转移函数 $P:\mathbb{X}\times\mathcal{X}\to[0,1]$：

$$P(x,A)=\Pr(X_{t+1}\in A|X_t=x),\quad (x,A)\in(\mathbb{X},\mathcal{X})$$

其含义为，$P(x,A)$ 是给定当期状态 x 时下一期状态在集合 A 中的概率。

接下来，我们考虑随机核的构成。我们需要以下结果，其证明可参考 Stokey、Lucas 和 Prescott（1989，p. 228）。

定理 3.2.1 令 $(\mathbb{W},\mathcal{W})$、$(\mathbb{X},\mathcal{X})$ 和 $(\mathbb{Y},\mathcal{Y})$ 为可测空间，且令 P_1 与 P_2 分别为 $(\mathbb{W},\mathcal{X})$ 与 $(\mathbb{X},\mathcal{Y})$ 上的随机核。那么存在 $(\mathbb{W},\mathcal{X}\times\mathcal{Y})$ 上的唯一随机核 P_3 使得

$$P_3(w,A\times B)=\int_A P_2(x,B)P_1(w,\mathrm{d}x)$$

对所有 $w\in\mathbb{W}$ 以及所有 $A\in\mathcal{X}$ 和 $B\in\mathcal{Y}$ 都成立。

核 P_3 通常称为 P_1 与 P_2 的**直积**（direct product），用 $P_1\otimes P_2$ 表示。直积给出了从状态 w 开始时落入 $A\times B$ 的概率。它等于以下事件发生的概率：首先抵达一个点 $x\in A$，而后落入 B 中，然后对 A 中的所有点取积分。给定转移函数 P，我们可以构造一个相应时齐的 Markov 过程。我们使用定理 3.2.1 和概率论中的下述重要结果。

定理 3.2.2 Kolmogorov 延拓定理（Kolmogorov extension theorem）。假定$\mathbb{X}$是完备可分度量空间。[①] 令 $\{\mu_t\}$ 为 $\mathcal{X}^t$ 上的概率测度序列，其满足

$$\mu_t(A_1\times\cdots\times A_t)=\mu_{t+1}(A_1\times\cdots\times A_t\times\mathcal{X}) \tag{3.2}$$

对所有 t 和所有 $A_i\in\mathcal{X}$都成立。那么存在 $\mathcal{X}^\infty$ 上的唯一概率测度 μ，使得对于每一个 $A\in\mathcal{X}^t$都有 $\mu_t(A)=\mu(A\times\mathcal{X}^\infty)$。

式（3.2）通常被称为 **Kolmogorov 一致性条件**（Kolmogorov consistency condition）。该条件和定理可以用有限维分布来陈述，其证明可参考 Shiryaev（1996，pp. 246 - 247）。

定理 3.2.3 令 μ_0 为 $\mathcal{X}$上的概率测度，P 为 $(\mathbb{X},\mathcal{X})$ 上的转移函数。假定$\mathbb{X}$是完备可分度量空间。那么，存在 $(\mathbb{X}^\infty,\mathcal{X}^\infty)$ 上唯一的概率测度 Pr 和 $(\mathbb{X}^\infty,\mathcal{X}^\infty,\Pr)$ 上的状态空间为$\mathbb{X}$的 Markov 过程 $\{X_t\}_{t=0}^\infty$，使得：(a) $\Pr(X_{t+1}\in A|X_t=x)=P(x,A)$，对所有 $(x,A)\in(\mathbb{X},\mathcal{X})$ 都成立；(b) X_0 的分布为 μ_0。

① 完备可分空间的定义参见附录 B。

证明 定义序列 $\{\mu_t\}_{t=0}^{\infty}$ 如下：

$$\mu_t(A_0 \times A_1 \times \cdots \times A_t)$$
$$= \int_{A_0}\int_{A_1}\cdots\int_{A_{t-1}} P(x_{t-1}, A_t)P(x_{t-2}, \mathrm{d}x_{t-1})\cdots P(x_0, \mathrm{d}x_1)\mu_0(\mathrm{d}x_0)$$

对所有 $t \geqslant 0$ 和所有 $A_i \in \mathcal{X}(i = 0,1,\cdots,t)$。重复应用定理 3.2.1，我们可证明 μ_t 是 $\mathcal{X}^{t+1}$ 上的概率测度。我们可以验证 $\{\mu_t\}$ 满足式（3.2）。根据 Kolmogorov 延拓定理，$(\mathbb{X}^{\infty}, \mathcal{X}^{\infty})$ 上存在唯一的概率测度 Pr。定义序列 $\{X_t\}_{t=0}^{\infty}$ 如下：

$$X_t(x_0, x_1, \cdots, x_t, \cdots) = x_t \tag{3.3}$$

对任意 $\{x_t\}_{t=0}^{\infty} \in \mathbb{X}^{\infty}$。那么，我们可以验证 $\{X_t\}$ 为合意的 Markov 过程。

备注 3.2.1 构造的概率空间 $(\mathbb{X}^{\infty}, \mathcal{X}^{\infty}, \Pr)$ 是**典型的**（canonical）。式（3.3）给出的构造称为构造随机过程的**坐标法**（coordinate method）。这种方法很有一般性，且适用于连续时间［参见 Shiryaev（1996）］。

前述定理的一个扩展如下：

定理 3.2.4 有关测度延拓和随机过程存在性的 **Tulcea 定理**（Tulcea theorem）。令 $(\Omega_n, \mathcal{F}_n), n = 0,1,2,\cdots$ 为任意可测空间，令 $\Omega = \Pi_{n=0}^{\infty}\Omega_n$ 与 $\mathcal{F} = \bigotimes_{n=0}^{\infty}\mathcal{F}_n$ 为乘积可测空间。假设给定 $(\Omega_0, \mathcal{F}_0)$ 上的概率测度 Q_0 和随机核序列 $Q_n:(\Omega_0 \times \Omega_1 \times \cdots \times \Omega_n) \times \mathcal{F}_{n+1} \to [0,1](n \geqslant 1)$。令

$$P_n(A_0 \times A_1 \times \cdots \times A_n) = \int_{A_0} Q_0(\mathrm{d}\omega_0)\int_{A_1} Q_1(\omega_0; \mathrm{d}\omega_1)$$
$$\cdots\int_{A_n} Q_n(\omega_0, \omega_1, \cdots, \omega_{n-1}; \mathrm{d}\omega_n)$$

对所有 $A_i \in \mathcal{F}_i$，$n \geqslant 1$。那么，存在 $(\Omega, \mathcal{F})$ 上的唯一概率测度 Pr 使得

$$\Pr(\omega: \omega_0 \in A_0, \cdots, \omega_n \in A_n) = P_n(A_0 \times A_1 \times \cdots \times A_n)$$

存在随机过程 $X = (X_0(\omega), X_1(\omega), \cdots)$ 使得

$$\Pr(\omega: X_0(\omega) \in A_0, \cdots, X_n(\omega) \in A_n) = P_n(A_0 \times A_1 \times \cdots \times A_n)$$

其中，A_i 为某些可测空间 $(\mathbb{X}_i, \mathcal{X}_i)$ 的 Borel 集。

证明 参见 Shiryaev（1996，pp. 249－251）对定理 2 的证明。

下述结果是对 Markov 过程的基本刻画。

定理 3.2.5 令 $\{X_t\}$ 是转移函数为 $P: \mathbb{X} \times \mathcal{X} \to [0,1]$ 的时齐的 Markov 过程。

递归地定义 n 步转移如下：

$$P^1 = P, \quad P^n(a,A) = \int_{\mathbb{X}} P(x,A)P^{n-1}(a,\mathrm{d}x) \tag{3.4}$$

其中，$(a,A) \in (\mathbb{X},\mathcal{X})$。那么，对于每个 $n\geqslant 2$，P^n 是转移函数。

其含义为，$P^n(a,A)$ 是从点 a 开始恰好经过 n 期到达集合 A 的概率。式（3.4）称为 Chapman-Kolmogorov 方程，与式（3.1）类似。本章习题 2 要求读者证明这个定理以及下述结果：

$$P^{m+n}(a,A) = \int_{\mathbb{X}} P^m(x,A)P^n(a,\mathrm{d}x), \quad \text{对于每个 } m,n \geqslant 1 \tag{3.5}$$

接下来，我们引入与 Markov 过程有关的两种重要算子。令 $B(\mathbb{X},\mathcal{X})$ 表示 $\mathbb{X}$ 上所有有界且 $\mathcal{X}$ 可测函数的集合。令 $\mathcal{P}(\mathbb{X},\mathcal{X})$ 表示 $(\mathbb{X},\mathcal{X})$ 上所有概率测度的集合。

定义 3.2.2 与转移函数 $P:\mathbb{X}\times\mathcal{X}\to[0,1]$ 相关的 **Markov 算子**（Markov operator）是 $B(\mathbb{X},\mathcal{X})$ 上的映射，它满足

$$Tf(x) = \int f(y)P(x,\mathrm{d}y), \quad \text{对于任意 } f \in B(\mathbb{X},\mathcal{X})$$

算子 T 的**伴随算子**（adjoint operator）T^* 则是 $\mathcal{P}(\mathbb{X},\mathcal{X})$ 上的一个映射，其满足

$$T^*\lambda(A) = \int P(x,A)\lambda(\mathrm{d}x), \quad \text{对于任意 } \lambda \in \mathcal{P}(\mathbb{X},\mathcal{X})$$

本章习题 4 要求读者证明 T 是 $B(\mathbb{X},\mathcal{X})$ 上的自映射，T^* 是 $\mathcal{P}(\mathbb{X},\mathcal{X})$ 上的自映射。T 与 T^* 的直观性质是：

$$\int (Tf)(x)\lambda(\mathrm{d}x) = \int f(y)(T^*\lambda)(\mathrm{d}y) = \iint f(y)P(x,\mathrm{d}y)\lambda(\mathrm{d}x)$$

对任意 $f \in B(\mathbb{X},\mathcal{X})$ 和任意 $\lambda \in \mathcal{P}(\mathbb{X},\mathcal{X})$ 都成立。如果 λ 为当期状态的概率测度，条件概率为 $P(x,\cdot)$，则这个方程给出了 f 在下一期的期望值。

令 T^n 与 T^{*n} 为对应转移 P^n 的算子，可以直接验证：

$$T^{(n+m)}f=(T^n)(T^mf), \quad f\in B(\mathbb{X},\mathcal{X})$$
$$T^{*(n+m)}\lambda=(T^{*n})(T^{*m}\lambda), \quad \lambda\in \mathcal{P}(\mathbb{X},\mathcal{X})$$

由此可知，给定 $(\mathbb{X},\mathcal{X})$ 上的任意初始概率测度 λ_0，我们定义 $(\mathbb{X},\mathcal{X})$ 上的如下概率测度序列 $\{\lambda_n\}$：

$$\lambda_n = T^* \lambda_{n-1} = T^{*n} \lambda_0$$

其含义为，给定初始分布 λ_0，λ_n 为第 n 期状态上的概率测度。像 Markov 链那样，我们将 T^* 的不动点 π 定义为**不变分布**（invariant distribution）或**平稳分布**（stationary distribution）。它满足以下方程：

$$\pi(A) = \int P(x, A)\pi(\mathrm{d}x), \quad \text{对于所有 } A \in \mathcal{X}$$

在下文中我们将交替使用术语不变分布与平稳分布。

3.3 收敛

我们对不变分布 π 的存在性与唯一性感兴趣。而且，我们对 Markov 过程的长期稳定性（即对于任何初始分布 λ_0，$T^{*n}\lambda_0$ 是否收敛到 π）也感兴趣。与有限状态的情况不同，概率测度序列 $\{\lambda_n\}$ 的收敛模式很精巧。我们需要引入一些度量来测量概率测度之间的距离。我们将研究两个度量，它们诱导出两个收敛概念——强收敛和弱收敛。前者可推出后者。由于 Markov 过程强收敛理论的发展与 Markov 链理论的发展十分近似，因此我们首先研究它。

3.3.1 强收敛

我们定义概率测度集合 $\mathcal{P}(\mathbb{X}, \mathcal{X})$ 上的总变异距离为

$$d_{TV}(\lambda_1, \lambda_2) = \sup_{A \in \mathcal{X}} |\lambda_1(A) - \lambda_2(A)|, \lambda_1, \lambda_2 \in P(\mathbb{X}, \mathcal{X}) \tag{3.6}$$

直观地说，它是两个概率测度对同一事件指定的概率的最大可能差异。一个重要的事实是，被赋予总变异距离的空间 $P(\mathbb{X}, \mathcal{X})$ 是完备度量空间［参见 Stokey、Lucas 和 Prescott（1989）的引理 11.8］。本章习题 5 要求读者证明式（3.6）中的总变异距离可用 Radon-Nikodym 导数表示：

$$\begin{aligned} d_{TV}(\lambda_1, \lambda_2) &= \frac{1}{2}\int \left| \frac{\mathrm{d}\lambda_1}{\mathrm{d}\nu} - \frac{\mathrm{d}\lambda_2}{\mathrm{d}\nu} \right| \mathrm{d}\nu \\ &= 1 - \int \min\left(\frac{\mathrm{d}\lambda_1}{\mathrm{d}\nu}, \frac{\mathrm{d}\lambda_2}{\mathrm{d}\nu}\right) \mathrm{d}\nu \\ &\equiv 1 - \lambda_1 \wedge \lambda_2 \end{aligned} \tag{3.7}$$

其中，$\nu=\lambda_1+\lambda_2$，使得 λ_1 与 λ_2 关于 ν 都是绝对连续的，且 $\mathrm{d}\lambda_1/\mathrm{d}\nu$ 和 $\mathrm{d}\lambda_2/\mathrm{d}\nu$ 表示 Radon-Nikodym 导数。在第二个等号处，我们使用了 $|x-y|=x+y-2\min(x,y)$ 这一事实。

定义 3.3.1 如果 $\lim_{n\to\infty}d_{TV}(\lambda_n,\lambda)=0$，则 $\mathcal{P}(\mathbb{X},\mathcal{X})$ 中的概率测度序列 $\{\lambda_n\}$ **强收敛**（converge strongly）于 λ。

备注 3.3.1 还有一些等价的定义强收敛的方式。对于这些定义，Stokey、Lucas 和 Prescott（1989）提供了很好的讨论。读者可参考本章习题 5 和附录 D。

下面的定理 3.3.1 用强收敛为 Markov 过程的稳定性提供了鲜明的刻画。该定理需要满足下列条件，此条件出现在 Onicescu（1969）中，Stokey、Lucas 和 Prescott（1989）也对此进行了讨论。①

条件 M 存在 $\varepsilon>0$ 和整数 $N\geqslant1$，使得对于任意 $A\in\mathcal{X}$，要么对任何 $x\in\mathbb{X}$都有 $P^N(x,A)\geqslant\varepsilon$，要么对所有 $x\in\mathbb{X}$都有 $P^N(x,A^c)\geqslant\varepsilon$。

定理 3.3.1 令 $\mathcal{P}(\mathbb{X},\mathcal{X})$ 表示带总变异距离的可测空间 $(\mathbb{X},\mathcal{X})$ 上的概率测度空间，P 为 $(\mathbb{X},\mathcal{X})$ 上的转移函数，而 T^* 为与 P 相关的伴随算子。如果 P 对于 $N\geqslant1$ 和 $\varepsilon>0$ 满足条件 M，则在 $\mathcal{P}(\mathbb{X},\mathcal{X})$ 中存在唯一的概率测度 π 使得

$$d_{TV}(T^{*Nk}\lambda_0,\pi)\leqslant(1-\varepsilon)^k d_{TV}(\lambda_0,\pi)\tag{3.8}$$

对所有 $\lambda_0\in\mathcal{P}(\mathbb{X},\mathcal{X})$，$k=1,2,\cdots$ 都成立。相反，如果式（3.8）成立，则条件 M 对某个 N 和 $\varepsilon>0$ 成立。

证明 我们改编 Stokey、Lucas 和 Prescott（1989）中对定理 11.12 的证明。假定条件 M 成立。首先，我们证明 T^{*N}是在带有总变异距离的空间 $\mathcal{P}(\mathbb{X},\mathcal{X})$ 上模 $(1-\varepsilon)$ 的压缩。把两个测度 $\bar{\lambda}_i(i=1,2)$ 定义为

$$\lambda_i=\lambda_1\wedge\lambda_2+d_{TV}(\lambda_1,\lambda_2)\bar{\lambda}_i$$

由式（3.7），我们可验证 $\bar{\lambda}_i$ 是 $\mathcal{P}(\mathbb{X},\mathcal{X})$ 上的概率测度。对任意集合 A，$A^c\in\mathcal{X}$，不失一般性地，假定 $P^N(x,A)\geqslant\varepsilon$ 对所有 $x\in X$ 成立，那么，

$$\begin{aligned}&d_{TV}(T^{*N}\lambda_1,T^{*N}\lambda_2)\\&=d_{TV}(\lambda_1,\lambda_2)\sup_{A\in\mathcal{X}}\left|\int P^N(x,A)\bar{\lambda}_1(\mathrm{d}x)-\int P^N(x,A)\bar{\lambda}_2(\mathrm{d}x)\right|\\&\leqslant(1-\varepsilon)d_{TV}(\lambda_1,\lambda_2)\end{aligned}$$

① Stokey、Lucas 和 Prescott（1989）还讨论了 Doeblin 给出的另一个条件及其他对不变测度存在性的影响。

因为 $\mathcal{P}(\mathbb{X},\mathcal{X})$ 是带总变异距离的完备度量空间，所以合意的结果可以根据**压缩映射定理**（contraction mapping theorem，参见附录 B）得到。

我们反过来假定式（3.8）成立。令 $\delta_{\{x\}}$ 表示把单位质量放在 $\{x\}$ 上的 Dirac 测度。选择任意 $x\in\mathbb{X}$，我们证明：

$$\begin{aligned}|P^{Nk}(x,A)-\pi(A)|&\leqslant d_{TV}(p^{Nk}(x,\cdot),\pi(\cdot))\\&=d_{TV}(T^{*Nk}\delta_{\{x\}},\pi)\\&\leqslant(1-\varepsilon)^k d_{TV}(\delta_{\{x\}},\pi)\\&\leqslant(1-\varepsilon)^k\end{aligned}$$

选择足够大的 K，使得 $(1-\varepsilon)^K\leqslant 1/4$。给定 A，$A^c\in\mathcal{X}$，不失一般性地，假定 $\pi(A)\geqslant 1/2$。于是，$|P^{Nk}(x,A)-\pi(A)|\leqslant 1/4$ 意味着 $P^{Nk}(x,A)\geqslant 1/4$。对于 $N_0=NK$ 和 $\varepsilon_0=1/4$，条件 M 成立。

Meyn 和 Tweedie（1993）给出了 Markov 过程稳定性的另一个条件。

最小化条件 存在 $\alpha>0$、$\mathcal{P}(\mathbb{X},\mathcal{X})$ 中的概率测度 μ 和整数 $N\geqslant 1$，使得 $P^N(x,\cdot)\geqslant\alpha\mu(\cdot)$ 对所有 $x\in\mathbb{X}$ 均成立。

命题 3.3.1 最小化条件与条件 M 等价。

证明 假设最小化条件成立。对于任何集合 $A\in\mathcal{X}$，如果 $\mu(A)\geqslant 1/2$，那么 $P^N(x,A)\geqslant\alpha\mu(A)\geqslant\alpha/2$。如果 $\mu(A)\leqslant 1/2$，就有 $P^N(x,A^c)\geqslant\alpha\mu(A^c)\geqslant\alpha/2$。因此，通过设定 $\varepsilon=\alpha/2$，条件 M 成立。反过来，假定条件 M 成立。选择任意 $A\in\mathcal{X}$，定义概率测度 $\mu=\delta_A$，其中，δ_A 表示把单位质量放在 A 上的 Dirac 测度。那么，通过设定 $\alpha=\varepsilon$，最小化条件成立。

现在我们给出一些例子来验证条件 M 或最小化条件。

例 3.3.1 假定存在点 $x_0\in\mathbb{X}$、整数 $N\geqslant 1$ 和数 $\varepsilon>0$，使得 $P^N(x,\{x_0\})>\varepsilon$ 对所有 $x\in\mathbb{X}$ 都成立。那么，对任意包含 x_0 的集合 $A\in\mathcal{X}$，都有 $P^N(x,A)\geqslant P^N(x,\{x_0\})>\varepsilon$。对于任意不包含 x_0 的集合 $A\in\mathcal{X}$，如果 $P^N(x,A)>\varepsilon$，那么条件 M 成立。但是，如果 $P^N(x,A)\leqslant\varepsilon$，我们就能考虑 A^c。由于 A^c 包含 x_0，故 $P^N(x,A^c)\geqslant P^N(x,\{x_0\})>\varepsilon$。因此，条件 M 也得以满足。

例 3.3.2 转移函数 P 具有关于测度 $\mu\in\mathcal{P}(\mathbb{X},\mathcal{X})$ 的密度 $p(x,x')\geqslant\varepsilon>0$：

$$P(x,A)=\int_A p(x,x')\mu(\mathrm{d}x')$$

最小化条件得以满足。

例 3.3.3 假定$\mathbb{X}$是可数的。如果存在整数 $N\geqslant 1$ 使得

$$\alpha \equiv \sum_{y\in\mathbb{X}} \inf_{x\in\mathbb{X}} P^N(x,\{y\}) > 0 \tag{3.9}$$

那么对于 (N,α,ν)，最小化条件成立，其中，ν 为由 $\nu\{y\}=\alpha^{-1}\inf_{x\in\mathbb{X}}P^N(x,\{y\})$ 定义的测度。如果$\mathbb{X}$是有限的，则由定理 3.1.4 可知，条件（3.9）将对任意不可约且非周期的 Markov 链成立。

□ 3.3.2 弱收敛

强收敛可能要求太多，因而会排除一些直觉性行为。例如，考虑 Dirac 测度序列 $\{\delta_{\{1/n\}}\}$。我们可能期望这一序列收敛至 $\delta_{\{0\}}$。但是，如果使用强收敛，它就不对。这促使我们引入更弱的收敛概念，使得它能够容纳前面的例子。这一概念称为弱收敛。为此，我们需要在状态空间上引入拓扑结构。在本子节，我们假设$\mathbb{X}$是度量空间，且 $\mathcal{X}$是$\mathbb{X}$的 Borel 空间。

定义 3.3.2 令 $\{\lambda_n\}$ 和 λ 为 $\mathcal{P}(\mathbb{X},\mathcal{X})$ 中的测度，令 $C(\mathbb{X})$ 为$\mathbb{X}$上的有界连续实值函数空间。那么，如果

$$\lim_{n\to\infty}\int f\mathrm{d}\lambda_n=\int f\mathrm{d}\lambda,\text{对所有 } f\in C(\mathbb{X})$$

则 $\{\lambda_n\}$ **弱收敛**（converge weakly）于 λ（表示为 $\lambda_n\Rightarrow\lambda$）。

备注 3.3.2 与强收敛的情况类似，存在几种等价的定义弱收敛的方式。Stokey、Lucas 和 Prescott（1989）以及 Billingsley（1999）对于弱收敛的刻画提供了很好的讨论。

为了研究弱收敛于不变分布，我们将利用 **Prohorov 定理**（Prohorov theorem），它需要紧性条件。

定义 3.3.3 如果对每个 $\varepsilon>0$，都存在紧集 $K\subset\mathbb{X}$使得 $\lambda(K)\geqslant 1-\varepsilon$ 对于每个 $\lambda\in M$ 都成立，则称在 $(\mathbb{X},\mathcal{X})$ 上的一族概率测度 M 是**紧的**（tight）。

定理 3.3.2 （Prohorov）令 $\{\mu_n\}$ 为完备可分度量空间$\mathbb{X}$上的概率测度序列，那么当且仅当 $\{\mu_n\}$ 是紧的时，存在$\mathbb{X}$上的概率测度和子序列 $\{\mu_{n_k}\}$ 使得 $\mu_{n_k}\Rightarrow\mu$。

证明 参见 Billingsley（1999）第 1.5 节。

为了应用此定理，我们在 Markov 过程上施加某个连续性假设。

定义 3.3.4 如果相关的算子 T 把有界连续函数空间映射到其自身，即 T:

$C(\mathbb{X}) \to C(\mathbb{X})$，则称 $(\mathbb{X}, \mathcal{X})$ 上的转移函数 P 具有 **Feller 性质**。

定理 3.3.3 （Krylov-Bogolubov）令 P 为完备可分度量空间$\mathbb{X}$上的 Feller 转移函数。如果存在 $x \in \mathbb{X}$使得概率测度序列 $\{P^n(x, \cdot)\}$ 是紧的，则存在 P 的不变概率测度。

证明 定义概率测度序列 $\{\mu_n\}$ 如下：

$$\mu_n(A) = \frac{1}{n}\sum_{k=1}^{n} P^k(x, A), \text{对于任何 } A \in x$$

可见，$\{\mu_n\}$ 是紧的。由 Prohorov 定理可知，存在子序列 $\{\mu_{n_k}\}$ 使得 $\mu_{n_k} \Rightarrow \mu$。现在我们来证明 μ 是 P 的不变分布。在此过程中，我们取任意函数 $f \in C(\mathbb{X})$。令 T 与 T^* 分别表示与 P 相关的 Markov 算子和伴随算子。由于 $\mu_{n_k} \Rightarrow \mu$，故对足够大的 n_k，我们有

$$\left|\int f(x)\mu_{n_k}(\mathrm{d}x) - \int f(x)\mu(\mathrm{d}x)\right| < \varepsilon$$

因为 P 具有 Feller 性质，所以 $Tf(x)$ 是连续的，使得

$$\left|\int Tf(x)\mu(\mathrm{d}x) - \int Tf(x)\mu_{n_k}(\mathrm{d}x)\right| < \varepsilon$$

对足够大的 n_k 成立。然后，我们计算

$$\begin{aligned}
&\left|\int f(x)(T^*\mu)(\mathrm{d}x) - \int f(x)\mu(\mathrm{d}x)\right| \\
&\leqslant \left|\int f(x)(T^*\mu)(\mathrm{d}x) - \int f(x)(T^*\mu_{n_k})(\mathrm{d}x)\right| \\
&+ \left|\int f(x)(T^*\mu_{n_k})(\mathrm{d}x) - \int f(x)\mu_{n_k}(\mathrm{d}x)\right| \\
&+ \left|\int f(x)\mu_{n_k}(\mathrm{d}x) - \int f(x)\mu(\mathrm{d}x)\right| \\
&\leqslant \left|\int Tf(x)\mu(\mathrm{d}x) - \int Tf(x)\mu_{n_k}(\mathrm{d}x)\right| \\
&+ \frac{1}{n_k}\left|\int f(y)P^{n_k+1}(x, \mathrm{d}y) - \int f(y)P(x, \mathrm{d}y)\right| + \varepsilon \\
&\leqslant 2\varepsilon + \frac{2\|f\|}{n_k}
\end{aligned}$$

令 $n_k \to \infty$和 $\varepsilon \to 0$，我们可得出

$$\int f(x)(T^*\mu)(\mathrm{d}x) = \int f(x)\mu(\mathrm{d}x)$$

对任意 $f\in C(\mathbb{X})$ 均成立。因此，$T^*\mu=\mu$。

因为紧空间上的每一族概率测度都是紧的，所以我们可以立刻得出推论：

推论 3.3.1 如果$\mathbb{X}$是紧且完备的可分度量空间，则每个 Feller 转移函数 P 都有不变分布。

如果存在多个不变分布，则不是所有分布都能直观地描述长期稳态。举例来说，考虑 $\{0,1\}$ 上的由 $P(0,\cdot)=\delta_{\{0\}}$ 和 $P(1,\cdot)=\delta_{\{1\}}$ 定义的确定转移 P。① $\{0,1\}$ 上的每个概率测度都是不变分布。为了证明这一点，我们令 $\pi(\{0\})=p$ 和 $\pi(\{1\})=1-p$，$p\in[0,1]$。那么 $T^*\pi=p\delta_{\{0\}}+(1-p)\delta_{\{1\}}=\pi$。很明显，对此系统，除非 p 等于 0 或 1，否则 π 不是这个系统的好的长期平稳分布。这促使我们引入以下定义：

定义 3.3.5 令 P 为 $(\mathbb{X},\mathcal{X})$ 上的转移函数，π 为与其相关的不变分布。如果对每个 $x\in A$ 都有 $P(x,A)=1$，那么集合 $A\in\mathcal{X}$是 P -**不变集**（invariant set）。如果对每个 P -不变集 A 都有 $\pi(A)=1$ 或 $\pi(A)=0$ 成立，那么测度 π 是**遍历的**（ergodic）。如果对 π -几乎每一个 $x\in E$ 都有 $P(x,E)=1$，且不存在 E 的真子集具有这一性质，那么集合 $E\in\mathcal{X}$是**遍历集**（ergodic set）。

对于之前的例子，集合 $\{0\}$ 与 $\{1\}$ 都是 P -不变集，且 $\delta_{\{0\}}$ 和 $\delta_{\{1\}}$ 都是遍历测度。下述结果是下一章将要研究的 Birkhoff 定理的一个结果。

定理 3.3.4 给定转移函数 P，用 I 表示 P 的所有不变概率测度的集合，用 $E\subset I$ 表示其中所有遍历测度的集合，那么 I 是凸的，且 E 恰为其**极值点**（extreme point）的集合。② 而且，每个不变测度都是遍历测度的凸组合。最后，E 中任意两个不同元素都是互相奇异的。

为了确保不变分布的唯一性，我们需要引入关于转移函数的更多假设。我们将注意力放在满足某些单调性的转移函数上。

定义 3.3.6 如果对于$\mathbb{X}$上的任意有界增函数 f，Tf 都是递增的，那么 $(\mathbb{X},\mathcal{X})$ 上的转移函数 P 是**递增的**（increasing）。

以下条件对于唯一性是重要的。

混合条件 令 $\mathbb{X}=[a,b]\subset\mathbb{R}^l$。存在 $c\in\mathbb{X}$、$\varepsilon>0$ 和 $N\geqslant 1$，使得 $P^N(a,[c,b])\geqslant\varepsilon$，$P^N(b,[a,c])\geqslant\varepsilon$。

定理 3.3.5 令 $\mathbb{X}=[a,b]\subset\mathbb{R}^l$。如果 P 是递增的、具有 Feller 性质，且满足

---

① 回忆 Dirac 测度的记号。

② 如果点 x 不能被写为 C 中不同点的严格凸组合，那么它是集合 C 的极值点。

混合条件，那么 P 具有唯一的不变概率测度 λ^*，且对所有 $\lambda_0 \in \mathcal{P}(\mathbb{X},\mathcal{X})$ 都有 $T^{*n}\lambda_0 \Rightarrow \lambda^*$。

证明 参见 Stokey、Lucas 和 Prescott（1989）中定理 12.12 的证明。

在应用中，我们通常对某些模型参数变化时均衡系统的行为感兴趣。这些参数可能会影响外生冲击、偏好或技术。下面的结果研究了当一些参数改变了转移函数时长期行为是如何变化的。

令状态空间为 $\mathbb{X} \subset \mathbb{R}^l$，其 Borel 集为 $\mathcal{X}$，使用向量 $\theta \in \Theta \subset \mathbb{R}^m$ 描述外生参数。对每个 $\theta \in \Theta$，令 P_θ 为 $(\mathbb{X},\mathcal{X})$ 上的转移函数，且令 T_θ 与 T_θ^* 表示与 P_θ 相关的算子。

定理 3.3.6 假设：

(a) $\mathbb{X}$是紧的；

(b) 如果 $\{(x_n,\theta_n)\}$ 是 $X \times \Theta$ 中收敛到 (x_0,θ_0) 的序列，则 $\mathcal{P}(\mathbb{X},\mathcal{X})$ 中的序列 $\{P_{\theta_n}(x_n,\cdot)\}$ 弱收敛于 $P_{\theta_0}(x_0,\cdot)$；

(c) 对每个 $\theta \in \Theta$，T_θ^* 有唯一的不动点 $\mu_\theta \in \mathcal{P}(\mathbb{X},\mathcal{X})$。

如果 $\{\theta_n\}$ 是 Θ 中收敛到 θ_0 的序列，则序列 $\{\mu_{\theta_n}\}$ 弱收敛于 μ_{θ_0}。

证明 参见 Stokey、Lucas 和 Prescott（1989）中定理 12.13 的证明。

3.4 习题

1. 证明备注 3.1.1 中的陈述。

2. 证明定理 3.2.5 和式（3.5）。

3. 推导第 3.1.3 节中所讨论的截断的有限状态生灭 Markov 链的平稳分布。

4. 证明 T 是 $B(\mathbb{X},\mathcal{X})$ 上的自映射，T^* 是 $\mathcal{P}(\mathbb{X},\mathcal{X})$ 上的自映射。另外，T 与 T^* 满足

$$\int (Tf)(x)\lambda(\mathrm{d}x) = \int f(y)(T^*\lambda)(\mathrm{d}y) = \iint f(y)P(x,\mathrm{d}y)\lambda(\mathrm{d}x)$$

5. 考虑两个测度 λ_1，$\lambda_2 \in \mathcal{P}(\mathbb{X},\mathcal{X})$。证明：

(a) 对任意 $a<b$，

$$d_{TV}(\lambda_1,\lambda_2) = \frac{1}{b-a}\sup_{f:\mathbb{X}\to[a,b]}\left|\int f\mathrm{d}\lambda_1 - \int f\mathrm{d}\lambda_2\right|$$

(b) 如果 λ_1 与 λ_2 分别具有关于某个测度 ρ 的密度 g 和 h，则

$$d_{TV}(\lambda_1,\lambda_2) = 1 - \int \min(g,h)\mathrm{d}\rho$$

6. 如果 $\sum_j p_{ij} = 1$ 对所有 i 都成立，且 $\sum_i p_{ij} = 1$ 对所有 j 都成立，则称转移矩阵 P 为**双随机的**（doubly stochastic）。

如果双随机链具有 N 个状态，且是不可约的和非周期的，计算其平稳分布。

第 4 章

遍历理论和平稳过程

本章目标

遍历理论研究具有不变分布的动态系统及其相关问题。遍历理论的一个核心问题是，当动态系统被允许长期运行时，它是如何运行的。遍历理论的主要结果是各种各样的遍历定理，它们认为在一定条件下，函数沿轨道的时间平均几乎处处存在，而且与空间平均有关。遍历理论已被应用于经济学，特别是计量经济学。它可以导出相关随机变量的大数定律。在这一章中，我们先对遍历理论做一个简单的介绍，然后讨论它的两个应用：首先，我们将它应用于平稳过程，建立平稳过程的强大数定律；其次，我们将它应用于平稳 Markov 过程。我们刻画了不变测度集的特征，并建立了平稳 Markov 过程的强大数定律。

4.1 遍历定理

固定概率空间 $(\Omega,\mathcal{F},\Pr)$。

定义 4.1.1 如果对于每一个 $A\in\mathcal{F}$，均有

$$\theta^{-1}A=\{\omega\in\Omega:\theta\omega\in A\}\in\mathcal{F}$$

则称映射 θ：$\Omega\to\Omega$ 是**可测变换**（measurable transformation）。

动态系统（dynamical system）由 $(\Omega,\mathcal{F},\Pr,\theta)$ 组成。

定义 4.1.2 如果对于每一个 $A\in F$，$\Pr(\theta^{-1}A)=\Pr(A)$，则称可测变换 θ：$\Omega\to\Omega$ 是**保测变换**（measure-preserving transformation）。

保测意味着一个集合的测度总是与映射到它的点集的测度相同。令 θ^n 表示 θ 的第 n 次迭代，$n\geqslant1$，令 θ^0 为恒等变换。考虑下面的例子。

例 4.1.1 令概率空间为 $(R^\infty,B(R^\infty),\Pr)$。实值随机过程 $X=(X_0,X_1,X_2,\cdots)$ 定义在这个空间上。将**平移算子**（shift operator）θ 定义为 $\theta X=(X_1,X_2,\cdots)$，$\theta^k X=(X_k,X_{k+1},\cdots)$。这是一个可测变换。然而，它一般不是保测变换。

例 4.1.2 令 $\Omega=\{\omega_1,\cdots,\omega_n\}$，$n\geqslant2$。令 $\theta\omega_k=\omega_{k+1}$，$1\leqslant k\leqslant n-1$，$\theta\omega_n=\omega_1$。如果 $\Pr(\omega_k)=1/n$，那么 θ 是保测变换。

定义 4.1.3 令 θ 是 $(\Omega,\mathcal{F})$ 上的可测变换。如果 $\theta^{-1}A=A$，那么集合 $A\in\mathcal{F}$ 称为**变换不变集**（transformation-invariant set）。

容易证明，变换不变集的类构成了一个 σ-代数（见本章习题 1）。我们用 $\mathcal{I}$ 表示它。

定义 4.1.4 如果每个变换不变集的测度都是 0 或 1，那么动态系统 $(\Omega,\mathcal{F},\Pr,\theta)$ 是遍历的。

注意遍历性是可测变换 θ 的性质，也是概率空间 $(\Omega,\mathcal{F},\Pr)$ 的性质。下面的 Birkhoff 定理是本章的主要结果。

定理 4.1.1 （Birkhoff）令 $(\Omega,\mathcal{F},\Pr,\theta)$ 是一个动态系统，令 f：$\Omega\to\mathbb{R}$为可测和可积函数，即，$E|f|<\infty$。如果 θ 是一个保测变换，那么

$$\lim_{N\to\infty}\frac{1}{N}\sum_{n=0}^{N-1}f(\theta^n\omega)=E[f|\mathcal{I}],\quad \Pr-a.s.$$

其中，$\mathcal{I}$ 是变换不变集的类。如果动态系统也是遍历的，那么

$$\lim_{N\to\infty}\frac{1}{N}\sum_{n=0}^{N-1}f(\theta^n\omega)=E[f],\quad \Pr-a.s.$$

证明基于以下结果，其简单证明由 Garsia（1965）给出。这里 $\Pr-a.s.$ 表示以概率 1.0 收敛或在测度 Pr 下几乎确定。关于各种收敛模式，参见附录 D。

引理 4.1.1 极大遍历定理。令 Birkhoff 定理中的假设成立。定义

$$S_N(\omega)=\sum_{n=0}^{N-1}f(\theta^n\omega),\quad M_N(\omega)=\max\{S_0(\omega),S_1(\omega),\cdots,S_N(\omega)\}$$

其中，约定 $S_0(\omega)=0$。那么，对于每一个 $N\geqslant 1$①，

$$E[f(\omega)\mathbf{1}_{\{M_N>0\}}(\omega)]\geqslant 0$$

证明 对于每一个 $N\geqslant k\geqslant 0$ 和每一个 $\omega\in\Omega$，由定义可知 $M_N(\theta\omega)\geqslant S_k(\theta\omega)$。由此可见，

$$f(\omega)+M_N(\theta\omega)\geqslant f(\omega)+S_k(\theta\omega)=S_{k+1}(\omega)$$

因此

$$f(\omega)\geqslant\max\{S_1(\omega),\cdots,S_N(\omega)\}-M_N(\theta\omega)$$

而且，在集合 $\{M_N>0\}$ 上，$M_N(\omega)=\max\{S_1(\omega),\cdots,S_N(\omega)\}$，因此

$$\begin{aligned}E[f(\omega)\mathbf{1}_{\{M_N>0\}}(\omega)]&\geqslant E[(M_N(\omega)-M_N(\theta\omega))\mathbf{1}_{\{M_N>0\}}(\omega)]\\&\geqslant E[M_N(\omega)]-E[M_N(\theta\omega)]=0\end{aligned}$$

其中，第二个不等式来自 $M_N(\omega)\geqslant 0$ 和 $M_N(\theta\omega)\geqslant 0$，最后一个等式来自 θ 是保测变换的事实（见本章习题 2）。

Birkhoff 定理的证明 用 $f-E[f|\mathcal{I}]$ 代替 f，不失一般性地，我们可以假设 $E[f|\mathcal{I}]=0$。定义 $\overline{\eta}=\limsup_{n\to\infty}S_n/n$ 和 $\underline{\eta}=\liminf_{n\to\infty}S_n/n$。只要能证明

$$0\leqslant\underline{\eta}\leqslant\overline{\eta}\leqslant 0,\ \Pr-a.s.$$

即可。

由于

$$\frac{S_{N+1}(\omega)}{N+1}=\frac{1}{N+1}f(\omega)+\frac{N}{N+1}\frac{S_N(\theta\omega)}{N}$$

因此，对于每一个 ω，都有 $\overline{\eta}(\omega)=\overline{\eta}(\theta\omega)$。因此，集合 $A_\varepsilon=\{\omega\in\Omega:\overline{\eta}(\omega)>\varepsilon\}$ 是变换不变集。定义

$$f^*(\omega)=(f(\omega)-\varepsilon)\mathbf{1}_{A_\varepsilon}(\omega)$$

---

① 这里 $\mathbf{1}_A(x)$ 是指示函数，如果 $x\in A$，那么它等于 1，否则它等于 0。

并相应地定义 S_N^* 和M_N^*。由前面的引理可知

$$E[f^*(\omega)\mathbf{1}_{\{M_N^*>0\}}(\omega)]\geqslant 0$$

由定义可知，

$$\frac{S_k^*(\omega)}{k}=\begin{cases}0, & \overline{\eta}(\omega)\leqslant\varepsilon,\\ \dfrac{S_k(\omega)}{k}-\varepsilon, & \text{其他}\end{cases}$$

但是当 $N\to\infty$时，

$$\{M_N^*>0\}=\{\max_{1\leqslant k\leqslant N}S_k^*>0\}\uparrow\{\sup_{k\geqslant 1}S_k^*>0\}=\left\{\sup_{k\geqslant 1}\frac{S_k^*}{k}>0\right\}$$
$$=\left\{\sup_{k\geqslant 1}\frac{S_k}{k}>\varepsilon\right\}\cap A_\varepsilon=A_\varepsilon$$

其中，最后一个等式之所以成立是因为

$$\sup_{k\geqslant 1}S_k/k\geqslant\overline{\eta}\text{ 和 }A_\varepsilon=\{\omega\in\Omega:\overline{\eta}(\omega)>\varepsilon\}$$

由于 $E|f^*|\leqslant E|f|+\varepsilon<\infty$，控制收敛定理意味着

$$0\leqslant E[f^*\mathbf{1}_{\{M_N^*>0\}}]\to E[f^*\mathbf{1}_{A_\varepsilon}]$$

因此，

$$0\leqslant E[f^*\mathbf{1}_{A_\varepsilon}]=E[(f-\varepsilon)\mathbf{1}_{A_\varepsilon}]=E[f\mathbf{1}_{A_\varepsilon}]-\varepsilon\Pr(A_\varepsilon)$$
$$=E[E(f|\mathcal{I})\mathbf{1}_{A_\varepsilon}]-\varepsilon\Pr(A_\varepsilon)=-\varepsilon\Pr(A_\varepsilon)$$

其中，我们利用了 $A_\varepsilon\in\mathcal{I}$。由此可知 $\Pr(A_\varepsilon)=0$，因此 $\Pr(\overline{\eta}\leqslant 0)=1$。

类似地，如果我们考虑$-f(\omega)$ 而不是 $f(\omega)$，可以得到

$$\limsup\left(-\frac{S_N}{N}\right)=-\liminf\frac{S_N}{N}=-\underline{\eta}$$

和 $\Pr(-\underline{\eta}\leqslant 0)=1$，它意味着 $\Pr(\underline{\eta}\geqslant 0)=1$。这就完成了第一部分的证明。

转到第二部分。令 $\hat{f}=E[f|\mathcal{I}]$。定义集合

$$A_+=\{\omega\in\Omega:\hat{f}(\omega)>Ef\}$$
$$A_-=\{\omega\in\Omega:\hat{f}(\omega)<Ef\}$$
$$A_0=\{\omega\in\Omega:\hat{f}(\omega)=Ef\}$$

这三个集合都属于 $\mathcal{I}$，因为 $\hat{f}(\omega)$ 是 $\mathcal{I}$-可测的，它们构成了 Ω 的一个分割。由

于动态系统是遍历的，所以只有一个集合的测度是 1，另外两个集合的测度是 0。如果它是 A_+，那么 $Ef=E\hat{f}=E[\hat{f}\mathbf{1}_{A_+}]>Ef$，矛盾。对 A_- 可进行类似的分析。因此，只能有 $\Pr(A_0)=1$，故 $\hat{f}(\omega)=Ef$，Pr - a. s.

4.2 应用于平稳过程

我们现在将遍历理论应用于平稳过程。我们的目标是为平稳过程建立几个强大数定律。直观地说，平稳过程是概率法则不随时间（有时是空间）变化而变化的随机过程。它是计量经济学和统计学中的重要概念。为了简化解释，我们假设本节中的过程是实值的，即$\mathbb{X}=\mathbb{R}$。

定义 4.2.1 如果随机向量 $(X_t,X_{t+1},\cdots,X_{t+n})$ 的分布对于任何有限的 n 都不依赖于 t，则称在 $(\Omega,\mathcal{F},\Pr)$ 上的随机过程 $\{X_t\}_{t=0}^{\infty}$ 是 **（严）平稳的** [(strictly) stationary]。

最简单的例子是 IID 随机变量的实值序列 $\{X_t\}_{t=0}^{\infty}$。从这个序列我们可以构造出许多平稳过程。例如，将过程 $\{Y_t\}_{t=0}^{\infty}$ 定义为 $Y_t=g(X_t,X_{t+1},\cdots,X_{t+n})$，其中，$n\geqslant 0$，$g$ 是 Borel 函数。那么，$\{Y_t\}_{t=0}^{\infty}$是一个平稳过程。

回顾定义 2.1.1 中协方差平稳过程的定义。如果平稳过程具有有限的二阶矩，那么它是协方差平稳的。协方差平稳过程可能不是平稳的。Gauss 过程是一个例外，因为它被前两个矩所刻画。

我们可以利用 $(\Omega,\mathcal{F},\Pr)$ 上的保测变换 θ 来构造平稳过程。令 $g:\Omega\to\mathbb{R}$为可测函数。定义 $X_0(\omega)=g(\omega)$，$X_k(\omega)=g(\theta^k\omega)$，$k\geqslant 1$。我们断言过程 $\{X_t\}$ 是平稳的。事实上，令 $A=\{\omega\in\Omega:(X_0,X_1,\cdots)\in B\}$ 和 $A_1=\{\omega\in\Omega:(X_1,X_2,\cdots)\in B\}$，其中，$B\in\mathcal{B}(\mathbb{R}^{\infty})$。由于

$$A=\{\omega\in\Omega:(g(\omega),g(\theta\omega),g(\theta^2\omega),\cdots)\in B\}$$
$$A_1=\{\omega\in\Omega:(g(\theta\omega),g(\theta^2\omega),g(\theta^3\omega),\cdots)\in B\}$$

所以当且仅当 $\theta\omega\in A$ 时，$\omega\in A_1$。因此，$A_1=\theta^{-1}A$。由于 θ 是保测变换，因此 $\Pr(A_1)=\Pr(A)$。类似地，我们可以证明 $\Pr(A_k)=\Pr(A)$ 对所有 $k\geqslant 2$ 成立，其中，$A_k=\{\omega\in\Omega:(X_k,X_{k+1},\cdots)\in B\}$。

相反，对于 $(\Omega,\mathcal{F},\Pr)$ 上的任何实值平稳过程 $\{X_t\}$、我们都可以构造新的随机

过程 $\{\widetilde{X}_t\}$、新的概率空间 $(\widetilde{\Omega}, \widetilde{\mathcal{F}}, \widetilde{\Pr})$，和保测变换 θ，使得 $\{X_t\}$ 和 $\{\widetilde{X}_t\}$ 的分布是相同的。

假设 $\widetilde{\Omega}$ 实际上为坐标空间$\mathbb{R}^\infty$。令 $\widetilde{F}=B(\mathbb{R}^\infty)$，对任意 $D\in B(\mathbb{R}^\infty)$，定义 $\widetilde{\Pr}(D)=\Pr(\omega\in\Omega:\{X_t\}\in D)$。定义 Borel 可测函数 $f:\mathbb{R}^\infty\to\mathbb{R}$为 $f(x)=x_0$，其中，$x=(x_0, x_1,\cdots)\in\mathbb{R}^\infty$。令 θ 为 $\widetilde{\Omega}=\mathbb{R}^\infty$ 上的平移算子。定义 $\widetilde{X}_0=f(\tilde{\omega})=X_0$，$\widetilde{X}_k=f(\theta^k\tilde{\omega})=X_k$，$k\geqslant 1$，其中，$\tilde{\omega}=(X_0,X_1,X_2,\cdots)\in\mathbb{R}^\infty$。令 $B=B(\mathbb{R}^{k+1})$，定义

$$A=\{\tilde{\omega}=(x_0,x_1,\cdots)\in\mathbb{R}^\infty:(x_0,x_1,\cdots,x_k)\in B\}$$

然后，我们得到

$$\theta^{-1}A=\{\tilde{\omega}=(x_0,x_1,\cdots)\in\mathbb{R}^\infty:(x_1,x_2,\cdots,x_{k+1})\in B\}$$

和

$$\begin{aligned}\widetilde{\Pr}(A)&=\Pr(\omega\in\Omega:(X_0(\omega),X_1(\omega),\cdots,X_k(\omega))\in B)\\&=\Pr(\omega\in\Omega:(X_1(\omega),X_2(\omega),\cdots,X_{k+1}(\omega))\in B)=\widetilde{\Pr}(\theta^{-1}A)\end{aligned}$$

其中，第二个等式之所以成立是因为 $\{X_t\}$ 是平稳过程。我们可以进一步证明，上述等式对于任意 $A\in B(\mathbb{R}^\infty)$ 都是成立的。因此，θ 是保测变换。最后，根据前面的构造，

$$\widetilde{\Pr}(\tilde{\omega}\in\widetilde{\Omega}:(\widetilde{X}_0,\widetilde{X}_1,\cdots,\widetilde{X}_k)\in B)=\Pr(\omega\in\Omega:(X_0,X_1,\cdots,X_k)(\omega)\in B)$$

因此，$\{X_t\}$ 和 $\{\widetilde{X}_t\}$ 有相同的分布。

接下来，我们将 Birkhoff 遍历定理应用于平稳过程，并推导出强大数定律。我们需要引入一些随机过程的定义。

定义 4.2.2 令 $\theta:\mathbb{R}^\infty\to\mathbb{R}^\infty$是一个平移算子。如果任何时候只要 $x\in A$，都有 $\theta x\in A$，则称集合 $A\in B(\mathbb{R}^\infty)$ 是**平移不变的**（shift invariant）。

定义 4.2.3 如果每个平移不变集的测度为 0 或 1，那么平稳过程是**遍历的**。

定理 4.2.1 （强大数定律）令 $X=(X_0,X_1,\cdots)$ 是 $(\Omega,\mathcal{F},\Pr)$ 上满足 $E|X_0|<\infty$的平稳过程，那么

$$\lim_{N\to\infty}\frac{1}{N}\sum_{k=0}^{N-1}X_k=E[X_0|\mathcal{I}],\quad \Pr-a.s. \tag{4.1}$$

其中，$\mathcal{I}$是平移不变集的类。如果 X 也是遍历过程，那么

$$\lim_{N\to\infty}\frac{1}{N}\sum_{k=0}^{N-1}X_k=E[X_0],\quad \Pr-a.s.\tag{4.2}$$

证明 通过前面的构造，我们有定义在新概率空间 $(\widetilde{\Omega},\widetilde{\mathcal{F}},\widetilde{\Pr})$ 上的新过程 $\{\widetilde{X}_t\}$。在这个空间中，平移算子 θ 是保测变换。另外，$\{X_t\}$ 和 $\{\widetilde{X}_t\}$ 的分布是相同的。使用之前定义的函数 f，我们把 Birkhoff 定理应用于 $\{\widetilde{X}_t\}$：

$$\lim_{N\to\infty}\frac{1}{N}\sum_{k=0}^{N-1}f(\theta^k\widetilde{\omega})=E[f(\widetilde{\omega})\mid\mathcal{I}],\quad \widetilde{\Pr}-a.s.\tag{4.3}$$

其中，$\mathcal{I}$ 是变换不变集的 σ-代数，$\widetilde{E}$ 是与 $\widetilde{\Pr}$ 有关的期望算子。由定义，变换不变集的 σ-代数与平移不变集的类相同。由构造可知，式（4.3）等价于式（4.1）。类似地，我们可以证明式（4.2）。

Karlin 和 Taylor（1975）为遍历性提供了几个等价的公式。我们在下文中陈述它们的结果，通过应用 Birkhoff 定理可以证明它们。

定理 4.2.2 令 $\{X_t\}=(X_0,X_1,\cdots)$ 是 $(\Omega,\mathcal{F},\Pr)$ 上的实值平稳过程。下列条件是等价的：

(a) $\{X_t\}$ 是遍历的。

(b) 对于每一个平移不变集 A，$\Pr\{(X_0,X_1,\cdots)\in A\}=0$ 或 1。

(c) 对于每一个集合 $A\in B(\mathbb{R}^\infty)$，

$$\lim_{n\to\infty}\frac{1}{n}\sum_{j=1}^{n}\mathbf{1}_{\{(x_j,X_{j+1},\cdots)\in A\}}=\Pr\{(X_0,X_1,\cdots)\in A\},\quad \Pr-a.s.$$

(d) 对于每一个 $k=1,2,\cdots$ 和每一个集合 $A\in B(\mathbb{R}^{k+1})$，

$$\lim_{n\to\infty}\frac{1}{n}\sum_{j=1}^{n}\mathbf{1}_{\{(x_j,x_{j+1},\cdots,x_{j+k})\in A\}}=\Pr\{(X_0,X_1,\cdots,X_k)\in A\},\quad \Pr-a.s.$$

(e) 对于每一个 k 和每一个 Borel 可测可积函数 ϕ，

$$\lim_{n\to\infty}\frac{1}{n}\sum_{j=1}^{n}\phi(X_j,X_{j+1},\cdots,X_{j+k})=E[\phi(X_0,X_1,\cdots,X_k)],\quad \Pr-a.s.$$

(f) 对于每一个 Borel 可测函数 ϕ：$\mathbb{R}^\infty\to\mathbb{R}$，其中，$E[|\phi(X_0,X_1,\cdots)|]<\infty$，

$$\lim_{n\to\infty}\frac{1}{n}\sum_{k=1}^{n}\phi(X_k,X_{k+1},\cdots)=E[\phi(X_0,X_1,\cdots)],\quad \Pr-a.s.$$

由于遍历性导致了大数定律，所以它必然与某种独立性有关。下面的结果正式

化了这种直觉。

定义 4.2.4 如果对于所有的集合 A，$B\in B(\mathbb{R}^{\infty})$，均有

$$\lim_{n\to\infty}\Pr\{(X_1,X_2,\cdots)\in A \text{ 且}(X_n,X_{n+1},\cdots)\in B\}$$
$$=\Pr\{(X_1,X_2,\cdots)\in A\}\Pr\{(X_1,X_2,\cdots)\in B\}$$

则称平稳过程 $\{X_t\}$ 是**混合的**（mixing）。

笼统地说，如果任意两个在序列中相距很远的随机变量集合都几乎是独立分布的，那么随机过程就是混合的。

定理 4.2.3 混合过程是遍历的。

证明 假设 $\{X_t\}$ 是混合的，$A=B$ 是平移不变集，那么当且仅当 $(X_n, X_{n+1},\cdots)\in B$ 时，$(X_1,X_2,\cdots)\in B$。应用混合条件得到：当 $n\to\infty$ 时，

$$\Pr\{(X_1,X_2,\cdots)\in A\}=\Pr\{(X_1,X_2,\cdots)\in A \text{ 且}(X_n,X_{n+1},\cdots)\in A\}$$
$$\to[\Pr\{(X_1,X_2,\cdots)\in A\}]^2$$

唯一的可能是 $\Pr\{(X_1,X_2,\cdots)\in A\}=0$ 或 1。所以，$\{X_t\}$ 是遍历的。

我们现在给出由 Gordin（1969）和 Heyde（1974）提出的**中心极限定理**（central limit theorem）。考虑概率空间 $(\Omega,\mathcal{F},\Pr)$ 上的随机过程 $\{X_t\}$。令 L^2 为具有有限二阶矩的实值随机变量的 Hilbert 空间。令 $\mathcal{F}_t$ 为 $\{X_k\}_{k=-\infty}^{t}$ 生成的 σ-代数。

定理 4.2.4 令 $\{X_t: -\infty<t<\infty\}$ 是满足 $EX_0^2<\infty$ 的平稳遍历过程，并记 $S_n=\sum_{i-1}^{n}X_i$。如果当 $j\to\infty$ 时，

$$E[X_t\mid\mathcal{F}_{t-j}]\xrightarrow{L^2}0 \tag{4.4}$$

且

$$\sum_{j=0}^{\infty}(E[\xi_{tj}^2])^{1/2}<\infty \tag{4.5}$$

其中，$\xi_{tj}=E[X_t\mid\mathcal{F}_{t-j}]-E[X_t\mid\mathcal{F}_{t-j-1}]$，那么

$$\frac{S_n}{\sqrt{n}}\xrightarrow{d}N(0,\sigma)$$

其中，

第4章 遍历理论和平稳过程

$$\lim_{n\to\infty}\frac{ES_n^2}{n}=\sigma^2\equiv\sum_{k=-\infty}^{\infty}E[X_kX_0]$$

条件（4.4）意味着 $EX_t=0$。直观地看，由于条件期望是基于过去越来越远的点上可获得的信息，因此它应该接近于无条件期望。条件（4.4）和条件（4.5）意味着 σ^2 是定义良好且有限的。

关于这个定理的证明，其思想如下：我们可以记

$$X_t=\sum_{j=0}^{J-1}\xi_{tj}+E[X_t\mid\mathcal{F}_{t-J}]$$

其中，ξ_{tj} 是在 $t-j$ 时刻的信息变得可用时在预测 X_t 时所做的修正。对于任何固定的 j，由于 $E[\xi\mid\mathcal{F}_{t-j-1}]=0$，所以过程 $\{\xi_{tj},\mathcal{F}_{t-j}\}$ 是鞅差分序列。因此，我们把 X_t 写成鞅差分和余数之和。我们可以证明余数在 L^2 中渐近消失，然后应用平稳和遍历鞅差分的中心极限定理（Billingsley，1999）来确认该定理。

4.3 应用于平稳 Markov 过程

在第 3 章中，我们证明了在某些条件下，Markov 过程具有平稳分布。然而，可能存在多个平稳分布。本节的目标是应用 Birkhoff 遍历定理来刻画平稳分布的集合。然后，我们提供关于平稳 Markov 过程的强大数定律。

固定一个完备的可分度量空间$\mathbb{X}$。为了应用 Birkhoff 遍历定理，我们需要使 Markov 过程平稳。实现这一目标有两种方法。首先，定理 3.2.3 表明，给定可测空间 $(\mathbb{X},\mathcal{X})$ 上的转移函数 P 和初始分布 μ_0，我们可以构造 Markov 过程 $\{X_t\}_{t=0}^{\infty}$，使其相关的条件分布与 P 一致。给定 $(\mathbb{X},\mathcal{X})$ 上的任何平稳分布 π，通过设定 X_0 服从分布 π，我们可以使 Markov 过程 $\{X_t\}_{t=0}^{\infty}$ 成为平稳过程。

还有一种方法可以使 Markov 过程成为平稳过程，我们将在下面采用这种方法。其思想是考虑双无穷序列。空间 Ω 是所有序列 $\{X_n:n=0,\pm1,\pm2,\cdots\}$ 的集合，$\mathcal{F}$是对应的乘积 σ-代数。也就是说，Ω 是可数乘积空间$\mathbb{X}^{\mathbb{Z}}$，其中，$\mathbb{Z}$是所有整数的集合。我们在$\mathbb{X}^{\mathbb{Z}}$上构造如下概率测度 $\mathbf{P}_\pi$：给定正整数 n，我们在$\mathbb{X}^{2n+1}$上定义 $\mathbf{P}_\pi^n$ 为

$$\begin{aligned}&\mathbf{P}_\pi^n(A_{-n}\times\cdots\times A_n)\\&=\int_{A_{-n}}\int_{A_{-n+1}}\cdots\int_{A_n}P(x_{n-1},\mathrm{d}x_n)\cdots P(x_{-n},\mathrm{d}x_{-n+1})\pi(\mathrm{d}x_{-n})\end{aligned}\qquad(4.6)$$

我们可以证明 $\mathbf{P}_\pi^n$ 满足 Kolmogorov 一致性条件。由 Kolmogorov 延拓定理可知，它诱导出$\mathbb{X}^\mathbb{Z}$上唯一的概率测度 $\mathbf{P}_\pi$。然后，我们可以在概率空间（$\mathbb{X}^\mathbb{Z},\mathcal{X}^\mathbb{Z},\mathbf{P}_\pi$）上构造 Markov 过程 $\{X_n\}_{-\infty}^{\infty}$。本章习题 3 要求读者证明这个 Markov 过程是平稳的，以及对于任意 X_n，其边际分布都是 π。

对于任意 $k\in\mathbb{Z}$和任意 $x=\{x_n\}$，我们把$\mathbb{X}^\mathbb{Z}$上一个平移算子 θ 定义为 $(\theta^k x)(n)=x_{n+k}$。它是从$\mathbb{X}^\mathbb{Z}$到$\mathbb{X}^\mathbb{Z}$的可测变换。那么，对于每一个不变分布 π，$(\mathbb{X}^\mathbb{Z},\mathcal{X}^\mathbb{Z},\mathbf{P}_\pi,\theta)$ 形成了一个动态系统。下面，我们将重点介绍这个系统。本节的主要结果如下：

定理 4.3.1 令 $\mathcal{M}$ 为转移函数 P 的不变测度集，那么当且仅当 π 是凸集 $\mathcal{M}$ 的极值点时，动态系统 $(\mathbb{X}^\mathbb{Z},\mathcal{X}^\mathbb{Z},\mathbf{P}_\pi,\theta)$ 是遍历的。

为了证明这个定理，我们需要一些初步结果。令 $\mathcal{F}_n^m=\sigma(x_k:n\leqslant k\leqslant m)$，其中，$\sigma(Y)$ 表示由随机变量 Y 生成的 σ-代数。令 $\mathcal{F}_\infty^\infty=\bigcap_{n\geqslant 1}\mathcal{F}_n^\infty$，$\mathcal{F}_{-\infty}^{-\infty}=\bigcap_{n\geqslant 1}\mathcal{F}_{-\infty}^{-n}$。

引理 4.3.1 令 $\mathcal{I}$ 为与动态系统 $(\mathbb{X}^\mathbb{Z},\mathcal{X}^\mathbb{Z},\mathbf{P}_\pi,\theta)$ 相关的平移不变集的 σ-代数。那么，$\mathcal{I}\subset\mathcal{F}_0^0$，达到 $\mathbf{P}_\pi$ 测度为 0 的集合。

证明 为了简单起见，我们假设$\mathbb{X}=\mathbb{R}$。然而，类似的论证可以被应用于一般空间$\mathbb{X}$。令 A 为平移不变集。那么，A 可以通过 σ-代数中与 $[-k,k]$，$k\geqslant 1$ 的坐标相对应的集合 A_k 来逼近。正式地，$A=\bigcap_{k\geqslant 0}B_k$，其中，

$$B_k=\{y\in X^\mathbb{Z}:\exists x\in A, x_n=y_n,\forall n\in[-k,k]\}$$

由于 A 是平移不变的，θ 是保测的，所以集合 $\theta^{\pm 2k}A_k$，$k\geqslant 1$ 也逼近 A。因此，A 属于尾 σ-代数，属于遥远的过去和遥远的未来。也就是说，$A\in\widetilde{\mathcal{F}}_\infty^\infty$，$A\in\widetilde{\mathcal{F}}_{-\infty}^{-\infty}$，其中 $\widetilde{\mathcal{F}}_\infty^\infty$ 和 $\widetilde{\mathcal{F}}_{-\infty}^{-\infty}$ 分别是 $\mathcal{F}_\infty^\infty$ 和 $\mathcal{F}_{-\infty}^{-\infty}$ 的完备化。由本章习题 4，我们得到

$$\mathbf{P}_\pi(A\mid\mathcal{F}_0^0)=\mathbf{P}_\pi(A\cap A\mid\mathcal{F}_0^0)=\mathbf{P}_\pi(A\mid\mathcal{F}_0^0)\mathbf{P}_\pi(A\mid\mathcal{F}_0^0)$$

这意味着，$\mathbf{P}_\pi(A\mid\mathcal{F}_0^0)$ 等于 0 或 1。因此，$A\in\mathcal{F}_0^0$。

定理 4.3.1 的证明 首先假设 $\pi\in\mathcal{M}$ 不是极值；也就是说，存在 $\alpha\in(0,1)$ 和两个不同的平稳分布 $\pi_1,\pi_2\in\mathcal{M}$，使得 $\pi=\alpha\pi_1+(1-\alpha)\pi_2$。因此，$\mathbf{P}_\pi=\alpha\mathbf{P}_{\pi_1}+(1-\alpha)\mathbf{P}_{\pi_2}$。利用反证法，假设 $(\mathbb{X}^\mathbb{Z},\mathcal{X}^\mathbb{Z},\mathbf{P}_\pi,\theta)$ 是遍历的，因此对于每一个 $A\in\mathcal{I}$，$\mathbf{P}_\pi(A)=0$ 或 1。所以，$\mathbf{P}_{\pi_1}(A)=\mathbf{P}_{\pi_2}(A)=0$ 或 $\mathbf{P}_{\pi_1}(A)=\mathbf{P}_{\pi_2}(A)=1$。这意味着 $(\mathbb{X}^\mathbb{Z},\mathcal{X}^\mathbb{Z},\mathbf{P}_{\pi_1},\theta)$ 和 $(\mathbb{X}^\mathbb{Z},\mathcal{X}^\mathbb{Z},\mathbf{P}_{\pi_2},\theta)$ 也是遍历的。根据 Birkhoff 遍历定理，对于$\mathbb{X}^\mathbb{Z}$上任意的有界可测函数 f，均有

$$\lim_{n\to\infty}\frac{1}{n}\sum_{k=1}^{n}f(\theta^k x)=\int f(x)\mathbf{P}_{\pi_i}(\mathrm{d}x),\quad \mathbf{P}_{\pi_i}-a.s.$$

令 E_i 为使得等式成立的点 x 的集合。那么，$\mathbf{P}_{\pi_i}(E_i)=1$，使得 $\mathbf{P}_{\pi}(E_1)=\mathbf{P}_{\pi}(E_2)=1$。因为 f 是任意的，而且 π_1 和 π_2 是不同的，所以我们可以选择某个 f，使得 $\int f(x)\mathbf{P}_{\pi_1}(\mathrm{d}x)\neq\int f(x)\mathbf{P}_{\pi_2}(\mathrm{d}x)$。这意味着 $E_1\cap E_2=\varnothing$，因而 $\mathbf{P}_{\pi}(E_1\cup E_2)=2$，矛盾。

为了证明相反的情况，假设 $(\mathbb{X}^{\mathbb{Z}},\mathcal{X}^{\mathbb{Z}},\mathbf{P}_{\pi},\theta)$ 不是遍历的。我们想要证明存在 $\alpha\in(0,1)$ 和两个不同的平稳分布 $\pi_1,\pi_2\in\mathcal{M}$，使得 $\pi=\alpha\pi_1+(1-\alpha)\pi_2$。由引理 4.3.1，对于 $\mathcal{X}^{\mathbb{Z}}$ 中的任意平移不变集，都有 $A\in\mathcal{F}_0^0$。因为我们可以把任意时刻标记为 0 时刻，所以对于任意的 $n\in\mathbb{Z}$，都有 $A\in\mathcal{F}_n^n$。因此，存在集合 $A_1\in\mathcal{X}$ 使得 $A=A_1^{\mathbb{Z}}\equiv\{(\cdots,x_1,x_2,\cdots)\in\mathcal{X}^{\mathbb{Z}}:x_n\in A_1,n\in\mathbb{Z}\}$ 可以达到 $\mathbf{P}_{\pi}$ 测度为 0 的集合。集合 A_1 必须是 π-不变量。① 因此，$\mathbf{P}_{\pi}(A)=\mathbf{P}_{\pi}(A_1^{\mathbb{Z}})=\pi(A_1)$。因为我们假设 $(\mathbb{X}^{\mathbb{Z}},\mathcal{X}^{\mathbb{Z}},P_{\pi},\theta)$ 不是遍历的，所以存在 $\alpha\in(0,1)$ 使得 $\mathbf{P}_{\pi}(A)=\pi(A_1)=\alpha$。此外，我们有 $\pi(A_1^c)=1-\alpha$。π 的平稳性意味着对于 π-几乎每一个 $x\in A_1^c$，均有 $\mathbf{P}(x,A_1^c)=1$。定义 $(\mathbb{X},\mathcal{X})$ 上的两个度量分别为

$$\pi_1(B)=\frac{1}{\alpha}\pi(A_1\cap B),\quad \pi_2(B)=\frac{1}{1-\alpha}\pi(A_1^c\cap B),\quad \text{对于所有的 } B\in\mathcal{X}$$

显然，这两个测度是平稳分布。

从这个定理的证明中，我们可以将之前的定义 3.3.5 中与 $(\mathbb{X},\mathcal{X},P,\pi)$ 相关的遍历性的定义与当前的动态系统 $(\mathbb{X}^{\mathbb{Z}},\mathcal{X}^{\mathbb{Z}},\mathbf{P}_{\pi},\theta)$ 的遍历性的概念联系起来。特别地，我们已经证明，当且仅当不变分布 π 是遍历的时，$(\mathbb{X}^{\mathbb{Z}},\mathcal{X}^{\mathbb{Z}},\mathbf{P}_{\pi},\theta)$ 是遍历的。我们也可以直接提出：

推论 4.3.1 如果 $(\mathbb{X},\mathcal{X})$ 上转移函数为 P 的 Markov 过程具有唯一的不变分布 π，那么 π 是遍历的。

最后，我们给出平稳 Markov 过程的强大数定律。它的证明来自 Birkhoff 遍历定理和定理 4.3.1。我们省略这里的细节。

定理 4.3.2 令 $\mathbf{P}_{x_0}$ 为 $(\mathbb{X}^{\infty},\mathcal{X}^{\infty})$ 上对于 Markov 过程的概率测度，其 $(\mathbb{X},\mathcal{X})$ 上的转移函数 P 在 0 时刻从 $x_0\in\mathbb{X}$ 开始。令 f 为 $\mathbb{X}$ 上的有界可测函数。那么，对于几乎所有在 $(\mathbb{X},\mathcal{X})$ 上的任何极值不变分布 π 的 x_0，均有

① 这意味着对于 π-几乎每一个 $x\in A_1$（回顾定义 3.3.5），都有 $P(x,A_1)=1$。

$$\lim_{N\to\infty}\frac{1}{N}\sum_{k=1}^{N}f(x_k)=\int f(y)\pi(\mathrm{d}y),\quad \text{对 } P_{x_0}\text{-几乎每一个 } \omega=(x_1,x_2,\cdots)\in\mathbb{X}^{\infty}$$

4.4 习题

1. 证明变换不变集的类是 σ-代数。

2. 证明如果 θ 是可测的保测变换，那么对于 Ω 上的可测和可积函数 f，$Ef(\omega)=E[f(\theta\omega)]$。

3. 证明第 4.3 节中构造的 $(\mathbb{X}^{\mathbb{Z}},\mathcal{X}^{\mathbb{Z}},\mathbf{P}_{\pi})$ 上的过程 $\{X_n\}$ 是平稳的 Markov 过程。此外，对于任意的 X_n，它的边际分布均是 π。

4. 证明对于乘积空间 $X\times Y\times Z$ 上的任意概率测度 P，以及对于任意可测可积函数 f、g，下面两个等式都是等价的：

$$E[f(x)g(z)\mid\mathcal{F}_y]=E[f(x)\mid\mathcal{F}_y]E[g(z)\mid\mathcal{F}_y]$$

$$E[g(z)\mid\mathcal{F}_{x,y}]=E[g(z)\mid\mathcal{F}_y]$$

其中，$\mathcal{F}_y$ 是到 Y 上的投影所生成的 σ-代数，$\mathcal{F}_{x,y}$ 是到 $X\times Y$ 上的投影所生成的 σ-代数。

5. 证明定理 4.2.2 和定理 4.3.2。

6. 证明任意两个不同的遍历不变测度是相互奇异的。

7. 令 $X=(X_1,X_2,\cdots)$ 是 $EX_n=0$、协方差 $R_n=EX_{n+k}X_k$ 的 Gauss 平稳序列。证明 $\lim_{n\to\infty}R_n=0$ 是 X 遍历的充分条件。

II

动态优化

经济代理人，比如家庭、企业和政府，经常面临许多选择问题。这些选择问题通常是动态的。例如：家庭决定今天消费多少和为未来储蓄多少；企业决定今天发放多少红利和为将来投资多少；工人决定是今天接受一个工作机会还是等待和寻找明天新的工作机会。所有这些问题都涉及今天和未来之间的成本-收益权衡。在本书的这一部分，我们讨论如何求解这类问题。我们集中讨论带有递归结构的经济问题。我们用 Markov 决策过程模型提出这些问题。然后应用一种递归方法——动态规划——来求解这类问题。在第 5 章，我们给出模型设置和一些例子；在第 6 章，我们讨论有限期的动态规划方法；在第 7 章，我们讨论无穷期问题；在第 8 章，我们给出了一些应用实例；在第 9 章，我们分析线性二次模型；在第 10 章，我们考察有不完全信息的模型；在第 11 章，我们研究求解动态规划问题的数值方法。

第 5 章

Markov 决策过程模型

本章目标

本章介绍 Markov 决策过程模型，并给出各种例子来阐释这个模型的一般性。

5.1 模型设置

经济决策经常可以被归结为决策者为了最大化某个准则而选择某项行动，从而影响一个随机动态系统的问题。为了确保递归结构，我们利用由时间、状态、行动、随机核和一期回报五个要素组成的 Markov 决策过程确切地阐述这个框架。Markov 决策过程与最优性准则一起被称为 Markov 决策问题。Markov 决策过程和相应的决策问题构成 Markov 决策过程模型。

我们现在正式刻画这个模型。假设决策是在由 $t \in \mathbb{T} \equiv \{0,1,2,\cdots,T\}$ 代表的离散时点做出的，其中 $T \leqslant \infty$。决策时间可能不同于日历时间。如果 $T<(=)\infty$，那

么决策过程具有有限（无穷）期。在每个 t 时刻，系统处于一个**状态**（state）s_t。初始状态 s_0 是给定的。用$\mathbb{S}$代表所有可能状态的集合，称为**状态空间**（state space）。令（$\mathbb{S},\mathcal{S}$）和（$\mathbb{A},\mathcal{A}$）为可测空间。在观测到状态 s_t 之后，决策者选择**行动**（action）$a_t\in\mathbb{A}$。对行动的约束由非空值对应 $\Gamma:\mathbb{S}\rightarrow\mathbb{A}$ 来刻画，也就是说，$\Gamma(s_t)\subset\mathbb{A}$ 是当前状态为 $s_t\in\mathbb{S}$ 的情况下可行行动的集合。行动可以随机或者确定地选择。当决策准则函数有扭结时，随机行动可能是最优的。在博弈论中，为了允许有混合策略，我们可以考虑随机行动。在本章，我们集中讨论确定性行动。在本章结尾，我们简单介绍随机行动的模型设置。

作为在 t 时刻和状态 s_t 下选择行动 a_t 的结果，决策者得到一期回报 $u_t(s_t,a_t)$。另外，$t+1$ 时刻的系统状态由**随机核**（stochastic kernel）$P_{t+1}:(\mathbb{S}\times\mathbb{A})\times\mathcal{S}\rightarrow[0,1]$ 决定，也就是说，$P_{t+1}(s_t,a_t;\cdot)$ 是当 t 时刻状态和行动分别是 s_t 和 a_t 时 $t+1$ 时刻状态的概率测度。而且，对于任意 $B\in\mathcal{S}$，$P_{t+1}(\cdot,\cdot;B)$ 是$\mathbb{S}\times\mathbb{A}$ 上的可测函数。注意，决策者的行动可能影响随机核。

研究对象的集合

$$\{\mathcal{T},(\mathbb{S},\mathcal{S}),(\mathbb{A},\mathcal{A}),\Gamma,(P_t)_{t=1}^{T},(u_t)_{t=0}^{T}\} \tag{5.1}$$

被称为 Markov **决策过程**（decision process）。在我们的处理中，我们假设$\mathbb{S}$、$\mathbb{A}$ 和 Γ 独立于时间，但是 P_{t+1} 和 u_t 可能依赖于时间。对于无穷期的情形，我们将会假设 P_{t+1} 和 u_t 独立于时间。在这种情形下，Markov 决策过程是**平稳的**（stationary）。在有限期决策过程中，我们将假设最后一期不做决策，以使得期终回报 u_T 仅仅是状态的函数。我们可以把它称为残值、残余价值或者遗赠价值。在某些经济问题中，我们经常假设不能从期末状态 x_T 得到回报，以使得 $u_T=0$。在这种情况下，通常需要一个期终状态约束。①

总之，Markov 决策过程有下列本质特征：

- 系统状态服从 Markov 过程（s_t）。
- 这个 Markov 过程的随机核 $(P_t)_{t=1}^{T}$受到决策者当前行动的影响，独立于未来或者过去的行动。
- 约束对应 Γ 把当前状态映射到一个行动集合，独立于历史。
- 一期回报 u_t 是当前状态和当前行动的函数，独立于历史。在有限期情形下，

① 参见第 6.6.2 节的例子。

期末回报要么等于零，要么仅是状态的函数。

接下来，我们定义最优性准则并提出 Markov 决策问题。假定初始状态 s_0 是给定的。给定这个状态，决策者选择行动 a_0。在时刻 $t=1$，决策者观测到状态 s_1 以及过去的状态和行动 (s_0, a_0)。然后，根据这个信息他选择行动 a_1。因为 s_0 是已知的，所以在信息集中可以忽略 (s_0, a_0)。然后，我们要求行动 a_1 是历史 $s^1=(s_1)$ 的可测函数。对于计算期望值来说，可测是必要的。在时刻 $t=2$，决策者观测到 s_2 和 (s_0, a_0, s_1, a_1)。因为 a_1 是 s_1 的可测函数，所以它没有提供任何新信息，所以我们可以把历史写为 $s^2=(s_1, s_2)$，并要求行动 a_2 是 s^2 的可测函数。通常，在任何时刻 $t\geqslant 1$，决策者都会观测到当前状态 s_t 和所有过去的状态和行动。他的信息用历史 $s^t=(s_1, \cdots, s_t)$ 来概括。他选择行动 a_t 作为这个历史 s^t 的可测函数。他对行动序列的选择一定满足某个最优性准则。在本章，我们假设他最大化总贴现期望回报，其中期望是关于状态的实现值取的。

正式地，我们定义乘积可测空间 $(\mathbb{S}^t, \mathcal{S}^t)$，$t=1, \cdots, T$。

定义 5.1.1 **计划**（plan）或者**政策**（policy）π 是一个行动序列 $(\pi_0, \pi_1, \cdots, \pi_{T-1})$，满足 $\pi_0 \in \mathbb{A}$ 和对于 $t=1,2,\cdots,T-1$，$\pi_t: \mathbb{S}^t \rightarrow \mathbb{A}$ 是可测的。如果 π_t 独立于从 0 时刻到 $T-1$ 时刻的状态，那么计划 π 是 Markov 的；如果 π_t 独立于时间 t，那么它就是**平稳的**（stationary）。

定义 5.1.2 如果 $s_0 \in \mathbb{S}$，且对于所有的 $s^t \in \mathbb{S}^t, t=1,2,\cdots,T-1$，都有 $\pi_t(s^t) \in \Gamma(s_t)$，那么从 $s_0 \in \mathbb{S}$ 开始的计划 $\pi=(\pi_0, \pi_1, \cdots, \pi_{T-1})$ 是**可行的**（feasible）。

令 $\Pi(s_0)$ 代表从 s_0 开始的所有可行计划的集合。由于可测性要求，$\Pi(s_0)$ 可能是空集。我们给出下面的充分条件保证 $\Pi(s_0)$ 非空。

假设 5.1.1 对应 Γ 有**可测选择**（measurable selection），也就是说，存在可测函数 $h: \mathbb{S} \rightarrow \mathbb{A}$ 使得对于所有 $s \in \mathbb{S}$，$h(s) \in \Gamma(s)$。

引理 5.1.1 令 $(\mathbb{S}, \mathcal{S})$、$(\mathbb{A}, \mathcal{A})$ 和 Γ 给定。在假设 5.1.1 下，对于所有 $s_0 \in \mathbb{S}$，$\Pi(s_0)$ 是非空的。

证明 令 h 是 Γ 的可测选择。对于所有 $s^t \in \mathbb{S}^t, t=1,2,\cdots,T-1$，定义

$$\pi_0=h(s_0), \quad \pi_t(s^t)=h(s_t)$$

显然，计划 $\pi=(\pi_0, \pi_1, \cdots, \pi_{T-1}) \in \Pi(s_0)$。

现在我们讨论对于可行计划如何计算总贴现期望回报。首先，我们维持下述假设：

假设 5.1.2 贴现因子是$\beta \in (0,1)$。

接下来我们定义期望。给定初始状态 s_0、从 s_0 开始的可行计划 π，以及随机核 $P_t, t=1,\cdots,T$，定义 $\mathcal{S}^t$ 上的概率测度为

$$\mu^t(s_0,B;\pi)=\int_{B_1}\cdots\int_{B_{t-1}}\int_{B_t}P_t(s_{t-1},\pi_{t-1}(s^{t-1});\mathrm{d}s_t)$$
$$\times P_{t-1}(s_{t-2},\pi_{t-2}(s^{t-2});\mathrm{d}s_{t-1})\cdots P_1(s_0,\pi_0;\mathrm{d}s_1) \quad (5.2)$$

对于任意 $B=B_1\times\cdots\times B_t\in\mathcal{S}^t$。由 Tulcea 定理 3.2.4，$\mu^t(s_0,\cdot;\pi)$ 是 $\mathcal{S}^t$ 上定义良好的概率测度。注意这个测度依赖于政策 π。我们利用这个测度计算每一期的期望回报。在无穷期情况下，由 Kolmogorov 延拓定理，测度序列 $\mu^t(s_0,\cdot;\pi)$，$t=1,2,\cdots$，诱导出 $\mathcal{S}^\infty$ 上的唯一测度 $\mu^\infty(s_0,\cdot;\pi)$。

对于有限期情形，我们施加下述假设：

假设 5.1.3 令 $T<\infty$。对于 $t=0,1,\cdots,T-1$，一期回报函数 $u_t:\mathbb{S}\times\mathbb{A}\to\mathbb{R}$ 是可测的，期终回报函数 $u_T:\mathbb{S}\to\mathbb{R}$ 是可测的。对于每一个 $s_0\in\mathbb{S}$ 和每一个计划$\pi\in\Pi(s_0)$，$u(s_t,\pi_t(s^t))$ 是 $\mu^t(s_0,\mathrm{d}s^t;\pi)$ 可积的。

对于无穷期情形，我们要求一期回报函数序列和随机核是时齐的或者平稳的。

假设 5.1.4 令 $T=\infty$。在任何时期，一期回报函数是 $u:\mathbb{S}\times\mathbb{A}\to\mathbb{R}$，随机核是 $P:(\mathbb{S}\times\mathbb{A})\times\mathcal{S}\to[0,1]$。对于每一个 $s_0\in\mathbb{S}$ 和每一个计划 $\pi\in\Pi(s_0)$，$u(s_t,\pi_t(s^t))$ 是 $\mu^t(s_0,\mathrm{d}s^t;\pi)$ 可积的，极限

$$u(s_0,\pi_0)+\lim_{T\to\infty}\sum_{t=1}^{T}\beta^t\int u(s_t,\pi_t(s^t))\mu^t(s_0,\mathrm{d}s^t;\pi)$$

存在（尽管它可能是正无穷或者负无穷）。

给定前面的假设，对于任意计划 $\pi\in\Pi(s_0)$，我们定义 $T<\infty$情形下的总贴现期望回报为

$$J_0^T(s_0,\pi)=u_0(s_0,\pi_0)+\sum_{t=1}^{T-1}\beta^t\int u_t(s_t,\pi_t(s^t))\mu^t(s_0,\mathrm{d}s^t;\pi)$$
$$+\beta^T\int u_T(s_T)\mu^T(s_0,\mathrm{d}s^T;\pi) \quad (5.3)$$

如果 $T=\infty$，我们把总贴现期望回报定义为

$$J(s_0,\pi)=u(s_0,\pi_0)+\lim_{T\to\infty}\sum_{t=1}^{T}\beta^t\int u(s_t,\pi_t(s^t))\mu^t(s_0,\mathrm{d}s^t;\pi) \quad (5.4)$$

我们强调，对于有限期情形，贴现是不重要的，因为我们可以简单地重新定义 u_t 使得 $\beta=1$。但是，对于无穷期情形，它是重要的，我们将在第 7 章表明这一点。对于这两种情形，我们这里维持假设 5.1.2，因为我们将在第 7 章研究这两种情形之间的联系。

假设 5.1.1、5.1.3 和 5.1.4 确保了对于每一个初始状态 $s\in\mathbb{S}$，$J_0^T(s,\cdot)$ 和 $J(s,\cdot)$ 在非空集合 $\Pi(s)$ 上都被良好地定义了。然后，我们可以定义最优准则为

$$V_0(s)=\sup_{\pi\in\Pi(s)} J_0^T(s,\pi),\quad \text{如果 } T<\infty \tag{5.5}$$

$$V(s)=\sup_{\pi\in\Pi(s)} J(s,\pi),\quad \text{如果 } T<\infty \tag{5.6}$$

对于每一个 $s\in\mathbb{S}$。更精确地，我们可以把 $V_0(s)$ 写为 $V_0^T(s)$，以表明时期是 T。只要不存在混淆风险，我们就采用前面的记号。

我们称式（5.5）中的问题为 ***T* 期 Markov 决策问题**（*T*-horizon Markov decision problem），称式（5.6）中的问题为**无穷期 Markov 问题**（infinite-horizon Markov decision problem）。限制“Markov”表明我们集中讨论由 Markov 决策过程所产生的问题。对于有限期 Markov 问题，我们称 $V_0:\mathbb{S}\to\mathbb{R}\cup\{\pm\infty\}$ 为零时期**值函数**（value function）；对于无穷期 Markov 决策问题，我们称 $V:\mathbb{S}\to\mathbb{R}\cup\{\pm\infty\}$ 为值函数。也就是说，V_0 是满足下述三个条件的唯一函数：

（1）如果 $|V_0(s)|<\infty$，那么

- 对于所有 $\pi\in\Pi(s)$，$V_0=(s)\geqslant J_0^T(s,\pi)$；
- 对于任意 $\varepsilon>0$，存在一个可行计划 $\pi\in\Pi(s)$ 使得 $V_0(s)\leqslant J_0^T(s,\pi)+\varepsilon$。

（2）如果 $V_0(s)=+\infty$，那么存在 $\Pi(s)$ 中的计划序列 (π^k) 使得 $\lim_{k\to\infty} J_0^T(s,\pi^k)=+\infty$。

（3）如果 $V_0(s)=-\infty$，那么对于所有 $\pi\in\Pi(s)$，$J_0^T(s,\pi)=-\infty$。

如果最优计划 $\pi^*\in\Pi(s)$ 达到上确界 $V_0(s)=J_0^T(s,\pi^*)$，那么它存在。如果最优计划存在，我们就可以在式（5.5）中用最大值替代上确界。在无穷期情形下，类似定义可以应用于 $V(s)$。下面的例子表明，上确界可能是无穷，最优计划可能不存在。

例 5.1.1 （a）考虑静态问题

$$V_0(s)=\sup_{a\in[s,2]}\frac{1}{a}+s,\quad a\neq 0$$

如果 $s\in(0,2)$，那么 $V_0(s)=1/s+s<\infty$，$a^*=s$ 取得上确界。如果 $s<0$，那么 $V_0(s)=+\infty$。没有 $a\in[s,2]$ 达到上确界。

(b) 考虑 $V_0(s)=\sup_{a\in(0,1)}a=1$，$s\in\mathbb{S}=\mathbb{R}$。值函数是有限常数，但是没有行动 $a\in(s,2)$ 达到最大值。

到此为止，我们完成了对 Markov 决策过程模型的刻画。这个模型包括确定性决策问题（作为特例）。因此，我们在本书中不再单纯地处理这种情形。在确定性情况下，行动的选择确定地决定以后的状态。对于某个函数 f，我们可以把状态转移写为 $s_{t+1}=f(s_t,a_t)$。随机核变为

$$P_{t+1}(s_t,a_t;B)=\begin{cases}1, & f(s_t,a_t)\in B\\ 0, & \text{其他}, B\in\mathcal{S}\end{cases}$$

在本节结束之际，关于模型处理，我们给出一些评论。首先，我们假设准则函数是总贴现期望回报。在运算研究中，研究者经常考虑其他准则函数，比如，平均期望回报。在本书中，我们不研究这种情形。其次，为了解释一些实验证据，比如 **Allais 悖论**（Allais paradox）和 **Ellsberg 悖论**（Ellsberg paradox），研究者提出了非期望效用模型。我们的模型处理不包括这种情形。再次，因为我们已经假设了时间可加准则函数，所以我们的模型不包括有非可加准则函数比如递归效用的动态选择问题。第 20 章将考虑最后两种情形。

最后，我们简单介绍有随机行动的非常一般的框架。对于更细致的分析，我们向读者推荐 Bertsekas 和 Shreve（1978）。假设初始状态未知并且是抽自 $\mathbb{S}$ 的分布 P_0。因为行动可能是随机化的，所以任意时期的历史一定包括过去行动的实现值。定义 $\mathbb{H}_0=\mathbb{S}$、$\mathbb{H}_t=\mathbb{H}_{t-1}\times\mathbb{A}\times\mathbb{S}$ 和 $\mathbb{H}_t$ 的 σ-代数，用 $\mathcal{H}_t$ 表示。t 时期的历史是 $h_t=(s_0,a_0,\cdots,a_{t-1},s_t)\in\mathbb{H}_t$。$t$ 时期的行动是可测映射 π_t，它把 $\mathbb{H}_t$ 映射到 $\mathbb{A}$ 上的概率测度集合。另外，为了可行，我们要求 $\Gamma(s)\in\mathcal{A}$，$\pi_t(h_t)(\Gamma(s_t))=1$。计划 π 是行动序列 π_t，$t=0,1,2,\cdots,T$。给定任何计划 π，定义可测空间（$\mathbb{S}^t\times\mathbb{A}^t,\mathcal{S}^t\times\mathcal{A}^t$）和这个空间上的概率测度：

$$\begin{aligned}&\mu^t(\mathrm{d}s_0,\mathrm{d}a_0,\cdots,\mathrm{d}s_t,\mathrm{d}a_t;\pi)\\&=P_0(\mathrm{d}s_0)\pi_0(h_0)(\mathrm{d}a_0)P_1(s_0,a_0;\mathrm{d}s_1)\pi_1(h_1)(\mathrm{d}a_1)\\&\quad\times\cdots\times P_t(s_{t-1},a_{t-1};\mathrm{d}s_t)\pi_t(h_t)(\mathrm{d}a_t)\end{aligned}$$

对于 $t=0,1,\cdots,T-1$。在有限期情形下，在最后一期不存在行动选择。因此，我

们有

$$\mu^T(ds_0,da_0,\cdots,ds_T;\pi)$$
$$=P_0(ds_0)\pi_0(h_0)(da_0)P_1(s_0,a_0;ds_1)\pi_1(h_1)(da_1)\cdots P_T(s_{T-1},a_{T-1};ds_T)$$

我们用这些测度来计算总贴现期望回报。在无穷期情形下，Tulcea 定理表明，这些测度会诱导出概率空间（$\mathbb{S}^\infty\times\mathbb{A}^\infty,\mathcal{S}^\infty\times\mathcal{A}^\infty$）上的唯一概率测度（用于计算总贴现期望回报）。

5.2 例子

在本节，我们列出一些例子，以解释上一节给出的模型设置。一些例子允许不同的解释，可能有广泛的应用。

□ 5.2.1 离散选择

如果行动集$\mathbb{A}$是有限的，那么 Markov 决策问题就变成离散选择问题。一个例子是 Rust（1985，1986）分析的耐用资产的最优重置问题。在这个问题中，状态空间是$\mathbb{S}=\mathbb{R}_+$。时间由 $t=0,1,2,\cdots$ 来代表。状态 s_t 被解释为对 t 时刻耐用品累积利用水平的一个测量。特别地，$s_t=0$ 表明是新的耐用品。在每个时刻 t，决策者决定是持有还是替代这个耐用品。令行动集为$\mathbb{A}=\{0,1\}$，其中，$a_t=0$ 代表持有耐用品的行动，$a_t=1$ 代表以残值 P_c 卖掉耐用品和以成本 P_b 用新耐用品替代它的行动。假设利用水平服从指数分布。我们可以把随机核的密度写为

$$p(s_t,a_t;ds_{t+1})=\begin{cases}1-\exp(-\lambda(ds_{t+1}-s_t)), & \text{如果 } a_t=0,s_{t+1}\geqslant s_t\\ 1-\exp(-\lambda(ds_{t+1})), & \text{如果 } a_t=1,s_{t+1}\geqslant 0\\ 0, & \text{其他}\end{cases}$$

假设在状态 s 持有耐用品的成本是 $c(s)$，目标是最小化在无穷期持有耐用品的贴现期望成本。贴现因子是 $\beta\in(0,1)$。因为最小化一个函数等价于最大化它的负形式，我们可以定义回报函数为

$$u_t(s_t,a_t)=\begin{cases}-c(s_t), & \text{如果 } a_t=0\\ -(P_b-P_c)-c(0), & \text{如果 } a_t=1\end{cases}$$

□ 5.2.2 最优停止

在之前的离散决策问题中，决策者的选择影响状态系统或随机核的演变。在一种离散选择问题，即所谓的最优停止问题中，决策者的选择并不会影响状态系统。例子有很多：投资者决定是否及何时投资一个随机回报外生给定的项目；企业决定是否及何时进入或退出一个行业，以及可能决定是否及何时对债务违约；工人决定是否及何时接受工作机会或离职。所有这些决策都有三个特征。首先，在某种程度上决策是不可逆的。其次，未来的回报或成本是不确定的。最后，决策者在选择决策时间方面有一定灵活性。

现在我们正式提出这些问题。时间用 $t=0,1,\cdots,T$ 来表示，$T\leqslant\infty$。不确定性由外生的在某状态空间$\mathbb{Z}$上取值的 Markov 状态过程 $(z_t)_{t\geqslant 0}$所生成。$(z_t)_{t\geqslant 0}$的转移函数为 $Q_t:\mathbb{Z}\times\mathcal{Z}\to[0,1]$，$t=1,\cdots,T-1$，其中，$(\mathbb{Z},\mathcal{Z})$是可测空间。在任意 t 期，当观察到外生状态 z_t 后，决策者决定是停止还是继续。他的决策是不可逆的，如果他选择停止，那么在未来将不做任何决策。在 t 期继续会产生回报$f_t(z_t)$，而在 t 期停止会得到瞬时回报 $g_t(z_t)$ 且将来的回报为 0，其中，f_t 和 g_t 是把$\mathbb{Z}$映射到$\mathbb{R}$的函数。问题可以是有限期的。在这种情况下，我们假设如果决策者以前没有选择停止，则其终点回报为 $h(z_T)$。决策者是风险中性的，且会最大化贴现回报，贴现因子为$\beta\in(0,1]$。在无穷期情况下，我们假设 f_t 和 g_t 与 t 无关。

为了将最优停止问题表述为 Markov 决策问题，我们引入额外状态 $\hat{s}$ 来表示停止。这个状态是一个吸收态。令 $a=1$ 和 $a=0$ 分别表示继续和停止的行动。Markov 决策模型由以下元素组成：

- 决策时间：

$$\mathcal{T}=\{0,1,\cdots,T\},T\leqslant\infty$$

- 状态：

$$\mathbb{S}=\mathbb{Z}\cup\{\hat{s}\}$$

- 行动：

$$\mathbb{A}=\{0,1\},\Gamma(s)=\begin{cases}\{1,0\}, & \text{如果 } s\in\mathbb{Z}\\ \{1\}, & \text{如果 } s=\hat{s}\end{cases}$$

- 回报：

$$u_t(s,a)=\begin{cases} f_t(s), & \text{如果 } s\in\mathbb{Z}, a=1 \\ g_t(s), & \text{如果 } s\in\mathbb{Z}, a=0, t<T \\ 0, & \text{如果 } s=\hat{s} \end{cases}$$

$$u_T(s)=h(s), s\in\mathbb{Z}, \text{如果 } T<\infty$$

- 随机核：

$$P_{t+1}(s_t,a_t;B)=Q_{t+1}(s_t,B),\quad \text{如果 } s_t\in\mathbb{Z}, a_t=1, B\in\mathcal{Z}$$

$$P_{t+1}(s_t,a_t;\hat{s})=1,\quad \text{如果 } s_t\in\mathbb{Z}, a_t=0, \text{或 } s_t=\hat{s}, t<T$$

$$P_{t+1}(s_t,a_t;\cdot)=0,\quad \text{其他}$$

- 最优准则：最大化总贴现期望回报，贴现因子为 $\beta\in(0,1)$。

在应用中，我们仅需要设定 Markov 过程（s_t）与函数 f_t、g_t 和 h。接下来，我们举一些具体的例子。

期权执行 考虑无穷期不可逆投资问题。状态过程（z_t）$_{t\geqslant 0}$ 表示随机项目支付，它有一个时齐的转移函数 Q。决策者是风险中性的。若在第 t 期投资，则投资项目产生回报 z_t。在投资时，投资成本为固定值 $I>0$。如果投资者选择等待，则他在当期得不到任何回报。然后，他在下一期抽取一个新的回报，并且再次决定是否投资。通过设

$$g_t(z_t)=z_t-I \tag{5.7}$$

$$f_t(z_t)=0 \tag{5.8}$$

我们可将这个问题放进我们的框架中。

我们可将此问题视为期权执行问题，其中，决策者决定何时执行以股票为标的物的美式看涨期权。在这种情况下，s_t 代表股票价格，I 代表执行价格。贴现因子等于总利率的倒数，$\beta=1/(1+r)$。

退出 退出是产业组织和宏观经济学中的重要问题。① 我们可以这样描述标准的无穷期退出模型：考虑某行业中的一家企业。平稳转移函数为 Q 的 Markov 状态过程（z_t）$_{t\geqslant 0}$ 可被视为需求冲击或生产率冲击。在第 t 期继续经营可生成利润 $\varphi(z_t)$，并产生固定成本 $c_f>0$。所有者/经营者可决定退出并寻找外部机会。令外部机会的价值为常数 $\xi>0$。通过设

① 参见 Hopenhayn（1992）关于进入和退出的产业均衡模型。

$$g_t(z_t)=\xi \tag{5.9}$$

$$f_t(z_t)=\varphi(z_t)-c_f \tag{5.10}$$

该问题就符合我们的分析框架。

秘书问题（secretary problem） Cayley（1875）提出了怎样玩彩票的问题。该问题可被描述为秘书问题，它在应用概率论、统计学、决策理论、拍卖理论等领域得到了广泛的研究。这里我们紧密沿用 Puterman（1994）的表述。考虑雇主决定雇用一个人来填补秘书职位的空缺。此职位有 N 个具有不同能力的候选人或应聘者。候选人按顺序面试。面试结束后，雇主决定是否向当前候选人提供工作机会。如果他不向该候选人提供工作机会，候选人必须在其他地方求职。雇主希望最大化将工作机会提供给最优候选人的概率。

我们在一个抽象的框架中提出这个问题。存在 N 个具有不同质量的物品。根据质量递减的顺序将它们从 1 到 N 排列。决策者不知道真实排序。他以随机顺序在每期观察到一个物品。他可以选择当前物品并停止寻找，或丢弃它而选择下一个物品。他的目标是最大化选到排名第一的物品的概率。

为了将该问题嵌入最优停止问题，我们令边界 $T=N$。决策时间 $t=1,2,\cdots,N$ 将候选人的排名指标化，而与日历时间无关。该问题的难点在于如何模型化由 Markov 状态过程生成的不确定性。我们把此过程的状态空间设为$\mathbb{Z}=\{0,1\}$，其中，1 代表当前物品是到目前为止看到的最优物品（排名最接近 1），0 代表之前的物品里有更好的。对于每一个 $z_t\in\mathbb{Z}$，$t=1,2,\cdots,N-1$，该状态过程的转移函数为

$$Q_{t+1}(z_t,1)=\frac{1}{t+1},\quad Q_{t+1}(z_t,0)=\frac{t}{t+1}$$

解释如下：给定 t 期的状态 z_t，第（$t+1$）个候选人是目前为止看到的 $t+1$ 个候选人里最优的那个的概率为 $1/(t+1)$。注意，这个转移函数与状态 z_t 无关。

在任何状态下，行动 $a=0$ 都表示选择当前物品（把工作机会给当前候选人），$a=1$ 表示不选择当前候选人并继续寻找（面试下一个候选人）。

只有当停止时才会获得回报，即，在 t 期选择行动 $a=0$。给定某个候选人是前 t 个候选人中的最优候选人的条件下，他也是 N 个候选人中的最优候选人的概率为

$$\begin{aligned}&\Pr(N\text{ 个候选人中的最优候选人}\mid\text{前 }t\text{ 个候选人中的最优候选人})\\&=\frac{\Pr(N\text{ 个候选人中的最优候选人})}{\Pr(\text{前 }t\text{ 个候选人中的最优候选人})}=\frac{1/N}{1/t}=\frac{t}{N}\end{aligned}$$

现在我们定义回报。令 $f_t(z_t)=0$，$z_t\in\mathbb{Z}$，$g_t(0)=0$，$g_t(1)=t/N$，终点回报为 $h(0)=0$ 和 $h(1)=1$。为了解释终点回报，我们注意到如果最后一个物品是最优的，则选到最优物品的概率为 1；否则，这个概率为 0。

□ 5.2.3 强盗模型

考虑一个赌徒问题，他要从赌博机的许多条臂中选择一条。每条臂给出不同的获胜概率，这对赌徒来说是未知的。赌徒将会选择带来最大期望回报的那条臂。此问题通常被称为多臂赌博机问题。如果老虎机只有一条臂，那么此问题被称为单臂赌博机问题。根据决策者可用的信息，存在两种类型的赌博机问题。在第一种类型中，决策者对不确定性的潜在分布和系统的结构具有完全的信息。在另一种类型中，决策者对系统结构具有不完全信息。例如，他可能不知道臂的类型。通过观察过去的状态和行动，他可以学习系统的未知部分。在本章，我们集中讨论第一种类型的强盗问题。我们将在第 10 章讨论第二种类型的强盗问题。①

现在我们根据 Markov 决策模型正式提出完全信息的赌博机问题。假设决策者在每期 $t=0,1,\cdots,T$，$T\leqslant\infty$，观察到 k 个 Markov 过程（k 条臂）中每个过程的状态。每个 Markov 过程 $(s_t^i)_{t=0}^T(i=1,2,\cdots,k)$ 由一列转移函数 $Q_t^i:\mathbb{S}\times\mathcal{S}^i\to[0,1]$ 刻画，其中，$(\mathbb{S}^i,\mathcal{S}^i)$ 是可测空间，$t=1,2,\cdots,T-1$。决策者在每期选择其中一个 Markov 过程。如果他在 t 期选择过程 i，那么当状态为 $s_t=(s_t^1,\cdots,s_t^k)$ 时，他不得不依赖于其他状态过程的回报 $u_t^i(s_t^i)$。而且，s_t^i 根据转移函数 Q_{t+1}^i 随机移动到第 $t+1$ 期的状态。但是，其他过程的状态保持在 $s_{t+1}^j=s_t^j$（对于所有 $j\neq i$）不变。决策者的目标是最大化从所选择的过程得到的总贴现期望回报。我们把赌博机模型总结如下：

- 决策时间

$$t=0,1,2,\cdots$$

- 状态：

$$\mathbb{S}=\mathbb{S}^1\times\mathbb{S}^2\times\cdots\times\mathbb{S}^k$$

- 行动：

① 参见 Berry 和 Fristedt（1985）与 Gittins、Glazebrook 和 Weber（2011）关于赌博机问题的全面分析。

$$\mathbb{A}=\{1,2,\cdots,k\},\Gamma(s)=\mathbb{A},s\in\mathbb{S}$$

● 随机核：

$P_{t+1}((s_t^1,\cdots,s_t^k),a_t;B)=Q_{t+1}^i(s_t^i,B^i)$，如果 $a_t=i$，对于 $B=\{s_t^1\}\times\cdots\times\{s_t^{i-1}\}\times B^i\times\{s_t^{i+1}\}\times\cdots\times\{s_t^i\}$ 和 $B^i\in\mathcal{S}^i$。而且，$P_{t+1}((s_t^1,\cdots,s_t^k),a_t;B)=0$，对于所有其他的 $B\in\mathcal{S}^1\times\cdots\times\mathcal{S}^k$。

● 回报：

$$u_t(s_t,a_t)=u_t^i(s_t^i),s_t=(s_t^1,\cdots,s_t^k)\in\mathbb{S},\text{如果 } a_t=i$$

● 最优准则：

$$\sup_{(a_t)}E\left[\sum_{t=0}^{T}\beta^t u_t(s_t,a_t)\right],\beta\in(0,1)$$

赌博机问题的一个关键特征是，当过程 i 是在第 t 期选择的时，它在第 $t+1$ 期的状态是随机移动的，而其他过程的状态保持不变。因此，即使过程 i 在第 t 期可能是有吸引力的，它在第 $t+1$ 期也可能抽取一个差的状态。在那个状态下，决策者可能选择不同的过程。赌博机模型与最优停止模型相关。一些最优停止问题可被视为赌博机问题的特殊情况。例如，当有两条臂时，一条臂由确定性的常数过程表示，另一条臂是随机的，那么这个双臂赌博机问题就是最优停止问题。一般来说，如果两条臂都是随机的，那么决策者可能根据臂的状态在二者之间切换。这就不是最优停止问题了。

赌博机模型在经济学和运筹学中有许多应用，包括任务选择、搜寻、资源分配和 R&D 过程的选择等。这里我们将描述前两个应用，并讨论赌博机模型的一些拓展。不完全信息的赌博机模型有更多应用。我们将在第 10 章讨论这种情形。

任务选择　考虑来自 Puterman（1994）的任务选择问题。决策者在任意第 t 期决定从 k 个任务中选择一个。状态 s_t^i 代表任务 i 的完成程度，$i=1,2,\cdots,k$。如果决策者从事任务 i，那么他获得的期望回报是 $u_t^i(s_t^i)$。只有当工作完成时，他才会获得确定的回报。可取$\mathbb{S}^i=[0,1]$（$s^i\in\mathbb{S}^i$）表示工作已经完成的部分。再从事该工作一期很可能让决策者更接近于完成，但是他也有落后的可能性。我们可将（s_t^i）模型化为 Markov 过程。令 $p^i(C|s_t^i)$ 为给定状态 s_t^i 下完成任务 i 的条件概率，其中，C 代表任务完成。令 $u_t^i(s_t^i)=R^ip^i(C|s_t^i)$，其中，$R^i$ 代表完成任务 i 的回报。假设决策者在任何时间都只能从事一项工作。如果他从事一项给定的工作，那么在之前的状

态其他工作都停止了。

寻找最优选择 Weitzman（1979）研究了下述 Pandora 问题：有 k 个封闭的盒子。每个盒子 $i(1\leqslant i\leqslant k)$ 包含了来自分布 $P^i(x_i)$ 的未知回报 x_i，且与其他盒子独立。打开盒子 i 的成本是 c_i，回报在第 t_i 期之后支付。连续复合贴现率是 r。因此，奖励以 $\beta_i=\mathrm{e}^{-rt_i}$ 折现。外部值 x_0 是可用的。

在每个阶段，Pandora 决定是否打开盒子以及打开哪个盒子。如果她选择停止寻找，那么她会获得她已经打开的最大回报。如果她继续寻找，那么她要支付寻找成本并且等待回报的到来。Pandora 的目标是最大化总期望贴现回报。问题是打开盒子的最优序贯搜寻策略是什么。

扩展 以前赌博机模型的一个自然扩展是允许未被选择的过程（臂）在不同决策时间之间改变状态。这个扩展的影响是我们必须改变随机核的结构。该扩展模型通常被称为躁动的强盗模型。第二个扩展是允许臂的数量随时间改变，新臂的到达时间服从 Poisson 过程。第三个扩展是在不同臂之间转换时引入转换成本。

□ 5.2.4 最优控制

在许多应用中，用差分方程刻画状态系统的演化比随机核更方便。决策者的行动可能会影响这些方程。该模型框架被称为最优控制模型。现在我们介绍这个模型。

令 $(\mathbb{X},\mathcal{X})$、$(\mathbb{Z},\mathcal{Z})$ 和 $(\mathbb{A},\mathcal{A})$ 为可测空间，其中，$\mathbb{X}\subset\mathbb{R}^{n_x}$，$\mathbb{Z}\subset\mathbb{R}^{n_z}$，$\mathbb{A}\subset\mathbb{R}^{n_a}$。假设系统的状态 s 由内生状态 $x\in\mathbb{X}$ 和外生状态 $z\in\mathbb{Z}$ 组成，即 $s=(x,z)$。时间用 $t=0,1,2,\cdots,T\leqslant\infty$ 来表示。初始状态 (x_0,z_0) 是给定的。外生状态根据具有平稳转移函数 $Q:\mathbb{Z}\times\mathcal{Z}\rightarrow[0,1]$ 的时齐的 Markov 过程演化。① 内生状态依据如下差分方程演化：

$$x_{t+1}=\phi_t(x_t,a_t,z_t,z_{t+1}),t=0,1,\cdots,T-1,\quad (x_0,z_0)\text{给定} \tag{5.11}$$

其中，$\phi_t:\mathbb{X}\times\mathbb{A}\times\mathbb{Z}\times\mathbb{Z}\rightarrow\mathbb{X}$ 是可测函数。该方程被称为**状态转移方程**（state-transition equation），函数 ϕ_t 被称为**状态转移函数**（state-transition function）。在选择行动 $a_t\in\Gamma(x_t,z_t)$ 之后，决策者得到回报 $u_t(x_t,z_t,a_t)$。行动 a_t 是控制变量向量。

① 分析框架可以推广至包含非时齐的 Markov 过程。

如果 $T<\infty$，我们可设定终点回报 $u_T(x_T,z_T)$，它可被解释为残值或遗赠价值。如果不能从终点状态 x_T 得到回报，我们可对 x_T 施加一些额外的约束。[①] 决策者的目标是选择一个从 (x_0,z_0) 开始的可行性政策 $(a_t)_{t=0}^{T-1}$，以最大化总期望贴现回报：

$$\sup_{(a_t)_{t=0}^{T-1}\in\prod(x_0,z_0)} E\left[\sum_{t=0}^{T-1}\beta^t u_t(x_t,z_t,a_t)+\beta^T u_T(x_T,z_T)\right] \tag{5.12}$$

满足式（5.11），其中，E 是期望算子。式（5.12）中的目标函数称为 **Bolza 型**（Bolza form）。如果式（5.12）中 $u_T=0$，那么它是 **Lagrange 型**（Lagrange form）。如果式（5.12）中 $u_t=0$，$t=0,1,\cdots,T-1$，那么它是 **Mayer 型**（Mayer form）。

如果 $T=\infty$，那么我们通常考虑满足 $u_t=u$ 和 $\phi_t=\phi$ 的时齐情形。决策者的目标是选择从 (x_0,z_0) 开始的可行政策 $(a_t)_{t=0}^{\infty}$ 以最大化总期望贴现回报：

$$\sup_{(a_t)_{t=0}^{\infty}\in\prod(x_0,z_0)} E\left[\sum_{t=0}^{\infty}\beta^t u(x_t,z_t,a_t)\right] \tag{5.13}$$

满足

$$x_{t+1}=\phi(x_t,a_t,z_t,z_{z+1}),t\geqslant 0,\quad (x_0,z_0)\text{给定} \tag{5.14}$$

通过定义转移核为

$$P_{t+1}(x_t,z_t,a_t;B_1\times B_2)=\int \mathbf{1}_{B_2}(z_{t+1})\mathbf{1}_{B_1}(\phi_t(x_t,a_t,z_t,z_{t+1}))Q(z_t,B_2)$$

最优控制模型可嵌入 Markov 决策过程模型，其中，$B_1\in\mathcal{X}$，$B_2\in\mathcal{Z}$，$\mathbf{1}_A(y)$ 是指示函数（如果 $y\in A$，那么它等于 1，否则等于 0）。

可将状态转移方程（5.11）或（5.14）推广至包括过去的状态和行动。通过用向量重新定义状态和控制变量，以考虑过去的状态和控制变量，这种情况也可以嵌入当前的模型中。我们还可以包括关于每期状态和行动的同期约束。

当行动集 $\mathbb{A}$ 是一个有限集时，控制问题是一个离散选择问题。当行动包含离散和连续的选择时，该问题通常被称为**混合停止和控制问题**（mixed stopping and control problem）。例子包括存货管理和有固定成本的最优投资问题。带固定成本时，投资者必须决定何时做调整以及做多大幅度的调整。我们将在第 8 章分析这类问题。

① 参见第 6.6.2 节的例子。

5.3 习题

1. （找工作）考虑 McCall（1970）的找工作模型。一名失业工人正在找工作。每期他都从 $[0,B]$ 上的相同工资分布 F 中抽取一个报价 w。如果该工人拒绝了这个报价，那么他在这期收到失业补助 c，等下一期得到来自 F 的另一个报价。如果工人接受这个报价，从而在 w 下工作，那么他永远每期都得到工资 w。工人的目标是最大化总的期望贴现收入。将此问题表述为最优停止问题。

2. （看跌期权）美式看跌期权给予持有者在到期日之前的任何时刻以规定好的价格卖出股票的权利。把何时执行看跌期权的问题表述为最优停止问题。

3. （秘书问题）表述秘书问题的变形，其中，雇主的目标是最大化从两个最优候选人中选择一个的概率。

4. （Pandora 问题）将 Weitzman（1979）分析的 Pandora 问题表述为赌博机问题。

5. （随机 Ramsey 增长模型）考虑社会计划者的资源分配问题。他的目标是选择消费序列（C_t）、劳动供给序列（N_t）和投资序列（I_t），最大化如下形式的代表性家庭的效用

$$E\left[\sum_{t=0}^{\infty}\beta^t u(C_t,1-N_t)\right],\beta \in (0,1)$$

满足资源约束

$$C_t+I_t=z_tF(K_t,N_t)$$
$$K_{t+1}=(1-\delta)K_t+I_t$$

其中，$u:\mathbb{R}_+\times(0,1)\rightarrow\mathbb{R}$ 是 v - NM 效用函数，$F:\mathbb{R}_+\rightarrow\mathbb{R}$ 是生产函数，z_t 代表服从转移函数为 $Q:\mathbb{Z}\times\mathcal{Z}\rightarrow[0,1]$ 的 Markov 过程的生产率冲击。将这个问题表述为最优控制问题。证明我们可以选择 C_t、I_t 和 N_t 作为控制变量或者选择 K_{t+1} 和 N_t 作为控制变量。

6. （存货管理）考虑管理者的存货管理问题。每期他有一定数量的库存。他也面临产品需求。他的销量是随机的且可以模型化为 Markov 过程。销量带来收入。当期库存可能不满足需求。因此经营者可能下新订单以增加库存。新订单产生固定成本和可变成本。持有库存也会产生成本。管理者的目标是制定最优的订购政策，以最大化无穷期总期望贴现利润。将这个问题表示为最优控制问题。

第 6 章 有限期动态规划

本章目标

理解动态规划的最好方法是首先研究有限期问题。我们在做有关最优消费、储蓄和组合选择等生命周期的计划决策时，经常会碰到这些问题。在本章，为了阐释动态规划的思想，我们首先求解一个简单的例子。接着，我们给出动态规划理论的三个主要结果。最后，我们利用动态规划方法求解一些更复杂的例子。

6.1 一个具有启发性的例子

为了阐释动态规划的主要思想，我们从一个确定性的例子开始。考虑如下社会计划者问题：

$$\max_{\{C_t, K_{t+1}\}} \sum_{t=0}^{T} \beta^t \ln(C_t) \tag{6.1}$$

满足

$$C_t+K_{t+1}=K_t^{\alpha}, \quad t=0,1,\cdots,T, \quad K_0\text{ 给定} \tag{6.2}$$

这里 C_t 和 K_t 分别代表消费和资本。贴现率是 $\beta\in(0,1)$，$\alpha\in(0,1)$ 代表资本份额。在这个问题中，通过选择消费和资本序列，社会计划者在 0 时刻做计划决策。

求解这个问题的自然方式是利用资源约束代替目标函数中的 (C_t)，然后推导一阶条件。另一种方式是利用 Lagrange 方法，也可以推导一阶条件。两种方式都可以给出下列二阶差分方程：

$$\frac{1}{K_t^{\alpha}-K_{t+1}}=\beta\frac{1}{K_{t+1}^{\alpha}-K_{t+2}}\alpha K_{t+1}^{\alpha-1}, \quad t=0,1,\cdots,T-1$$

我们需要两个边界条件。一个边界条件是初始条件，给定 K_0。另一个边界条件是终点条件 $K_{T+1}=0$。利用这两个条件，我们得到下面的解：

$$K_{t+1}=\alpha\beta\frac{1-(\alpha\beta)^{T-t}}{1-(\alpha\beta)^{T-t+1}}K_t^{\alpha}, \quad t=0,1,\cdots,T \tag{6.3}$$

接下来，我们考虑另一个问题：社会计划者在 t 时刻选择一个序列 $\{C_{t+j},K_{t+j+1}\}_{j=0}^{T-t}$ 以最大化从 t 时刻往前的贴现效用

$$V_t(K_t)=\max\sum_{j=0}^{T-t}\beta^j\ln(C_{t+j})$$

满足式 (6.2) 中从 K_t 开始的资源约束序列。这里 $V_t(K_t)$ 被称为时刻 t 的**值函数**。原来的问题 (6.1) 是 $t=0$ 的特殊情形。利用相同的方法，我们可以推导

$$K_{t+1+j}=\alpha\beta\frac{1-(\alpha\beta)^{T-t-j}}{1-(\alpha\beta)^{T-t-j+1}}K_{t+j}^{\alpha}, \quad j=0,1,\cdots,T-t \tag{6.4}$$

$$V_t(K_t)=\frac{\alpha(1-(\alpha\beta)^{T-t+1})}{1-\alpha\beta}\ln K_t+A_t \tag{6.5}$$

其中，A_t 满足差分方程

$$A_t=\beta A_{t+1}+b_t, \quad A_T=0$$

$$b_t=\ln\frac{1-\alpha\beta}{1-(\alpha\beta)^{T-t+1}}+\frac{\alpha\beta(1-(\alpha\beta)^{T-t})}{1-\alpha\beta}\left[\ln(\alpha\beta)+\ln\frac{1-(\alpha\beta)^{T-t}}{1-(\alpha\beta)^{T-t+1}}\right] \tag{6.6}$$

注意，上面的问题是确定性的最优控制问题。我们可以利用动态规划方法。这

一方法的思想是利用逆向归纳法。我们从最后一期 $t=T$ 开始。计划者要求解下列问题：

$$\max \ln(C_T) \tag{6.7}$$

满足式（6.2），对于 $t=T$。很明显，解由

$$C_T=K_T^{\alpha},\quad K_{T+1}=0$$

给出。另外，式（6.5）中给出的 $V_T(K_T)=\alpha\ln K_T$ 等于问题（6.7）的最大值。

在 $t=T-1$ 时刻，仅存在两个决策期。计划者要求解下列问题：

$$\max \ln(C_{T-1})+\beta V_T(K_T) \tag{6.8}$$

满足式（6.2），对于 $t=T-1$。解由

$$C_{T-1}=\frac{1}{1+\alpha\beta}K_{T-1}^{\alpha},\quad K_T=\frac{\alpha\beta}{1+\alpha\beta}K_{T-1}^{\alpha}$$

给出。而且，我们可以验证 $V_{T-1}(K_{T-1})$ 等于问题（6.8）的最大值。

通常，在任何时刻 $t=0,1,\cdots,T-1$，如果 $t+1$ 时刻的资本存量是 K_{t+1}，计划者就知道从 $t+1$ 时刻往前的最大化效用值是 $V_{t+1}(K_{t+1})$。计划者要求解下列两期问题：

$$\max_{C_t,K_{t+1}} \ln(C_t)+\beta V_{t+1}(K_{t+1})$$

满足式（6.2），在 t 时刻。我们得到由式（6.3）给出的 K_{t+1} 的解。我们可以把解写为 $K_{t+1}=g_t(K_t)$，其中 g_t 被称为最优**决策规则**（decision rule）或者**政策函数**（policy function）。另外，我们可以证明式（6.5）中给出的 $V_t(K_t)$ 满足方程

$$V_t(K_t)=\max_{C_t,K_{t+1}} \ln(C_t)+\beta V_{t+1}(K_{t+1})$$

这个方程通常被称为 **Bellman 方程**（Bellman equation）。在文献中，它也被称为**动态规划方程**（dynamic programming equation）或者**最优性方程**（optimality equation）。这个方程中的问题被称为**动态规划问题**（dynamic programming problem）。

从上面的分析中我们观察到下列性质：(1) 从计划问题得到的值函数序列满足来自动态规划的 Bellman 方程。(2) 由计划问题得到的最优资本政策（计划）等同于由动态规划得到的最优政策函数。另外，在 0 时刻得到的最优计划在任何未来 t 时刻都是最优的，只要 t 时刻的状态来自初始的最优计划。其实，这些性质非常具有一

般性，被称为**最优性原理**（principle of optimality）。这个原理在 Bellman（1957，p. 83）中表述如下：

> 最优政策具有这个性质，即，不管初始状态和初始决策是什么，对于从第一次决策得到的状态，剩下的决策一定构成最优政策。

在第 6.3 节在更具一般性的 Markov 决策过程模型下正式提出这个原理之前，我们将在接下来的章节解释随机模型中遇到的困难。

6.2 可测问题

在随机模型中，对于计算期望来讲，可测是必要的。这个问题在确定性模型和带可数状态空间的模型中不会出现。不幸的是，在使用动态规划方法时，对于一般的不可数状态空间，值函数或者政策函数的可测性可能不成立。为了阐述这个问题，我们利用一个从 Bertsekas 和 Shreve（1978）中改编的简单两期最优化问题作为例子。

假定决策者选择计划 $\pi=(\pi_0,\pi_1)$ 以求解以下问题：

$$V_0(s_0)=\sup_{\pi}\int u(s_1,\pi_1(s_1))P(s_0,\pi_0;\mathrm{d}s_1)$$

其中，$\pi_0\in\mathbb{A}$，$\pi_1:\mathbb{S}\to\mathbb{A}$ 是可测函数。对于计算积分来讲，π_1 的可测性是必要条件。假定我们利用动态规划方法求解上述问题。我们利用逆向归纳法：

$$V_1^*(s_1)=\sup_{a_1\in\mathbb{A}}u(s_1,a_1)$$

$$V_0^*(s_0)=\sup_{a_0\in\mathbb{A}}\int V_1^*(s_1)P(s_0,a_0;\mathrm{d}s_1)$$

假定 V_0、V_1^* 和 V_0^* 是有限函数。最优性原理表明：$V_0(s_0)=V_0^*(s_0)$。这个结论的非正式证明由下面两步构成。

第 1 步 对于任何计划 π，

$$V_0^*(s_0)\geqslant\int V_1^*(s_1)P(s_0,\pi_0;\mathrm{d}s_1)\geqslant\int u(s_1,\pi_1)P(s_0,\pi_0;\mathrm{d}s_1)$$

因此，$V_0^*(s_0)\geqslant V_0(s_0)$。

第 2 步 由上确界的定义，给定任意的 $s_1 \in \mathbb{S}$，对于任意 $\varepsilon > 0$，存在 $a_1^1(s_1) \in \mathbb{A}$，使得

$$u(s_1, a_1^*(s_1)) + \varepsilon \geqslant V_1^*(s_1) \tag{6.9}$$

因此，对于任意 $a_0 \in \mathbb{A}$，

$$V_0(s_0) \geqslant \int u(s_1, a_1^*(s_1)) P(s_0, a_0; \mathrm{d}s_1) \tag{6.10}$$

$$\geqslant \int V_1^*(s_1) P(s_0, a_0; \mathrm{d}s_1) - \varepsilon \tag{6.11}$$

取 $\varepsilon \to 0$，在 a_0 上取上确界，我们推出 $V_0(s_0) \geqslant V_0^*(s_0)$。

上面的证明有什么问题？首先，为了使式（6.10）中的积分有意义，我们需要 a_1^* 是可测的，但是式（6.9）中的可测选择 a_1^* 可能不存在。其次，为了使式（6.11）中的积分有意义，我们需要 V_1^* 是可测的，然而，存在 V_1^* 不可测的例子。像 Blackwell（1965）指出的那样，V_1^* 的不可测来源于 $\mathbb{R}^2$ 中的 Borel 集在其中一个坐标轴上的投影可能不是 Borel 可测的事实，在这种情况下，$\mathbb{S} = \mathbb{A} = \mathbb{R}$。对于任意的 $c \in \mathbb{R}$，

$$\{s_1 : V_1(s_1) < c\} = \mathrm{proj}_{s_1}\{(s_1, a_1) : u(s_1, a_1) < c\}$$

其中，对于任意集合 $E \subset \mathbb{S} \times \mathbb{A}$，

$$\mathrm{proj}_{s_1} E = \{s_1 : (s_1, a_1) \in E\}$$

尽管 $\{(s_1, a_1) : u(s_1, a_1) < c\}$ 是一个 Borel 集，但 $\{s_1 : V_1(s_1) < c\}$ 不需要是。有几种方法可以处理文献中列出的上述两个困难［参见 Bertsekas 和 Shreve（1978）］。为了避免陷入复杂的技术困难和给出动态规划的主要思想，通过加上充分条件，我们回避了这些问题。对于第 6.4 节的问题，所有这些条件都是满足的，我们可以利用动态规划方法。

6.3 最优性原理

考虑第 5 章给出的 Markov 决策过程模型。除了研究初始计划决策，我们也考虑任何计划期 $t = 1, 2, \cdots, T-1$ 的计划决策。假定在 t 时刻决策者到达历史 $s^t \in \mathbb{S}^t$。想象一下，在历史 s^t 和经历行动历史 $(\pi_0, \cdots, \pi_{t-1}(s^{t-1}))$ 之后，决策者重新考虑在 0 时刻

所做的决策。他在历史 s^t 下的最优计划是什么？为了正式提出这个问题，我们需要考虑**从任意历史 s^t 开始的可行计划**（feasible plan from any history）和沿着 s_{t+1} 的可行**连续计划**（continuation plan）。

从历史 s^t 开始的可行计划 π^{s^t} 由一个点 $\pi_t^{s^t}\in\Gamma(s_t)$ 和满足 $\pi_{t+j}^{s^t}(s_{t+1}^{t+j})\in\Gamma(s_{t+j})$ 的可测函数序列 $\pi_{t+j}^{s^t}$：$\mathbb{S}^j\rightarrow\mathbb{A}$ 组成，对于任意 $s_{t+1}^{t+j}\equiv(s_{t+1},\cdots,s_{t+j})\in\mathbb{S}^j$，$j=1,2,\cdots,T-t$。用 $\Pi(s^t)$ 代表从历史开始的所有可行计划的集合。对于 $t=0$，我们取 $s^0=s_0$。

对于任意从 s^t 开始的可行计划，$\pi^{s^t}\in\Pi(s^t)$，我们定义它沿着 s_{t+1} 的连续计划 $C(\pi^{s^t},s_{t+1})$ 为

$$C_{t+1}(\pi^{s^t},s_{t+1})=\pi_{t+1}^{s^t}(s_{t+1})$$

$$C_{t+j}(s_{t+2}^{t+j};\pi^{s^t},s_{t+1})=\pi_{t+j}^{s^t}(s_{t+1},s_{t+2}^{t+j})$$

对于任意 $s_{t+2}^{t+j}\in\mathbb{S}^{j-1}$，$j=2,\cdots,T-t$。由定义，$C_{t+1}(\pi^{s^t},s_{t+1})$ 是 s_{t+1} 的可测函数。每个 $C_{t+j}(\cdot;\pi^{s^t},s_{t+1})$ 是$\mathbb{S}^{j-1}$上的可测函数，也是 s_{t+1} 的可测函数。因为 π^{s^t} 是可行的，所以 $C(\pi^{s^t},s_{t+1})$ 也是可行的，由定义可知，$C_{t+1}(\pi^{s^t},s_{t+1})\in\Gamma(s_{t+1})$，$C_{t+j}(s_{t+2}^{t+j};\pi^{s^t},s_{t+1})\in\Gamma(s_{t+j})$。因此，$C_{t+1}(\pi^{s^t},s_{t+1})\in\Pi(s^{t+1})$。

给定历史 s^t 和从 s^t 开始的可行计划 π^{s^t}，现在我们定义在 $\mathcal{S}^j$ 上的条件概率测度：

$$\mu_t^{t+j}(s^t,B;\pi^{s^t})=\int_{B_1}\cdots\int_{B_j}P_{t+j}(s_{t+j-1},\pi_{t+j-1}^{s^t}(s_{t+1}^{t+j-1});\mathrm{d}s_{t+j})\cdots P_{t+1}(s_t,\pi_t^{s^t};\mathrm{d}s_{t+1}) \tag{6.12}$$

其中，$B=B_1\times\cdots\times B_j\in\mathcal{S}^j$，$j=1,2,\cdots,T-t$。对于 $j=1$，我们取 $\pi_{t+j-1}^{s^t}(s_{t+1}^{t+j-1})=\pi_t^{s^t}$。利用这些测度，我们计算从历史 s^t 开始由任何计划 π^{s^t} 所带来的贴现期望回报序列：

$$J_T^T(s^T)=u_T(s_T)$$

$$J_t^T(s^t,\pi^{s^t})=u_t(s_t,\pi_t^{s^t})+\sum_{j=1}^{T-t-1}\beta^j\int u_{t+j}(s_{t+j},\pi_{t+j}^{s^t}(s_{t+1}^{t+j}))\mu_t^{t+j}(s^t,\mathrm{d}s_{t+1}^{t+j};\pi^{s^t})+\beta^{T-t}\int u_T(s_T)\mu_t^T(s^t,\mathrm{d}s_{t+1}^T;\pi^{s^t}) \tag{6.13}$$

对于 $t=0,1,\cdots,T-1$。这里我们利用 $\mathrm{d}s_{t+1}^{t+j}$ 代表在$\mathbb{S}^j$上关于 $(s_{t+1},\cdots,s_{t+j})$ 的积分。

我们现在可以这样表示在达到任意历史 s^t 的情况下的决策者问题：

$$V_t(s^t)=\sup_{\pi^{s^t}\in\Pi(s^t)}J_t^T(s^t,\pi^{s^t}),\quad t=0,1,\cdots,T-1 \tag{6.14}$$

其中 $V_t: \mathbb{S}^t \to \mathbb{R} \cup \{\pm\infty\}$ 是 t 时刻的值函数。因为在终点时刻不做决策，所以我们取 $V_T(s^T) = J_T^T(s^T) = u_T(s_T)$。原来的式（5.5）中的 Markov 决策是序列问题（6.14）在 $t=0$ 的情况下的特例。

在本书中，我们将集中于值函数总是取有限值的情形，因为无穷值的情形没有经济含义。根据第 6.2 节的讨论，我们将加上：

假设 6.3.1 （a）值函数 $V_t: \mathbb{S}^t \to \mathbb{R}$ 是可测的。（b）对于任意 $\varepsilon > 0$，存在从历史 s^t 开始的计划 π^{s^t} 使得

$$J_t^T(s^t, \pi^{s^t}) + \varepsilon \geqslant V_t(s^t) \tag{6.15}$$

对于 $t = 1, 2, \cdots, T-1$。另外，作为 s^t 的函数，π^{s^t} 是可测的；对于每个固定的 $s_{t+1}^{t+j} \in \mathbb{S}^j$，每个 $\pi_{t+j}^{s^t}(s_{t+1}^{t+j})$ 是可测的，$j = 1, 2, \cdots, T-t-1$。

由上确界的定义，存在可行的 π^{s^t} 使得式（6.15）成立。假设 6.3.1 的附加限制（b）是 π^{s^t} 一定满足某些可测要求。

下面的引理是最优性原理的基础：

引理 6.3.1 令式（5.1）中的 Markov 决策过程是给定的。假定假设 5.1.1 到 5.1.3 成立。那么，对于从 $s^t \in \mathbb{S}^t$ 开始的任意可行计划 π^{s^t}，有

$$J_t^T(s^t, \pi^{s^t}) = u_t(s_t, \pi_t^{s^t}) + \beta \int J_{t+1}^T(s^{t+1}, C(\pi^{s^t}, s_{t+1})) P_{t+1}(s_t, \pi_t^{s^t}; \mathrm{d}s_{t+1}) \tag{6.16}$$

其中，$t = 0, 1, \cdots, T-1$。

证明 把 $t+1$ 时刻的方程（6.13）代入式（6.16）的右侧，我们计算

$$\begin{aligned}
& u_t(s_t, \pi_t^{s^t}) + \beta \int J_{t+1}^T(s^{t+1}, C(\pi^{s^t}, s_{t+1})) P_{t+1}(s_t, \pi_t^{s^t}; \mathrm{d}s_{t+1}) \\
&= u_t(s_t, \pi_t^{s^t}) + \beta \int u_{t+1}(s_{t+1}, \pi_{t+1}^{s^t}(s_{t+1})) P_{t+1}(s_t, \pi_t^{s^t}; \mathrm{d}s_{t+1}) \\
&\quad + \sum_{j=2}^{T-t-1} \beta^j \iint u_{t+j}(s_{t+j}, \pi_{t+j}^{s^t}(s_{t+1}^{t+j})) \\
&\quad \times \mu_{t+1}^{t+j}(s^{t+1}, \mathrm{d}s_{t+2}^{t+j}; C(\pi^{s^t}, s_{t+1})) P_{t+1}(s_t, \pi_t^{s^t}; \mathrm{d}s_{t+1}) \\
&\quad + \beta^{T-t} \iint u_T(s_T) \mu_{t+1}^T(s^{t+1}, \mathrm{d}s_{t+2}^T; C(\pi^{s^t}, s_{t+1})) P_{t+1}(s_t, \pi_t^{s^t}; \mathrm{d}s_{t+1}) \\
&= u_t(s_t, \pi_t^{s^t}) + \sum_{j=1}^{T-t-1} \beta^j \int u_{t+j}(s_{t+j}, \pi_{t+j}^{s^t}(s_{t+1}^{t+j})) \mu_t^{t+j}(s^t, \mathrm{d}s_{t+1}^{t+j}; \pi^{s^t}) \\
&\quad + \beta^{T-t} \int u_T(s_T) \mu_t^T(s^t, \mathrm{d}s_{t+1}^T; \pi^{s^t})
\end{aligned}$$

$$= J_t^T(s^t, \pi^{s^t})$$

其中，第二个等式来自式（6.12）中 μ_t^{t+j} 的定义。

式（6.16）表明，目标函数具有递归结构。下述定理表明，递归结构和 Markov 决策过程一起保证了值函数序列也有递归结构，且是 Markov 的。

定理 6.3.1 给定式（5.1）中的 Markov 决策过程。令 $(V_t)_{t=0}^T$ 为序列问题（6.14）的值函数序列。假定假设 5.1.1、5.1.3 和 6.3.1 都成立。那么，$(V_t)_{t=0}^T$ 满足 **Bellman 方程**（Bellman equation）：

$$V_t(s^t) = \sup_{a_t \in \Gamma(s_t)} u_t(s_t, a_t) + \beta \int V_{t+1}(s^{t+1}) P_{t+1}(s_t, a_t; ds_{t+1}) \tag{6.17}$$

其中，$V_T(s^T) = u_T(s_T)$。另外，(V_t) 是 Markov 的，其中，$V_t(s^t)$ 不依赖于 s^{t-1}，$t = 1, 2, \cdots, T$。

证明 在最后一期 T，没有决策要做，因此 $V_T(s^T) = u_T(s_T)$。令 $W_t(s^t)$ 代表式（6.17）的右侧。我们首先证明 $W_t(s^t) \geqslant V_t(s^t)$。考虑从 s^t 开始的任何计划，$\pi^{s^t} \in \Pi(s^t)$。由 V_{t+1} 的定义，我们推出

$$\begin{aligned}
W_t(s^t) &= \sup_{a_t \in \Gamma(s_t)} u_t(s_t, a_t) + \beta \int V_{t+1}(s^{t+1}) P_{t+1}(s_t, a_t; ds_{t+1}) \\
&\geqslant \sup_{a_t \in \Gamma(s_t)} u_t(s_t, a_t) + \beta \int J_{t+1}^T(s^{t+1}, C(\pi^{s^t}, s_{t+1})) P_{t+1}(s_t, a_t; ds_{t+1}) \\
&\geqslant u_t(s_t, \pi_t^{s^t}) + \beta \int J_{t+1}^T(s^{t+1}, C(\pi^{s^t}, s_{t+1})) P_{t+1}(s_t, \pi_t^{s^t}; ds_{t+1}) \\
&= J_t^T(s^t, \pi^{s^t})
\end{aligned}$$

其中，第一个不等式用到了事实 $C(\pi^{s^t}, s_{t+1}) \in \Pi(s^{t+1})$，第二个不等式是由于 $\pi_t^{s^t} \in \Gamma(s_t)$，最后一个等式是由于引理 6.3.1。因此，$W_t(s^t) \geqslant V_t(s^t)$。

接下来，我们证明 $W_t(s^t) \leqslant V_t(s^t)$。由假设 6.3.1，对于任意 $\varepsilon > 0$，存在从 s^{t+1} 开始的计划 $\pi^{s^{t+1}} \in \Pi(s^{t+1})$ 使得

$$V_{t+1}(s^{t+1}) \leqslant J_{t+1}^T(s^{t+1}, \pi^{s^{t+1}}) + \varepsilon \tag{6.18}$$

而且，此计划满足某个可测性质。对于任意行动 $a_t \in \Gamma(s_t)$，我们构造可行计划 $\pi^{s^t} \in \Pi(s^t)$，使得 $\pi_t^{s^t} = a_t$，$C(\pi_t^{s^t}, s_{t+1}) = \pi^{s^{t+1}}$。由 V_t 的定义、引理 6.3.1 和式（6.18），我们有

$$V_t(s^t) \geqslant J_t^T(s^t, \pi^{s^t})$$
$$= u_t(s_t, a_t) + \beta \int J_{t+1}^T(s^{t+1}, \pi^{s^{t+1}}) P_{t+1}(s_t, a_t; ds_{t+1})$$
$$\geqslant u_t(s_t, a_t) + \beta \int V_{t+1}(s^{t+1}) P_{t+1}(s_t, a_t; ds_{t+1}) - \beta\varepsilon$$

关于 $\pi^{s^{t+1}}$ 的可测假设对于确保上面的积分有意义是必要的。因为 $a_t \in \Gamma(s_t)$ 是任意的，所以我们推出

$$V_t(s^t) \geqslant W_t(s^t) - \beta\varepsilon$$

令 $\varepsilon \to 0$，我们得到 $V_t(s^t) \geqslant W_t(s^t)$。与第一步结合起来，我们就证明了式（6.17）。

最后，由定义，$V_T(s^T)$ 独立于 s^{T-1}。假定 $V_{t+1}(s^{t+1})$ 独立于 s^t。那么，由式（6.17）可知，$V_t(s^t)$ 独立于 s^{t-1}。由归纳法，我们推出 (V_t) 是 Markov 的。

定理 6.3.1 在控制理论中通常被称为**动态规划原理**（dynamic programming principle）。根据这个定理，我们可以把值函数 V_t 写成 s_t 的函数，把 Bellman 方程（6.17）重新写为

$$V_t(s_t) = \sup_{a_t \in \Gamma(s_t)} u_t(s_t, a_t) + \beta \int V_{t+1}(s_{t+1}) P_{t+1}(s_t, a_t; ds_{t+1}) \tag{6.19}$$

如果能达到上确界，那么对于任意 $s_t \in \mathbb{S}$，我们用 $G_t(s_t)$ 代表最大化元的集合。这种方式给出了从$\mathbb{S}$到$\mathbb{A}$的政策对应 G_t。如果每个 G_t 是非空的，以及如果存在来自 G_t 的可测选择，那么如果 π 是以下述方式构造的，则我们说它是从 s_0 开始由 $(G_t)_{t=0}^{T-1}$ 生成的。令 $(g_t)_{t=0}^{T-1}$ 为来自 $(G_t)_{t=0}^{T-1}$ 的可测选择序列，定义 π 如下：

$$\pi_0 = g_0(s_0)$$
$$\pi_t(s^t) = g_t(s_t), \text{对于所有 } s^t \in \mathbb{S}^t, t = 1, \cdots, T-1$$

由于这种构造，计划是 Markov 的。

定理 6.3.1 表明，Markov 决策问题（5.5）的值函数可以利用 Bellman 方程（6.17）或者（6.19）通过逆向归纳法构造出来。一个自然而然的问题是如何使用 Bellman 方程从 Markov 决策问题推导最优计划。下述定理表明，由与 Bellman 方程（6.19）对应的最优政策对应序列生成的任何计划都是 Markov 决策问题的最优计划。而且，这个最优计划是 Markov 的。

定理 6.3.2 令式（5.1）中的 Markov 决策过程给定且假设 5.1.1 到 5.1.3 成立。假定 Bellman 方程（6.19）的解 V_t^* 是$\mathbb{S}$上的有限可测函数、相应的最优政策

对应 G_t 非空、允许可测选择，对于每个 $t=0,1,\cdots,T-1$。那么，由（G_t）生成的任何 Markov 计划 π^* 都达到（6.14）的上确界，

$$V_t^*(s_t)=J_t^T(s^t,\pi^{*s^t})=V_t(s_t), \text{对于所有 } s_t\in\mathbb{S}, t=0,1,\cdots,T-1$$

其中，π^{*s^t} 是由 $\pi_t^{*s^t}=\pi_t^*(s_t)$，$\pi_{t+j}^{*s^t}(s_{t+1}^{t+j})=\pi_{t+j}^*(s_{t+j})$，$j=1,\cdots,T-t-1$ 定义的来自历史 s^t 的计划。

证明 考虑从 s^t 开始的任何可行计划，$\pi^{s^t}\in\Pi(s^t)$。由式（6.19）和给定的假设可知，

$$\begin{aligned}
V_t^*(s_t) &= \sup_{a_t\in\Gamma(s_t)} u_t(s_t,a_t)+\beta\int V_{t+1}^*(s_{t+1})P_{t+1}(s_t,a_t;\mathrm{d}s_{t+1}) \\
&\geqslant u_t(s_t,\pi_t^{s^t})+\beta\int V_{t+1}^*(s_{t+1})P_{t+1}(s_t,\pi_t^{s^t};\mathrm{d}s_{t+1}) \\
&= u_t(s_t,\pi_t^{s^t})+\beta\int\Big\{\sup_{a_{t+1}\in\Gamma(s_{t+1})}\Big[u_{t+1}(s_{t+1},a_{t+1}) \\
&\quad +\beta\int V_{t+2}^*(s_{t+2})P_{t+2}(s_{t+1},a_{t+1};\mathrm{d}s_{t+2})\Big]\Big\}P_{t+1}(s_t,\pi_t^{s^t};\mathrm{d}s_{t+1}) \\
&\geqslant u_t(s_t,\pi_t^{s^t})+\beta\int\big[u_{t+1}(s_{t+1},\pi_{t+1}^{s^t}(s_{t+1})) \\
&\quad +\beta\int V_{t+2}^*(s_{t+2})P_{t+2}(s_{t+1},\pi_{t+1}^{s^t}(s_{t+1});\mathrm{d}s_{t+2})\big]P_{t+1}(s_t,\pi_t^{s^t};\mathrm{d}s_{t+1}) \\
&= u_t(s_t,\pi_t^{s^t})+\beta\int u_{t+1}(s_{t+1},\pi_{t+1}^{s^t}(s_{t+1}))\mu_t^{t+1}(s_t,\mathrm{d}s_{t+1};\pi^{s^t}) \\
&\quad +\beta^2\iint V_{t+2}^*(s_{t+2})\mu_t^{t+2}(s_t,\mathrm{d}s_{t+1},\mathrm{d}s_{t+2};\pi^{s^t})
\end{aligned}$$

其中，两个不等式是根据 π^{s^t} 的可行性得到的，最后一个等式是根据式（6.12）得到的。继续这种方式，我们可以用归纳法得出：对于任何 $\pi^{s^t}\in\Pi(s^t)$，都有 $V_t^*(s_t)\geqslant J_t^T(s^t,\pi^{s^t})$。因此，$V_t^*(s_t)\geqslant V_t(s_t)$。根据假设，如果令 $\pi=\pi^*$，那么我们可以用等式代替上面的不等式。因此，$V_t^*(s_t)=J_t^T(s^t,\pi^{*s^t})=V_t(s_t)$。

上述定理可以看成控制理论中的验证性定理。下面的结果给出了这个定理的部分逆命题。它说明，Markov 决策问题的任何最优计划都可以由动态规划问题的最优政策对应生成。这个结果保证了动态规划方法得到 Markov 决策过程的所有最优计划。

定理 6.3.3 令式（5.1）中的 Markov 决策过程给定，假设 5.1.1 到 5.1.3 都成立。假定值函数序列 $(V_t)_{t=0}^T$ 满足 Bellman 方程（6.17），$V_t:\mathbb{S}^t\to\mathbb{R}$ 是可测的，

$t=1,2,\cdots,T$。假定相关的最优政策对应 G_t 非空，以及存在可测选择，$t=0,1,\cdots,T$。那么，问题（5.5）的任何最优计划 $\pi^* \in \Pi(s_0)$ 都满足

$$\pi_0^* \in G_0(s_0),\quad \pi_t^*(s^t) \in G_t(s_t), \text{对于所有 } t, s^t$$

证明 因为值函数序列（V_t）满足 Bellman 方程，所以只需要证明

$$V_0(s_0) = u_0(s_0, \pi_0^*) + \beta \int V_1(s_1) P_1(s_0, \pi_0^*; \mathrm{d}s_1) \tag{6.20}$$

$$V_t(s^t) = u_t(s_t, \pi_t^*(s^t)) + \beta \int V_{t+1}(s^{t+1}) P_{t+1}(s_t, \pi_t^*(s^t); \mathrm{d}s_{t+1}) \tag{6.21}$$

我们用前向归纳法推出这些等式。

首先考虑式（6.20）。因为 π^* 是最优计划，所以

$$V_0(s_0) = J_0^T(s_0, \pi^*) \geqslant J_0^T(s_0, \pi), \text{对于所有 } \pi \in \Pi(s_0) \tag{6.22}$$

由引理 6.3.1，我们可以把上述不等式重新写为

$$\begin{aligned} & u_0(s_0, \pi_0^*) + \beta \int J_1^T(s_1, C(\pi^*, s_1)) P_1(s_0, \pi_0^*; \mathrm{d}s_1) \\ & \geqslant u_0(s_0, \pi_0) + \beta \int J_1^T(s_1, C(\pi, s_1)) P_1(s_0, \pi_0; \mathrm{d}s_1), \text{对于所有 } \pi \in \Pi(s_0) \end{aligned} \tag{6.23}$$

接下来，从 G_t 中选择可测选择 g_t，定义计划 $\pi^g \in \Pi(s_0)$ 为

$$\begin{aligned} & \pi_0^g = \pi_0^* \\ & \pi_t^g(s^t) = g_t(s_t), \quad \text{对于所有 } s^t \in \mathbb{S}^t, t = 1, 2, \cdots, T-1 \end{aligned}$$

因此，对于任意 $s_1 \in \mathbb{S}$，连续计划 $C(\pi^g, s_1)$ 是从 s_1 开始由（G_t）生成的计划。在式（6.23）中用 π^g 代替 π，得出

$$\begin{aligned} & \int J_1^T(s_1, C(\pi^*, s_1)) P_1(s_0, \pi_0^*; \mathrm{d}s_1) \\ & \geqslant \int J_1^T(s_1, C(\pi^g, s_1)) P_1(s_0, \pi_0^*; \mathrm{d}s_1) \end{aligned} \tag{6.24}$$

由定理 6.3.2 可知，

$$V_1(s_1) = J_1^T(s_1, C(\pi^g, s_1)) \geqslant J_1^T(s_1, \sigma), \text{对于所有 } s_1 \in \mathbb{S}, \sigma \in \Pi(s^1) \tag{6.25}$$

因为 $C(\pi^*, s_1) \in \Pi(s^1)$，所以

$$J_1^T(s_1, C(\pi^g, s_1) \geqslant J_1^T(s_1, C(\pi^*, s_1)), \text{对于所有 } s_1 \in \mathbb{S} \tag{6.26}$$

式（6.24）和式（6.26）这两个不等式表明：

$$J_1^T(s_1,C(\pi^g,s_1))=J_1^T(s_1,C(\pi^*,s_1)),\quad P_1(s_0,\pi_0^*;\cdot)\text{- a. s.}$$

然后，由式（6.25）可知，

$$V_1(s_1)=J_1^T(s_1,C(\pi^*,s_1)),\quad P_1(s_0,\pi_0^*;\cdot)\text{- a. s.}\tag{6.27}$$

因此，由 π^* 的最优性可知，

$$\begin{aligned}V_0(s_0)&=J_0^T(s_0,\pi^*)\\&=u_0(s_0,\pi_0^*)+\beta\int J_1^T(s_1,C(\pi^*,s_1)P_1(s_0,\mathrm{d}s_1;\pi_0^*)\\&=u_0(s_0,\pi_0^*)+\beta\int V_1(s_1)P_1(s_0,\mathrm{d}s_1;\pi_0^*)\end{aligned}$$

其中，第二行是根据引理 6.3.1 得到的。因为（V_t）在 $t=0$ 处满足 Bellman 方程（6.19），所以上面的等式表明 $\pi_0^*\in G_0(s_0)$。

采用类似的论证，用式（6.27）代替式（6.22）作为起点，表明在 $t=1$ 处式（6.21）成立，继续使用归纳法。

在这个定理中，我们可以加上假设 6.3.1，以确保（V_t）满足根据定理 6.3.1 得出的 Bellman 方程。如果我们知道问题（6.17）和（6.14）的解是唯一的，那么定理 6.3.2 保证了动态规划方法找到 Markov 决策问题的唯一解，而定理 6.3.3 是不必要的。

定理 6.3.1 到定理 6.3.3 给出了最优性原理的正式陈述。尽管定理 6.3.1 充满直觉性，但是在应用中关键假设 6.3.1 难以验证。相比之下，通过假设某种连续条件，定理 6.3.2 的假设容易验证，我们将在下一节对此进行证明。因此，这个定理被广泛应用。

6.4 最优控制

本节我们讨论在第 5.2.4 节引入的最优控制模型。在这个控制模型中，状态 s 可以被分解成内生状态 x 和外生状态 z。外生状态服从转移函数为 Q 的时齐的 Markov 过程。内生状态服从式（5.14）的动态。系统转移函数 ϕ 可以像式（5.11）那样是时间相关的。通过适当修正假设，本部分的所有结果可以很容易地扩展到一

般情形。我们考虑 Bolza 型控制问题：

$$\sup_{(a_t)_{t=0}^{T-1}\in\prod(x_0,z_0)} E\left[\sum_{t=0}^{T-1}\beta^t u_t(x_t,z_t,a_t)+\beta^T u_T(x_T,z_t)\right] \tag{6.28}$$

满足式（5.14）。

相关的动态规划问题由

$$V_t(x_t,z_t)=\sup_{a_t\in\Gamma(x_t,z_t)} u_t(x_t,z_t,a_t)+\beta\int V_{t+1}(x_{t+1},z_{t+1})Q(z_t,\mathrm{d}z_{t+1}) \tag{6.29}$$

给出，满足式（5.14）和终点条件 $V_T(x_T,z_T)=u_T(x_T,z_T)$。我们将研究此问题的解的存在性、性质及与控制问题的联系。首先，我们将给模型的基本元素（$\mathbb{X},\mathcal{X}$）、（$\mathbb{A},\mathcal{A}$）、（$\mathbb{Z},\mathcal{Z}$）、Q、Γ、ϕ、$(u_t)_{t=0}^{T}$和 β 引入下述假设：

假设 6.4.1 $\mathbb{X}$是$\mathbb{R}^{n_x}$上的凸 Borel 集，其 Borel 子集为 $\mathcal{X}$。

假设 6.4.2 $\mathbb{A}$ 是$\mathbb{R}^{n_a}$上的凸 Borel 集，其 Borel 子集为 $\mathcal{A}$。

假设 6.4.3 下述条件之一成立：

（a）$\mathbb{Z}$是可数集，$\mathcal{Z}$是包含$\mathbb{Z}$的所有子集的σ-代数；

（b）$\mathbb{Z}$是$\mathbb{R}^{n_z}$上的紧 Borel 集，其 Borel 子集为 $\mathcal{Z}$，（$\mathbb{Z},\mathcal{Z}$）上的转移函数 Q 有 Feller 性质。

$\mathbb{Z}$是紧集的假设可以省去。参考 Stokey、Lucas 和 Prescott（1989）的第 12.6 节。

假设 6.4.4 对应 $\Gamma:\mathbb{X}\times\mathbb{Z}\to\mathbb{A}$ 是非空的、紧值的和连续的。

假设 6.4.5 状态转移函数 $\phi:\mathbb{X}\times\mathbb{A}\times\mathbb{Z}\times\mathbb{Z}\to\mathbb{X}$是连续的。

假设 6.4.6 回报函数 $u_t:\mathbb{X}\times\mathbb{Z}\times\mathbb{A}\to\mathbb{R}$，$t=0,1,\cdots,T-1$，$u_T:\mathbb{X}\times\mathbb{Z}\to\mathbb{R}$是连续的。

如果$\mathbb{Z}$是可数集，那么这个集合上的连续性是在离散拓扑的意义之下的。我们可以假设 β 满足假设 5.1.2。但是，它对于有限期的情形是不必要的。

下述引理对于求解 Bellman 方程是重要的：

引理 6.4.1 令（$\mathbb{X},\mathcal{X}$）、（$\mathbb{A},\mathcal{A}$）、（$\mathbb{Z},\mathcal{Z}$）、Q 和 ϕ 满足假设 6.4.1、6.4.2、6.4.3 和 6.4.5。那么，对于任何连续函数 $f:\mathbb{X}\times\mathbb{Z}\to\mathbb{R}$，由

$$h(x,a,z)=\int f(\phi(x,a,z,z'),z')Q(z,\mathrm{d}z')$$

定义的函数也是连续的。

证明 参考 Stokey、Lucas 和 Prescott（1989）中引理 9.5 和 9.5′的证明。

定理 6.4.1 （存在性）令 $(\mathbb{X},\mathcal{X})$、$(\mathbb{A},\mathcal{A})$、$(\mathbb{Z},\mathcal{Z})$、Q、Γ、ϕ、$(u_t)_{t=0}^{T}$ 和 β 满足假设 6.4.1 到 6.4.6 和假设 5.1.2，那么，Bellman 方程（6.29）的解 $V_t:\mathbb{X}\times\mathbb{Z}\to\mathbb{R}$ 是连续的，相应的政策对应 $G_t:\mathbb{X}\times\mathbb{Z}\to\mathbb{A}$ 是非空的、紧值的和上半连续的，对于任何 $t=0,1,\cdots,T-1$。

证明 用归纳法证明。在 $t=T-1$ 时刻，因为 $V_T=u_T$，Bellman 方程变为

$$V_{T-1}(x_{T-1},z_{T-1})=\sup_{a\in\Gamma(x_{T-1},z_{T-1})}u_{T-1}(x_{T-1},z_{T-1},a)$$
$$+\beta\int u_T(\phi(x_{T-1},a,z_{T-1},z_T),z_T)Q(z_{T-1},\mathrm{d}z_T)\qquad(6.30)$$

由假设 6.4.3、6.4.6 和 6.4.5，根据引理 6.4.1 可知，上面等式第二行的表达式关于 (x_{T-1},a,z_{T-1}) 是连续的。根据假设，我们可以利用**最大值定理**（theorem of the maximum，见附录 C）推出：V_{T-1} 是连续的，相应的政策对应 G_T 是非空的、紧值的和上半连续的，假设 V_{T+1} 是连续的。那么，将引理 6.4.1 和最大值定理应用于问题（6.29），我们可以推出：定理的结论在 t 时刻是成立的。因此，它对于任何 $t=0,1,\cdots,T-1$ 都是成立的。

根据此定理和**可测选择定理**（measurable selection theorem，见附录 D），每个 G_t 允许一个可测选择。然后，我们应用定理 6.3.2 推出：由 Bellman 方程推出的函数 V_0 等于 Markov 决策问题在第 0 期的值函数，以及由 (G_t) 生成的任何计划都能给出这个问题的最优计划。

现在我们对 (V_t,G_t) 进行刻画。首先，我们加上一些假设，以确保值函数是凹的。

假设 6.4.7 对于每个 $(z,a)\in\mathbb{Z}\times\mathbb{A}$，$u_T(\cdot,z):\mathbb{X}\to\mathbb{R}$ 是严格递增的，$u_t(\cdot,z,a):\mathbb{X}\to\mathbb{R}$ 是严格递增的，对于 $t=0,1,\cdots,T-1$。

假设 6.4.8 对于每个 $z\in\mathbb{Z}$，$\Gamma(\cdot,z):\mathbb{X}\to\mathbb{A}$ 在下述意义下是单调的，即 $x\leqslant x'$ 意味着 $\Gamma(x,z)\subset\Gamma(x',z)$。

假设 6.4.9 对于每个 $(a,z,z')\in\mathbb{A}\times\mathbb{Z}\times\mathbb{Z}$，$\phi(\cdot,a,z,z'):\mathbb{X}\to\mathbb{X}$ 是递增的。

定理 6.4.2 （单调性）令 $(\mathbb{X},\mathcal{X})$、$(\mathbb{A},\mathcal{A})$、$(\mathbb{Z},\mathcal{Z})$、Q、Γ、ϕ、$(u_t)_{t=0}^{T}$ 和 β 满足假设 6.4.1 到 6.4.9 和假设 5.1.2。那么，Bellman 方程（6.29）的解 $V_t(\cdot,z):\mathbb{X}\to\mathbb{R}$ 对于每个 $z\in\mathbb{Z}$ 和 $t=0,1,\cdots,T$ 都是严格递增的。

证明 用归纳法证明。在 T 时刻，对于每个 $z\in\mathbb{Z}$，$V_T(\cdot,z)=u_T(\cdot,z)$ 是严格递增的。令 $x'_{T-1}>x_{T-1}$。利用 $T-1$ 时刻的 Bellman 方程推出：

第6章 有限期动态规划

$$
\begin{aligned}
V_{T-1}(x_{T-1},z_{T-1}) &= u_{T-1}(x_{T-1},z_{T-1},a^*) \\
&\quad +\beta\int u_T(\phi(x_{T-1},a^*,z_{T-1},z_T),z_T)Q(z_{T-1},\mathrm{d}z_T) \\
&< u_{T-1}(x'_{T-1},z_{T-1},a^*) \\
&\quad +\beta\int u_T(\phi(x'_{T-1},a^*,z_{T-1},z_T),z_T)Q(z_{T-1},\mathrm{d}z_T) \\
&\leqslant \sup_{a\in\Gamma(x'_{T-1},z_{T-1})} u_{T-1}(x'_{T-1},z_{T-1},a) \\
&\quad +\beta\int u_T(\phi(x'_{T-1},a,z_{T-1},z_T),z_T)Q(z_{T-1},\mathrm{d}z_T) \\
&= V_{T-1}(x'_{T-1},z_{T-1})
\end{aligned}
$$

其中，$a^*\in\Gamma(x_{T-1},z_{T-1})$ 达到最大值。a^* 的存在性是根据定理 6.4.1 得到的。第一个不等式之所以成立是由于假设 6.4.7 和 6.4.9。第二个不等式之所以成立是由于根据假设 6.4.8，$a^*\in\Gamma(x'_{T-1},z_{T-1})$。假设 $V_{T+1}(\cdot,z)$ 是严格递增的。然后，我们应用 t 时刻的 Bellman 方程（6.29），并根据上面的论证，推出 $V_t(\cdot,z)$ 是严格递增的。证毕。

其次，我们引入假设，以确保值函数是凹的，以及最优政策对应是单值的。

假设 6.4.10　对于每个 $z\in\mathbb{Z}$，$u_T(\cdot,z)$ 是严格递增的，且

$$
u_t(\theta x+(1-\theta)x',z,\theta a+(1-\theta)a')\geqslant\theta u_t(x,z,a)+(1-\theta)u_t(x',z,a'),
$$
$$
\text{对于所有}(x,a),(x',a')\in\mathbb{X}\times\mathbb{A},\text{所有 }\theta\in(0,1),t=0,1,\cdots,T-1
$$

如果 $x\neq x'$，该不等式就是严格不等式。

假设 6.4.11　对于每个 $z\in\mathbb{Z}$，所有 x，$x'\in\mathbb{X}$，$a\in\Gamma(x,z)$ 和 $a'\in\Gamma(x',z)$，有 $\theta a+(1-\theta)a'\in\Gamma(\theta x+(1-\theta)x',z)$，对于所有 $\theta\in(0,1)$。

假设 6.4.12　对于每个 $(z,z')\in\mathbb{Z}^2$，$\phi(\cdot,\cdot,z,z')$ 是凹的。

定理 6.4.3　（凹性）令 $(\mathbb{X},\mathcal{X})$、$(\mathbb{A},\mathcal{A})$、$(\mathbb{Z},\mathcal{Z})$、Q、Γ、ϕ、$(u_t)_{t=0}^T$ 和 β 满足假设 6.4.1 到 6.4.12 和假设 5.1.2。令 V_t 为 Bellman 方程（6.29）的解，G_t 为相应的最优政策对应，$t=0,1,\cdots,T-1$。那么，对于每个 $z\in\mathbb{Z}$，$V_t(\cdot,z):\mathbb{X}\to\mathbb{R}$ 是严格凹的，$G_t(\cdot,\cdot):\mathbb{X}\times\mathbb{Z}\to\mathbb{A}$ 是单值连续函数。

证明　用归纳法证明。在终点时刻 T 处，由假设 6.4.10 可知，$V_T(\cdot,z)=u_T(\cdot,z)$ 是严格凹的。在 $T-1$ 时刻，令 $x_{T-1}\neq x'_{T-1}\in\mathbb{X}$。定义

$$
x_{T-1}^{\theta}=\theta x_{T-1}+(1-\theta)x'_{T-1},\text{对于 }\theta\in(1,1)
$$

由假设 6.4.1 可知，$x^{\theta}_{T-1}\in\mathbb{X}$。令 $a^*\in\Gamma(x_{T-1},z_{T-1})$ 和 $a'\in\Gamma(x'_{T-1},z_{T-1})$ 分别达到 $V_{T-1}(x_{T-1},z_{T-1})$ 和 $V_{T-1}(x'_{T-1},z_{T-1})$ 的上确界。这是由定理 6.4.1 保证的。根据假设 6.4.11，$a^{\theta}=\theta a^*+(1-\theta)a'\in\Gamma(x^{\theta}_{T-1}, z_{T-1})$。利用 Bellman 方程（6.30）可推出

$$
\begin{aligned}
V_{T-1}(x^{\theta}_{T-1},z_{T-1}) &\geqslant u_{T-1}(x^{\theta}_{T-1},z_{T-1},a^{\theta}) \\
&\quad+\beta\int u_T(\phi(x^{\theta}_{T-1},a^{\theta},z_{T-1},z_T),z_T)Q(z_{T-1},\mathrm{d}z_T) \\
&> \theta u_{T-1}(x_{T-1},z_{T-1},a^*)+(1-\theta)u_{T-1}(x'_{T-1},z_{T-1},a') \\
&\quad+\beta\theta\int u_T(\phi(x_{T-1},a^*,z_{T-1},z_T),z_T)Q(z_{T-1},\mathrm{d}z_T) \\
&\quad+\beta(1-\theta)\int u_T(\phi(x'_{T-1},a',z_{T-1},z_T),z_T)Q(z_{T-1},\mathrm{d}z_T) \\
&= \theta V_{T-1}(x_{T-1},z_{T-1})+(1-\theta)V_{T-1}(x'_{T-1},z_{T-1})
\end{aligned}
$$

其中，第二个不等式之所以成立，是因为根据假设 6.4.7 和 6.4.10，$u_{T-1}(\cdot,z_{T-1},\cdot)$ 和 $u_T(\phi(\cdot,\cdot,z_{T-1},z_T),z_T)$ 具有凹性。注意，为了保证凹函数的复合还是凹的，我们需要 u_T 是单调的。这保证了 $V_{T-1}(\cdot,z_{T-1})$ 的凹性。假设 $V_{T+1}(\cdot,z)$ 是严格凹的。那么，由定理 6.4.2 可知，$V_{t+1}(\cdot,z)$ 是严格递增的。应用 t 时刻的 Bellman 方程和上面的论证，我们推出 $V_t(\cdot,z)$ 是严格凹的。因为 $V_t(\cdot,z)$ 对于所有 $t=0,1,\cdots,T$ 是严格凹的，所以最优政策对应是单值连续函数。证毕。

如果定理中的假设成立，那么我们可以把最优政策函数写为 $g_t:\mathbb{X}\times\mathbb{Z}\to\mathbb{A}$。这个政策函数递归地生成最优计划 $(a_0,a_1,\cdots,a_{T-1})$ 和最优系统动态 $(x_0,x_1,\cdots,x_T)$ 如下：

$$
\begin{aligned}
&a_t(z_t)=g_t(x_t,z_t) \\
&x_{t+1}(z^{t+1})\phi(x_t,a_t,z_t,z_{t+1}),(x_0,z_0)\text{给定}
\end{aligned}
$$

其中，$z^t\in\mathbb{Z}^t$。

最后，我们引入假设来保证值函数的可微性。对于 Euclid 空间中的任何集合 B，我们使用记号 $\mathrm{int}(B)$ 代表 B 的内部。

假设 6.4.13 对于每一个 $z\in\mathbb{Z}$，在$\mathbb{X}$的内部 $u_T(\cdot,z)$ 都是可微的，在$\mathbb{X}\times\mathbb{A}$的内部 $u_t(\cdot,z,\cdot)$ 都是连续可微的，$t=0,1,\cdots,T-1$。

假设 6.4.14 对于每一个 $(z,z')\in\mathbb{Z}\times\mathbb{Z}$，$\mathbb{X}\times\mathbb{A}$ 的内部 $\phi(\cdot,\cdot,z,z')$ 是可微的。

定理 6.4.4 （可微性）令 $(\mathbb{X},\mathcal{X})$、$(\mathbb{A},\mathcal{A})$、$(\mathbb{Z},\mathcal{Z})$、Q、Γ、ϕ、$(u_t)^T_{t=0}$及β满

足假设 6.4.1 到 6.4.14 和假设 5.1.2。令 $x_t \in \mathrm{int}(\mathbb{X})$，$a_t = g_t(x_t, z_t) \in \mathrm{int}(\Gamma(x_t, z_t))$，对于每个 $z_t \in \mathbb{Z}$。那么，$V_t(\cdot, z_t)$ 在 $\mathrm{int}(\mathbb{X})$ 上是连续可微的，且

$$\frac{\partial V_t(x_t, z_t)}{\partial x} = \frac{\partial u_t(x_t, z_t, a_t)}{\partial x} + \beta E_t \frac{\partial V_{t+1}(x_{t+1}, z_{t+1})}{\partial x} \frac{\partial \phi(x_t, a_t, z_t, z_{t+1})}{\partial x}, \quad t = 1, 2, \cdots, T-1 \tag{6.31}$$

$$\frac{\partial V_T(x_T, z_T)}{\partial x} = \frac{\partial u_T(x_T, z_T)}{\partial x} \tag{6.32}$$

其中，E_t 是以 (x_t, z_t) 为条件的期望算子，x_{t+1} 满足式（5.14），$a_t = g_t(x_t, z_t)$，$t = 0, 1, \cdots, T-1$。

证明 用归纳法证明。在 T 时刻，$V_T(x_T, z_T) = u_T(x_T, z_T)$。令 $x_{T-1} \in \mathrm{int}(\mathbb{X})$，$a_{T-1} = g_{T-1}(x_{T-1}, z_{T-1}) \in \mathrm{int}(\Gamma(x_{T-1}, z_{T-1}))$。由假设 6.4.4 可知，存在 x_{T-1} 的某个开邻域，使得对于所有 $x \in D$ 均有 $g_{T-1}(x_{T-1}, z_{T-1}) \in \mathrm{int}(\Gamma(x, z_{T-1}))$。我们定义函数 $W_{T-1}: D \to \mathbb{R}$ 如下：

$$W_{T-1}(x) = u_{T-1}(x, z_{T-1}, g_{T-1}(x_{T-1}, z_{T-1})) + \beta \int u_T(\phi(x, g_{T-1}(x_{T-1}, z_{T-1}), z_{T-1}, z_T), z_T) Q(z_{T-1}, \mathrm{d}z_T)$$

于是，因为 $g_{T-1}(x_{T-1}, z_{T-1}) \in \mathrm{int}(\Gamma(x, z_{T-1}))$，所以由式（6.30）可知：$W_{T-1}(x) \leqslant V_{T-1}(x, z_{T-1})$ 在 $x = x_{T-1}$ 处以等式成立。由假设 6.4.13 和 6.4.14 可知，W_{T-1} 是可微的。由 **Benveniste 和 Scheinkman 定理**（见附录 C）可知，$V_{T-1}(\cdot, z_{T-1})$ 在 x_{T-1} 处是可微的，

$$\frac{\partial V_{T-1}(x_{T-1}, z_{T-1})}{\partial x} = \frac{\partial W_{T-1}(x_{T-1}, z_{T-1})}{\partial x}$$

然后，我们得到方程（6.31）。假定 $V_{t+1}(\cdot, z_{t+1})$ 是连续可微的。我们使用 t 时刻的 Bellman 方程构造函数 $W_t(x)$。利用类似的证明，我们得到：$V_t(\cdot, z_t)$ 是连续可微的，以及它在 x_t 处的导数满足方程（6.31）。证毕。

式（6.31）通常被称为**包络条件**（envelope condition）。注意我们没有使用 $\phi(x, a, z, z')$ 在 a 处可微的条件来推导这个结论。我们将用它来推导 Bellman 方程（6.29）的一阶条件。由定理 6.4.4 以及假设 6.4.13 和 6.4.14，关于 a_t 求微分得到

$$0=\frac{\partial u_t(x_t,z_t,a_t)}{\partial a}+\beta E_t\frac{\partial V_{t+1}(x_{t+1},z_{t+1})}{\partial x}\frac{\partial\phi(x_t,a_t,z_t,z_{t+1})}{\partial a} \tag{6.33}$$

对于 $t=0,1,\cdots,T-1$。与包络条件（6.31）和（6.32）结合起来就得到了求解最优计划所需的必要条件。由于每期都存在值函数，所以这些条件初看起来很复杂。在下一节，我们将证明求解值函数是不必要的。

在 $\phi(x,a,z,z')=a$ 这一特殊情形下，我们可以明显地简化解。我们不需要 V_t 是单调的来保证凹性和可微性。在这种情况下，我们可以省去假设 6.4.7 到 6.4.9。一阶条件变为

$$0=\frac{\partial u_t(x_t,z_t,x_{t+1})}{\partial a}+\beta E_t\frac{\partial u_{t+1}(x_{t+1},z_{t+1},x_{t+2})}{\partial x},\quad t=0,1,\cdots,T-2$$

$$0=\frac{\partial u_{T-1}(x_{T-1},z_{T-1},x_T)}{\partial a}+\beta E_{T-1}\frac{\partial u_T(x_T,z_T)}{\partial x},\quad t=T-1$$

这些方程通常被称为 **Euler 方程**（Euler equation）。这些方程是递归的，可以用逆向归纳法得到形如 $x_{t+1}=g_t(x_t,z_t)$ 的解，$t=0,1,\cdots,T-1$。

6.5 最大值原理

Pontryagin 最大值原理最早是 Pontryagin 等（1962）为解决连续时间最优控制问题提出来的。这个原理与 Lagrange 方程紧密相关，也可以应用于离散时间最优控制问题。现在我们介绍这一原理，以解决第 6.4 节研究的控制问题（6.28）。在那一节，我们使用的是动态规划方法。这里我们研究动态规划和最大值原理的关系。

我们简单地假设$\mathbb{X}=\mathbb{A}=\mathbb{R}$和 $\Gamma(x,z)=\mathbb{A}$ 对于所有（x,a）$\in\mathbb{X}\times\mathbb{A}$ 均成立。这一分析可以很容易地扩展至一般的多维情形。我们把问题（6.28）的 Lagrange 函数写为

$$L=E\sum_{t=0}^{T-1}[\beta^t u_t(x_t,z_t,a_t)-\beta^{t+1}\mu_{t+1}(x_{t+1}-\phi(x_t,a_t,z_t,z_{t+1}))]$$
$$+E\beta^T u_T(x_T,z_T)$$

其中，$\beta^{t+1}\mu_{t+1}$是与式（5.14）相应的贴现 Lagrange 乘子。在假设 6.4.13 和 6.4.14 下，我们可以推导内点解的一阶条件。特别地，关于 a_t 求微分得到

$$\frac{\partial u_t(x_t,z_t,a_t)}{\partial a}+\beta E_t\mu_{t+1}\frac{\partial \phi(x_t,a_t,z_t,z_{t+1})}{\partial a}=0,\quad t=0,1,\cdots,T-1 \tag{6.34}$$

关于 x_t 求导得到

$$\mu_t=\frac{\partial u_t(x_t,z_t,a_t)}{\partial x}+\beta E_t\mu_{t+1}\frac{\partial \phi(x_t,a_t,z_t,z_{t+1})}{\partial x},\quad t=1,2,\cdots,T \tag{6.35}$$

$$\mu_T=\frac{\partial u_T(x_T,z_T)}{\partial x} \tag{6.36}$$

定义 **Hamilton 函数**（Hamiltonian function）为

$$H_t(x_t,a_t,z_t,\mu_{t+1})=u_t(x_t,z_t,a_t)+\beta E_t\mu_{t+1}\phi(x_t,a_t,z_t,z_{t+1}) \tag{6.37}$$

把前面的一阶条件写为

$$\frac{\partial H_t(x_t,a_t,z_t,\mu_{t+1})}{\partial a}=0,\quad t=0,1,\cdots,T-1 \tag{6.38}$$

$$\frac{\partial H_t(x_t,a_t,z_t,\mu_{t+1})}{\partial x}=\mu_t,\quad t=1,2,\cdots,T-1 \tag{6.39}$$

结合状态转移方程（5.14），我们得到由关于 $3T$ 个变量 $(a_t,x_{t+1},\mu_{t+1})_{t=0}^{T-1}$ 的 $3T$ 个方程组成的系统。这个系统给出了最优的必要条件，并且可以用逆向归纳法求解。这个结果称为**最大值原理**（maximum principle）。给定合适的凹性条件，$3T$ 个方程的系统对于最优也是充分的。这里我们陈述一个一维情形的结果。它可以很容易地推广至多维情形。

定理 6.5.1 最大值原理的必要条件的充分性。令$\mathbb{X}=\mathbb{A}=\mathbb{R}$，$\Gamma(x,z)=\mathbb{A}$ 对于所有 $(x,a)\in\mathbb{X}\times\mathbb{A}$ 成立，令假设 5.1.2、6.4.3、6.4.13 和 6.4.14 成立。令 $(x_{t+1}^*,a_t^*,\mu_{t+1}^*)_{t=0}^{T-1}$ 满足由 $3T$ 个方程（5.14）、（6.36）、（6.38）和（6.39）组成的系统。假设对于每个 $z_t\in\mathbb{Z}$, $H_t(\cdot,\cdot,z_t,\mu_{t+1}^*)$ 关于 (x,a) 都是凹的，假设对于每个 $z_t\in\mathbb{Z}$, $u_T(\cdot,z_T)$ 关于 x 都是凹的。那么，$(a_t^*)_{t=0}^{T-1}$是问题（6.28）的最优政策。

证明 我们想证明

$$\begin{aligned}D=&E\sum_{t=0}^{T-1}\beta^t u_t(x_t^*,z_t,a_t^*)-E\sum_{t=0}^{T-1}\beta^t u_t(x_t,z_t,a_t)\\&+E\beta^T u_T(x_T^*,z_T)-E\beta^T u_T(x_T,z_T)\\\geqslant&0\end{aligned}$$

对于任何可行计划 $(a_t)_{t=0}^{T-1}$和满足式（5.14）的相关状态过程 $(x_t)_{t=1}^{T}$都成立。因为

$(x_{t+1},a_t)_{t=0}^{T-1}$ 和 $(x_{t+1}^*,a_t^*)_{t=0}^{T-1}$ 满足状态转移方程，所以我们推出

$$\begin{aligned}D=&E\sum_{t=0}^{T-1}[\beta^t u_t(x_t^*,z_t,a_t^*)-\beta^{t+1}\mu_{t+1}^*(x_{t+1}^*-\phi(x_t^*,a_t^*,z_t,z_{t+1}))]\\&-E\sum_{t=0}^{T-1}[\beta^t u_t(x_t,z_t,a_t)-\beta^{t+1}\mu_{t+1}^*(x_{t+1}-\phi(x_t,a_t,z_t,z_{t+1}))]\\&+E\beta^T u_T(x_T^*,z_T)-E\beta^T u_T(x_T,z_T)\end{aligned}$$

由给定的假设，我们得到

$$\begin{aligned}D=&E\sum_{t=0}^{T-1}\beta^t H_t(x_t^*,a_t^*,z_t,\mu_{t+1}^*)-E\sum_{t=0}^{T-1}\beta^t H_t(x_t,a_t,z_t,\mu_{t+1})\\&-E\sum_{t=0}^{T-1}\beta^{t+1}\mu_{t+1}^*(x_{t+1}^*-x_{t+1})+E\beta^T u_T(x_T^*,z_T)-E\beta^T u_T(x_T,z_T)\\\geqslant&E\sum_{t=0}^{T-1}\beta^t\frac{\partial H_t(x_t^*,a_t^*,z_t,\mu_{t+1}^*)}{\partial x}(x_t^*-x_t)\\&+E\sum_{t=0}^{T-1}\beta^t\frac{\partial H_t(x_t^*,a_t^*,z_t,\mu_{t+1}^*)}{\partial a}(a_t^*-a_t)\\&-E\sum_{t=0}^{T-1}\beta^{t+1}\mu_{t+1}^*(x_{t+1}^*-x_{t+1})+E\beta^T\frac{\partial u_T(x_T^*,z_T)}{\partial x}(x_T^*-x_T)\end{aligned}$$

重新安排各项，利用式（6.36）、式（6.38）、式（6.39）和 $x_0^*=x_0$，我们发现上面不等式的右侧等于零。因此，$D\geqslant0$。

$H_t(\cdot,\cdot,z_t,\mu_{t+1}^*)$ 为凹函数的一个充分条件集合为：对于 $t=0,1,\cdots,T-1$，u_t 关于 (x,a) 是凹函数，u_T 关于 x 是凹函数，ϕ 关于 (x,a) 是凹函数。另外，对于 $t=0,1,\cdots,T-1$，如果 ϕ 关于 (x,a) 是线性的，那么关于 μ_{t+1}^* 的最后一个假设是不必要的。

最大值原理和动态规划的关系是什么？令

$$\mu_t=\frac{\partial V_t(x_t,z_t)}{\partial x_t},\quad t=1,2,\cdots,T$$

其中，V_t 是由式（6.29）定义的值函数。Lagrange 乘子 μ_t 被解释为状态的影子价格。那么，我们马上就能看出：方程（6.34）或者（6.38）等价于方程（6.33），方程（6.35）或者（6.39）等价于方程（6.31）。最大值原理的美在于我们不需要直接研究值函数，而从上一节我们知道，值函数是很复杂的东西。取而代之的是，我们只需要解 Lagrange 乘子。而且，这种方程可以很容易地处理其他关于状态和行动的同期约束。我们仅需要引入其他 Lagrange 乘子，然后应用 Kuhn-Tucker 定理（见

附录 C）来推导一阶条件。

在许多经济问题里，状态转移方程采取如下形式：

$$x_{t+1}=\phi(x_t,a_t,z_t)$$

其中，基于当前状态和行动，x_{t+1} 是非随机的。在这种情况下，我们可以在 Lagrange 函数中用 $\beta^t\lambda_t$ 代替 $\beta^{t+1}\mu_{t+1}$。一阶条件变为

$$\frac{\partial u_t(x_t,z_t,a_t)}{\partial a}+\lambda_t\frac{\partial\phi(x_t,a_t,z_t,z_{t+1})}{\partial a}=0,\quad t=0,1,\cdots,T-1 \tag{6.40}$$

于是，

$$\lambda_t=\beta E_t\frac{\partial u_{t+1}(x_{t+1},z_{t+1},a_{t+1})}{\partial x}+\beta E_t\lambda_{t+1}\frac{\partial\phi(x_{t+1},a_{t+1},z_{t+1})}{\partial x},\quad t=0,1,\cdots,T-2,$$

$$\lambda_{T-1}=E_{T-1}[u_T(x_T,z_T)]$$

6.6 应用

在本节，我们用动态规划方法分析两个 Markov 决策问题。第一个问题是经典的最优停止问题，第二个问题是经典的最优控制问题。

□ 6.6.1 秘书问题

考虑第 5.2.2 节介绍的秘书问题。时间用 $t=1,2,\cdots,T=N$ 来代表。假设 $N\geqslant 3$。状态空间是 $\{0,1\}$。令 $V_t(1)$ 为如果当前候选人在前面 t 个面试人员中排名第一，那么选到最优候选人的最大概率。令 $V_t(0)$ 为如果当前候选人在前面 t 个面试人员中排名不是第一，那么选到最优候选人的最大概率。

我们使用第 5.2.2 节中引入的记号。在终点时刻，

$$V_N(1)=h(1)=1,\quad V_N(0)=h(0)=0$$

我们把 Bellman 方程写为

$$\begin{aligned}V_t(1)&=\max\{g_t(1),f_t(1)+Q_{t+1}(1,1)V_{t+1}(1)+Q_{t+1}(1,0)V_{t+1}(0)\}\\&=\max\left\{\frac{t}{N},\frac{1}{t+1}V_{t+1}(1)+\frac{t}{t+1}V_{t+1}(0)\right\}\end{aligned}$$

而且

$$V_t(0)=\max\{g_t(0),f_t(0)+Q_{t+1}(0,1)V_{t+1}(1)+Q_{t+1}(0,0)V_{t+1}(0)\}$$
$$=\max\left\{0,\frac{1}{t+1}V_{t+1}(1)+\frac{t}{t+1}V_{t+1}(0)\right\}$$

注意 $V_t\geqslant 0$。我们推出

$$V_t(0)=\frac{1}{t+1}V_{t+1}(1)+\frac{t}{t+1}V_{t+1}(0) \tag{6.41}$$

$$V_t(1)=\max\left\{\frac{t}{N},V_t(0)\right\} \tag{6.42}$$

下述命题刻画了最优政策。

命题 6.6.1 面试 $\mathcal{T}$ 个候选人，然后选择在这 $\mathcal{T}$ 个候选人中排名第一的候选人，其中，$\mathcal{T}$ 由下式给出：

$$\mathcal{T}=\min\left\{t\geqslant 1:\frac{1}{t}+\frac{1}{t+1}+\cdots+\frac{1}{N-1}<1\right\} \tag{6.43}$$

证明 由式（6.42）可知，对于所有 t，$V_t(1)\geqslant V_t(0)$。根据式（6.41）可知，$V_t(0)\geqslant V_{t+1}(0)$。因此，存在临界值 $\mathcal{T}$ 使得对于所有 $t\geqslant\mathcal{T}$，$t/N\geqslant V_t(0)$；对于所有 $t\leqslant\mathcal{T}$，$t/N\leqslant V_t(0)$。这表明最优策略是：等到面试完 t 个候选人，选择到那时为止最好的。现在我们来决定 $\mathcal{T}$。对于 $t\geqslant\mathcal{T}$，方程（6.41）意味着：

$$V_t(0)=\frac{1}{t+1}\frac{t+1}{N}+\frac{t}{t+1}V_{t+1}(0)=\frac{1}{N}+\frac{t}{t+1}V_{t+1}(0)$$

注意 $V_N(0)=0$。向后解这个方程得到

$$V_t(0)=\frac{t}{N}\left(\frac{1}{t}+\frac{1}{t+1}+\cdots+\frac{1}{N-1}\right),\quad t\geqslant\mathcal{T}$$

这个方程给出了式（6.43）中定义的 $\mathcal{T}$。

我们可以把 $\mathcal{T}$ 写成 N 的函数。我们需要验证 $\mathcal{T}(4)=1$。这表明雇主应当首先面试一个候选人，然后选择下一个比第一个更好的候选人。对于充分大的 N，

$$1\simeq\frac{1}{\mathcal{T}(N)}+\frac{1}{\mathcal{T}(N)+1}+\cdots+\frac{1}{N-1}\simeq\int_{\mathcal{T}(N)}^{N}\frac{1}{x}\mathrm{d}x$$

因此，

$$\ln \frac{N}{\mathcal{T}(N)} \simeq 1 \Rightarrow \frac{\mathcal{T}(N)}{N} \simeq \frac{1}{\mathrm{e}} \simeq 0.368$$

这表明，在候选人很多的情况下，雇主首先面试36.8%的候选人，然后选择第一位比这些候选人更好的候选人。

□ 6.6.2 消费-储蓄问题

我们考虑经典的具有不确定的劳动收入的消费-储蓄问题。消费者开始时拥有一些储蓄。每期他获得不确定的劳动收入。然后，他要决定消费和储蓄多少，以最大化有限期的贴现期望效用。

我们把这个问题写成Markov决策模型：

$$\max E\left[\sum_{t=0}^{T} \beta^t u(c_t)\right]$$

满足

$$c_t + a_{t+1} = Ra_t + y_t，\ a_0 \geqslant 0 \text{ 给定}$$

其中，$R>0$ 是总利率，c_t、a_t 和 y_t 分别代表消费、储蓄和劳动收入。假定 $u''<0$，$u'>0$ 和 $\lim_{c\to 0} u'(c)=\infty$。假定每个 y_t 都是从 $[y_{\min}, y_{\max}]$ 上独立同分布地抽取的。注意在终点状态 a_{T+1} 得不到回报。我们需要引入关于 a_{T+1} 的约束；否则，消费者可以借钱，从而可以消费无穷的数量。因此，我们可以加入如 $a_{T+1} \geqslant -b_T$ 形式的借贷约束，其中，$b_T \geqslant 0$ 代表借贷约束。通常，由于金融市场摩擦，每期都可能存在借贷约束：

$$a_{t+1} \geqslant -b_t，\text{对某个 } b_t \geqslant 0,\ t=0,1,\cdots,T$$

其中，借贷限制 b_t 可以是时间和状态依赖的。这里我们引入先验约束：$b_t = b \geqslant 0$。

令 $\hat{a}_t = a_t + b$。定义手中的现金为 $x_t = Ra_t + y_t + b$，它是能花费在消费上的最大数量。那么，我们可以分别把预算和借贷约束写为

$$x_{t+1} = R(x_t - c_t) + y_{t+1} - rb$$

$$c_t + \hat{a}_{t+1} = x_t，\quad \hat{a}_{t+1} \geqslant 0$$

根据最优性原理，我们考虑下述动态规划问题：

$$V_t(x_t) = \max_{0 \leqslant \hat{a}_{t+1} \leqslant x_t} u(x_t - \hat{a}_{t+1}) + \beta E V_{t+1}(R\hat{a}_{t+1} + y_{t+1} - rb)，\quad t=0,1,\cdots,T-1$$

其中，期望是关于 y_{t+1} 取的。很明显，在最后一期，$c_T=x_T$，因此，$V_T(x_T)=u(x_T)$。注意到上面的变量代换减少了状态空间的维数，因为我们仅需要考虑一个状态变量 x_t，而不是两个状态变量 a_t 和 y_t。这种方法对于有 IID 冲击的模型更有效，但是对于有 Markov 冲击的模型并非如此。

定义 $n=T-t$ 是有用的，沿用 Whittle（1982）的术语，它被解释为“剩余时间”（time-to-go）的指标。然后，我们把上面的 Bellman 方程写为

$$v_0(x)=u(x)$$

$$v_n(x)=\max_{s\in[0,x]} u(x-s)+\beta E v_{n-1}(Rs+y-rb),\quad n=1,\cdots,T$$

我们可以应用第 6.4 节的理论。特别地，我们推导出：v_n 继承了 u 的基本性质，就是说，在 $\mathbb{R}_{++}$ 上 v_n 是严格递增的、严格凹的和连续可微的。另外，存在最优消费函数 $g_n(x)$ 和储蓄政策函数 $s_n(x)=x-g_n(x)$。可以证明下述性质：

- $v_n'(x)$ 关于 n 是递增的。
- $g_0(x)=x$，$s_0(x)=0$。
- $g_n(x)$ 和 $s_n(x)$ 关于 x 是连续的和递增的。
- $g_n(x)$ 关于 n 是递减的，$s_n(x)$ 关于 n 是递增的。
- $g_n(x)$ 和 $s_n(x)$ 满足一阶条件和包络条件

$$v_n'(x)=u'(g_n(x))\geqslant\beta RE[v_{n-1}'(Rs_n(x)+y-rb)],\quad n=1,\cdots,T$$

如果 $s_n(x)>0$，那么等式成立。

根据日历时间转化成原来的问题，我们把 t 时刻的消费和储蓄函数分别写为 $c_t(x)=g_{T-t}(x)$ 和 $\hat{a}_{t+1}(x)=s_{T-t}(x)$。

为了与确定性情形比较，我们令 $c_t(x;y_{\min})$ 代表当 $y_t=y_{\min}$，$t=0,1,\cdots,T$ 时的最优消费政策。类似的解释应用于记号 $c_t(x;y_{\max})$。然后，我们有下述结果：

$$c_t(x;y_{\max})\geqslant c_t(x)\geqslant c_t(x;y_{\min})$$

6.7 习题

1. 通过适当修改假设，给出确定性情况下的定理 6.3.1 到 6.3.3。把这些定理与随机情形相比较，讨论在没有可测限制的情况下，假设和证明如何被简化。

2. 考虑第 6.1 节分析的例子。假定生产函数存在可乘的生产率冲击 z_t，其中 (z_t) 服从转移函数为 Q 的 Markov 过程。求解最优消费和投资政策。

3. 求解目标是最大化从两个最好的候选人即排名第一和第二的候选人中选择一个的概率的秘书问题。

4. 求解目标是最大化候选人期望排名的秘书问题（注意 1 是最高排名）。

5. 证明在第 6.6.2 节中给出的消费和储蓄政策函数的性质。

6. 给出并分析第 6.6.2 节中当劳动收入服从一般 Markov 过程时的随机消费-储蓄问题。

7. （Phelps，1962）考虑在第 6.6.2 节分析的随机消费-储蓄问题。假设没有借贷，即 $b=0$。假设劳动收入 $y_t=y$ 随着时间的推移不发生变化，但利率是不确定的。t 时刻与 $t+1$ 时刻之间的总利率是 R_{t+1}，它是从同一个分布中独立抽取出来的。分析消费和储蓄函数的性质。

8. 考虑下述确定性消费-储蓄问题：

$$\max\sum_{t=0}^{T}\beta^t\frac{c_t^{1-\gamma}}{1-\gamma},\quad \gamma>0$$

满足

$$c_t+a_{t+1}=Ra_t+y_t,\quad a_0\text{ 给定}$$

其中，$y_{t+1}=(1+g)y_t$。不存在借贷约束。求解这个问题。

9. （Schechtman and Escudero，1977）考虑下述随机消费-储蓄问题：

$$\max E\left[\sum_{t=0}^{T}\beta^t(-\mathrm{e}^{-\gamma c_t})\right],\quad \gamma>0$$

满足

$$c_t+a_{t+1}=Ra_t+y_t,\quad a_0\text{ 给定}$$

其中，y_t 是从 $[y_{\min},y_{\max}]$ 上独立同分布地抽取的。求解最优消费-储蓄政策和值函数。注意，对于指数效用，消费可以为负。

10. （Levhari，Mirman and Zilcha，1980）假设在上面的问题中加上约束 $c_t\geqslant 0$ 和 $a_{t+1}\geqslant 0$。求解最优消费和储蓄政策，其中，$\beta R<1$。

第 7 章

无穷期动态规划

本章目标

在本章，我们将研究在第 5 章介绍的无穷期 Markov 决策过程。模型的基本元素为 $(\mathbb{S},\mathcal{S})$、$(\mathbb{A},\mathcal{A})$、Γ、P、u 和 β。我们将保留假设 5.1.1 和 5.1.4。与有限期的情形不同，无穷期模型拥有平稳结构，即一期回报和状态过程的随机核是时齐的。直觉上，我们可以把无穷期模型看作有限期模型在时间边界趋于无穷时的极限。因此，上一章的理论可以扩展到无穷期情形。在第 7.1 节，我们给出了无穷期情形的最优性原理并推导 Bellman 方程。无穷期情形的困难在于，不存在一般理论确保 Bellman 方程解的存在性。对于有界回报，我们可以使用强大的压缩映射定理（见附录 B）处理。第 7.2 节研究了具有有界回报的模型，第 7.3 节研究了具有有界回报和无界回报的最优控制模型。在第 7.4 节，我们推导了一阶条件和横截性条件。

7.1 最优性原理

在本节，通过建立与定理 6.3.1 到 6.3.3 类似的三个定理，我们来证明无穷期的最优性原理。回顾由

$$V(s)=\sup_{\pi\in\Pi(s)}J(s,\pi) \tag{7.1}$$

定义的值函数 $V:\mathbb{S}\rightarrow\mathbb{R}\cup\{\pm\infty\}$，其中，$\Pi(s)$ 是从初始状态 $s\in\mathcal{S}$开始的可行计划集，$J(s,\pi)$ 是由式（5.4）定义的由 π 带来的总贴现期望回报。也回顾一下，在假设 5.1.1 和 5.1.4 下，这是一个定义良好的问题。为了确保 J 有递归结构（这个结构对于动态规划是重要的），我们引入下述更强的假设。

假设 7.1.1 如果 u 取两种符号，那么存在非负可测函数 $L_t:\mathbb{S}\rightarrow\mathbb{R}_+(t=0,1,\cdots)$ 的集合，使得对于所有 $s_0\in\mathbb{S}$ 和所有 $\pi\in\Pi(s_0)$，都有

$$|u(s_0,\pi_0)|\leqslant L_0(s_0),\quad |u(s_t,\pi_t(s^t))|\leqslant L_t(s_0)$$

和

$$\sum_{t=0}^{\infty}\beta^t L_t(s_0)<\infty$$

引理 7.1.1 令（$\mathbb{S},\mathcal{S}$）、（$\mathbb{A},\mathcal{A}$）、Γ、P、u 和 β 给定。假定假设 5.1.1、5.1.2、5.1.4 和 7.1.1 成立。那么，对于任意 $s_0\in\mathbb{S}$ 和任意 $\pi\in\Pi(s_0)$，均有

$$J(s_0,\pi)=u(s_0,\pi_0)+\beta\int J(s_1,C(\pi,s_1))P(s_0,\pi_0;\mathrm{d}s_1)$$

其中，对于每个 $s_1\in\mathbb{S}$，$C(\pi,s_1)$ 是沿着 s_1 的 π 的连续计划。

证明 由定义，

$$J(s_0,\pi)=u(s_0,\pi_0)+\beta\lim_{n\to\infty}\sum_{t=1}^{n}\beta^{t-1}\int u(s_t,\pi_t(s^t))\mu^t(s_0,\mathrm{d}s^t;\pi)$$

我们计算上面方程右侧的第二项：

$$\begin{aligned}&\lim_{n\to\infty}\sum_{t=1}^{n}\beta^{t-1}\int u(s_t,\pi_t(s^t))\mu^t(s_0,\mathrm{d}s^t;\pi)\\&=\lim_{n\to\infty}\int\Big\{u(s_1,\pi_1(s^1))\end{aligned}$$

$$+\sum_{t=2}^{n}\beta^{t-1}\int u(s_t,\pi_t(s^t))\mu^{t-1}(s_1,\mathrm{d}s_2^t;C(\pi,s_1))\Big\}P(s_0,\pi_0;\mathrm{d}s_1)$$

$$=\int\lim_{n\to\infty}\Big\{u(s_1,\pi_1(s^1))$$

$$+\sum_{t=2}^{n}\beta^{t-1}\int u(s_t,\pi_t(s^t))\mu^{t-1}(s_1,\mathrm{d}s_2^t;C(\pi,s_1))\Big\}P(s_0,\pi_0;\mathrm{d}s_1)$$

$$=\int J(s_1,C(\pi,s_1)P(s_0,\pi_0;\mathrm{d}s_1))$$

其中，第一个等式是根据式（5.2）中 μ^t 的定义得到的，第二个等式是根据单调收敛定理（如果 $u\geqslant 0$ 或者 $u\leqslant 0$）和假设 7.1 的控制收敛定理（如果 u 取两种符号）得到的，最后一个等式是根据 J 的定义得到的。

下述假设与假设 6.3.1 类似。

假设 7.1.2 （a）值函数 $V:\mathbb{S}\to\mathbb{R}$ 是可测的。（b）给定任意 $s\in\mathbb{S}$，对于任意 $\varepsilon>0$，存在从 s 开始的计划 $\pi^s\in\Pi(s)$，使得

$$J(s,\pi^s)+\varepsilon\geqslant V(s)$$

另外，对于任意固定的 $s_1^t\in\mathbb{S}^t$，π_0^s 和 $\pi_t^s(s_1^t)$ 作为 s 的函数是可测的，$t=1,2,\cdots$。

在上述假设中满足可测限制的计划在 Stokey、Lucas 和 Prescott（1989）中被称为**全局计划**（global plan）。

定理 7.1.1 （动态规划原理）令（$\mathbb{S},\mathcal{S}$）、（$\mathbb{A},\mathcal{A}$）、Γ、P、u 和 β 给定。假定假设 5.1.1、5.1.2、5.1.4、7.1.1 和 7.1.2 成立。那么，V 满足 Bellman 方程：

$$V(s)=\sup_{a\in\Gamma(s)}u(s,a)+\int V(s')P(s,a;\mathrm{d}s') \tag{7.2}$$

证明 证明包括两步。首先，对于任何计划 $\pi\in\Pi(s)$，

$$\begin{aligned}W(s)&\equiv\sup_{a\in\Gamma(s)}u(s,a)+\int V(s')P(s,a;\mathrm{d}s')\\&\geqslant\sup_{a\in\Gamma(s)}u(s,a)+\int J(s',C(\pi,s'))P(s,a;\mathrm{d}s')\\&\geqslant u(s,\pi_0)+\int J(s',C(\pi,s'))P(s,\pi_0;\mathrm{d}s')\\&=J(s,\pi)\end{aligned}$$

因此，$W(s)\geqslant V(s)$。

其次，由假设 7.1.2，给定任意 $s\in\mathbb{S}$（对于任意 $\varepsilon>0$），存在从 s 开始的计划

$\pi^s \in \Pi(s)$ 使得

$$J(s,\pi^s)+\varepsilon \geqslant V(s) \tag{7.3}$$

另外，对于任意固定的 $s_1^t \in \mathbb{S}^t(t=1,2,\cdots)$，$\pi_0^s$ 和 $\pi_t^s(s_1^t)$ 作为 s 的函数都是可测的。对于任意 $a\in\Gamma(s)$，定义计划 $d=(a,d_1,d_2,\cdots)$，其中，对于任意$s_1\in\mathbb{S}$，均有 $C(d,s_1)=\pi^{s_1}$。即，$d_1(s_1)=\pi_0^{s_1}$，$d_t(s_1,\cdots,s_t)=\pi_{t-1}^{s_1}(s_2,\cdots,s_t)$，$t=2,3,\cdots$。假设 7.1.2 表明：$d\in\Pi(s)$。因此，

$$\begin{aligned}V(s) &\geqslant J(s,d)\\ &= u(s,a)+\int J(s',\pi^{s'})P(s,a;\mathrm{d}s')\\ &\geqslant u(s,a)+\int V(s')P(s,a;\mathrm{d}s')-\beta\varepsilon\end{aligned}$$

其中，第二行是根据引理 7.1.1 得到的，最后一行是根据式（7.3）得到的。关于 $a\in\Gamma(s)$ 取上确界并令 $\varepsilon\to 0$，我们得到：$V(s)\geqslant W(s)$。把上面两步结合起来就完成了证明。

不像有限期情形，无穷期情形下的 Bellman 方程给出了非退化的不动点定理：为了求解式（7.2）右侧的问题，我们需要知道函数 V，它也等于这个问题的最优值。我们称这个问题为**动态规划问题**（dynamic programming problem）。如果存在解 $a\in\Gamma(s)$ 达到式（7.2）的上确界，那么我们把所有解的集合用 $G(s)$ 代表。这定义了最优政策对应 $G:\mathbb{S}\to\mathbb{A}$。如果 G 允许可测选择序列 $(g_t)_{t=0}^{\infty}$（某些选择可以相同），那么我们可以把由 G 生成的计划 π 定义为：

$$\pi_0=g_0(s_0),\quad \pi_t(s^t)=g_t(s_t),\quad s^t\in\mathbb{S}^t$$

这个计划从 s_0 出发是可行的和 Markov 的。如果 g_t 独立于 t，那么 π 是平稳计划。

下述结果表明，在某些条件下，Bellman 方程（7.2）的解会给出 Markov 决策问题（7.1）的值函数。另外，任何由动态规划问题的最优政策对应产生的计划对于 Markov 决策问题都是最优的。

定理 7.1.2 （验证）令 $(\mathbb{S},\mathcal{S})$、$(\mathbb{A},\mathcal{A})$、Γ、P、u 和 β 给定。假定假设 5.1.1、5.1.2、5.1.4 和假设 7.1.1 成立。假定 $V^*:\mathbb{S}\to\mathbb{R}$ 是满足 Bellman 方程和

$$\lim_{n\to\infty}\beta^n\int V^*(s_n)\mu^n(s_0,\mathrm{d}s^n;\pi)=0 \tag{7.4}$$

的可测函数，对于所有 $\pi\in\Pi(s_0)$ 和所有 $s_0\in\mathbb{S}$，其中，$\mu^t(s_0,\cdot;\pi)$ 在式（5.2）中

有定义。令 G 为与式（7.2）相应的最优政策对应，假定 G 是非空的，并允许可测选择。那么，$V=V^*$，由 G 生成的任何计划都达到式（7.1）的上确界。

证明 给定任意 $s_0\in\mathbb{S}$，对于任意可行计划 $\pi\in\Pi(s_0)$，利用 Bellman 方程推导出

$$V^*(s_t)\geqslant u(s_t,\pi_t(s^t))+\beta\int V^*(s_{t+1})P(s_t,\pi_t(s^t);\mathrm{d}s_{t+1}),\quad t=0,1,\cdots,n \tag{7.5}$$

乘以 β^t 并重新安排得到

$$\beta^tV^*(s_t)-\beta^{t+1}\int V^*(s_{t+1})P(s_t,\pi_t(s^t);\mathrm{d}s_{t+1})\geqslant\beta^tu(s_t,\pi_t(s^t))$$

关于 $\mu^t(s_0,\mathrm{d}s^t;\pi)$ 取期望，关于 $t=0,1,\cdots,n-1$ 求和，我们得到

$$V^*(s_0)-\beta^n\int V^*(s_n)\mu^n(s_0,\mathrm{d}s^n;\pi)\geqslant\sum_{t=0}^{n-1}\beta^t\int u(s_t,\pi_t(s^t))\mu^t(s_0,\mathrm{d}s^t;\pi)$$

关于 $n\to\infty$ 取极限并利用式（7.4），我们推导出

$$V^*(s_0)\geqslant J(s_0,\pi)$$

因为这对于所有 $\pi\in\Pi(s_0)$ 都成立，所以 $V^*(s_0)\geqslant V(s_0)$。如果用 π^* 代替 π，那么可以得到等式，因为 π^* 是由 G 生成的。因此，在 $\pi=\pi^*$ 处，对于所有 t，式（7.5）变成等式。

条件（7.4）被称为**横截性条件**（transversality condition）。如果 V^* 是有界的，那么它自然满足。如果 V^* 是无界的，那么为了表明它的有用性，我们考虑下述确定性的例子：

$$\sup_{(c_t,a_{t+1})_{t=0}^{\infty}}\sum_{t=0}^{\infty}\beta^tc_t,\quad \beta=\frac{1}{R}\in(0,1)$$

满足

$$c_t+s_{t+1}=Rs_t,\quad c_t\geqslant0,\quad s_0>0\text{ 给定}$$

很明显，消费者可以通过借无穷多钱，使得贴现效用达到无穷大。因此，对于任意 $s_0>0$，值函数都是 $V(s_0)=+\infty$。

现在考虑动态规划问题

$$V(s)=\sup_{c\geqslant0}c+\beta V(Rs-c)$$

这个 Bellman 方程存在两个解：一个是 $V^*(s)=+\infty$；另一个是 $\hat{V}^*(s)=Rs$。对于所有 t 时刻的可行计划 $c_t=0$，资产持有为 $s_t=R^t s_0$ 和 $\beta^n \hat{V}^*(s_n)=s_0>0$。因此，对于解 $\hat{V}^*$，横截性条件（7.4）不满足。

我们应当强调：横截性条件（7.4）是充分条件，但不是必要条件。它之所以十分强，是因为它要求对于任何可行计划，极限都收敛于零。这个条件在许多有关无界回报的应用中经常会被违反。对于某些 Bellman 方程存在分析解的情形，我们可以验证与 Bellman 方程相应的最优政策函数生成的特定计划满足横截性条件。如果任何违反横截性条件的可行计划都被某个满足这个条件的计划所占优，那么，下述改编自 Stokey、Lucas 和 Prescott（1989）的结果保证了 Bellman 方程的解是值函数，以及相应的政策函数生成了最优计划。

推论 7.1.1 令 $(\mathbb{S},\mathcal{S})$、$(\mathbb{A},\mathcal{A})$、Γ、P、u 和 β 给定。假定假设 5.1.1、5.1.2、5.1.4 和假设 7.1.1 成立。令 V 为问题（5.6）的有限值函数。假定 $V^*:\mathbb{S}\to\mathbb{R}$ 是满足 Bellman 方程（7.2）的可测函数、相关的最优政策对应 G 是非空的、允许可测选择。定义 $\hat{\Pi}(s)$ 是使得横截性条件（7.4）成立的可行计划 π 的集合。定义函数 $\hat{V}:\mathbb{S}\to\mathbb{R}$ 如下：

$$\hat{V}(s)=\sup_{\pi\in\hat{\Pi}(s)} J(s,\pi),\quad 对于所有\ s\in\mathbb{S}$$

令 $\pi^*(s)\in\Pi(s)$ 为由 G 生成的计划。假定

(a) $\pi^*(s)\in\hat{\Pi}(s)$，对于所有 $s\in\mathbb{S}$，

(b) 对于任意 $s\in\mathbb{S}$ 和 $\pi\in\Pi(s)$，存在 $\hat{\pi}\in\hat{\Pi}(s)$ 使得 $J(s,\hat{\pi})\geqslant J(s,\pi)$，

那么，

$$V(s)=V^*(s)=\hat{V}(s)=J(s,\pi^*(s)),\quad 对于所有\ s\in\mathbb{S}$$

证明 因为条件（a）成立，所以我们可以采用定理 7.1.2 的证明：

$$V^*(s)=\hat{V}(s)=J(s,\pi^*(s))$$

因为 $\hat{\Pi}(s)\subset\Pi(s)$，所以 $\hat{V}(s)\leqslant V(s)$。为了证明反向不等式，假定 $\{\pi^k\}_{k=1}^{\infty}$ 是 $\Pi(s)$ 中满足

$$\lim_{k\to\infty} J(s,\pi^k)=V(s)$$

的序列。那么，根据条件（b），存在序列 $\{\hat{\pi}^k\}_{k=1}^{\infty}$ 使得 $J(s,\hat{\pi}^k)\geqslant J(s,\pi^k)$。于是，

$$\lim_{k\to\infty} J(s,\hat{\pi}^k)\geqslant V(s)$$

因此，$\hat{V}(s)\geqslant V(s)$，证毕。

下述例子通过明显地计算值函数以解释上述结果。我们把此方法称为值函数法。

例 7.1.1 考虑在第 6.1 节所分析的例子的无穷期情形。我们把 Bellman 方程写为

$$V(K)=\max_{K',C\geqslant 0} \ln C+\beta V(K') \tag{7.6}$$

满足

$$C+K'=K^{\alpha}$$

我们可以在式（6.5）和式（6.3）中取极限（当边际 $T\to\infty$时），从而得到值函数

$$V(K)=\frac{1}{1-\beta}\left[\ln(1-\alpha\beta)+\frac{\beta}{1-\alpha\beta}\ln(\alpha\beta)\right]+\frac{\alpha}{1-\alpha\beta}\ln K$$

和政策函数

$$K'=g(K)=\alpha\beta K^{\alpha}$$

或者，给定对数效用，我们可以推测值函数也取对数形式：

$$V(K)=A+B\ln K,\quad \text{对于某些待定常数 } A \text{ 和 } B$$

然后，我们把这个推测代入 Bellman 方程（7.6），以验证这个推测是正确的，并确定常数 A 和 B。

我们利用推论 7.1.1 验证上面的解是最优的。首先，我们计算政策 $K_{t+1}^*=\alpha\beta K_t^{*\alpha}$ 暗含的值：

$$V(K_t^*)=A+B\ln K_t^*=A+B\frac{1-\alpha^t}{1-\alpha}\ln(\alpha\beta)+B\alpha^t\ln(K_0)$$

因此，推论中的条件（a）是满足的，因为

$$\lim_{t\to\infty}\beta^t V(K_t^*)=0 \tag{7.7}$$

为了验证推论中的条件（b），我们证明：对于任何计划（K_t），要么 $J(K_0,(K_t))=-\infty$，要么它满足式（7.7）[即，$(K_t)\in\hat{\Pi}(K_0)$]，因此，它总是被（K_t^*）占优。我们注意到，当且仅当

$$\lim_{t\to\infty}\beta^t\ln K_t=0$$

时，$(K_t)\in\hat{\Pi}(K_0)$。

假定上述等式不成立，那么下述等式右侧的级数一定发散：

$$J(K_0,(K_t)) = \sum_{t=0}^{\infty}\beta^t \ln C_t \leqslant \sum_{t=0}^{\infty}\beta^t \ln K_t^{\alpha} = \sum_{t=0}^{\infty}\alpha\beta^t \ln K_t$$

然而，这个级数有上界，因为我们可以用递归约束证明

$$\ln K_t \leqslant a^t \ln K_0$$

因此，这个级数一定发散到$-\infty$，意味着$J(K_0,(K_t))=-\infty$。

最后的结果是定理 7.1.2 的部分逆命题。它表明：Markov 决策问题的任何最优计划都可以通过求解动态规划问题（7.2）得到。

定理 7.1.3 令（$\mathbb{S},\mathcal{S}$）、（$\mathbb{A},\mathcal{A}$）、Γ、P、u 和 β 给定。假定假设 5.1.1、5.1.2、5.1.4 和假设 7.1.1 成立。假定值函数 V 是可测的，并满足 Bellman 方程（7.2）。假定相关的最优政策对应 G 是非空的且允许可测选择。那么，问题（7.1）的任何最优计划 $\pi^*\in\Pi(s_0)$ 满足

$$\pi_0^*\in G(s_0),\quad \pi_t^*(s^t)\in G(s_t),\text{对于所有 } t,s^t$$

证明 因为值函数 V 满足 Bellman 方程（7.2），所以只要证明

$$V(s_0) = u(s_0,\pi_0^*) + \beta\int V(s_1)P(s_0,\pi_0^*;\mathrm{d}s_1) \tag{7.8}$$

$$V(s_t) = u(s_t,\pi_t^*(s^t)) + \beta\int V(s_{t+1})P(s_t,\pi_t^*(s^t);\mathrm{d}s_{t+1}) \tag{7.9}$$

我们用前向归纳推导这些方程。

首先考虑式（7.8）。因为 π^* 是最优计划，所以

$$V(s_0)=J(s_0,\pi^*)\geqslant J(s_0,\pi),\quad \text{对于所有 } \pi\in\Pi(s_0) \tag{7.10}$$

根据引理 7.1.1，我们可以把上面的不等式重写为

$$\begin{aligned}&u(s_0,\pi_0^*) + \beta\int J(s_1,C(\pi^*,s_1))P(s_0,\pi_0^*;\mathrm{d}s_1)\\&\geqslant u(s_0,\pi_0) + \beta\int J(s_1,C(\pi,s_1))P(s_0,\pi_0;\mathrm{d}s_1),\ \text{对于所有 } \pi\in\Pi(s_0)\end{aligned} \tag{7.11}$$

接下来，从 G 中选择可测选择 g，并把计划 $\pi^g\in\Pi(s_0)$ 定义为

$$\pi_0^g=\pi_0^*$$

$$\pi_t^g(s^t)=g(s_t),\text{对于所有 } s^t\in\mathbb{S}^t, t=1,2,\cdots,T-1$$

因此，对于任何 $s_1\in\mathbb{S}$，连续计划 $C(\pi^g, s_1)$ 是从 s_1 开始由 G 生成的计划。在式（7.11）中用 π^g 代替 π 得出

$$\int J(s_1, C(\pi^*, s_1))P(s_0, \pi_0^*; \mathrm{d}s_1) \geqslant \int J(s_1, C(\pi^g, s_1))P(s_0, \pi_0^*; \mathrm{d}s_1) \tag{7.12}$$

由定理 7.1.2 可知，

$$V(s_1)=J(s_1, C(\pi^g, s_1))\geqslant J(s_1, \sigma), \quad \text{对于所有 } s_1\in\mathbb{S}, \sigma\in\Pi(s^1) \tag{7.13}$$

因为 $C(\pi^*, s_1)\in\Pi(s^1)$，所以

$$J(s_1, C(\pi^g, s_1))\geqslant J(s_1, C(\pi^*, s_1)), \quad \text{对于所有 } s_1\in\mathbb{S} \tag{7.14}$$

式（7.12）和式（7.14）两个不等式表明

$$J(s_1, C(\pi^g, s_1))=J(s_1, C(\pi^*, s_1)), \quad P(s_0, \pi_0^*; \cdot)\text{- a. s.}$$

于是，由式（7.13）可知

$$V(s_1)=J(s_1, C(\pi^*, s_1)), \quad P(s_0, \pi_0^*; \cdot)\text{- a. s.} \tag{7.15}$$

因此，由 π^* 的最优性可得

$$\begin{aligned} V(s_0) &= J(s_0, \pi^*) \\ &= u(s_0, \pi_0^*) + \beta\int J(s_1, C(\pi^*, s_1))P(s_0, \mathrm{d}s_1; \pi_0^*) \\ &= u(s_0, \pi_0^*) + \beta\int V(s_1)P(s_0, \mathrm{d}s_1; \pi_0^*) \end{aligned}$$

其中，第二行是根据引理 7.1.1 得到的。因为 V 满足 Bellman 方程（7.2），所以上面的等式表明 $\pi_0^*\in G(s_0)$。

我们可以采用类似的论证，用式（7.15）代替式（7.10）作为起点来证明式（7.9）对于 $t=1$ 是成立的，然后继续应用归纳法。

定理 7.1.1 到 7.1.3 构成无穷期动态规划的主要理论，并给出了无穷期的最优性原理。与有限期情形类似，应用这些定理的困难在于验证可测性。仅在无穷期情形下出现的一个困难是证明 Bellman 方程（7.2）中不动点问题解的存在性。在下一节，我们将在有界回报下加入某些连续假设来克服这两个困难。对于无穷期情形，第二个困难不存在一般解。我们将在第 7.3.2 节给出一些近期的结果。

7.2 有界回报

考虑基本元素为（$\mathbb{S},\mathcal{S}$）、（$\mathbb{A},\mathcal{A}$）、Γ、P、u 和 β 的 Markov 决策过程模型。我们的目标是研究 Bellman 方程（7.2）的解的存在性。我们集中讨论满足假设 6.4.1 和 6.4.2 的 Borel 情形。另外，我们引入如下假设：

假设 7.2.1 回报函数 $u:\mathbb{S}\times\mathbb{A}\rightarrow\mathbb{R}$ 是有界连续的。

假设 7.2.2 对应 $\Gamma:\mathbb{S}\rightarrow\mathbb{A}$ 是非空的、紧值的和连续的。

假设 7.2.3 随机核 P 满足如下性质：对于任何有限连续函数 $f:\mathbb{S}\rightarrow\mathbb{R}$，

$$\int f(s')P(s,a;\mathrm{d}s')$$

关于 (s,a) 是连续的。

这些假设允许我们利用强大的压缩映射定理去寻找某个算子或者映射的不动点。为了应用这个定理，我们需要引入 Banach 空间和压缩映射。我们考虑定义在 $\mathbb{S}$ 上的有上确界范数的有界连续函数集合。用 $C(\mathbb{S})$ 代表这个集合。上确界范数被定义为

$$\| f \| =\sup_{s\in\mathbb{X}}| f(s)|,\quad f\in C(\mathbb{S})$$

由 Stokey、Lucas 和 Prescott（1989）中的定理 3.1 可知，这个集合是 Banach 空间。

对于任何 $f\in C(\mathbb{S})$，定义 $C(\mathbb{S})$ 上的 **Bellman 算子**（Bellman operator）T 为

$$(Tf)(s) = \sup_{a\in\Gamma(s)} u(s,a) + \beta\int f(s')P(s,a;\mathrm{d}z') \tag{7.16}$$

那么，Bellman 方程（7.19）的解是满足 $V=TV$ 的 T 的不动点。

定理 7.2.1 （存在性）令（$\mathbb{S},\mathcal{S}$）、（$\mathbb{A},\mathcal{A}$）、Γ、P、u 和 β 满足假设 5.1.2、6.4.1、6.4.2 和假设 7.2.1 至 7.2.3。那么，存在 Bellman 方程（7.2）的唯一解 $V\in C(\mathbb{S})$，相应的政策对应 G 是非空的、紧值的和上半连续的。

证明 对于每个 $f\in C(\mathbb{S})$，式（7.16）中的问题是最大化紧集上的连续函数。因此，最大值达到了。因为 u 和 f 都是有界的，所以 Tf 是有界的。由最大值定理（见附录 C）可知，Tf 关于 (x,z) 是连续的。因此，$T:C(\mathbb{S})\rightarrow C(\mathbb{S})$。我们使用假设 5.1.2 来保证 **Blackwell 定理**（见附录 B）中的条件得以满足，以使得 T 是压缩映射。因为 $C(\mathbb{S})$ 是 Banach 空间，由压缩映射定理（见附录 B）可知，T 有唯一的不

动点 $V\in C(\mathbb{S})$。最后，我们应用最大值定理推出 G 的性质。

由这个定理和可测选择定理（见附录 D）可知，G 允许可测选择。然后，我们可以应用定理 7.1.2 推出 Bellman 方程的解 V 等于在 0 时刻 Markov 决策问题的值函数，对于这个问题，由 G 生成的任何计划都会给出一个最优 Markov 计划。

Bellman 算子 T 的压缩性质给出了求解值函数的全局收敛算法，而且，它让我们正式给出以下直觉性结论：无穷期问题的解是有限边界问题解的极限。

定理 7.2.2 （收敛性）假定 $(\mathbb{S},\mathcal{S})$、$(\mathbb{A},\mathcal{A})$、Γ、P、u 和 β 满足假设 5.1.2、6.4.1、6.4.2 和假设 7.2.1 至 7.2.3。令 V 为 Bellman 方程（7.2）的唯一解。令 V_0^N 为 N-边界 Markov 决策问题（5.5）的值函数：

$$V_0^N(s)=\sup_{\pi\in\Pi(s)}J_0^N(s;\pi),\text{对于任意 } s\in\mathbb{S}$$

其中，J_0^N 在式（5.3）中有定义，满足 $u_t=u$，$t=0,1,\cdots,N-1$ 和 $u_N=0$。那么，

$$\|T^n v_0-V\|\leqslant\beta^n\|v_0-V\|,n=1,2,\cdots \tag{7.17}$$

$$\lim_{N\to\infty}T^N v_0=\lim_{N\to\infty}V_0^N=V \tag{7.18}$$

对于任意 $v_0\in C(\mathbb{S})$。

证明 式（7.17）是根据压缩映射定理得到的。因此，对于任意 $v_0\in C(\mathbb{S})$，$\lim_{N\to\infty}T^N v_0=\lim_{N\to\infty}V_0^N$。由 T 的定义和定理 6.3.2，我们可以证明，对于 $t=0,1,\cdots,N-1$，$V_t^N=T^{N-t}0$，其中，0 是一个对于任意 $s\in\mathbb{S}$ 都等于 0 的函数。因此，

$$\lim_{N\to\infty}V_0^N=\lim_{N\to\infty}T^N 0=V$$

证毕。

这个收敛定理把有限期问题和无穷期问题联系起来了。根据记号，我们使用 V_t^N 代表一个 N 期问题在任意 t 时刻的值函数。在 t 时刻，决策者面临边界（$N-t$）。因此，$V_t^N=V_0^{N-t}$。在证明中，我们表明了 $v_n=T^n 0=V_{N-n}^N=V_0^n$，其中，$n$ 是边界或者要到达的时间。类似的记号也被用于政策函数。

7.3 最优控制

为了对值函数和最优政策函数进行更精确的刻画，我们来研究第 5.2.4 节给出

的无穷期最优控制问题。在此模型里，状态空间是$\mathbb{S}=\mathbb{X}\times\mathbb{Z}$。集合$\mathbb{X}$是内生状态变量所有可能值的集合，$\mathbb{Z}$是外生冲击可能值的集合。这个模型的基本元素是（$\mathbb{X},\mathcal{X}$）、（$\mathbb{A},\mathcal{A}$）、（$\mathbb{Z},\mathcal{Z}$）、$Q$、$\Gamma$、$\phi$、$u$ 和β。

控制问题由式（5.13）和式（5.14）给出。我们将研究相关的动态规划问题：

$$V(x,z)=\sup_{a\in\Gamma(x,z)} u(x,z,a)+\beta\int V(\phi(x,a,z,z'),z')Q(z,\mathrm{d}z') \tag{7.19}$$

定义在$C(\mathbb{S})$上的相应的 Bellman 算子 T 由

$$(Tf)(x,z)=\sup_{a\in\Gamma(x,z)} u(x,z,a)+\beta\int f(\phi(x,a,z,z'),z')Q(z,\mathrm{d}z') \tag{7.20}$$

来定义，对于任意 $f\in C(\mathbb{S})$。我们将广泛使用这个算子来研究 Bellman 方程解的存在性和解的性质。

□ 7.3.1 有界回报

对于有界回报，我们可以利用强大的压缩映射定理分析动态规划问题，像在第 7.2 节表明的那样。跟那一节一样，我们要求回报函数是连续的。给定$\mathbb{S}=\mathbb{X}\times\mathbb{Z}$，我们将用下述假设代替假设 7.2.1：

假设 7.3.1 回报函数 $u:\mathbb{X}\times\mathbb{Z}\times\mathbb{A}\to\mathbb{R}$ 是有界连续的。

利用引理 6.4.1 和定理 7.2.1，我们很快能得到下述定理：

定理 7.3.1 （存在性）令（$\mathbb{X},\mathcal{X}$）、（$\mathbb{A},\mathcal{A}$）、（$\mathbb{Z},\mathcal{Z}$）、Q、Γ、ϕ、u 和β 满足假设 5.1.2、6.4.1 至 6.4.5 和 7.3.1。那么，Bellman 方程（7.19）存在唯一解$V\in C(\mathbb{S})$，相应的政策对应 G 是非空的、紧值的和上半连续的。

现在，我们可以研究解 (V,G) 的性质。像有限期情形那样，我们集中关注单调性、凹性和可微性。首先，我们考察单调性。

假设 7.3.2 对于每个 $(z,a)\in\mathbb{Z}\times\mathbb{A}$，$u(\cdot,z,a):\mathbb{X}\to\mathbb{R}$ 是严格递增的。

定理 7.3.2 （单调性）令（$\mathbb{X},\mathcal{X}$）、（$\mathbb{A},\mathcal{A}$）、（$\mathbb{Z},\mathcal{Z}$）、Q、Γ、ϕ、β 和 u 满足假设 5.1.2、6.4.1 至 6.4.5、6.4.8、6.4.9、7.3.1 和 7.3.2。那么，Bellman 方程（7.19）的解 $V(\cdot,z):\mathbb{X}\to\mathbb{R}$ 对于每一个 $z\in\mathbb{Z}$是严格单调的。

证明 令 $C'(\mathbb{S})\subset C(\mathbb{S})$ 为定义在$\mathbb{S}=\mathbb{X}\times\mathbb{Z}$上关于 x 递增的有界连续函数的子集，令 $C''(\mathbb{S})$ 为关于 x 严格递增的函数的子集。因为 $C'(\mathbb{S})$ 是完备度量空间 $C(\mathbb{S})$ 的闭子空间，根据**闭子空间定理**（closed-subspace theorem，见附录 B)，只

要证明 T 把 $C'(\mathbb{S})$ 中的元素映射到 $C''(\mathbb{S})$ 即可。利用与定理 6.4.2 的证明类似的论证，我们可以实现这一点。

接下来，通过用下述假设替代假设 6.4.10，我们考察凹性。

假设 7.3.3 对于每个 $z\in\mathbb{Z}$，

$$u(\theta x+(1-\theta)x',z,\theta a+(1-\theta)a')\geqslant\theta u(x,z,a)+(1-\theta)u(x',z,a')$$

对于所有 (x,a)、$(x',a')\in\mathbb{X}\times\mathbb{A}$ 和所有 $\theta\in(0,1)$。如果 $x\neq x'$，那么该不等式就是严格不等式。

定理 7.3.3 （凹性）令 $(\mathbb{X},\mathcal{X})$、$(\mathbb{A},\mathcal{A})$、$(\mathbb{Z},\mathcal{Z})$、Q、Γ、ϕ、β 和 u 满足假设 5.1.2、6.4.1 至 6.4.5、6.4.8、6.4.9、6.4.12、7.3.1、7.3.2 和 7.3.3。令 V 为 Bellman 方程（7.19）的解，G 是相应的最优政策对应。那么，对于每个 $z\in\mathbb{Z}$，$V(\cdot,z):\mathbb{X}\to\mathbb{R}$ 是严格凹的，$G(\cdot,\cdot):\mathbb{X}\times\mathbb{Z}\to\mathbb{A}$ 是单值连续函数。

证明 令 $C'(\mathbb{S})\subset C(\mathbb{S})$ 为定义在$\mathbb{S}=\mathbb{X}\times\mathbb{Z}$上的关于 x 凹的有界连续函数的集合，令$C''(\mathbb{S})$ 是关于 x 严格凹的函数的子集。因为 $C'(\mathbb{S})$ 是完备度量空间 $C(\mathbb{S})$ 的闭子空间，根据闭子空间定理，只要证明 T 把 $C'(\mathbb{S})$ 中的元素映射到 $C''(\mathbb{S})$ 即可。应用与定理 6.4.3 的证明类似的方法可以实现这一点。

如果上述定理中的假设成立，我们就可以把最优政策函数写为 $g:\mathbb{X}\times\mathbb{Z}\to\mathbb{A}$。这个政策函数生成如下递归形式的最优计划 $(a_0,a_1,\cdots)$ 和最优系统动态 $(x_0,x_1,\cdots)$：

$$a_t(z^t)=g(x_t,z_t)$$
$$x_{t+1}(z^{t+1})=\phi(x_t,a_t,z_t,z_{t+1}),\quad (x_0,z_0)\text{给定}$$

其中，$z^t\in\mathbb{Z}^t$。

为了保证可微性，我们用下述假设代替假设 6.4.13 和 6.4.14：

假设 7.3.4 对于每一个 $z\in\mathbb{Z}$，$u(\cdot,z,\cdot)$ 在$\mathbb{X}\times\mathbb{A}$ 的内部都是连续可微的。

假设 7.3.5 系统转移函数 $\phi(x,a,z,z')=a$ 独立于 (x,z,z')。

假设 7.3.5 看起来很强。但是，在应用中它通常是满足的，因为我们可以通过变量代换使得 $x'=a$。给定这个假设，Bellman 方程（7.19）变为

$$V(x,z)=\sup_{x'\in\Gamma(x,z)}u(x,z,x')+\beta\int V(x',z')Q(z,\mathrm{d}z')\tag{7.21}$$

这是一个在 Stokey、Lucas 和 Prescott（1989）中被深入研究过的问题。我们称这类控制问题为 **Euler 类**（Euler class）。

定理 7.3.4 （可微性）令 $(\mathbb{X},\mathcal{X})$、$(\mathbb{A},\mathcal{A})$、$(\mathbb{Z},\mathcal{Z})$、Q、Γ、ϕ、β 和 u 满足假设 5.1.2、6.4.1 至 6.4.4、6.4.11 和 7.3.3 至 7.3.5。令 $V:\mathbb{X}\times\mathbb{Z}\to\mathbb{R}$ 为方程（7.21）的解，令 $g:\mathbb{X}\times\mathbb{Z}\to\mathbb{R}$ 为相应的最优政策函数。令 $x_0\in\text{int}(\mathbb{X})$，且对于某个 $z_0\in\mathbb{Z}$，$g(x_0,z_0)\in\text{int}(\Gamma(x_0,z_0))$。那么，$V(\cdot,z_0)$ 在 x_0 处是连续可微的，且

$$V_x(x_0,z_0)=u_x(x_0,z_0,g(x_0,z_0)) \tag{7.22}$$

证明 由定理 7.3.1 和 7.3.3 可知，V 和 g 的解存在，V 是严格凹的。令 $x_0\in\text{int}(\mathbb{X})$，$g(x_0,z_0)\in\text{int}(\Gamma(x_0,z_0))$。由假设 6.4.4，对于所有 $x\in D$，存在 x_0 的开邻域 D 使得 $g(x_0,z_0)\in\text{int}(\Gamma(x_0,z_0))$。我们用

$$W(x)=u(x,z_0,g(x_0,z_0))+\beta\int V(g(x_0,z_0),z')Q(z_0,\mathrm{d}z')$$

定义 $W:D\to\mathbb{R}$。那么，因为 $g(x_0,z_0)\in\text{int}(\Gamma(x_0,z_0))$，所以由式（7.21）可知：在 $x=x_0$ 处，$W(x)\leqslant V(x,z_0)$ 以等式成立。由假设 7.3.4 可知，W 是可微的。由 Benveniste-Scheinkman 定理，$V(\cdot,z_0)$ 在 x_0 处是可微的，

$$\frac{\partial V(x_0,z_0)}{\partial x}=\frac{\partial W(x_0)}{\partial x}$$

然后，我们得到式（7.22）。

最后，我们证明不仅有限期问题的值函数序列收敛于无穷期问题的值函数，政策函数序列也是这样。

定理 7.3.5 （收敛性）令 $(\mathbb{X},\mathcal{X})$、$(\mathbb{A},\mathcal{A})$、$(\mathbb{Z},\mathcal{Z})$、Q、Γ、ϕ、β 和 u 满足假设 5.1.2、6.4.1 至 6.4.5、6.4.8、6.4.9、6.4.12、7.3.1、7.3.2 和 7.3.3。令 V 为 Bellman 方程（7.19）的解，g 是相应的最优政策函数。令 $C'(\mathbb{S})\subset C(\mathbb{S})$ 为在 X 上凹的有界连续函数的集合。令 $v_0\in C'(\mathbb{S})$，定义 (v_n,g_n) 如下：

$$v_n=T^n v_0$$

$$g_n(x,z)=\arg\max_{a\in\Gamma(x,z)} u(x,z,a)+\beta\int v_n(\phi(x,a,z,z'),z')Q(z,\mathrm{d}z')$$

$n=1,2,\cdots$，那么，g_n 点点收敛于 g。如果 $\mathbb{X}$ 和 $\mathbb{Z}$ 是紧的，收敛就是一致的。

证明 证明过程与 Stokey、Lucas 和 Prescott（1989）中的定理 9.9 类似。我们这里省略了。

像定理 7.2.2 一样，我们可以把上述结果与有限期情形联系起来。我们有：

$T^n 0 = V_{N-n}^N = V_0^n$。直觉上说，对于终点回报为 $u_N = 0$ 的 N 期问题，$T^n 0$ 等于在 $N-n$ 时刻的值函数。它也等于终点回报为 $u_n = 0$ 的 n-边界问题的值函数，g_n 等于相应的政策函数。当边界或者剩余时间 $n \to \infty$ 时，n-边界政策函数序列（g_n）收敛于无穷期政策函数 g。

□ 7.3.2 无界回报

对于无界回报的 Markov 决策问题，不存在动态规划的一般理论。一个困难是：不存在一般的不动点定理保证 Bellman 方程解的存在性。压缩映射定理不能简单应用于无界连续函数的集合，因为这个集合上的上确界范数没有良好定义。我们可以用其他的不动点定理比如 Schauder 不动点定理或者 Tarski 不动点定理去找不动点。然而，不存在一般的定理保证唯一性和全局收敛性。另一个困难是：对于某些可行计划，横截性条件（7.4）经常得不到满足，因此定理 7.1.2 不适用。在这种情况下，推论 7.1.1 是有用的。Stokey、Lucas 和 Prescott（1989）给出了几个例子来说明这个结果。在第 8 章我们将给出更多例子。这里我们基于加权范数介绍一种方法。

将压缩映射定理应用到无界连续函数的一种自然而然的想法是限制到这些函数的一个子集。这个子集中的每个函数都被某个函数所限制，因此通过用这个函数加权，我们可以定义上确界范数。在这个上确界范数下，子集是一个完备度量空间。因此，如果可以在这个空间中构造压缩映射，我们就可以利用压缩映射定理。这个方法在数学文献中出现［例如 Wessels（1977）］，被 Boyd（1990）扩展至经济领域。最近，Durán（2000，2003）进一步扩展了这个方法。

为了正式提出它，令 $\varphi: \mathbb{S} \to \mathbb{R}_{++}$ 为连续函数。定义 $C_\varphi(S)$ 为对于所有满足 $\sup_{s\in\mathbb{S}} |f(s)/\varphi(s)| < \infty$［对于任意 $f \in C_\varphi(\mathbb{S})$］的连续函数的集合。我们称 φ 为**加权函数**（weight function），并用

$$\| f \|_\varphi = \sup_{s\in\mathbb{S}} \left| \frac{f(s)}{\varphi(s)} \right|, \quad f \in C_\varphi(\mathbb{S}) \tag{7.23}$$

定义**加权上确界范数**（weighted sup norm）。在本章习题 1 中，我们要求读者证明这是定义良好的范数，以及有此范数的 $C_\varphi(\mathbb{S})$ 是 Banach 空间。

现在我们需要验证在加权上确界范数下 Bellman 算子是一个压缩。下述与 Blackwell 定理类似的定理是有用的。

定理 7.3.6 令算子 $T: C_\varphi(\mathbb{S}) \to C_\varphi(\mathbb{S})$ 满足

(a) 单调性。$f\leqslant g$ 意味着 $Tf\leqslant Tg$。

(b) 贴现。$T(f+a\varphi)\leqslant Tf+\theta a\varphi$ 对于某个常数 $\theta\in(0,1)$ 和任意常数 $a>0$ 都成立。

(c) 一期加权有界。$T0\in C_{\varphi}(\mathbb{S})$。

那么，T 是模为 θ 的压缩映射，且在 $C_{\varphi}(\mathbb{S})$ 中有唯一的不动点。

证明 因为 $f,g\in C_{\varphi}(\mathbb{S})$，所以 $f\leqslant g+|f-g|\leqslant g+\|f-g\|_{\varphi}\varphi$。由条件 (a) 和 (b)，有

$$Tf\leqslant T(g+\|f-g\|_{\varphi}\varphi)\leqslant Tg+\theta\|f-g\|_{\varphi}\varphi$$

类似地，$Tg\leqslant Tf+\theta\|f-g\|_{\varphi}\varphi$。因此，

$$\|Tf-Tg\|_{\varphi}\leqslant\theta\|f-g\|_{\varphi}$$

T 是模为 θ 的压缩。对于任意 $f\in C_{\varphi}(\mathbb{S})$，取 $g=0$，得出

$$Tf\leqslant T0+\theta\|f\|_{\varphi}\varphi\leqslant\|T0\|_{\varphi}\varphi+\theta\|f\|_{\varphi}\varphi$$

因此，根据条件 (c)，$\|Tf\|_{\varphi}<\infty$。由压缩映射定理，T 在 $C_{\varphi}(\mathbb{S})$ 中有唯一的不动点。

条件 (a) 和 (b) 确保了 T 是压缩。条件 (c) 确保了 $\|Tf\|_{\varphi}<\infty$，从而 T 是自映射。这个结果通常被称为**加权压缩映射定理**（weighted contraction mapping theorem）。下面的例子解释了这个定理。

例 7.3.1 考虑确定性 AK 模型

$$\max_{(C_t,K_{t+1})_{t=0}^{\infty}}\sum_{t=0}^{\infty}\beta^t C_t^{\gamma},\quad \gamma\in(0,1)$$

满足

$$C_t+K_{t+1}=AK_t,\quad A>0,K_0>0\text{ 给定}$$

把这个问题的值函数定义为 $V(K)$。很明显，它是无界函数。注意，效用函数是 γ 次齐次的，约束集是线性齐次的。我们选择加权函数 $\varphi(K)=K^{\gamma}$，$K\geqslant 0$。[①] 对于任何 γ 次齐次的连续函数 $f:\mathbb{R}_+\to\mathbb{R}$，定义加权上确界范数，$\|f\|_{\varphi}=$

① 仅当 $K=0$ 时，此函数等于 0。但是，如果我们采用以下约定：对于 $K=0$，$K^{\gamma}/K^{\gamma}=1$，那么它仍然是定义良好的齐次函数的加权函数。

$\sup_{k\geqslant 0}|f(k)/k^{\gamma}|=|f(1)|<\infty$。令 $C_{\varphi}(\mathbb{R}_{+})$ 为所有这种函数的空间。在这个空间中定义 Bellman 算子

$$Tf(K)=\max_{y\in[0,AK]}(AK-y)^{\gamma}+\beta f(y),f\in C_{\varphi}(\mathbb{R}_{+})$$

现在我们验证在加权上确界范数 $\|\cdot\|_{\varphi}$ 之下 T 是一个压缩。首先，T 满足单调性。其次，我们推导

$$\begin{aligned}T(f+a\varphi)(K)&=\max_{y\in[0,AK]}(AK-y)^{\gamma}+\beta f(y)+\beta a y^{\gamma}\\&\leqslant\max_{y\in[0,AK]}(AK-y)^{\gamma}+\beta f(y)+\beta a(AK)^{\gamma}\\&=Tf(K)+\beta A^{\gamma}a\varphi(K)\end{aligned}$$

因此，如果 $\beta A^{\gamma}<1$，T 就满足贴现。最后，我们计算

$$T0(K)=\max_{C\in[0,AK]}C^{\gamma}=A^{\gamma}K^{\gamma}=A^{\gamma}\varphi(K)$$

因此，$T0\in C_{\varphi}(\mathbb{R}_{+})$。我们得出结论：如果 $\beta A^{\gamma}<1$，那么 T 是压缩映射，并在 $C_{\varphi}(\mathbb{R}_{+})$ 中有唯一的不动点。

Alvarez 和 Stokey（1998）考虑了具有类似齐次性质的一般动态规划问题。他们证明了加权压缩映射定理可以应用于具有正齐次性的一般情形。Durán（2000，2003）把加权范数方法推广至不具有齐次性的一般问题。他的思想不依赖于加权压缩映射定理，因为定理中的条件在应用时很难验证。他是通过在权重函数上加上一些条件，直接表明 Bellman 算子是一个压缩映射。

为了解释他的思想，我们考虑如下确定性模型：

$$\max_{(x_{t+1})}\sum_{t=0}^{\infty}\beta^{t}u(x_{t},x_{t+1}),\quad x_0\text{ 给定}\tag{7.24}$$

满足 $x_{t+1}\in\Gamma(x_t)$，$t=0,1,\cdots$。我们引入下述假设：

假设 7.3.6 函数 $u:\mathbb{X}\times\mathbb{X}\to\mathbb{R}$ 是连续的，其中，$\mathbb{X}\subset\mathbb{R}^{n_x}$。

假设 7.3.7 对应 $\Gamma:\mathbb{X}\to\mathbb{X}$是非空的、紧值的和连续的。

我们定义 Bellman 算子

$$Tf(x)=\sup_{y\in\Gamma(x)}u(x,y)+\beta f(y)\tag{7.25}$$

令 φ 为加权函数，并考虑带加权上确界范数 $\|\cdot\|_{\varphi}$ 的空间 $C_{\varphi}(\mathbb{X})$。我们的目标是给出使得 T 是压缩映射和这个空间上的自映射的条件，以使得唯一的不动点存在。

首先，在本章习题 2 中，我们要求读者证明

$$
\begin{aligned}
|Tf-Tg|(x) &\leqslant \beta \sup_{x' \in \Gamma(x)} |f(x')-g(x')| \\
&= \beta \sup_{x' \in \Gamma(x)} \frac{|f(x')-g(x')|}{\varphi(x')} \frac{\varphi(x')}{\varphi(x)} \varphi(x) \\
&\leqslant \beta \sup_{x' \in \Gamma(x)} \frac{\varphi(x')}{\varphi(x)} \| f-g \|_{\varphi} \varphi(x)
\end{aligned} \tag{7.26}
$$

因此，如果

$$
\beta \sup_{x' \in \Gamma(x)} \frac{\varphi(x')}{\varphi(x)} \leqslant \theta < 1, \quad \text{对于所有 } x \in \mathbb{X} \tag{7.27}
$$

那么，在加权上确界范数下 T 是模为 θ 的压缩映射。接下来，我们需要证明 T 把 $C_{\varphi}(\mathbb{X})$ 中的函数映射到它自己。关键的一步是验证：如果 $\| f \|_{\varphi} < \infty$，那么 $\| Tf \|_{\varphi} < \infty$。在式（7.26）中令 $g=0$ 得到

$$
Tf(x) \leqslant \theta \| f \|_{\varphi} \varphi(x) + T0(x) \leqslant \theta \| f \|_{\varphi} \varphi(x) + \| T0 \|_{\varphi} \varphi(x)
$$

于是，如果我们能证明

$$
\| T0 \|_{\varphi} < \infty \tag{7.28}
$$

那么

$$
\| Tf \|_{\varphi} \leqslant \theta \| f \|_{\varphi} + \| T0 \|_{\varphi} < \infty
$$

最后，我们需要验证连续性。这采用常规方法即可实现。总之，式（7.27）和式（7.28）是在范数 $\| \cdot \|_{\varphi}$ 的意义下将压缩映射定理应用于带范数的 T 的关键条件。这个结果可用于不具有齐次性的模型。下述例子解释了这个结果。

例 7.3.2 我们修改前面的例子，在其中加上非齐次性。令生产函数为 $F(x)=Ax+x^{\alpha}$，$A>1$，$\alpha \in (0,1)$。那么一期效用为 $u(x,y)=(Ax+x^{\alpha}-y)^{\gamma}$。取加权函数 $\varphi(x)=1+(Ax+x^{\alpha})^{\gamma}$。为了验证条件（7.27），我们计算

$$
\begin{aligned}
\beta \sup_{y \in [0, Ax+x^{\alpha}]} \frac{1+(Ay+y^{\alpha})^{\gamma}}{1+(Ax+x^{\alpha})^{\gamma}} &\leqslant \beta \frac{1+(Az+z^{\alpha})^{\gamma}}{1+z^{\gamma}} \\
&\leqslant \lim_{z \to \infty} \beta \frac{1+(Az+z^{\alpha})^{\gamma}}{1+z^{\gamma}} \\
&= \beta A^{\gamma}
\end{aligned}
$$

其中，$z=Ax+x^{\alpha} \geqslant 0$。我们假设 $\beta A^{\gamma}<1$。为了验证条件（7.28），我们计算

$$
T0(x) = \sup_{y \in [0, Ax+x^{\alpha}]} (Ax+x^{\alpha}-y)^{\gamma} < \varphi(x)
$$

可以直截了当地把上述方法推广至随机模型［参见 Durán（2003）］。像 Durán（2000）指出的那样，把这个方法应用于有上界但无下界回报函数的模型是不容易的。Alvarez 和 Stokey（1998）也指出了这一困难并给出了齐次函数的解。为了搞清楚这个问题，我们考虑例 7.3.1 中具有对数效用的 AK 模型：$u(x,y)=\ln(Ax-y)$。为了确保一期有界，我们可以令 $\varphi(x)=1+|\ln(Ax)|$。然而，条件（7.27）永远不可能得到满足。

处理无界回报的其他方法包括 Le Van 和 Morhaim（2002）的不基于压缩的方法，以及 Rincon-Zapatero 和 Rodriguez-Palmero（2003）与 Matkowski 和 Nowak（2011）的 k-局部压缩方法。

7.4 最大值定理和横截性条件

考虑上一节研究的最优控制问题。为了简化，我们假设$\mathbb{X}\subset\mathbb{R}_+$和$\mathbb{A}\subset\mathbb{R}$是凸集。为了给出无穷期最大值定理，我们把 Lagrange 函数写为

$$L=E\sum_{t=0}^{\infty}[\beta^t u(x_t,z_t,a_t)-\beta^{t+1}\mu_{t+1}(x_{t+1}-\phi(x_t,a_t,z_t,z_{t+1}))] \tag{7.29}$$

其中，$\beta^{t+1}\mu_{t+1}$ 是与式（5.14）相关的贴现 Lagrange 乘子。[①] 在假设 7.3.4 和 6.4.14 下，我们可以推导内点解的一阶条件：

$$a_t: u_a(x_t,z_t,a_t)+\beta E_t\mu_{t+1}\phi_a(x_t,a_t,z_t,z_{t+1})=0,\quad t\geqslant 0$$

$$x_t: \mu_t=u_x(x_t,z_t,a_t)+\beta E_t\mu_{t+1}\phi_x(x_t,a_t,z_t,z_{t+1}),\quad t\geqslant 1$$

把 Hamilton 函数定义为

$$H(x_t,a_t,z_t,\mu_{t+1})=u(x_t,z_t,a_t)+\beta E_t\mu_{t+1}\phi(x_t,a_t,z_t,z_{t+1})$$

把前面的一阶条件写为

$$\frac{\partial H(x_t,a_t,z_t,\mu_{t+1})}{\partial a}=0,\quad t\geqslant 0 \tag{7.30}$$

$$\frac{\partial H(x_t,a_t,z_t,\mu_{t+1})}{\partial x}=\mu_t,\quad t\geqslant 1 \tag{7.31}$$

① 像在第 6.5 节讨论的那样，如果状态转移方程是 $x_{t+1}=\phi(x_t,a_t,z_t)$，那么我们将用 $\beta^t\lambda_t$ 代替 $\beta^{t+1}\mu_{t+1}$。

为了研究与动态规划的联系，我们考虑 Bellman 方程（7.19）。给定合意的可微假设，我们推导 a 的一阶条件：

$$0=u_a(x,z,a)+\beta\int V_x(\phi(x,a,z,z'),z')\phi_a(x,a,z,z')Q(z,\mathrm{d}z')$$

包络定理由下式给出：

$$V_x(x,z)=u_x(x,z,a)+\beta\int V_x(\phi(x,a,z,z'),z')\phi_x(x,a,z,z')Q(z,\mathrm{d}z')$$

在设 $\mu_t=V_x(x_t,z_t)$ 之后，我们可以看到上面给出的两个条件等价于式（7.30）和式（7.31）。Lagrange 乘子 μ_t 被解释为状态变量的影子价格。像有限期情形那样，最大值原理的美在于：研究目标是 Lagrange 函数而不是值函数。像前一节研究的那样，分析值函数的存在性和性质不容易，特别是对于无界回报函数来讲。相比之下，无界回报函数在运用最大值原理方面不存在任何困难。①

接下来，我们回到一阶条件。假设我们可以用式（7.30）把 a_t 解成 x_t、z_t 和 μ_{t+1} 的函数。然后，我们把解代入方程（7.31）和状态转移方程（5.14）得到两个关于 $(x_{t+1},\mu_{t+1})_{t=0}^{\infty}$ 的非线性差分方程系统。我们需要两个边界条件来得到解。第一个边界条件是 x_0 的初始值。与第 6.5 节分析的有 μ_T 的终点条件的有限期情形不同，无穷期情形没有定义良好的终点条件。相反，第二个边界条件采用**横截性条件**的形式：

$$\lim_{T\to\infty}E[\beta^T\mu_T x_T]=0 \tag{7.32}$$

解释为：状态变量的贴现影子价格在无穷远处为零。直观地看，这个条件防止了资本过度积累。它不应当与**非 Ponzi 对策条件**（no-Ponzi-game condition）（在文献中也被称为横截性条件）混淆。我们在第 8.3 节将表明：非 Ponzi 对策条件防止了债务过度积累。它是可行计划选择集的限制条件。但是，对于给定的选择集，横截性条件（7.32）是最优性条件。在第 8.3 节，我们将表明：给定一阶条件，这两个条件是紧密相关的。

现在我们给出一维情形的充分性结果。

定理 7.4.1 （最大值原理的必要条件和横截性条件的充分性）令 $\mathbb{X}\subset\mathbb{R}_+$ 和 $\mathbb{A}\subset\mathbb{R}$ 是凸集。假定假设 5.1.2、6.4.3、6.4.12、6.4.14、7.3.3 和 7.3.4 成立。令

① 关于最大值原理在经济学中的广泛应用，参见 Chow（1997）。

$(x_{t+1}^*, a_t^*, \mu_{t+1}^*)_{t=0}^{\infty}$ 满足（5.14）、（7.30）、（7.31）和（7.32）。假定 $a_t^*(z^t) \in \operatorname{int}(\Gamma(x_t^*(z^t), z^t))$，$x_t^* \in \operatorname{int}\mathbb{X}$，且对于 $t \geqslant 0$，$\mu_{t+1}^* \geqslant 0$。那么，(a_t^*) 是一个最优计划。

证明 我们定义

$$D_T \equiv E\sum_{t=0}^{T}\beta^t u_t(x_t^*, z_t, a_t^*) - E\sum_{t=0}^{T}\beta^t u_t(x_t, z_t, a_t)$$

对于任何可行计划 $(a_t)_{t=0}^{\infty}$ 和满足式（5.14）的相应状态过程 $(x_t)_{t=1}^{\infty}$。因为 $(x_{t+1}, a_t)_{t=0}^{\infty}$ 和 $(x_{t+1}^*, a_t^*)_{t=0}^{\infty}$ 满足状态转移方程，所以我们把上面的方程重新写为

$$\begin{aligned} D_T = {} & E\sum_{t=0}^{T}\left[\beta^t u_t(x_t^*, z_t, a_t^*) - \beta^{t+1}\mu_{t+1}^*(x_{t+1}^* - \phi(x_t^*, a_t^*, z_t, z_{t+1}))\right] \\ & - E\sum_{t=0}^{T}\left[\beta^t u_t(x_t, z_t, a_t) - \beta^{t+1}\mu_{t+1}^*(x_{t+1} - \phi(x_t, a_t, z_t, z_{t+1}))\right] \end{aligned}$$

由假设，我们有

$$\begin{aligned} D_T = {} & E\sum_{t=0}^{T}\beta^t H_t(x_t^*, a_t^*, z_t, \mu_{t+1}^*) - E\sum_{t=0}^{T}\beta^t H_t(x_t, a_t, z_t, \mu_{t+1}) \\ & - E\sum_{t=0}^{T}\beta^{t+1}\mu_{t+1}^*(x_{t+1}^* - x_{t+1}) \\ \geqslant {} & E\sum_{t=0}^{T}\beta^t \frac{\partial H_t(x_t^*, a_t^*, z_t, \mu_{t+1}^*)}{\partial x}(x_t^* - x_t) \\ & + E\sum_{t=0}^{T}\beta^t \frac{\partial H_t(x_t^*, a_t^*, z_t, \mu_{t+1}^*)}{\partial a}(a_t^* - a_t) \\ & - E\sum_{t=0}^{T}\beta^{t+1}\mu_{t+1}^*(x_{t+1}^* - x_{t+1}) \end{aligned}$$

重新安排各项，并利用式（7.30）、式（7.31）和 $x_0^* = x_0$，我们有

$$D_T \geqslant -E\beta^{T+1}\mu_{T+1}^*(x_{T+1}^* - x_{T+1})$$

因为 $\mu_{T+1}^* \geqslant 0$，$x_{T+1} > 0$，我们推出

$$D_T \geqslant -E\beta^{T+1}\mu_{T+1}^* x_{T+1}^*$$

当 $T \to \infty$ 时取极限并利用横截性条件（7.32），我们就得到了想要的结果。

注意，如果 ϕ 关于 (x, a) 是线性的，假设 $\mu_{t+1}^* \geqslant 0$ 就是不必要的。假设 $\mathbb{X} \subset \mathbb{R}_+$ 在许多经济问题中通常都成立。例如，作为状态变量，资本存量总是非负的。在许多问题中，我们可以做适当的变量代换来把状态变量变成非负的。例如，在第

6.6.2 节分析的消费-储蓄模型中，我们可以要么选择修正的资本存量 $\hat{a}_t = a_t + b \geqslant 0$ 作为状态变量，要么选择手中现金 $x_t \geqslant 0$ 作为状态变量。

证明横截性条件的必要性十分困难。在下一节，我们就一类特殊的控制问题——Euler 类——对此进行分析。

7.5 Euler 方程和横截性条件

在本节，我们考虑在第 7.3 节分析的随机最优控制问题的 Euler 类：

$$\max_{(x_{t+1})_{t=0}^{\infty}} J(x_0, z_0, (x_{t+1})_{t=0}^{\infty}) \equiv E\left[\sum_{t=0}^{\infty} \beta^t u(x_t, z_t, x_{t+1})\right] \tag{7.33}$$

满足 $x_{t+1}(z^t) \in \Gamma(x_t(z^{t-1}), z_t)$，对于所有 $z^t \in \mathbb{Z}^t$，$t = 0, 1, \cdots$ 和 (x_0, z_0) 给定。在适当的可微假设下，我们可以推导式（7.33）的一阶必要条件。

我们可以用两种方法推导这些条件。首先，我们可以用动态规划方法。考虑相关的动态规划问题（7.21）。在适当的可微假设下，我们可以推导内点解的一阶条件：

$$u_a(x, z, g(x, z)) + \beta \int V_x(g(x, z), z') Q(z, \mathrm{d}z') = 0$$

其中，$x' = g(x, z)$ 是最优政策函数。与包络条件（7.22）一起得到 Euler 方程：

$$0 = u_a(x, z, g(x, z)) + \beta \int u_x[g(x, z), z', g(g(x, z))] Q(z, \mathrm{d}z')$$

这是最优政策函数 g 的泛函方程。如果取 $x_t^* = x$、$z_t = z$ 和 $x_{t+1}^* = g(x_t^*, z_t)$，那么我们可以得到序列形式的 Euler 方程：

$$u_a(x_t^*, z_t, x_{t+1}^*) + \beta E_t u_x(x_{t+1}^*, z_{t+1}, x_{t+2}^*) = 0, \quad t \geqslant 0 \tag{7.34}$$

其中，E_t 是给定 t 时刻信息的条件期望算子。两种形式的 Euler 方程对于以后研究的数值分析都是有用的。

推导 Euler 方程的另一种方式需要注意：如果计划 $(x_{t+1}^*)_{t=0}^{\infty}$ 是最优的，那么 x_{t+1}^* 就是下述问题的解：

$$\max_y u(x_t^*, z_t, y) + \beta E_t u(y, z_{t+1}, x_{t+2}^*)$$

满足

$$y\in\Gamma(x_t^*,z_t),\quad x_{t+2}^*\in\Gamma(y,z_{t+1})$$

其思想是：x_{t+1}^*的微小变化不应该提高总期望回报值。这一思想为用于解决最优控制问题的古典**变分法**（variational approach）奠定了基础。它也跟上一节研究的最大值原理有关。

与有限期情形不同，我们不能简单使用逆向归纳法求解 Euler 方程，因为我们没有明确的终点条件。相反，无穷期问题的终点条件通常采取所谓的横截性条件的形式：

$$\lim_{T\to\infty}E[\beta^T u_a(x_T^*,z_T,x_{T+1}^*)\cdot x_{T+1}^*]=0 \tag{7.35}$$

为了理解这个条件背后的直觉，我们用有限期社会计划者问题作为开始：

$$\sup_{(c_t)_{t=0}^T}E\left[\sum_{t=0}^T\beta^t u(c_t)\right]$$

满足

$$x_{t+1}=z_tF(x_t)-c_t,\quad t=0,1,\cdots,T,\quad (x_0,z_0)\text{给定}$$

其中，$x_t\geqslant 0$ 代表资本存量。在最后一期，计划者求解以下问题：

$$\max E[\beta^T u(z_TF(x_T)-x_{T+1})]$$

很明显，一定存在一个限制资本存量 x_{T+1}的终点条件。否则，如果 $u'<(>)0$，那么计划者将使 x_{T+1}尽可能地大（小）。给定假设 $u'\geqslant 0$ 和 $x_{T+1}\geqslant 0$，我们得到下述关于 x_{T+1}的一阶条件：

$$E[\beta^T u'(c_T^*)]\geqslant 0,\quad \text{如果 } x_{T+1}^*=0,\text{则不等式成立}$$

我们把它重新写为

$$E[\beta^T u'(c_T^*)\cdot x_{T+1}^*]=0 \tag{7.36}$$

这是有限期情形的横截性条件。其经济含义是：终点状态（例如，资本或者财富）的期望贴现回报的影子价值一定为零。注意，在式（7.36）中我们使用内积记号是为了下面考虑多维情形。

在无穷期情形下，我们可以取式（7.36）的极限得到式（7.35）。利用 Euler 方程（7.34），我们把式（7.35）重新写为

$$\lim_{T\to\infty} E[\beta^T u_x(x_T^*, z_T, x_{T+1}^*)\cdot x_T^*]=0 \tag{7.37}$$

这种形式在有限期情形或者连续时间情形下没有对应表达。注意，根据上一节的分析和 Euler 类的包络条件，我们推出：$\mu_T = V_x(x_T^*, z_T) = u_x(x_T^*, z_T, x_{T+1}^*)$。可见，式（7.37）是式（7.32）的特例。

研究者过去常认为，很难证明横截性条件的必要性（参见 Weitzman，1973；Ekeland and Scheinkman，1986）。Kamihigashi（2000）极大地简化了证明。我们现在考虑他的一个结果。

定理 7.5.1 （横截性条件的必要性）令$\mathbb{X}\subset\mathbb{R}^{n_x}$为包含原点的凸集。令 $0\in\Gamma(0,z)$（对于任何 $z\in\mathbb{Z}$）。假定假设 6.4.3、6.4.11 和 7.3.2 至 7.3.4 成立。令 $(x_{t+1}^*)_{t=0}^{\infty}$为给出有限贴现期望回报$J(x_0, z_0, (x_{t+1}^*))$的内点最优计划。假定$J(x_0, z_0, (\xi x_{t+1}^*))$对于某个 $\xi\in[0,1)$ 也是有限的。那么，$(x_{t+1}^*)_{t=0}^{\infty}$满足 Euler 方程（7.34）和横截性条件（7.35）。

证明 我们已经给出了证明 Euler 方程必要性的思路。我们集中讨论横截性条件。关键是利用下述结果：令 $f:[0,1]\to\mathbb{R}\subset\{-\infty\}$ 是满足 $f(1)>-\infty$的凹函数。那么，对于任意 $\gamma\in[0,1)$ 和$\lambda\in[\gamma,1)$，均有

$$\frac{f(1)-f(\lambda)}{1-\lambda}\leqslant\frac{f(1)-f(\gamma)}{1-\gamma} \tag{7.38}$$

为了证明它，我们取 $\alpha=(1-\lambda)/(1-\gamma)\in(0,1]$。由 f 的凹性可知，$f(\lambda)\geqslant\alpha f(\gamma)+(1-\alpha)f(1)$。然后，我们就得到了上述不等式。

现在固定任意整数 $T\geqslant 0$。由$\mathbb{X}$和 Γ 的凹性假设，对于任意 $z\in\mathbb{Z}$，$0\in P(0,z)$ 的假设，均有：对于某个 $\lambda\in[\xi,1)$，$\{x_0, x_1^*, \cdots, x_T^*, \lambda x_{T+1}^*, \lambda x_{T+2}^*, \cdots\}$ 是可行计划的假设。由最优性可知，

$$0\geqslant E\Big\{\beta^T u(x_T^*, z_T, \lambda x_{T+1}^*)-\beta^T u(x_T^*, z_T, x_{T+1}^*)$$
$$+\sum_{t=T+1}^{\infty}[\beta^t u(\lambda x_t^*, z_t, \lambda x_{t+1}^*)-\beta^t u(x_t^*, z_t, x_{t+1}^*)]\Big\}$$

由假设 7.3.3 可知：$u(\lambda x_t^*, z_t, \lambda x_{t+1}^*)$ 是 λ 的凹函数。利用式（7.38）和 $\gamma=\xi$ 可以推出

$$E\beta^T\frac{u(x_T^*, z_T, \lambda x_{T+1}^*)-u(x_T^*, z_T, x_{T+1}^*)}{1-\lambda}$$

$$\leqslant E\sum_{t=T+1}^{\infty}\beta^t\frac{u(x_t^*,z_t,x_{t+1}^*)-u(\lambda x_t^*,z_t,\lambda x_{t+1}^*)}{1-\lambda}$$

$$\leqslant E\sum_{t=T+1}^{\infty}\beta^t\frac{u(x_t^*,z_t,x_{t+1}^*)-u(\xi x_t^*,z_t,\xi x_{t+1}^*)}{1-\xi}$$

因为 (x_{t+1}^*) 是内点解，取 $\lambda\to 1$ 得到

$$0\leqslant -E\beta^T u_a(x_T^*,z_T,x_{T+1}^*)\cdot x_{T+1}^*$$

$$\leqslant E\sum_{t=T+1}^{\infty}\beta^t\frac{u(x_t^*,z_t,x_{t+1}^*)-u(\xi x_t^*,z_t,\xi x_{t+1}^*)}{1-\xi}$$

其中，第一个不等式是根据假设 7.3.2、7.3.4 和 Euler 方程得到的。由 $J(x_0,z_0,(\xi x_{t+1}^*))$ 和 $J(x_0,z_0,(x_{t+1}^*))$ 都是有限的这一假设可知，上面等式的最后一项当 $T\to\infty$ 时收敛至零。令 $T\to\infty$，得到横截性条件（7.37）。

证明思路很简单。如果在任何时期按比例降低一点连续值，而且如果这样做导致了一个使最优总贴现期望回报减少了有限数量的可行计划，那么横截性条件就是必要的。对于具有齐次性或者具有有界回报函数的模型，这个条件容易验证。从证明过程我们可以看出：有些假设可以放松。例如，我们可以放松假设 6.4.3，允许冲击 (z_t) 的一般随机过程 。

注意，如果我们可以将前面的论证应用到状态向量的每一部分，那么横截性条件（7.35）就被应用于状态向量的所有部分。因此，我们得到 n_x 个方程作为终点边界条件。Euler 方程给出了包含 n_x 个二阶差分方程的系统。给定 n_x 个初始条件和 n_x 个终点横截性条件，我们可以求解这个系统。我们称这种方法为 Euler 方程法。

现在我们来看充分性部分。证明过程与定理 7.4.1 类似。

定理 7.5.2 （Euler 方程和横截性条件的充分性）令 $\mathbb{X}\subset\mathbb{R}_+^{n_x}$ 为凸集，假定假设 6.4.3 和假设 7.3.2 至 7.3.4 成立。如果具有性质 $x_{t+1}^*(z^t)\in\mathrm{int}(\Gamma(x_t^*(z^{t-1}),z_t))$（对于任何 $z^t\in\mathbb{Z}^t$）的计划 $(x_{t+1}^*)_{t=0}^{\infty}$ 满足 Euler 方程（7.34）和横截性条件（7.35），那么对于问题（7.33）它就是最优的。

证明 考虑任意可行计划 $(x_t)\in\Pi(x_0,z_0)$ 和任意整数 $T\geqslant 0$。我们计算

$$D_T\equiv E\sum_{t=0}^{T}\beta^t[u(x_t^*,z_t,x_{t+1}^*)-u(x_t,z_t,x_{t+1})]$$

$$\geqslant E\sum_{t=0}^{T}\beta^t[u_x(x_t^*,z_t,x_{t+1}^*)\cdot(x_t^*-x_t)+u_a(x_t^*,z_t,x_{t+1}^*)\cdot(x_{t+1}^*-x_{t+1})]$$

$$=E\sum_{t=0}^{T-1}\beta^t[u_a(x_t^*,z_t,x_{t+1}^*)+\beta u_x(x_{t+1}^*,z_{t+1},x_{t+2}^*)]\cdot(x_{t+1}^*-x_{t+1})$$

$$+E\beta^T u_a(x_T^*, z_T, x_{T+1}^*)\cdot(x_{T+1}^* - x_{T+1})$$

其中，不等式是根据假设 7.3.3 得到的，最后一个等式是根据 $x_0^*=x_0$ 得到的。利用 Euler 方程（7.34），我们推出最后一个等式右侧的第一个期望为零。由假设 7.3.2 和 Euler 方程，我们推出 $u_a<0$。根据 $x_{T+1}\geqslant 0$，我们有

$$D_T\geqslant E\beta^T u_a(x_T^*, z_T, x_{T+1}^*)\cdot x_{T+1}^*$$

对 $T\to\infty$ 取极限得到

$$\lim_{T\to\infty} E\sum_{t=0}^{T}\beta^t[u(x_t^*, z_t, x_{t+1}^*) - u(x_t, z_t, x_{t+1})]\geqslant 0$$

因此，$J(x_0, z_0, (x_{t+1}^*))\geqslant J(x_0, z_0, (x_{t+1}))$，证毕。

我们考虑利用一个例子来解释上面的定理。

例 7.5.1 （Phelps，1962；Levhari and Srinivasan，1969）我们有下述消费-储蓄问题：

$$\max_{(c_t)} E\sum_{t=0}^{\infty}\beta^t\frac{c_t^{1-\gamma}}{1-\gamma},\quad \gamma>0 \text{ 且 } \gamma\neq 1$$

满足

$$x_{t+1}=R_{t+1}(x_t-c_t),\quad x_{t+1}\geqslant 0, x_0>0 \text{ 给定}$$

其中，$R_{t+1}>0$ 是从某个分布中独立抽取的。没有劳动收入。我们把 $\gamma=1$ 解释为对数效用。我们可以推出 Euler 方程和横截性条件：

$$c_t^{-\gamma}=\beta E[R_{t+1}c_{t+1}^{-\gamma}]$$

$$\lim_{t\to\infty} E[\beta^t c_t^{-\gamma} x_t]=0$$

假定消费决策由 $c_t=Ax_t$ 给出，其中，$A\in(0,1)$ 是待定常数。把这个猜测代入 Euler 方程，利用预算约束，我们得到

$$A^{-\gamma}x_t^{-\gamma}=\beta E[R_{t+1}A^{-\gamma}R_{t+1}^{-\gamma}(x_t-Ax_t)^{-\gamma}]$$

求解得到

$$A=1-(\beta E[R_{t+1}^{1-\gamma}])^{1/\gamma} \tag{7.39}$$

对于对数效用（$\gamma=1$），我们得到 $A=1-\beta$。通常，对于 $A\in(0,1)$，我们需要假设

$$0<(\beta E[R_{t+1}^{1-\gamma}])^{1/\gamma}<1$$

现在，通过验证横截性条件，我们来证明消费决策是最优的。利用预算约束和政策函数，我们推出

$$E[\beta^t c_t^{-\gamma} x_t]=E[\beta^t A^{-\gamma} x_t^{1-\gamma}]=E[\beta^t A^{-\gamma} R_t^{1-\gamma}(1-A)^{1-\gamma} x_{t-1}^{1-\gamma}]$$
$$=\cdots=\beta^t A^{-\gamma}(1-A)^{t(1-\gamma)} x_0^{1-\gamma} E[\Pi_{s=1}^t R_s^{1-\gamma}]$$

因为 R_t 是 IID 的，根据式（7.39）可知：横截性条件对于 $A\in(0,1)$ 是满足的。

7.6 习题

1. 证明当被赋予（7.23）定义的加权上确界范数时函数 $C_\varphi(\mathbb{X})$ 是完备度量空间。

2. 令 T 为式（7.25）定义的 Bellman 算子。证明

$$|Tf-Tg|(x)\leqslant\beta\sup_{x'\in\Gamma(x)}|f(x')-g(x')|$$

对于定义在$\mathbb{X}$上的任何连续函数 f、g 都成立。

3. 替换例 7.3.1 中的生产函数，使得约束对应是 $\Gamma(K)=[0,AK+K^\alpha]$，$A>1$，$\alpha\in(0,1)$。利用加权范数方法分析 Bellman 方程解的存在性。

4. 考虑确定性的 Ramsey 增长模型

$$\max\sum_{t=0}^{\infty}\beta^t u(C_t)$$

满足

$$C_t+K_{t+1}=f(K_t),\quad K_0 \text{ 给定}$$

假定 f 是连续的和严格递增的。另外，假定 $f(0)=0$，假定存在某个 x_m 使得：$x\leqslant f(x)\leqslant x_m$ 对于所有 $0\leqslant x\leqslant x_m$ 成立；$f(x)<x$ 对于所有 $x>x_m$ 成立。证明我们可以把状态空间限制在$\mathbb{X}=[0,x_m]$。这道习题表明，即使回报函数是无界的，我们也可以选择适当的紧状态空间来把问题转化成具有有界回报的问题。

5. 考虑随机增长模型

$$\max E\left[\sum_{t=0}^{\infty}\beta^t \ln(C_t)\right]$$

满足

$$C_t+K_{t+1}=z_t K_t^{\alpha}, \quad K_0 \text{ 给定}$$

其中，z_t 满足转移函数为 Q 的 Markov 过程。使用 Euler 方程法或者值函数方法推导最优消费和投资政策。验证它们是最优的。

6. 利用值函数方法推导例 7.5.1 的最优消费决策和值函数，并验证解是最优的。

7. （Schechtman and Escudero，1977）在第 6 章的习题 9 中，令 $T\to\infty$。求解极限消费和储蓄政策。证明极限政策对于无穷期情形是最优的，并推导值函数。

8. （Phelps，1962）考虑第 6 章的习题 7 中的模型。令效用函数为 $u(c)=c^{1-\gamma}/(1-\gamma)$。求解有限期情形的消费政策。然后，令时间边界趋于无穷，推导无穷期情形下的消费政策。证明极限政策是最优的。

9. 求解例 7.5.1 中的值函数。把值函数与横截性条件（7.4）及横截性条件（7.35）联系起来。

第 8 章 应　用

本章目标

在本章，我们研究六个经济学问题，以阐释如何应用此前介绍的理论。我们集中讨论随机模型。对于某些问题，我们也考虑它们的确定性情形。

8.1 期权执行

考虑第 5.2.2 节给出的期权执行问题，它们属于最优停止问题。为了简便，假设一揽子投资支付是从 $[0,B]$ 上的同一分布 F 中独立抽取的，其中，$B>I$。我们把 Bellman 方程写为

$$V(z)=\max\left\{\beta\int V(z')\mathrm{d}F(z'),z-I\right\}$$

最大化决策是在下面两个选择中做出：（1）投资并获得利润 $z-I$；（2）等待，在下

一期从分布 F 中抽取新支付。函数 V 代表期权价值。根据第 7.3.1 节介绍的动态规划理论，我们可以立即表明：Bellman 方程存在唯一解 V。而且，它是递增的和凸的（见图 8.1）。

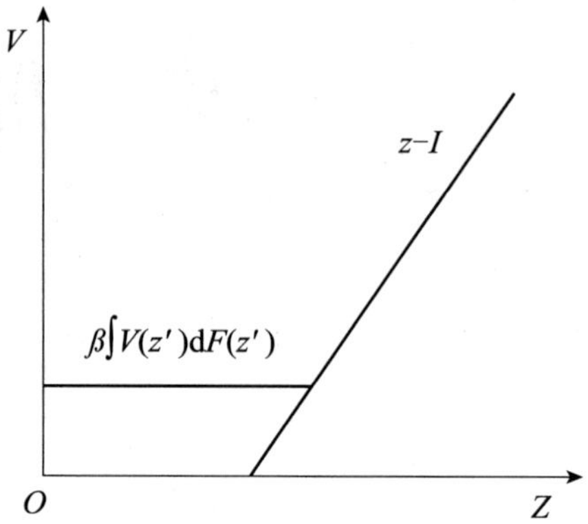

图 8.1　期权价值

说明：对于不可逆项目的投资问题，图中所画的为值函数 $V(z)$。

这个图表明：存在唯一的阈值 z^*，使得在项目支付首次超过 z^* 的时候，决策者选择投资。值函数 V 满足

$$V(z)=\begin{cases} z-I, & z>z^* \\ \beta\int_0^B V(z')dF(z'), & z\leqslant z^* \end{cases}$$

在 z^* 处，我们有

$$\begin{aligned} V(z^*) &= \int_0^B V(z')dF(z') = z^*-I \\ &= \beta\int_0^{z^*}(z^*-I)dF(z')+\beta\int_{z^*}^B(z'-I)dF(z') \\ &= \beta\int_0^B(z^*-I)dF(z')+\beta\int_{z^*}^B(z'-z^*)dF(z') \end{aligned}$$

因此，阈值由方程

$$z^*-I=\frac{\beta}{1-\beta}\int_{z^*}^B(z'-z^*)dF(z')$$

决定。对于这个问题，我们可以确定：在 $(0,B)$ 上存在唯一解。从这个方程我们发现，$z^*>I$。根据在资本预算中使用的净现值规则，投资阈值等于 I。在不可逆的情况下，因为存在等待的期权价值，决策者会放弃某些具有正净现值的项目。

我们可以直接推导项目被投资前的等待时间的概率分布。令 $\lambda = F(z^*)$ 为项目未被投资的概率。令 N 为代表"项目被投资前的等待时间"的随机变量。那么，我们可以计算 $\Pr(N=j)=(1-\lambda)\lambda^j$。我们也可以计算出项目被投资前的平均等待时间为 $E[N]=1/(1-\lambda)$。平均等待时间随着阈值 z^* 的增加而增加。因此，z^* 完全刻画了投资时机。

如果投资项目风险变得更大，那么将会发生什么？我们使用二阶随机占优来刻画具有相同均值的两个分布的风险。如果任何递增的凹函数 u 满足

$$\int x\mathrm{d}F_1(x)=\int x\mathrm{d}F_2(x) \text{ 且 } \int u(x)\mathrm{d}F_1(x)\leqslant\int u(x)\mathrm{d}F_2(x)$$

那么我们称在二阶随机占优的意义下分布 F_1 比分布 F_2 的风险更大。另一个等价定义使用了保均值扩展。关于对此的详细讨论，可以参考 Rothschild 和 Stiglitz（1970），Green、Mas-Colell 和 Whinston（1995）。

现在假设存在两个生成相同平均支付的项目。假设项目 2 比项目 1 的风险更大。那么，由于值函数的凸性，我们可以很容易地得出：决策者偏好风险更大的项目 2 而不是风险更小的项目 1。这个看似反直觉的结果源于决策者仅从分布尾部接受支付的事实。对于不好的支付实现值，他不执行投资期权。这个结果体现了 Jensen 和 Meckling（1976）发现的资产替代（风险轮换）问题的关键思想。Jensen 和 Meckling（1976）指出，股票持有者和具有有限责任的管理者有激励以债务持有者的损失为代价进行过度风险投资。

我们可以利用投资时机复述前面的结果：用二阶随机占优表示的风险增加引发决策者拖延投资。在第 20 章，我们将表明：风险和不确定性之间有区别，而且这种区别与投资时机的分析有关（也可参见 Miao and Wang，2011）。

我们应当注意，McCall（1970）的找工作模型与投资问题类似（参见第 5 章习题 1）。在每一期，工人从相同的分布 F 中抽取工资支付 w。他可以拒绝这份工作并接受失业补偿 c。然后，等到下一期再从 F 中抽取另一笔支付。或者，工人接受这份工作，在 w 的工资水平下工作，以后每一期都获得 w。工人问题的 Bellman 方程为

$$V(w)=\max\left\{c+\beta\int V(w')\mathrm{d}F(\omega'),\frac{w}{1-\beta}\right\}$$

关于这个问题和它的各种扩展，Stokey、Lucas 和 Prescott（1989）以及 Ljungqvist

和 Sargent（2004）提供了详细的分析。

8.2 离散选择

考虑 Rust（1985，1986）分析的并在第 5.2.1 节给出的离散选择问题。我们把 Bellman 方程写为

$$V(s) = \max\Big\{-c(s) + \beta\int_s^{\infty} V(s')\lambda\exp(-\lambda(s'-s))\mathrm{d}s'$$

$$-(P_b - P_c) - c(0) + \beta\int_0^{\infty} V(s')\lambda\exp(-\lambda s')\mathrm{d}s'\Big\}$$

其中，状态变量 s 代表耐用品的累积利用率。大括号里的第一个表达式表示维持耐用品的值，第二个表达式代表用新耐用品替代老耐用品的值。决策者选择这两个值中的最大值。假设 $c(s)$ 是有界、连续可微和严格递增的函数。根据具有有界回报的动态规划理论，我们可以证明 V 是递减和连续的（见图 8.2）。

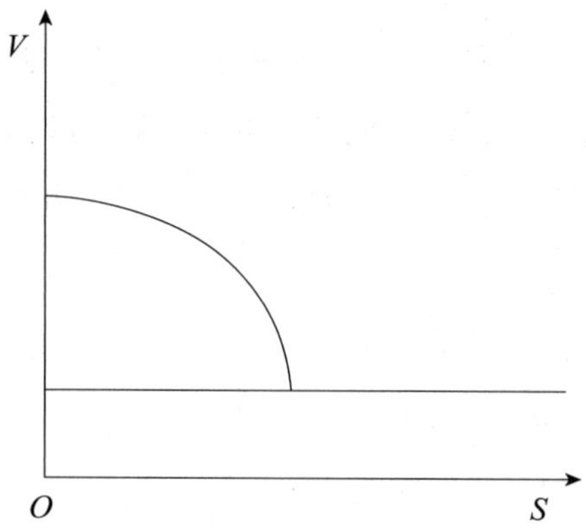

图 8.2　值函数

说明：图中所画的是离散选择问题的值函数 $V(s)$。

因为 $P_b > P_c$，所以当 $s=0$ 时替代新耐用品肯定不是最优的。注意，替代耐用品的值是常数。令 s^* 为使得决策者在保留旧耐用品和用新耐用品替代旧耐用品之间无差异的最小值。在区域内对 Bellman 方程求导得到

$$V'(s) = -c'(s) + \lambda c(s) + \lambda(1-\beta)V(s) \tag{8.1}$$

这是一个一阶微分方程。由于边界条件在点 s^* 处是内生的，所以它被称为**自由**

边值问题（free boundary value problem）。为了推导这个条件，我们注意到

$$V(0)=-c(0)+\beta\int_0^{\infty}V(s')\lambda\exp(-\lambda s')\mathrm{d}s'$$

因此，在 s^* 处，

$$\begin{aligned}V(s^*)&=-(P_b-P_c)-c(0)+\beta\int_0^{\infty}V(s')\lambda\exp(-\lambda s')\mathrm{d}s'\\&=-(P_b-P_c)+V(0)\end{aligned}$$

另外，

$$\begin{aligned}V(s^*)&=-c(s^*)+\beta\int_{s^*}^{\infty}V(s')\lambda\exp(-\lambda(s'-s^*))\mathrm{d}s'\\&=-c(s^*)+\beta\int_{s^*}^{\infty}V(s^*)\lambda\exp(-\lambda(s'-s^*))\mathrm{d}s'\\&=-c(s^*)+\beta V(s^*)\end{aligned}$$

那么，

$$V(s^*)=\frac{-c(s^*)}{1-\beta},V(0)=(P_b-P_c)-\frac{c(s^*)}{1-\beta}\tag{8.2}$$

于是，我们可以解微分方程（8.1）和满足式（8.2）中的两个边界条件的触发值 s^*。解由

$$V(s)=\max\left\{\frac{-c(s^*)}{1-\beta},\frac{-c(s)}{1-\beta}+\int_s^{s^*}\frac{c'(y)}{1-\beta}[1-\beta e^{-\lambda(1-\beta)(y-s)}]\mathrm{d}y\right\}$$

给出，s^* 是

$$P_b-P_c=\int_0^{s^*}\frac{c'(z)}{1-\beta}[1-\beta e^{-\lambda(1-\beta)z}]\mathrm{d}z$$

的唯一解。

决策者的最优政策为：只要 $s>s^*$，就用新耐用品代替旧耐用品。不像上一节分析的期权执行问题，此处重置之后问题并没有结束，取而代之的是，当新耐用品的累积利用率不断上升并超过 s^* 时，决策者用下一个新耐用品代替这个耐用品。这个过程是不断重复的。这个问题被称为**再生的最优停止问题**（regenerative optimal stopping problem）。

8.3 消费和储蓄

我们考虑下述无穷期消费-储蓄问题：

$$\max_{(c_t)} E\left[\sum_{t=0}^{\infty}\beta^t u(c_t)\right], \quad \beta\in(0,1)$$

满足

$$c_t + a_{t+1} = Ra_t + yt \tag{8.3}$$

$$c_t \geqslant 0, a_{t+1} \geqslant -b, \quad (a_0, y_0) > 0 \text{ 给定} \tag{8.4}$$

这里，c_t、a_t 和 y_t 分别代表消费、资产持有和 t 时刻的劳动收入。假设毛利率 $R>1$，效用函数 u 满足通常的条件：$u'>0$、$u''<0$、$\lim_{c\to 0}u'(c)=\infty$ 和 $\lim_{c\to 0}u'(c)=0$。令 y_t 服从转移函数为 Q 的 Markov 过程。假设它的支撑为 $[y_{\min}, y_{\max}]\subset\mathbb{R}_+$。这意味着劳动收入的现值几乎可以确定是有限的。

常数 $b\geqslant 0$ 代表外生的借贷限制。如果没有借贷约束，那么通过借贷和滚动债务，消费者可以达到任何消费水平，这样他的效用水平可以趋于无穷。这种策略通常被称为 **Ponzi 对策**（Ponzi game）或者 **Ponzi 计划**（Ponzi scheme）。为了排除这种策略，通常加上下述非 Ponzi 对策条件：

$$\lim_{T\to\infty}\frac{a_{T+1}}{R^T} \geqslant 0 \tag{8.5}$$

为了搞清楚如果违背这个条件会发生什么，我们使用预算约束（8.3）来推导

$$\sum_{t=0}^{T}\frac{c_t}{R^t} + \frac{a_{T+1}}{R^T} = Ra_0 + \sum_{t=0}^{T}\frac{y_t}{R^t} \tag{8.6}$$

当 $T\to\infty$ 时取极限，我们会发现：如果违背条件（8.5），那么，因为消费者的债务从未偿还，消费的现值超过劳动收入现值和初始财富之和。例如，消费者可以通过在利率 $r=R-1$ 下不断滚动他的初始债务（比如 $a_1<0$），使得他的债务以利率不断增长：$a_{T+1}=R^t a_1$。于是，我们有

$$\lim_{T\to\infty}\frac{a_{T+1}}{R^T} = \lim_{T\to\infty}\frac{R^T a_1}{R^T} = a_1 < 0$$

下面的结果改编自 Aiyagari（1994）。

定理 8.3.1 令 $R=1+r>1$。假设（y_t）有支撑 $[y_{\min}, y_{\max}]\subset\mathbb{R}_+$。如果对于所有 $t\geqslant 0$ 和任意 $b\geqslant 0$ 均有 $a_{t+1}\geqslant -b$，那么非 Ponzi 对策条件（8.5）成立。相反，如果非 Ponzi 对策条件（8.5）成立，那么

$$a_t\geqslant -\frac{y_{\min}}{r}\text{几乎处处成立，对于 } t\geqslant 0$$

证明 首先，令 $a_{t+1}\geqslant -b$（对于所有 $t\geqslant 0$）。于是，由式（8.6）可知，

$$Ra_0+\sum_{t=0}^{T}\frac{y_t}{R^t}=\sum_{t=0}^{T}\frac{c_t}{R^t}+\frac{a_{T+1}}{R^T}\geqslant\sum_{t=0}^{T}\frac{c_t}{R^t}-\frac{b}{R^T}$$

当 $T\to\infty$ 时取极限，我们得到

$$Ra_0+\sum_{t=0}^{\infty}\frac{y_t}{R^t}\geqslant\sum_{t=0}^{\infty}\frac{c_t}{R^t}$$

再次利用式（8.6）得到

$$\frac{a_{T+1}}{R^T}=Ra_0+\sum_{t=0}^{T}\frac{y_t}{R^t}-\sum_{t=0}^{T}\frac{c_t}{R^t}$$

当 $T\to\infty$ 时取极限，得到条件（8.5）。

现在令条件（8.5）成立。假设对于某个 $\varepsilon>0$ 和某个 t，$a_t=-(y_{\min}/r)-\varepsilon$ 以正概率成立。根据假设，存在正概率使得 $y_t\leqslant y_{\min}+r\varepsilon/2$。利用式（8.3）和 $c_t\geqslant 0$，我们推出 $a_{t+1}\leqslant -y_{\min}/r+r\varepsilon/2-(1+r)\varepsilon$。重复利用这种论证，我们推导出

$$a_{t+n}\leqslant -\frac{y_{\min}}{r}+\frac{r\varepsilon}{2}[1+(1+r)+\cdots+(1+r)^{n-1}]-(1+r)^n\varepsilon$$

以正概率成立。于是，

$$\frac{a_{t+n}}{(1+r)^n}\leqslant -\frac{1}{(1+r)^n}\left(\frac{y_{\min}}{r}+\frac{\varepsilon}{2}\right)-\frac{\varepsilon}{2}<-\frac{\varepsilon}{2}$$

以正概率成立。因此，$\lim_{n\to\infty}[(a_{t+n})/(1+r)^n]<0$ 以正概率成立，与条件（8.5）矛盾。沿用 Aiyagari（1994），我们称 $y_{\min}/r$ 为自然债务限制。这是几乎可以确定的消费者能够偿还的最高债务水平。如果 $b>y_{\min}/r$，那么借贷约束不成立。我们加上更强的债务限制。这里我们假设式（8.4）中 $b<y_{\min}/r$。

像第 6.6.2 节一样，重新定义变量更方便。令 $\hat{a}_t=a_t+b$。定义手中的现金或者

可支配资源为 $x_t = Ra_t + y_t + b$。那么，我们可以分别把预算约束和借贷约束重新写为

$$x_{t+1} = R(x_t - c_t) + y_{t+1} - rb$$

$$c_t + \hat{a}_{t+1} = x_t, \quad \hat{a}_{t+1} \geqslant 0, x_0 \geqslant 0 \text{ 给定}$$

由最大值定理，我们可以推导 Euler 不等式

$$u'(c_t) \geqslant \beta R E_t[u'(c_{t+1})], \text{当 } \hat{a}_{t+1} > 0 \text{ 时等式成立} \tag{8.7}$$

和横截性条件

$$\lim_{t \to \infty} E\beta^t u'(c_t) x_t = 0 \tag{8.8}$$

这些条件也是最优性的充分条件。

我们也可以把相关的 Bellman 方程写为

$$V(x_t, y_t) = \max_{\hat{a}_{t+1} \in [0, x_t]} u(x_t - \hat{a}_{t+1}) + \beta E_t[V(R\hat{a}_{t+1} + y_{t+1} - rb, y_{t+1})]$$

如果（y_t）是独立同分布的，那么 y_t 不是状态变量，x_t 是唯一的状态变量。在这种情况下，我们可以把值函数写为 $V(x)$。当 u 是无界的时，上面对 Bellman 方程的分析就不是非平凡的。Schechtman 和 Escudero（1977）与 Sotomayor（1984）采用的方法是：首先研究如第 6.6.2 节那样的有限期问题，然后分析当边界趋于无穷时的极限。这里我们简单假设 Bellman 方程存在唯一解 V，而且 V 继承了 u 的性质，比如 $V(x)$ 是 x 的严格递增、严格凹和连续可微的函数。另外，包络条件 $V'(x) = u'(x)$ 也成立。我们把消费和储蓄政策函数分别写为 $c(x)$ 和 $\hat{a}(x)$。由包络条件和 V 的凹性，我们可以知道，$c(x)$ 是 x 的严格递增函数。消费和储蓄政策的性质依赖于收入过程的不确定性和贴现率 β 与利率 R 的关系。直觉很简单。不确定性影响跨状态和跨时间的消费平滑和预防性储蓄。贴现在没有不确定性的情况下也会影响跨时间的消费平滑。

□ 8.3.1 确定性收入

假设 y_t 对于每个 t 都是确定的。在下面的分析中我们考虑三种情形。在前两种情形下，我们假设 $y_t = y > rb$ 对于所有 t 都成立。Bellman 方程由

$$V(x) = \max_{\hat{a} \in [0, x]} u(x - \hat{a}) + \beta V(R\hat{a} + y - rb) \tag{8.9}$$

给出。我们允许 u 是无界的。

情形 1 $\beta R<1$。

Schechtman 和 Escudero（1977）与 Stokey、Lucas 和 Prescott（1989）分析过这种情形。在这种情形下，消费者非常没有耐心，偏好在前期消费更多。如果他只拥有较少的财富，那么他愿意借贷，进而可能耗尽借贷限制。因此，初始财富起着很重要的作用。我们推测：对于手中的现金，存在临界水平 $x_0^*<x_1^*<x_2^*<\cdots$，使得如果 $x\in[x_{t-1}^*,x_t^*]$ 满足 $x_{-1}^*=y-rb$，那么对于 $t\geqslant 0$，消费者不会耗尽第 0 期到第 $t-1$ 期的借贷限制，而会耗尽从第 t 期开始的借贷限制。基于这个推测，我们将构造一个消费-储蓄计划并确定这个计划是最优的。我们也将显式地刻画值函数。

首先，考虑 $t=0$。注意，$u'(x)$ 关于 x 是连续的和递增的。因为 $u'(y-rb)>\beta Ru'(y-rb)$，$u'(\infty)=0<\beta Ru'(y-rb)$，所以存在唯一值 $x_0^*>y-rb$ 使得

$$u'(x_0^*)=\beta Ru'(y-rb) \tag{8.10}$$

于是，对于任意 $x\in[x_{-1}^*,x_0^*]$，

$$u'(x)>u'(x_0^*)=\beta Ru'(y-rb)$$

我们可以把消费和储蓄政策分别定义为

$$f_0(x)=x, g_0(x)=0\text{，对于 } x\in[x_{-1}^*,x_0^*] \tag{8.11}$$

它们满足前面的 Euler 不等式。因为 $x'=R(x-f_0(x))+y-rb=y-rb<x_0^*$，所以我们推出 $f_0(x')=x'$ 和 $g_0(x')=0$。这意味着，如果消费者手中的初始现金满足 $x_0\in[x_{-1}^*,x_0^*]$，那么他总是会耗尽借贷限制（$a_{t+1}=\ b, t\geqslant 0$）并消费完支付债务利息之后的劳动收入（$c_0=x_0=Ra_0+y+b$，$c_t=y-rb$，$t\geqslant 1$）。因为它满足 Euler 不等式（8.7）和横截性条件（8.8），所以这个计划是最优的。给定这个计划，我们可以把值函数计算出来：

$$V_0(x)=u(x)+\frac{\beta}{1-\beta}u(y-rb),\quad x\in[x_{-1}^*,x_0^*]$$

由定理 7.1.1 的确定形式可知，它满足 Bellman 方程（8.9）。而且，它满足包络条件 $V'_0(x)=u'(x)$，对于 $x\in[x_{-1}^*,x_0^*]$。

现在考虑 $t=1$。我们推测：对于在某个区间 $[x_0^*,x_1^*]$ 上的初始现金水平 x，消费者的最优计划是：在第 0 期消费一部分可支配资源并将剩余的（$\hat{a}>0$）储蓄起来，

从而使得他在下一期的现金 $z=R\hat{a}+y-rb$ 位于区间 $[x_{-1}^*,x_0^*]$ 上。其结果是，从第 $t=1$ 期开始，消费沿用上文描述过的 $t=0$ 情形下的计划。

首先，我们需要确定 x_1^* 的值。因为 $u'(0)=\infty$ 且 $u'(\infty)=0$，所以对于任何 $z\in[x_{-1}^*,x_0^*]$，方程

$$u'\left(x-\frac{z-y+rb}{R}\right)=\beta Ru'(z)=\beta RV'_0(z) \tag{8.12}$$

存在唯一解 $x>(z-y+rb)/R$。定义这个解 x 是 z 的一个函数，对于 $z\in[x_{-1}^*,x_0^*]$，$x=h_0(z)$。因为 u' 是连续的和严格递减的，我们可以确认 h_0 是连续的和严格递增的。从方程（8.10）和（8.12）可知，当 $z\to x_{-1}^*=y-rb$ 时，$h_0(z)\to x_0^*$。定义 $x_1^*=\lim_{z\to x_0^*}h_0(z)>x_0^*$。那么，$h_0:[x_{-1}^*,x_0^*]\to[x_0^*,x_1^*]$。

现在我们可以确定前面推测的计划是最优的。我们把初始的储蓄和消费政策分别定义为

$$g_1(x)=\frac{h_0^{-1}(x)-y+rb}{R},f_1(x)=x-g_1(x),\text{ 对于 } x\in[x_0^*,x_1^*]$$

它们会带来下一期的现金持有 $z=h_0^{-1}(x_0)\in[x_{-1}^*,x_0^*]$。从第1期开始，消费者沿用第$t=0$ 期时初始现金持有为 $h_0^{-1}(x_0)\in[x_{-1}^*,x_0^*]$ 的计划。因为我们可以证明：（1）从第0期到第1期之间，初始政策满足 Euler 方程（8.12），（2）从第1期开始的计划也满足 Euler 不等式，（3）横截性条件成立，所以可以下结论说我们构造的从0时刻开始的计划确实是最优的。这个计划给出了值函数

$$V_1(x)=u(f_1(x))+\beta V_0(h_0^{-1}(x)),\quad x\in[x_0^*,x_1^*]$$

根据其构造，它满足

$$V_1(x)=\max_{\hat{a}\in[0,x]}u(x-\hat{a})+\beta V_0(R\hat{a}+y-rb),\quad x\in[x_0^*,x_1^*]$$

由包络条件，对于 $x\in[x_0^*,x_1^*]$，$V'_1(x)=u'(f_1(x))$。与第6.4节类似，我们可以证明：V_1 继承了 V_0 的性质，即 V_1 是严格递增的和严格凹的。

通常来说，对于任何 $t\geqslant 1$，假定我们可以得出以下信息：

- 非平凡区间序列 $[x_{s-1}^*,x_s^*]$，对于 $s=0,1,\cdots,t$；
- 连续和严格递增的函数序列 $h_{s-1}:[x_{s-2}^*,x_{s-1}^*]\to[x_{s-1}^*,x_s^*]$，满足 $h_{s-1}(x_{s-2}^*)=x_{s-1}^*$ 和 $h_{s-1}(x_{s-1}^*)=x_s^*$，对于 $s=1,2,\cdots,t$；
- 储蓄政策序列 $g_s(x)$ 和消费政策序列 $f_s(x)$，对于 $[x_{s-1}^*,x_s^*]$，$s=0,1,\cdots,t$；

- 值函数序列 $V_s:[x_{s-1}^*, x_s^*] \to \mathbb{R}$，对于 $s=0,1,\cdots,t$。

对于 $s=0,1,\cdots,t$，这些函数满足下述方程：

$$u'\left(h_s(z)-\frac{z-y+rb}{R}\right)=\beta Ru'\left(z-\frac{h_{s-1}^{-1}(z)-y+rb}{R}\right)$$
$$=\beta RV'_s(z), z\in[x_{s-1}^*, x_s^*]$$

$$g_s(x)=\frac{h_{s-1}^{-1}(x)-y+rb}{R}, f_s(x)=x-g_s(x), x\in[x_{s-1}^*, x_s^*]$$

$$V_s(x)=u(f_s(x))+\beta V_{s-1}(h_{s-1}^{-1}(x)), x\in[x_{s-1}^*, x_s^*]$$

对于 $x\in[x_{s-1}^*, x_s^*]$，每个值函数 V_s 都严格递增、严格凹和满足包络条件 $V'_s(x)=u'(f_s(x))$。在每个临界值 x_s^*，对于 $s=0,1,\cdots,t-1$，都有 $h_s(x_s^*)=h_{s+1}(x_s^*)$、$g_s(x_s^*)=g_{s+1}(x_s^*)$、$V_s(x_s^*)=V_{s+1}(x_s^*)$ 和 $V'_s(x_s^*)=V'_{s+1}(x_s^*)$。

现在，在 $s=t+1$ 处，对于 $z\in[x_{t-1}^*, x_t^*]$，我们定义另一个函数 $h_t(z)$ 为以下方程的唯一解：

$$u'\left(h_t(z)-\frac{z-y+rb}{R}\right)=\beta Ru'\left(z-\frac{h_{t-1}^{-1}(z)-y+rb}{R}\right)$$
$$=\beta RV'_t(z) \tag{8.13}$$

最后一个等式源于 $z\in[x_{t-1}^*, x_t^*]$ 时的 Euler 条件和 $f_t(z)=z-[h_{t-1}^{-1}(z)-y+rb]/R$。因为 V_t 在 $[x_{t-1}^*, x_t^*]$ 上是严格凹的，所以函数 h_t 在 $[x_{t-1}^*, x_t^*]$ 上是严格递增的。由定义，$h_t(x_{t-1}^*)=x_t^*$。定义 $x_{t+1}^*=h_t(x_t^*)$。在方程（8.13）中令 $z=x_t^*$ 并利用 $h_{t-1}^{-1}(x_t^*)=x_{t-1}^*$ 和 $\beta R<1$，我们得到

$$u'\left(x_{t+1}^*-\frac{x_t^*-y+rb}{R}\right)=\beta Ru'\left(x_t^*-\frac{x_{t-1}^*-y+rb}{R}\right)$$
$$<u'\left(x_t^*-\frac{x_{t-1}^*-y+rb}{R}\right)$$
$$<u'\left(x_t^*-\frac{x_t^*-y+rb}{R}\right)$$

因此，$x_{t+1}^*>x_t^*$，从而有 $h_t:[x_{t-1}^*, x_t^*]\to[x_t^*, x_{t+1}^*]$。

分别定义储蓄和消费政策如下：

$$g_{t+1}(x)=\frac{h_t^{-1}(x)-y+rb}{R}>0, f_{t+1}(x)=x-g_{t+1}(x) \tag{8.14}$$

对于任何初始现金持有 $x\in(x_t^*, x_{t+1}^*]$。因为在第 1 期这些政策会使消费者存下现金

$z=h_t^{-1}(x)\in(x_{t-1}^*,x_t^*]$，所以从第 1 期开始消费者会从初始现金持有 $z\in(x_{t-1}^*,x_t^*]$ 开始执行储蓄和消费政策。继续利用逆向归纳法，我们推出，直到 t 时刻消费者才会耗尽借贷约束，从第 $t+1$ 期开始他的借贷总是达到极限。给定这些政策，我们计算出值函数

$$V_{t+1}(x)=u(f_{t+1}(x))+\beta V_t(h_t^{-1}(x)),x\in[x_t^*,x_{t+1}^*]$$

根据其构造，它满足方程

$$V_{t+1}(x)=\max_{a\in[0,x]}u(x-\hat{a})+\beta V_t(R\hat{a}+y-rb),x\in[x_t^*,x_{t+1}^*]$$

像第 6.4 节所分析的，我们可以证明：对于 $x\in[x_t^*,x_{t+1}^*]$，V_{t+1} 严格递增、严格凹，并满足包络条件 $V'_{t+1}(x)=u'(f_{t+1}(x))$。另外，我们还可以证明 $V_t(x_t^*)=V_{t+1}(x_t^*)$ 和 $V'_t(x_t^*)=V'_{t+1}(x_t^*)$。

通过归纳，我们可以在整个状态空间 $[y-rb,\infty)$ 上分别定义消费、储蓄和值函数为

$$c(x)=f_t(x),\quad \hat{a}(x)=gt(x),\quad V(x)=V_t(x),\quad \text{如果 } x\in[x_{t-1}^*,x_t^*]$$

对于任意 $t\geqslant 0$。我们可以确认值函数满足 Bellman 方程（8.9）。我们也可以验证：对于任何初始现金持有 $x_0\geqslant y-rb$，以下序列

$$\hat{a}_{t+1}=\hat{a}(x_t),\quad c_t=x_t-\hat{a}(x_t)$$
$$x_{t+1}=R\hat{a}(x_t)+y-rb,\quad t\geqslant 0$$

分别给出了最优的消费和储蓄计划。

根据动态，从任何初始财富水平开始，都存在一个有限的时期 T，使得到第 T 期消费 c_t、储蓄 a_{t+1} 和现金持有 x_t 都减少，而在第 T 期之后，三者随着时间的推移都是常数，因为对于 $t>T$，$c_t=x_t=y-rb$，$a_{t+1}=-b$。

情形 2 $\beta R>1$。

在这种情形下，消费者非常有耐心，他们偏好多储蓄和推迟消费。我们认为借贷约束从来不是紧的。相反，假设借贷约束在第 t 期是紧的，我们有 $\hat{a}_{t+1}=0$。于是，$x_{t+1}=y-rb$。由 Euler 不等式和包络条件，

$$V'(x_t)\geqslant\beta RV'(x_{t+1})>V'(x_{t+1})$$

其中，最后那个不等式源于 $\beta R>1$。因为 V 是严格凹的，所以 $x_t<x_{t+1}$。根据借贷约束，我们有 $x_t=R\hat{a}_t+y-rb\geqslant y-rb=x_{t+1}$，矛盾。

最优消费和储蓄计划的极限性质是什么？由 Euler 方程，

$$u'(c_t)=\beta Ru'(c_{t+1})>u'(c_{t+1})$$

于是，$c_t<c_{t+1}$。因此，(c_t) 是递增序列，进而当 $t\to\infty$ 时，它有极限。假定 $\lim_{t\to\infty}c_t=c^*<\infty$。那么，在上面的 Euler 方程中令 $t\to\infty$ 取极限，我们有 $u'(c^*)=\beta Ru'(c^*)$，它与 $\beta R>1$ 矛盾。因此，$\lim c_t=\infty$。由借贷约束可知，这也表明 $\lim x_t=\lim\hat{a}_{t+1}=\infty$。

情形 3 $\beta R=1$。

在这种情形下，我们假设 y_t 是确定性的，但是随着时间的推移可能不是常数。如果没有借贷约束，消费者可能希望得到不变的消费流。在存在借贷约束的情况下，只要他耗尽当前的借贷约束，他当前的消费就会少于未来的消费。正式地，根据 Euler 不等式，

$$u'(c_t)\geqslant u'(c_{t+1})\text{，如果 }\hat{a}_{t+1}=0\text{，则不等式成立}$$

因此，当 $\hat{a}_{t+1}=0$ 时，要么 $c_t=c_{t+1}$，要么 $c_t<c_{t+1}$。当 $\hat{a}_{t+1}=0$ 时，我们有 $x_{t+1}=y-rb$。假定消费者到达第 t 期并受到借贷约束。如果他知道借贷约束在未来不会再变成紧的，他将发现：给定从第 t 期开始的收入流（减去债务利息之后的净值）的年金价值，选择最高水平的可持续的不变消费是最优的。这个年金价值为

$$A_t=r\sum_{j=1}^{\infty}R^{-j}(y_{t+j}-rb)$$

Chamberlain 和 Wilson（2000）证明了：借贷约束的影响永远不会消失，除非消费者到达收入剩余部分的年金价值最高的那一期。

$$c^*\equiv\lim_{t\to\infty}c_t=\sup_t A_t\equiv A^*$$

其中，(c_t) 是最优计划。我们现在证明这个结论。

我们首先证明 $c^*\leqslant A^*$。我们反过来假设 $c^*>A^*$。那么，存在第 t 期使得消费者在第 $t-1$ 期受借贷约束，从而 $\hat{a}_t=0$，$x_t=y_t-rb$，以及对于所有 $j\geqslant t$ 都有 $c_j>A_t$。因此，存在充分大的 T 使得

$$0<\sum_{j=t}^{T}R^{t-j}(c_j-y_j+rb)=R^{t-T}(c_T-x_T)$$

其中，上面的等式用到了 $x_t=y_t-rb$ 和对预算约束的不断迭代。由于 $c_T\leqslant x_T$，因此出现矛盾。

为了表明 $c^* \geqslant A^*$，我们反过来假设 $c^* < A^*$。那么，存在 A_t 使得对于所有的 $j \geqslant t$ 都有 $c_j < A_t$，因此

$$\sum_{j=t}^{\infty} R^{t-j} c_j < \sum_{j=t}^{\infty} R^{t-j} A_t = \sum_{j=t}^{\infty} R^{t-j} (y_j - rb)$$

$$\leqslant x_t + \sum_{j=t+1}^{\infty} R^{t-j} (y_j - rb)$$

其中，最后一个不等式是利用不等式 $x_t \geqslant y_t - rb$ 得到的。于是，存在一个 $\varepsilon > 0$ 和 $\mathcal{T}^* > t$ 使得对于所有 $\mathcal{T} > \mathcal{T}^*$，均有 $\sum_{j=t}^{\mathcal{T}} R^{t-j} c_j < x_t + \sum_{j=t+1}^{\mathcal{T}} R^{t-j} (y_j - rb) - \varepsilon$。

重复利用预算约束，我们得到

$$R^{t-\mathcal{T}} c_{\mathcal{T}} < R^{t-\mathcal{T}} x_{\mathcal{T}} - \varepsilon_t$$

或者等价地，

$$c_{\mathcal{T}} < x_{\mathcal{T}} - R^{\mathcal{T}-t} \varepsilon$$

于是，我们可以构造其他可行的消费计划（c_j'），使得对于所有 $j \neq \mathcal{T}^*$ 均有 $c_j' = c_j$，对于 $j = \mathcal{T}^*$ 有 $c_j' = c_j + \varepsilon$。与计划（c_j）相比，这个计划的效用更高，矛盾。

接下来，我们从 Ljungqvist 和 Sargent（2004）中选取两个例子来阐释上述结果。

例 8.3.1 假设 $a_0 = 0$、$b = 0$ 和劳动收入流 $\{y_t\} = \{y_h, y_l, y_h, y_l, \cdots\}$，其中，$y_h > y_l > 0$。劳动收入的现值为

$$\sum_{t=0}^{\infty} \frac{y_t}{(1+r)^t} = \frac{y_h + y_l/R}{1-R^{-2}}$$

与劳动收入流具有相同现值的年金价值 $\bar{c}$ 为

$$\frac{R\bar{c}}{r} = \frac{y_h + y_l/R}{1-R^{-2}}, \quad 或者\ \bar{c} = \frac{y_h + y_l/R}{1+1/R}$$

每期消费 $\bar{c}$ 满足 Euler 方程。利用预算约束，我们可得到相应的储蓄计划：对于偶数 t，$a_{t+1} = (y_h - y_l)R/(1+R)$；对于奇数 t，$a_{t+1} = 0$。[①]

例 8.3.2 假设 $a_0 = 0$、$b = 0$ 和劳动收入流 $\{y_t\} = \{y_l, y_h, y_l, y_h, y_l, \cdots\}$，其中，$y_h > y_l > 0$。解为 $c_0 = y_l$ 和 $a_1 = 0$，从第 1 期开始，解与上面的例子相同。因此，消

① 注意，$a_{t+1} = 0$ 不必然意味着消费者面临借贷约束。当且仅当与借贷约束相关的 Lagrange 乘子为正时，消费者才面临借贷约束。

费者仅在第 1 期受借贷约束。

对于不变劳动收入 $y_t=y$（对于所有 t）的情形，政策 $c_t=y+ra_0$，$a_{t+1}=a_0$，$t\geqslant0$（对于任何初始资产持有 $a_0\geqslant-b$）满足 Euler 方程和横截性条件。因此，它们是最优的。这表明滚动初始资产（或者债务）到永远是最优的。

□ 8.3.2 随机收入

现在我们假设劳动收入 y_t 服从独立同分布过程。我们将证明消费和储蓄政策的极限行为与确定性情形十分不同。我们首先给出消费和储蓄政策的一些性质。

引理 8.3.1 令 $\beta\in(0,1)$ 和 $R>0$。定义 $x_{\min}=y_{\min}-rb$。对于 $x\geqslant x_{\min}$，消费政策 $c(x)$ 是严格递增的，而储蓄政策 $\hat{a}(x)$ 满足

$$0\leqslant\hat{a}(x')-\hat{a}(x)<x'-x,\text{对于所有 }x_{\min}\leqslant x<x'$$

当且仅当 $\hat{a}(x')=\hat{a}(x)=0$ 时等式成立。

证明 由包络定理，$V'(x)=u'(c(x))$。这是由于 V 的严格凹性和 c 是严格递增的。

给定任意 $x\geqslant x_{\min}=y_{\min}-rb$，把函数 f 定义为

$$f(s;x)=u'(x-s)-\beta REV'(Rs+y-rb),\quad s\geqslant0 \tag{8.15}$$

其中，期望 E 是关于随机劳动收入 y 取的。令 $x'>x$。我们考虑两种情形。第一种情形，假设 $\hat{a}(x)=0$。于是，$\hat{a}(x')\geqslant\hat{a}(x)=0$。如果 $\hat{a}(x')=0$，那么结论就是显然的。考虑 $\hat{a}(x')>0$。假设 $\hat{a}(x')\geqslant x'-x>0$。那么，由在 x' 处的 Euler 方程以及 u 和 V 的严格凹性，有

$$\begin{aligned}0&=u'(x'-\hat{a}(x'))-\beta REV'(R\hat{a}(x')+y-rb)\\&\geqslant u'(x)-\beta REV'(R(x'-x)+y-rb)\\&>u'(x)-\beta REV'(y-rb)\end{aligned}$$

这与在 x 处的 Euler 不等式矛盾，因为 $\hat{a}(x)=0$。

第二种情形，假设 $\hat{a}(x)>0$。因此，我们用在 x 处的 Euler 方程去推导 $f(\hat{a}(x);x')<f(\hat{a}(x);x)=0$。进一步地，有

$$\begin{aligned}&f(\hat{a}(x)+x'-x;x')\\&=u'(x-\hat{a}(x))-\beta REV'(R\hat{a}(x)+R(x'-x)+y-rb)\\&=\beta REV'(R\hat{a}(x)+y-rb)-\beta REV'(R\hat{a}(x)+R(x'-x)+y-rb)>0\end{aligned}$$

因为 $f(s;x')$ 关于 s 是严格递增的，所以由中值定理可知：对于每个 $x'>x$，均存在方程 $f(s;x')=0$ 的唯一解 $\hat{a}(x')\in(\hat{a}(x),\hat{a}(x)+x'-x)$。

引理 8.3.1 表明，只要借贷约束不是紧的，消费和储蓄函数就是严格递增的且斜率小于 1。从证明我们可以看出，这个结果在确定性情况下是成立的，而且与 $\beta R>1$，$\beta R=1$ 或者 $\beta R<1$ 无关。

情形 1 $\beta R<1$。

与确定性情形类似，不确定情形下的最优消费、储蓄和现金持有序列将会趋向于稳态。然而，这个稳态不是不变路径，而是表明存在平稳分布。在正式给出这个结论之前，我们给出两个引理。

引理 8.3.2 （Schechtman and Escudero，1977）令 $\beta R<1$。假定 $x_{\min}\equiv y_{\min}-rb>0$。那么，存在一个 $\hat{x}>x_{\min}$，使得如果 $x_t\leqslant\hat{x}$，那么 $\hat{a}_{t+1}=0$，如果 $x_t>\hat{x}$，那么 $\hat{a}_{t+1}>0$。

证明 假定借贷约束不是紧的。那么，由 Euler 方程和包络定理，有

$$V'(x_t)=\beta RE_t[V'(x_{t+1})]\leqslant\beta RV'(x_{\min})<V'(x_{\min})$$

其中，第一个不等式来源于 V 的凹性。取 $x_t\to x_{\min}$，会得出矛盾。因此，存在一个 t 和 $\bar{x}_t\geqslant x_{\min}$，使得 $\hat{a}_{t+1}=0$ 且满足 Euler 不等式

$$u'(\bar{x}_t)>\beta RE_tV'(y_{t+1}-rb)=0$$

因为 $u'(\infty)=0$ 且 u' 连续和严格递减，所以存在唯一的 $\hat{x}>\bar{x}_t$ 使得 $u'(\hat{x})=\beta RE_tV'(y_{t+1}-rb)$。对于任意 $x_t<\hat{x}$，Euler 不等式 $u'(x_t)>\beta RE_tV'(y_{t+1}-rb)$ 成立。因此，对于任意 $x_t\leqslant\hat{x}$，消费者一定会耗尽借贷限制，使得 $c_t=x_t$ 和 $\hat{a}_{t+1}=0$。如果 $x_t>\hat{x}$，那么 $u'(x_t)<\beta RE_tV'(y_{t+1}-rb)$，意味着 $\hat{a}_{t+1}>0$。

这个结果与确定性情况下的结论类似。主要直觉是：高未来贴现促使消费者现在借更多钱和消费更多（相对于未来）。如果他的财富水平足够低，那么他将会耗尽借贷限制。图 8.3 把消费和资产描绘成了现金持有的函数。

引理 8.3.3 （Schechtman and Escudero，1977）令 $\beta R<1$。如果对于某个 $\gamma>0$，

$$-\frac{cu''(c)}{u'(c)}<\gamma$$

对于所有充分大的 c 都成立，那么存在一个 x^* 使得若 $x_t>x^*$，则 $x_{t+1}<x_t$。

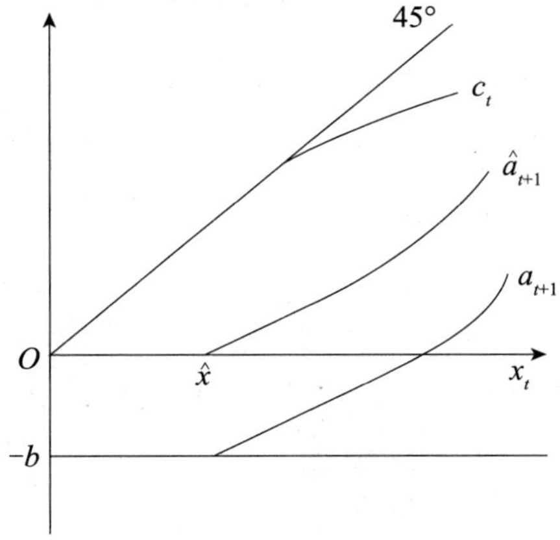

图 8.3　政策函数

说明：图中所画为消费和资产作为现金持有的函数。

证明　回顾消费和储蓄函数分别为 $c(x)$ 和 $\hat{a}(x)$。如果对于所有 $x \geqslant x_{\min} = y_{\min} - rb$，$\hat{a}(x)$ 是有界的，$\hat{a}(x) \leqslant K$，那么我们取 $x^* = RK + y_{\max} - rb$。于是，$x_{t+1} = R\hat{a}(x_t) + y_{t+1} - rb \leqslant RK + y_{\max} - rb = x^*$。因此，如果 $x_t > x^*$，那么 $x_{t+1} \leqslant x^* < x_t$。

现在假设当 $x \to \infty$ 时 $\hat{a}(x)$ 是无界的。利用包络条件和 V 的凹性，我们推出，当 x_t 充分大的时候，

$$\begin{aligned}\frac{E_t V'(x_{t+1})}{V'(y_{\max} - rb + R\hat{a}(x_t))} &\leqslant \frac{V'(y_{\min} - rb + R\hat{a}(x_t))}{V'(y_{\max} - rb + R\hat{a}(x_t))} \\ &= \frac{u'(c(y_{\min} - rb + R\hat{a}(x_t)))}{u'(c(y_{\max} - rb + R\hat{a}(x_t)))} \\ &\leqslant \left[\frac{c(y_{\max} - rb + R\hat{a}(x_t))}{c(y_{\min} - rb + R\hat{a}(x_t))}\right]^{\gamma}\end{aligned}$$

其中，γ 是 $-cu''(c)/u'(c)$ 的上界。① 由定义，

$$c(y_{\max} - rb + R\hat{a}(x_t)) = c(y_{\min} - rb + R\hat{a}(x_t)) + y_{\max} - y_{\min}$$

因此，

$$1 \leqslant \frac{E_t V'(x_{t+1})}{V'(y_{\max} - rb + R\hat{a}(x_t))} \leqslant \left[1 + \frac{y_{\max} - y_{\min}}{c(y_{\min} - rb + R\hat{a}(x_t))}\right]^{\gamma} \tag{8.16}$$

① 如果对于所有 $c > c_0$，均有 $-cu''(c)/u'(c) \leqslant \gamma$，那么对于所有 $c > c_0$，我们均有 $u'(c)/u'(c_0) \geqslant (c_0/c)^{\gamma}$。

我们首先表明：如果 $\hat{a}(x)\to\infty$，那么当 $x\to\infty$ 时，$c(x)$ 趋向于无穷。当 $x_t\to\infty$ 时，$\hat{a}(x_t)\to\infty$，当 x_t 充分大时，借贷约束在 x_t 处不是紧的。在这种情况下，Euler 不等式作为等式成立：

$$u'(c(x_t))=\beta RE_t u'(c(x_{t+1}))$$

如果 $\lim_{x\to\infty}c(x)=\bar{c}>0$，那么当 $x_t\to\infty$ 时取极限得到 $x_{t+1}=R\hat{a}(x_t)+y_{t+1}-rb\to\infty$，因此，上面的 Euler 方程意味着 $u'(\bar{c})=\beta Ru'(\bar{c})$，矛盾。因此，我们一定有 $\lim_{x\to\infty}c(x)=\infty$。由式（8.16）可知，

$$\lim_{x_t\to\infty}\frac{E_tV'(x_{t+1})}{V'(y_{\max}-rb+R\hat{a}(x_t))}=1$$

选择正数 $\varepsilon<(1-\beta R)/(\beta R)$，注意存在充分大的 x^*，使得对于 $x_t>x^*$，$EV'(x_{t+1})/V'(y_{\max}-rb+R\hat{a}(x_t))<1+\varepsilon$。利用 Euler 方程，我们有

$$\begin{aligned}V'(x_t)&=\beta RE_tV'(x_{t+1})<(1+\varepsilon)\beta RV'(y_{\max}-rb+R\hat{a}(x_t))\\&\leqslant V'(y_{\max}-rb+R\hat{a}(x_t))\end{aligned}$$

由 V 的凹性可知，如果 $x_t\geqslant x^*$，那么 $x_t>y_{\max}-rb+R\hat{a}(x_t)\geqslant x_{t+1}$。

引理 8.3.3 表明，只要手中的现金持有大于一个临界值 x^*，那么下一期手中的现金持有就会减少。令 $x_{\max}$ 代表满足引理中性质的最小的临界值。那么，现金持有长期来看会在闭区间 $[x_{\min},x_{\max}]$ 上稳定下来，像图 8.4 所表明的那样。

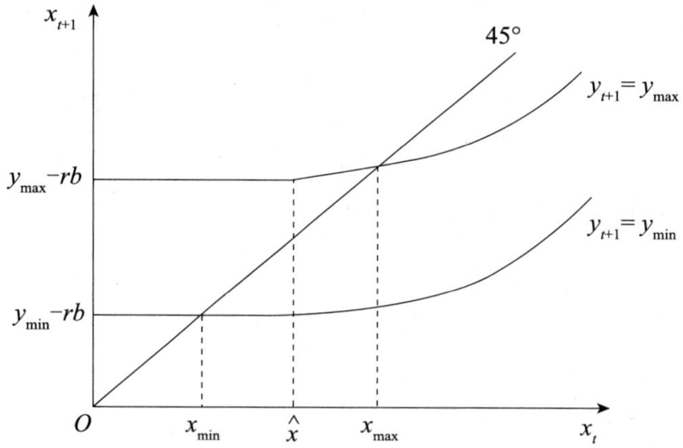

图 8.4　现金持有的变化

说明：图中所画的是对于最大和最小的收入水平，x_{t+1} 作为 x_t 的函数。

本章习题 9 要求读者证明 $x_{\max}>x_{\min}$ 和 $x_{\max}$ 是使得 $R\hat{a}(x_{\max})+y_{\max}-rb=x_{\max}$ 的

最大值。

命题 8.3.1 （Schechtman and Escudero，1977；Clarida，1987；Aiyagari，1994）令 $\beta R<1$。令 y_t 为从分布 μ 中独立同分布地抽取的，满足

$$\mu([a,b])\geqslant\alpha[a,b],\quad 对于任意[a,b]\subset[y_{\min},y_{\max}]$$

假设对于所有充分大的 c 和某个 $\gamma>0$，$-cu''(c)/u'(c)<\gamma$。那么，对于 (x_t)，在支撑 $[x_{\min},x_{\max}]$ 上存在唯一的稳定平稳分布。而且，这个平稳分布关于参数 R 和 b 是连续的（在弱收敛拓扑意义下）。

证明 由

$$x_{t+1}=R\hat{a}(x_t)+y_{t+1}-rb$$

定义的 Markov 过程 (x_t) 在状态空间 $[x_{\min},x_{\max}]$ 上诱导出一个转移函数 P。我们将利用定理 3.3.5 和 3.3.6。我们可以很容易地验证：转移函数是单调的，满足 Feller 性质。关键是确认它满足混合条件，即对于充分大的 n，存在 $\bar{x}$ 和 $\varepsilon>0$ 使得 $P^n(x_{\min},[\bar{x},x_{\max}])\geqslant\varepsilon$ 和 $P^n(x_{\max},[x_{\min},\bar{x}])\geqslant\varepsilon$。

定义序列 $\{\varphi_n(x,y)\}$ 如下：

$$\varphi_0(x,y)=x,$$

$$\varphi_{n+1}(x,y)=R\hat{a}(\varphi_n(x,y))+y-rb$$

即，如果 x 是初始现金持有、劳动收入在每期都是常数值 y，以及储蓄政策 $\hat{a}$ 每期都被执行，那么 $\varphi_n(x,y)$ 是第 n 期期初的现金持有。因为 $\varphi_n(x,y)$ 关于 y 是递增的，所以我们推断

$$P^n(x,[\varphi_n(x,y_{\max}-\delta),\varphi_n(x,y_{\max})])\geqslant\alpha^n\delta^n$$

$$P^n(x,[\varphi_n(x,y_{\min}),\varphi_n(x,y_{\min}+\delta)])\geqslant\alpha^n\delta^n$$

对于所有 $0<\delta<y_{\max}-y_{\min}$ 和所有 $n\geqslant1$。

因为

$$\varphi_0(x_{\min},y_{\max})=x_{\min}<y_{\max}-rb=\varphi_1(x_{\min},y_{\max})$$

由归纳法可知，$\{\varphi_n(x_{\min},y_{\max})\}$ 是严格递增序列。因为它是有界的，界为 $x_{\max}$，所以它收敛于一个极限 $\xi<x_{\max}$。类似地，存在 $\lim_{n\to\infty}\varphi_n(x_{\min},E_y)$。我们把这个极限选为 $\bar{x}$。因为 $\varphi_n(x_{\min},y_{\max})>\varphi_n(x_{\min},E_y)$，所以 $\xi\geqslant\bar{x}$。如果 $\xi=\bar{x}$，那么由 $\hat{a}$ 的连续性

可知，

$$\xi = R\hat{a}(\xi) + y_{\max} - rb$$
$$= \bar{x} = R\hat{a}(\bar{x}) + E_y - rb$$

与 $y_{\max} > E_y$ 矛盾。因此，我们必定有 $\xi > \bar{x}$。这允许我们选择充分大的 N 使得 $\varphi_N(x_{\min}, y_{\max}) > \bar{x}$，并选择充分小的 $\delta > 0$ 使得 $\varphi_N(x_{\min}, y_{\max} - \delta) > \bar{x}$。那么，

$$P^N(x_{\min}, [\bar{x}, x_{\max}])$$
$$\geqslant P^N(x_{\min}, [\varphi_N(x_{\min}, y_{\max} - \delta), \varphi_N(x_{\min}, y_{\max})]) \geqslant \alpha^N \delta^N > 0$$

类似的论证适用于 $x_0 = x_{\max}$：

$$P^N(x_{\max}, [x_{\min}, \bar{x}]) \geqslant \alpha^N \delta^N > 0$$

剩下的证明就只需遵循常规步骤了。

这是一个令人惊奇的结果，它是 Bewley（1980）和 Aiyagari（1994）的不完备市场模型的基础。

情形 2 $\beta R > 1$。

在确定性情形下，我们表明了（c_t）是递增序列，并且有极限。在随机情形下，随机过程（M_t）有性质 $M_t \geqslant (\leqslant) E_t[M_{t+1}]$，类似于确定性情形下的单调性，称为上鞅（下鞅）。Chamberlain 和 Wilson（2000）利用强大的上鞅收敛定理分析了消费和储蓄的长期行为。令 $M_t = \beta^t R^t u^t(c_t) \geqslant 0$。由 Euler 不等式可知，$\{M_t\}$ 是非负上鞅。根据**上鞅收敛定理**（supermartingale convergence theorem，见附录 D），$\{M_t\}$ 收敛于非负极限。如果 $\beta R > 1$，那么我们一定有 $\lim_t u'(c_t) = 0$，因此，$\lim_t c_t = \infty$。根据预算约束，我们也有 $\lim_t x_t = \infty$ 和 $\lim_t \hat{a}_{t+1} = \infty$。

Sotomayor（1984）证明了当劳动收入是一个独立同分布过程时的更强结果。

命题 8.3.2 （Sotomayor，1984）令 $\beta R > 1$。(a) 令 $\lim_{x \to \infty} \hat{a}(x) = \infty$。(b) 如果对于充分大的 c 和某个 $\gamma > 0$，有 $-cu''(c)/u'(c) < \gamma$，那么存在一个 $\tilde{x}$ 使得如果 $x_t > \tilde{x}$，就有 $x_{t+1} > x_t$。

证明 (a) 反过来假设 $\lim_{x \to \infty} \hat{a}(x) = k < \infty$。那么，由 Euler 不等式，

$$V'(x_t) \geqslant \beta R E_t V'(y_{t+1} - rb + R\hat{a}(x_t))$$

取当 $x_t \to \infty$ 时的极限，我们有

$$\lim_{x_t \to \infty} V'(x_t) \geqslant \beta R E_t V'(y_{t+1} - rb + Rk) > 0$$

令$\lim_{x_t \to \infty} V'(x_t) = K > 0$。那么，当 x 大于 $y_{\max} - rb + Rk$ 时，根据 V 的凹性，我们有

$$K \geqslant \beta R E_t V'(y_{t+1} - rb + Rk) \geqslant \beta R V'(x)$$

令 $x \to \infty$，得到 $K \geqslant \beta R K$，与 $\beta R > 1$ 矛盾。

(b) 利用 u 的凹性和假设，对于充分大的 x_t，我们有

$$\begin{aligned}
&\frac{E_t u'(c(y_{t+1} - rb + Ra(x_t)))}{u'(c(y_{\min} - rb + R\hat{a}(x_t)))} \\
&\geqslant \frac{u'(c(y_{\max} - rb + R\hat{a}(x_t)))}{u'(c(y_{\min} - rb + R\hat{a}(x_t)))} \geqslant \left(\frac{c(y_{\min} - rb + R\hat{a}(x_t))}{c(y_{\max} - rb + R\hat{a}(x_t))}\right)^{\gamma}
\end{aligned}$$

利用（a）部分和与引理 8.3.3 的证明类似的论证，我们可以推出

$$\frac{E_t u'(c(y_{t+1} - rb + R\hat{a}(x_t)))}{u'(c(y_{\min} - rb + R\hat{a}(x_t)))} \geqslant 1, \text{当 } x_t \to \infty \text{ 时}$$

于是，存在充分大的 $\tilde{x}$，使得当 $x_t > \tilde{x}$ 时，

$$\begin{aligned}
V'(x_t) &= \beta R E_t V'(x_{t+1}) > E_t u'(c(y_{t+1} - rb + R\hat{a}(x_t))) \\
&\geqslant V'(y_{\min} - rb + R\hat{a}(x_t))
\end{aligned}$$

其中，第一个不等式源自包络条件和 $\beta R > 1$。由 V 的凹性，我们有 $x_t < y_{\min} - rb - R\hat{a}(x_t) < x_{t+1}$。

情形 3 $\beta R = 1$。

Chamberlain 和 Wilson（2000）表明，如果劳动收入的贴现值足够随机，那么对于 $\beta R = 1$ 和非常一般的随机劳动收入过程，消费几乎处处收敛于无穷。Sotomayor（1984）和 Aiyagari（1994）对于独立同分布的情形提供了一个简单的证明。当 $\beta R = 1$ 时，上鞅收敛定理不必然意味着 $u'(c_t)$ 收敛于零。假定 $u'(c_t)$ 收敛于一个正极限，使得 c_t 几乎处处收敛于正极限，那么 x_t 也几乎处处收敛于正极限。因为存在无穷多个 t 使得 $y_{t+1} = y_{\min}$ 和 $y_{t+1} = y_{\max}$ 的样本路径集合都有概率 1，我们假设收敛的样本路径也具有这个性质。给定 $\hat{a}$ 的连续性，这与预算约束 $x_{t+1} = R\hat{a}(x_t) + y_{t+1} - rb$ 矛盾。

与确定性情形相比，这个极限结论是非同寻常的。Chamberlain 和 Wilson

（2000）讨论过，这个结果背后的直觉很难解释。关键的论证依赖于强大的上鞅收敛定理。

Sotomayor（1984）认为，尽管 $\lim_t x_t=\infty$ 对于 $\beta R>1$ 和 $\beta R=1$ 都成立，但是收敛行为还是不同的。与 $\beta R>1$ 的情形不同，不存在初始的现金持有，使得现金持有的最优序列是递增的。直观上看，当 x_t 充分大的时候，借贷约束在 x_t 处不是紧的。于是，由 Euler 方程和包络条件，有

$$\begin{aligned}V'(x_t)&=\beta RE_tV'(x_{t+1})=E_tV'(R\hat{a}(x_t)+y_{t+1}-rb)\\&\leqslant V'(R\hat{a}(x_t)+y_{\min}-rb)\end{aligned}$$

因此，$x_t\geqslant R\hat{a}(x_t)+y_{\min}-rb$。类似的论证表明，$x_t\leqslant R\hat{a}(x_t)+y_{\max}-rb$。于是，对于所有大的 x_t，除非 $x_t=R\hat{a}(x_t)+y_{\min}-rb$，否则存在正的概率使得 $x_t>R\hat{a}(x_t)+y_{\min}-rb$，因此，存在正的概率使得 $x_t>x_{t+1}=R\hat{a}(x_t)+y_{t+1}-rb$。

引理 8.3.4 （Sotomayor，1984）令 $\beta R=1$。不存在 $\tilde{x}$ 使得对于所有的 $x>\tilde{x}$，$x=R\hat{a}(x)+y_{\min}-rb$。

证明 如果存在一个 $\tilde{x}$ 使得 $x=R\hat{a}(x)+y_{\min}-rb$，那么，对于充分大的 x，

$$V'(R\hat{a}(x)+y_{\min}-rb)=V'(x)=EV'(R\hat{a}(x)+y-rb)$$

其中，第二个等式源自 Euler 不等式，期望是关于随机变量 y 取的。对于严格凹的 V，上面的等式不成立。

8.4 消费/投资组合选择

在上一节，代理人只能交易无风险资产。本节研究代理人可以交易资产组合的情形。假设存在 J 种风险股票和一种无风险单期债券。在第 t 期，股票 j 支付红利 D_{jt}，价格为 P_{jt}。债券在第 t 期和第 $t+1$ 期的总回报为 R_{t+1}^f。我们可以把预算约束写为

$$C_t+\sum_{j=1}^{J}P_{jt}\psi_{jt}+B_t=\sum_{j=1}^{J}(P_{jt}+D_{jt})\psi_{jt-1}+R_t^fB_{t-1}$$

其中，ψ_{jt} 代表第 t 期的股票持有，B_t 代表第 t 期用消费表示的债券持有。我们可以把金融财富定义为

$$W_t = \sum_{j=1}^{J}(P_{jt} + D_{jt})\psi_{jt-1} + R_t B_{t-1}$$

定义消费之后的财富投资于股票 j 的比例为

$$\pi_{jt} = \frac{P_{jt}\psi_{jt}}{W_t - C_t}$$

由预算约束，我们有

$$\frac{B_t}{W_t - C_t} = 1 - \sum_{j=1}^{J}\pi_{jt}$$

由上面的分析，我们可以把预算约束重新写为

$$\begin{aligned}
w_{t+1} &= \sum_{j=1}^{J}(P_{jt+1} + D_{jt+1})\psi_{jt} + R_{t+1}^{f}B_t \\
&= \sum_{j=1}^{J}\frac{P_{jt+1} + D_{jt+1}}{P_{jt}}P_{jt}\psi_{jt} + R_{t+1}^{f}B_t \\
&= \sum_{j=1}^{J}R_{jt+1}P_{jt}\psi_{jt} + R_{t+1}^{f}B_t \\
&= R_{wt+1}(W_t - C_t)
\end{aligned} \tag{8.17}$$

其中，R_{jt+1}和R_{wt+1}分别为股票 j 的回报和投资组合的回报，分别定义为

$$R_{jt+1} \equiv \frac{P_{jt+1} + D_{jt+1}}{P_{jt}}, R_{wt+1} \equiv R_{t+1}^{f} + \sum_{j=1}^{J}\pi_{jt}(R_{jt+1} - R_{t+1}^{f})$$

在消费/投资组合选择问题里，回报过程 $\{R_{jt+1}\}$ 和 $\{R_{t+1}^{f}\}$ 是外生给定的。代理人的问题是选择消费 $\{C_t\}$ 和投资组合 $\{\pi_{jt+1}\}$ 求解下述问题：

$$\max E\sum_{t=0}^{\infty}\beta^t u(C_t)$$

满足约束（8.17）。我们可以加上组合约束或者横截性条件以排除 Ponzi 计划。[①] 假设这些约束不是紧的。Bellman 方程由

$$V_t(W_t) = \max_{C_t, \pi_{jt}} u(C_t) + \beta E_t V_{t+1}(R_{wt+1}(W_t - C_t))$$

给出，其中，$V_t(W_t)$ 是代理人的值函数。我们压缩掉驱动回报动态的其他状态变量。假设 V_t 是可微的和凹的。这需要关于 u 的原有假设。一阶条件由下列式子给出：

① 参见第 13 章的深入分析。

$$C_t: u'(C_t) = \beta E_t V'_{t+1}(R_{wt+1}(W_t - C_t))R_{wt+1}$$
$$\pi_{jt}: 0 = E_t V'_{t+1}(R_{wt+1}(W_t - C_t))(W_t - C_t)(R_{jt+1} - R^f_{t+1})$$

包络条件由下式给出：

$$V'_t(W_t) = \beta E_t V'_{t+1}(R_{wt+1}(W_t - C_t))R_{wt+1}$$

把上述条件组合在一起，我们得到

$$u'(C_t) = \beta E_t u'(C_{t+1})R_{wt+1} = V'_t(W_t)$$
$$0 = E_t u'(C_{t+1})(R_{jt+1} - R^f_{t+1})$$

因此，我们得到下述 Euler 方程的集合：

$$E_t\left[\frac{\beta u'(C_{t+1})}{u'(C_t)}R^f_{t+1}\right] = 1$$

$$E_t\left[\frac{\beta u'(C_{t+1})}{u'(C_t)}R_{jt+1}\right] = 1, \quad j = 1, 2, \cdots, J$$

这些方程给出了关于资产回报的可检验的限制条件。在均衡模型里，我们可以假设消费和红利是外生给定的，但资产回报是内生的。第 13 章将分析这个问题。

8.5 存货

存货控制是运筹研究的经典问题，在经济学中也很重要。这种问题通常涉及固定成本和可变成本，属于混合停止和控制问题那一类。在下文的介绍中，我们密切沿用 Scarf（1959）和 Iglehart（1963）。假设企业在第 t 期初拥有某商品的存货量为 x_t。在第 t 期末它可以卖掉商品，以满足外生的随机市场需求 $z_{t+1} \geqslant 0$。假设需求 $\{z_{t+1}\}$ 是独立同分布的，且分布为 φ。在观测到 x_t 和 z_t 之后以及观测到 z_{t+1} 之前，企业可以订购 $d_z \geqslant 0$ 单位商品以增加存货量。那么，存货量的变动规则为

$$x_{t+1} = x_t + d_t - z_{t+1}, \quad x_0 \text{ 给定} \tag{8.18}$$

我们允许 x_t 取负值。负值代表欠供应商债务或者存货积压。销售 z_{t+1} 生成利润 $R(z_{t+1}) \geqslant 0$。储存 x_t 引致成本 $\Phi(x_t) \geqslant 0$。下数量为 d_t 的订单需要花费成本 $C(d_t) \geqslant 0$。假设未来的利润流用 $\beta \in (0,1)$ 来贴现。企业的问题为

$$\max_{(d_t)\geqslant 0} E\sum_{t=0}^{\infty}\beta^t[R(z_{t+1})-\Phi(x_t)-C(d_t)] \tag{8.19}$$

满足规则（8.18），其中，期望是关于（z_t）取的。

问题的特殊之处是订单成本函数 $C(d)$ 的设定。假定

$$C(d)=\begin{cases}0, & 如果\ d=0\\ c+pd, & 如果\ d>0\end{cases}$$

其中，c 代表固定成本，p 代表比例成本。固定成本的存在使得对问题（8.19）的分析变得困难。我们将用动态规划来分析它。我们观察到，这个问题等价于贴现期望回报。也可以方便地定义 $y_t=x_t+d_t$，它表示订购后和销售前的瞬时存量。进一步地，我们把期望持有量和储存成本分别定义为

$$L(y_t)=\beta E\Phi(x_{t+1})=\beta E\Phi(y_t-z_{t+1})$$

其中，E 是对应于随机变量 z 的期望算子。

假设 8.5.1 函数 $L:\mathbb{R}\to\mathbb{R}_+$ 是凸的和强制的（coercive），即满足 $\lim_{|y|\to\infty}L(y)=+\infty$。

在变量代换之后，我们把成本最小化问题写为

$$\min_{(y_t)} E\sum_{t=0}^{\infty}\beta^t[L(y_t)+C(y_t-x_t)] \tag{8.20}$$

满足 $x_{t+1}=y_t-z_{t+1}$，$y_t\geqslant x_t$，$t\geqslant 0$，x_0 给定。这个问题的 Bellman 方程由下式给出：

$$V(x)=\min_{y\geqslant x}L(y)+C(y-x)+\beta EV(y-z) \tag{8.21}$$

其中，E 是关于随机变量 z 的期望算子。注意，此问题的回报函数 $L(y)+C(y-x)$ 的下界为 0 且没有上界。我们不能应用之前给出的有界情形下的动态规划理论。我们将研究相应的有限边界问题，然后令边界趋于无穷求极限。

对于任何非负函数 $f:\mathbb{R}\to\mathbb{R}_+$，我们定义 Bellman 算子为

$$Tf(x)=\min_{y\geqslant x}L(y)+c\mathbf{1}_{y>x}+p\cdot(y-x)+\beta Ef(y-z)$$

这里 $\mathbf{1}_{y>x}$ 是指示函数。有限边界问题的序列为 $f_n(x)=T^nf_0(x),n=1,2,\cdots$，其中，我们取 $f_0=0$。为了快速得到有关解的性质，我们考虑单期情形：

$$f_1(x)=\min_{y\geqslant x}L(y)+c\mathbf{1}_{y>x}+p\cdot(y-x)$$

图 8.5 表明，最优订单政策取（s,S）形式。存量水平 S 为最小化函数 $L(y)+py$。在 $s<S$ 的点处，企业对于下订单 $S-s$ 和不下订单使得 $L(S)+c+pS=L(s)+ps$ 是无差异的。对于 $x<s$，$L(S)+c+pS<L(s)+ps$。因此，企业下订单 $S-x$ 是最优的。对于 $x>s$ 和任意 $y\geqslant x$，$L(S)+c+py>L(x)+ps$，企业下任何订单 $y-x$ 都不是最优的。这种订单政策形式被称为（s,S）型。

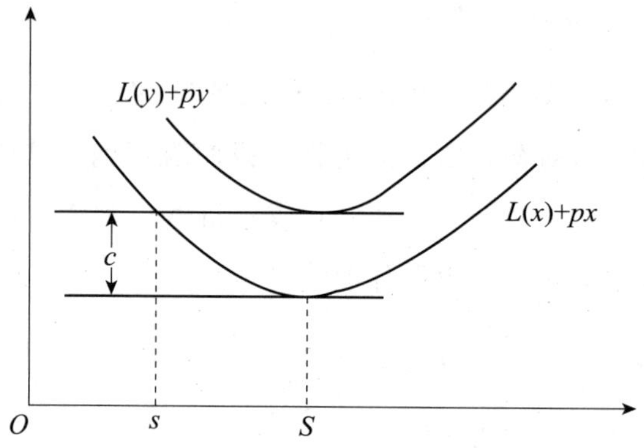

图 8.5　政策（s,S）的最优性

说明：如图所示是一期问题的解。

□ 8.5.1　有限期问题

我们把上面的直觉推广至动态框架。n 期问题由下式给出：

$$f_n(x)=\min_{y\geqslant x}L(y)+c\mathbf{1}_{y>x}+p\cdot(y-x)+\beta Ef_{n-1}(y-z) \tag{8.22}$$

其中，$f_0=0$。我们可以把它重写为

$$\begin{aligned}f_n(x)=\min\{&L(x)+\beta Ef_{n-1}(x-z),\\&\min_{y\geqslant x}L(y)+c+p\cdot(y-x)+\beta Ef_{n-1}(y-z)\}\end{aligned}$$

这个问题是混合控制和停止问题：企业首先决定是否及何时下订单（停止），然后，如果它决定下订单，那么它需要选择订单数量（控制）。

定义

$$G_n(y)=L(y)+py+\beta Ef_{n-1}(y-z)$$

如果订单从 x 变到 $y>x$ 是最优的，那么 $G_n(x)>c+G_n(y)$，这个 y 一定会最小化 $G_n(y)$。如果存在许多最小化元，那么令 S_n 为最小的最小化元。如果 $G_n(y)$ 下降到最小值，然后增加［例如，$G_n(y)$ 是凸的］，那么方程

$$G_n(s_n) = c + G_n(S_n) \tag{8.23}$$

存在解 $s_n < S_n$。在存量水平 s_n 处，企业下订单与不下订单是无差异的。如果 $x < s_n$，那么企业将下订单 $S_n - x$，使存量变到 S_n。因此，最优订单政策自然是取（s，S）型。

上面论证的问题在于：$G_n(y)$ 可能不是凸的，而且可能存在多个局部最小化元［即使 $L(x)$ 是严格凸的，我们也可以用数值的例子来验证这一点］。为了证明（s,S）政策的最优性，我们需要 Scarf（1959）引入的 c-凸概念。

定义 8.5.1 令 $c \geqslant 0$，令 $h: \mathbb{R} \to \mathbb{R}$ 为可微函数。如果

$$c + h(x+a) - h(x) - ah'(x) \geqslant 0, \quad \text{对于所有 } a > 0 \tag{8.24}$$

则称 h 是 c-凸的。

如果不假设可微，那么对于所有 a，$b>0$，上面的不等式被下式代替：

$$c + h(x+a) - h(x) - a\frac{h(x) - h(x-b)}{b} \geqslant 0 \tag{8.25}$$

引理 8.5.1 如果 h 是可微的 c-凸函数，那么对于所有 $y > x > u$，有

$$c + h(y) - h(x) - (y-x)h'(u) \geqslant 0$$

证明 我们考虑两种情形。

情形 1：$h(u) - h(x) + (x-u)h'(u) \leqslant 0$

在这种情形下，

$$\begin{aligned} & c + h(y) - h(x) - (y-x)h'(u) \\ & \geqslant c + h(y) - h(x) - \frac{y-x}{x-u}[h(x) - h(u)] \geqslant 0 \end{aligned}$$

其中，上一个不等式来源于（8.25）。

情形 2：$h(u) - h(x) + (x-u)h'(u) > 0$。

那么，我们有

$$\begin{aligned} & c + h(y) - h(x) - (y-x)h'(u) \\ & > c + h(y) - h(u) - (x-u)h'(u) - (y-x)h'(u) \geqslant 0 \end{aligned}$$

其中，不等式来源于式（8.24）。

c-凸函数具有下列其他性质：

(1) 凸函数是 0 -凸的，对于 $c'>c>0$，任何 c -凸函数也是 c'-凸的。

(2) 如果 $h(x)$ 是 c -凸的，那么对于所有 $a\in\mathbb{R}$，$h(x+a)$ 也是 c -凸的。

(3) 如果 f 是 c -凸的，g 是 b -凸的，那么对于 α，$\gamma>0$，$\alpha f+\gamma g$ 是 $(\alpha c+\gamma b)$-凸的。

c -凸的一个重要性质是，在三个相邻的子区间 (x_1,x_2)、(x_2,x_3) 和 (x_3,x_4)，最优政策不可能分别是不订购、订购和不订购，像图 8.6 所表明的那样。

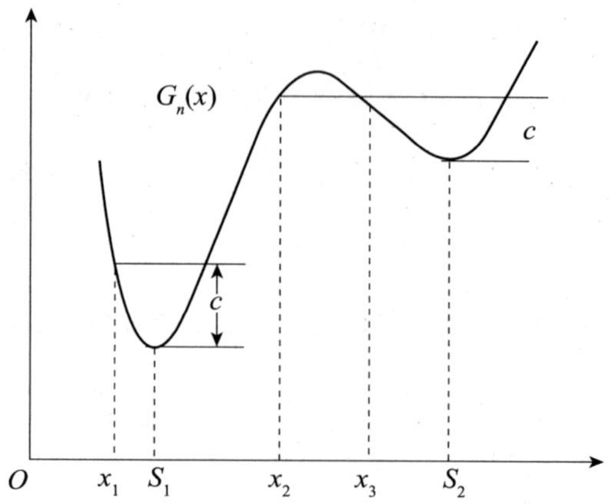

图 8.6　$G_n(x)$ 的最小化

反过来，假设在区间 (x_2,x_3) 存在局部最大化元。令 x^* 为其中一个局部最大化元。由 $G_n(y)$ 的 c -凸性质，我们有

$$
\begin{aligned}
0 &\leqslant c+G_n(S_2)-G_n(x^*)-\frac{(S_2-x^*)[G_n(x^*)-G_n(x^*-b)]}{b} \\
&\leqslant c+G_n(S_2)-G_n(x^*),\quad b>0
\end{aligned}
$$

矛盾。

下述引理表明，最优政策一定是 (s,S) 型。

引理 8.5.2　如果 $G_n(y)$ 是连续的、c -凸的和强制的，那么下述 (s,S) 政策是最优的：

$$
d_n(x)=\begin{cases}0, & \text{如果 } x>s_n \\ S_{n-x}, & \text{如果 } x\leqslant s_n\end{cases}
$$

其中，S_n 是 $G_n(y)$ 的全局最小化元，s_n 是方程 (8.23) 的满足 $s_n<S_n$ 的最小的解。

证明　因为 G_n 是连续和强制的，所以存在 G_n 的最小化点。令 S_n 为这样的一个点。令 s_n 为使得式 (8.23) 成立的最小值。对于所有 $x<s_n$，由 c -凸的定义可知

$$c+G_n(S_n) \geqslant G_n(s_n)+\frac{S_n-s_n}{s_n-x}(G_n(s_n)-G_n(x))$$

因此，$G_n(s_n) \leqslant G_n(x)$。因为 $x<s_n$ 且 s_n 是使得式（8.23）成立的最小值，所以我们一定有 $G_n(x)>G_n(s_n)=G_n(S_n)+c$。因此，对于所有 $x<s_n$，订购 S_n-x 是最优的。

现在我们可以表明，对于所有满足 $s_n \leqslant x \leqslant y$ 的 x 和 y，$G_n(x) \leqslant G_n(y)+c$ 都成立。对于 $x=y$，$x=S_n$ 或者 $x=s_n$，这是对的。存在两种其他的可能性：$S_n<x<y$ 和 $s_n<x<S_n$。如果 $S_n<x<y$，那么由 c-凸性，有

$$\begin{aligned} c+G_n(y) &\geqslant G_n(x)+\frac{y-x}{x-S_n}(G_n(x)-G_n(S_n)) \\ &\geqslant G_n(x) \end{aligned}$$

如果 $s_n<x<S_n$，那么

$$G_n(s_n)=c+G_n(S_n) \geqslant G_n(x)+\frac{S_n-x}{x-s_n}(G_n(x)-G_n(s_n))$$

因此，$G_n(s_n) \geqslant G_n(x)$。于是，我们有

$$G_n(y)+c \geqslant G_n(S_n)+c=G_n(s_n) \geqslant G_n(x_n)$$

我们给出结论：对于所有 $x>s_n$，不订购是最优的。

我们也可以证明：对于 $x<s_n$，$G_n(x)$ 是递减的。令 $x_1<x_2<s_n$。我们有

$$c+G_n(S_n) \geqslant G_n(x_2)+\frac{s_n-x_2}{x_2-x_1}(G_n(x_2)-G_n(x_1))$$

因为 $G_n(x_2)>G_n(S_n)+c$，所以我们一定有 $G_n(x_2)<G_n(x_1)$。

通过证明对于所有 $n \geqslant 1$，$G_n(x)$ 确实是 c-凸的，下述引理完成了对这一结论的证明：对于有限期问题，(s,S) 政策是最优的。

引理 8.5.3 假定假设 8.5.1 成立。那么，对于所有 $n \geqslant 1$，$G_n(x)$ 是 c-凸的。

证明 我们用归纳法证明。由定义，$f_0(x)=0$，$G_1(x)=L(x)+px$。很明显，$G_1(x)$ 是 c-凸的。假定 $G_n(x)$ 是 c-凸的。利用前一引理，我们得到，对于 $x>s_n$，

$$f_n(x)=-px+G_n(x)$$

它是 c-凸的。对于 $x<s_n$，有

$$\begin{aligned} f_n(x) &= L(S_n)+c+p(S_n-x)+\beta E f_{n-1}(S_n-z) \\ &= c-px+G_n(S_n) \end{aligned}$$

考虑两种情形。如果$x<x+a<s_n$，那么$f_n(x)$关于x是线性的，且是c-凸的。如果$x<s_n<x+a$，那么

$$c+f_n(x+a)-f_n(x)-a\frac{f_n(x)-f_n(x-b)}{b}$$

$$=c+[-p(x+a)+G_n(x+a)]-[c-px+G_n(S_n)]$$

$$-a\frac{[c-px+G_n(S_n)]-[c-p(x-b)+G_n(S_n)]}{b}$$

$$=G_n(x+a)-G_n(S_n)\geqslant 0$$

其中，不等式源自S_n是G_n的全局最大化元的事实。因此，$f_n(x)$是c-凸的。

由c-凸函数的性质，$f_n(x-z)$、$Ef_n(x-z)$和$\beta Ef_n(x-z)$都是c-凸函数。因此，$G_{n+1}(x)$是c-凸的。

□ 8.5.2 无穷期问题

现在我们研究解序列收敛于有限期问题。我们需要寻找有限期问题的其他性质。为此，我们加上一个假设：

假设 8.5.2 函数$L(x)$是可微的。

由上面引理的证明和式（8.23），有

$$f_n(x)=\begin{cases}-px+G_n(s_n), & 如果\ x\leqslant s_n\\ -px+G_n(x), & 如果\ x>s_n\end{cases}\tag{8.26}$$

而且，每个f_n都是连续的。因为$L(x)$是可微的，所以用归纳法可以证明下述结果：

（1）除了点$x=s_n$之外，每个函数$f_n(x)$都是可微的，在这一点左右导数都存在：

$$f'_n(x)=\begin{cases}-p, & 如果\ x\leqslant s_n\\ -p+G'_n(x), & 如果\ x>s_n\end{cases}\tag{8.27}$$

（2）每个函数$G_n(y)$都是可微的：

$$G'_n(y)=L'(y)+p+\beta Ef'_{n-1}(y-z)$$

现在我们给出序列$\{s_n\}$和$\{S_n\}$的界。下面的引理表明，S_n有下界。

引理 8.5.4 假定假设 8.5.1 和 8.5.2 成立。那么对于$n=2,3,\cdots$，$S_1\leqslant S_n$。

我们只需要通过归纳证明对于$x<S_1$，$G'_n(x)<0$即可。我们把证明留作练习。下面的引理表明$\{S_n\}$有上界。

引理 8.5.5 假定假设 8.5.1 和 8.5.2 成立。那么对于所有 $n=1,2,\cdots$，$S_n \leqslant M<\infty$。

证明 对于所有 $a>0$，

$$G_n(x+a)-G_n(x)=pa+L(x+a)-L(x)+\beta\int_0^{\infty}[f_{n-1}(x+a-z)-f_{n-1}(x-z)]\varphi(z)\mathrm{d}z$$

把积分分成两个区域，我们得到

$$\begin{aligned}G_n(x+a)-G_n(x)&=pa+L(x+a)-L(x)-pa\beta\int_{\max\{x+a-s_{n-1},0\}}^{\infty}\varphi(z)\mathrm{d}z\\&=\beta\int_0^{\max\{x+a-s_{n-1},0\}}[f_{n-1}(x+a-z)-f_{n-1}(x-z)]\varphi(z)\mathrm{d}z\end{aligned}$$

因为 f_{n-1} 是 c-凸的，所以由引理 8.5.1 可知

$$\begin{aligned}&\int_0^{\max\{x+a-s_{n-1},0\}}[f_{n-1}(x+a-z)-f_{n-1}(x-z)]\varphi(z)\mathrm{d}z\\&\geqslant\int_0^{\max\{x+a-s_{n-1},0\}}[-c+af'_{n-1}(x-\max\{x+a-s_{n-1},0\})]\varphi(z)\mathrm{d}z\\&=\int_0^{\max\{x+a-s_{n-1},0\}}[-c-ap]\varphi(z)\mathrm{d}z\end{aligned}$$

其中，我们用到了式（8.27）。因此，我们得到

$$G_n(x+a)-G_n(x)\geqslant L(x+a)-L(x)-c$$

因为 $L(x)$ 是凸的且 $\lim_{|x|\to\infty}L(x)=\infty$，所以存在 M_1 和 M_2 使得当 $x>M_1$ 和 $a>M_2$ 时，$L(x+a)-L(x)-c>0$。假设 $S_n>M_1+M_2$。那么，令 $x+a=S_n$，我们发现 $G_n(S_n)-G_n(x)>0$。这与 S_n 最小化 $G_n(x)$ 的事实矛盾。因此，$S_n\leqslant M_1+M_2\equiv M$。

很明显，因为 $s_n<S_n\leqslant M$，所以 $\{s_n\}$ 有上界。下面的引理表明，s_n 也有下界。

引理 8.5.6 假定假设 8.5.1 和 8.5.2 成立。对于所有 $n=2,3,\cdots$，$2s_1-S_1<s_n$。

证明 通过归纳证明对于 $x\leqslant s_1$ 和所有 $n\geqslant 1$，$G'_n(x)\leqslant -c/(S_1-s_1)$，我们就可以得到结果。对于 $n=1$，连接 $(s_1,G_1(s_1))$ 和 $(S_1,G_1(S_1))$ 两点的弦有斜率 $-c/(S_1-s_1)$。因为 $G_1(x)=px+L(x)$ 是凸的，所以 $G'_1(x)\leqslant -c/(S_1-s_1)$。假定对于 $x\leqslant s_1$，$G'_n(x)\leqslant -c/(S_1-s_1)$。那么，因为 $f'_n(x)\leqslant -c$ 对于 $x\leqslant s_1$ 成立，所以我们有

$$G'_{n+1}(x) \leqslant G'_1(x) - \beta c < \frac{c}{S_1 - s_1}, \quad 对于\ x \leqslant s_1$$

由均值定理，存在 $\xi \in [s_1-(S_1-s_1), s_1]$ 使得

$$\begin{aligned} G_n(S_n) &\leqslant G_n(s_1) = G_n(s_1-(S_1-s_1)) + G_n(\xi)(S_1-s_1) \\ &< G_n(s_1-(S_1-s_1)) - c \end{aligned}$$

其中，第一个不等式源自 S_n 最小化 $G_n(x)$ 的事实，第二个不等式源自以前的论证。由这些不等式，我们知道：在存量水平 $s_1-(S_1-s_1)$，企业下订单使得 $s_1-(S_1-s_1) < s_n$（对于 $n=2,3,\cdots$）是最优的。

给定上面的界，我们可以证明：

命题 8.5.1 假定假设 8.5.1 和 8.5.2 成立。那么，$\{f_n(x)\}$ 和 $\{G_n(x)\}$ 单调收敛于有限的极限，且对于在任何有限区间里的所有 x，收敛是一致的。极限函数 $f(x)$ 和 $G(x)$ 是连续的。

证明 定义

$$T(y,x,f) = C(y-x) + L(y) + \beta E f(y-z)$$

令 $y_n(x)$ 为 y 的最小化值，在有限期问题（8.22）里作为 x 的函数。那么，问题（8.22）变为

$$f_n(x) = \min_{y \geqslant x} T(y,x,f_{n-1}) = T(y_n,x,f_{n-1})$$

利用 y_n 和 y_{n+1} 的最优性质，我们得到

$$\begin{aligned} T(y_{n+1},x,f_n) - T(y_{n+1},x,f_{n-1}) &\leqslant f_{n+1}(x) - f_n(x) \\ &\leqslant T(y_n,x,f_n) - T(y_n,x,f_{n-1}) \end{aligned}$$

或者表示为

$$\begin{aligned} |f_{n+1}(x) - f_n(x)| \leqslant \max\{ &|T(y_n,x,f_n) - T(y_n,x,f_{n-1})|, \\ &|T(y_{n+1},x,f_n) - T(y_{n+1},x,f_{n-1})| \} \end{aligned}$$

把 $T(\cdot,\cdot,\cdot)$ 展开并消去一些项得到

$$\begin{aligned} &|f_{n+1}(x) - f_n(x)| \\ &\leqslant \max\left\{ \beta\left| \int_0^\infty [f_n(y_n-z) - f_{n-1}(y_n-z)]\varphi(z)\mathrm{d}z \right|, \right. \\ &\qquad \left. \beta\left| \int_0^\infty [f_n(y_{n+1}-z) - f_{n-1}(y_{n+1}-z)]\varphi(z)\mathrm{d}z \right| \right\} \end{aligned}$$

现在选择两个正常数 A 和 B 使得 $-A\leqslant 2s_1-S_1$ 和 $B>M$，其中，M 在引理 8.5.5 中给出。那么，上面的不等式表明

$$\max_{-A\leqslant x\leqslant B}|f_{n+1}(x)-f_n(x)|\leqslant\beta\max_{-A\leqslant x\leqslant B}\int|f_n(x-z)-f_{n-1}(x-z)|\varphi(z)\mathrm{d}z$$

其中，我们用到了以下事实：对于 $-A\leqslant x\leqslant B$ 和 $n=1,2,\cdots$，$-A\leqslant y_n(x)\leqslant B$。由引理 8.5.6，$s_n>-A$。由式（8.26），对于 $x\leqslant -A-s_n$，$f_n(x)=px+G_n(s_n)$。因此，我们可以推导出

$$\max_{-A\leqslant x\leqslant B}|f_{n+1}(x)-f_n(x)|\leqslant\beta\max_{-A\leqslant x\leqslant B}|f_n(x)-f_{n-1}(x)|$$

对这个不等式不断迭代得到

$$\max_{-A\leqslant x\leqslant B}|f_{n+1}(x)-f_n(x)|\leqslant\beta^n\max_{-A\leqslant x\leqslant B}|f_1(x)|,\quad n=1,2,\cdots$$

因此，对于区间 $-A\leqslant x\leqslant B$ 内的所有 x，级数 $\sum_{n=0}^{\infty}|f_{n+1}(x)-f_n(x)|$ 是绝对和一致收敛的。因为对于每个固定的 x，$\{f_n(x)\}$ 是关于 n 的递增序列，所以我们知道对于任何有限区间内的 x，$f_n(x)$ 是单调和一致收敛的。因为函数 $f_n(x)$ 是连续的，且收敛是一致的，所以极限函数 $f(x)$ 也是连续的。由 $G_n(x)$ 的定义，我们立即有 $\{G_n(x)\}$ 的结果。

命题 8.5.2 假定假设 8.5.1 和 8.5.2 成立。那么，极限函数 $f(x)$ 满足 Bellman 方程（8.21）。

证明 因为 $f(\cdot)$ 是单调收敛的，所以

$$f_n(x)=\min_{y\geqslant x}T(y,x,f_{n-1})\leqslant\min_{y\geqslant x}T(y,x,f)$$

一方面，令 $n\to\infty$，得到

$$f(x)\leqslant\min_{y\geqslant x}T(y,x,f)$$

另一方面，单调收敛意味着

$$f(x)\geqslant\min_{y\geqslant x}T(y,x,f_n)$$

因为 $S_n\leqslant M<\infty$，我们可以选择常数 $N>M$，使得上面的不等式等价于

$$f(x)\geqslant\min_{N\geqslant y\geqslant x}T(y,x,f_n)$$

通过交换极限、最小值和积分运算的顺序，我们可以取极限，尽管证明很乏味。因此，我们有 $f(x)=\min_{y\geqslant x}T(y,x,f)$。

下面的结果刻画了 $\{s_n\}$ 和 $\{S_n\}$ 的极限行为。证明留作习题。

命题 8.5.3 假定假设 8.5.1 和 8.5.2 成立。序列 $\{s_n\}$ 和 $\{S_n\}$ 包含收敛子序列。序列 $\{S_n\}$ 的每个极限点是函数 $G(x)=px+L(x)+\beta Ef(x-z)$ 取最小值的点。如果 $G(x)$ 有唯一的极小值点，那么序列 $\{S_n\}$ 收敛。而且，$G(x)$ 是 c-凸的，序列 $\{s_n\}$ 的任何极限点满足 $G(S)+c=G(s)$，其中，S 是序列 $\{S_n\}$ 的极限点。对于无穷期问题，最优订单政策是 (s,S) 型：

$$d(x)=\begin{cases}0, & \text{如果 } x>s \\ S-x, & \text{如果 } x\leqslant s\end{cases}$$

注意 $G(x)$ 可能有多个最小化元。如果存在唯一的最小化元，那么 $\{S_n\}$ 将会收敛于它。最后，我们陈述 Bellman 方程的唯一性结果。证明是非平凡的，这里省略。感兴趣的读者可以参考 Iglehart（1963）。

命题 8.5.4 假定假设 8.5.1 和 8.5.2 成立。如果 $F(x)$ 是 Bellman 方程（8.21）的解，它在任何有限区间里都是有界的，而且使得对于某个 y，$\inf_{x\leqslant y}F(x)>-\infty$，那么 $F(x)=f(x)$。

随机过程 $\{x_t\}$ 的极限性质是什么？由最优 (s,S) 政策，我们发现存货量的序列 $\{x_t\}$ 满足

$$x_{t+1}=\begin{cases}x_t-z_{t+1}, & \text{如果 } s<x_t\leqslant S \\ S-z_{t+1}, & \text{如果 } x_t\leqslant s\end{cases}$$

Iglehart（1963）表明，$\{x_t\}$ 有平稳分布，这可用随机过程的更新理论清楚地刻画。一个简单证明平稳分布存在性的方式是通过验证条件 M 应用定理 3.3.1。我们把这个分析留作习题。

8.6 投资

我们首先给出确定性情形的新古典理论和 Q 理论。将不确定性引入这些理论不会改变理论的本质。然后，我们给出考虑了固定和（或）比例调整成本的模型。在这些模型里，不确定性在投资决策中起重要作用，将被明显地包含进来。①

① 对在不确定性情形下投资的深入研究，请参考 Dixit 和 Pindyck（1994）。

□ 8.6.1 新古典理论

考虑一家企业的投资决策。该企业利用资本和劳动投入，根据生产函数 $F:\mathbb{R}_+^2 \to \mathbb{R}_+$ 生产产品。假定 $F(0,\cdot)=F(\cdot,0)=0$，$F_1>0$，$F_2>0$，$F_{11}<0$，$F_{22}<0$，$\lim_{K\to 0}F_1(K,L)=\infty$，$\lim_{L\to 0}F_1(K,L)=\infty$，$\lim_{K\to\infty}F_1(K,L)=0$。企业在工资率 w_t 下雇用劳动。假定它在租金率 R_{kt} 下租用资本。企业的目标是最大化利润的贴现值：

$$\max_{(K_{t+1},L_t)}\sum_{t=0}^{\infty}\beta^t[F(K_t,L_t)-w_tL_t-R_{kt}K_t]$$

其中，$\beta=1/(1+r)$，r 是利息率。这个问题简化为最大化静态利润。它的解使得 $F_1(K_t,L_t)=R_{kt}$ 且 $F_2(K_t,L_t)=w_t$。

在现实中，大多数资本不是租用的，而是被企业拥有和使用。现在我们列出企业拥有资本并做投资决策的问题

$$\max_{(K_{t+1},L_t)}\sum_{t=0}^{\infty}\beta^t[F(K_t,L_t)-w_tL_t-I_t] \tag{8.28}$$

满足

$$K_{t+1}=(1-\delta)K_t+I_t,K_0>0\text{ 给定} \tag{8.29}$$

其中，I_t 代表投资支出，$\delta\in(0,1)$ 代表折旧率。令 β^tQ_t 代表与式（8.29）有关的 Lagrange 乘子。变量 Q_t 代表资本的影子价格。一阶条件为

$$Q_t=1,\quad Q_t=\beta(1-\delta+F_1(K_{t+1},L_{t+1}))$$

因此，

$$F_1(K_{t+1},L_{t+1})=r+\delta$$

于是，如果租金率 R_k 等于 $r+\delta$，那么上面两个问题会给出相同的解。

仅定义扣除劳动成本的经营利润是方便的，即

$$\pi(K_t)=\max_{L_t}F(K_t,L_t)-w_tL_t$$

于是，由包络条件，$\pi'(K_t)=F_1(K_t,L_t)$。对于 Cobb-Douglas 生产函数 $F(K,L)=K^{\alpha_k}L^{\alpha_l}$，我们可以推导出

$$\pi(K_t)=K_t^{\alpha_k/(1-\alpha_l)}\left(\frac{\alpha_l}{w_t}\right)^{\alpha_l/(1-\alpha_l)}(1-\alpha_l)=A_tK_t^{\alpha_k/(1-\alpha_l)}$$

我们可以假设 w_t 是固定的常数，因此 A_t 也是常数。如果生产函数是规模报酬不变的，即$\alpha_k+\alpha_l=1$，那么 $\pi(K)=AK$。如果生产函数是规模报酬递增（递减）的，即 $\alpha_k+\alpha_l>(<)1$，那么 $\pi(K)$ 是凸的（凹的）。

□ 8.6.2 *Q* 理论

新古典投资理论表明，资本需求是由资本边际成本等于资本使用成本这一静态条件决定的。这个条件存在两个不合意的问题。首先，投资和资本对外生冲击太敏感。其次，没有关于未来预期影响投资需求的机制。为了修正这个理论，现在我们介绍由 Abel（1980，1982）、Hayashi（1982）和 Summers（1981）发展的***Q* 投资理论**（*Q* theory of investment），简称 *Q* 理论。①

Q 理论的关键思想是投资引致凸的调整成本。与 Lucas（1967）、Gould（1968）和 Treadway（1969）一样，我们假设这些成本直接减少企业利润。这些成本可能反映了投入资本和培训工人的成本。假设调整成本函数 $\Psi:\mathbb{R}\times\mathbb{R}_+\to\mathbb{R}^+$ 满足 $\Psi_1>0$、$\Psi_{11}>0$、$\Psi_2\leqslant 0$ 和 $\Psi(0,\cdot)=0$。企业的问题如下：

$$\max_{(I_t,K_{t+1})}\sum_{t=0}^{\infty}\beta^t[\pi(K_t)-I_t-\Psi(I_t,K_t)]$$

满足式（8.29）。令 β^tQ_t 为与式（8.29）相关的 Lagrange 乘子。一阶条件为

$$1+\Psi_1(I_t,K_t)=Q_t \tag{8.30}$$

$$Q_t=\beta[\pi'(K_{t+1})-\Psi_2(I_{t+1},K_{t+1})]+\beta(1-\delta)Q_{t+1} \tag{8.31}$$

横截性条件为

$$\lim_{T\to\infty}\beta^TQ_TK_{T+1}=0 \tag{8.32}$$

由式（8.31），我们推出

$$Q_t=\sum_{j=1}^{\infty}\beta^j(1-\delta)^{j-1}[\pi'(K_{t+j})-\Psi_2(I_{t+j},K_{t+j})] \tag{8.33}$$

其中，我们用到了条件

---

① 关于考虑了调整成本的早期投资研究，参考 Lucas（1967）、Gould（1969）、Uzawa（1969）和 Treadway（1969）。

$$\lim_{T\to\infty}\beta^T(1-\delta)^T Q_{T+1}=0$$

它来源于横截性条件（8.32）。式（8.33）表明，Q 等于资本的未折旧边际收益产品的现值减去由资本存量变化带来的调整成本的变化。这个方程表明，Q 概括了投资的未来获利能力的所有相关信息。式（8.30）表明，投资随着 Q 的增加而增加，Q 是投资决策的充分统计量。

Q 有自然的经济解释：企业资本存量增加一单位，利润的现值增加 Q，因此企业的价值增加 Q。在某种意义上，Q 是单位资本的边际市场价值。因为我们已经假设资本的购买价格是 1，Q 也是一边际单位资本的市场价值与其重置成本的比率。它通常被称为 **Tobin 边际 Q**（Tobin's margin Q，参见 Tobin，1969）。**Tobin 平均 Q**（Tobin's average Q）被定义为企业总的市场价值与其全部资本存量的重置成本的比率。边际 Q 在数据中是不可观测的。为了检验 Q 投资理论，我们必须使用边际 Q 的代理变量。

Hayashi（1982）表明，如果生产函数是规模报酬不变的，调整成本函数是线性齐次的，那么边际 Q 等于平均 Q。因为后者在数据中是可观测的，所以我们可以用平均 Q 代替边际 Q 以检验 Q 投资理论。下面我们正式证明 Hayashi 的结果。

令 $\pi(K)=AK$。由方程（8.31）和 Ψ 的线性齐次性，我们有

$$Q_t=\beta\left[\pi'(K_{t+1})-\frac{\Psi(I_{t+1},K_{t+1})-I_{t+1}\Psi_1(I_{t+1},K_{t+1})}{K_{t+1}}\right]+\beta(1-\delta)Q_{t+1}$$

利用式（8.30）可得

$$\begin{aligned}Q_t&=\beta\left[\pi'(K_{t+1})-\frac{\Psi(I_{t+1},K_{t+1}-I_{t+1}Q_{t+1}+I_{t+1})}{K_{t+1}}\right]+\beta(1-\delta)Q_{t+1}\\&=\beta\left[\pi'(K_{t+1})-\frac{\Psi(I_{t+1},K_{t+1})+I_{t+1}-(K_{t+2}-(1-\delta)K_{t+1})Q_{t+1}}{K_{t+1}}\right]\\&\quad+\beta(1-\delta)Q_{t+1}\\&=\beta\left[\frac{AK_{t+1}-\Psi(I_{t+1},K_{t+1})-I_{t+1}}{K_{t+1}}\right]+\beta\frac{K_{t+2}Q_{t+1}}{K_{t+1}}\end{aligned}$$

因此，

$$Q_tK_{t+1}=\beta[AK_{t+1}-\Psi(I_{t+1},K_{t+1})-I_{t+1}]+\beta K_{t+2}Q_{t+1}$$

向前迭代并使用横截性条件，我们得到

$$Q_t K_{t+1} = \sum_{j=1}^{\infty} \beta^j [\pi(K_{t+j}) - I_{t+j} - \Psi(I_{t+j}, K_{t+j})]$$

上式右边的表达式代表企业的市场价值（分红后）或者股票价值（分红后）。因此，我们证明了 Hayashi 的结果。

Uzawa（1969）给出了另一种引入调整成本的方式：让式（8.28）保持不变，而把式（8.29）改为

$$K_{t+1} = (1-\delta)K_t + \Phi(I_t, K_t) \tag{8.34}$$

其中，Φ 代表调整成本函数。在这种方式下，I 单位投资没有转化成 I 单位资本，而是转化成 Φ 单位资本。假定 Φ 满足 $\Phi_1 > 0$、$\Phi_{11} < 0$ 和 $\Phi(0, \cdot) = 0$。本章习题 14 要求读者证明：这种处理和以前的处理推导出来的结果类似。

□ 8.6.3 扩展的调整成本

有很多实证文献指出，投资在数据中显示出不可逆性和块状结构。为了模型化这种行为，沿用 Abel 和 Eberly（1994）与 Cooper 和 Haltiwanger（2006）的分析，我们引入如下形式的**扩展的调整成本函数**（augmented adjustment cost function）：

$$C(I,K) = \begin{cases} p_b I + \phi(K) + \Psi(I,K), & \text{如果 } I > 0 \\ 0, & \text{如果 } I = 0 \\ p_s I + \phi(K) + \Psi(I,K), & \text{如果 } I < 0 \end{cases}$$

其中，p_b 和 p_s 分别代表购买价格和销售价格，$p_b > p_s \geqslant 0$，$\phi(K)$ 代表调整资本的固定成本，$\Psi(I,K)$ 代表凸的调整成本。买卖价差反映了交易成本。假设固定成本可能依赖于企业的规模，用 K 代表。假设凸的调整成本函数 Ψ 满足前面的假设和 $\Psi_1(0,K) = 0$。

企业的最优化问题由下式给出：

$$\max_{(I_t)} E \sum_{t=0}^{\infty} \beta^t [\pi(K_t, z_t) - p_b I_t \mathbf{1}_{I_t \geqslant 0} - p_s I_t \mathbf{1}_{I_t \leqslant 0} - \phi(K_t) \mathbf{1}_{I_t \neq 0} - \Psi(I_t, K_t)]$$

其中，$\mathbf{1}$ 是指示函数，(z_t) 表示获利能力冲击，且服从转移函数为 P 的 Markov 过程。给定任何状态（K,z），企业有三个选择：(1) 不采取行动，令资本折旧，获得价值 $V^i(K,z)$；(2) 购买资本，获得价值 $V^b(K,z)$；(3) 卖掉资本，获得价值 $V^s(K,z)$。企业在这三个选择里选择最好的，获得价值 $V(K,z)$。Bellman 方程由下

式给出：

$$V(K,z)=\max\{V^i(K,z),V^b(K,z),V^s(K,z)\} \tag{8.35}$$

其中，

$$V^i(K,z)=\pi(K,z)+\beta E[V((1-\delta)K,z')\mid z]$$

$$V^b(K,z)=\max_{I>0}\pi(K,z)-p_bI-\phi(K)-\Psi(I,K)+\beta E[V(K',z')\mid z]$$

满足式（8.29），

$$V^s(K,z)=\max_{I<0}\pi(K,z)-p_sI-\phi(K)-\Psi(I,K)+\beta E[V(K',z')\mid z]$$

满足式（8.29）。

这里 $E[\cdot\mid z]$ 代表给定 z 的情况下关于 z' 的条件期望算子。

这个问题与以前分析的存货问题类似。在给定 Markov 冲击的情况下，它很难分析。① 为了给出易懂的直觉，我们将采用启发式推理。感兴趣的读者可以给出更严格的论证。② 由 Bellman 方程可知，我们观察到最优投资 I^* 是下述问题的解：

$$\begin{aligned}\varphi(K,z)=&\max_I\beta E[V((1-\delta)K+I,z')\mid z]-\beta E[V((1-\delta)K,z')\mid z]\\&-p_sI\mathbf{1}_{I<0}-p_bI\mathbf{1}_{I>0}-\phi(K)\mathbf{1}_{\{I\neq 0\}}-\Psi(I,K)\end{aligned} \tag{8.36}$$

假定 V 关于 K 是可微的。③ 利用在 $I=0$ 处的一阶泰勒逼近，我们把上述问题重新写为

$$\begin{aligned}\varphi(K,z)\simeq&\max_I\beta E[V_1((1-\delta)K,z')\mid z]I\\&-p_sI\mathbf{1}_{I<0}-p_bI\mathbf{1}_{I>0}-\phi(K)\mathbf{1}_{\{I\neq 0\}}-\Psi(I,K)\\=&\max_I QI-p_sI\mathbf{1}_{I<0}-p_bI1_{I>0}-\phi(K)1_{\{I\neq 0\}}-\Psi(I,K)\\\equiv&\psi(Q,K)\end{aligned}$$

其中，我们把零投资的边际 Q 定义为

$$Q=\beta E[V_1((1-\delta)K,z')\mid z] \tag{8.37}$$

我们分析两种情形。首先，考虑没有固定成本 $\phi(K)=0$ 的情形。在上述问题中，I 的一阶条件由下式给出④：

① Miao 和 Wang（2009，2011a）在规模报酬不变的假设下给出了一个可解模型。

② 在某些条件下，投资问题的连续时间形式有封闭解。

③ 很明显，由于有固定成本或者交易成本，V 存在扭结。

④ 更精确地说，式（8.36）的一阶条件表明，$Q=\beta E[V_1((1-\delta)K+I,z')\mid z]$。

$$p_b+\Psi_1(I^*,K)=Q, I^*>0,\quad \text{如果 } Q>p_b \tag{8.38}$$

$$I^*=0, \text{ 如果 } p_s\leqslant Q\leqslant p_b \tag{8.39}$$

$$p_s+\Psi_1(I^*,K)=Q, I^*<0,\quad \text{如果 } Q<p_s \tag{8.40}$$

这些条件给出了修正的 Q 理论，即最优投资关于 Q 是弱递增的。最优投资是三种情形（正投资、零投资和负投资）中的某一种，依赖于相对于两个临界值 p_b 和 p_s 的 Q 值。图 8.7 给出了对于 K 取固定值的函数 $\psi(Q,K)$。

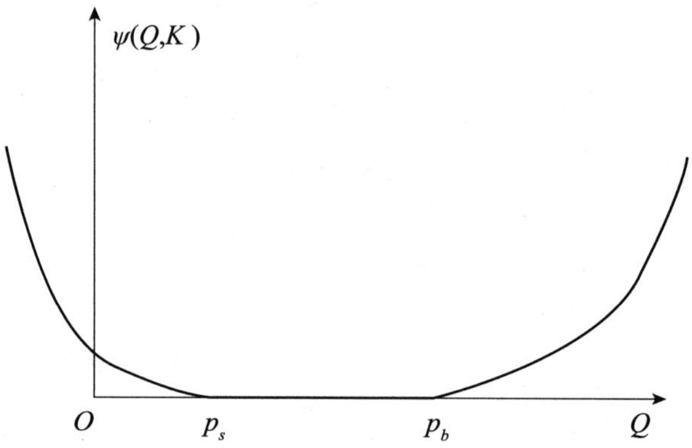

图 8.7　投资回报

说明：图中所画的是在无固定成本的情况下对于 K 取固定值的函数 $\psi(Q,K)$。

利用式（8.37），我们得到由

$$p_b=\beta E[V_1((1-\delta)K,z')\mid z] \tag{8.41}$$

决定的边界 $K=K^b(z)$。在这条边界以上，购买资本和不采取行动对于企业是无差异的。如果 V 是凹的，V_1 关于 z' 是递增的，（z_t）的转移函数 P 是单调的，那么 $K^b(z)$ 关于 z 是递增的。在这条边界以下，$Q>p_b$，企业购买资本使得目标投资水平满足式（8.38）。我们称在边界 $K^b(z)$ 以下的状态（K,z）处于“购买区域”。类似地，存在由

$$p_s=\beta E[V_1((1-\delta),K,z')\mid z] \tag{8.42}$$

决定的边界 $K=K^s(z)$。在这条边界以上，$Q<p_s$，企业卖出资本，使得目标负投资水平满足式（8.40）。我们称在边界以上的状态处于“卖出区域”。在这两条边界以内，企业不投资。这是“不采取行动区域”。只要企业面临大的正向（负向）冲击 z 使得状态（K,z）移到不行动区域外部，企业就会通过购买（卖出）资本把状态带到不采取行动区域。

注意，如果没有固定成本，就不存在投资块状结构使得投资对可获利冲击连续做出反应。不存在投资的离散跳跃。图 8.8 给出了（K,z）的三个状态区域和解的性质。

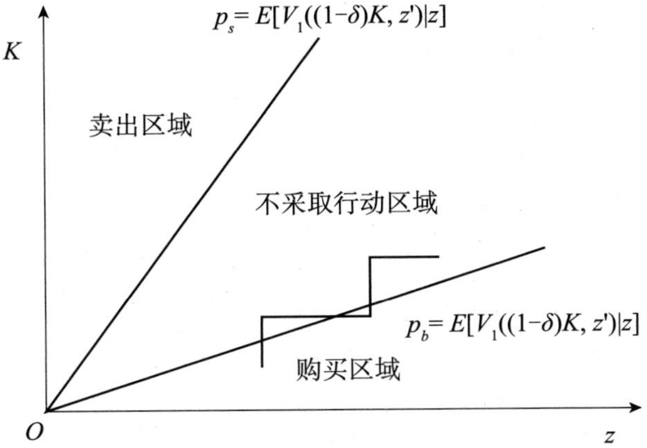

图 8.8　(K,z) 的三个状态区域

说明：图中所画的是在无固定成本的情况下，把状态空间分成购买区域、卖出区域和不采取行动区域的两条边界。

在 $p_s=0$ 的特殊情形下，式（8.42）不成立。那么，对于企业来讲，负投资肯定不是最优的。这表明投资是完全不可逆的。当 $p_b>p_s>0$ 时，投资是部分可逆的。

例 8.6.1　考虑下述静态投资问题：

$$\psi(Q)=\max_I QI-p_bI\mathbf{1}_{I>0}-p_sI\mathbf{1}_{I<0}-\frac{I^2}{2}-\phi\mathbf{1}_{I\neq 0}$$

如果不存在固定成本 $\phi=0$，那么最优投资水平由下式给出：

$$I^*=\begin{cases}Q-p_b>0, & \text{如果 } Q>p_b\\ 0, & \text{如果 } p_s\leqslant Q\leqslant p_b\\ Q-p_s<0, & \text{如果 } Q<p_s\end{cases}$$

相应地，利润为

$$\psi(Q)=\begin{cases}\dfrac{1}{2}(Q-p_b)^2, & \text{如果 } Q>p_b\\ 0, & \text{如果 } p_s\leqslant Q\leqslant p_b\\ \dfrac{1}{2}(Q-p_s)^2, & \text{如果 } Q<p_s\end{cases}$$

如果存在固定成本 $\phi>0$，那么我们一定要从上面的等式中减掉 ϕ。为了确保利润非负，新投资政策为

$$I^* = \begin{cases} Q-p_b>0, & 如果\ Q>p_b+2\sqrt{\phi} \\ 0, & 如果\ p_s-2\sqrt{\phi}\leqslant Q\leqslant p_b+2\sqrt{\phi} \\ Q-p_s<0, & 如果\ Q<p_s-2\sqrt{\phi} \end{cases}$$

接下来我们考虑固定成本 $\phi(K)>0$ 的情形。尽管式（8.38）到式（8.40）仍然是一阶必要条件，但它们不是最优性的充分条件。如图 8.9 所示，固定成本的存在使以前的 $\psi(Q,K)$ 曲线向下平移了 $\phi(K)$。新曲线与水平轴交于两个点 Q_1 和 Q_2。新投资规则由下式给出：

$$p_b+\Psi_1(I^*,K)=Q, I^*>0,\quad 如果\ Q>Q_2 \tag{8.43}$$

$$I^*=0,\quad 如果\ Q_1\leqslant Q\leqslant Q_2 \tag{8.44}$$

$$p_s+\Psi_1(I^*,K)=Q, I^*<0,\quad 如果\ Q<Q_1 \tag{8.45}$$

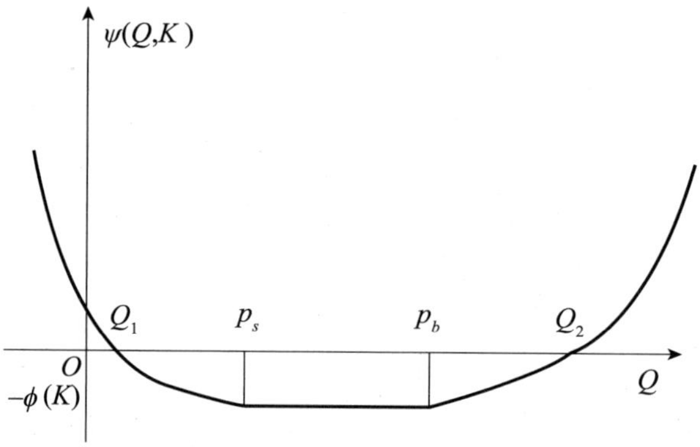

图 8.9　投资回报

说明：图中所画的是在存在固定成本的情况下对于固定 K 值的函数 $\psi(Q,K)$。

当 $Q=Q_2(Q=Q_1)$ 时，企业在购买（卖出）和不采取行动之间是无差异的。利用 Bellman 方程（8.35），我们可以把这些边界推导得更清楚。对于每个 z，购买边界 $K^b(z)$ 是方程

$$V^i(K,z)=V^b(K,z) \tag{8.46}$$

的最大化解 K。类似地，方程

$$V^i(K,z)=V^s(K,z) \tag{8.47}$$

决定了卖出边界 $K^s(z)$。很显然，如果 $K < K^b(z)$，那么企业将购买资本；如果 $K > K^s(z)$，那么企业将卖出资本；在其他情况下，企业不采取行动。这两条边界是 z 的增函数，把关于 (K,z) 的状态空间分成了如图 8.8 所示的三个区域。固定成本的存在拓宽了不采取行动区域。

等价地，两条边界由方程 $\varphi(K,z)=0$ 的最大化解和最小化解决定。在没有固定成本，即 $\phi(K)=0$ 的情况下，$\varphi(K,z)\simeq\psi(Q,K)$。因此，条件（8.41）和（8.42）与条件（8.46）和（8.47）是一致的。我们可以把前者看作边界条件的微分形式。

在存在固定成本，即 $\phi(K)>0$ 的情况下，边界条件不能取微分形式。在这种情况下，投资显示块状行为，它可以有离散的跳跃。如图 8.9 所示，在 p_b 和 Q^2 之间，投资回报不足以覆盖固定成本。除非 Q 充分大，否则企业一定会避免投资。当 Q 刚超过 Q_2 时，最优投资离散地向上跳跃。目标投资（或者负投资）满足式（8.43）或者式（8.45）。当不存在交易成本满足 $p_b=p_s$ 时，这两个方程缩减成一个方程。

8.7 习题

1. 考虑第 8.1 节分析的 McCall（1970）的找工作模型。假定工资报价服从转移函数为 Q 的 Markov 过程。写出 Bellman 方程并刻画解。

2. 假定在 McCall（1970）的模型中工人每期有 α 的概率失业。在工人失业后，他必须等待一期，即到下一期开始找新工作。工资报价还是从以前的工资分布中抽取的。写出这种情况下的 Markov 方程并刻画解。

3. 证明引理 8.5.4。

4. 证明命题 8.5.3。

5. 令 $\{x_t\}$ 为第 8.5 节分析的存货控制模型中的最优存货水平序列。证明它是 Markov 过程，推导转移函数。证明它有唯一的平稳分布。

6. 考虑第 8.5 节讨论的存货模型。假定需求 z_t 的固定分布有密度 $\lambda e^{-\lambda z}$，$z\geqslant 0$。刻画 s 和 S。

7. 假定在第 8.5 节分析的存货控制模型中不存在固定成本（$c=0$）。证明 $s=S$ 且 s 满足等式

$$p(1-\beta)+L'(s)=0$$

8. 考虑下述确定性的消费-储蓄问题

$$\max\sum_{t=0}^{\infty}\beta^t\frac{c^{1-\gamma}}{1-\gamma}$$

满足

$c_t+a_{t+1}=Ra_t+y_t$（a_0 给定），以及非 Ponzi 对策条件（自然借贷约束）。这里 y_t 是确定性的劳动收入。推导最优的消费-储蓄政策。给出值函数有限的条件。研究$\beta R>1$、$\beta R<1$ 和 $\beta R=1$ 这三种情形下最优消费和储蓄计划的性质。

9. 考虑在第 8.3.2 节分析的 $\beta R<1$ 这种情形下的随机消费-储蓄问题。证明 $x_{\max}>x_{\min}$且 $x_{\max}$是满足 $R\hat{a}(x_{\max})+y_{\max}-rb=x_{\max}$的最大值。

10. （Levhari，Mirman，and Zilcha，1980）考虑下述消费-储蓄问题：

$$\max_{0\leqslant c_t\leqslant x_t}E\sum_{t=0}^{\infty}-\beta^t\mathrm{e}^{-\gamma c_t}$$

满足

$$x_{t+1}=R(x_t-c_t)+y_{t+1},\quad x_0\text{ 给定},\quad \beta R<1$$

刻画下述两种情况下的最优消费-储蓄问题：（a）$y_t=y$ 随着时间的推移不变；（b）y_t 是独立同分布的，抽自一个固定分布。

11. （Schechtman and Escudero，1977）显式求解下述最优消费-储蓄政策问题：

$$\max_{c_t}E\left[\sum_{t=0}^{\infty}-\beta^t\mathrm{e}^{-\gamma c_t}\right]$$

满足

$$x_{t+1}=R(x_t-c_t)+y_{t+1},\quad a_0\text{ 给定}$$
$$y_{t+1}=\rho y_t+\varepsilon_{t+1}$$

其中，ε_{t+1}是从带有界支撑的固定分布中独立同分布地抽取的。令 $\rho=0$。证明不存在平稳分布。

12. 利用 Bellman 方程推导 Hayashi 的结果。用值函数解释边际 Q。

13. 考虑下述投资问题：

$$\max\sum_{t=0}^{\infty}\beta^t\left[AK_t-I_t-\frac{I_t^2}{2K_t}\right]$$

满足

$$K_{t+1} = I_t + (1-\delta)K_t$$

求解最优投资政策和企业的值函数。给出使得值函数有限的条件。

14. 考虑等式（8.34）中 Uzawa 关于凸调整成本的处理。推导最优投资政策，并在这个框架下给出 Q 投资理论。

第 9 章 线性二次模型

本章目标

线性二次模型有两个主要特征：二次回报函数和线性约束。我们将证明，这些模型有线性决策规则和二次型值函数。因此，在应用时它们是可解的。这些方法也被用来逼近和求解非线性模型。在本章，我们首先解释如何求解线性二次控制模型。然后，我们用线性二次框架求解在有承诺能力和在相机抉择下的最优政策。最后，我们在线性二次框架下引入稳健控制。

9.1 受控的线性状态空间系统

给定带滤波 $\{\mathcal{F}_t\}_{t=0}^{\infty}$ 的固定概率空间。在这个空间里，我们定义条件同方差鞅差分过程 $\{\varepsilon_t\}_{t=1}^{\infty}$，它满足以下假设：

假设 9.1.1 过程 $\{\varepsilon_t\}_{t=1}^{\infty}$ 满足

(a) $E[\varepsilon_{t+1} | \mathcal{F}_t]=0$

(b) $E[\varepsilon_{t+1}\varepsilon'_{t+1} | \mathcal{F}_t]=I$

考虑受控的线性系统

$$x_{t+1}=Ax_t+Bu_t+C\varepsilon_{t+1} \tag{9.1}$$

其中，x_t 是 $n_x \times 1$ 状态变量向量，u_t 是适应于 $\{\mathcal{F}_t\}$ 的 $n_u \times 1$ 控制变量向量，ε_t 是满足假设 9.1.1 的 $n_\varepsilon \times 1$ 随机变量向量。这里，A、B 和 C 是相容矩阵。注意，x_t 可以包含独立于控制变量的外生状态变量。等式（9.1）通常被称为**状态转移方程**（state-transition equation）。状态向量 x_t 可以是部分可观测的，即它不是 $\mathcal{F}_t$ -可测的。不可观测状态被称为**隐藏的状态**（hidden state）。令 $\mathcal{F}_t$ 由观测 n_y -向量 y_t 生成，它满足

$$y_t=Gx_t+Hu_{t-1}+D\varepsilon_t \tag{9.2}$$

其中，G、H 和 D 是相容向量。我们称等式（9.2）为**测量方程**（measurement equation）。前两个等式构成**状态空间表达**（state-space representation）。当过程 $\{x_t\}$ 和 $\{\varepsilon_t\}$ 适应于 $[\mathcal{F}_t]$ 时，决策者拥有所有信息，测量方程可以忽略。否则，系统是局部可观测的。

在本节，我们介绍一些当 A、B、C、D、G 和 H 独立于时间的时候关于受控线性系统的一些重要概念。当它们依赖于时间时，这些概念也可能是有效的。首先，我们考虑稳定性。

定义 9.1.1 如果存在矩阵 H 使得 $A+BH$ 是稳定的，那么矩阵对 (A,B) 是**可稳定的**（stabilizable）。

该定义的直觉如下：取控制 $u_t=Hx_t$ 使得转移方程简化为

$$x_{t+1}=(A+BH)x_t+C\varepsilon_{t+1}$$

那么当且仅当 $A+BH$ 是稳定的时，确定性的稳态 $\bar{x}=0$ 是稳定的，这表明 (A,B) 是可稳定的。通过选择平凡的控制规则，可以验证这个条件。

接下来，如果给定任意初值 x_0，我们可以选择值 $u_0, u_1, \cdots, u_{r-1}$ 使得对于任意 $r>0$，x_r 都有一个任意规定的值，那么我们称系统（9.1）是**可控的**（controllable）。此定义等价于以下定义［参见 Whittle（1982）中的定理 4.3.1］：

定义 9.1.2 如果

$$\sum_{j=0}^{n_x-1} A^j BB'(A')^j > 0$$

那么矩阵对 (A,B) 是**可控的**。其中，$M>0$ 表明对于任意方阵 M，M 都是正定的。

注意，可控意味着可稳定。反之则不成立。例如，令 A 为稳定矩阵，取 $B=0$。显然，这个系统是可稳定的，但不是可控的。此例表明，可控的概念应用于仅受控制影响的内生状态，不能用于外生状态。

在局部信息的情况下，如果 x_0 可用 $y_0,y_1,\cdots,y_r$；$u_0,u_1,\cdots,u_{r-1}$；$\varepsilon_0,\varepsilon_1,\cdots,\varepsilon_r$ 的知识来决定（对于任意初值 x_0 和任何 $r>0$），那么状态空间表达（9.1）和（9.2）被称为**可观测的**（observable）。此定义等价于下述定义［参见 Whittle（1982）中的定理 4.4.1］：

定义 9.1.3 如果

$$\sum_{j=0}^{n_x-1}(A')^j G'GA^j>0$$

那么矩阵对 (A,G) 是可观测的。

下面，我们引入最后一个概念。

定义 9.1.4 如果存在矩阵 J 使得 $A-JG$ 是稳定的，那么矩阵对（A,G）是**可检测的**（detectable）。

此定义的直觉如下：令 $\hat{x}_{t+1|t}$ 为给定信息 y^t 情况下对 x_{t+1} 的估计。在某些条件下，我们将在第 10.1.1 节证明 $\hat{x}_{t+1|t}$ 满足系统

$$\hat{x}_{t+1|t}=A\hat{x}_{t|t-1}+Bu_t+AKa_t \tag{9.3}$$

其中，$a_t=y_t-E[y_t\mid y^{t-1}]=G(x_t-\hat{x}_{t|t-1})+D\varepsilon_t$。定义 $\Delta_t=x_t-\hat{x}_{t|t-1}$。那么，把等式（9.3）代入等式（9.1）得到

$$\Delta_{t+1}=(A-AKG)\Delta_{t-1}+C\varepsilon_{t+1}+AKD\varepsilon_t$$

注意，当且仅当 $A-AKG$ 是稳定的时，Δ_t 是稳定的。因此，可检测意味着我们可以找到形如等式（9.3）的更新规则近似得到对状态的真实估计。

9.2 有限期问题

下面我们集中讨论完全信息的情况，忽略可测方程（9.2）。在下一章，我们将研究部分信息的情形，并引入可测方程。我们首先考虑非平稳的有限期问题：

$$\max_{\{u_t\}} -E\left[\sum_{t=0}^{T-1}\beta^t(x_t'Q_tx_t+u_t'R_tu_t+2x_t'S_tu^t)+\beta^Tx'_TP_Tx_T\right],\beta\in(0,1]$$

满足

$$x_{t+1}=A_tx_t+B_tu_t+C_t\varepsilon_{t+1}$$

其中，A_t、B_t、C_t、Q_t、R_t 和 S_t 是仅依赖于 t 的确定性矩阵。假定 $\{\varepsilon_t\}$ 满足假设 9.1.1。

对于任意两个对称矩阵 M 和 N，如果 $M-N$ 是半正定的，则我们称 $M\geqslant N$；如果 $M-N$ 是正定的，则我们称 $M>N$。

命题 9.2.1 假定

$$\begin{bmatrix}Q_t & S_t\\ S_t' & R_t\end{bmatrix}$$

和 P_T 是半正定的，假定对于 $t<T$，有 $R_t>0$。那么，

(a) 值函数采取形式

$$V_t(x_t)=-x_t'P_tx_t-d_t \tag{9.4}$$

其中，$P_t\geqslant0$ 且满足

$$\begin{aligned}P_t=&Q_t+\beta A_t'P_{t+1}A_t\\&-(\beta A_t'P_{t+1}B_t+S_t)(R_t+\beta B_t'P_{t+1}B_t)^{-1}(\beta B_t'P_{t+1}A_t+S_t'),\quad t<T\end{aligned} \tag{9.5}$$

且 d_t 满足

$$d_t=\beta tr(P_{t+1}C_tC_t')+\beta d_{t+1},\quad t<T,d_T=0 \tag{9.6}$$

(b) 最优控制是

$$u_t=-F_tx_t \tag{9.7}$$

其中，

$$F_t=(R_t+\beta B_t'P_{t+1}B_t)^{-1}(S_t'+\beta B_t'P_{t+1}A_t),\quad t<T \tag{9.8}$$

证明 用归纳法证明。在 T 时刻，$V_T(x_T)=-x'_TP_Tx_T$。假定等式 (9.4) 在 $t+1<T$ 时刻成立。考虑 t 时刻。由 Bellman 方程，有

$$V_t(x_t)=\max_{u_t}-(x_t'Q_tx_t+u_t'R_tu_t+2x_t'S_tu_t)+\beta E_tV_{t+1}(x_{x+1})$$

其中，E_t 代表给定信息 $\mathcal{F}_t$ 情况下的条件期望算子。注意，$E_t\varepsilon_{t+1}=0$ 且

$$\begin{aligned}E_t\varepsilon'_{t+1}C'_tP_{t+1}C_t\varepsilon_{t+1}&=\mathrm{tr}(E_t\varepsilon'_{t+1}C'_tP_{t+1}C_t\varepsilon_{t+1})\\&=E_t\mathrm{tr}(P_{t+1}C_t\varepsilon_{t+1}\varepsilon'_{t+1}C'_t)\\&=\mathrm{tr}(P_{t+1}C_tC'_t)\end{aligned}$$

我们可以计算

$$\begin{aligned}E_tV_{t+1}(x_{t+1})&=-E_t(A_tx_t+B_tu_t+C_t\varepsilon_{t+1})'P_{t+1}(A_tx_t+B_tu_t+C_t\varepsilon_{t+1})-d_{t+1}\\&=-(A_tx_t+B_tu_t)'P_{t+1}(A_tx_t+B_tu_t)-E_t\varepsilon'_{t+1}C'_tP_{t+1}C_t\varepsilon_{t+1}-d_{t+1}\\&=-(A_tx_t+B_tu_t)'P_{t+1}(A_tx_t+B_tu_t)-\mathrm{tr}(P_{t+1}C_tC'_t)-d_{t+1}\end{aligned}$$

把此方程代入上面的 Bellman 方程并求一阶条件①，我们得到

$$(R_t+\beta B'_tP_{t+1}B_t)u_t=-(S'_t+\beta B'_tP_{t+1}A_t)x_t$$

这就可以得出方程（9.7）和方程（9.8）。因为 $R_t>0$，$P_{t+1}\geqslant 0$，$(R_t+\beta B't P_{t+1}B_t)$ 也是正定的。然后，我们可以推出

$$u_t=-(R_t+\beta B'_tP_{t+1}B_t)^{-1}(S'_t+\beta B'_tP_{t+1}A_t)x_t$$

把此决策代入 Bellman 方程并对比系数可以得到方程（9.4）至（9.6）。

由于 u_t 依赖于当前状态 x_t，所以决策规则（9.7）被称为**反馈**（feedback）或者**闭环控制**（closed-loop control）。**开环控制**（open-loop control）可以表示为 $u_t=u^*(x_0,t)$，在这种情况下，行动由时刻而不是当前状态决定。这两种形式不等价。方程（9.5）被称为 **Riccati 方程**（Riccati equation），它在我们后面的分析中很重要。为了理解这个方程，我们需要知道，P_t 满足

$$P_t=\min_{F_t}Q_t-F'_tS'_t-S_tF_t+F'_tR_tF_t+\beta(A_t-B_tF_t)'P_{t+1}(A_t-B_tF_t) \qquad (9.9)$$

其中，最小化是由于正定。最小化元由方程（9.8）给出。

从上面的分析来看，我们观测到矩阵 C_t 的不确定性不影响线性决策规则方程（9.7）和方程（9.8）。它也不影响方程（9.5）中的矩阵 P_t。它仅影响常数项 d_t。我们把此观察表述如下：

确定性等价原理（certainty equivalence principle）　随机最优线性二次问题的决策规则与相应的确定性线性二次问题的决策规则相同。

---

① 我们使用下列微分法则：$\partial x'Ax/\partial x=(A+A')x$，$\partial y'Bz/\partial y=Bz$，$\partial y'Bz/\partial z=B'y$。

根据此原理，我们可以利用相应的确定性模型求解决策规则。此原理对于我们研究线性二次规划问题特别有用。

注意，我们假定回报函数是“集中的”。在不集中的情形下，

$$
\begin{aligned}
r(x,u)=-E\sum_{t=0}^{T-1}\{&(x_t-x^*)'Q_t(x_t-x^*)+(u_t-u^*)'R_t(u_t-u^*)\\
&+(x_t-x^*)'S_t(u_t-u^*)+(x_T-x^*)'P_T(x_T-x^*)\}
\end{aligned}
$$

其中，x^* 和 u^* 是某些常数。处理此情形的一种方式是采用扩展的状态向量 $[x',1]'$。我们可以使用此扩展的状态向量进行前述的分析。其他方式是通过定义 $\tilde{x}_t=x_t-x^*$ 和 $\tilde{u}_t=u_t-u^*$ 进行变量代换。然后，我们可以重写状态转移方程，并开展类似的分析。

9.3 无穷期极限

考虑下述无穷期随机线性调节器问题：

$$
\max_{\{u_t\}}-E\sum_{t=0}^{\infty}\beta^t(x_t'Qx_t+u_t'Ru_t+2x_t'Su_t),\beta\in(0,1]
$$

满足方程（9.1），其中，矩阵 Q、R、S、A、B 和 C 是时齐的。在经济应用中我们经常施加下述附加条件（参见 Hansen and Sargent，2008）：

$$
E\left[\sum_{t=0}^{\infty}\beta^t(u_t\cdot u_t+x_t\cdot x_t)\right]<\infty \tag{9.10}
$$

条件（9.10）是稳定条件，它确保了 u_t 和 x_t 不能以超过 $1/\sqrt{\beta}$ 的速度增长。在标准控制问题中此条件是不必要的，但是，在某些经济应用中它可能是有用的，因为它与横截性条件有关。

为了研究上述无穷期问题，我们将分析一列相关有限期问题序列的无穷期极限。令

$$
P(s)=P_t,F(s)=F_t,d(s)=d_t,s=T-t
$$

其中，P_t、F_t 和 d_t 由时齐情形下的命题 9.2.1 给出。由此命题，我们得到

$$
p(s)=\mathcal{T}(P(s-1))=\mathcal{T}^s(P(0))
$$

其中，$\mathcal{T}$是由

$$\mathcal{T}(P)=Q+\beta A'PA-(S+\beta A'PB)(R+\beta B'PB)^{-1}(S'+\beta B'PA) \tag{9.11}$$

定义的算子。进一步地，

$$F(s)=(R+\beta B'P(s-1)B)^{-1}(S'+\beta B'P(s-1)A)$$

我们的目标是证明当 $s\to\infty$时 $P(s)$ 有极限 P，因此，$F(s)$ 和 $d(s)$ 分别有极限 F 和 d。这些极限给出了无穷期问题的值函数和最优政策函数。

为了方便解释，我们将假定 S 被标准化为零。这可以通过适当的变量代换得到。由确定性等价原理，我们也可以考虑确定性情形。在这种情形下，值函数中的常数项消失。于是，我们可以把 s 期问题的值函数写为

$$V_s(x)=-x'P(s)x$$

命题 9.3.1 假定 (a) $Q>0$、(b) $R>0$ 和 (c) $(\sqrt{\beta}A,\sqrt{\beta}B)$ 要么是可控的，要么是可稳定的。那么，Riccati 方程

$$P=\mathcal{T}(P) \tag{9.12}$$

有唯一的半正定解 P。对于任何有限的和半正定的 $P(0)$，都有 $P(s)\to P$。

证明 令 $P(0)=0$。那么，由式 (9.11) 可知，$P(1)=Q$。于是，$V_1(x)=-x'P(1)x<0=V_0(x)$。由 Bellman 方程，我们推出：对于任何 s，都有 $V_{S+1}(x)<V_s(x)$。因此，对于任何 s，都有 $P(s+1)>P(s)$。接下来，我们证明 $\{P(s)\}$ 有上界，因此具有有限的半正定极限 P。

为了证明有界，我们仅需要证明：对于任何初始值 x_0，都可以找到导致有限的无穷期值的政策。在可控的情形下，通过选择控制 u，在有限步内把 x 变到 0，然后保持 u（因而 x）为零，我们就可以实现这一点。在可稳定的情形下，我们可以选择 $u_t=Kx_t$，其中 K 使得$\sqrt{\beta}(A+BK)$是稳定矩阵。定义 $\Gamma=A+BK$。那么，$x_t=\Gamma^t x_0$，$u_t=K\Gamma^t x_0$。在此控制下的无穷期目标函数取有限值

$$-E\sum_{t=0}^{\infty}\beta^t x_0'(\Gamma')^t(Q+K'RK)\Gamma^t x_0$$

极限 P 是半正定的，且满足方程 (9.12)，它可被重写为

$$P=Q+F'RF+\beta\Gamma'P\Gamma \tag{9.13}$$

其中，

$$F=(R+\beta B'PB)^{-1}\beta B'PA, \Gamma=A-BF$$

考虑函数 $V(x)=-x'Px$ 和序列 $x_t=(\sqrt{\beta}\Gamma)^t x_0$：

$$\begin{aligned}V(x_{t+1})-V(x_t)&=-x'_{t+1}Px_{t+1}+x'_tPx_t\\&=-\beta x'_t\Gamma'P\Gamma x_t+x'_t(Q+F'RF+\beta\Gamma'P\Gamma)x_t\\&=x'_t(Q+F'RF)x_t\geqslant 0\end{aligned}$$

因为 $\{V(x_t)\}$ 的上界为零，所以 $V(x_t)$ 增加到一个有限极限。因此，

$$x'_t(Q+F'RF)x_t\to 0 \tag{9.14}$$

这表明 $x_t\to 0$。由于 x_0 是任意的，所以这意味着 $(\sqrt{\beta}\Gamma)^t\to 0$。因此，由式（9.13）可知，

$$P=\sum_{j=0}^{\infty}(\sqrt{\beta}\Gamma')^j(Q+F'RF)(\sqrt{\beta}\Gamma)^j$$

注意，对于任意有限半正定的 $P(0)$，

$$P(s)=\mathcal{T}^s(P(0))\geqslant\mathcal{T}^s(0)\to P$$

把最大化的 s 期回报与利用平稳规则 $u_t=-Fx_t$ 得到的规则相比较，我们推出反向不等式

$$P(s)\leqslant\sum_{j=0}^{s-1}\beta^j(\Gamma')^j(Q+F'RF)\Gamma^j+(\Gamma')^sP(0)\Gamma^s\to P$$

上面两个等式表明，对于任何有限的半正定的 $P(0)$，$P(s)\to P$。

最后，我们证明唯一性。如果 $\hat{P}$ 是方程（9.12）的另一个解，那么，

$$\hat{P}=\mathcal{T}(\hat{P})=\mathcal{T}^s(\hat{P})\to P$$

证毕。

命题 9.3.2 如果条件（a）减弱为 $Q=L'L$，其中，$(\sqrt{\beta}A, L)$ 是可观测的或者可检测的，那么命题 9.3.1 依然成立。

证明 令 $x_t=(\sqrt{\beta}\Gamma)^t x_0$。关系（9.14）变为

$$(Lx_t)'(Lx_t)+(Fx_t)'R(Fx_t)\to 0$$

这表明，$Fx_t \to 0$，$Lx_t \to 0$。利用 $x_{t+1}=\sqrt{\beta}(A-BF)x_t$，我们推出 x_t 将进入一个满足

$$Lx_t=0 \text{ 和 } x_{t+1}=\sqrt{\beta}Ax_t \tag{9.15}$$

的系统。可检测条件表明，我们可以找到一个 H 使得$\sqrt{\beta}A-HL$ 是稳定矩阵。由方程（9.15）可知，

$$x_{t+1}=(\sqrt{\beta}A-HL)x_t$$

因此 $x_t \to 0$，这表明$\sqrt{\beta}\Gamma$ 是稳定矩阵。剩下的证明与命题 9.3.1 的证明一样。

注意，在前面的命题里我们可以用附加条件代替可检测条件或者可观测条件。现在我们转向满足 $S \neq 0$ 的带不确定性的一般情形。值函数由

$$V(x)=-x'Px-d$$

给出，其中，P 是方程（9.12）的半正定矩阵解，$T(P)$ 由方程（9.11）给出。另外，d 是常数，

$$d=(1-\beta)^{-1}\beta \mathrm{tr}(PCC')$$

最优决策规则由

$$u=-Fx \tag{9.16}$$

给出，其中，

$$F=(R+\beta B'PB)^{-1}(S'+\beta B'PA) \tag{9.17}$$

现在我们讨论求解集中情形下的线性二次控制问题的三种数值方法。

□ 9.3.1 值函数迭代法

我们首先求解截断的有限期问题，然后求极限得出无穷期问题的解。命题 9.3.1 给出了一种算法。Matlab 程序 olrp.m 可以用来求解贴现的线性二次控制问题。

□ 9.3.2 政策改进算法

我们可以利用方程（9.9）重写 Riccati 方程

$$P=Q+F'RF-SF-F'S'+\beta(A-BF)'P(A-BF)$$

这种算法从使得 $A-BF_0$ 的特征根的模小于 $1/\sqrt{\beta}$的初始值 F_0 开始，对下述两个方程进行迭代：

$$P_j=Q+F_j'RF_j-SF_j-F_j'S'+\beta(A-BF_j)'P_j(A-BF_j)$$
$$F_{j+1}=(R+\beta B'P_jB)^{-1}(S'+\beta B'P_jA)$$

第一个方程是**离散 Lyapunov** 或者 **Sylvester** 方程，它被用来求解 P_j。如果矩阵 $A-BF_j$ 的特征根的模以 $1/\sqrt{\beta}$为界，那么这个方程的解存在。有几种可用的算法可以求解这个方程（参见 Anderson et al.，1996；Ljungqvist and Sargent，2004，chp. 5）。

□ 9.3.3 Lagrange 方法

Lagrange 方法不仅对于计算有用，而且对于稳定性和最优性的关系也能得出一些洞见。Lagrange 乘子起到影子价格的重要作用。构造 Lagrange 函数如下：

$$-E\sum_{t=0}^{\infty}\beta^t\begin{Bmatrix}x_t'Qx_t+u_t'Ru_t+2x_t'Su_t\\ -2\beta\lambda_{t+1}'(x_{t+1}-Ax_t-Bu_t-\varepsilon_{t+1})\end{Bmatrix}$$

其中，$2\beta^{t+1}\lambda_{t+1}$是与线性约束有关的 Lagrange 乘子。关于 $\{u_t, x_t\}$ 的一阶条件为

$$u_t: Ru_t+S'x_t+\beta B'E_t\lambda_{t+1}=0$$
$$x_t: \lambda_t=Qx_t+Su_t+\beta A'E_t\lambda_{t+1}$$

结合线性约束，我们得到下述线性系统：

$$\begin{bmatrix}I & 0 & 0\\ 0 & 0 & -\beta B'\\ 0 & 0 & \beta B'\end{bmatrix}\begin{bmatrix}E_tx_{t+1}\\ E_tu_{t+1}\\ E_t\lambda_{t+1}\end{bmatrix}=\begin{bmatrix}A & B & 0\\ S' & R & 0\\ -Q & -S & I\end{bmatrix}\begin{bmatrix}x_t\\ u_t\\ \lambda_t\end{bmatrix}$$

我们可以用第 2.3.2 节讨论的 Klein 方法求解这个系统。根据定义 2.3.4 可知，在这个系统里 x_t 是前定变量或者后顾性变量，u_t 和 λ_t 是非前定变量或者前瞻性变量。Anderson 等（1996）与 Ljungqvist 和 Sargent（2004）基于 Q 是可逆的这一假设讨论了几种数值方法。对于 Klein 方法来讲，这个假设是不必要的。

Lagrange 乘子有重要的经济含义。由包络定理，我们可以证明

$$\frac{\partial V(x_t)}{\partial x_t}=Qx_t+Su_t+\beta A'E_t\lambda_{t+1}=\lambda_t,\quad t\geqslant 0$$

因此，我们有 $\lambda_t = Px_t$，它被解释为 x_t 的影子价格。

9.4 有承诺的最优政策

假定均衡系统可以概述成下述状态空间形式：

$$D\begin{bmatrix} z_{t+1} \\ E_t y_{t+1} \end{bmatrix} = A\begin{bmatrix} z_t \\ y_t \end{bmatrix} + Bu_t + \begin{bmatrix} C \\ 0 \end{bmatrix}\varepsilon_{t+1} \tag{9.18}$$

其中，$z_0 = \bar{z}_0$ 是外生给定的。在定义 2.3.4 的意义下，z_t 是 $n_z \times 1$ 前定变量向量，y_t 是 $n_y \times 1$ 非前定变量向量或者前瞻性变量向量，u_t 是 $n_u \times 1$ 变量向量，它是政府选择的工具变量向量或者控制变量向量，ε_{t+1} 是协方差均值为恒等矩阵的白噪声外生冲击向量。我们通常使用 z_t 表示经济的状态，它可以包括生产率冲击、偏好冲击或者资本存量。注意，为了处理常数，z_t 可以将 1 作为构成元素包括在内。向量 y_t 代表内生变量，比如消费、通胀率和产出。工具变量向量 u_t 的例子包括利率和货币增长率。

向量 A、B、C 和 D 与上面的向量都是相容的。我们假定矩阵 D 可以相容地分块为

$$D = \begin{bmatrix} I & 0 \\ D_{21} & D_{22} \end{bmatrix}$$

注意，我们允许矩阵 D 是奇异矩阵。在这种情况下，方程（9.18）中的均衡系统可以包括同期最优性条件。

定义阶段损失函数为

$$L_t = \frac{1}{2}[z_t', y_t']\begin{bmatrix} Q_{zz} & Q_{zy} \\ Q_{zy}' & Q_{yy} \end{bmatrix}\begin{bmatrix} z_t \\ y_t \end{bmatrix} + \frac{1}{2}u_t'Ru_t + [z_t', y_t']\begin{bmatrix} S_z \\ S_y \end{bmatrix}u_t \tag{9.19}$$

其中，矩阵

$$Q = \begin{bmatrix} Q_{zz} & Q_{zy} \\ Q_{zy}' & Q_{yy} \end{bmatrix}$$

是对称半正定矩阵。政策制定者的目标是选择 $[z_t, y_t, u_t]$，以最小化下述贴现的损

失函数：

$$E\Big[\sum_{t=0}^{\infty}\beta^t L_t\Big]$$

满足方程（9.18）。在这个问题中，政策制定者承诺在 0 时刻选择 $\{z_t, y_t, u_t\}$ 且在未来不再最优化。此问题也被称为 **Ramsey 问题**（Ramsey problem）。

例 9.4.1 考虑下述基本的新 Keynes 模型：

$$\pi_t=\kappa x_t+\beta E_t\pi_{t+1}+z_t \tag{9.20}$$

$$x_t=E_t x_{x+1}-\frac{1}{\gamma}(i_t-E_t\pi_{t+1}-r_t^n) \tag{9.21}$$

其中，

$$z_{t+1}=\rho_z z_t+\varepsilon_{z,t+1}$$

$$\hat{Y}_{t+1}^f=\rho_y \hat{Y}_t^f+\varepsilon_{y,t+1}$$

$$r_t^n=-\ln\beta+\gamma(E_t^f\hat{Y}_{t+1}-\hat{Y}_t^f)$$

在上述方程中，π_t 是通胀率，x_t 是产出缺口，y_t^f 是灵活价格下的产出，i_t 是名义利率，z_t 是成本推动的冲击，r_t^n 是**自然利息率**（natural rate of interest）。前瞻性向量是 $(\pi_t, x_t)'$。前定变量向量是 $(1, z_t, y_t^f, r_t^n)$。工具变量向量是 i_t。一期损失函数为

$$L_t=\frac{1}{2}(\pi_t-\pi^*)^2+\frac{1}{2}\lambda x_t^2$$

其中，π^* 是通胀率目标。我们在状态向量中使用 1 来处理常数 π^*。

为了求解 Ramsey 问题，我们将与 u_t 相关的部分增补一块：

$$\overline{D}\begin{bmatrix} z_{t+1} \\ E_t y_{t+1} \\ E_t u_{t+1}\end{bmatrix}=\overline{A}\begin{bmatrix} z_t \\ y_t \\ u_t\end{bmatrix}+\begin{bmatrix} C \\ 0\end{bmatrix}\varepsilon_{t+1}$$

其中，

$$\overline{D}\begin{bmatrix} I & 0 & 0 \\ 0 & D & 0\end{bmatrix},\quad \overline{A}=[A\quad B]$$

我们记

$$L_t=\frac{1}{2}[z'_t \quad y'_t \quad u'_t]W\begin{bmatrix}z_t\\ y_t\\ u_t\end{bmatrix}$$

其中，

$$W=\begin{bmatrix}Q_{zz} & Q_{zy} & S_z\\ Q'_{zy} & Q_{yy} & S_y\\ S'_z & S'_y & R\end{bmatrix}$$

构造 Lagrange 函数：

$$E\sum_{t=0}^{\infty}\beta^t\left\{L_t+\beta[\mu'_{zt+1},\mu'_{yt+1}]\left(\bar{D}\begin{bmatrix}z_{t+1}\\ E_t y_{t+1}\\ E_t u_{t+1}\end{bmatrix}-\bar{A}\begin{bmatrix}z_t\\ y_t\\ u_t\end{bmatrix}-\begin{bmatrix}C\\ 0\end{bmatrix}\varepsilon_{t+1}\right)\right\}+\mu'_{z0}\bar{D}(z_0-\bar{z}_0)$$

$$=E\sum_{t=0}^{\infty}\beta^t\left\{L_t+\beta[\mu'_{zt+1},\mu'_{yt+1}]\left(\bar{D}\begin{bmatrix}z_{t+1}\\ y_{t+1}\\ u_{t+1}\end{bmatrix}-\bar{A}\begin{bmatrix}z_t\\ y_t\\ u_t\end{bmatrix}-\begin{bmatrix}C\\ 0\end{bmatrix}\varepsilon_{t+1}\right)\right\}+\mu'_{z0}\bar{D}(z_0-\bar{z}_0)$$

其中，$\beta^{t+1}[\mu'_{zt+1},\mu'_{yt+1}]$ 是与约束（9.18）相关的 Lagrange 乘子向量。注意，μ_{zt+1}关于 $t+1$ 时刻的信息是可测的且对应于 z_{t+1}，但 μ_{yt+1}关于 t 时刻的信息是可测的且对应于 y_t。换句话说，μ_{zt}是非前定的，而 μ_{yt} 是前定的。我们取 $\mu_{y0}=0$ 以表明不存在需要遵守的历史承诺。关于 z_t、y_t 和 u_t 的一阶条件由

$$[z'_t\, y'_t\, u'_t]W+[\mu'_{zt}\,\mu'_{yt}]\bar{D}-\beta E_t[\mu'_{zt+1}\,\mu'_{yt+1}]\bar{A}=0$$

给出（对于 $t\geqslant 0$）。注意，在 0 时刻，z_0 是外生给定的，但是 y_0 是内生决定的。因此，与 z_0 对应的 Lagrange 乘子 μ_{z0}一定是内生决定的，而对应于 y_0 的 Lagrange 乘子被设为 $\mu_{y0}=0$。

把一阶条件和约束（9.18）结合起来得到

$$\begin{bmatrix}\bar{D} & 0\\ 0 & \beta\bar{A}'\end{bmatrix}\begin{bmatrix}z_{t+1}\\ E_t y_{t+1}\\ E_t u_{t+1}\\ E_t\mu_{zt+1}\\ \mu_{yt+1}\end{bmatrix}=\begin{bmatrix}\bar{A} & 0\\ W & \bar{D}'\end{bmatrix}\begin{bmatrix}z_t\\ y_t\\ u_t\\ \mu_{zt}\\ \mu_{yt}\end{bmatrix}+\begin{bmatrix}C\\ 0\end{bmatrix}\varepsilon_{t+1} \tag{9.22}$$

根据 t 时刻的信息取条件期望得到形如方程（2.11）的形式。

像在第 2.3 节讨论的那样，有很多方法来求解这个系统。这里我们采用 Söderlind（1999）讨论的 Klein 方法。① 这种方法的主要优势在于它允许矩阵 D 是奇异的。定义前定变量 k_t 的 $(n_z+n_y)\times 1$ 向量和非前定变量 λ_t 的 $(n_y+n_z+n_u)\times 1$ 向量分别为

$$k_t=\begin{bmatrix} z_t \\ \mu_{yt} \end{bmatrix}, \quad \lambda_t=\begin{bmatrix} y_t \\ u_t \\ u_{zt} \end{bmatrix}$$

其中，k_0 是外生给定的，$\mu_{y0}=0$。我们把式（9.22）中的方程重新排序，并重写为

$$J\begin{bmatrix} E_t k_{t+1} \\ E_t \lambda_{t+1} \end{bmatrix}=H\begin{bmatrix} k_t \\ \lambda_t \end{bmatrix}$$

对于某些相容矩阵 J 和 H。通常，J 可以是奇异的。像我们在第 2 章中所表明的那样，只要稳定条件和秩条件满足，上述系统就有唯一的鞍点路径。原有系统的解形如

$$z_{t+1}=A_{zz}z_t+A_{z\mu_y}\mu_{yt}+C\varepsilon_{t+1}$$

$$\mu_{yt+1}=A_{\mu_y z}z_t+A_{\mu_y\mu_y}\mu_{yt}, \quad z_0 \text{ 给定}, \quad \mu_{y0}=0$$

对于前定变量和与前瞻性变量相对应的 Lagrange 乘子，和

$$y_t=A_{yz}z_t+A_{y\mu_y}\mu_{yt}$$

$$u_t=A_{uz}z_t+A_{u\mu_y}\mu_{yt}$$

$$\mu_{zt}=A_{\mu_z z}z_t+A_{\mu_z\mu_y}\mu_{yt}$$

对于前瞻性变量、控制变量和与前定变量相关的 Lagrange 乘子。② 在上述形式中，与前瞻性变量 y_t 相关的 Lagrange 乘子向量 μ_{yt} 是状态向量，它使得解是递归的。

有承诺的最优政策通常是时间不一致的，如果政策制定者在未来可以重新优化，那么他可以选择与在第 0 期选择的计划不同的政策序列。正式地讲，假定政策制定者决定在第 t 期重新优化，那么，对于 $s\geqslant t$，我们可以推导关于 x_s 和 u_s 的一阶条

① 想了解其他方法，请参见 Currie 和 Levine（1985，1993）以及 Backus 和 Driffill（1986）。

② 可访问 Paul Söderlind 的链接（http://home.datacomm.ch/paulsoderlind）查找在一般线性二次框架下求解在有承诺和相机抉择的情况下的最优政策的 Matlab 和 Octave 程序。

件。通过与上面的分析类似的论证，我们一定有 $\mu_{yt}=0$，因为 y_t 是自由选择的。这个 μ_{yt} 值可能不同于他在第 0 期最优化时选择的值。

例 9.4.2 考虑下述基本的新 Keynes 模型：

$$\pi_t=\kappa x_t+\beta E_t\pi_{t+1}+z_t \tag{9.23}$$

$$x_t=E_t x_{t+1}-\frac{1}{\gamma}(i_t-E_t\pi_{t+1}-r_t^n) \tag{9.24}$$

其中，π_t 是通胀率，$x_t=y_t^a-y_t^f$ 是产出缺口，定义为相对于灵活价格下均衡产出水平的实际产出，i_t 是名义利率，r_t^n 是自然利息率，z_t 是成本推进的冲击。假定 $\{z_t\}$ 服从下述过程：

$$z_{t+1}=\rho z_t+\varepsilon_{t+1},\quad z_0=\bar{z}_0$$

其中，ε_{t+1}是独立同分布的，方差为 Σ。在有承诺的情况下，政策制定者的最优政策是选择 $\{x_t,\pi_t,i_t\}$ 求解下述问题：

$$\min\frac{1}{2}E\sum_{t=0}^{\infty}\beta^t[\pi_t^2+\lambda(x_t-x^*)^2]$$

满足方程（9.23）和方程（9.24），其中，x^* 是产出缺口的目标水平。因为 i_t 不进入目标函数，所以我们可以忽略（9.24）。构造 Lagrange 函数

$$E\sum_{t=0}^{\infty}\beta^t\left\{\begin{array}{l}\frac{1}{2}\pi_t^2+\frac{1}{2}\lambda(x_t-x^*)^2-\beta\mu_{zt+1}(z_{t+1}-\rho z_t-\varepsilon_{t+1})\\-\beta\mu_{xt+1}(\kappa x_t+\beta\pi_{t+1}+z_t-\pi_t)-\mu_{z0}(z_0-\bar{z}_0)\end{array}\right\}$$

其中，$\beta^{t+1}\mu_{xt+1}$是与方程（9.23）有关的 Lagrange 乘子。关于 $\{\pi_t,x_t,z_t\}$ 的一阶条件①由

$$\pi_t:\pi_t+\beta E_t\mu_{xt+1}-\beta\mu_{xt}=0 \tag{9.25}$$

$$x_t:\lambda(x_t-x^*)-\beta\kappa E_t\mu_{xt+1}=0 \tag{9.26}$$

$$z_t:-\beta E_t\mu_{xt+1}+\beta\rho E_t\mu_{zt+1}-\mu_{zt}=0 \tag{9.27}$$

给出，对于所有 $t\geqslant 0$，其中，$\mu_{x0}=0$。注意，μ_{xt}是前定的，使得 $E_t\mu_{xt+1}=\mu_{xt+1}$。把这些条件与方程（9.23）结合起来得到线性理性预期均衡的下述形式：

① 注意，z_t 是外生的，关于这个变量的一阶条件没有意义。但是，我们将在下文看到，这个条件不影响解。

$$\begin{bmatrix}1 & 0 & 0 & 0 & 0\\ 0 & \beta & 0 & 0 & 0\\ 0 & \beta\kappa & 0 & 0 & 0\\ 0 & \beta & 0 & 0 & 0\\ 0 & -\beta & 0 & 0 & \beta\rho\end{bmatrix}\begin{bmatrix}E_t z_{t+1}\\ E_t\mu_{xt+1}\\ E_t x_{t+1}\\ E_t\pi_{t+1}\\ E_t\mu_{zt+1}\end{bmatrix}=\begin{bmatrix}\rho & 0 & 0 & 0 & 0\\ 0 & \beta & 0 & -1 & 0\\ 0 & 0 & \lambda & 0 & 0\\ -1 & 0 & -\kappa & 1 & 0\\ 0 & 0 & 0 & 0 & 1\end{bmatrix}\begin{bmatrix}z_t\\ \mu_{xt}\\ x_t\\ \pi_t\\ \mu_{zt}\end{bmatrix}-\begin{bmatrix}0\\ 0\\ \lambda x^*\\ 0\\ 0\end{bmatrix}$$

前定变量为 z_t 和 μ_{xt}，非前定变量为 π_t、x_t 和 μ_{zt}。然后，我们可以利用 Klein 方法求解这个系统。注意，Lagrange 乘子 μ_{zt} 对于求解其他变量是没用的。

我们可以求这个简单问题的解析解。分别利用方程（9.25）和方程（9.26）求解 π_t 和 x_t，然后，把它们代入方程（9.23），我们得到

$$E_t\left\{\beta\mu_{xt+2}-\left(1+\beta+\frac{\kappa^2}{\lambda}\right)\mu_{xt+1}+\mu_{xt}\right\}=\frac{\kappa}{\beta}x^*+\frac{z_t}{\beta} \tag{9.28}$$

其中，$\mu_{x0}=0$。这个二阶差分方程的特征方程为

$$\beta a^2-\left(1+\beta+\frac{\kappa^2}{\lambda}\right)a+1=0 \tag{9.29}$$

它有两个实根：

$$0<a_1<1<a_2$$

我们使用第 2.2.1 节讨论的滞后算子求解方程（9.28）：

$$\beta(\mathbf{L}^{-1}-a_1)(\mathbf{L}^{-1}-a_2)\mu_{xt}=\frac{\kappa}{\beta}x^*+\frac{z_t}{\beta}$$

其中，$\mathbf{L}^{-j}X_t=E_tX_{t+j}$。因此，

$$(\mathbf{L}^{-1}-a_1)\mu_{xt}=\frac{1}{\beta}\frac{1}{\mathbf{L}^{-1}-a_2}\left(\frac{\kappa}{\beta}x^*+\frac{z_t}{\beta}\right)$$

因为 μ_{xt} 是无预测误差前定的，$E_t\mu_{xt+1}=\mu_{xt+1}$，我们得到

$$\begin{aligned}\mu_{xt+1}-a_1\mu_{xt}&=\frac{-1}{\beta^2a_2}\frac{1}{1-\mathbf{L}^{-1}a_2^{-1}}(\kappa x^*+z_t)\\ &=\frac{-1}{\beta^2a_2}\sum_{j=0}^{\infty}a_2^{-j}(\kappa x^*+E_tz_{t+j})\end{aligned}$$

因此，

$$\mu_{xt+1}=a\mu_{xt}-\frac{a}{\beta}\left(\frac{\kappa x^*}{1-\beta a}+\frac{z_t}{1-\beta a\rho}\right)$$

其中，我们定义了 $a=a_1$，并用到了用事实 $a_2=\beta^{-1}a_1^{-1}$。给定 $\mu_{x0}=0$，上面的等式决定了 $\{\mu_{xt}\}$。然后，方程（9.25）到方程（9.27）决定了 π_t、x_t 和 μ_{zt}（对于 $t\geqslant 0$）。

9.5 最优相机抉择政策

对于相机抉择的情形，政策制定者每期重新取最优，政策规则序列是时间一致的。为了求解**最优相机抉择政策**（optimal discretional policy），我们集中关注线性 Markov 完美均衡，其中，我们把前定变量 z_t 看成状态变量，公众的反应和 t 期的政策规则是状态变量 z_t 的线性函数：

$$y_t=Mz_t,\quad u_t=-Fz_t \tag{9.30}$$

其中，M 和 F 是待定矩阵。

定义 9.5.1 如果(a) 对于某个函数 f，给定 $E_ty_{t+1}=f(z_t)$，$u_t=-Fz_t$ 和 $y_t=Mz_t$ 是 Bellman 方程

$$J(z_t)=\min_{u_t,y_t}L_t+\beta E_t[J(z_{t+1})] \tag{9.31}$$

满足方程（9.18）的解，(b) $f(z_t)=ME_t[z_{t+1}]$，那么方程（9.30）中的线性规则对是 **Markov 完美均衡**（Markov perfect equilibrium）。

(a) 部分表明，政策制定者把私人部门的预期看成给定的，并求解决策规则。(b) 部分表明，y 的决策规则必定与私人部门的预期一致。显然，这个均衡是一个不动点，多重均衡可以存在。

为了求解线性 Markov 完美均衡，我们像 Oudiz 和 Sachs（1985）、Backus 和 Driffill（1986）以及 Söderlind（1999）一样使用逆向归纳的连续逼近方法。考虑下述有限期问题。在第 t 期，政策制定者预期公众在第 $t+1$ 期的反应函数为

$$y_{t+1}=M_{t+1}z_{t+1} \tag{9.32}$$

其中，M_{t+1} 是某个相容矩阵。政策制定者在第 t 期的问题由以下 Bellman 方程给出：

$$J_t(z_t)=\min_{u_t}L_t+\beta E_t[J_{t+1}(z_{t+1})] \tag{9.33}$$

满足方程（9.18）和方程（9.32）。因为这是线性二次控制问题，所以我们猜测第 t 期的值函数采取下述二次型形式：

$$J_t(z_t)=\frac{1}{2}z_t'V_tz_t+\frac{1}{2}v_t \tag{9.34}$$

其中，V_t 是矩阵，v_t 是数。

我们分下述三步走。

第 1 步 把方程（9.18）中的矩阵适当分块，利用方程（9.18）和方程（9.32），我们推导出

$$y_{t+1}=M_{t+1}z_{t+1}=M_{t+1}(A_{zz}z_t+A_{zy}y_t+B_zu_t+\varepsilon_{t+1}) \tag{9.35}$$

把方程（9.18）中的矩阵适当分块得到

$$D_{yy}E_ty_{t+1}=A_{yz}z_t+A_{yy}y_t+B_yu_t \tag{9.36}$$

取条件期望，并在等式（9.35）的两侧前乘 D_{yy}，我们利用方程（9.36）推导出

$$A_{yz}z_t+A_{yy}y_t+B_yu_t=D_{yy}M_{t+1}(A_{zz}z_t+A_{zy}y_t+B_zu_t)$$

假定矩阵 $A_{yy}-D_{yy}M_{t+1}A_{zy}$ 是可逆的，然后我们可以用前述方程求解

$$y_t=H_{zt}z_t+H_{ut}u_t \tag{9.37}$$

其中，

$$H_{zt}=(A_{yy}-D_{yy}M_{t+1}A_{zy})^{-1}(D_{yy}M_{t+1}A_{zz}-A_{yz})$$
$$H_{ut}=(A_{yy}-D_{yy}M_{t+1}A_{zy})^{-1}(D_{yy}M_{t+1}B_z-B_y)$$

把方程（9.37）代入方程（9.18）的上面一块，我们得到新的系统动态：

$$z_{t+1}=A_t^*z_t+B_t^*u_t+\varepsilon_{t+1},\quad z_t \text{ 给定} \tag{9.38}$$

其中，

$$A_t^*=A_{zz}+A_{zy}H_{zt}$$
$$B_t^*=B_z+A_{zy}H_{ut}$$

第 2 步 我们把方程（9.19）中的回报函数重写为

$$L_t=\frac{1}{2}z_t'Q_{zz}z_t+\frac{1}{2}y_t'Q_{yy}y_t+z_t'Q_{zy}y_t+\frac{1}{2}u_t'Ru_t+z_t'S_zu_t+y_t'S_yu_t$$

$$=\frac{1}{2}z_t'Q_z^*z_t+\frac{1}{2}u_t'R_t^*u_t+z_t'S_t^*u_t$$

其中，

$$Q_t^*=Q_{zz}+H_{zt}'Q_{yy}H_{zt}+2Q_{zy}H_{zt}$$
$$R_t^*=R+H_{ut}'Q_{yy}H_{ut}+H_{ut}'S_y$$
$$S_t^*=Q_{zy}H_{ut}+S_z+H_{zt}S_y$$

第 3 步 把猜测的值函数（9.34）和上面的回报函数代入 Bellman 方程（9.33），我们得到下述控制问题：

$$\frac{1}{2}z_t'V_tz_t+\frac{1}{2}v_t=\min_{u_t}\frac{1}{2}z_t'Q_t^*z_t+\frac{1}{2}u_t'R_t^*u_t+z_t'S_t^*u_t$$
$$+\frac{1}{2}\beta E_t[z_{t+1}'V_{t+1}z_{t+1}+v_{t+1}] \tag{9.39}$$

满足方程（9.38），其中，z_0 给定。关于 u_t 的一阶条件给出

$$u_t=-F_tz_t \tag{9.40}$$

其中，

$$F_t=(R_t^*+\beta B_t^{*\prime}V_{t+1}B_t^*)^{-1}(S_t^{*\prime}+\beta B_t^{*\prime}V_{t+1}A_t^*)$$

把方程（9.40）代回 Bellman 方程（9.39），利用方程（9.38），我们得到

$$V_t=Q_t^*+F_t'R_t^*F_t-2S_t^*F_t+\beta(A_t^*-B_t^*F_t)'V_{t+1}(A_t^*-B_t^*F_t) \tag{9.41}$$

我们也得到 v_t 的递归方程：

$$v_t=\beta\mathrm{tr}(V_{t+1}\Sigma)+\beta v_{t+1}$$

把方程（9.40）代入方程（9.37）得到

$$y_t=(H_{zt}-H_{ut}F_t)zt$$

因此，我们有更新后的值

$$M_t=H_{zt}-H_{ut}F_t \tag{9.42}$$

现在我们开始猜测半正定矩阵 V_{t+1} 和任意矩阵 M_{t+1}。利用方程（9.41）、方程（9.42）和上面给出的其他方程，我们得到更新后的矩阵 V_t 和 M_t。迭代这个过程，直到收敛给出 Markov 完美均衡中的 V 和 M。另外，v_t 收敛于值函数 v，F_t 收敛于

平稳政策规则 F。

例 9.5.1 再次考虑在第9.4.2节讨论的新 Keynes 模型。现在我们求解最优相机抉择政策。不存在前定的内生状态变量。唯一的状态变量是外生冲击。因此，相机抉择政策是下述静态问题的解：

$$\min \frac{1}{2}\pi_t^2+\frac{\lambda}{2}(x_t-x^*)^2$$

满足

$$\pi_t=\kappa x_t+\beta\pi_t^e+z_b$$

其中，π_t^e 是被政策制定者看成给定的预期通胀率。这个问题的解由

$$\pi_t=\frac{\lambda}{\kappa^2+\lambda}(\kappa x^*+\beta\pi_t^e+z_t) \tag{9.43}$$

给出。一个 Markov 完美均衡是一对函数 $\pi(z_t)$ 和 $\pi^e(z_t)$，使得：(a) 在方程 (9.43) 中，当 $\pi_t^e=\pi^e(z_t)$ 时，$\pi(z_t)=\pi_t$；(b) $\pi^e(z_t)=E_t\pi(z_{t+1})$。利用方程 (9.43) 得到

$$\pi_t=\frac{\lambda}{\kappa^2+\lambda}(\kappa x^*+\beta E_t\pi_{t+1}+z_t)$$

那么，我们可以求解相机抉择的通胀率：

$$\pi_t=\frac{\lambda}{\kappa^2+\lambda}\sum_{j=0}^{\infty}\beta^j\left(\frac{\lambda}{\kappa^2+\lambda}\right)^J[\kappa x^*+E_tz_{t+j}]$$

9.6 稳健控制

一个最优控制问题可以写成下面的标准形式：

$$\max_{\{u_t\}}\sum_{t=0}^{\infty}\beta^t r(x_t,u_t),\quad \beta\in(0,1)$$

满足

$$x_{t+1}=f(x_t,u_t,\varepsilon_{t+1}),\quad x_0\text{ 给定} \tag{9.44}$$

其中，r 是一个收益或者回报函数，f 是一个状态转移方程，x_t 是一个状态向量，u_t

是一个控制向量，ε_t 是一个可能序列相关的随机变量向量。这个框架的一个隐含假设是决策者完全相信他的模型，在模型里条件期望是关于构成随机过程 $\{\varepsilon_t\}$ 基础的概率测度 P 取的。在经济学里，这意味着理性预期因为他的主观信念而与客观概率测度一致。

控制理论家和应用数学家已经找到了一些方法来放松这一假设：决策者相信它的模型。为了考虑到模型可能误设的事实，他们提出了**稳健控制理论**（robust control theory）。① Lars Hansen 和 Thomas Sargent 扩展了这个理论，使得它可以应用于经济学。② 在本部分，我们对他们的研究做一个简单的介绍。在第 20 章，我们将讨论它与有关决策理论中的模糊厌恶的文献的联系。

□ 9.6.1 信念扭曲和熵

决策者在 t 时刻的信息集由 x_0 和 $\varepsilon^t=(\varepsilon'_1,\cdots,\varepsilon'_t)$ 给出。为了简化，我们假设 ε_t 是独立同分布的，且是从密度为 $\pi(\varepsilon)$ 的分布中抽取的。这个密度在模型的整个状态空间上诱导出一个概率测度 $\boldsymbol{P}$。决策者把这个模型看作一个逼近，担心这个模型被误设了。他认为 ε_{t+1} 是从一个密度为 $\hat{\pi}(\varepsilon|\varepsilon^t)$ 的备选分布中抽取出来的。构造似然比如下：

$$m_{t+1}=\frac{\hat{\pi}(\varepsilon_{t+1}|\varepsilon^t)}{\pi(\varepsilon_{t+1})}$$

显然，

$$E[m_{t+1}|\varepsilon^t]=\int\frac{\hat{\pi}(\varepsilon|\varepsilon^t)}{\pi(\varepsilon)}\pi(\varepsilon)\mathrm{d}\varepsilon=1$$

这里我们使用 E 代表关于参照测度 $\boldsymbol{P}$ 的期望算子。

令 $M_0=1$，定义

$$M_{t+1}=m_{t+1}M_t=\prod_{j=1}^{t+1}m_j$$

随机变量 M_t 是扭曲联合密度与关于随机向量 x_0 取值的参照联合密度 ε^t 的比率。过程 $\{M_t\}$ 是鞅并诱导出整体状态空间上的一个扭曲测度 Q。对于 ε^t 的任何 Borel 函数 $\varphi(\varepsilon^t)$，我们都可以计算它关于扭曲信念 $\boldsymbol{Q}$ 的期望：

---

① 关于稳健控制理论的介绍，参见 Zhou、Doyle 和 Glover（1996）。

② 关于详细处理，参见 Hansen 和 Sargent（2008）。

$$E^{Q}[\varphi(\varepsilon^t, x_0)] = E[M_t\varphi(\varepsilon^t, x_0)]$$

我们使用**相对熵**（relative entropy）来测量两个概率分布 $\boldsymbol{P}$ 和 $\boldsymbol{Q}$ 之间的差别。它被定义为

$$E^{Q}\left[\ln\left(\left.\frac{\mathrm{d}\boldsymbol{Q}}{\mathrm{d}\boldsymbol{P}}\right|_{\varepsilon^t}\right)\right] = E[M_t \ln M_t]$$

其中，$\left.\frac{\mathrm{d}\boldsymbol{Q}}{\mathrm{d}\boldsymbol{P}}\right|_{\varepsilon^t}$ 代表当限制在 ε^t 生成的 σ -代数上时 $\boldsymbol{Q}$ 关于 $\boldsymbol{P}$ 的 Radon-Nikodym 导数。显然，相对熵是非负的，而且当且仅当 $M_t=1$ 或者 $\boldsymbol{Q}=\boldsymbol{P}$ 时等于零。我们可以把相对熵分解为

$$E[M_t \ln M_t] = \sum_{j=0}^{t-1} E[M_j E(m_{j+1} \ln m_{j+1} | \varepsilon^j)]$$

其中，$E[m_{t+1} \ln m_{t+1} | \varepsilon^t]$ 是对应于逼近模型的一步转移密度的扰动的条件相对熵。无穷期上的贴现熵可以表示为

$$(1-\beta)\sum_{j=0}^{\infty}\beta^j E[M_j \ln M_j] = \beta\sum_{j=0}^{\infty}\beta^j E[M_j E(M_{j+1} \ln m_{j+1} | \varepsilon^j)]$$

为了表达当 $\boldsymbol{Q}$ 实际生成了数据而模型 $\boldsymbol{P}$ 是一个好的逼近的思想，我们用熵约束限制逼近误差：

$$\beta\sum_{j=0}^{\infty}\beta^j E[M_j E(m_{j+1} \ln m_{j+1} | \varepsilon^j)] \leqslant \eta_0 \tag{9.45}$$

其中，η_0 代表误差大小。

□ 9.6.2 两个稳健控制问题

为了确认模型误设问题，自然而然地会提出下面的问题：

$$\max_{\{u_t\}} \min_{\{m_{t+1}\}} E^{Q} \sum_{t=0}^{\infty} \beta^t r(x_t, u_t)$$

满足方程（9.44）和方程（9.45）。解释如下：决策者使用由一列一步似然比率导致的扭曲信念 $\boldsymbol{Q}$ 去评价贴现的回报。他厌恶模型不确定性。他在给定熵约束（9.45）的条件下选择一个最小化贴现的期望回报的扭曲信念。然后，根据这个最差的扭曲信念，他选择最优控制 $\{u_t\}$。Hansen 和 Sargent（2008）称上面的表述为**约束问题**（constrained problem）。他们也提出了一个在应用中更易处理的相关的**乘子问题**

(multiplier problem):

$$\max_{\{u_t\}} \min_{\{m_{t+1}\}} E^Q \sum_{t=0}^{\infty} \beta^t r(x_t, u_t) + \beta\theta E^Q \left\{ \sum_{t=0}^{\infty} \beta^t E[m_{t+1} \ln m_{t+1} | \varepsilon^t] \right\}$$

满足方程(9.44)。我们可以把 θ 看成与熵约束(9.45)相关的 Lagrange 乘子。沿用 Hansen 和 Sargent(2008)的思想，我们可以把上面的乘子问题重写为

$$\max_{\{u_t\}} \min_{\{m_{t+1}\}} E \sum_{t=0}^{\infty} \beta^t M_t \{ r(x_t, u_t) + \beta\theta E[m_{t+1} \ln m_{t+1} | \varepsilon^t] \} \tag{9.46}$$

满足方程(9.44)和

$$M_{t+1} = m_{t+1} M_t, \quad E[m_{t+1} | \varepsilon^t] = 1$$

当 θ 趋于无穷时，扭曲的惩罚太重了，以至于任何扭曲都不是最优的。在这种情况下，乘子问题收敛于在参照概率测度 $\boldsymbol{P}$ 下的标准控制问题。当 θ 开始变小时，决策者更关心模型误设。我们将在第 20 章表明，θ 也可以被解释为模糊厌恶参数。较小的 θ 意味着较大程度的模糊厌恶。

注意，θ 不能任意小。存在一个被称为**崩溃点**(break-down point)的下界 $\underline{\theta}$，超过下界寻找更高的稳健性不会有任何结果。这是因为，如果最小化的代理人有充分的自由(不受约束)，那么他可以把目标函数推向 $-\infty$。① 在这一整节中我们都将假设 $\theta > \underline{\theta}$。

□ 9.6.3 递归表述

我们可以把乘子问题(9.46)表述成递归的形式。我们猜测值函数取形式 $W(M,x) = MV(x)$。把约束代入，我们把 Bellman 方程写为

$$MV(x) = \max_u \min_{m(\varepsilon)} M\{ r(x,u) + \beta \int [m(\varepsilon) V(f(x,u,\varepsilon)) + \theta m(\varepsilon) \ln(\varepsilon)] \pi(\varepsilon) d\varepsilon \}$$

满足 $E[m(\varepsilon)] = 1$。这样，我们得到

$$V(x) = \max_u r(x,u) + \beta \min_{m(\varepsilon)} \int (m(\varepsilon) V(f(x,u,\varepsilon)) + \theta m(\varepsilon) \ln m(\varepsilon)) \pi(\varepsilon) d\varepsilon$$

最小化问题的一阶条件给出

$$\ln m^*(\varepsilon) = \frac{-V(f(x,u,\varepsilon))}{\theta} + \lambda$$

其中，λ 是选择出的使得 $E[m(\varepsilon)] = 1$ 的值。这样，

① 关于崩溃点的讨论，请参见 Hansen 和 Sargent(2008)的第 8 章。

$$m^*(\varepsilon)=\frac{\exp(-V(f(x,u,\varepsilon))/\theta)}{\int\exp(-V(f(x,u,\varepsilon))/\theta)\pi(\varepsilon)\mathrm{d}\varepsilon} \tag{9.47}$$

在最小化 m^* 的情况下，我们计算

$$\begin{aligned}\mathcal{R}(V)(x,u)&=\int(m^*(\varepsilon)V(f(x,u,\varepsilon))+\theta m^*(\varepsilon)\ln m^*(\varepsilon))\pi(\varepsilon)\mathrm{d}\varepsilon\\&=-\theta\ln\left[\int\exp\left(\frac{-V(f(x,u,\varepsilon))}{\theta}\right)\pi(\varepsilon)\mathrm{d}\varepsilon\right]\end{aligned} \tag{9.48}$$

其中，$\mathcal{R}$ 是一个调整值函数的算子。上面方程第二行的表达式是对值函数的风险敏感调整。我们可以把 $1/\theta$ 理解为增加风险厌恶的参数。现在乘子问题变为

$$V(x)=\max_u r(x,u)+\beta\mathcal{R}(V)(x,u) \tag{9.49}$$

这个问题等同于一个不关心模型误设的**风险敏感控制问题**（risk-sensitive control problem）。如果没有最优控制的选择问题，上面的递归方程就定义了一个递归效用函数。这个效用模型是 Epstein 和 Zin（1989）研究的递归效用的一个特例。它也被 Hansen 和 Sargent（1995）在一个线性二次框架下研究过。

□ 9.6.4 带 Gauss 扰动的线性二次模型

考虑在第 9.3 节研究的线性二次框架，在那里状态转移方程由方程（9.1）给出。令

$$r(x,u)=-\frac{1}{2}(x'Qx+u'Ru+2x'Su)$$

假定扰动 $\{\varepsilon_t\}$ 是一个独立同分布的 **Gauss** 过程。在这个框架下，乘子问题的值函数是二次的，而且取下述形式：

$$V(x)=-\frac{1}{2}x'Px-\frac{d}{2} \tag{9.50}$$

由方程（9.47），我们可以计算最坏情形下的似然率：

$$m^*(\varepsilon)\propto\exp\left[\frac{1}{2\theta}\varepsilon'C'PC\varepsilon+\frac{1}{\theta}\varepsilon'C'P'(Ax+Bu)\right]$$

其中∝意味着“成比例”。当参照密度 π 是标准正态密度时，我们可以计算最坏情形下的扭曲密度：

$$\pi^*(\varepsilon)=\pi(\varepsilon)m^*(\varepsilon)\propto\exp\Big[-\frac{1}{2}\varepsilon'\Big(I-\frac{1}{\theta}C'PC\Big)\varepsilon$$

$$+\varepsilon'\Big(I-\frac{1}{\theta}C'PC\Big)(\theta I-C'PC)^{-1}C'P(Ax+Bu)\Big]$$

这样 $\pi^*(\varepsilon)$ 也是均值为 $(\theta I-C'PC)^{-1}C'P(Ax+Bu)$、协方差为 $(I-\theta^{-1}C'PC)^{-1}$ 的正态密度。在这个计算中，我们必须假设矩阵 $(I-\theta^{-1}C'PC)$ 是非奇异的。这意味着 θ 一定超过临界值 $\underline{\theta}$。这个值叫作**崩溃点**。

下面我们计算方程（9.48）中值函数的调整：

$$\begin{aligned}\mathcal{R}(V)(x,u)&=\int V(f(x,u,\varepsilon),u)\pi^*(\varepsilon)\mathrm{d}\varepsilon+\theta\int\pi^*(\varepsilon)\ln\Big(\frac{\pi^*(\varepsilon)}{\pi(\varepsilon)}\Big)\mathrm{d}\varepsilon\\&=-\frac{1}{2}(Ax+Bu)'[P+PC(\theta I-C'PC)^{-1}C'P](Ax+Bu)\\&\quad-\frac{d}{2}-\frac{\theta}{2}\ln\det\Big(I-\frac{1}{\theta}C'PC\Big)^{-1}\end{aligned}$$

我们也可以利用方程（9.48）第二行的表达式直接计算这个调整。

我们用

$$\mathcal{D}(P)=P+PC(\theta I-C'PC)^{-1}C'P$$

定义算子 $\mathcal{D}$。利用这个算子，把方程（9.50）中的猜测和 $\mathcal{R}(V)$ 的表达式替换到方程（9.49）中，我们得到

$$\begin{aligned}-\frac{1}{2}x'Px-\frac{d}{2}=\max_u&-\frac{1}{2}x'Qx-\frac{1}{2}u'Ru-x'Su\\&-\beta\frac{1}{2}(Ax+Bu)'\mathcal{D}(P)(Ax+Bu)\\&-\frac{\beta d}{2}-\frac{\beta\theta}{2}\ln\det\Big(I-\frac{1}{\theta}C'PC\Big)^{-1}\end{aligned}$$

现在，利用一阶条件，我们可以解除最优控制：

$$u=-Fx \tag{9.51}$$

其中，

$$F=(R+\beta B'\mathcal{D}(P)B)^{-1}(S'+\beta B'\mathcal{D}(P)A) \tag{9.52}$$

把这个决策规则代入上面的Bellman 方程并匹配系数，我们有

$$P=\mathcal{T}o\mathcal{D}(p) \tag{9.53}$$

其中，算子 $\mathcal{T}$ 被定义为

$$\mathcal{T}(p)=Q+\beta A'PA-(S+\beta A'PB)(R+\beta B'PB)^{-1}(S'+\beta B'PA) \tag{9.54}$$

$$d=(1-\beta)^{-1}\beta\theta\ln\det\left(I-\frac{1}{\theta}C'PC\right)^{-1} \tag{9.55}$$

注意，算子 $\mathcal{T}$ 等同于方程（9.11）中标准控制问题的算子。

总之，我们利用方程（9.53）和方程（9.54）去求解 P。像第 9.3 节一样，或许可以应用一种简单的值函数迭代算法。然后我们利用方程（9.55）决定值函数中的常数项。最后，我们用方程（9.51）和方程（9.52）求解稳健决策法则。

□ 9.6.5　相对熵和正态分布

我们已经表明了，最差情形下的分布是正态分布。计算正态分布的相对熵是有用的。假定 π 是多元标准正态分布，而 $\hat{\pi}$ 是均值为 w、非奇异协方差为 Σ 的正态分布。我们的目标是计算相对熵

$$\int\hat{\pi}(\varepsilon)\ln\frac{\hat{\pi}(\varepsilon)}{\pi(\varepsilon)}d\varepsilon$$

首先，我们计算对数似然比率

$$\ln\frac{\hat{\pi}(\varepsilon)}{\pi(\varepsilon)}=\frac{1}{2}[-(\varepsilon-\omega)'\Sigma^{-1}(\varepsilon-\omega)+\varepsilon'\varepsilon-\ln\det\Sigma]$$

接着，我们计算

$$-\int\frac{1}{2}(\varepsilon-\omega)'\Sigma^{-1}(\varepsilon-\omega)\hat{\pi}(\varepsilon)d\varepsilon=\frac{1}{2}\mathrm{tr}(I)$$

利用事实

$$\frac{1}{2}\varepsilon'\varepsilon=\frac{1}{2}\omega'\omega+\frac{1}{2}(\varepsilon-\omega)'(\varepsilon-\omega)+\omega'(\varepsilon-\omega)$$

我们计算

$$\frac{1}{2}\int\varepsilon'\varepsilon\hat{\pi}(\varepsilon)d\varepsilon=\frac{1}{2}\omega'\omega+\frac{1}{2}\mathrm{tr}(\Sigma)$$

把这些项合起来，得出

$$\int \hat{\pi}(\varepsilon) \ln \frac{\hat{\pi}(\varepsilon)}{\pi(\varepsilon)} d\varepsilon = \frac{1}{2}\omega'\omega - \ln \det\Sigma + \frac{1}{2}\mathrm{tr}(\Sigma - I) \tag{9.56}$$

右侧的第一项测量均值扭曲，而后两项测量方差扭曲。

□ 9.6.6 修正的确定性等价原理

在计算时，求解一个状态转移方程为

$$x_{t+1} = Ax_t + Bu_t + C\omega_t$$

的确定性问题是方便的，这里我们用扭曲均值 ω 替代了随机冲击。为了求解最差情形下的扭曲，我们考虑下述最小化问题：

$$\min_{\omega} -\frac{1}{2}(Ax+Bu+C\omega)'p(Ax+Bu+C\omega) + \frac{\theta}{2}\omega'\omega$$

在这个问题中相对熵没有被良好定义。取而代之的是，我们可以利用方程（9.56）并考虑平均意义下的扭曲惩罚。ω 的解为

$$\omega^* = (\theta I - C'PC)^{-1}C'P(Ax+Bu)$$

这与前面讨论的最差情形下的正态分布 $\pi^*(\varepsilon)$ 的均值扭曲是一致的。最小化的目标函数为

$$-\frac{1}{2}(Ax+Bu)'[P+PC(\theta I - C'PC)^{-1}C'P](Ax+Bu)$$

这与来自（$Ax+Bu$）中的二次型的值函数的随机稳健调整是一致的。

这里确定性问题和随机问题的区别在于：最差情形下正态分布的扭曲协方差矩阵和调整值函数的常数项在确定性问题中没有出现。然而，两者都不影响稳健决策规则和值函数中矩阵 P 的计算。这就是 Hansen 和 Sargent（2005a）研究的修正的确定性等价。我们应当强调，与标准控制问题不同，在确定性稳健控制问题中，波动矩阵 C 既影响决策规则，又影响矩阵 P。

9.7 习题

1. 在控制问题中标准化 $S=0$。证明通过采用变换后的控制变量 $\tilde{u}_t = u_t + R^{-1}Sx_t$

可以实现这一点，其中我们假设 R 是非奇异的。

2. 求解下述无中心控制问题：

$$\max_{\{u_t\}} -E\sum_{t=0}^{\infty}\beta^t(x_t-x^*)'\begin{bmatrix}Q & S\\ S' & R\end{bmatrix}(u_t-u^*),\beta\in(0,1]$$

满足

$$x_{t+1}=Ax_t+Bu_t+C\varepsilon_{t+1},\quad x_0 \text{ 给定} \tag{9.57}$$

其中，x^* 和 u^* 是外生给定的。

3. 证明当 $\theta\to\infty$ 时，问题（9.52）到问题（9.55）的解收敛于没有稳健性的标准最优控制问题的解。

4. （Hall，1978）考虑下述消费-储蓄问题：

$$\max -E\sum_{t=0}^{\infty}\beta^t(c_t-b)^2,\quad \beta\in(0,1)$$

满足

$$c_t+a_{t+1}=Ra_t+y_t$$
$$y_t=\mu_y(1-\rho)+\rho y_{t-1}+\sigma_y\varepsilon_t$$

其中，b，$\mu y>0$，$R>1$，$|\rho|<1$，ε_t 服从独立同分布的 Gauss 分布。利用 $x_t=[1\quad a_t\quad y_t]'$作为状态向量。求解最优消费规则。

5. 令稳健性参数为 θ，考虑上面的消费-储蓄选择乘子问题。求解最优消费规则。

第 10 章 局部信息下的控制

本章目标

经济代理人通常拥有有限信息。另外，由于测量误差，经济信息通常有噪声。在本章，我们研究局部信息（或者不完美信息）下的控制问题。为了做这件事，我们首先研究在给定观测的情况下如何估计隐藏的状态。

10.1 滤波

滤波是根据可观测数据估计隐藏的状态的一套程序。我们首先在线性 Gauss 框架下给出 Kalman 滤波。然后，我们研究非线性滤波。

10.1.1 Kalman 滤波

我们考虑下述线性**状态空间表达**（state-space representation）：

$$x_{t+1} = A_t x_t + B_t u_t + C_t \varepsilon_{t+1} \tag{10.1}$$

$$y_t = G_t x_t + H_{t-1} u_{t-1} + D_t \varepsilon_t \tag{10.2}$$

其中，x_t 是 $n_x \times 1$ 状态向量，y_t 是 $n_y \times 1$ 观测（或者测量）向量，u_t 是 $n_u \times 1$ 控制向量，$\{\varepsilon_t\}$ 是独立同分布的 Gauss 向量序列，满足：$E\varepsilon_t \varepsilon'_t = I$，$A_t$、$B_t$、$C_t$、$D_t$、$G_t$ 和 H_t 是相容矩阵，这些矩阵的元素是给定的，但可能随时间变化。① 假定 x_0 是 Gauss 分布 $N(x_0, \Sigma_0)$ 且独立于所有其他随机变量。令 $\mathcal{F}_t = \{y_0, y_1, \cdots, y_t\}$ 为第 t 期的信息集，令 u_t 适应于 $\mathcal{F}_t$。方程（10.1）被称为**状态转移方程**（state-transition equation），方程（10.2）被称为**测量方程**（measurement equation）。注意，我们允许这两个方程中的误差项是相关的，尽管在应用中通常考虑无关的情形。

在计量经济学中，状态空间表达通常写为

$$x_{t+1} = Ax_t + C\varepsilon_{t+1} \tag{10.3}$$

$$y_t = Gx_t + Hz_t + D\varepsilon_t \tag{10.4}$$

其中，z_t 是 $n_z \times 1$ 外生或者前定变量向量。令 $\mathcal{F}_t = \{y_0, y_1, \cdots, y_t, z_0, z_1, \cdots, z_t\}$。假设对于任何 $s \geqslant t$，z_t 独立于 x_s 和 ε_S。矩阵 A、C、D、G 和 H 可能是未知的，需要根据观测值 $\{y_0, \cdots, y_T\}$ 和 $\{z_0, \cdots, z_T\}$ 进行估计。在本章，我们集中讨论方程（10.1）和方程（10.2）中的表达。方程（10.3）和方程（10.4）中的表达可以看作特例。

我们采用下面的记号：

- $\hat{x}_{t|s} = E[x_t | \mathcal{F}_s]$，$\hat{y}_{t|s} = E[y_t | \mathcal{F}_s]$，对于 $s \leqslant t$。
- $\Sigma_{t|t} = E[(x_t - \hat{x}_{t|t})(x_t - \hat{x}_{t|t})' | \mathcal{F}_t]$。
- $\Sigma_{t|t-1} = E[(x_t - \hat{x}_{t|t-1})(x_t - \hat{x}_{t|t-1})' | \mathcal{F}_{t-1}]$。
- $\Omega_{t|t-1} = E[(y_t - \hat{y}_{t|t-1})(y_t - \hat{y}_{t|t-1})' | \mathcal{F}_{t-1}]$。

由于 Gauss 随机变量的假设，我们可以把上面的条件方差-协方差矩阵看作无条件方差-协方差矩阵。而且，给定信息 $\mathcal{F}_t$，x_t 服从分布 $N(\hat{x}_{t|t}, \Sigma_{t|t})$，$x_{t+1}$ 服从分布 $N(\hat{x}_{t+1}, \Sigma_{t+1|t})$，$y_{t+1}$ 服从分布 $N(G_{t+1}\hat{x}_{t+1|t} + H_t u_t, \Omega_{t+1|t})$。

例 10.1.1 （劳动收入过程）Guvenen（2007）考虑了对数劳动收入过程的下述动态：

① 关于 Kalman 滤波的各种不同应用，参考 Hamilton（1994）、Kim 和 Nelson（1999）以及 Ljungqvist 和 Sargent（2004）。

$$y_t=\alpha+\beta t+z_t+v_t \tag{10.5}$$

$$z_t=\rho z_{t-1}+\eta_t \tag{10.6}$$

其中，α 和 β 是未知参数，z_t 是隐藏的状态，它代表劳动收入的持续性部分。在 t 期的信息集是 y^t。假设 $\{v_t\}$、$\{\eta_t\}$、α、β 和 z_0 是 Gauss 分布而且两两独立。我们可以把上述系统写成状态空间表达

$$x_{t+1}\equiv\begin{bmatrix}\alpha\\ \beta\\ z_{t+1}\end{bmatrix}=\begin{bmatrix}1 & & \\ & 1 & \\ & & \rho\end{bmatrix}\begin{bmatrix}\alpha\\ \beta\\ z_t\end{bmatrix}+\begin{bmatrix}0 & 0\\ 0 & 0\\ 1 & 0\end{bmatrix}\begin{bmatrix}\eta_{t+1}\\ v_{t+1}\end{bmatrix}$$
$$=Ax_t+C\varepsilon_{t+1}$$

和

$$y_{[1\ t\ 1]}\begin{bmatrix}\alpha\\ \beta\\ z_t\end{bmatrix}+[0\ 1]\begin{bmatrix}\eta_t\\ v_t\end{bmatrix}=G_tx_t+D\varepsilon_t$$

Kalman 滤波给出了下述递归预测程序。假定在 t 期我们知道 $\hat{x}_{t|t-1}$ 和 $\hat{y}_{t|t-1}$。在看到 y_t 之后，Kalman 滤波使用线性方程

$$\hat{x}_{t|t}=\hat{x}_{t|t-1}+K_t(y_t-\hat{y}_{t|t-1}) \tag{10.7}$$

给出估计 $\hat{x}_{t|t}$，其中，K_t 称为 **Kalman 增益**（Kalman gain），它测量基于预测 y_t 的误差被 $\hat{x}_{t|t-1}$ 更新了多少。这个误差被称为**背离**（innovation），用 $a_t=y_t-\hat{y}_{t|t-1}$ 来代表。背离的方差-协方差矩阵由下式给出：

$$\begin{aligned}\Omega_{t|t-1}&=E[a_ta'_t]=E[(G_t(x_t-\hat{x}_{t|t-1})+D_t\varepsilon_t)(G_t(x_t-\hat{x}_{t|t-1})+D_t\varepsilon_t)']\\&=G_t\Sigma_{t|t-1}G'_t+D_tD'_t+G_tC_tD'_t+D_tC'_tG'_t\end{aligned} \tag{10.8}$$

其中，我们用到了事实

$$\begin{aligned}E[(x_t-\hat{x}_{t|t-1})\varepsilon'_t]&=E[(A_{t-1}x_{t-1}+B_{t-1}u_{t-1}+C_t\varepsilon_t-\hat{x}_{t|t-1})\varepsilon'_t]\\&=C_t\end{aligned} \tag{10.9}$$

最优的 Kalman 增益 K_t 最小化估计误差的方差和：

$$E[(x_t-\hat{x}_{t|t})'(x_t-\hat{x}_{t|t})]$$

下面我们证明解由下式给出：

$$K_t = (\Sigma_{t|t-1}G'_t + C_tD'_t)\Omega_{t|t-1}^{-1} \tag{10.10}$$

关于 K_t 的公式，背后的直觉如下：如果利用过去的信息 y^{t-1} 预测 x_t 时有巨大的误差（即 $\Sigma_{t|t-1}$ 巨大），那么 Kalman 滤波将赋予新信息更大的比重（即 K_t 巨大）；如果新信息是噪声（即 $\Omega_{t|t-1}$ 巨大），那么 Kalman 滤波将赋予过去的预测很大的比重（即 K_t 很小）。因为 $\hat{x}_{t+1|t}=A_t\hat{x}_{t|t}+B_tu_t$，$\hat{y}_{t+1|t}=G_{t+1}\hat{x}_{t+1|t}+H_tu_t$，我们可以移动到第 $t+1$ 期并再次使用以前的程序。为了使程序顺利进行，我们需要更新 $\Sigma_{t|t-1}$。在这么做时，我们首先计算

$$\begin{aligned}\Sigma_{t+1|t} &= E[(A_t(x_t-\hat{x}_{t|t})+C\varepsilon_{t+1})(A_t(x_t-\hat{x}_{t|t})+C_t\varepsilon_{t+1})'] \\ &= A_t\Sigma_{t|t}A'_t + C_tC'_t\end{aligned}$$

然后，我们计算

$$\begin{aligned}\Sigma_{t|t} &= E[(x_t-\hat{x}_{t|t})(x_t-\hat{x}_{t|t})'] \\ &= E[(x_t-\hat{x}_{t|t-1}-K_ta_t)(x_t-\hat{x}_{t|t-1}-K_ta_t)'] \\ &= E[((I-K_tG_t)(x_t-\hat{x}_{t|t-1})-K_tD_t\varepsilon_t)\times((I-K_tG_t)(x_t-\hat{x}_{t|t-1}) \\ &\quad -K_tD_t\varepsilon_t)'] \\ &= (I-K_tG_t)\Sigma_{t|t-1}(I-K_tG_t)'+K_tD_tD'_tK'_t \\ &\quad -E[(I-K_tG_t)(x_t-\hat{x}_{t|t-1})\varepsilon'_tD'_tK'_t] \\ &\quad -E[K_tD_t\varepsilon_t(x_t-\hat{x}_{t|t-1})'(I-K_tG_t)']\end{aligned}$$

其中，我们在第二个等式中用到了方程（10.7），在第三个等式中用到了背离的定义，在最后一个等式中用到了方程（10.8）。我们必须计算

$$\begin{aligned}&E[(I-K_tG_t)(x_t-\hat{x}_{t|t-1})\varepsilon'_tD'_tK'_t] \\ &= E[(I-K_tG_t)(A_{t-1}x_{t-1}+B_{t-1}u_{t-1}+C_t\varepsilon_t-\hat{x}_{t|t-1})\varepsilon'_tD'_tK'_t] \\ &= (I-K_tG_t)C_tD'_tK'_t\end{aligned}$$

类似地，我们可以计算 $E[D_t\varepsilon_t(x_t-\hat{x}_{t|t-1})'(I-K_tG_t)']$。然后，我们得到

$$\begin{aligned}\Sigma_{t|t} &= (I-K_tG_t)\Sigma_{t|t-1}(I-K_tG_t)'+K_tD_tD'_tK'_t \\ &\quad -(I-K_tG_t)C_tD'_tK'_t-K_tD_tC'_t(I-K_tG_t)'\end{aligned} \tag{10.11}$$

我们可以利用方程（10.11）来理解如何得到方程（10.10）中的最优 Kalman 增益矩阵。最小化 $E[(x_t-\hat{x}_{t|t})'(x_t-\hat{x}_{t|t})]$ 等价于最小化 $\Sigma_{t|t}$。利用方程（10.11）取一阶条件得到

$$0=\frac{\partial \operatorname{tr}(\Sigma_{t|t})}{\partial K_t}=-2(\Sigma_{t|t-1}G'_t+C_tD'_t)$$
$$+2K_t(G_t\Sigma_{t|t-1}G'_t+D_tD'_t+G_tC_tD'_t+D_tC'_tG'_t)$$

求解给出方程（10.10）中的最优 Kalman 增益矩阵 K_t。把这个方程和方程（10.8）插入方程（10.11）得到

$$\Sigma_{t|t}=(I-K_tG_t)\Sigma_{t|t-1}-K_tD_tC'_t$$

我们可以用概率方法推导方程（10.7）。由投影定理，有

$$\hat{x}_{t|t}=\hat{x}_{t|t-1}+\operatorname{Cov}(x_t,y_t|y^{t-1})[\operatorname{Var}(y_t|y^{t-1})]^{-1}(y_t-\hat{y}_{t|t-1}) \tag{10.12}$$

然后，我们计算

$$\begin{aligned}\operatorname{Cov}(x_t,y_t|y^{t-1})&=E[(x_t-\hat{x}_{t|t-1})(y_t-\hat{y}_{t|t-1})']\\&=E[(x_t-\hat{x}_{t|t-1})(G_t(x_t-\hat{x}_{t|t-1})+D_t\varepsilon_t)']\\&=\Sigma_{t|t-1}G'_t+C_tD'_t\end{aligned}$$
$$\operatorname{Var}(y_t|y^{t-1})=E[(y_t-\hat{y}_{t|t-1})(y_t-\hat{y}_{t|t-1})']=\Omega_{t|t-1}$$

Kalman 增益由下式给出：

$$K_t=\operatorname{Cov}(x_t,y_t|y^{t-1})[\operatorname{Var}(y_t|y^{t-1})]^{-1}$$

下面，我们总结 Kalman 滤波算法如下：

第 1 步 初始化：

$$\Sigma_{0|-1}=\Sigma_0,\hat{x}_{0|-1}=\hat{x}_0$$

我们可以把初值设在稳态，使得

$$\hat{x}_0=A\hat{x}_0$$

和

$$\Sigma_0=A\Sigma_0A'+Q$$

第 2 步 在第 t 期，从 $\hat{x}_{t|t-1}$ 和 $\Sigma_{t|t-1}$ 开始。在观测到 y_t 之后，我们计算以下式子：

$$\Omega_{t|t-1}=G_t\Sigma_{t|t-1}G'_t+D_tD'_t+G_tC_tD'_t+D_tC'_tG'_t$$
$$K_t=(\Sigma_{t|t-1}G'_t+C_tD'_t)\Omega_{t|t-1}^{-1}$$

$$\hat{x}_{t|t} = \hat{x}_{t|t-1} + K_t(y_t - G_t\hat{x}_{t|t-1} - H_{t-1}u_{t-1})$$
$$\Sigma_{t|t} = (I - K_tG_t)\Sigma_{t|t-1} - K_tD_tC'_t$$
$$\Sigma_{t+1|t} = A_t\Sigma_{t|t}A'_t + C_tC'_t$$
$$\hat{x}_{t+1|t} = A_t\hat{x}_{t|t} + B_tu_t$$

第 3 步 我们得到 $\hat{x}_{t+1|t}$ 和 $\Sigma_{t+1|t}$，回到第 2 步，从第 $t+1$ 期开始。

我们可以用完全递归的方式重写 Kalman 滤波：

$$\hat{x}_{t+1|t} = A_t\hat{x}_{t|t-1} + B_tu_t + A_tK_ta_t$$

其中，背离 $a_t = y_t - G_t\hat{x}_{t|t-1} - H_{t-1}u_{t-1}$ 独立地服从均值为 0、协方差矩阵为 $\Omega_{t|t-1}$ 的正态分布，$\Sigma_{t+1|t}$ 满足下述递归方程：

$$\begin{aligned}\Sigma_{t+1|t} &= A_t[(I - K_tG_t)\Sigma_{t|t-1} - K_tD_tC'_t]A'_t + C_tC'_t \\ &= A_t\Sigma_{t|t-1}A_t + C_tC'_t \\ &\quad - A_t(G_t\Sigma_{t|t-1} + D_tC'_t)'\Omega_{t|t-1}^{-1}(G_t\Sigma_{t|t-1} + D_tC'_t)A'_t\end{aligned}$$

其中，我们用到了方程（10.10）。这是 $\Sigma_{t+1|t}$ 的一个 Riccati 方程。

或者，我们把 Kalman 滤波重写为

$$\hat{x}_{t+1|t+1} = \hat{x}_{t+1|t} + K_{t+1}a_{t+1} = A_t\hat{x}_{t|t} + B_tu_t + K_{t+1}a_{t+1}$$

$\Sigma_{t|t}$ 满足递归式

$$\begin{aligned}\Sigma_{t+1|t+1} &= (I - K_{t+1}G_{t+1})\Sigma_{t+1|t} - K_{t+1}D_{t+1}C'_{t+1} \\ &= (I - K_{t+1}G_{t+1})(A_t\Sigma_{t|t}A'_t + C_tC'_t) - K_{t+1}D_{t+1}C'_{t+1}\end{aligned}$$

对于无穷期模型，我们考虑时齐的框架，其中，A_t、B_t、C_t、D_t、G_t 和 H_t 都独立于 t。然后，我们通常使用长期平稳的 Kalman 滤波，使得 $\Sigma_t \to \Sigma$ 和 $K_t \to K$。Kalman 滤波的运动规则是平稳的，因此，我们可以用递归方法把它引入平稳动态模型。

下面，我们提供一些例子来说明 Kalman 滤波的应用。

例 10.1.2 ［Muth（1960）的模型］Muth（1960）研究了模型

$$x_{t+1} = x_t + \eta_{t+1}$$
$$y_t = x_t + v_t$$

其中，x_t、y_t 是参数随机过程，$\{\eta_t\}$、$\{v_t\}$ 是互相独立的独立同分布的 Gauss 过程，均值为零，方差为 $E\eta_t^2=Q$，$Ev_t^2=R$。这里，x_t 是隐藏的状态，y_t 是可观测的。初始条件是，x_0 是 Gauss 的，且均值为 $\hat{x}_0$，方差为 Σ_0。应用 Kalman 滤波，得到

$$K_t=\frac{\Sigma_{t|t-1}}{\Sigma_{t|t-1}+R}$$

$$\Sigma_{t+1|t}=\frac{\Sigma_{t|t-1}(R+Q)+QR}{\Sigma_{t|t-1}+R}$$

当 $t\to\infty$时，$\Sigma_{t|t-1}\to\Sigma$，$K_t\to K$。因此，我们得到

$$\hat{x}_{t+1|t}=(1-K)\hat{x}_{t|t-1}+Ky_t$$

这是 Cagan 适应性预期公式的一种形式。因此，Muth（1960）构造的随机过程使得上面的适应性预期公式是最优的。

在 $\eta_t=Q=0$ 的特殊参数情形下，对于所有的 t，我们可以令 $x_t=\theta$。定义 $m_t=E[\theta|y^t]=\hat{x}_{t+1|t}$ 和 $\sigma_{t+1}=E(\theta-m_t)^2=\Sigma_{t+1|t}$。根据上面的结果，我们得到

$$m_t=(1-K_t)m_{t-1}+K_ty_t$$

$$K_t=\frac{\sigma_t}{\sigma_t+R}$$

$$\sigma_t=\frac{\sigma_{t-1}R}{\sigma_{t-1}+R}$$

我们把背离写成下述形式：

$$\begin{aligned}m_{t+1}&=m_t+K_{t+1}a_{t+1}\\&=m_t+\sqrt{K_{t+1}\sigma_{t+1}}\,\xi_{t+1}\end{aligned}$$

其中，ξ_{t+1}是一个独立同分布的标准正态随机变量。这里，我们利用了如下事实：a_{t+1}的方差等于 $\sigma_{t+1}+R$。因此，$K_{t+1}a_{t+1}$的方差是 $K_{t+1}^2(\sigma_{t+1}+R)=K_{t+1}\sigma_{t+1}$。

例 10.1.3 （估计长期生产率增长）Edge、Laubach 和 Williams（2007）与 Gilchrist 和 Saito（2008）在动态随机一般均衡模型下考虑了下述滤波问题。假设代理人观测到劳动生产率水平，但没有观测到它的持续项和暂时项。我们用 z_t 代表全要素生产率的对数，用 x_t 代表预期增长率。假定 z_t 和 x_t 分别服从

$$x_t=(1-\rho)g+\rho x_{t-1}+\eta_t$$

$$z_t=z_{t-1}+x_t+v_t$$

其中，$\{\eta_t\}$ 和 $\{v_t\}$ 是相互独立的独立同分布的 Gauss 过程，满足 $E\eta_t=Ev_t=0$、

$E\eta_t^2=\sigma_\eta^2$ 和 $Ev_t^2=\sigma_v^2$。令 $\hat{x}_{t|t}=E[x_t|z_0,\cdots,z_t]$。令 $y_t=z_t-z_{t-1}$。应用平稳 Kalman 滤波，得出

$$\hat{x}_{t+1|t+1}=\rho\hat{x}_{t|t}+(1-\rho)g+Ka_{t+1}$$

其中，

$$a_{t+1}=z_{t+1}-z_t-\rho\hat{x}_{t|t}-(1-\rho)g$$

Kalman 滤波为

$$K=\frac{\Sigma}{\Sigma+\sigma_v^2}$$

平稳协方差矩阵 $\Sigma=E(x_t-\hat{x}_{t|t-1})^2$ 满足

$$\Sigma=\rho^2(1-\Sigma(\Sigma+\sigma_v^2)^{-1})\Sigma+\sigma_\eta^2$$

求解这个方程得到

$$\Sigma=\frac{\sigma_v^2}{2}\left[-(1-\rho^2-\phi)+\sqrt{(1-\rho^2-\phi)^2+4\phi}\right]$$

其中，$\phi=\sigma_\eta^2/\sigma_v^2$。我们有

$$K=1-\frac{2}{2-(1-\rho^2-\phi)+\sqrt{(1-\rho^2-\phi)^2+4\phi}}$$

我们也可以计算背离的方差

$$Ea_t^2=\Sigma+\sigma_v^2$$

因此，基于条件 z^t，$\hat{x}_{t+1|t+1}$ 是均值为 $p\hat{x}_{t|t}+(1-\rho)g$、方差为 $K^2(\Sigma+\sigma_v^2)=K\Sigma$ 的正态分布。

Edge、Laubach 和 Williams（2007）与 Gilchrist 和 Saito（2008）将此滤波应用于动态随机一般均衡模型。

例 10.1.4 （似然函数）假定我们观测到由状态空间方程（10.1）和（10.2）生成的数据序列。我们把它的对数似然密度写为

$$\begin{aligned}\ln p(y^T|\theta)&=\sum_{t=1}^{T}\ln p(y_t|y^{t-1},\theta)\\&=-\frac{n_yT}{2}\ln(2\pi)-\sum_{t=1}^{T}\frac{1}{2}\ln|\Omega_{t|t-1}|-\frac{1}{2}\sum_{t=1}^{T}a'_t\Omega_{t|t-1}^{-1}a_t\end{aligned}$$

其中，θ 是模型参数向量，$a_t = y_t - \hat{y}_{t|t-1}$ 是背离，$\Omega_{t|t-1}$ 由方程（10.8）给出。

□ 10.1.2 隐藏的 Markov 链

考虑 N 状态 Markov 链 $\{x_t\}_{t=0}^{\infty}$。我们用单位向量 $\{e_1, e_2, \cdots, e_N\}$ 表示状态空间，其中，e_i 是第 i 个 N 维单位（列）向量。令转移矩阵为 P，其中的元素 (i,j) 为

$$p_{ij} = \Pr(x_{t+1} = e_j | x_t = e_i)$$

给定此构造方式，我们有

$$E[x_{t+1} | x_t] = P'x_t$$

然后，我们得到状态转移方程

$$x_{t+1} = P'x_t + v_{t+1} \tag{10.13}$$

其中，$\{v_t\}$ 是适应于 x^t 的鞅差分过程，因为 $E[v_{t+1} | x_t] = 0$。为了计算条件二阶矩，我们用方程（10.13）推导出

$$x_{t+1}x'_{t+1} = P'x_t(P'x_t)' + P'x_t v'_{t+1} + v_{t+1}x'_t P + v_{t+1}v'_{t+1}$$

和

$$x_{t+1}x'_{t+1} = \text{diag}(x_{t+1}) = \text{diag}(P'x_t) + \text{diag}(v_{t+1})$$

其中，$\text{diag}(x_{t+1})$ 是对角元素为 x_{t+1} 的元素的对角矩阵。因此，

$$\begin{aligned} v_{t+1}v'_{t+1} = {} & \text{diag}(P'x_t) + \text{diag}(v_{t+1}) \\ & - [P'x_t(P'x_t)' + P'x_t v'_{t+1} + v_{t+1}x'_t P] \end{aligned}$$

我们有

$$E[v_{t+1}v'_{t+1} | x_t] = \text{diag}(P'x_t) - P'\text{diag}(x_t)P$$

接下来，我们引入测量方程。假定 x_t 未被观测到，但是用 y_t 代表的 x_t 的噪声信号被观测到。令 y_t 在集合 $\{\xi_1, \xi_2, \cdots, \xi_M\}$ 中取值，其中，ξ_i 是第 i 个 m 维单位向量。用

$$\Pr(y_t = \xi_j | x_t = e_i) = q_{ij}$$

定义 $N \times M$ 矩阵 $Q = (q_{ij})$。于是，

$$E[y_t | x_t] = Q'x_t$$

然后，我们把测量方程写为

$$y_t = Q'x_t + w_t \tag{10.14}$$

其中，$\{w_t\}$ 是满足 $E[w_t \mid x_t] = 0$ 和

$$E[u_t u'_t \mid x_t] = \text{diag}(Q'x_t) - Q'\text{diag}(x_t)Q$$

的鞅差分过程。

我们的目标是给出计算隐藏的状态条件（后验）分布的递归公式。根据 Bayes 法则，有

$$\pi_t(e_i \mid y^t) \equiv \Pr\{x_t = e_i \mid y^t\} = \frac{\Pr(x_t = e_i, y_t \mid y^{t-1})}{\Pr(y_t \mid y^{t-1})}$$

$$= \frac{\sum_{x_{t-1}} \Pr(y_t \mid x_t = e_i)\Pr(x_t = e_i \mid x_{t-1})\Pr(x_{t-1} \mid y^{t-1})}{\sum_{x_t}\sum_{x_{t-1}} \Pr(y_t \mid x_t)\Pr(x_t \mid x_{t-1})\Pr(x_{t-1} \mid y^{t-1})}$$

于是，

$$\pi_t(e_i \mid y^{t-1}, y_t = \xi_j) = \frac{\sum_s q_{ij} p_{si} \pi_{t-1}(e_s \mid y^{t-1})}{\sum_i \sum_s q_{ij} p_{si} \pi_{t-1}(e_s \mid y^{t-1})}$$

其中，$y_t = \xi_j$ 是 y_t 的值。解释为：给定在第 $t-1$ 期的条件分布 $\pi_{t-1}(\cdot \mid y^{t-1})$，在观测到信号 $y_t = \xi_j$ 之后，隐藏的状态在第 t 期的条件分布为 $\pi_t(\cdot \mid y^{t-1}, y_t = \xi_j)$。我们可以取 x_0 的先验分布为平稳分布 π^{ss}。因此，

$$\pi_0(e_i \mid y_0 = \xi_j) = \Pr(x_0 = e_i \mid y_0 = \xi_j)$$

$$= \frac{\Pr(y_0 = \xi_j \mid x_0 = e_i)\Pr(x_0 = e_i)}{\sum_i \Pr(y_0 = \xi_j \mid x_0 = e_i)\Pr(x_0 = e_i)}$$

$$= \frac{q_{ij}\pi_i^{ss}}{\sum_i q_{ij}\pi_i^{ss}}$$

□ 10.1.3 隐藏的 Markov 转换模型

考虑隐藏的机制转换模型，状态转移方程为方程（10.13），测量方程为

$$y_t = h(x_t, \varepsilon_t)$$

其中，ε_t 是独立同分布的。下面是一个例子：

$$\Delta \ln C_t = \kappa(x_t) + \varepsilon_t$$

其中，$\Delta \ln C_t$ 是消费增长，$x_t \in \{e_1, e_2\}$，$\kappa(e_i) = \kappa_i$，ε_t 是独立同分布的，服从 $N(0, \sigma^2)$。在这个例子中，x_t 刻画了隐藏的经济机制。在两种机制中，消费的预期增长率是不同的。

令

$$f(x, y) = \Pr(h(x, \varepsilon) = y) = \Pr(y_t = y | x_t = x)$$

定义隐藏的状态的条件（后验）分布为

$$\pi_t(e_i | y^t) = \Pr(x_t = e_i | y^t), \quad \pi_t(e_i | y^{t-1}) = \Pr(x_t = e_i | y^{t-1})$$

我们的目标是推导计算这些条件分布的递归公式。首先，我们计算

$$\begin{aligned}\pi_t(e_i | y^{t-1}) = \Pr(x_t = e_i | y^{t-1}) &= \sum_{x_{t-1}} \Pr(x_t = e_i | y^{t-1}, x_{t=1}) \Pr(x_{t-1} | y^{t-1}) \\ &= \sum_{x_{t-1}} \Pr(x_t = e_i | x_{t-1}) \Pr(x_{t-1} | y^{t-1}) = \sum_j p_{ji} \pi_{t-1}(e_j | y^{t-1})\end{aligned}$$

然后，我们计算

$$\begin{aligned}\pi_t(e_i | y^t) = \Pr(x_t = e_i | y^t) &= \frac{\Pr(y_t | x_t = e_i, y^{t-1}) \Pr(x_t = e^i | y^{t-1})}{\sum_j \Pr(y_t | x_t = e_j, y^{t-1}) \Pr(x_t = e_j | y^{t-1})} \\ &= \frac{f(x, y_t) \pi_t(e_i | y^{t-1})}{\sum_j f(e_j, y_t) \pi_t(e_j | y^{t=1})}\end{aligned}$$

解释如下：给定第 $t-1$ 期的条件分布 $\pi_{t-1}(\cdot | y^{t-1})$，在第 t 期观测到 y_t 之后，我们可以用上面的等式计算第 t 期的条件分布 $\pi_t(\cdot | y^t)$ 和 $\pi_t(e_i | y^{t-1})$。我们可以把初始先验分布 $\pi_0(e_i | y^{-1})$ 取为 Markov 链的平稳分布。

10.2 控制问题

为了简单起见，我们考虑有限边界问题。假定状态 x_t 在第 t 期不是完全可观测的。相反，决策者观测到 x_t 的有噪声的信号 y_t。然后，他选择行动 u_t。在第 t 期的信息集为 y^t。关于随机结构，我们做一些假设：(1) x_0 的先验分布是给定的；(2) 给定过去的状态、信号和行动，x_{t+1} 的条件分布满足 $\Pr(x_{t+1} | x^t, y^t, u^t) = \Pr(x_{t+1} | x_t,$

u_t）；（3）信号 y^t 的条件分布满足 $\Pr(y_t|x^t,u^t,y^{t-1})=\Pr(y_t|x_t,u_{t-1})$。对于状态空间表达，这些假设都是满足的。目标是最大化下述期望总回报：

$$E\Big[\sum_{t=0}^{T-1}\beta^t r(x_t,u_t,t)+\beta^T R(x_T)\Big]$$

其中，R 是终点回报函数。

给定上面的假设，我们可以计算

$$\begin{aligned}\Pr(x_{t+1},y_{t+1}|x^t,y^t,u^t)&=\Pr(y_{t+1}|x_{t+1},x^t,y^t,u^t)\Pr(x_{t+1}|x^t,y^t,u^t)\\&=\Pr(y_{t+1}|x_{t+1},u_t)\Pr(x_{t+1}|x_t,u_t)\end{aligned}$$

定义后验分布为

$$P_t(x_t)=\Pr(x_t|y^t,u^{t-1})$$

我们可以证明

$$\begin{aligned}P_{t+1}(x_{t+1})=\Pr(x_{t+1}|y^{t+1},u^t)&=\frac{\Pr(x_{t+1},y_{t+1}|y^t,u^t)}{\Pr(y_{t+1}|y^t,u^t)}\\&=\frac{\sum_{x_t}\Pr(x_{t+1},x_t,y_{t+1}|y^t,u^t)}{\sum_{x_{t+1}}\sum_{x_t}\Pr(x_{t+1},x_t,y_{t+1}|y^t,u^t)}\\&=\frac{\sum_{x_t}\Pr(x_t|y^t,u^t)\Pr(x_{t+1},y_{t+1}|x_t,y^t,u^t)}{\sum_{x_{t+1}}\sum_{x_i}\Pr(x_{t+1},x_t,y_{t+1}|y^t,u^t)}\\&=\frac{\sum_{x_t}P_t(x_t)\Pr(x_{t+1},y_{t+1}|x_t,u_t)}{\sum_{x_{t+1}}\sum_{x_t}P_t(x_t)\Pr(x_{t+1},y_{t+1}|x_t,u_t)}\end{aligned}$$

这个等式给出了将隐藏的状态今天的后验分布 P 和明天的后验分布 P^* 联系起来的递归公式。使用这个分布作为状态变量，我们可以建立下述动态规划问题：

$$\begin{aligned}V(P,t)=\max_u&\sum_x P(x)r(x,u,t)\\&+\beta\sum_x\sum_y\sum_z P(z)a_t(x,y|z,u)V(P^*,t+1)\end{aligned}$$

其中，$V(P,t)$ 是值函数，对于 $t=0,1,\cdots,T-1$，

$$\begin{aligned}V(P,T)=\sum_x P(x)R(x),a_t(x,y|z,u)\\=\Pr(x_{t+1}=x,y_{t+1}=y|x_t=z,u_t=u)\end{aligned}$$

在应用时，后验分布是无穷维的。这使得部分信息下的一般控制问题难以求数值解。在某些特殊情形比如状态分布和离散状态下，后验分布是有限维的。例如，对于线性状态空间表达，Kalman 滤波表明，隐藏的状态的后验分布是 Gauss 的。因此，我们可以使用条件期望和条件方差来概括这个分布。

例 10.2.1 （生命周期消费-储蓄问题）Guvenen（2007）研究了当家庭的劳动收入的对数服从方程（10.5）和方程（10.6）中的过程的生命周期消费-储蓄问题。家庭可以观测到过去的收入数据，但是观测不到 α、β 和 z。求解下述问题：

$$\max_{c_t, s_{t+1}} E \sum_{t=0}^{T} \beta^t U(c_t)$$

满足预算约束

$$c_t + s_{t+1} = Rs_t + \exp(y_t), \quad s_{t+1} \geqslant 0 \tag{10.15}$$

为了求解这个问题，我们首先推导像例 10.1.1 中那样的状态空间表达，然后利用 Kalman 滤波推导递归式

$$\hat{x}_{t+1|t} = A\hat{x}_{t|t-1} + AK_t(y_t - G_t\hat{x}_{t|t-1}) \tag{10.16}$$

最后，我们可以把动态规划问题写为

$$V_{T+1} = 0$$

且对于 $t = 0, 1, \cdots, T$,

$$V_t(s_t, y_t, \hat{x}_{t|t-1}) = \max_{c_t, a_{t+1}} U(C_t) + \beta E[V_{t+1}(s_{t+1}, y_{t+1}, \hat{x}_{t+1|t}) \mid s_t, y_t, \hat{x}_{t|t-1}]$$

满足方程（10.15）和方程（10.16）。注意，条件期望是仅仅关于 y_{t+1} 的。y_{t+1} 的条件分布是 $N(G_t\hat{x}_{t+1|t}, \Omega_{t+1|t})$。对于一般的效用函数，不存在解析解。我们必须用数值方法求解这个动态问题。注意，我们还使用 $(y_t, \hat{x}_{t|t-1})$ 作为状态变量。或者，我们可以使用 $\hat{x}_{t|t}$ 作为状态变量。

10.3 线性二次控制

考虑下述线性二次控制问题：

$$\max_{\{u_t\}} -E\sum_{t=0}^{\infty}\beta^t r(x_t,u_t), \quad \beta\in(0,1]$$

满足

$$x_{t+1}=Ax_t+Bu_t+\eta_{t+1}$$
$$y_t=Gx_t+v_t$$

其中，

$$r(x,u)=\frac{1}{2}(x'Qx+u'Ru+2x'Su)$$

假定 $\{\eta_t\}$ 和 $\{v_t\}$ 是独立同分布的 Gauss 过程且相互独立，假定 x_0 是 Gauss 分布且独立于其他随机变量。决策者在第 t 期仅能观测到 y^t。

对于在第 9.3 节研究的完全信息情形，我们已经证明值函数取以下形式：

$$V(x_t)=-\frac{1}{2}x'_tPx_t+\text{常数}$$

其中，P 满足方程（9.12），最优政策为

$$u_t=-Fx_t \tag{10.17}$$

其中，F 由方程（9.17）给出。我们将证明，在部分信息下，值函数取以下形式：

$$V(\hat{x}_{t|t})=-\frac{1}{2}\hat{x}'_{t|t}P\hat{x}_{t|t}+\text{常数}$$

其中，P 也满足方程（9.12）。然而，常数项可能不同于完全信息的情形。我们也将证明，最优政策为

$$u_t=-F\hat{x}_{t|t}$$

其中，F 满足方程（9.17）。这个结果是**确定性等价**（certainty equivalence）的形式：通过在完全信息最优控制的决策规则中用状态的估计 $\hat{x}_{t|t}$ 替代实际状态 x_t，我们得到最优控制。

现在我们简述证明。采用长期平稳 Kalman 滤波得到估计 $\hat{x}_{t|t}$。然后猜测

$$V(\hat{x}_{t|t})=-\frac{1}{2}\hat{x}'_{t|t}P\hat{x}_{t|t}+\text{常数}$$

定义

$$\Delta_t \equiv x_t - \hat{x}_{t|t} = Ax_{t-1} + \eta_t - A\hat{x}_{t-1|t-1} - Ka_t$$

它独立于控制 u_t，因为 $E[(x_t - \hat{x}_{t|t})u_t] = 0$ 。我们首先计算

$$\begin{aligned}
&E_t[(x'_t Q x_t + u'_t R u_t + 2x'_t S u_t)] \\
&\quad = E_t[((\hat{x}_{t|t} + \Delta_t)' Q(\hat{x}_{t|t} + \Delta_t) + u'_t R u_t + 2(\hat{x}_{t|t} + \Delta_t)' S u_t)] \\
&\quad = (\hat{x}_{t|t} Q \hat{x}_{t|t} + u'_t R u_t + 2\hat{x}'_{t|t} S u_t) + \cdots
\end{aligned}$$

其中，我们使用记号“$+\cdots$”代表独立于控制 u_t 的项。这里，E_t 表示给定信息 y^t 的条件期望算子。接下来，我们计算

$$\begin{aligned}
&E_t[\hat{x}'_{t+1|t+1} P \hat{x}_{t+1|t+1}] \\
&\quad = E_t[(x_{t+1} - \Delta_{t+1})' P(x_{t+1} - \Delta_{t+1})] \\
&\quad = E_t[x'_{t+1} P x_{t+1}] - 2E_t[\Delta'_{t+1} P x_{t+1}] + E_t[\Delta'_{t+1} P \Delta_{t+1}] \\
&\quad = E_t[x'_{t+1} P x_{t+1}] - 2E_t[\Delta'_{t+1} P(Ax_t + Bu_t + \eta_{t+1})] + E_t[\Delta'_{t+1} P \Delta_{t+1}] \\
&\quad = E_t[(Ax_t + Bu_t + \eta_{t+1})' P(Ax_t + Bu_t + \eta_{t+1})] + \cdots \\
&\quad = E_t[(Ax_t + Bu_t)' P(Ax_t + Bu_t)] + \cdots \\
&\quad = E_t[(A\hat{x}_{t|t} + Bu_t)'] P[(A\hat{x}_{t|t} + Bu_t)] + \cdots
\end{aligned}$$

然后，我们求解问题

$$\begin{aligned}
V(\hat{x}_{t|t}) &= \max_{u_t} E_t\left[-\frac{1}{2}(x'_t Q x_t + u'_t R u_t + 2x'_t S u_t)\right] \\
&\quad - \frac{\beta}{2} E_t[\hat{x}'_{t+1|t+1} P \hat{x}_{t+1|t+1}] + \cdots \\
&= \max_{u_t} - \frac{1}{2}(\hat{x}'_{t|t} Q \hat{x}_{t|t} + u'_t R u_t + 2\hat{x}'_{t|t} S u_t) \\
&\quad + \beta E_t\left[-\frac{1}{2}(A\hat{x}_{t|t} + Bu_t)' P(A\hat{x}_{t|t} + Bu_t)\right] + \cdots
\end{aligned}$$

显然，这是状态为 $\hat{x}_{t|t}$ 的完全信息问题。沿用与第 9.3 节相同的思路，我们可以得到想要的结果。

10.4 习题

1. 令

$$y_t = \mu + \varepsilon_t + b\varepsilon_{t-1}$$

写出状态空间表达。

2. 考虑例 10.1.1。令 $\alpha=\beta=0$。假定 ρ 未知且服从均值为 $\mu_\rho\in(0,1)$、方差为 σ_ρ^2 的正态分布。推导 Kalman 滤波。

3. 令 $x_t=\theta$（对于所有 t）和 $y_t=\theta+v_t$。假定 θ 是均值为 μ、方差为 Σ_0 的 Gauss 分布。推导 Kalman 滤波。长期会发生什么？

4. 存在另一种写状态空间表达的方式：

$$x_{t+1} = Ax_t + Bu_t + C\varepsilon_t$$
$$y_t = Gx_t + Hu_{t-1} + D\varepsilon_t$$

推导这种构造方式的 Kalman 滤波。

5. 推导状态空间表达（10.3）和（10.4）的 Kalman 滤波。

6. 考虑例 10.1.1 和 10.2.1。令 $\alpha=\beta=0$ 和 $u(c)=-\exp(-\gamma c)/\gamma$。

(a) 推导 Kalman 滤波。

(b) 令 $T=1$。求解动态规划问题。

(c) 求解任何有限 T 的动态规划问题。

(d) 如果我们用 $\hat{x}_{t|t}$ 而不是 $\hat{x}_{t|t-1}$ 作为状态变量，那么如何写 Bellman 方程？

第 11 章 数值方法

本章目标

许多经济问题往往需要定量的回答。例如，技术冲击对经济周期的贡献有多大？重大税制改革对宏观经济有何影响？为了提供定量的回答，需要借助数值方法。在本章，我们给出一些被广泛使用的求解动态规划问题和均衡系统的数值方法。关于其他介绍经济学和金融学中数值方法的教科书，建议读者参考 Judd（1998）、Miranda 和 Fackler（2002）以及 Adda 和 Cooper（2003）。①

11.1 数值积分

在不确定的经济中，计算期望值是必要的。本节研究如何用数值计算积分

① Miranda 和 Fackler（2002）提供了可供下载的工具箱 CompEcon，网站为 http://www4.ncsu.edu/unity/users/p/pfackler/www/compecon/。这个工具箱可用来求解本章描述的许多问题。

$\int_D f(x)\mathrm{d}x$，其中，$f:\mathbb{R}^n \to \mathbb{R}$是定义域$D$上的可积函数。Judd（1998）详细给出了几种数值方法。在本节我们关注 Gauss 求积法。我们从一维情况开始，然后讨论多维情况。

□ 11.1.1 Gauss 求积

求积法的思想是通过求和逼近积分：

$$\int_a^b f(x)\mathrm{d}x \simeq \sum_{i=1}^{n} w_i f(x_i)$$

其中，x_i 是**求积节点**（quadrature node），w_i 是**求积权重**（quadrature weight）。Newton-Cotes 方法是求积法的一个例子。Gauss 求积法是根据特定的权重函数 w 构造的。对于给定的近似度，该方法选择节点 $x_1, x_2 \cdots, x_n$ 和权重 $w_1, w_2, \cdots, w_n$ 以满足以下 $2n$ 个条件：

$$\int_a^b x^k w(x)\mathrm{d}x = \sum_{i=1}^{n} w_i x_i^k, \quad k = 0,1,\cdots,2n-1$$

然后，通过在规定的节点上构造函数值的规定加权和来计算积分近似值：

$$\int_a^b f(x)w(x)\mathrm{d}x = \sum_{i=1}^{n} w_i f(x_i)$$

因此，如果函数 f 可被多项式精确逼近，那么 Gauss 求积法将会给出积分的精确近似。当权重函数 w 是一个密度函数时，Gauss 求积法有一个直接的解释。本质上，它用质点 x_i 和概率 w_i 把一个连续型随机变量离散化为一个离散型随机变量。

计算 n 阶 Gauss 求积节点和权重不容易，因为需要求解 $2n$ 个非线性方程。Miranda 和 Fackler（2002）提供的 CompEcon 工具箱包含有效的数值程序以计算不同权重函数的 Gauss 求积节点和权重，包括最常见的概率分布函数，比如均匀分布、正态分布、对数正态分布、指数分布、伽马分布和贝塔分布。

下面是一些著名的求积。

- Gauss-Legendre 求积。权重函数是 $w(x) = 1$ 。Gauss-Legendre 求积计算积分 $\int_{-1}^{1} f(x)\mathrm{d}x$ 。变量代换可以在任何有界区间内计算积分，因此也可以在无限区间内计算积分，

$$\int_a^b f(x)\mathrm{d}x \simeq \frac{b-a}{2}\sum_{i=1}^{n} w_i f\left(\frac{(x_i+1)(b-a)}{2}+a\right)$$

- Gauss-Chebyshev 求积。该方法计算

$$\int_{-1}^{1} f(x)(1-x^2)^{-1/2}\mathrm{d}x \simeq \frac{\pi}{n}\sum_{i=1}^{n} f(x_i)$$

其中，

$$x_i = \cos\left(\frac{2i-1}{2n}\pi\right), \quad i = 1,2,\cdots,n$$

- Gauss-Hermite 求积。该方法计算

$$\int_{-\infty}^{\infty} f(x)\mathrm{e}^{-x^2}\mathrm{d}x \simeq \sum_{i=1}^{n} w_i f(x_i)$$

这个求积对于计算关于正态分布的积分非常有用：

$$Ef(Y) = \pi^{-1/2}\sum_{i=1}^{n} w_i f(\sqrt{2}\sigma x_i + \mu)$$

其中，Y 是均值为 μ、方差为 σ^2 的正态分布。

- Gauss-Laguerre 求积。该方法计算

$$\int_{0}^{\infty} \mathrm{e}^{-x} f(x)\mathrm{d}x \simeq \sum_{i=1}^{n} w_i f(x_i)$$

它对于计算以下现值有用：

$$\int_{a}^{\infty} \mathrm{e}^{-ry} f(y)\mathrm{d}y \simeq \frac{\mathrm{e}^{-ra}}{r}\sum_{i=1}^{n} w_i f\left(\frac{x_i}{r}+a\right)$$

□ 11.1.2　多维求积

假设我们想计算 d 维积分 $\int_{[a,b]^d} f(x)\mathrm{d}x$ 。基于任何一维求积规则，我们都可以使用乘积法则。令 x_i^j、$w_i^j(i=1,\cdots,n_j)$ 分别是 j 维中的一维求积点和权重。乘积法则给出了近似值

$$\sum_{i_t=1}^{n_1}\cdots\sum_{i_d=1}^{n_d} w_{i_1}^1 w_{i_2}^2\cdots w_{i_d}^d f(x_{i_1}^1, x_{i_2}^2, \cdots, x_{i_d}^d)$$

对于 Gauss 求积，若 w^j 是 j 维中的标量权重函数，那么令

$$W(x)=\prod_{j=1}^{d}w^{j}(x_{j})$$

Gauss 求积使用前面的近似计算积分 $\int_{[a,b]^d}f(x)W(x)$ 。我们可以应用变量代换计算任何区间的积分。求积规则的难点是维数诅咒。参考 Judd（1998）关于非乘积方法的讨论。

11.2 AR（1）过程的离散化

在经济问题中，外生冲击经常被模型化为 Markov 过程。当求解随机动态规划问题时，我们需要计算与冲击有关的期望值。如果冲击服从离散的 Markov 链，那么期望值只是简单的求和。然而，如果冲击遵循一阶自回归［*AR*（1）］过程，那么计算期望是棘手的。在最后一节中，我们讨论如何计算数值积分。在本节，我们介绍 Tauchen（1986）与 Tauchen 和 Hussey（1991）提出的用离散的 Markov 链逼近 *AR*（1）过程的两种方法。

考虑下列 *AR*（1）过程：

$$z_{t+1}=\mu(1-\rho)+\rho z_{t}+\sigma\varepsilon_{t+1}\tag{11.1}$$

其中，μ 和 ρ 分别是 z_t 的无条件期望和自相关系数，ε_t 是独立同分布的标准正态分布。不失一般性地，我们设定 $\mu=0$。z_t 的无条件标准差为 $\sigma_z=\sigma/\sqrt{1-\rho^2}$ 。我们的目标是构造一个状态空间为 $\{z^i\}_{i=1}^N$ 且转移矩阵为 $\pi=(\pi_{ij})$ 的离散 Markov 链去逼近 $\{z_t\}$。N 越大，离散 Markov 链的逼近变得越准确。

□ 11.2.1 Tauchen（1986）方法

Tauchen（1986）方法由以下步骤组成[①]：

第 1 步 选择有 N 个等距点的离散状态空间：

$$(z^i)_{i=1}^N=\left\{z_{\min},z_{\min}+\frac{z_{\max}-z_{\min}}{N-1},\cdots,z_{\min}+\frac{N-2}{N-1}(z_{\max}-z_{\min}),z_{\max}\right\}$$

其中，

---

① Matlab 代码 markovappr.m 可实现这个方法。

$$z_{\max} = m\sigma_z, \quad z_{\min} = -m\sigma_z$$

实际上，令 $m=3$ 或 4 就足够了。

第 2 步 选择 N 个间隔：

$$I_1 = \left(-\infty, z_{\min} + \frac{z_{\max} - z_{\min}}{2(N-1)}\right)$$

$$I_2 = \left(z_{\min} + \frac{z_{\max} - z_{\min}}{2(N-1)}, z_{\min} + \frac{3(z_{\max} - z_{\min})}{2(N-1)}\right), \cdots$$

$$I_{N-1} = \left(z_{\min} + \frac{(2N-5)(z_{\max} - z_{\min})}{2(N-1)}, z_{\min} + \frac{(2N-3)(z_{\max} - z_{\min})}{2(N-1)}\right)$$

$$I_N = \left(z_{\min} + \frac{(2N-3)(z_{\max} - z_{\min})}{2(N-1)}, \infty\right)$$

第 3 步 决定转移概率：

$$\pi_{ij} = \Pr(z_{t+1} \in I_j \mid z_t = z^i)$$

根据方程（11.1），很容易计算这些转移概率。

□ 11.2.2 Tauchen-Hussey（1991）方法

Tauchen-Hussey（1991）方法与之前讨论过的 Gauss-Hermite 求积法有关。① 假设我们想计算条件期望：

$$E[v(z') \mid z] = \int_{-\infty}^{\infty} v(z') f(z' \mid z) \mathrm{d}z'$$

其中，$f(\cdot \mid z)$ 是给定 $z_t = z$ 的条件下 z_{t+1} 的条件密度。利用 Gauss-Hermite 方法，我们可以把该积分近似为

$$\int v(z') f(z' \mid z) \mathrm{d}z' \simeq \pi^{-1/2} \sum_{j=1}^{N} w_j v(\sqrt{2}\sigma x_j + \rho z)$$

其中，x_j 和 w_j 分别是 Gauss-Hermite 节点和权重。这种方法的问题是：这个近似连续地依赖于 z。Tauchen 和 Hussey（1991）提出了下述变换：

$$\int v(z') f(z' \mid z) \mathrm{d}z' = \int v(z') \frac{f(z' \mid z)}{f(z' \mid 0)} f(z' \mid 0) \mathrm{d}z' = \frac{1}{\sqrt{\pi}} \sum_{j=1}^{N} w_j v(z^j) \frac{f(z^j \mid z)}{f(z^j \mid 0)}$$

---

① Matlab 程序 tauch _ hussey. m 可以实现这种方法，这需要代码 gauss. herm. m。

其中，$z^j = \sqrt{2}\sigma x_j$。因此

$$E[v(z') \mid z^i] \simeq \sum_{j=1}^{N} \tilde{\pi}_{ij} v(z^j)$$

其中，

$$\tilde{\pi}_{ij} = \pi^{-1/2} w_j \frac{f(z^j \mid z^i)}{f(z^j \mid 0)}$$

注意，我们可能有

$$\sum_{j=1}^{N} \tilde{\pi}_{ij} \neq 1$$

然后，我们可以标准化

$$\pi_{ij} = \frac{\tilde{\pi}_{ij}}{\sum_{j=1}^{N} \tilde{\pi}_{ij}}$$

取近似值

$$E[v(z') \mid z^i] \simeq \sum_{j=1}^{n} \pi_{ij} v(z^j)$$

注意，这不是积分的 Gauss-Hermite 近似。但是，当 N 充分大时，$\sum_{j=1}^{N} \tilde{\pi}_{ij}$ 收敛于 1。因此，我们可以利用状态空间为 $\{z^1, z^2, \cdots, z^N\}$、转移矩阵为（$\pi_{ij}$）的离散 Markov 链去逼近 AR（1）过程。

□ 11.2.3 模拟 Markov 链

假设 $\{z_t\}$ 是状态空间为 $\{z^1, z^2, \cdots, z^N\}$、转移矩阵为（$\pi_{ij}$）的 Markov 链。我们想模拟 Markov 链在 $t = 0, 1, 2, \cdots, T$ 生成一个序列。从第 $t=0$ 期开始，假设 z_0 在某个 z^i 处被初始化了。接下来，我们必须为 z_t，$t = 1, 2, \cdots, T$ 赋值。以下步骤描述了算法①：

第 1 步 计算 Markov 链 $\prod^C$ 的累积分布，即，

$$\prod\nolimits_{ij}^{C} = \sum_{k=1}^{j} \pi_{ik}$$

① Matlab 代码 markovsimul.m 实现了此算法。

是 Markov 链处于低于或等于 j 的状态的概率，给定在第 $t-1$ 期它位于状态 i。

第 2 步 设定初始状态，从在 $[0,1]$ 上的均匀分布模拟 T 个随机数：$\{p_t\}_{t=1}^{T}$。

第 3 步 假设在第 $t-1$ 期 Markov 链位于状态 i，找出指标 j，使得

$$\prod_{i(j-1)}^{C} < p_t \leqslant \prod_{ij}^{C}，对于 j \geqslant 2$$

则 z^j 为第 t 期的状态。如果 $p_t \leqslant \pi_{i1}$，那么 z^1 为第 t 期的状态。

11.3 插值

函数逼近是求解计算问题的重要步骤。一般来说，有三种方法逼近给定函数 f。第一种逼近方法基于使用 f 在特定点 x^* 附近数据的局部近似。该方法背后主要是 Taylor 展开定理。在第 1 章、第 2 章和第 11.4 节讨论的扰动方法属于此范畴。第二种逼近方法利用 f 的全局性质。例如，L^p 近似是在 L^p 范数的某个区域上找到一个接近 f 的函数 g。这种逼近方法通常需要太多的信息，在实际应用中不可行。第三种逼近方法是插值法，它使用有限的数据集去拟合函数 f。特别地，它使用 n 个条件决定 n 个自由参数。还有一种方法，叫作回归，它介于 L^p 近似和插值法两者之间，利用 m 个条件去决定 n 个参数，其中 $m>n$。这种方法更稳定，但与插值法相比需要更多的信息，在精确性方面弱于 L^p 近似。

在本节，我们集中讨论插值法。① 我们从一维情形开始解释该方法的关键思想。考虑连续函数 $f:[a,b]\to\mathbb{R}$。插值的目标是用 $\hat{f}$ 逼近 f，

$$\hat{f}(x)=\sum_{j=1}^{n}c_j\phi_j(x)$$

其中，n 被称为**插值度**（degree of interpolation）或**近似度**（degree of approximation），$\phi_1,\phi_2,\cdots,\phi_n$ 是线性独立的**基函数**（basis function），$c_1,c_2,\cdots,c_n$ 是**基系数**（basis coefficient）。

实施插值法的第一步是选择合适的基函数。有两种方法来设定基函数。谱方法使用的基函数在 $[a,b]$ 上几乎处处非零。这些函数通常是多项式。**有限元方法**（fi-

① 由 Miranda 和 Fackler（2002）设计的 CompEcon 工具箱包含了许多有用的 Matlab 程序以实施本节讨论的逼近方法。

nite element method）使用的基函数仅在 $[a,b]$ 的小子区域上非零。这些函数通常是样条函数。在下面两子节，我们将讨论这两种基函数。

实施插值法的第二步是决定基系数 $c_1,\cdots,c_n$。求解这 n 个系数的一种自然方法是利用 n 个数据点 (x_i,y_i)，使得 $\hat{f}(x_i)=y_i$，$i=1,2,\cdots,n$，其中，$y_i=f(x_i)$ 已知。即我们要求解下列 n 个方程的系统：

$$\sum_{j=1}^{n} c_j\phi_j(x_i)=f(x_i),\quad i=1,\cdots,n$$

我们可以把它重新写成矩阵形式：

$$\Phi c=y$$

其中，$\Phi_{ij}=\phi_j(x_i)$。该方程被称为**插值方程**（interpolation equation），矩阵 Φ 被称为**插值矩阵**（interpolation matrix）。点 $x_1,x_2,\cdots,x_n$ 被称为**插值节点**（interpolation node）。插值度和插值节点的选择对精确近似很重要。

当插值节点的个数 m 超过了基系数的个数 n 时，不能使用插值方程。取而代之的是，我们可利用**最小二乘法**（least squares method）或**回归法**（regression method）求解以下问题：

$$\min_{\{c_i\}}\sum_{i=1}^{m}\Big[f(x_i)-\sum_{j=1}^{n}c_j\phi_j(x_i)\Big]^2,\quad m>n$$

该问题有如下解：

$$c=(\Phi'\Phi)^{-1}\Phi'y$$

当 $m=n$ 且 Φ 是可逆的时，上式等价于插值方程。

插值条件不能直接与函数值相关。关于函数导数的信息也可以用来求解基系数。

□ 11.3.1 正交多项式

基函数的一个自然族是**单项式基**（monomial basis）$\{1,x,x^2,x^3,\cdots\}$。插值矩阵 Φ 为

$$\Phi=\begin{bmatrix}1 & x_1 & \cdots & x_1^{n-1}\\ 1 & x_2 & \cdots & x_2^{n-1}\\ \vdots & \vdots & & \vdots\\ 1 & x_n & \cdots & x_n^{n-1}\end{bmatrix}$$

这个矩阵是病态的，因此，利用该基的插值会产生巨大的舍入误差。原因之一是单项式基函数不是相互正交的。

定义 11.3.1 定义在 $[a,b]$ 上的权重函数 $w(x)$ 是任意在 $[a,b]$ 上具有有限积分的正值函数。给定权重函数 $w(x)$，定义 $[a,b]$ 上可积函数的内积为

$$\langle f,g\rangle_w = \int_a^b f(x)g(x)w(x)\mathrm{d}x$$

如果

$$\langle \phi_i,\phi_j\rangle_w = 0,\quad i\neq j$$

那么定义在 $[a,b]$ 上的函数族 $\{\phi_j\}$ 关于 $w(x)$ 是相互正交的。

内积诱导出一个范数

$$||f||_w = \langle f,f\rangle_w$$

因而诱导出一个自然度量。

下面是常用的正交基函数列表：

- Legendre 多项式。n 阶 Legendre 多项式为

$$P_n(x) = \frac{(-1)^n}{2^n n!}\frac{\mathrm{d}^n}{\mathrm{d}x^n}[(1-x^2)^n],\quad P_0(x)=1,\quad x\in[-1,1]$$

权重方程为定义在 $[-1,1]$ 上的 $w(x)=1$。我们可利用变换 $z=2(x-a)/(b-a)-1$ 定义在任何有界区间 $[a,b]$ 上的函数。

- Chebyshev 多项式。我们用递归形式定义在 $[-1,1]$ 上的 n 阶 Chebyshev 多项式：

$$T_0(x)=1,\quad T_1(x)=x,\quad T_2(x)=2x^2-1$$
$$T_n(x)=2xT_{n-1}(x)-T_{n-2}(x)$$

权重函数为 $w(x)=(1-x^2)^{-1/2}$。我们可以等价地定义

$$T_n(x)=\cos(n\ \mathrm{arc}\cos(x))$$

- Laguerre 多项式。第 n 项为

$$L_n(x)=\frac{\mathrm{e}^x}{n!}\frac{\mathrm{d}^n}{\mathrm{d}x^n}(x^n\mathrm{e}^{-x}),\quad L_0(x)=1,\quad x\in[0,\infty)$$

权重函数为定义在 $[0,\infty)$ 上的 $w(x)=\mathrm{e}^{-x}$。在确定性模型中，Laguerre 多项式被用来逼近关于时间的函数。

- Hermite 多项式。第 n 项为

$$H_n(x)=(-1)^n \mathrm{e}^{x^2}\frac{\mathrm{d}^n}{\mathrm{d}x^n}(\mathrm{e}^{-x^2}),\quad H_0(x)=1,\quad x\in(-\infty,\infty)$$

权重函数为 $w(x)=\mathrm{e}^{-x^2}$。Hermite 多项式经常被用来逼近正态随机变量的函数。

我们将集中讨论 Chebyshev 多项式，因为它们拥有一些非常好的性质。$T_n(x)$ 在 $[-1,1]$ 上的根为

$$x_k=\cos\left(\frac{\pi(2k-1)}{2n}\right),\quad k=1,2,\cdots,n$$

在

$$x_k=\cos\left(\frac{\pi k}{n}\right),\quad k=1,2,\cdots,n$$

$T_n(x)$ 有 $n+1$ 个极值。在所有的极大值处，$T_n(x)=1$；在所有的极小值处，$T_n(x)=-1$。图 11.1 表明了在单位区间上到 9 阶的 9 个 Chebyshev 多项式基函数。

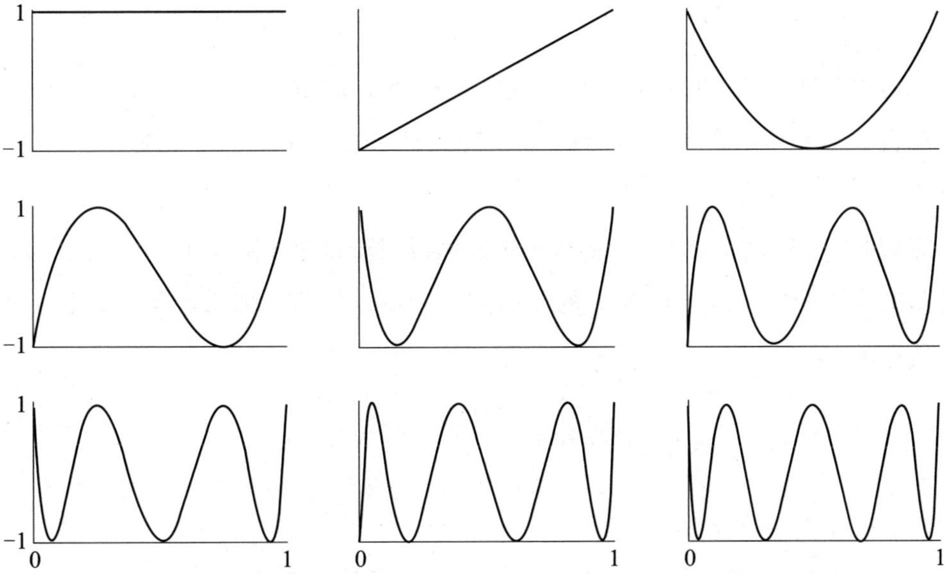

图 11.1　在单位区间上到 9 阶的 9 个 Chebyshev 多项式基函数

Chebyshev 多项式具有离散的正交性质。若 $x_k(k=1,2,\cdots,m)$ 是 $T_m(x)$ 的 m 个根，且 i，$j<m$，则

$$\sum_{k=1}^{m} T_i(x_k)T_j(x_k) = \begin{cases} 0, & \text{如果 } i \neq j \\ m/2, & \text{如果 } i = j \neq 0 \\ m, & \text{如果 } i = j = 0 \end{cases}$$

利用该性质，我们现在可以计算当基函数为

$$\phi_j(x) = T_{j-1}(x), \quad j = 1, \cdots, n$$

时的基系数 $c_1, c_2, \cdots, c_n$。

选择合适的插值节点对于好的逼近是至关重要的。我们将选择 $T_n(x)$ 的 n 个根 $\{x_1, x_2, \cdots, x_k\}$ 作为插值节点。然后，可以计算 $\Phi'\Phi = \text{diag}(n, n/2, n/2, \cdots, n/2)$。利用最小二乘公式 $c=(\Phi'\Phi)^{-1}\Phi'y$ 和离散正交性，我们可得到

$$c_j = \frac{\sum_{k=1}^{n} f(x_k) T_{j-1}(x_k)}{\sum_{k=1}^{n} T_{j-1}(x_k)^2} = \begin{cases} \frac{1}{n} \sum_{k=1}^{n} f(x_k) T_{j-1}(x_k), & \text{对于 } j = 1 \\ \frac{2}{n} \sum_{k=1}^{n} f(x_k) T_{j-1}(x_k), & \text{对于 } j \geqslant 2 \end{cases}$$

然后，我们得到 **Chebyshev 插值**（Chebyshev interpolant）：

$$I_{n-1}^f(x) = \sum_{i=1}^{n} c_i T_{i-1}(x)$$

我们也可以验证，I_{n-1}^f 和 f 在 $T_n(x)$ 的 n 个根处完全匹配。

源自 Rivlin（1990，p. 14）的下述定理保证了在 Chebyshev 多项式零点处的插值产生了对 f 的渐近合理逼近。

定理 11.3.1 （Chebyshev 插值定理）假设对于某个 $k \geqslant 1$，函数 $f: [-1,1] \to R$ 是 k 次连续可微的。令 I_n^f 为 f 的 n 阶 Chebyshev 插值。那么，存在某个 d_k 使得对于所有的 n，

$$||f - I_n^f||_\infty \leqslant \left(\frac{2}{\pi}\ln(n+1) + 2\right)\frac{d_k}{n^k}||f^{(k)}||_\infty$$

其中，$\|\cdot\|_\infty$ 是一致范数。

该定理表明，当提高插值度时，Chebyshev 插值会很快收敛到 f。注意，当我们使用更多的点时，均匀间隔节点上的插值不一定收敛。因此，只要被逼近的函数是平滑的，Chebyshev 插值就是非常有用的。

我们可能用更多的插值节点去构造插值度更低的 Chebyshev 插值。假设 n 足够

大，以至于 I_n^f 几乎完美逼近 f。考虑截断逼近：

$$I_{m-1}(x)=\sum_{i=1}^{m}c_iT_{i-1}(x),\quad m\ll n \tag{11.2}$$

其中，$k=m+1,\cdots,n$ 的那些项从 I_{n-1}^f 中去掉了。因为 $T_k(x)$ 界于 -1 和 1 之间，所以 I_{n-1}^f 和 I_{m-1} 的差值以去掉项 $c_k(k=m+1,\cdots,c_n)$ 的和为界。由于系数是迅速下降的，所以此差值被 $c_{m+1}T_m(x)$ 所控制。因此，截断逼近 I_{m-1} 几乎与极大极小多项式相同，该极大极小多项式（在所有相同阶数的多项式中）与真函数 f 的最大偏差最小。在这个意义上，Chebyshev 多项式插值法几乎是最精确的逼近。参考 Judd (1998) 的第 6.7 节，可以了解更正式的讨论和计算式 (11.2) 的等价 Chebyshev 回归算法。

□ 11.3.2 样条

对于性状良好的光滑函数，Chebyshev 多项式插值法很有效。对于有扭结或者高曲率区间的函数，使用样条近似（或更一般的有限元方法）看起来更好。构造样条插值法的思想是首先将定义域划分为被称为**元素**（element）的互不相交的子区间。这个函数在每个子区间上被某个多项式近似。然后将局部近似值拼接在一起得到全局近似值。如果 ϕ 在 $[a,b]$ 上是 C^{k-2} 的，并且有一个由点［称为**节点**（node）或**断点**（break）］构成的网格，$a=x_0<x_1<\cdots<x_n=b$，使得 ϕ 在每个子区间 $[x_i,x_{i+1}]$（其中，$i=0,1,\cdots,n-1$）上至多是 $k-1$ 阶多项式，那么我们称 $[a,b]$ 上的函数 $\phi(x)$ 是 k **阶样条**（spline of order）。注意，2 阶样条［或**线性样条**（linear spline）］是分段线性函数。

三次样条（cubic spline，即 4 阶）ϕ 有以下性质：(1) $\phi(x_i)=f(x_i)=y_i$，$i=0,1,\cdots,n$。(2) 在每个子区间 $[x_i,x_{i+1}]$ 上，$\phi(x)=a_i+b_ix+c_ix^2+d_ix^3$，$i=0,1,\cdots,n-1$。(3) $\lim_{x\uparrow x_i}\phi(x_i)=\lim_{x\downarrow x_i}\phi(x_i)$，$\lim_{x\uparrow x_i}\phi'(x_i)=\lim_{x\downarrow x_i}\phi'(x_i)$，$\lim_{x\uparrow x_i}\phi''(x_i)=\lim_{x\downarrow x_i}\phi''(x_i)$。对于 $4n$ 个系数有 $4n-2$ 个条件。我们需要两个额外限制。**自然样条**（natural spline）施加条件 $\phi''(x_0)=\phi''(x_n)=0$。若这些导数是已知的，则 **Hermite 样条**（Hermite spline）施加条件 $\phi'(x_0)=f'(x_0)$ 和 $\phi'(x_n)=f'(x_n)$［称为**夹紧端条件**（clamped end condition）］。三次样条可以逼近一个有扭结或者有小的高曲率区间的几乎光滑的函数。**非扭结端条件**（not-a-knot end condition）要求 $\lim_{x\uparrow x_1}\phi'''(x)=\lim_{x\downarrow x_1}\phi'''(x)$ 和 $\lim_{x\uparrow x_{n-1}}\phi'''(x)=\lim_{x\downarrow x_{n-1}}\phi'''(x)$。Matlab 样条工具箱使用非扭结端条件

作为默认值，使用 Hermite 样条作为备选项。

表示样条曲线的方法有两种。k 阶多项式样条曲线的 **pp -型**（pp-form）用它的断点 $x_0, x_1, \cdots, x_n$ 和它的 n 段局部多项式系数 c_{ji} 提供了描述，

$$p_j(x) = \sum_{i=1}^{k} (x - x_{j-1})^{k-i} c_{ji}, \quad j = 1, \cdots, n$$

k 阶样条的 **B -型**（B-form）是某些基样条或所需 k 阶 **B -样条**（B-spline）的线性组合。B -样条是关于给定插值度、光滑性和区域分割有最小支撑的样条函数。de Boor（1978）表明，每个给定插值度、光滑性和区域分割的样条函数均可被唯一表示为具有相同插值度、相同光滑性和相同分割的 B -样条线性组合。我们现在沿用 de Boor（1978）的方法构造 B -样条。定义**扭结**（knot）$\xi_1 = \xi_2 = \cdots = \xi_k < \xi_{k+1} < \cdots < \xi_{k+n} = \cdots = \xi_{k+n+k-1}$，满足 $\xi_{k+i} = x_j$，$i = 0, 1, \cdots, n$，这些扭结的第 j 个 k 阶 B -样条为

$$B_{j1}(x) = \begin{cases} 1, & \text{如果 } x \in [\xi_j, \xi_{j+1}) \\ 0, & \text{其他} \end{cases}$$

和

$$B_{jk}(x) = \frac{x - \xi_j}{\xi_{j+k-1} - \xi_j} B_{j,k-1}(x) + \frac{\xi_{j+k} - x}{\xi_{j+k} - \xi_{j+1}} B_{j+1,k-1}(x)$$

对于 $j = 1, 2, \cdots, n+k-1$。注意，$B_{jk}(x)$ 是 $k-1$ 阶非负分段多项式，且在区间 $[\xi_j, \xi_{j+k}]$ 之外均为 0。然后，我们把 k 阶样条的 B -型写为

$$\phi(x) = \sum_{j=1}^{n+k-1} B_{jk}(x) a_j$$

其中，系数 a_j 称为 **de Boor 点**（de Boor point）或**控制点**（control point）。

作为一个例子，扭结为 $\xi_1 = \xi_2 = x_0 < \xi_3 = x_1 < \cdots < x_n = \xi_{n+2} = \xi_{n+3}$ 的 2 阶 B -样条为

$$B_{j2}(x) = \begin{cases} \dfrac{\xi_{j+1} - x}{\xi_{j+1} - \xi_j}, & \text{如果 } x \in [\xi_j, \xi_{j+1}] (\text{若 } \xi_j < \xi_{j+1}) \\ \dfrac{x - \xi_{i+1}}{\xi_{j+2} - \xi_{j+1}}, & \text{如果 } x \in [\xi_{j+1}, \xi_{j+2}] (\text{若 } \xi_{j+1} < \xi_{j+2}) \\ 0, & \text{其他} \end{cases}$$

对于 $j = 1, 2, \cdots, n+1$。这些是线性样条，也被称为**帐篷**（tent）函数。图 11.2 表明了在单位区间上有 $n+1=9$ 个等距断点的 $9=n+k-1$ 条线性 B -样条（$k=2$ 阶）。图 11.3

表明了在单位区间上有 $n+1=7$ 个等距断点的 $9=n+k-1$ 条三次 B-样条（$k=4$ 阶）。

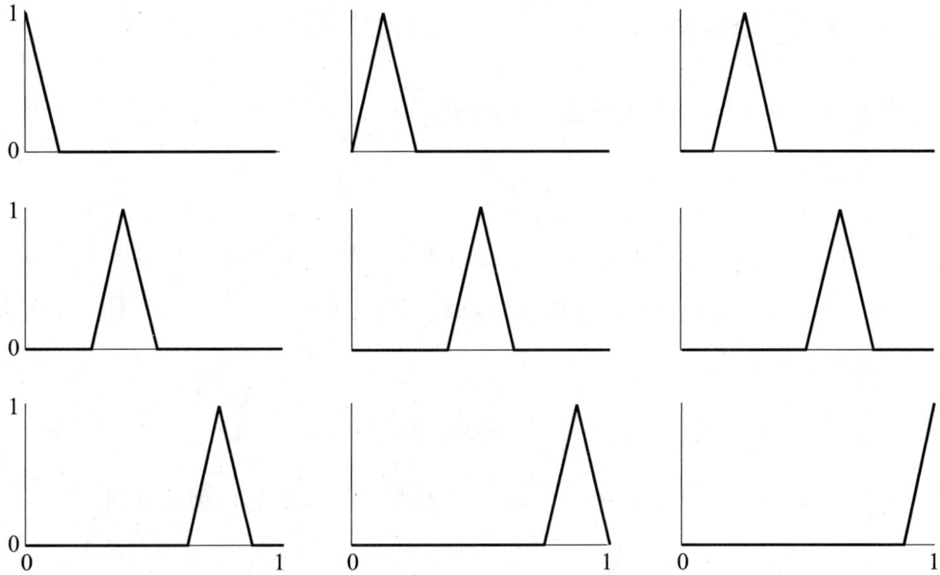

图 11.2　有 9 个等距断点 {0,1/8,1/4,3/8,1/2,5/8,3/4,7/8,1} 的线性 *B*-样条

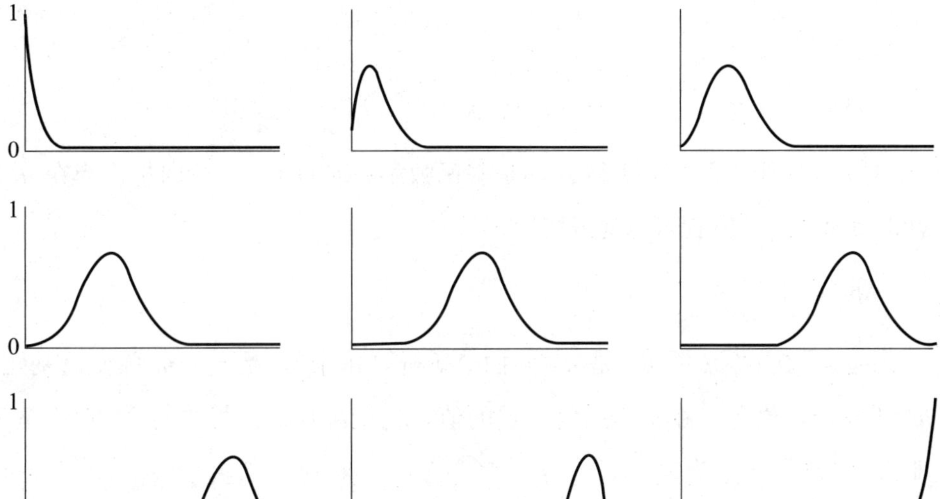

图 11.3　有 7 个等距断点 {0,1/6,1/3,1/2,2/3,5/6,1} 的三次 *B*-样条

在许多应用中，保持逼近函数的形状是很重要的。例如，当逼近值函数时，保持凹性是重要的。Schumaker（1983）提出了一种保形二次样条。① 可以参考 Judd

① Leonardo Rezende 写了一个 Matlab 程序 schumaker.m 来计算此样条。利用 Matlab 命令 ppval 来评估此样条。

(1998，p. 231）以了解对该样条构造的介绍。

□ 11.3.3 多维近似

考虑 d 维区间上插值 d 元函数 f 的问题：

$$I=\{(x_1,x_2,\cdots,x_{\mathrm{d}}):a_i\leqslant x_i\leqslant b_i,i=1,2,\cdots,\mathrm{d}\}$$

令 $\{\phi_{ij}:j=1,2,\cdots,n_i\}$ 为定义在 $[a_i,b_i]$ 上的实值函数的 n_i 阶单变量基，令 $\{x_{ij}:j=1,2,\cdots,n_i\}$ 为区间 $[a_i,b_i]$ 的 n_i 个插值节点的序列。那么，I 上的 $n=\prod_{i=1}^{\mathrm{d}}n_i$ 阶插值可以用下述基函数构造：

$$\phi_{j_1j_2\cdots j_{\mathrm{d}}}(x_1,x_2,\cdots,x_{\mathrm{d}})=\phi_{1j_1}(x_1)\phi_{2j_2}(x_2)\cdots\phi_{dj_d}(x_d)$$

对于 $i=1,\cdots,d$ 和 $j_i=1,2,\cdots,n_i$。函数 f 在张量积基下的近似形式是

$$\hat{f}(x_1,x_2,\cdots,x_{\mathrm{d}})=\sum_{j_1=1}^{n_1}\sum_{j_2=1}^{n_2}\cdots\sum_{j_d=1}^{n_d}c_{j_1\cdots j_d}\phi_{j_1j_2\cdots j_d}(x_1,x_2,\cdots,x_d)$$

用张量记号表示为

$$\hat{f}(x_1,x_2,\cdots,x_d)=[\phi_d(x_d)\otimes\phi_{d-1}(x_{d-1})\otimes\cdots\otimes\phi_1(x_1)]c$$

其中，c 是 $n\times1$ 列向量，且每个 ϕ_i 均是基函数第 i 维的 $1\times n_i$ 行向量。当在 n 个插值节点求值时，上述方程可以写成矩阵形式

$$\Phi c=y$$

其中，$\Phi=\Phi_d\otimes\Phi_{d-1}\otimes\cdots\otimes\Phi_1$ 是 $n\times n$ 插值矩阵，每个 Φ_i 是 $n_i\times n_i$ 单变量基矩阵，y 是 $n\times1$ 向量，包含 f 在 n 个插值节点的值，且正确堆放。如果每个 Φ_d 均是可逆的，那么

$$c=[\Phi_d^{-1}\otimes\Phi_{d-1}^{-1}\otimes\cdots\otimes\Phi_1^{-1}]y$$

对于正交多项式，当节点数超过插值度时，我们可用最小二乘法计算 $c=(\Phi'\Phi)^{-1}\Phi'y$。

现在我们用 Miranda 和 Fackler（2002）中的一个例子来说明张量积基。考虑由一元单项式基建立的二维基，其中，$n_1=3$，$n_2=2$。则每维的基函数向量为

$$\phi_1(x_1)=[1\ x_1\ x_1^2],\quad \phi_2(x_2)=[1\ x_2]$$

向量

$$\phi(x)=[1\ x_2]\otimes[1\ x_1\ x_1^2]=[1\ x_1\ x_1^2\ x_2\ x_1x_2\ x_1^2x_2]$$

列出了完整的基函数。

从单变量节点 $x_1=\{0,1,2\}$ 和 $x_2=\{0,1\}$ 构造网格点。则

$$\boldsymbol{\Phi}_1=\begin{bmatrix}1&0&0\\1&1&1\\1&2&4\end{bmatrix},\quad \boldsymbol{\Phi}_2=\begin{bmatrix}1&0\\1&1\end{bmatrix}$$

且

$$\boldsymbol{\Phi}=\boldsymbol{\Phi}_2\otimes\boldsymbol{\Phi}_1=\begin{bmatrix}1&0&0&0&0&0\\1&1&1&0&0&0\\1&2&4&0&0&0\\1&0&0&1&0&0\\1&1&1&1&1&1\\1&2&4&1&2&4\end{bmatrix}$$

叠加插值节点得到

$$X=\begin{bmatrix}0&0\\1&0\\2&0\\0&1\\1&1\\2&1\end{bmatrix}$$

令 $y_i=f(z_i)$，其中，z_i 是矩阵 X 的第 i 行。然后，我们得到向量 y。

当维数很高时，张量积方法会受到维数的困扰。Judd（1998）建议使用完全多项式基，参考 Judd（1998，p. 239）。

11.4 扰动法

正如 Judd（1998）所指出的，扰动法的基本思想是提出一般化问题，找到具

有已知解的特殊情况，然后利用特殊情况和它的解作为参考点去计算临近一般问题的近似解。该方法的理论基础是隐函数定理和 Taylor 展开定理。这种方法在经济学中的常见应用是求解确定性和随机非线性差分方程的线性化方法和二阶近似方法。实际上，扰动法在经济学中有广泛的应用，包括做比较静态分析和求解差分或微分方程。

在本节，我们用 Hansen、Heaton 和 Li（2008）中的例子说明该方法。考虑具有如下递归效用（Kreps and Porteus，1978；Epstein and Zin，1989）的代表性代理人：

$$V_t = \left[(1-\beta)C_t^{1-\rho} + \beta\mathcal{R}_t(V_{t+1})^{1-\rho}\right]^{1/(1-\rho)} \tag{11.3}$$

其中，

$$\mathcal{R}_t(V_{t+1}) = \left[E_t(V_{t+1}^{1-\gamma})\right]^{1/(1-\gamma)}$$

这里参数 γ 衡量风险厌恶程度，$1/\rho$ 衡量跨期替代弹性（EIS）。我们将在第 20 章讨论一般的递归效用。总消费服从如下动态：

$$\ln\frac{C_{t+1}}{C_t} = \mu_c + x_t + \sigma_c\varepsilon_{c,t+1}$$

$$x_{t+1} = \rho x_t + \sigma_x\varepsilon_{x,t+1}$$

其中，$\varepsilon_{c,t}$ 和 $\varepsilon_{x,t}$ 是独立同分布的，服从标准正态分布且相互独立。我们的目标是计算效用值 V_t。

我们将在单位 EIS 即 $\rho=1$ 的特殊情况下推导 V_t 的封闭形式的表达式。对于 $\rho\neq 1$ 的一般情形，我们将利用扰动法推导出 V_t 的近似解。

为此，我们把式（11.3）重新写为

$$\frac{V_t}{C_t} = \left[(1-\beta) + \beta\mathcal{R}_t\left(\frac{V_{t+1}}{C_{t+1}}\frac{C_{t+1}}{C_t}\right)^{1-\rho}\right]^{1/(1-\rho)}$$

且定义

$$v_t = \ln\left(\frac{V_t}{C_t}\right), \quad c_t = \ln C_t$$

然后，我们有

$$v_t = \frac{1}{1-\rho}\ln((1-\beta) + \beta\exp[(1-\rho)\mathcal{Q}_t(v_{t+1} + c_{t+1} - c_t)]) \tag{11.4}$$

其中，

$$Q_t(v_{t+1}) = \frac{1}{1-\gamma}\ln E_t \exp[(1-\gamma)v_{t+1}]$$

当 $\rho=1$ 时，我们可以证明

$$\begin{aligned} v_t &= BQ_t(v_{t+1}+c_{t+1}-c_t) \\ &= \frac{\beta}{1-\gamma}\ln E_t \exp[(1-\gamma)(v_{t+1}+c_{t+1}-c_t)] \end{aligned} \tag{11.5}$$

猜测

$$v_t = Ax_t + \mu_v \tag{11.6}$$

其中，A 和 μ_v 是待定常数。

这个猜测有助于我们计算

$$\begin{aligned} &\ln E_t \exp[(1-\gamma)(v_{t+1}+c_{t+1}-c_t)] \\ &\quad = \ln E_t \exp[(1-\gamma)(Ax_{t+1}+\mu_v+\mu_c+x_t+\sigma_c\varepsilon_{c,t+1})] \\ &\quad = \ln E_t \exp[(1-\gamma)(A\rho x_t + A\sigma_x\varepsilon_{x,t+1}+\mu_v+\mu_c+x_t+\sigma_c\varepsilon_{c,t+1})] \\ &\quad = (1-\gamma)[(A\rho+1)x_t+\mu_v+\mu_c] + \frac{(1-\gamma)^2}{2}[(A\sigma_x)^2+\sigma_c^2] \end{aligned}$$

将上述表达式和我们的猜测代入式（11.5），匹配系数，我们发现

$$A = \frac{\beta}{1-\beta\rho}$$

$$\mu_v - \frac{\beta}{1-\beta}\left[\mu_c + \frac{1-\gamma}{2}\left(\left(\frac{\beta\sigma_x}{1-\beta\rho}\right)^2+\sigma_c^2\right)\right]$$

当 $\rho\neq 1$ 时，我们可以利用扰动法求解 v_t。令 $v_t = v_t(\rho)$ 。通过 Taylor 展开，近似解为

$$v_t(\rho) \simeq v_t(1) + (\rho-1)v'_t(1)$$

我们想要找到 $v_t(1)$ 和 $v'_t(1)$。故利用式（11.4）定义泛函方程

$$\begin{aligned} 0 &= F(v_t(\rho), v_{t+1}(\rho), \rho) \\ &\equiv \ln((1-\beta)+\beta\exp[(1-\rho)Q_t(v_{t+1}(\rho)+c_{t+1}-c_t)]) \\ &\quad -(1-\rho)v_t(\rho) \end{aligned}$$

关于 ρ 求导得到

$$0 = \frac{\beta\exp[(1-\rho)\mathcal{Q}_t(v_{t+1}(\rho)+c_{t+1}-c_t)]}{(1-\beta)+\beta\exp[(1-\rho)\mathcal{Q}_t(v_{t+1}(\rho)+c_{t+1}-c_t)]}$$
$$\times[(1-\rho)\hat{E}_t v'_{t+1}(\rho)-\mathcal{Q}_t(v_{t+1}(\rho)+c_{t+1}-c_t)]$$
$$-(1-\rho)v'_t(\rho)+v_t(\rho)$$

其中，$\hat{E}_t$ 是扭曲的期望，其密度为

$$\frac{\exp[(1-\gamma)(v_{t+1}(\rho)+c_{t+1}-c_t)]}{E_t\exp[(1-\gamma)(v_{t+1}(\rho)+c_{t+1}-c_t)]}$$

在 $\rho=1$ 处计算，我们发现 $v_t(1)$ 和 $v_{t+1}(1)$ 满足方程（11.5）。因此，$v_t(1)$ 由式（11.6）给出。接着，在上述方程中再次对 ρ 求导和在 $\rho=1$ 处取值，我们发现

$$v'_t(1) = \frac{-\beta(1-\beta)}{2}[\mathcal{Q}_t(v_{t+1}(1)+c_{t+1}-c_t)]^2 + B\widetilde{E}_t[v'_{t+1}(1)] \qquad (11.7)$$

其中，$\widetilde{E}_t$ 是关于下述密度的期望算子：

$$\frac{\exp[(1-\gamma)(v_{t+1}(1)+c_{t+1}-c_t)]}{E_t\exp[(1-\gamma)(v_{t+1}(1)+c_{t+1}-c_t)]}$$

现在我们得出猜解

$$v'_t(1) = -\frac{A_d}{2}x_t^2 + B_{\mathrm{d}}x_t + \mu_{\mathrm{d}}$$

将此猜解代入式（11.7）中，匹配系数，我们可以决定系数 A_d、B_d 和 μ_d。本章习题 2 要求读者完成显式解。

11.5 投影法

考虑下列泛函方程：

$$F(f) = 0$$

其中，$f:D\subset\mathbb{R}^N\rightarrow\mathbb{R}^M$，$F$ 把所有这样的 f 的函数空间 $\mathfrak{F}$ 映射到其自身。算子 F 可以体现均衡条件。为了便于说明，我们只考虑 $M=1$ 的情况。因为通常没有解析解，所以需要 f 的近似解。自然近似是取一些基函数的线性组合：

$$\hat{f}(x) = \sum_{j=1}^{n} c_j\phi_j(x)$$

投影法的目标是决定近似度 n、基系数向量 $\boldsymbol{c}=\{c_1,c_2,\cdots,c_n\}$ 和基函数 $\{\phi_1,\phi_2,\cdots,\phi_n\}$。正如 Judd（1992，1998）所解释的，投影法通常由以下 5 步组成。

第 1 步 选择基函数 $\phi_i(i=1,2,\cdots)$ 和定义在 $\mathfrak{F}$ 上的内积 $\langle\cdot,\cdot\rangle$。

基函数应该是灵活的，能够为解提供好的近似，内积应当在空间上诱导出有用的范数。我们在第 11.3 节已经讨论过这个问题。接下来，我们要决定使用多少基本元素和怎样执行 F。

第 2 步 选择 f 的近似度 n、F 的可计算的近似 $\hat{F}$ 和在 $\mathfrak{F}$ 上的 n 个函数的集合，p_i：$D\rightarrow\mathbb{R}$，$i=1,\cdots,n$。

我们可以从较小的 n 值开始，不断增加直至诊断测试表明继续增加几乎没有改进。只要有可能，我们就选择 $\hat{F}=F$。函数 p_i 为投影方向或权重函数。

第 3 步 为了得出 $\boldsymbol{c}$ 的猜解，计算近似

$$\hat{f}(x;\boldsymbol{c})=\sum_{j=1}^{n}c_j\phi_j(x)$$

和残值函数

$$R(x;\boldsymbol{c})=\hat{F}(\hat{f}(x;\boldsymbol{c}))$$

$\boldsymbol{c}$ 的初始猜解应反映解的一些初步信息。在初始猜解之后，后续猜解由第 4 步和第 5 步得出，在这里我们会看到如何用内积 $\langle\cdot,\cdot\rangle$ 来测量近似解和真实解的接近程度。

第 4 步 对于 $\boldsymbol{c}$ 的每个猜解，计算 n 个投影：

$$P_i(\boldsymbol{c})=\langle R(\cdot;\boldsymbol{c}),p_i(\cdot)\rangle,\quad i=1,2,\cdots,n$$

第 5 步 通过迭代第 3 步和第 4 步，找到使 n 个投影 $P_i(\boldsymbol{c})$ 都等于 0 的 $\boldsymbol{c}$。

p_i 的不同选择会导致投影方法得出的结果不同：

- **配置方法**（collocation method） 此方法使用以下投影方向：

$$p_i(x)=\begin{cases}1, & \text{如果 } x-x_i\\ 0, & \text{如果 } x\neq x_i\end{cases},\quad \text{对于 } i=1,\cdots,n$$

其中，点 $x_1,\cdots,x_n$ 为在 D 上被选择出来的**配置节点**（collocation node）。由投影方程可知，

$$P_i(\boldsymbol{c})=\langle R(\cdot;\boldsymbol{c}),p_i(\cdot)\rangle=0$$

其中，

$$R(x_i;\boldsymbol{c})=0, \quad i=1,\cdots,n$$

因此，通过合理选择配置节点，我们求解上述关于 n 个基系数（$c_1,c_2,\cdots,c_n$）的 n 个方程的系统。

正交配置选择第（$n+1$）个基函数的 n 个根作为配置点。[①] 基函数关于内积是正交的。Chebyshev 多项式基函数特别有用。假设我们找到一个 $\boldsymbol{c}$ 使得 $R(x_i;\boldsymbol{c})=0$，$i=1,2,\cdots,n$，其中，x'_i 是 $T_n(x)$ 的 n 个根。Chebyshev 插值定理告诉我们，只要 $R(x;\boldsymbol{c})$ 关于 x 是光滑的，这些零条件就会迫使对于所有的 x 都有 $R(x;\boldsymbol{c})$ 接近于零，而且，如果我们迫使 $R(x;\boldsymbol{c})$ 接近于零，那么这些是可能使用的最佳点。在实际应用中，正交配置方法具有令人惊奇的效果。

- **最小二乘法**（least squares method） 此方法选择的投影方向为

$$p_i(x)=\frac{\partial R(x;\boldsymbol{c})}{\partial c_i}, \quad i=1,2,\cdots,n$$

它等价于求解下述问题：

$$\min_{\boldsymbol{c}}\langle R(\cdot;\boldsymbol{c}),R(\cdot;\boldsymbol{c})\rangle$$

- **Galerkin 方法**（Galerkin method） 此方法选择基函数作为投影方向：

$$p_i(x)=\phi_i(x), \quad i=1,2,\cdots,n$$

这些导致了投影条件

$$P_i(\boldsymbol{c})=\langle R(\cdot;\boldsymbol{c}),\phi_i(\cdot)\rangle=0, \quad i=1,2,\cdots,n$$

- **矩方法**（method of moments） 此方法选择前 n 个多项式作为投影方向：

$$p_i(x)=x^{i-1}, \quad i=1,2,\cdots,n$$

这些导致了投影条件

$$P_i(\boldsymbol{c})=\langle R(x;\boldsymbol{c}),x^{i-1}\rangle=0, \quad i=1,2,\cdots,n$$

选择投影方向很重要，因为主要的计算任务是投影条件的计算。在这方面配置方法是最快的，因为其在 n 个点处计算 $R(\cdot;\boldsymbol{c})$ 并求解包含 n 个非线性代数方程的系统。更一般地，当计算内积 $\langle R(\cdot;\boldsymbol{c}),p_i(\cdot)\rangle$ 时，这些投影会涉及积分。数值求积技

① 注意第一个基函数通常等于 1，第（$n+1$）个基函数有 n 阶前导多项式项，因此正好有 n 个根。

术经常被用来计算积分。正如之前所解释的，通常的求积公式用有限和 $\sum_i f(x_i)w_i$ 来逼近 $\int_a^b f(x)g(x)\mathrm{d}x$，其中，$x_i$ 是求积节点，w_i 是权重。因为这些公式仅在有限个点处计算 $R(\cdot;\boldsymbol{c})$，所以基于求积的投影技术本质上是加权配置方法。求积公式相对于配置方法的优势是在更多点处的信息被用来计算逼近，因而有希望得到比投影更精确的逼近。

有许多找根算法可用来求解投影条件 $P_i(\boldsymbol{c})=0$。好的初始猜解对于收敛是至关重要的。在应用中，通常使用一个特例的解作为初始猜解或者用线性逼近作为初始猜解。

现在我们用下述简单的随机增长模型作为例子来解释投影方法：

$$\max E\left[\sum_{t=0}^{\infty}\beta^t u(C_t)\right]$$

满足

$$C_t+K_{t+1}=f(K_t,z_t)$$
$$\ln z_{t+1}=\rho\ln z_t+\sigma\varepsilon_{t+1}$$

其中，$\{\varepsilon_t\}$ 是独立同分布的，服从标准正态分布，$f(k,z)=zk^\alpha+(1-\delta)k$。均衡条件由 Euler 方程

$$u'(f(K_t,z_t)-K_{t+1})=\beta E_t u'(f(K_{t+1},z_{t+1})-K_{t+2})f'(K_{t+1},z_{t+1}) \quad (11.8)$$

和横截性条件组成。我们寻找如下形式的稳定解：

$$K_{t+1}=g(K_t,z_t)$$

为了减少非线性，我们使用 Euler 方程来定义泛函方程

$$0=f(k,z)-g(k,z)-(u')^{-1}\left(\beta\int I(k,z,\varepsilon)\frac{\exp(-\varepsilon^2/2)}{\sqrt{2\pi}}\mathrm{d}\varepsilon\right)\equiv F(g)(k,z)$$

其中，我们定义

$$I(k,z,\varepsilon)\equiv u'(f(g(k,z),\exp(\rho\ln z+\sigma\varepsilon))-g(g(k,z),\exp(\rho\ln z+\sigma\varepsilon)))$$
$$\times f'(g(k,z),\exp(\rho\ln z+\sigma\varepsilon))$$

因为算子 F 涉及没有显式解的积分，所以我们需要用 F 的近似 $\hat{F}$。可利用 Gauss-Hermite 积分去近似：

$$\int I(k,z,\varepsilon)\frac{\exp(-\varepsilon^2/2)}{\sqrt{2\pi}}\mathrm{d}\varepsilon \approx \pi^{-1/2}\sum_{j=1}^{m_\varepsilon} I(k,z,\sqrt{2}\varepsilon_j)w_j$$

其中，w_j 和ε_j 分别是 Gauss-Hermite 求积权重和节点。选择 Chebyshev 多项式作为基函数。因此，我们需要截断定义域，使得

$$(k,z)\in[k_m,k_M]\times[z_m,z_M]$$

其中，$[k_m,k_M]$ 必须包含资本的确定性稳态值，之后令

$$z_m=\exp\left(\frac{-4\sigma}{\sqrt{1-\rho^2}}\right),\quad z_M=\exp\left(\frac{4\sigma}{\sqrt{1-\rho^2}}\right)$$

对于 Chebyshev 多项式，选择内积

$$\langle f,g\rangle_w=\iint f(k,z)g(k,z)w(k,z)\mathrm{d}k\mathrm{d}z$$

其中，

$$w(k,z)=\left[1-\left(\frac{2k-k_m-k_M}{k_M-k_m}\right)^2\right]^{-1/2}\left[1-\left(\frac{2z-z_m-z_M}{z_M-z_m}\right)\right]^{-1/2}$$

我们使用张量积近似：

$$\hat{g}(k,z;\boldsymbol{c})=\sum_{i=1}^{n_k}\sum_{j=1}^{n_z}c_{ij}\phi_{ij}(k,z)$$

其中，$n_k\times n_z$ 是近似度，且

$$\phi_{ij}(k,z)=T_{i-1}\left(\frac{2k-k_m-k_M}{k_M-k_m}\right)T_{j-1}\left(\frac{2z-z_m-z_M}{z_M-z_m}\right)$$

现在我们可将残差函数写为

$$R(k,z;\boldsymbol{c})=f(k,z)-\hat{g}(k,z;\boldsymbol{c})-(u')^{-1}\left(\beta\pi^{-1/2}\sum_{j=1}^{m_\varepsilon}I(k,z,\sqrt{2}\varepsilon_j;\boldsymbol{c})w_j\right)$$

其中，

$$\begin{aligned}&I(k,z,\varepsilon;\boldsymbol{c})\\&\quad=u'(f(\hat{g}(k,z;\boldsymbol{c}),\exp(\rho\ln z+\sigma\varepsilon))-\hat{g}(\hat{g}(k,z;\boldsymbol{c}),\exp(\rho\ln z+\sigma\varepsilon);\boldsymbol{c}))\end{aligned}$$

一旦得到残差函数，我们就可使用上述实现方法之一继续进行 $\boldsymbol{c}$ 的数值计算。Judd（1992，1998）表明了正交配置方法具有速度快和精确度高的特点。最后，我们应当

验证解是稳定的。对于确定性模型，这很容易做到，但对于随机模型，它看起来很困难。一种方法是检查内生状态的遍历集是不是紧的。

我们可用其他基函数，例如分段多项式和样条曲线。这就产生了有限元方法。建议读者参考 McGrattan（1996）以了解该方法的细节。

11.6 数值动态规划

从计算的角度来看，离散动态规划问题与连续动态规划问题有很重要的区别，离散动态规划问题的状态和控制变量只能取有限个可能值，而连续动态规划问题的状态和控制变量可以取可能值的连续统。本节将关注后一个问题，因为求解离散动态规划问题的方法在运筹学的文献中得到了很好的发展（例如，Bertsekas，1987；Porteus，1980；Puterman，1990，1994）。数值求解连续动态规划问题有两个基本策略：（1）离散逼近；（2）光滑逼近。离散逼近法是在状态空间和行动空间的有限点网格上求解离散动态问题以逼近原连续动态规划问题。光滑逼近法利用连续或光滑的函数去逼近值函数或政策函数。与离散逼近法相比，这种方法通常效率更高，但不太可靠。建议读者参考 Judd（1998）第 12 章和 Rust（1996）关于数值动态规划的更多讨论。

我们将用一个简单的无穷期随机增长模型来阐述不同的数值方法，不再单独处理有限期问题（求解有限期问题可能是一个中间步骤）。动态规划问题为

$$V(K,z)=\max_{C,K'>0}u(C)+\beta E[V(K',z')\mid z] \tag{11.9}$$

满足

$$C+K'=f(K,z)$$
$$\ln z'=\rho\ln z+\sigma\varepsilon'$$

其中，ε_t 是独立同分布的，服从标准正态分布。

11.6.1 离散逼近法

应用离散逼近法的第一步是将状态空间离散化。这要求将状态空间截断为紧集，因为经济学中很多动态规划问题具有无界的状态空间。只要截断的状态空间足够大，

截断的问题就可以任意逼近原问题。对于上面讨论的随机增长模型，我们选择的截断的内生状态空间为 $[k_{\min}, k_{\max}]$。我们取小的正值作为 $k_{\min}$，要求 $k_{\max}$ 大于资本的确定性稳态值。我们在 $[k_{\min}, k_{\max}]$ 上取格点，$k_{\min}=k_1<k_2<\cdots<k_{n_k}=k_{\max}$。这些点的间距相等。但是对于存在扭结的问题，我们可以把更多的点放在有扭结的定义域上。然后，我们可得到离散化的空间 $K=\{k_1, k_2, \cdots, k_{n_k}\}$。

对于外生冲击，我们定义 $s_t=\ln z_t$。那么，$\{s_t\}$ 是 $AR(1)$ 过程。为了逼近这个过程，我们可使用 Tauchen（1986）或 Tauchen 和 Hussey（1991）方法推导出状态空间为 $\mathcal{S}=\{s_1, s_2, \cdots, s_{n_z}\}$ 和转移矩阵为（π_{ij}）的离散 Markov 链。

现在原问题转变成了一个离散动态规划问题：

$$V(k_m, s_i)=\max_{k' \in \mathcal{K}} u(f(k_m, \exp(s_i))-k')+\beta \sum_{j=1}^{n_z} \pi_{ij} V(k', s_j) \tag{11.10}$$

对于 $m=1,2,\cdots,n_k$ 和 $i=1,2,\cdots,n_z$。有两种算法可用于求解这个问题。

值函数迭代法（value function iteration method） 第一种方法是值函数迭代法，也经常被称为连续逼近法。这意味着我们定义 Bellman 算子 B 把 $\mathcal{K}\times\mathcal{S}$ 上的有界函数空间映射到它自身：

$$Bv(k_m, s_i)=\max_{k' \in \mathcal{K}} u(f(k_m, \exp(s_i))-k')+\beta \sum_{j=1}^{n_z} \pi_{ij} v(k', s_j) \tag{11.11}$$

式（11.10）的解是不动点 $V=BV$。压缩映射定理保证了只有唯一的不动点。为了求解这个不动点，我们从任意猜测 V_0 开始并迭代 Bellman 算子

$$V_n=B(V_{n-1})=B^n V_0$$

注意在设定 $V_0=0$ 的情况下，这种方法相当于通过逆向归纳法求解一个近似的有限期问题。压缩映射定理保证了该算法的收敛；特别地，压缩性质表明，$\|V-V_n\|$ 以几何速度收敛到零。

政策函数迭代法（policy function iteration method） 第二种方法是政策函数迭代法。该方法从选择任意初始政策 g_0 开始。注意，g_0 取 $n_k\times n_z$ 个离散值。接下来，执行政策评估步骤，计算平稳决策规则 g_0 所隐含的值函数。这有效求解了下述线性系统：

$$\begin{aligned} V_0(k_m, s_j)=&\ u(f(k_m, \exp(s_i))-g_0(k_m, s_i)) \\ &+\beta \sum_{j=1}^{n_z} \pi_{ij} V_0(g_0(k_m, s_i), s_j) \end{aligned} \tag{11.12}$$

对于 V_0 的 $n_k \times n_z$ 个值。一旦得到解 V_0，就利用政策改进步骤生成一种更新的政策 g_1：

$$g_1(k_m, s_i) = \arg\max_{k' \in \mathcal{K}} (f(k_m, \exp(s_i)) - k') + \beta \sum_{j=1}^{n_z} \pi_{ij} V_0(k', s_j)$$

给定 g_1，我们继续政策评估和政策改进步骤的循环，直至第一次 n 迭代使得 $g_n = g_{n-1}$（或 $V_n = V_{n-1}$）。因为这样的 g_n 满足 Bellman 方程（11.10），因此是最优的。

政策函数迭代法比值函数迭代法快很多。这与 Newton 法对非线性方程组的二次收敛速度非常快密切相关。事实上，Puterman 和 Brumelle（1979）证明了政策函数迭代法是 Newton-Kantorovich 方法用于寻找由 $F(V) = (I - B)V$ 定义的非线性映射 F：$\mathbb{R}^{n_k n_z} \to \mathbb{R}^{n_k n_z}$ 的零点的一种形式。

我们可以使用改进的政策函数迭代法去加速政策评估步骤。使用连续逼近法来逼近式（11.12）的解，而不是求解大的线性系统。我们定义算子

$$\hat{B}V_0(k_m, s_i) = u(f(k_m, \exp(s_i)) - g_0(k_m, s_i)) + \beta \sum_{j=1}^{n_z} \pi_{ij} V_0(g_0(k_m, s_i), s_j)$$

那么，线性系统的解是一个不动点 $V_0 = \hat{B}V_0$。对 $\hat{B}$ 进行少量迭代（即迭代几次）得到 V_0 的逼近。

多重网格法（multigrid method） 在前面两种方法中，我们固定了离散化的状态空间。为了得到精确解，需要大的状态空间以降低速度。Chow 和 Tsitsiklis（1991）提出了收敛速度更快的多重网格法。这种方法的思想非常简单。我们从粗网格开始，得到离散化动态规划问题的解。然后，我们使格点的数量加倍，以获得更细的网格。在这个网格中，使用以前网格的解作为初始猜解，以求解离散化的动态规划问题。重复此步骤直至收敛。

□ 11.6.2 光滑逼近法

离散逼近法要求在网格中选择内生状态。而且，为了得到精确的解，需要许多格点。因此，这些方法是缺乏效率的。处理这个问题的自然策略是用值函数插值。该方法包括如下几步。

第 1 步 离散化内生状态空间 $k_{\min} = k_1 < k_2 < \cdots < k_{n_k} = k_{\max}$。离散化 $\{s_t\}$ 的 $AR(1)$ 过程，得到状态空间为 $\mathcal{S} = \{s_1, s_2, \cdots, s_{n_z}\}$、转移矩阵为（$\pi_{ij}$）的 Markov 链。

第 2 步 从初始猜解 $V_0(k_m, s_i)$ 开始，其中，$m=1,2,\cdots,n_k$，$i=1,2,\cdots,n_z$。使用第 11.3 节介绍过的插值法之一得到在 $[k_{\min}, k_{\max}]\times\mathcal{S}$ 上的逼近 $\hat{V}_0$。

第 3 步 计算

$$V_1(k_m, s_i)=\max_{k'\in[k_{\min},k_{\max}]} u(f(k_m,\exp(s_i))-k')+\beta\sum_{j=1}^{n_z}\pi_{ij}\hat{V}_0(k', s_j)$$

第 4 步 用 V_1 代替 V_0 并转到第 2 步。不断迭代直至收敛。

该方法是离散值函数迭代法的简单变形，它只要求少得多的格点，就能得到具有更快收敛速度的精确解。然而，该方法仍存在由离散状态空间带来的收敛速度慢的问题。接下来，我们将介绍两种基于多项式逼近的更有效的方法。

投影法（projection method） 投影法通过截断状态空间 $[k_{\min}, k_{\max}]\times[s_{\min}, s_{\max}]$ 上某些基函数的线性组合来逼近值函数：

$$\hat{V}(k,s;\boldsymbol{c})=\sum_{i=1}^{d_k}\sum_{j=1}^{d_z}C_{ij}\phi_{ij}(k,s)$$

其中，$\boldsymbol{c}_{ij}$ 是基系数，ϕ_{ij} 是基函数。定义如下残值函数：

$$R(k,s;\boldsymbol{c})=\hat{V}(k,s;\boldsymbol{c})-B\hat{V}(k,s;\boldsymbol{c})$$

其中，

$$B\hat{V}(k,s;\boldsymbol{c})=\max_{k'\in[k_{\min},k_{\max}]} u(f(k,\exp(s))-k')+E[\hat{V}(k',s';\boldsymbol{c})\mid s]$$

我们可利用 Gauss 求积法推导条件期望的数值积分。然后，我们得到近似的残值函数，因此，我们可应用以前讨论过的投影法的各种实现中的某一种来求解 $\boldsymbol{c}$。

参数化期望法（parameterized expectations approach，PEA） 参数化期望法由 Marcet（1988）与 Haan 和 Marcet（1990）提出，经 Christiano 和 Fisher（2000）改进。这里我们给出由 Christiano 和 Fisher（2000）改进过的方法，它借鉴投影法的思想，用多项式逼近来自 Euler 方程的条件期望。该方法对带有偶尔紧约束的模型尤其适用。

沿用 Christiano 和 Fisher（2000）的方法，我们用考虑了不可逆投资的随机增长模型作为例子。我们把约束

$$K'\geqslant(1-\delta)K \tag{11.13}$$

引进以前的随机动态规划问题（11.9）。我们可将一阶条件写成

$$u'(f(k,z)-g(k,z))-h(k,z)=\beta\int m(g(k,z),z';g,h)q(z'|z)\mathrm{d}z'$$

$$h(k,z)(g(k,z)-(1-\delta)k)=0$$

$$g(k,z)-(1-\delta)k\geqslant 0,\quad h(k,z)\geqslant 0$$

其中，

$$m(k',z';g,h)\equiv u'(f(k',z')-g(k',z'))f'(k',z')-h(k',z')(1-\delta)\geqslant 0 \tag{11.14}$$

这里 $g(k,z)$ 是下一期资本存量的政策函数，$h(k,z)$ 是与约束（11.13）相关的 Lagrange 乘子，$q(z'|z)$ 是 $AR(1)$ 冲击过程隐含的条件密度。方程（11.14）中的不等式反映了以下事实：m 是值函数的导数，值函数是资本存量的增函数。上述条件与横截性条件结合在一起是最优性的充分条件。我们可利用投影法求解 g 和 h。这意味着我们需要用多项式逼近这两个函数。

PEA 使得我们只需要逼近一个函数，因而简化了解。为了实现这个目标，我们将一阶条件写为

$$u'(f(k,z)-\tilde{g}(k,z))=\beta\int m(g(k,z),z';g,h)q(z'|z)\mathrm{d}z'$$

$$g(k,z)=\begin{cases}\tilde{g}(k,z), & \text{如果 } \tilde{g}(k,z)\geqslant(1-\delta)k\\(1-\delta)k, & \text{其他}\end{cases}$$

$$h(k,z)=u'(f(k,z)-g(k,z))-\beta\int m(g(k,z),z';g,h)q(z'|z)\mathrm{d}z'$$

定义函数方程

$$0=F(e)(k,z)\equiv e(k,z)-\beta\int m(g(k,z),z';g,h)q(z'|z)\mathrm{d}z'$$

其中，

$$g(k,z)=\max\{(1-\delta)k,f(k,z)-(u')^{-1}(e(k,z))\}$$

$$h(k,z)=u'(f(k,z)-g(k,z))-e(k,z)$$

方程（11.14）定义了 m。目标是用多项式逼近函数 $e(k,z)$。然后，我们可以应用投影法来求解上面关于 $e(k,z)$ 的泛函方程。

正如 Christiano 和 Fisher（2000）所指出的，PEA 的一个重要优势在于：条件期望 $e(k,z)$ 是一个相对平滑的函数，因为期望消除了一些扭结。因此，从速度和精

确性方面来说，该方法比通常的投影法能更好地逼近 g 和 h。

11.7 习题

1. 利用 CompEcon 工具箱，在区间 $[-1,1]$ 上使用下面列出的每一种插值法分别构造函数 $f(x)=|x|^{0.6}$ 和 $f(x)=(1+2x^2)^{-1}$ 的 5 阶和 20 阶的逼近函数。对于每种方法和每个近似阶，绘制有关近似误差和近似值的图。

(a) 均匀网格，单项式基多项式逼近；

(b) Chebyshev 节点，Chebyshev 基多项式逼近；

(c) 均匀节点，线性样条；

(d) 均匀节点，三次样条。

2. 完成对第 11.4 节中例子的求解。

3. 把内生劳动选择引入随机增长模型

$$\max_{C_t,N_t,K_{t+1}} E\sum_{t=0}^{\infty}\beta^t \frac{(C_t^{\theta}(1-N_t)^{1-\theta})^{1-\gamma}}{1-\gamma}$$

满足

$$C_t+K_{t+1}=(1-\delta)K_t+z_tK_t^{\alpha}N_t^{1-\alpha}$$

$$\ln z_{t+1}=\rho\ln z_t+\delta\varepsilon_{t+1}$$

令 $\theta=0.8$，$\gamma=2$，$\alpha=0.33$，$\rho=0.95$，$\sigma=0.01$，$\delta=0.025$，$\beta=0.99$。利用下列方法在 Matlab 中求解模型：

(a) 离散值函数迭代法。

(b) 离散政策函数迭代法。

(c) 使用三次样条或 Chebyshev 多项式来实现的值函数插值法。

(d) 基于 Euler 方程的投影法，使用 Chebyshev 多项式的正交配置法来实现。

(e) 基于值函数的投影法，使用 Chebyshev 多项式的正交配置法来实现。

第 12 章

结构估计

本章目标

大多数经济数据是使用经济决策规则和状态过程生成的。有两种方法可以从数据中确定经济代理人在决策规则和状态过程中使用的参数值。第一种是退化形式的估计方法。该方法通过指定决策规则或状态转移方程的函数形式来直接估计参数，不依赖于行为理论。第二种是结构化的方法。这里首先使用动态规划方法研究代理人的最优化问题，然后对模型进行模拟以生成模型预测数据。我们利用计量经济学中的某些估计方法，将模型预测数据与实际数据进行比较，以揭示结构参数。结构估计方法已经广泛应用于宏观经济学、金融、产业组织和劳动经济学等诸多经济学领域。我们建议读者参考 Adda 和 Cooper（2003）所著的教科书中对这种方法的介绍，也推荐 Rust（1996）对这种方法的精彩论述。

在本章中，我们将探讨三种广泛使用的基于结构模型的估计方法。对于我们的模型，首先假设该模型生成 $\mathbb{R}^r$ 值的数据序列 $\{x(\omega_t,\theta)\}_{t=1}^{T}$，其中，$\theta\in\Theta\subset\mathbb{R}^k$ 是 k 维参数向量，ω_t 是冲击的历史。进一步地，我们假设该模型在参数值的“真实”值处生成的观测数据用 θ_0 表示，在冲击的“真实”值处生成的数据用 w_t^0 表示。我们的目标是根据观测数据估计参数向量 θ_0 ，并进行统计推断。

12.1 广义矩估计

由 Hansen（1982）提出的广义矩估计（GMM）是一种考察数据生成模型总体矩条件（或正交条件）所对应的样本矩的估计方法。Hansen（2008）指出，由于下述原因，GMM 估计量得到了广泛使用：

- GMM 估计量具有大样本性质，易于用方便比较的方式来刻画。特别地，相对容易确立诸如一致性、有效性和渐近分布等性质。

- 与极大似然估计量不同，GMM 估计量的构造不需要指定完整的数据生成过程。这一特性已被用于分析部分设定的经济模型、研究为了匹配目标矩可能误设的动态模型，以及构造把资产定价和宏观经济风险来源联系起来的随机贴现因子模型。

包含一系列应用的 GMM 估计的教科书包括 Cochrane（2001）、Arellano（2003）、Hall（2005）和 Singleton（2006）。Hall（2005）还包括了很好的 Matlab 工具箱，可以从以下网站下载：http://www.kostaskyriakoulis.com/gmmgui.html。

12.1.1 估计

假设模型被正确设定为矩向量条件：

$$g(\theta_0) \equiv E[h(x_t, \theta_0)] = 0 \tag{12.1}$$

其中，$\theta_0 \in \Theta$，h 有 $q \geqslant k$ 个坐标。我们不考虑模型错误设定，即不存在 $\theta_0 \in \Theta$ 使得条件（12.1）成立的情形。我们做如下假设：

假设 12.1.1 $\{x_t\}_{t=-\infty}^{\infty}$ 是严格平稳过程。

假设 12.1.2 h 关于 θ 连续，$E[h(x_t, \theta)]$ 在 $\theta_0 \in \Theta$ 上是有限的和连续的。

假设 12.1.3 全局识别在参数空间 Θ 上，

$$E[h(x_t, \theta)] = 0，当且仅当 \theta = \theta_0 时$$

模型通常被部分设定，因为参数 θ_0 不足以写出似然函数。需要其他参数来确定数据生成过程下的概率模型。举例如下：

（1）Sargan（1958）、Sargan（1959）和 Amemiya（1974）中的工具变量估计的线性和非线性形式。

（2）Hansen 和 Singleton（1982）与 Hayashi 和 Sims（1983）中的理性预期模型。

（3）总风险的证券市场定价，例如 Cochrane（2001）和 Singleton（2006）给出的。

（4）匹配和检验可能误设模型的目标矩，如 Christiano 和 Eichenbaum（1992）与 Hansen 和 Heckman（1996）所述。

当大数定律适用时，可以用经验矩代替总体矩：

$$g_T(\theta) \equiv \frac{1}{T}\sum_{t=1}^{T} h(x_t, \theta)$$

通过求解以下问题可以得到 GMM 估计量 $\hat{\theta}_T$ ：

$$\min_{\theta \in \Theta} Q_T(\theta) \equiv g_T(\theta)' W_T g_T(\theta)$$

其中，W_T 满足：

假设 12.1.4　W_T 是一个 $q \times q$ 半正定权重矩阵，并且依概率收敛于常数的正定矩阵 W。

上述最小化问题的一阶条件为

$$\left[\frac{\partial g_T}{\partial \theta}(\hat{\theta}_T)\right]' W_T g_T(\hat{\theta}_T) = 0 \qquad (12.2)$$

对于线性模型，可以求解这些条件，得到作为数据函数的 $\hat{\theta}_T$ 的解析解。对于非线性模型，这通常是不可能的，往往需要用数值方法来求解。

例 12.1.1　对于第 8.3 节中研究的消费/投资组合模型，Euler 方程为

$$u'(C_t) = \beta E_t R_{jt+1} u'(C_{t+1})$$

我们可以定义

$$h(C_t, C_{t+1}, R_{jt+1}, \theta) = \frac{\beta R_{jt+1} u'(C_{t+1})}{u'(C_t)} - 1$$

其中，θ 代表效用函数的参数，比如 β 和当 $u(c) = \frac{c^{1-\gamma}}{1-\gamma}$ 时的 γ 。然后，我们得到矩条件（12.1）。Euler 方程给出了更多的限制。对于任何属于 t 时刻信息集的变量

z_t，我们均有如下正交条件：

$$Eh(C_t, C_{t+1}, r_{jt+1}, z_t, \theta) = E\{z_t[\beta R_{jt+1} u'(C_{t+1})/u'(C_t) - 1]\} = 0$$

Hansen 和 Singleton（1982）使用 GMM 方法来估计该问题。

□ 12.1.2 渐近性质

为了应用在第 4.2 节给出的某些大数定律和中心极限定理，我们加上如下假设：

假设 12.1.5 随机过程 $\{x_t: -\infty < t < \infty\}$ 是遍历的。

我们也需要下面两个技术性条件：

假设 12.1.6 Θ 是紧集。

假设 12.1.7 $E[\sup_{\theta\in\Theta}\|h(x_t,\theta)\|]<\infty$

现在我们给出一致性结果。

定理 12.1.1 在假设 12.1.1 到假设 12.1.7 下，GMM 估计量 $\hat{\theta}_T \xrightarrow{p} \theta_0$。

我们可以在 Hall（2005，p. 68）中找到证明。思路很简单。考虑类似于 $Q_T(\theta)$ 的总体最小化：

$$Q_0(\theta) \equiv E[h(x_t,\theta)]' WE[h(x_t,\theta)]$$

由全局识别条件和 W 的正定性，$Q_0(\theta)$ 有唯一的最小解 θ_0。直觉上，如果 $\hat{\theta}_T$ 最小化 $Q_T(\theta)$，$Q_T(\theta)$ 依概率收敛于 $Q_0(\theta)$，其中，$Q_0(\theta)$ 在 θ_0 处有唯一的最小值，那么 $\hat{\theta}_T$ 一定依概率收敛于 θ_0。

为了推导 GMM 估计量的渐近分布，我们需要推导 $\sqrt{T}(\hat{\theta}_T - \theta_0)$ 的解析形式。这可以从中值定理推导出来：

$$g_T(\hat{\theta}_T) = g_T(\theta_0) + \frac{\partial g_T}{\partial \theta}(\bar{\theta}_T)(\hat{\theta}_T - \theta_0) \tag{12.3}$$

其中，对某个 $\lambda_T \in [0,1]$，$\bar{\theta}_T = \lambda_T\theta_0 + (1-\lambda_T)\hat{\theta}_T$。因此，我们需要假设：

假设 12.1.8 (a) 导数矩阵 $\partial h(x_t,\theta)/\partial\theta$ 存在，并且对于每一个 x_t 都连续；(b) θ_0 是 Θ 的内点；(c) $E[\partial h(x_t,\theta)/\partial\theta]$ 存在且有限。

将式（12.3）左乘 $[\partial g_T(\hat{\theta}_T)/\partial\theta]'$ 得到

$$\begin{aligned}&\left[\frac{\partial g_T}{\partial \theta}(\hat{\theta}_T)\right]' W_T g_T(\hat{\theta}_T)\\ &= \left[\frac{\partial g_T}{\partial \theta}(\hat{\theta}_T)\right]' W_T g_T(\theta_0) + \left[\frac{\partial g_T}{\partial \theta}(\hat{\theta}_T)\right]' W_T \frac{\partial g_T(x_t,\bar{\theta}_T)}{\partial \theta}(\hat{\theta}_T - \theta_0)\end{aligned}$$

根据一阶条件（12.2），上面等式左边的表达式等于 0。然后，我们可以推导出

$$\sqrt{T}(\hat{\theta}_T - \theta_0) = -M_T \sqrt{T} g_T(\theta_0)$$

其中，

$$M_T = \left(\left[\frac{\partial g_T}{\partial \theta}(\hat{\theta}_T)\right]' W_T \frac{\partial g_T}{\partial \theta}(\bar{\theta}_T)\right)^{-1} \left[\frac{\partial g_T}{\partial \theta}(\hat{\theta}_T)\right]' W_T$$

我们需要知道 $\sqrt{T}\, g_T(\theta_0)$ 的渐近行为，它是根据中心极限定理 4.2.4 得到的。为了应用此定理，有必要假设样本矩的二阶矩矩阵满足某些约束条件。

假设 12.1.9 (a) $E[h(x_t,\theta_0)h'(x_t,\theta_0)]$ 是有限的；(b) 极限

$$\lim_{T\to\infty} \mathrm{Var}[\sqrt{T} g_T(\theta_0)] = S$$

是有限的正定矩阵。

注意，矩阵 S 是 $h(x_t,\theta_0)$ 的长期协方差矩阵，它不同于同期协方差矩阵 $E[h(x_t,\theta_0)h'(x_t,\theta_0)]$ 。

引理 12.1.1 在假设 12.1.1、12.1.5 和 12.1.9 下，$\sqrt{T}\, g_T(\theta_0) \xrightarrow{d} N(0,S)$ 。

我们需要 M_T 收敛，因此需要引入下面的技术性条件：

假设 12.1.10 (a) $E[\partial h(x_t,\theta)/\partial\theta]$ 在 θ_0 的某邻域 N_ε 内是连续的。(b)

$$\sup_{\theta\in N_\varepsilon}\left\| \frac{1}{T}\sum_{t=1}^{T} \frac{\partial h(x_t,\theta)}{\partial\theta} - E\left[\frac{\partial h(x_t,\theta)}{\partial\theta}\right]\right\| \xrightarrow{p} 0$$

我们现在可以得出以下结果：

定理 12.1.2 在假设 12.1.1 到假设 12.1.10 下，

$$\sqrt{T}(\hat{\theta}_T - \theta_0) \xrightarrow{d} N(0, MSM')$$

其中，

$$M \equiv (G'_0 W G_0)^{-1} G'_0 W, \quad G_0 = E[\partial h(x_t,\theta_0)/\partial\theta]$$

□ 12.1.3 权重矩阵和协方差矩阵估计

选择权重矩阵 W 的原则是，赋予高精度（噪声较小）的矩条件的权重应该比低精度（噪声或不确定性较大）的矩条件大。矩条件的精度可以用方差协方差矩阵来

衡量。因此，令 $W=S^{-1}$。在这种情况下，

$$\sqrt{T}(\hat{\theta}_T-\theta_0)\xrightarrow{d}N(0,(G'_0S^{-1}G_0)^{-1})$$

并且在所有渐近正态估计量中，该估计量是最有效的估计量。在这种情况下，有效表示该估计量有尽可能小的协方差矩阵。

从实证上来看，我们需要 G_0 和 S 的一致估计。我们可以取样本均值作为 G_0 的一致估计，S 的一致估计更复杂。我们将使用异方差自相关协方差（HAC）矩阵估计。为了给出这个估计量，我们首先利用定义推出

$$\begin{aligned}S&=\lim_{T\to\infty}\text{Var}[\sqrt{T}g_T(\theta_0)]=\lim_{T\to\infty}\text{Var}\Big[T^{-1/2}\sum_{t=1}^{T}h_t\Big]\\&=\lim_{T\to\infty}E\begin{bmatrix}(T^{-1/2}\sum_{t=1}^{T}h_t-E\big[T^{-1/2}\sum_{t=1}^{T}h_t\big])\\\times(T^{-1/2}\sum_{t=1}^{T}h_t-E\big[T^{-1/2}\sum_{t=1}^{T}h_t\big])'\end{bmatrix}\end{aligned}$$

其中，我们定义 $h_t=h(x_t,\theta_0)$。化简得到

$$S=\lim_{T\to\infty}E\Big[T^{-1}\sum_{t=1}^{T}\sum_{s=1}^{T}(h_t-Eh_t)(h_s-Eh_s)'\Big]$$

平稳性假设意味着

$$E[(h_t-Eh_t)(h_{t-j}-Eh_{t-j})']=\Gamma_j$$

对所有 t 都成立。因此，

$$S=\Gamma_0+\lim_{T\to\infty}\sum_{j=1}^{T-1}\frac{T-j}{T}(\Gamma_j+\Gamma'_j)=\Gamma_0+\sum_{i=1}^{\infty}(\Gamma_i+\Gamma'_i)$$

异方差自相关协方差矩阵的类别由下述估计量组成：

$$\hat{S}_{HAC}=\hat{\Gamma}_0+\sum_{i=1}^{T-1}w_{i,T}(\hat{\Gamma}_i+\hat{\Gamma}'_i)$$

其中，$\omega_{i,T}$ 被称为核（或权重），

$$\hat{\Gamma}_j=T^{-1}\sum_{t=j+1}^{T}h(x_t,\hat{\theta}_t)h(x_{t-j},\hat{\theta}_T)',\quad j=0,1,\cdots,T-1$$

是样本的自协方差。必须仔细选择核以确保一致性和半正定性的双重特性。

计量经济学文献中最流行的三种选择见表 12.1。

表 12.1　　三个常见 HAC 估计量的核

名称	作者	核 $\omega_{i,T}$
Bartlett 核	Newey 和 West（1987）	$1-a_i$，对于 $a_i\leqslant 1$ 0，对于 $a_i>1$
Parzen 核	Gallant（1987）	$1-6a_i^2+6a_i^3$，对于 $0\leqslant a_i\leqslant 0.5$ $2(1-a_i)^3$，对于 $0.5<a_i\leqslant 1$ 0，对于 $a_i>1$
二次谱核	Andrews（1991）	$\frac{25}{12\pi^2 d_i^2}\left[\frac{\sin(m_i)}{m_i}-\cos(m_i)\right]$

说明：$a_i=\frac{i}{b_T}+1$；$d_i=\frac{i}{b_T}$；$m_i=\frac{6\pi d_i}{5}$。

在表 12.1 中，b_T 被称为带宽，它必须是非负的。当使用 Bartlett 核或 Parzen 核时，这个参数控制 HAC 估计量中包含的自协方差的数量。在这两种情况下，b_T 必须是整数，但二次谱核不需要这样的限制。

□ 12.1.4　过度识别检验

当矩条件的个数 q 大于参数向量的维度 k 时，我们称模型被过度识别了。当 $q=k$ 时，我们称模型被恰好识别。过度识别使得我们能够检验模型的矩条件是否与数据匹配得刚好。我们使用所谓的 J 检验。零假设为 $H_0:E[h(x_t,\theta_0)]=0$。

构造 J 统计量

$$J_T = Tg_T(\hat{\theta}_T)'\hat{S}_T g_T(\hat{\theta}_T) \tag{12.4}$$

其中，$\hat{\theta}_T$ 是 GMM 估计量，$\hat{S}_T$ 是 S 的一致估计。Hansen（1982）表明，在零假设下，对于任何 $q>k$，都有 $J_T \xrightarrow{d} \chi^2(q-k)$。

□ 12.1.5　实现

原则上，应该用 $W=S^{-1}$ 作为权重矩阵。然而，在我们推出估计量 $\hat{\theta}_T$ 以前，S 是未知的。有几种方法可以解决这个问题，最流行的是第一种。

- **两步可行的 GMM**　第 1 步：令 $W=I$（恒等矩阵），计算初步的 GMM 估计量 $\hat{\theta}_{(1)}$。这个估计量是 θ_0 的一致估计，但不是有效估计。第 2 步：估计

$$\hat{\Gamma}_j = \left[\frac{1}{T}\sum_{t=j+1}^{T} h(x_t,\hat{\theta}_{(1)})h(x_{t+j},\hat{\theta}_{(1)})'\right]^{-1},\quad j=0,1,\cdots,T-1$$

其中，我们已经插入了第 1 步的初步估计量 $\hat{\theta}_{(1)}$。估计

$$\hat{S}_T = \hat{\Gamma}_0 + \sum_{i=1}^{T-1} w_{i,T}(\hat{\Gamma}_i + \hat{\Gamma}'_i)$$

它是 S 的一致估计量。如果我们使用权重矩阵 $W = \hat{S}_T^{-1}$ 计算 $\hat{\theta}$，那么估计量将是渐近有效的。

- **迭代的 GMM** 这种方法本质上与两步可行的 GMM 的过程是相同的，不同之处是在第 2 步中通过迭代多次重新计算矩阵 $\hat{W}_T$。尽管某些 Monte Carlo 实验表明，该估计量的有限样本性质稍好一些，但是通过这样的迭代还是无法实现渐近改进。

- **连续更新的 GMM** 这种方法在估计 $\hat{\theta}$ 的同时估计权重矩阵 W：

$$\hat{\theta} = \arg\min_{\theta \in \Theta} \left[\frac{1}{T} \sum_{t=1}^{T} h(x_t, \theta) \right]' S_T(\theta)^{-1} \left[\frac{1}{T} \sum_{t=1}^{T} h(x_t, \theta) \right]$$

其中，

$$S_T(\theta) = \Gamma_{0,T}(\theta) + \sum_{i=1}^{T-1} w_{i,T}(\Gamma_{i,T}(\theta) + \Gamma'_{i,T}(\theta))$$

$$\Gamma_j(\theta) = T^{-1} \sum_{t=j+1}^{T} h(x_t, \theta) h(x_{t-j}, \theta)', \quad j = 0, 1, \cdots, T-1$$

在 Monte Carlo 实验中，该方法比传统的两步可行的 GMM 表现更好。估计量的中值偏差更小（尽管尾部更厚），而且在许多情况下，J 检验用于过度识别检验时更可靠。

□ 12.1.6 与其他估计方法的关系

通过适当地选择下述矩条件，GMM 包含了计量经济学中的许多估计方法。

- 普通最小二乘（OLS）法：

$$E[x_t(y_t - x'_t\beta)] = 0$$

- 工具变量（IV）回归法：

$$E[z_t(y_t - x'_t\beta)] = 0$$

其中，z_t 表示与误差项无关的工具变量。

- 非线性最小二乘（NLS）法：

$$E\left[\frac{\partial g(x_t, \beta)}{\partial \beta} \cdot (y_t - g(x_t, \beta))\right] = 0$$

12.2 极大似然估计

极大似然法是估计参数 θ 的最常用的方法之一，它基于从分布中独立抽样的观测值 $x_1,\cdots,x_T$，通过设定离散随机变量 X 的概率分布［或者连续随机变量的概率密度函数 $Pr(X=x|\theta)$］，从而估计参数 θ。

□ 12.2.1 估计

与 GMM 法不同，极大似然（ML）法需要知道数据生成过程的完整分布。假设观测数据 $\{x_1,\cdots,x_T\}$ 独立同分布地抽自一个给定参数 θ 的概率密度函数 $f(\cdot,\theta)$。联合分布为

$$f(x_1,\cdots,x_T|\theta)=\prod_{t=1}^{T}f(x_t,\theta)$$

极大似然法就是要对整个样本最大化似然函数：

$$L(\theta|x_1,\cdots,x_T)=f(x_1,\cdots,x_T|\theta)$$

在实践中，使用似然函数的对数形式（称为对数似然函数）通常更方便：

$$\max_{\theta\in\Theta}\ln L(\theta|x_1,\cdots,x_T)=\sum_{t=1}^{T}\ln f(x_t,\theta)$$

例 12.2.1 考虑第 8.1 节研究的找工作问题。假设工作机会独立同分布地抽自固定的已知分布 F。Bellman 方程为

$$V(w)=\max\left\{\frac{w}{1-\beta}c+\beta\int V(w')\mathrm{d}F(w')\right\}$$

存在边界值 $w^*(\theta)$，使得当且仅当 $w\geqslant w^*(\theta)$ 时工人才接受工作 w，其中，θ 表示参数 c 和 β。保留工资 $w^*(\theta)$ 是不可观测的。但是，给定任意参数值 θ，我们可以用数值计算它。然后我们可以计算观测到工人 i 在 t_i 期后首次接受工作的可能性：

$$L_i(\theta)=(1-F(w^*(\theta)))[F(w^*(\theta))]^{t_i-1}$$

假设我们观察 N 个工人持续 t_i 期。那么，样本的似然函数为

$$L(\theta) = \prod_{i=1}^{N} L_i(\theta)$$

□ 12.2.2 渐近性质

假设 f 是 θ 的可微的凹函数。对数似然函数的一阶条件为

$$\sum_{t=1}^{T} \frac{\partial \ln f(x_t, \theta)}{\partial \theta} = 0$$

其总体类似物为

$$E\left[\frac{\partial \ln f(x_t, \theta)}{\partial \theta}\right] = 0$$

这个矩条件表明：极大似然估计量可以被看作满足 $h(x_t, \theta) = \partial \ln f(x_t, \theta)/\partial \theta$ 的 GMM 估计量。然后，我们可以应用上一节中得到的结果。我们列出了这些性质，不再明显陈述相关的条件和证明。

- **一致性**：$\hat{\theta}_T \xrightarrow{p} \theta_0$。
- **渐近正态性**：

$$\sqrt{T}(\hat{\theta}_T - \theta_0) \xrightarrow{d} N(0, I(\theta_0)^{-1})$$

其中，

$$I(\theta) \equiv -E\left[\frac{\partial^2}{\partial \theta \partial \theta'} \ln L(\theta)\right]$$

是 Fisher 信息矩阵。通过信息矩阵等式可得，

$$I(\theta) = -E\left[\frac{\partial^2}{\partial \theta \partial \theta'} \ln L(\theta)\right] = E\left[\left(\frac{\partial \ln L(\theta)}{\partial \theta}\right)' \frac{\partial \ln L(\theta)}{\partial \theta}\right]$$

- **渐近有效性**：当样本容量趋于无穷大时，极大似然估计量达到了 Cramer-Rao 下界。

这意味着不存在渐近无偏估计量具有比极大似然估计量更低的渐近均方误。

- **不变性**：如果 c 是连续可微函数，那么 $\gamma_0 = c(\theta_0)$ 的极大似然估计量就是 $c(\hat{\theta})$。

□ 12.2.3 假设检验

我们考虑参数 θ 的极大似然估计量和假设检验 $H_0: c(\theta) = 0$。有三种方法可用

于检验 H_0：

• **似然比检验** 如果约束 $c(\theta)=0$ 是有效的，那么施加约束不会导致对数似然函数的大幅度降低。因此，我们基于对数比 $2\ln(L_U/L_R)$ 进行检验，其中，L_U 是 θ 无约束时的似然函数值，L_R 是 θ 有约束时的似然函数值。

• **Wald 检验** 如果约束是有效的，那么 $c(\hat{\theta}_T)$ 应该趋向于 0，因为 ML 估计量是一致估计量。因此，检验是基于 $c(\hat{\theta}_T)$ 进行的。如果这个值显著不同于 0，我们就拒绝原假设。Wald 统计量为

$$W=c(\hat{\theta}_T)'[\lim_T \text{Var}(c(\hat{\theta}_T))]^{-1}c(\hat{\theta}_T)$$

其中，$\hat{\theta}_T$ 是无约束的 ML 估计量。

• **Lagrange 乘子检验** 如果约束是有效的，那么受约束估计量应该在最大化对数似然函数的点附近。因此，对数似然函数的斜率在受约束估计量处应该趋近于 0。该检验是基于对数似然函数在约束条件下使函数最大化的点的斜率进行的。检验统计量为

$$LM=\left(\frac{\partial \ln L(\hat{\theta}_R)}{\partial\theta}\right)'[I(\hat{\theta}_R)]^{-1}\left(\frac{\partial \ln L(\hat{\theta}_R)}{\partial\theta}\right)$$

其中，$\hat{\theta}_R$ 是有约束的 ML 估计量。

这三个检验在原假设下是渐近等价的，因为这些检验的渐近分布是自由度等于施加约束个数的卡方分布。但是，在小样本中，它们的表现可能大不相同。不幸的是，除少数特殊情况外，它们的小样本性质是未知的。因此，在它们之间的选择通常是在计算方便的基础上做出的。似然比检验需要计算有约束估计量和无约束估计量。如果两者都很容易计算，那么实施起来就很容易。Wald 检验仅需要计算无约束估计量，Lagrange 乘子检验仅需要计算有约束估计量。在一些问题中，某个估计量可能比其他估计量更容易计算。例如，线性模型很容易估计，但是，如果施加非线性约束，模型就变成非线性的，从而更烦琐。在这种情况下，Wald 统计量可能更可取。另外，约束有时会消除非线性，这将使 Lagrange 乘子检验更简单。对于这些检验的处理，我们建议读者参考 Greene（2011）。

12.3 基于模拟的估计

在许多应用中，矩条件难以明确构造。为了解决这个问题，研究人员开发了基

于模拟的估计方法。这个领域正在不断发展。在这里我们仅关注几种方法。对于这些方法的更深入的讨论和应用，建议读者参考 Gouriéroux 和 Monfort（1996）与 Adda 和 Cooper（2003）。

例 12.3.1 考虑之前研究的找工作问题，但是这里工资报价是序列相关的。Bellman 方程为

$$V(w) = \max\left\{\frac{w}{1-\beta}, c+\beta\int V(w')\mathrm{d}F(w'|w)\right\}$$

其中，$F(w'|w)$ 是给定当期工资 w 的情况下下一期工资报价的条件分布。令 w^* 为保留工资。等待 t 期后接受工作的概率为

$$P_t = \Pr(w_1 < w^*, \cdots, w_{t-1} < w^*, w_t > w^*)$$

当工作机会是独立同分布的时，我们可以很容易地计算这个概率。但是，如果 (w_t) 是序列相关的，那么这个概率就很难用数值方法计算。模拟方法可以克服这一问题。

□ 12.3.1 模拟矩估计法

模拟矩估计（SMM）法是由 McFadden（1989）、Lee 和 Ingram（1991）以及 Duffie 和 Singleton（1993）建立的。它是基于模拟的 GMM。令 $\{x(\omega_t,\theta_0)\}_{t=1}^T$ 为一列观测数据。令 $\{x(\omega_t^s,\theta)\}_{t=1}^T$ 为一列模拟数据（对于 $s=1,2,\cdots,S$ 和给定的参数值 θ）。模拟是通过固定 θ 和使用冲击 ω_t^s 的 TS 抽取来完成的。我们简写为 $x_t^s(\theta)=x(\omega_t^s,\theta)$ 。$m(x_t)$ 为观测数据的 q 维函数向量。① SMM 估计量被定义为

$$\begin{aligned}\hat{\theta}_{ST} = \arg\min_{\theta\in\Theta}&\left[\sum_{t=1}^T\left(m(x_t)-\frac{1}{S}\sum_{s=1}^S m(x_t^s(\theta))\right)\right]'\mathbf{W}_T\\ &\times\left[\sum_{t=1}^T\left(m(x_t)-\frac{1}{S}\sum_{s=1}^S m(x_t^s(\theta))\right)\right]\end{aligned}$$

其中，$\mathbf{W}_T$ 是权重矩阵。如果我们定义

$$h(x_t,\theta) = m(x_t)-\frac{1}{S}\sum_{s=1}^S m(x_t^s(\theta)) \tag{12.5}$$

那么 SMM 是 GMM 的特例。于是，我们可以应用 GMM 得到结果。

① 例如，如果想要匹配过程的均值和方差，那么 $m(x)=(x,x^2)'$ 。

例 12.3.2 考虑工资报价序列相关的找工作模型。假设我们有 N 个工人的数据集，我们观察其找工作的持续时间 D_i，$i=1,\cdots,N$。给定刻画模型的参数向量 θ，比如贴现因子、失业救济或分布函数中的参数，我们可以求数值解并计算保留工资。接下来，我们可以模拟工资报价序列，并决定这个特定工资报价抽取的持续时间。我们可以重复这个步骤来构建 S 个数据集，每个数据集包含 N 个模拟持续时间。

为了识别模型的参数，我们可以利用平均持续时间和持续时间的方差。这两个矩将由观测数据集和模拟数据计算得到。如果想识别超过两个参数，我们可以努力更好地刻画持续时间的分布，例如，在第 1 期、第 2 期和第 3 期结束时工人的比例。

渐近性质 利用前面讨论的 GMM 结果，对固定的 S，当 $T\rightarrow\infty$ 时，我们有以下性质。

- **一致性：**

$$\hat{\theta}_{ST}\xrightarrow{p}\theta_0$$

- **渐近正态性：**

$$\sqrt{T}(\hat{\theta}_{ST}-\theta_0)\xrightarrow{d}N(0,Q_S)$$

其中，

$$Q_S=\left(1+\frac{1}{S}\right)[B'WB]^{-1}B'W\Sigma WB[B'WB]^{-1}$$

和

$$B\equiv E\left[\frac{\partial m(x_t^S(\theta_0))}{\partial\theta}\right]\text{，对所有 } s,t \text{ 都成立，}$$

$$\Sigma\equiv\lim_{T\rightarrow\infty}\mathrm{Var}\left(\frac{1}{\sqrt{T}}\left[\frac{1}{T}\sum_{t=1}^{T}(m(x_t)-Em(x_t^S(\theta_0)))\right]\right)$$

- **最优权重矩阵：**

$$W=\left[(1+\frac{1}{S})\Sigma\right]^{-1}$$

在该矩阵下，

$$\sqrt{T}(\hat{\theta}_{ST}-\theta_0)\xrightarrow{d}N\left(0,\left(1+\frac{1}{S}\right)[B'\Sigma^{-1}B]^{-1}\right)$$

根据经验，我们可以使用 B 和 Σ 的任意一致估计量。特别是，我们可以使用前面讨论的 HAC 估计量 $\hat{\Sigma}_{ST}$ 来估计 Σ。我们可以使用方程（12.4）定义的 J 统计量来检验过度识别约束：

$$J_{ST} = Tg_T(\hat{\theta}_{ST})'\hat{\Sigma}_{ST}g_T(\hat{\theta}_{ST}) \xrightarrow{d} \chi^2(q-k) \tag{12.6}$$

其中，g_T 对于方程（12.5）中给定的函数 h 在 $\theta = \hat{\theta}_T$ 的情况下有定义。

当 S 趋近于无穷时，SMM 估计量的协方差矩阵趋向于 GMM 估计量的协方差矩阵。在实际应用中，即使 SMM 估计量在固定的模拟次数下是一致的，SMM 也仍然需要大量的模拟来计算估计量的标准误。

□ 12.3.2 模拟极大似然估计

在应用中，似然函数可能不存在明确的形式。有时似然函数很难用解析方法计算。然后，我们可以利用模拟极大似然估计（SML）法来逼近似然函数。假设 x_t 是从分布 $f(\cdot|\theta)$ 中独立同分布地抽取的。对数似然函数为

$$I(\theta) = \sum_{t=1}^{T} \ln f(x_t, \theta)$$

令 $\tilde{f}(\theta|x_t, \omega_t)$ 是 $f(x_t, \theta)$ 的无偏估计量，其中，

$$E_\omega \tilde{f}(\theta|x_t, \omega_t) = \lim_{S\to\infty} \frac{1}{S}\sum_{s=1}^{S} \tilde{f}(\theta|x_t, \omega_t^s) = f(x_t, \theta)$$

SML 估计量定义为

$$\hat{\theta}_{ST} = \arg\max_{\theta\in\Theta} \sum_{t=1}^{T} \ln \frac{1}{S}\sum_{s=1}^{S} \tilde{f}(\theta|x_t, \omega_t^s)$$

类似地，我们也可以构造模拟对数似然估计量。

当 T 和 S 趋于无穷时，SML 估计量是一致的，但是，如果 S 是固定的，那么 SML 估计量就不是一致的。当 T 和 S 趋于无穷且 $\sqrt{T}/S \to 0$ 时，

$$\sqrt{T}(\hat{\theta}_{ST} - \theta_0) \xrightarrow{d} N(0, I^{-1}(\theta_0))$$

其中，矩阵 $I(\theta_0)$ 可以用

$$-\frac{1}{T}\sum_{t=1}^{T} \frac{\partial^2 \ln(1/S\sum_{s=1}^{S} \tilde{f}(\hat{\theta}_{ST}|x_t, \omega_t^s))}{\partial\theta\partial\theta'}$$

来近似。

□ 12.3.3 间接推断

当模型过于复杂而无法写出似然函数时，可以使用间接推断。该方法首先基于观察数据和模拟数据估计更简单的辅助模型，然后尝试找出结构参数的值，使来自模拟数据的辅助参数尽可能接近基于观测数据的辅助参数。

考虑辅助模型 $\phi(x_t,\beta)$ 的似然函数，其中，β 是辅助参数向量。根据观测数据计算出的 ML 估计量定义为

$$\hat{\beta}_T = \arg\max_{\beta} \psi_T((x_t),\beta) \equiv \sum_{t=1}^{T} \ln\phi(x_t,\beta)$$

假设辅助参数 β_0 的真实值与结构参数 θ 之间存在联系。这种联系用绑定函数 $b(\theta)$ 表示（Gouriéroux，Monfort and Renault，1993）。如果该函数是已知的，那么我们可以用估计的辅助参数转化成计算 θ 。然而，这个函数通常是未知的。模拟可以帮助解决这个问题。

通过从冲击 ω_t^s 独立抽取来模拟模型。这给出了 S 个长度为 T：$\{x_1^s(\theta),\cdots,x_T^s(\theta)\}(s=1,2,\cdots,S)$ 的人工数据集。利用模拟数据，通过 SML 对辅助模型进行估计：

$$\hat{\beta}_T^S(\theta) = \arg\max_{\beta} \psi_T((x_t^S(\theta)),\beta) = \sum_{t=1}^{T} \ln\phi(x_t^s(\theta),\beta)$$

定义 $\hat{\beta}_{ST}$ 为辅助参数关于所有模拟的平均值：

$$\hat{\beta}_{ST}(\theta) = \frac{1}{S}\sum_{s=1}^{S} \hat{\beta}_T^S(\theta)$$

间接推断估计量是

$$\hat{\theta}_{ST} = \arg\min_{\theta\in\Theta} [\hat{\beta}_T - \hat{\beta}_{ST}(\theta)]' W_T [\hat{\beta}_T - \hat{\beta}_{ST}(\theta)]$$

的解，其中，W_T 是正定权重矩阵，它收敛于常值正定矩阵 W。

例 12.3.3 考虑工资报价序列相关的找工作模型。结构模型的似然函数难以处理，但是我们可以找到更容易估计的辅助模型。由于数据集由持续时间组成，一个自然的辅助模型就是标准持续时间模型。假设我们选择指数模型，它是一个简单的标准持续时间模型，其特征是常数风险等于 β 。观测工人 i 的特定持续时间 D_i 的概

率为$\beta e^{-\beta D_i}$。观察持续时间集合 $D_i, i=1,\cdots,N$ 的对数似然函数为

$$\ln L=\sum_{i=1}^{N}\ln(\beta e^{-\beta D_i})$$

关于β求解最大化可得

$$\hat{\beta}_T=\sum_{i=1}^{N}\frac{D_i}{N}$$

在这种情况下，辅助参数被估计为数据集的平均持续时间。给定我们模型的结构参数θ，我们可以通过模拟构造S个数据集，每个数据集包含N个观测值。对于每个数据集s，我们都可以估计辅助持续时间模型，进而得到估计量$\hat{\beta}_T^s(\theta)$。然后，我们使用上面的步骤找到估计量$\hat{\theta}_{ST}$，使得基于观测数据和模拟数据的辅助参数尽可能接近。注意，通过使用简单辅助模型，间接推断过程与模拟矩估计是相同的，因为我们要匹配平均持续时间。

为了易于解释，我们使用了指数持续时间模型。因为这个模型只有一个参数，所以我们最多只能识别一个结构参数。为了估计更多的结构参数，我们需要估计具有更灵活的风险的持续时间模型。

通过使用辅助模型，Gallant 和 Tauchen（1996）提出了有效矩估计（EMM）法。他们建议最小化辅助模型的得分，而不是匹配一个辅助参数集。该得分是由下式定义的辅助模型似然函数的一阶导数：

$$m(\theta,\hat{\beta}_T)=\frac{1}{S}\sum_{s=1}^{S}\frac{1}{T}\sum_{t=1}^{T}\frac{\partial}{\partial\beta}\ln\phi(x_t^s(\theta),\hat{\beta}_T)$$

结构参数的估计量为

$$\hat{\beta}_{ST}=\arg\min_{\theta\in\Theta}m(\theta,\hat{\beta}_T)'Wm(\theta,\hat{\beta}_T)$$

渐近性质 对固定数量的模拟S，当T趋于无穷时，

$$\sqrt{T}(\hat{\theta}_{ST}-\theta_0)\xrightarrow{d}N(0,Q_S(W)) \tag{12.7}$$

其中，

$$Q_S(W)=\left(1+\frac{1}{S}\right)\left[\left(\frac{\partial b(\theta_0)}{\partial\theta}\right)'W\frac{\partial b(\theta_0)}{\partial\theta}\right]^{-1}\left(\frac{\partial b(\theta_0)}{\partial\theta}\right)'WJ_0^{-1}$$
$$\times(I_0-K_0)J_0^{-1}W\left(\frac{\partial b(\theta_0)}{\partial\theta}\right)'\left[\left(\frac{\partial b(\theta_0)}{\partial\theta}\right)'W\frac{\partial b(\theta_0)}{\partial\theta}\right]^{-1}$$

而且

$$J_0 \equiv p\lim_T - \frac{\partial^2 \psi_T((x_t),\beta_0)}{\partial\beta\partial\beta'}$$

$$I_0 \equiv \lim_T \mathrm{Var}\left[\sqrt{T}\,\frac{\partial\psi_T((x_t),\beta_0)}{\partial\beta}\right]$$

$$K_0 \equiv \lim_T \mathrm{Var}\left[E\left(\sqrt{T}\,\frac{\partial\psi_T((x_t),\beta_0)}{\partial\beta}\mid(z_t)\right)\right]$$

其中，(z_t) 是 (x_t) 中分布独立于 θ 的分量。由于绑定函数 $b(\theta)$ 可能不是明显已知的，我们想找到一个可观测的表达式来代替 $\partial b(\theta_0)/\partial\theta$。假设

$$\psi_T((x_t^s(\theta)),\beta) \xrightarrow{a.s.} \psi_\infty(\theta,\beta)$$

并且 $b(\theta)$ 满足一阶条件

$$\frac{\partial\psi_\infty(\theta,b(\theta))}{\partial\beta} = 0$$

对 θ 求导得

$$\frac{\partial b'(\theta_0)}{\partial\theta} = J_0^{-1}\,\frac{\partial^2\psi_\infty(\theta_0,b(\theta_0))}{\partial\beta\partial\theta'}$$

最小化估计量方差的最优权重矩阵为

$$W^* = J_0(I_0 - K_0)^{-1}J_0$$

在这种情况下，估计量的协方差矩阵为

$$Q_S(W^*) = \left(1+\frac{1}{S}\right)\left[\left(\frac{\partial b(\theta_0)}{\partial\theta}\right)' W^*\,\frac{\partial b(\theta_0)}{\partial\theta}\right]^{-1}$$

或者，等价地，

$$Q_S(W^*) = \left(1+\frac{1}{S}\right)\left[\frac{\partial^2\psi_\infty(\theta_0,b(\theta_0))}{\partial\theta\partial\beta'}(I_0-K_0)^{-1}\,\frac{\partial^2\psi_\infty(\theta_0,b(\theta_0))}{\partial\theta\partial\theta'}\right]^{-1}$$

在实践中，可以用 $\hat{\beta}_{ST}(\hat{\theta}_{ST})$ 逼近 $b(\theta_0)$。I_0-K_0 的一致估计量为

$$\widehat{I_0 - K_0} = \frac{T}{S}\sum_{s=1}^{T}(W_s-\overline{W})(W_s-\overline{W})'$$

其中，

$$W_s = \frac{\partial\psi_T((x_t^s(\hat{\theta}_{ST})),\hat{\beta}_{ST})}{\partial\beta}, \quad \overline{W} = \sum_{s=1}^{S} W_s$$

使用以下统计量，我们可以利用全局设定检验：

$$\xi_T = \frac{TS}{1+S}\min_{\theta}[\hat{\beta}_T - \hat{\beta}_{ST}(\theta)]' W_T [\hat{\beta}_T - \hat{\beta}_{ST}(\theta)]$$

它渐近地服从 $\chi^2(q-k)$。

12.4 习题

1. 考虑抛硬币的例子。正面朝上的概率是 p。用 x_t 表示第 t 次抛硬币的结果：如果正面朝上，那么等于 1；如果反面朝上，那么等于 0。在 N 次独立抛硬币后，观测数据 $\{x_1,\cdots,x_N\}$。写出观测数据 $\{x_1,\cdots,x_N\}$ 的似然函数。找到 p 的 ML 估计。

2. 在指数分布 $f(x)=\theta\exp(-x\theta)$，$x\geqslant 0$，$\theta>0$ 的随机抽样中，找到 θ 的极大似然估计量，并求出该估计量的渐近分布。

3. 利用找工作模型来模拟某些数据。假设工资报价独立抽自均值为 μ、方差为 σ^2 的对数正态分布。假设 $\mu=1$，$\sigma^2=2$，$c=0.5$。待估结构参数为 β，令其真实值为 $\beta_0=0.98$。构造样本的似然函数，并根据 β 的不同可能值绘制成图形。通过改变样本规模 T，找到 β 的 ML 估计。

4. 根据习题 3 中的参数值，构造计算机程序来实现例 12.3.2 中所描述的程序。首先使用持续时间的均值和方差作为矩。然后，在第一期和第二期之后增加有关工人比例的矩的个数。找到 β 的 SMM 估计。当模型被过度识别时，检验过度识别约束。

III

均衡分析

在本部分，我们应用在前面章节介绍的工具来分析很多在宏观经济学和金融学中广泛使用的均衡模型：从有限期世代交叠模型到无穷期交换和生产模型，从完备市场模型到不完备市场模型，从完备竞争模型到垄断竞争模型，从竞争均衡模型到搜寻和匹配模型。我们将介绍解析方法以探讨模型性质，也将介绍数值方法以考察实证和定量含义。

第 13 章 完备市场交换经济

本章目标

本章研究具有随机禀赋的无限期纯交换经济的竞争均衡。这个经济是研究消费、风险分担和资产定价的基准。我们描述两种市场结构：具有都在 0 时刻交易的带日期或有索取权完备市场的 Arrow-Debreu 结构和具有短期或长期证券的序贯交易结构。对于后一结构，我们考虑包括股票、债券和一期 Arrow 证券在内的多种证券。同时也研究了各种均衡概念。我们将集中讨论没有任何交易摩擦的完备市场。在这一点上，我们得出：两种市场结构意味着相同的均衡消费分配，且均是 Pareto 最优的。反过来，我们指明了 Pareto 最优分配能够在竞争均衡中得到支撑。我们还引入了投资组合约束并研究了资产价格泡沫。

13.1 不确定性、偏好和禀赋

时间用 $t=0,1,2,\cdots$来表示。不确定性用有限状态空间$\mathbb{S}=\{1,2,\cdots,S\}$来刻画。

在每个时期 t，存在随机事件 $S_t \in \mathbb{S}$ 的一个实现值。到时间 t 为止的事件（或者节点）的历史用 $s^t=(s_0, s_1, \cdots, s_t)$ 表示。每个节点 s^t 有唯一的前位点 s^{t-1}。其后位点用 s_+^t 表示。用 $s^T|s^t$ 表示延续 s^t 的 T 时刻的历史。观察到特定事件序列 s^t 的无条件概率由概率测度 $\Pr(s^t)$ 给出。给定实现值 s^T 下观察到 s^t 的条件概率用 $\Pr(s^t|s^T)$ 来表示。假定 $s^0=s_0$ 给定，使得 $\Pr(s_0)=1$。**适应性过程**(adapted process) x 是一列函数 $\{x_t\}_{t=0}^{\infty}$，使得每个 x_t 把历史 s^t 映射到 Euclid 空间。设 L_∞ 为实值有界适应性过程的空间，$L_\infty=\{x: \sup_{t,s^t}|x_t(s^t)|<\infty\}$。设 L_1 为实值可加适应性过程的空间，$L_1=\{x: \sum_{t,s^t}|x_t(s^t)|<\infty\}$。

经济中存在一种消费品。消费在 L_∞ 的非负过程集合 $L_{\infty+}$ 中。经济中有 I 个代理人，分别命名为 $i=1,2,\cdots,I$。代理人 i 拥有禀赋 $y^i \in L_{\infty+}$。用 $\bar{y}=\sum_i y^i$ 表示总禀赋。当我们在后面引入金融资产时，代理人可能拥有一些金融资产禀赋。代理人 i 的消费计划用 $c^i=\{c_t^i(s^t)\}_{t=0}^{\infty} L_{\infty+}$ 表示。代理人根据下述期望贴现效用函数从 c^i 得到效用

$$U^i(c^i)=\sum_{t=0}^{\infty}\sum_{s^t}\beta^t u^i(c_t^i(s^t))\Pr(s^t) \tag{13.1}$$

其中，所有代理人拥有相同的贴现因子 $\beta \in (0,1)$，u^i 满足如下假设：

假设 13.1.1 对于每个 i，u^i 是严格递增、二阶连续可微、严格凹且满足通常的 Inada 条件的函数。

相对于下面推导的某些结果所需要的条件，这个假设可能更强。

13.2 Pareto 最优

如果分配 $(c^1, \cdots, c^I)$ 满足

$$\sum_i c_t^i(s^t)=\sum_i y_t^i(s^t) \tag{13.2}$$

那么它是**可行的**（feasible）。

若不存在可行分配 $(\hat{c}^1, \cdots, \hat{c}^I)$ 使得 $U^i(\hat{c}^i) \geqslant U^i(c^i)$ 对于所有的 i 至少有一个严格不等式成立，那么分配 $(c^1, \cdots, c^I)$ 是 **Pareto 最优的**（Pareto optimal）或 **Pareto 有效的**（Pareto efficient）。想象这样一种情况：存在一个社会计划者将非负 Pareto 权重 λ_i 附加到代理人 i 上，并选择分配 $c^i(i=1,2,\cdots,I)$ 以最大化

$$\sum_{i}\lambda_{i}U^{i}(c^{i})$$

满足约束（13.2）。

命题 13.2.1 当且仅当对于$\mathbb{R}_{+}^{I}$中的某个非零权重，某个分配是社会计划者问题的解时，该分配是 Pareto 最优的。

证明 我们首先证明“仅当”部分。假设（$c^{1},\cdots,c^{I}$）是 Pareto 最优的。对于任何分配 x，令 $U(x)=(U^{1}(x^{1}),\cdots,U^{I}(x^{I}))$。定义

$$\mathcal{U}=\{U(x)-U(c)-z: x\in\mathfrak{F}, z\in\mathbb{R}_{+}^{I}\}\subset\mathbb{R}^{I}$$

其中，$\mathfrak{F}$是可行分配的集合。定义$\mathcal{Y}=\{y\in\mathbb{R}_{+}^{I}: y\neq 0\}$。根据效用函数的凹性可知$\mathcal{U}$是凸集，根据 Pareto 最优可知 $\mathcal{Y}\cap\mathcal{U}=\varnothing$，因此，由**分离超平面定理**（separating hyperplane theorem，见附录 B）可知，存在非零向量 $\lambda\in\mathbb{R}^{I}$，使得对于每个 $y\in\mathcal{Y}$ 和 $z\in\mathcal{U}$，都有 $\lambda\cdot z\leqslant\lambda\cdot y$。因为$0\in\mathcal{U}$，所以我们知道 $\lambda\geqslant 0$。

接下来，我们证明“如果”部分。假设（$c^{1},\cdots,c^{I}$）是社会计划者问题的解。如果它不是 Pareto 最优的，那么存在可行的分配（$\hat{c}^{1},\cdots,\hat{c}^{I}$）使得对于所有的 i 均有 $U^{i}(\hat{c}^{i})\geqslant U^{i}(c^{i})$，且至少有一个严格不等式。假设存在某个 i，使得 $U^{i}(\hat{c}^{i})>U^{i}(c^{i})$ 且$\lambda^{i}>0$。那么，分配（$\hat{c}^{1},\cdots,\hat{c}^{I}$）会带来更大的加权效用，这是相互矛盾的！假设对于所有的 i 都有 $U^{i}(\hat{c}^{i})>U^{i}(c^{i})$，那么我们有 $\lambda^{i}=0$。然后，我们让 $\hat{c}^{i}$ 减少一点，但是增加其他某个代理人 j 的消费 $\hat{c}^{j}$（$\lambda^{j}>0$），使得可行性条件仍然成立。这样做就使得代理人 j 的状况严格变好了，这是相互矛盾的。

利用一阶条件，我们可以得到

$$\frac{u^{i\prime}(c_{t}^{i}(s^{t}))}{u^{j\prime}(c_{t}^{j}(s^{t}))}=\frac{\lambda^{j}}{\lambda^{i}}$$

这意味着

$$c_{t}^{i}(s^{t})=(u^{i'})^{-1}(\lambda_{i}^{-1}\lambda_{1}u^{1\prime}(c_{t}^{1}(s^{t}))) \tag{13.3}$$

把这个方程代入可行性条件（13.2）中得到

$$\sum_{i}(u^{i'})^{-1}(\lambda_{i}^{-1}\lambda_{1}u^{1\prime}(c_{t}^{1}(s^{t})))=\sum_{i}y_{t}^{i}(s^{t}) \tag{13.4}$$

这是关于 $c_{t}^{1}(s^{t})$ 的方程。这表明了 $c_{t}^{1}(s^{t})$ 仅是总禀赋的函数。由方程（13.3）可知，任何代理人的消费都仅仅是总禀赋的函数。如果加总禀赋由加总的 Markov 状态变量决定，那么个体的消费仅是状态的函数。消费分配不存在历史依赖性。

13.3　0 时刻的交易

存在关于消费的带日期状态或有索取权的完备集合。代理人在 0 时刻当 s_0 实现之后交易这些索取权。他们能以价格 $q_t^0(s^t)$ 交易关于 t 时刻消费的历史或有索取权 s^t。上标 0 代表交易发生的时期，而下标表示实际交付发生的时期。我们称 $\{q_t^0(s^t)\}$ 为 **Arrow-Debreu 状态价格**（Arrow-Debreu state price）过程。将 $q_0^0(s^0)$标准化为 1。

代理人 i 的预算约束为

$$\sum_{t=0}^{\infty}\sum_{s^t} q_t^0(s^t)c_t^i(s^t) \leqslant \sum_{t=0}^{\infty}\sum_{s^t} q_t^0(s^t)y_t^i(s^t) \tag{13.5}$$

为了给这个预算约束进行良好的定义，我们需要 q^0 在 L_1 中。

定义 13.3.1　Arrow-Debreu 均衡由价格系统 $\{q_t^0(s^t)\}_{t=0}^{\infty} \in L_1$ 和消费分配 $(c^1, c^2, \cdots, c^I) \in (L_{\infty +})^I$ 组成，使得 c^i 是代理人 i 在满足约束（13.5）的情况下最大化问题（13.1）的解，并且市场出清，即方程（13.2）成立。

令 μ^i 为与方程（13.5）相关的 Lagrange 乘子。一阶条件给出

$$\beta^t u^{i'}(c_t^i(s^t))\Pr(s^t) = \mu^i q_t^0(s^t) \tag{13.6}$$

通过标准化，我们推出 $\mu^i = u^{i'}(c_0^i(s^0))$。因此，Arrow-Debreu 状态价格为

$$q_t^0(s^t) = \frac{\beta^t u^{i\prime}(c_t^i(s^t))\Pr(s^t)}{u^{i\prime}(c_0^i(s^0))} \tag{13.7}$$

利用方程（13.6）得到

$$\frac{u^{i\prime}(c_t^i(s^t))}{u^{j\prime}(c_t^j(s^t))} = \frac{\mu^i}{\mu^j} \tag{13.8}$$

因此，

$$c_t^i(s^t) = (u^{it})^{-1}\left\{u^{1\prime}(c_t^1(s^t))\frac{\mu^i}{\mu^1}\right\} \tag{13.9}$$

根据可行性条件，

$$\sum_i (u^{i\prime})^{-1}\left\{u^{1\prime}(c_t^1(s^t))\frac{\mu^i}{\mu^1}\right\} = \sum_i y_t^i(s^t) \tag{13.10}$$

这个等式与等式（13.4）相似。对比一阶条件，我们推断出：Arrow-Debreu 均衡分

配是特殊的 Pareto 最优分配——这个分配把 Pareto 比重取为 $\lambda_i=\mu_i^{-1}$，$i=1,2,\cdots,I$。而且，在竞争均衡分配中，相关计划问题的**影子价格**（shadow price，即与可行性约束相关的 Lagrange 乘子）等于 Arrow-Debreu 状态价格。这一结果反映了以后要给出的两个福利经济学定理。

例 13.3.1 （风险分担）假设一期效用函数采用如下形式：

$$u^i(c)=\frac{c^{1-\gamma}}{1-\gamma}，对于所有 i$$

其中，$\gamma>0$ 表示常数相对风险规避系数。方程（13.8）表明

$$c_t^i(s^t)=c_t^j(s^t)\left(\frac{\mu_i}{\mu_j}\right)^{-1/\gamma}$$

此方程表明，个体消费是完全相关的。另外，我们可以证明

$$c_t^i(s^t)=\frac{(\mu_i)^{-1/\gamma}}{\sum_i(\mu_i)^{-1/\gamma}}\bar{y}_t(s^t)$$

这表明，个体消费是加总禀赋的常数比例。

□ 13.3.1 均衡的计算

我们可用下面的 Negishi 算法（Negishi，1960）求解 Arrow-Debreu 均衡：

第 1 步 在整个算法中为一个 μ^i，比如 μ^1 固定一个正值。对于其他的 μ^i，猜测一些正值。然后，求解方程（13.9）和方程（13.10），得到候选消费分配 $c_t^i(s^t)$，$i=1,2,\cdots,I$。

第 2 步 对于任意家庭 i，利用方程（13.6）求解价格系统 $\{q_t^0(s^t)\}$。

第 3 步 对于 $i=1,2,\cdots,I$，检查预算约束（13.5）。对于消费成本超过禀赋价值的那些 i，提高 μ^i；而对于反方向不等式成立的那些 i，降低 μ^i。

第 4 步 不断迭代第 1 步至第 3 步，直至收敛。

把所有 $\mu^{i'}$ 乘以正的标量会改变价格系统的规模。这就是在第 1 步时我们可以自由地进行标准化的原因。根据上述算法，在一般情况下，$q_0^0(s^0)\neq 1$。

□ 13.3.2 两个福利定理

我们现在介绍两个福利定理，它们是经济学的基石。这里我们只考虑纯交换经济。我们建议读者参考 Stokey、Lucas 和 Prescott（1989）的书，这本书处理了一般的生产

经济。虽然我们将注意力限制在方程（13.1）中的期望贴现效用上，但是这两个福利定理对于更一般的偏好也成立。第一福利定理正式确立了 Adam Smith 的“看不见的手”的思想。

定理 13.3.1 （第一福利定理）假设 u^i 对于所有 i 都是严格递增的。如果 $((c^i)_{i=1}^I, q^0)$ 是 Arrow-Debreu 均衡，那么分配 $(c^i)_{i=1}^I$ 是 Pareto 最优的。

这个定理的假设相当弱——仅仅需要有关每个 u^i 的单调性的假设。

定理 13.3.2 （第二福利定理）假设 u^i 是连续的和严格凹的。如果分配 $(c^i)_{i=1}^I$ 是 Pareto 最优的，那么存在 Arrow-Debreu 状态价格过程 q^0 使得 $((c^i)_{i=1}^I, q^0)$ 是 Arrow-Debreu 均衡。

第二福利定理的证明不容易，它包括三步。我们这里给出这些步骤的梗概，把细节留给读者。在第 1 步，我们利用 **Hahn-Banach 定理**（Hahn-Banach theorem）（见附录 B）证明连续线性方程 ϕ：$L_{\infty+} \to \mathbb{R}$ 存在，使得 $U^i(\hat{c}^i) \geqslant U^i(c^i)$ 意味着 $\phi(\hat{c}^i) \geqslant \phi(c^i)$。这表明，在弱偏好于 c^i 的消费集中，c^i 是成本最小的选择。注意，$L_{\infty+}$ 上的线性泛函 ϕ 不一定有内积表达，因为它不一定在 L_1 里。因此，我们进入下一步。

在第 2 步，我们证明可以用另一个有内积表达的连续线性泛函 ψ 来代替 ϕ。由于效用是严格递增的，因此 $\phi \geqslant 0$。由 **Yosida-Hewitt 定理**（Yosida-Hewitt theorem）（见附录 D）可知，存在唯一的分解 $\phi = \phi_c + \phi_f$，其中，$\phi_c \in L_{1+}$，ϕ_f 是非负纯有限的可加测度（有时称为纯要价）。而且，每当 $x \in L_{\infty+}$ 仅有有限个非零元素的时候，$\phi_f(x) = 0$。假设 $\phi_f(c^i) > 0$。取 $\alpha > 0$，使得 $\alpha\phi_c(\mathbf{1}) < \phi_f(c^i)$，其中，$\mathbf{1}$ 为各节点一单位消费品的确定性消费计划。

令 $x^T = (x_0, \cdots, x_T, 0, 0, \cdots)$ 为 $x \in L_{\infty+}$ 的截断消费计划。如果 $U(x) > U(x')$ 意味着对于充分大的 T 有 $U(x^T) > U(x')$ 成立，则称效用方程 A 满足 **Mackey 连续性**（Mackey continuity）。这是关于偏好的连续性要求，大意是，足够遥远的消费在很弱的意义下被贴现，使得它不影响消费的排序。连续的期望贴现效用函数满足这个要求。

根据效用的单调性和 Mackey 连续性，存在充分大的 T 使得 $(c^i + \alpha\mathbf{1})^T > c^i$，其中，$\mathbf{1}$ 代表在所有历史下一单位消费品的消费计划。现在我们有

$$
\begin{aligned}
\phi(c^i + \alpha\mathbf{1})^T &= \phi_c(c^i + \alpha\mathbf{1})^T + \phi_f(c^i + \alpha\mathbf{1})^T \\
&= \phi_c(c^i + \alpha\mathbf{1})^T \leqslant \phi_f(c^i + \alpha\mathbf{1}) \\
&= \phi_c(c^i) + \alpha\phi_c(\mathbf{1}) < \phi(c^i)
\end{aligned}
$$

但这与第 1 步是矛盾的。因此，我们必定有 $\phi_f(c^i) = 0$。于是，对于任意满足 $U^i(\hat{c}^i) \geqslant$

$U(c^i)$ 的 $\hat{c}^i \in L_{\infty+}$，均有

$$\phi_c(\hat{c}^i) \leqslant \phi(\hat{c}^i) \leqslant \phi(c^i) = \phi_c(c_t^i)$$

在第 3 步，我们证明：给定预算集 $\{\hat{c}^i \in L_{\infty+}: \phi_c(\hat{c}^i) \leqslant \phi_c(c^i)\}$，$c^i$ 对于所有的 i 都是效用最大化的选择。在这一步中我们用到了如下假设：对于每个 i，存在更便宜的消费计划 $\bar{c}^i \in L_{\infty+}$ 使得 $\phi_c(\bar{c}^i) < \phi_c(c^i)$。只要 c^i 是内点解，这个假设就满足，因为我们可以选择 $\bar{c}^i=0$。利用这个假设，我们可推出：对于任意 $\hat{c}^i \in \{\hat{c}^i \in L_{\infty+}: \phi_c(\hat{c}^i) \leqslant \phi_c(c^i)\}$，均有

$$\phi_c(c_\lambda^i) = \lambda\phi_c(\hat{c}^i) + (1-\lambda)\phi_c(\bar{c}^i) < \phi_c(c^i)\text{，对于 } \lambda \in (0,1)$$

从第 2 步可知：$U^i(c_\lambda^i) < U^i(c^i)$。因此，根据连续性，$U^i(\hat{c}^i) = \lim_{\lambda \to 1} U^i(c_\lambda^i) \leqslant U^i(c^i)$。

□ 13.3.3 资产定价

在具有完备市场的 Arrow-Debreu 经济中，通过把资产分割成历史或有索取权的序列，并用相关的 Arrow-Debreu 价格 $q_t^0(s^t)$ 评估该序列的每个组成部分，我们可以对资产进行定价。资产提供了一捆带日期的历史或有索取权且每部分都已经被市场定价，从这个意义上说，此资产可被视为多余的。例如，考虑支付流为 $\{d_t(s^t)\}_{t=0}^{\infty} \in L_{\infty+}$ 的资产。资产在第 0 期的价格为

$$p_0(s^t) = \sum_{j=1}^{\infty} \sum_{s^{t+j} | s^t} q_{t+j}^0(s^{t+j}) d_{t+j}(s^{t+j})$$

此资产在第 t 期的价格为

$$p_t(s^t) = \frac{1}{q_t^0(s^t)} \sum_{j=1}^{\infty} \sum_{s^{t+j} | s^t} q_{t+j}^0(s^{t+j}) d_{t+j}(s^{t+j})$$

对于期望贴现效用方程（13.1），q_t^0 由方程（13.7）给出。注意，对于上面被良好定义的价格，$q^0 \in L_1$ 是重要的。资产定价的 Arrow-Debreu 方法需要很强的假设——完全无摩擦的市场。在第 13.8 节，我们将给出其他一些应用于更一般的环境的资产定价模型。

13.4 序贯交易

Arrow-Debreu 市场结构是理想化的理论基准，它无法刻画实际经济中股票和债

券等金融资产的交易。在本子节，我们研究有金融资产序贯交易的市场结构。我们也引入交易摩擦，同时研究它对于资产定价的含义。

□ 13.4.1 投资机会

假设金融市场继续开放。每期存在 J 种证券可供交易。代理人 i 在节点 s^t 的组合是 $J\times 1$ 证券持有向量 $\theta_t^i(s^t)\in\mathbb{R}^J$。代理人 i 的交易策略是投资组合 $\{\theta_t^i(s^t)\}$ 的适应性过程。令 Θ 表示交易策略的集合。用 $p_{jt}(s^t)\in\mathbb{R}_{++}$ 表示证券 j 在节点 s^t 的价格。令 $p(s^t)=(p_1(s^t),\cdots,p_J(s^t))^T$。对于所有 $s^{t+1}|s^t$，在 s^t 交易的任何证券 j 都可以用第 $t+1$ 期交割的一期支付 $f_{j,t+1}(s^{t+1})\in\mathbb{R}_+$ 来刻画。令 $f_{t+1}(s^t,s_{t+1})=[f_{1,t+1}(s^t,s_{t+1}),\cdots,f_{J,t+1}(s^t,s_{t+1})]$ 为 $J\times 1$ 支付向量。我们将所有 $s_{t+1}\in\mathbb{S}$ 向量叠加起来构成 $J\times S$ 的支付矩阵 $D_{t+1}(s^t)$。注意我们没有具体说明证券最初发行时间，因为我们关心的是在给定未来支付的情况下如何进行资产定价。

给定 J 种资产，代理人 i 的预算约束为

$$c_t^i(s^t)+p_t(s^t)\cdot\theta_t^i(s^t)\leqslant f_t(s^t),\theta_{t-1}^i(s^{t-1})+y_t^i(s^t) \tag{13.11a}$$

$$c_0^i(s^0)+p_0(s^0)\cdot\theta_0^i(s^0)\leqslant p_0(s^0)\cdot\theta_{-1}^i+y_0^i(s^0) \tag{13.11b}$$

对于所有 $t>0$，其中，$\theta_{-1}^i\in\mathbb{R}_+^J$ 是外生给定的证券投资组合。

我们现在给出一些以后要分析的有关证券的例子。

Arrow 证券 对于某个 $s_{t+1}\in\mathbb{S}$，在节点 s^t 交易的一单位 Arrow 证券会在节点 (s^t,s_{t+1}) 给予一单位消费品，但在其他节点给予 0 单位消费品。每个 $s_{t+1}\in\mathbb{S}$ 均表征一个特定的 Arrow 证券。总共有 S 种不同的 Arrow 证券。假设代理人在每个节点都会交易这些证券。代理人 i 的预算约束为

$$c_t^i(s^t)+\sum_{s_{t+1}\in\mathbb{S}}Q_t(s_{t+1}|s^t)a_t^i(s^t,s_{t+1})\leqslant a_{t-1}^i(s^t)+y_t^i(s^t),\quad t\geqslant 0 \tag{13.12}$$

其中，$a_{-1}^i(s^0)$ 是外生给定的 Arrow 证券的初始持有量；$Q_t(s_{t+1}|s^t)$ 代表 Arrow 证券在节点 s^t 的价格，该证券在节点 (s^t,s_{t+1}) 交付一单位消费品，在其他节点不交付；$a_t^i(s^t,s_{t+1})$ 表示在节点 s^t 时的 Arrow 证券持有量。

无风险债券和股票 在节点 s^t 交易的股票有除息价格 $p_t(s^t)$，并带来红利流 $d_T(s^T)$（对于所有 $s^T|s^t$ 和 $T>t$）。我们可以用一期支付 $f_{t+1}(s^{t+1})=p_{t+1}(s^{t+1})+d_{t+1}(s^{t+1})$ 来表示股票的回报流。在 s^t 交易的一期无风险债券会在任何节点 $s^{t+1}|s^t$ 交付一单位消费品，其他节点不交付。对于每个 $s^{t+1}|s^t$，其回报可由 $f_{t+1}(s^{t+1})=1$

给出。在 s^t 交易的两期无风险债券会在任何节点 $s^{t+2}|s^t$ 交付一单位消费品，在其他节点不交付。我们可以把此证券等价地刻画为对于每个 $s^{t+1}|s^t$ 都交割支付 $f_{t+1}(s^{t+1})=q_{1,t+1}(s^{t+1})$ 的证券，其中，$q_{1,t+1}$（s^{t+1}）是一期无风险债券在节点 $s^{t+1}|s^t$ 的价格。

看涨期权 在 s^t 交易的股票看涨期权在将来的某个 $T>t$ 时刻的执行价格为 k。在每个节点 $s^T|s^t$，期权的支付由 $\max\{p_T(s^T)-k,0\}$ 给出，在其他节点的支付为 0，其中，$p_T(s^T)$ 为在节点 $s^T|s^t$ 的股票价格。等价的一期支付由在 T 时刻交割价格为 k 和在 $s^{t+1}|s^t$ 交易的看涨期权价格 $p^c_{t+1}(s^{t+1})$ 来给出（对于所有 $s^{t+1}|s^t$）。

□ 13.4.2 Ponzi 计划和投资组合约束

在定义序贯交易下的竞争均衡之前，我们先讨论一种特殊类型的交易策略。**Ponzi 计划**（Ponzi scheme）是这样一种交易策略，它允许代理人不断滚动他的债务，以增加他的财富，从而提高效用。从形式上看，如果交易策略 $\{\Delta_t(s^t)\}$ 满足

$$p_0(s^0)\cdot\Delta_0(s^0)<0$$

和

$$p_t(s^t)\cdot\Delta_t(s^t)=f_t(s^t)\cdot\Delta_{t-1}(s^{t-1}),\quad \text{对于所有 } s^t,t>0$$

那么它是 Ponzi 计划。

如果没有投资组合约束，那么 Ponzi 计划使代理人获得无穷大的效用。为了保证效用有限，我们需要引入某个约束以排除 Ponzi 计划。我们可施加某种投资组合约束（例如，债务约束、借款约束和卖空约束）或横截性条件（例如，参考 Magill and Quinzii，1994）。

- 债务约束为

$$f_{t+1}(s^{t+1})\cdot\theta^i_t(s^t)\geqslant-\overline{D}^i_{t+1}(s^{t+1}),\quad \text{对于所有 } s^{t+1}|s^t \text{ 和 } s^t \tag{13.13}$$

其中，$\overline{D}^i_{t+1}(s^{t+1})\geqslant 0$ 可能是内生的，且与特定代理人相关。

- 借款约束为

$$p_t(s^t)\cdot\theta^i_t(s^t)\geqslant-\overline{B}^i_t(s^t),\quad \text{对于所有 } s^t \tag{13.14}$$

其中，$\overline{B}^i_t(s^t)\geqslant 0$ 可能是内生的，且与特定代理人相关。

- 卖空约束为

$$\theta^i_t(s^t)\geqslant-\overline{h}^i_t(s^t),\quad \text{对于所有 } s^t \tag{13.15}$$

其中，$\bar{h}_t^i(s^t)\geqslant 0$ 可能是内生的，且与特定代理人相关。

令 $\Theta^{DC}(p,f)$、$\Theta^{BC}(p,f)$ 和 $\Theta^{SC}(p, f)$ 分别表示满足债务约束、借款约束和卖空约束的可行交易策略的集合。在本章，我们集中讨论借款、债务或者卖空限制充分宽松以至于在均衡时投资组合约束力不紧的情形。之后我们将表明如何施加这种限制，然后引入横截性条件。

□ 13.4.3 Radner 均衡

令证券总供给为

$$\bar{\theta}_{-1}=\sum\theta_{-1}^i$$

定义 13.4.1 有债务约束的 Radner 均衡由 $((c^i,\theta^i)_{i=1}^I,p)$ 组成，使得：

(1) 给定价格系统 p，(c^i,θ^i) 是代理人 i 最大化问题 (13.1) 在满足条件 (13.11) 的情况下的解。

(2) 市场出清，即

$$\sum_{i=1}^I c_t^i(s^t)=\bar{y}+\bar{\theta}_{-1}\cdot(f_t(s^t)-p_t(s^t))$$

$$\sum_i\theta_t^i(s^t)=\bar{\theta}_{-1}$$

有借款约束或卖空约束的 Radner 均衡可类似地定义。当证券供给为零时，市场出清条件等同于可行性条件 (13.2)。在这种情况下，我们将研究 Radner 均衡、Arrow-Debreu 均衡与 Pareto 最优之间的关系。我们还将分析某些资产供给为正的情况。例如，股票供给为正，且为消费提供红利。

□ 13.4.4 套利与状态价格

给定价格-支付对 (p,f)，如果

$$p_0(s^0)\cdot\theta_0(s^0)\leqslant 0$$

和

$$f_t(s^t)\cdot\theta_{t-1}(s^{t-1})-p_t(s^t)\cdot\theta_t(s^t)\geqslant 0\text{，对于所有 } s^t \text{ 和 } t>0$$

中至少有一个严格不等式成立，那么交易策略 θ 是一个**套利** (arbitrage) 机会。根据定义，Ponzi 计划是套利机会。给定 (p,f)，如果

$$p_t(s^t)\cdot\theta_t(s^t)\leqslant 0$$

以及

$$f_{t+1}(s^{t+1})\cdot\theta_t(s^t)\geqslant 0,\quad 对于所有\ s^{t+1}\mid s^t$$

中至少有一个严格不等式成立，那么交易策略 θ 在节点 s^t 是**一期套利**（one-period arbitrage）机会。若无套利，则在任何节点均不存在一期套利。反之不一定成立。

我们对在交易策略子集上的套利机会感兴趣。我们把可行交易策略集 $\Theta^a(p,f)$ 的衰退集定义为

$$R(\Theta^a(p,f))=\{\theta\in\Theta:\Theta^a(p,f)+\lambda\theta\subset\Theta^a(p,f),\forall\lambda>0\}$$

这里，a 可以代表债务约束（DC）、借款约束（BC）或卖空约束（SC）。它也可以代表在本书中未提到的其他类型的资产组合约束。

定理 13.4.1 如果 u^i 是严格增加的，且代理人 i 最大化问题（13.1）在满足方程（13.11）和 $\theta^i\in\Theta^a(p,f)$ 的情况下有解，那么给定 (p,f)，他在衰退集 $R(\Theta^a(p,f))$ 上没有套利机会。

该定理的证明留作练习。接下来，我们介绍**资产定价第一基本定理**（first fundamental theorem of asset pricing）。

定理 13.4.2 当且仅当存在严格正的状态价格过程 $\{q_t^0(s^t)\}$，使得

$$p_t(s^t)=\frac{1}{q_t^0(s^t)}\sum_{s^{t+1}\mid s^t}q_{t+1}^0(s^{t+1})f_{t+1}(s^{t+1}),\quad 对于所有\ s^t \tag{13.16}$$

时，价格-支付对 (p,f) 不允许在 $R(\Theta^a(p,f))$ $(a\in\{DC,BC\})$ 上在任何节点 s^t 有一期套利。

证明 债务约束和借款约束的衰退集为

$$R(\Theta^{DC}(p,f))=\{\theta\in\Theta:f_{t+1}\cdot\theta_t\geqslant 0,\quad 对于所有\ t\geqslant 0\}$$
$$R(\Theta^{BC}(p,f))=\{\theta\in\Theta:p_t\cdot\theta_t\geqslant 0,\quad 对于所有\ t\geqslant 0\}$$

根据定义，在任何 s^t，都不存在 $\theta_t(s^t)\in\mathbb{R}^J$ 使得

$$\theta_t(s^t)^T[-p_t(s^t),f_{t+1}(s^t,1),\cdots,f_{t+1}(s^t,S)]_{J\times(S+1)}>0$$

根据 **Stiemke 引理**（Stiemke's lemma，见附录 C），存在 $S+1$ 个严格正值的 $q_t^0(s^t)$，$q_{t+1}^0(s^t,1),\cdots,q_{t+1}^0(s^t,S)$，使得

$$[-p_t(s^t),f_{t+1}(s^t,1),\cdots,f_{t+1}(s^t,S)]\begin{bmatrix}q_t^0(s^t)\\ q_{t+1}^0(s^t,1)\\ \cdots\\ q_{t+1}^0(s^t,S)\end{bmatrix}=0$$

证毕。

方程（13.16）叫作**无套利定价方程**（no-arbitrage pricing equation）。在这个方程中，只有比例 $q_{t+1}^0(s^{t+1})/q_t^0(s^t)$ 是受限制的。因此，我们标准化 $q_t^0(s^0)=1$。① 定义**状态价格平减指数**（state-price deflator）$\{\pi_t\}$ 为

$$\pi_t(s^t) = q_t^0(s^t)/\Pr(s^t) \tag{13.17}$$

定义**随机贴现因子**（stochastic discount factor）$\{M_t\}$ 为

$$M_{t+1} = \frac{\pi_{t+1}}{\pi_t}$$

然后得到下面的定价公式：

$$p_t = \frac{1}{\pi_t}E_t[\pi_{t+1}f_{t+1}] = E_t[M_{t+1}f_{t+1}] \tag{13.18}$$

其中，E_t 是给定直到 t 时刻的可用信息下的条件期望算子。在文献中，可称 π 为**状态价格密度**（state-price density）或**边际替代率**（marginal-rate-of-substitution）过程，可称 M 为**定价核**（pricing kernel）过程。我们强调，定理 13.4.2 并不意味着 π 或 q^0 在 L_1 中。因此，用 π 或 q^0 贴现后的支付流的现值可能不是有限的。这与后面要讨论的资产价格泡沫有关。

因为 $\Theta^{SC}(p,f)$ 的衰退集为

$$R(\Theta^{SC}(p,f)) = \{\theta \in \Theta: \theta_t \geqslant 0, \text{对于所有 } t \geqslant 0\}$$

所以无套利价格方程（13.16）不能应用于有卖空限制的经济。利用 Stiemke 引理在凸锥下的扩展表明，方程（13.16）以不等式成立（例如，参考 Huang，2002）。

□ 13.4.5 完备市场

如果对于任意有界过程 $\{x_t(s^t)\}_{t=1}^{\infty}$，都存在交易策略 θ 使得

$$f_t(s^t)\cdot\theta_{t-1}(s^{t-1}) - p_t(s^t)\cdot\theta_t(s^t) = x_t(s^t), \quad \text{对于所有 } s^t, t \geqslant 1$$

其中，$\theta_{-1}=0$，那么金融市场在价格-支付对 (p,f) 是**（动态）完备的**［（dynamically）complete］。完备市场意味着任何从第 1 期开始的支付过程 x 都可以通过在第 0 期投资 $\theta_0(s^0)$ 和随后连续交易来得到。本章习题 8 要求读者证明：当且仅当 $J\times S$ 的

① 原书排版疑有误，此处应为 $q_0(s^0)=1$。——译者注

收益矩阵 $D_{t+1}(s^t)$ 在每个节点 s^t 的秩都为 S 时，金融市场在 (p, f) 是完备的。市场的完备性取决于证券价格过程 p。这种依赖性使得均衡存在性的证明成为难题。

定理 13.4.3 若金融市场在 (p, f) 是完备的，且在 $R(\Theta^a(p,f))$，$a\in\{DC, BC\}$ 上没有套利机会，则存在唯一的带正规模因子的状态价格过程。

证明 定义 S-列向量：

$$x_{t+1}(s^t)=\left[\frac{q_{t+1}^0(s^t,1)}{q_t^0(s^t)},\cdots,\frac{q_{t+1}^0(s^t,S)}{q_t^0(s^t)}\right]^{\mathrm{T}}$$

将式（13.16）重写为

$$p_t(s^t)=D_{t+1}(s^t)x_{t+1}(s^t)$$

因为 $J\times S$ 的支付矩阵 $D_{t+1}(s^t)$ 的秩为 S，所以矩阵 $D_{t+1}(s^t)^{\mathrm{T}}D_{t+1}(s^t)$ 是可逆的。因此，我们可解出 $x_{t+1}(s^t)$：

$$x_{t+1}(s^t)=[D_{t+1}(s^t)^{\mathrm{T}}D_{t+1}(s^t)]^{-1}D_{t+1}(s^t)^{\mathrm{T}}p_t(s^t)\text{，对于任意 }s^t$$

给定标准化 $q_0(s^0)=0$，然后，我们可得到唯一解 $\{q_t^0(s^t)\}$。

完备市场的标准框架是具有 Arrow 证券完备集合的市场。预算约束由式（13.12）给出。我们也引入了债务（或无债务）约束以排除 Ponzi 计划：

$$a_t^i(s^t,s_{t+1})\geqslant\overline{D}_{t+1}^i(s^t,s_{t+1}),\quad\text{对于所有 }t\geqslant0$$

其中，债务限制 $\overline{D}^i$ 充分宽松，使得在均衡中债务约束永远不紧。利用一阶条件，我们可以计算在给定历史 s^t 的条件下关于第 $t+1$ 期的一单位消费品的 Arrow 证券的价格（该价格依赖于第 $t+1$ 期的实现值 s_{t+1}）：

$$Q_t(s_{t+1}\mid s^t)=\frac{\beta u^{i\prime}(c_{t+1}^i(s^{t+1}))}{u^{i\prime}(c_t^i(s^t))}\Pr(s^{t+1}\mid s^t)$$

在完备市场下，上述方程不依赖于 i。Arrow-Debreu 状态价格 $\{q_t^0(s^t)\}$ 和 Arrow 证券价格 $\{Q_t(s_{t+1}\mid s^t)\}$ 的关系为

$$q_{t+1}^0(s^{t+1})=Q_t(s_{t+1}\mid s^t)q_t^0(s^t),\quad q_0^0(s^0)=1$$

□ 13.4.6 带横截性条件的均衡

为了研究有债务约束情况下的 Pareto 最优、Arrow-Debreu 均衡和 Radner 均衡之间的关系，我们介绍另一个均衡概念：带横截性条件的均衡。尽管这个均衡概念

相较有借款约束或债务约束情况下的均衡不太直观，但对证明后种类型的均衡的存在性是有帮助的，尤其是对于不完备市场的情况（Magill and Quinzii，1994）。

假设市场是完备的且价格-支付对（p,f）不允许套利。那么，存在唯一的状态价格平减指数 π。在第 t 期预算约束（13.11）的两边同时乘以 π_t，取条件期望并求和，我们得到

$$E_t\sum_{j=0}^{T}\pi_{t+j}c_{t+j}^i+E_t\pi_{t+T}p_{t+T}\cdot\theta_{t+T}^i\leqslant\pi_tf_t\cdot\theta_{t-1}^i+E_t\sum_{j=0}^{T}\pi_{t+j}y_{t+j}^i \qquad (13.19)$$

对于 $t>0$。其中，我们用到了方程（13.16）。在第 0 期，我们有

$$E\sum_{t=0}^{T}\pi_tc_t^i+E\pi_Tp_T\cdot\theta_T^i\leqslant\pi_0p_0\cdot\theta_{-1}^i+E\sum_{t=0}^{T}\pi_ty_t^i \qquad (13.20)$$

给定下述横截性条件：

$$\lim_{T\to 0}E[\pi_Tp_T\cdot\theta_T^i]=0 \qquad (13.21)$$

在方程（13.19）和方程（13.20）中令 $T\to\infty$ 取极限可得

$$E\sum_{t=0}^{\infty}\pi_tc_t^i\leqslant\pi_0p_0\cdot\theta_{-1}^i+E\sum_{t=0}^{\infty}\pi_ty_t^i \qquad (13.22)$$

$$E\sum_{j=0}^{\infty}\pi_{t+j}c_{t+j}^i\leqslant\pi_tf_t\cdot\theta_{t-1}^i+E_t\sum_{j=0}^{\infty}\pi_{t+j}y_{t+j}^i,\quad t>0 \qquad (13.23)$$

我们准备好了引入以下定义：

定义 13.4.2 带横截性条件的竞争均衡由 $((c^i,\theta^i)_{i=1}^I,\pi,p)\in(L_{\infty+})^I\times\Theta^I\times L_{1++}\times(L_{\infty+})^J$ 组成，使得：

(a) 给定（π,p），对于每个 i，（c^i,θ^i）是代理人 i 在满足式（13.11）和方程（13.21）的情况下最大化问题（13.1）的解；

(b) 给定 π，对于每个 i，c^i 是代理人 i 在满足式（13.22）的情况下最大化问题（13.1）的解；

(c)（π,p）满足方程（13.18）；

(d) 市场出清，意味着方程（13.2）成立且 $\sum_i\theta_t^i=\bar{\theta}_{-1}$。

条件（a）和（d）是标准的。然而，π 必须受条件（a）限制。这个限制在条件（b）和（c）中给出了。

为了与之前研究过的 Pareto 最优和 Arrow-Debreu 均衡联系起来，我们假设所有资产的供给都是零，即$\bar{\theta}_{-1}=0$。而且，我们假设每个代理人的最初资产持有量也

为零，即对所有 i 都有 $\theta_{-1}^{i}=0$。由定义可知，任何带有横截性条件的竞争均衡分配都是 Arrow-Debreu 竞争均衡分配，因此也是 Pareto 最优的。

我们可以得出以下结果：任何 Pareto 最优分配都能在带横截性条件的竞争均衡中得到支撑。为了证明这个结果，我们观察到，给定 $\theta_{-1}^{i}=0$，方程（13.22）等价于 Arrow-Debreu 预算约束（13.5）。然后，我们应用第二福利定理证明 Pareto 最优分配可在 Arrow-Debreu 均衡中被 Arrow-Debreu 状态价格 $q^0 \in L_{1++}$ 或者状态价格指数 $\pi \in L_{1++}$ 所支撑。因此，定义 13.4.2 中的条件（b）和（c）成立。现在还需要验证条件（a）。我们需要证明：满足 $\theta_{-1}^{i}=0$ 的 Arrow-Debreu 预算约束（13.22）和满足横截性条件（13.21）的序贯预算约束（13.11）会给出相同的消费计划。为了证明逆命题，我们应用完备市场的定义来确定满足 $f_t \cdot \theta_{t-1}^{i} - p_t \cdot \theta_t^{i} = c_t^{i} - y_t^{i}$ 的交易策略 θ^{i} 的存在性。

□ 13.4.7 自然债务限制

在本小节，我们推导最紧的债务（借款）限制（其在均衡中永远不会达到）。这样的限制通常被称为**自然债务（借款）限制** [natural debt (borrowing) limit]，相应的投资组合约束被称为**自然债务（借款）约束** [natural debt (borrowing) constraint]。考虑有唯一状态价格平减指数 π 的完备市场。因为消费必须是非负的，由方程（13.23）可知

$$f_t \cdot \theta_{t-1}^{i} \geqslant -\frac{1}{\pi_t} E_t \sum_{j=0}^{\infty} \pi_{t+j} y_{t+j}^{i}, \quad t \geqslant 1 \tag{13.24}$$

这表明代理人 i 的债务不能超过其当前和未来禀赋的现值。我们可将债务限制取为

$$\overline{D}_t^{i} = \frac{1}{\pi_t} E_t \sum_{j=0}^{\infty} \pi_{t+j} y_{t+j}^{i}, \quad t \geqslant 1$$

如果最优消费是严格为正的，那么在此债务限制下，债务约束永远不紧。

为了得出自然借款限制，我们利用方程（13.18）和方程（13.24）来证明

$$\theta_{t-1}^{i} \cdot p_{t-1} = \frac{1}{\pi_{t-1}} E_{t-1}[\pi_t f_t \cdot \theta_{t-1}^{i}] \geqslant -\frac{1}{\pi_{t-1}} E_{t-1} \sum_{j=0}^{\infty} \pi_{t+j} y_{t+j}^{i}\text{，对所有 } t \geqslant 1$$

该不等式表明，代理人 i 的借款不能超过他未来禀赋的现值，这就给出了自然借款限制 $\overline{B}_t^{i}$。

当价格过程 p 是有界的时，我们可用之前的不等式推导出最紧的卖空限制（其

在均衡中永远不会达到)。

13.5 均衡的等价性

在本节中，我们确立了多种均衡概念的等价性。这一结果允许我们利用带横截性条件的均衡的存在性来确立带非紧债务约束或借款约束的均衡的存在性。在本小节，我们假设所有资产的供给为零且对于所有的 i 都有 $\theta^i_{-1}=0$。

定理 13.5.1 假设市场在价格-支付对 (p,f) 下是完备的。那么，当且仅当存在状态价格平减指数 $\pi\in L_1$ 使得 $((c^i,\theta^i)_{i=1}^I,\pi,p)$ 是带横截性条件的竞争均衡时，$((c^i,\theta^i)_{i=1}^I,p)$ 是带非紧债务约束或借款约束的 Radner 均衡。

在证明该定理之前，我们注意到存在这样的经济体，即带横截性条件的均衡不是带债务约束或借款约束的均衡，如例 13.5.1 所示。

例 13.5.1 (Magill and Quinzii，1994) 考虑具有两个代理人的确定性经济。他们的效用函数由下式给出：

$$U^1(c)=c_0,\quad U^2(c)=\sum_{t=1}^{\infty}\frac{2}{t^2}\sqrt{c_t}$$

他们的禀赋为

$$y^1=(0,1,1,\cdots),\quad y^2=\left(\sum_{t=1}^{\infty}\frac{1}{t^2},0,0,\cdots\right)$$

代理人 1 仅在第 0 期获得效用，因此，为了在第 0 期进行消费，他有动机用未来禀赋来借款。Arrow-Debreu 均衡为

$$c^{1*}=y^2,\quad c^{2*}=y^1,\quad \pi_0=1,\quad \pi_t=\frac{1}{t^2}$$

若每期都存在一期债券，则带横截性条件的竞争均衡具有相同的分配 (c^{1*},c^{2*})，交易策略为

$$\theta^1_t=-(t+1)^2\sum_{n=t+1}^{\infty}\frac{1}{n^2},\quad t\geqslant 0$$

债券价格为

$$p_0 = 1, \quad p_t = \frac{t^2}{(t+1)^2}, \quad t > 0$$

横截性条件是满足的，因为当 $T \to \infty$时，

$$\pi_T p_T \theta_T^1 = -\sum_{n=T+1}^{\infty} \frac{1}{n^2} \to 0$$

然而，代理人 1 的借款是无限的，因为当 $T \to \infty$时，

$$p_T \theta_T^1 = -\sum_{s=1}^{\infty} \frac{T^2}{(T+s)^2} \to -\infty$$

因此，带横截性条件的均衡不是带借款约束的 Radner 均衡。直觉如下：Arrow-Debreu 价格（在第 1 期以后）由代理人 2 的边际效用决定。因为随着时间的推移代理人 2 变得越来越有耐心，即 $t^2/(t+1)^2$ 随着 t 的增加而增加，代理人 1 的禀赋在第 T 期的现值

$$\sum_{s=1}^{\infty} \frac{\pi_{T+s}}{\pi_T} = \sum_{s=1}^{\infty} \frac{T^2}{(T+s)^2}$$

随着 $T \to \infty$而趋近于无穷。事实是，代理人 1 未来收入的现值不断增长，且这给了他不断增加债务的权利。

上述例子说明了，强加一个假设是很重要的，这个假设防止代理人变得越来越有耐心，并排除了代理人越来越深陷债务的可能性。

假设 13.5.1 （不耐心的一致下界）对于任意 i、任意节点 s^t 和任意κ^i，存在与 s^t 无关的$\alpha^i \in (0,1)$ 使得对于任意消费计划 c^i，对于所有的 $s^T | s^t$，相较于计划 c^i，代理人更偏好用 $c_t^i(s^t) + \kappa^i \bar{y}_t(s^t)$ 替代 $c_t^i(s^t)$ 和用 $\alpha^i c_T^i(s^T)$ 替代 $c_T^i(s^T)$ 的消费计划。

连续期望贴现效用满足这个假设。

定理 13.5.1 的证明 （梗概）首先证明“如果”部分。令 $((c^i, \theta^i)_{i=1}^I, \pi, p)$ 为带横截性条件的竞争均衡。构造如下交易策略。给定市场出清条件，存在代理人 i 使得在每个节点 s^t 都有 $p_t \theta_t^i > 0$。从节点 s^t 开始，将交易策略 θ^i 缩小到$\alpha^i \theta^i$，其中，α^i 在假设 13.5.1 中给出。考虑从 c^i 获得的消耗计划$\hat{c}^i$，在节点 s^t 用 $c_t^i(s^t) + (1-\alpha^i) p_t(s^t) \cdot \theta_t^i(s^t)$ 代替 c_t^i，在所有 $s^T | s^t (T > t)$ 用 $\alpha^i c_T^i(s^T)$ 代替 $c_T^i(s^T)$。这个计划是预算可行的，因为在节点 s^t，

$$c_t^i + (1-\alpha^i) p_t \cdot \theta_t^i + \alpha^i p_t \cdot \theta_t^i \leq f_t \cdot \theta_{t-1}^i + y_t^i$$

而在节点 $s^T | s^t$，

第 13 章 完备市场交换经济

$$\alpha^i c_T^i(s^T) + \alpha^i p_T(s^T) \cdot \theta_T^i(s^T) \leqslant \alpha^i f_T(s^T) \cdot \theta_{T-1}^i(s^{T-1}) + y_T^i(s^T)$$

根据不耐心的一致下界假设，我们有 $(1-\alpha^i)p_t \cdot \theta_t^i < \kappa^i \bar{y}_t$ 。定义 $\alpha = \max_i \alpha^i$。那么，

$$p_t \cdot \theta_t^i < \frac{\kappa^i \bar{y}_t}{1-\alpha}, \quad \text{对于所有 } i$$

因为 $\sum_i p_t \cdot \theta_t^i = 0$，所以

$$p_t \cdot \theta_t^i > -\frac{(I-1)\kappa^i \bar{y}_t}{1-\alpha}, \quad \text{对于所有 } i$$

因此，(c^i, θ^i) 是预算可行的，且满足借款约束。由于任何有界过程 $\{p_t \cdot \theta_t^i\}$ 满足横截性条件

$$\lim_{T\to\infty} [\pi_T p_T \cdot \theta_T^i] = 0$$

因此，带借款约束均衡的约束集被包含在带横截性条件均衡的约束集中。这样，(c^i, θ^i) 在前者中也是最优的，因而 $((c^i, \theta^i)_{i=1}^I, p)$ 是带非紧借款约束的均衡。很容易看出，它也是带非紧债务约束的均衡。

接下来，我们给出“仅当”部分的梗概，这部分的技术性很强。对于完整的证明，可以参考 Magill 和 Quinzii（1994，1996）。令 $((c^i, \theta^i)_{i=1}^I, p)$ 为带非紧借款约束的均衡。由于在给定预算约束和借款约束的情况下 (c^i, θ^i) 是最优的，分离论证给出了价格泛函 P^i 在 $L_{\infty+}$ 上的存在性，这就将优先集 $\mathcal{U}^i = \{\hat{c}^i \in L_{\infty+} : U^i(\hat{c}^i) > U^i(c^i)\}$ 与带债务约束的预算集分开来了。集合 $\mathcal{U}^i$ 在范数拓扑内有一个非空的内部。效用的 Mackey 连续性意味着 P^i 可被 L_1 上的线性泛函所代替。无套利意味着满足式（13.18）的状态价格平减指数 $\pi \in L_1$ 是存在的。完备市场给出了唯一的 π，它确定了 P^i。需注意的是，借款约束的预算集包含在带横截性条件的约束里面，而后者被包含在给定价格 P^i 的 Arrow-Debreu 预算集中。因为 c^i 在所有这些集合中，且通过分离论证，c^i 在最大的 Arrow-Debreu 预算集中是最优的，所以它在带横截性条件的预算集中也是最优的。因此，$((c^i, \theta^i)_{i=1}^I, \pi, p)$ 是带横截性条件的竞争均衡。

13.6 资产价格泡沫

通过逆向归纳可知，具有有限期限的资产不存在泡沫。因此，我们集中讨论具

有无限期限的资产。由于存在性证明中所给出的平衡通常是通过对截断有限经济的均衡取极限而得到的，故其具有所有资产均按其基本价值定价的特性。很自然地，我们会想问：这个性质是否适合所有可能的均衡？结果表明，关键在于资产是不是零供给的以及总禀赋的现值是不是有限的。

假设所有 J 种证券均是回报为 $f_t=p_t+d_t$ 的股票，并假设市场是完备的且用 π 代表唯一的状态价格平减指数。那么，无套利定价方程为

$$p_t = \frac{1}{\pi_t}E_t\pi_{t+1}(p_{t+1}+d_{t+1})$$

通过重复代换往前求解该方程得到

$$p_t = \frac{1}{\pi_t}\sum_{j=1}^{T}E_t\pi_{t+j}d_{t+j}+\frac{1}{\pi_t}E_t\pi_{t+T}p_{t+T}$$

定义分红为 $\{d_t\}$ 的股票的**基本价值**（fundamental value）为

$$v_t(d) = \frac{1}{\pi_t}\sum_{j=1}^{\infty}E_t[\pi_{t+j}d_{t+j}]$$

定义**资产价格泡沫**（asset price bubble）为

$$b_t = p_t - v_t(d)$$

也就是说，资产价格泡沫等于资产的市场价格与基本价值之差（即其收益的现值）。该定义应用于资产回报由外生给定的情况。这种情况也发生在纯交换经济中。该定义还可明确应用于收益为 0 的像货币一样本质上无用的资产。但是，在生产经济中，当资产收益是内生的时，这个定义是有问题的（参考 Miao and Wang，2011b，c，2012a，b；Miao，Wang and Xu，2013）。

根据定义，

$$b_t = \lim_{T\to\infty}\frac{1}{\pi_t}E_t[\pi_{t+T}p_{t+T}]$$

可直接证明泡沫满足以下性质：

$$0 < b_t \leqslant p_t$$

$$b_t = \frac{1}{\pi_t}E_t[\pi_{t+1}b_{t+1}] \tag{13.25}$$

我们将第二个性质称为贴现鞅性质。可将泡沫视为在市场中交易的一种独立资产。

这种资产本质上是无用的，且不会带来任何收益。方程（13.25）是泡沫的无套利定价方程。

根据 Santos 和 Woodford（1997），下述定理给出了泡沫不存在的充分条件。通过引入债务约束，该定理推广了 Santos-Woodford 的结论。与 Santos 和 Woodford（1997）不同的是，其只关注完备市场。利用假设 13.5.1，有可能把此结论推广至不完备市场经济。

定理 13.6.1 令 p 为债务或借款约束下的 Radner 均衡价格系统。假设在 p 下市场是完备的，令 π 为唯一的状态价格平减指数。若总禀赋的现值是有限的，即

$$E\sum_{t=0}^{T}\pi_t\bar{y}_t<\infty$$

则任何正供给的资产都不存在泡沫。

证明 我们已证明当总禀赋的现值是有限的时，等式（13.22）成立。加总所有的 i 可得

$$\sum_i E\sum_{t=0}^{\infty}\pi_t c_t^i+\bar{\theta}_{-1}\cdot\lim_{T\to\infty}E\pi_T p_T\leqslant\pi_0 p_0\cdot\bar{\theta}_{-1}+E\sum_{t=0}^{\infty}\pi_t\bar{y}_t \tag{13.26}$$

假设一个正供给的资产存在泡沫，则

$$\sum_i E\sum_{t=0}^{\infty}\pi_t c_t^i<\pi_0 p_0\cdot\bar{\theta}_{-1}+E\sum_{t=0}^{\infty}\pi_t\bar{y}_t \tag{13.27}$$

这意味着至少存在一个代理人 i，使得

$$E\sum_{t=0}^{\infty}\pi_t c_t^i<\pi_0 p_0\cdot\bar{\theta}_{-1}+E\sum_{t=0}^{\infty}\pi_t y_t^i$$

这与代理人 i 的最优性矛盾。

无泡沫背后的直觉如下：经济中的总财富等于来自股票持有的总金融财富与来自总禀赋现值的总人力财富之和。假设正供给的股票存在泡沫。那么总财富被用于为总消费提供资金和抑制泡沫。因此，存在这样一种代理人，他必须持有部分泡沫，使他的消费现值严格低于他的金融财富和人力财富。但这与他的最优性是矛盾的。

前面的定理说明了泡沫存在的必要条件是：总禀赋的现值是无限的或者资产是零供给的。为了说明这些条件，我们考虑两个例子。第一个例子表明，对于一种零供给的资产，泡沫是存在的。

例 13.6.1 （Kocherlakota，1992）考虑确定性经济。只有一只股票可供交易。

假设对于所有的 i，$\theta^i_{-1}=0$，$((c^i,\theta^i)_{i=1}^I,p)$ 是带自然借款约束的均衡并且使得

$$p_t=\frac{1}{\pi_t}\sum_{s=t+1}^{\infty}\pi_s d_s$$

其中，$\pi\in L_1$ 是唯一的状态价格平减指数。我们称 $((\hat{c}^i,\hat{\theta}^i)_{i=1}^I,\hat{p})$ 也是一个带自然借款约束的均衡，其中，

$$\hat{c}^i_t=c^i_t,\quad \hat{p}_t=p_t+\frac{\eta}{\pi_t},\quad \hat{\theta}^i_t=\theta^i_t\frac{p_t}{\hat{p}_t}$$

对于所有的 $\eta\geqslant 0$ 均成立。泡沫部分为 $b_t=\eta/\pi_t$。注意

$$\frac{\pi_t}{\pi_{t+1}}=\frac{\hat{p}_{t+1}+d_{t+1}}{\hat{p}_t}=\frac{p_{t+1}+d_{t+1}}{p_t}$$

然后，我们可以验证

$$\begin{aligned}\hat{c}^i_t+\hat{p}_t\hat{\theta}^i_t&=c^i_t+p_t\theta^i_t\leqslant(p_t+d_t)\theta^i_{t-1}+y^i_t\\&=\frac{p_t+d_t}{p_{t-1}}\theta^i_{t-1}p_{t-1}+y^i_t=\frac{\hat{p}_t+d_t}{\hat{p}_{t-1}}\theta^i_{t-1}p_{t-1}+y^i_t\\&=(\hat{p}_t+\mathrm{d}_t)\hat{\theta}^i_{t-1}+y^i_t,\quad t>0\end{aligned}$$

$$\hat{c}^i_0+\hat{p}_0\hat{\theta}^i_0=c^i_0+p_0\theta^i_0\leqslant y^i_0$$

自然借款约束是相同的。最后，我们验证横截性条件成立：

$$\lim_{t\to\infty}\pi_t\hat{p}_t\hat{\theta}^i_t=\lim_{t\to\infty}\pi_t p_t\theta^i_t=0$$

这个例子也说明了 $((\hat{c}^i,\hat{\theta}^i)_{i=1}^I,\pi,\hat{p})$ 是带横截性条件的均衡，正如定理 13.5.1 所示。

下面的例子表明，在总禀赋的现值是无限的时，正供给的资产也存在泡沫。

例 13.6.2 （Werner，2012）考虑确定性经济。经济中有两个具有相同效用函数的代理人：

$$\sum_{t=0}^{\infty}\beta^t\ln c^i_t,\quad i=1,2$$

只有一种收益为 0 的资产（货币），故其基本价值为 0。预算约束为

$$c^i_t+p_t\theta^i_t=p_t\theta^i_{t-1}+y^i_t$$

其中，$\theta^1_{-1}=1$，$\theta^2_{-1}=0$。两个代理人都面临卖空约束：

$$\theta^i_t\geqslant-1,\ t\geqslant 0$$

禀赋为

$$y^1=(B,A,B,A,\cdots),\quad y^2=(A,B,A,B,\cdots)$$

其中，$A>B>0$。代理人 1 在初始的时候有更少的禀赋和一单位资产。他更愿意卖掉资产以换得初始消费。代理人 2 在初始的时候拥有较多的禀赋但没有资产。他更愿意通过购买资产来储蓄和放贷。存在均衡满足

$$p_t=\frac{1}{3}\eta>0$$

其中，

$$\eta=\frac{\beta A-B}{\beta+1},\quad \text{对于 } \beta A>B$$

均衡消费和资产持有量分别为

$$c^1=(B+\eta,A-\eta,B+\eta,A-\eta,\cdots)$$
$$c^2=(A-\eta,B+\eta,A-\eta,B+\eta,\cdots)$$

和

$$\theta^1=(-1,2,-1,2,\cdots),\quad \theta^2=(2,-1,2,-1,\cdots)$$

为了让开始的预算约束成立，我们把初始禀赋设为

$$y_0^1=B+\frac{1}{3}\eta,\quad y_0^2=A-\frac{1}{3}\eta$$

横截性条件成立。状态价格为

$$\pi_{t+1}=\frac{p_t}{p_{t+1}}\pi_t=\pi_t=\pi_0=1$$

因此，总禀赋的现值为 $\sum_{t=0}^{\infty}\pi_t(y_t^1+y_t^2)=\infty$。在此例中，$\pi$ 不在 L_1 中。

存在使得 $p=0$ 的另一个均衡。资产没有价值，故没有交易发生。当卖空约束经常无限收紧的时候，有泡沫的均衡会出现。

13.7 递归处理

在应用时，递归结构有助于通过有限个状态变量总结过去事件和当前信息的影

响。为构造递归结构，假设不确定性由 Markov 链 $\{s_t\}$ 生成。令 $\Pr(s_{t+1}|s^t)=\Pr(s_{t+1}|s_t)$。然后，我们有

$$\Pr(s^t)=\Pr(s_t|s_{t-1})\Pr(s_{t-1}|s_{t-2})\cdots\Pr(s_1|s_0)$$

假设代理人在第 t 期的禀赋是关于 s_t 的时间不变的可测函数，$y_t^i(s^t)=y^i(s_t)$，对于每个 i。有 J 种分红向量为 $d_t(s^t)=d(s_t)$ 的股票可供交易。市场可能是不完备的。我们也考虑带债务限制 $\overline{D}_t(s^t)=\overline{D}(s_t)$ 的债务约束。因为市场可能是不完备的且存在贸易摩擦，故可能不存在完美消费保险。因此，均衡股票价格可能依赖于财富分布。我们猜测价格为 $p_t(s^t)=p(\boldsymbol{w}_t,s_t)$，其中，$\boldsymbol{w}_t=(w_t^1,w_t^2,\cdots,w_t^I)$ 表示财富分布。财富分布是状态变量，它的演变由

$$\boldsymbol{w}'=G(\boldsymbol{w},s,s') \tag{13.28}$$

控制，对于某个在均衡下决定的函数 $G=(G^1,G^2,\cdots,G^I)$。但是，每个代理人 i 把它看成给定的。

然后，我们可用动态规划来写代理人 i 的问题：

$$V^i(w^i;\boldsymbol{w},s)=\max_{(c,\theta)\in\mathbb{R}\times\mathbb{R}^J}u^i(c)+\beta\sum_{s'}V^i(w^{i\prime},s')\Pr(s'|s) \tag{13.29}$$

满足式（13.28）和

$$\begin{aligned}&c+p(\boldsymbol{w},s)\cdot\theta\leqslant w^i+y(s)\\&w^{i\prime}=(p(\boldsymbol{w}',s')+\mathrm{d}(s'))\cdot\theta\\&w^{i\prime}\geqslant-\overline{D}(s')\end{aligned}$$

其中，带有撇号的变量表示它在下一期的值。

定义 13.7.1 带债务约束的递归竞争均衡由值函数 $V^i(w^i;\boldsymbol{w},s)$、消费函数 $c^i(w^i;\boldsymbol{w},s)$、资产组合持有函数 $\theta^i(w^i;\boldsymbol{w},s)$（对于 $i=1,2,\cdots,I$）、价格函数 $p(\boldsymbol{w},s)$ 和运动定律 $G(\boldsymbol{w},s,s)$ 组成，这些方程使得：(a) 给定 G 和 p，(c^i,θ^i) 是代理人 i 的动态规划问题（13.29）的解；(b) 市场出清，即

$$\begin{aligned}&\sum_i h^i(w^i;\boldsymbol{w},s)=\sum_i y^i(s)+\sum_j d_j(s)\\&\sum_i g^i(w^i;\boldsymbol{w},s)=1\end{aligned}$$

(c) 财富分配的运动定律与均衡是一致的，即对于所有 i，

$$G^i(\boldsymbol{w},s,s')=(p(G(\boldsymbol{w},s,s'),s')+d(s'))\cdot\theta^i(w^i;\boldsymbol{w},s)$$

注意，我们可用资产组合持有分布而不是用财富分布作为状态变量。我们也可以利用市场出清条件把一个代理人的财富或资产组合持有量从状态变量的列表中移除。当市场是完备的且无交易摩擦时，存在完美消费保险，使得每个代理人的消费均是总消费进而是总冲击的函数。价格也只是总冲击的函数。在递归均衡的定义中，我们可以将财富分布从状态变量中移除。

确立带自然状态变量的递归竞争均衡的存在性是不容易的。它甚至可能都不存在（参见 Kubler and Schmedders，2002）。处理这个问题的一种方法就是包含大量的状态变量（参见 Duffie et al.，1994）。

13.8 资产定价

根据资产定价第一基本定理，若任何资产-收益对（p_j, f_j）都不允许套利，则存在随机贴现因子（SDF）M 使得

$$p_{jt}=E_t[M_{t+1}f_{j,t+1}]$$

定义这项资产的回报为

$$R_{j,t+1}=\frac{f_{j,t+1}}{p_{jt}}$$

然后，我们有

$$E_t[M_{t+1}R_{j,t+1}]=1 \tag{13.30}$$

这种形式经常被用在实证研究中。它适用于任何资产。特别地，无风险利率满足

$$R_{f,t+1}=\frac{1}{E_t[M_{t+1}]}$$

风险资产 j 的条件期望超额回报满足

$$E_t[(R_{j,t+1}-R_{f,t+1})M_{t+1}]=0$$

由此可见，

$$E_t[R_{j,t+1}-R_{f,t+1}]=\frac{-\operatorname{Cov}_t(M_{t+1}R_{j,t+1}-R_{f,t+1})}{E_t[M_{t+1}]} \tag{13.31}$$

此方程背后的直觉如下：当资产与随机贴现因子负相关时，资产应有风险溢价。当随机贴现因子大即边际效用高时，它有低回报。在均衡状态下，当行情不好因而风险资产表现不佳时，投资者必须得到补偿。在行情不好的时期，投资者边际效用高，他们的财富也最有价值。

因为

$$\text{Cov}_t(M_{t+1}, R_{j,t+1}-R_{f,t+1}) \geqslant -\sigma_t(M_{t+1})\sigma_t(R_{j,t+1}-R_{f,t+1})$$

所以

$$\frac{\sigma_t(M_{t+1})}{E_t[M_{t+1}]} \geqslant \frac{E_t[R_{j,t+1}-R_{f,t+1}]}{\sigma_t(R_{j,t+1}-R_{f,t+1})}$$

其中，$\sigma_t(x)$ 表示 x 的条件波动率。上述不等式说明，资产 j 的 **Sharpe 比率**（Sharpe ratio）——资产的风险溢价除以其波动率——为风险的市场价格设定了一个下限，而**风险的市场价格**（market price of risk）被定义为随机贴现因子的波动率除以其均值。最紧的界是通过寻找带最高 Sharpe 比率的风险资产或资产组合得到的。

因为随机贴现因子 M 在数据中是不可观测的，需要建立具体的经济模型来找回 M。我们考虑以下三种模型。①

□ 13.8.1 资本资产定价模型

我们从 Sharpe（1964）和 Lintner（1965）的**资本资产定价模型**（capital asset-pricing model，CAPM）开始。假设随机贴现因子与市场组合或财富组合的回报线性相关：

$$M_{t+1} = a + bR_{m,t+1}$$

本章习题 9 和习题 10 要求读者证明在对偏好和技术的各种原始假设的种种变形下这个关系能够成立。由方程（13.31）我们可推导出

$$E_t[R_{m,t+1}-R_{f,t+1}] = \frac{-b\text{Var}_t(R_{m,t+1})}{E_t[M_{t+1}]}$$

$$E_t[R_{j,t+1}-R_{f,t+1}] = \frac{-b\text{Cov}_t(R_{m,t+1}, R_{j,t+1})}{E_t[M_{t+1}]}$$

① 参考 Duffie（2001）和 Cochrane（2005）关于资产定价理论的详细处理。参考 Campbell、Low 和 MacKinlay（1997）对近期的实证研究成果的总结。

由此可得

$$E_t[R_{j,t+1}-R_{f,t+1}]=\beta_{jt}E_t[R_{m,t+1}-R_{f,t+1}]$$

其中，

$$\beta_{jt}=\frac{\mathrm{Cov}_t[R_{j,t+1},M_{t+1}]}{\mathrm{Var}_t(M_{t+1})}$$

描述了风险的数量。它给出了资产回报 j 对市场组合收益的回归系数。

□ 13.8.2　因子定价模型

假设随机贴现因子与有限个均值为零的独立因子 $F_1,\cdots,F_k$ 线性相关，

$$M_{t+1}=a+\sum_{k=1}^{K}b_{kt}F_{k,t+1} \tag{13.32}$$

我们可以计算

$$\begin{aligned}-\mathrm{Cov}_t(M_{t+1},R_{j,t+1}-R_{f,t+1})&=-\sum_k b_{kt}\mathrm{Cov}_t(F_{k,t+1},R_{j,t+1})\\&=-\sum_k b_{kt}\mathrm{Var}_t(F_{k,t+1})\frac{\mathrm{Cov}_t(F_{k,t+1},R_{j,t+1})}{\mathrm{Var}_t(F_{k,t+1})}\end{aligned}$$

我们把第 k 种因子的贝塔，即“风险的数量”和“风险的价格”分别定义为

$$\beta_{jkt}=\frac{\mathrm{Cov}_t(F_{k,t+1},R_{j,t+1})}{\mathrm{Var}_t(F_{k,t+1})},\quad \lambda_{kt}=\frac{-b_{kt}\mathrm{Var}_t(F_{k,t+1})}{E_t(M_{t+1})}$$

然后，我们利用方程（13.31）可得到因子定价模型：

$$E_t[R_{j,t+1}-R_{f,t+1}]=\sum_k\beta_{jkt}\lambda_{kt}$$

Rose（1976）表明，方程（13.32）中的线性关系可以从由因子分解表示的资产回报的统计特征中推导出来。

□ 13.8.3　基于消费的资本资产定价模型

在本节，我们给出**基于消费的资本资产定价模型**（consumption-based capital asset-pricing model，CCAPM）（Lucas，1978；Breeden，1979）。存在一个代表性的代理人，其效用函数为

$$E\sum_{t=0}^{\infty}\beta^t u(c_t)$$

无风险债券的供给为0，而股票的供给为1。股票支付总消费C作为红利。在此情况下，随机贴现因子为

$$M_{t+1}=\frac{\beta u'(C_{t+1})}{u'(C_t)}$$

假设股票回报和随机贴现因子的联合条件分布是服从对数正态分布且同方差的。由方程（13.30）我们可推导出

$$r_{f,t+1}=-E_t m_{t+1}-\frac{\sigma_m^2}{2} \tag{13.33}$$

$$E_t[r_{j,t+1}-r_{f,t+1}]+\frac{\sigma_j^2}{2}=-\sigma_{jm} \tag{13.34}$$

其中，

$$m_t=\ln M_t$$
$$r_{jt}=\ln R_{jt}$$
$$\sigma_j^2=\mathrm{Var}(r_{j,t+1}-E_t r_{j,t+1})$$
$$\sigma_m^2=\mathrm{Var}(m_{t+1}-E_t m_{t+1})$$
$$\sigma_{jm}=\mathrm{Cov}(r_{j,t+1}-E_t r_{j,t+1},m_{t+1}-E_t m_{t+1})$$

假设

$$u(c)=\frac{c^{1-\gamma}}{1-\gamma}$$

假设消费增长满足

$$\Delta c_{t+1}=\ln\frac{C_{t+1}}{C_t}=g_c+\sigma_c\varepsilon_{t+1}$$

其中，$c_t=\ln C_t$，ε_t 是独立同正态分布的。然后，我们可得到

$$m_{t+1}=\ln\beta-\gamma\Delta c_{t+1}$$

式（13.33）和式（13.34）变为

$$r_{f,t+1}=-\ln\beta+\gamma g_c-\frac{\gamma^2\sigma_c^2}{2} \tag{13.35}$$

$$E_t[r_{j,t+1} - r_{f,t+1}] + \frac{\sigma_j^2}{2} = \gamma\sigma_{jc} \tag{13.36}$$

其中，$\sigma_{jc} = \mathrm{Cov}(r_{j,t+1} - E_t r_{j,t+1}, \varepsilon_{t+1})$。

方程（13.35）表明，无风险利率随着主观贴现因子β的增大而下降，随着消费预期的增加而上升，随着消费增长方差的增大而下降。当β更大时，代表性代理人会变得更有耐心，进而在今天消费得更少，为将来储蓄得更多，导致利率下降。当消费增长率变高时，利率一定会变高，以诱使代理人今天储蓄更多、消费更少。这个效应随着γ的增加而增加，γ可被理解为**跨期替代弹性**（elasticity of intertemporal substitution，EIS）的倒数。较大的EIS意味着需要小的利率反应来引发消费增长的既定变化。方程（13.35）的最后一项表示预防性储蓄效应。较强的风险规避意识或较高的消费增长率风险会导致较大的预防性储蓄效应，引起利率下降。这种影响从数量上看很小，因为数据中的消费增长是平滑的。

方程（13.36）表明，期望超额股票回报（证券溢价）是由风险厌恶系数与股票回报和消费增长的协方差的乘积决定的。[①]

Mehra和Prescott（1985）在实证上实施了上述CCAPM，并发现：对于美国的数据，需要一个大得难以置信的风险规避系数，才能解释证券溢价。这被称为**证券溢价之谜**（equity premium puzzle）。方程（13.36）给出了这个谜背后的直觉。在数据中，股票回报和消费增长的协方差是非常小的，需要更大的γ来匹配数据中的证券溢价（约6%）。然而，从方程（13.35）可知，高水平的γ意味着高水平的无风险利率。这就产生了Weil（1989）指出的**无风险利率之谜**（risk-free rate puzzle），因为数据中无风险利率在数量上很小。

13.9 习题

1. 代表性代理人的存在性。对于每个$\lambda \in \mathbb{R}_+^I$，用

$$u_\lambda(x) = \sup_{(c^1,\cdots,c^I)} \sum_i \lambda_i u^i(c^i) \tag{13.37}$$

定义效用函数

① 我们忽略Jensen不等式项$\sigma_j^2/2$。

$$u_\lambda : \mathbb{R}_+ \to \mathbb{R}$$

满足

$$\sum_i c^i = x$$

假设 $((c^i, \theta^i)_{i=1}^I, p)$ 是带非紧债务约束、零资产供给和完备市场的均衡。那么，存在非零 $\lambda \in \mathbb{R}_+^I$，使得 $(\bar{y}, p)$ 为典型代理人经济下的无交易均衡，在该经济中，代理人的效用函数为 U_λ，禀赋为 $\bar{y}$。给定这样的 λ 和 $\bar{y}$，消费分配均衡是问题 (13.37) 的解。

2. 假设总禀赋随着时间的推移是不变的。求解 Pareto 最优分配。

3. 证明定理 13.4.1。

4. 考虑以下三个横截性条件：

$$\lim_{T\to\infty} E[\beta^{T+1} u^{i\prime}(c_{T+1}^i)(f_{T+1} \cdot \theta_T^i + \overline{D}_{T+1}^i)] = 0 \tag{13.38}$$

$$\lim_{T\to\infty} E[\beta^T u^{i\prime}(c_T^i)(p_T \cdot \theta_T^i + \overline{B}_T^i)] = 0 \tag{13.39}$$

$$\lim_{T\to\infty} E[\beta^T u^{i\prime}(c_T^i) p_T \cdot (\theta_T^i + \bar{h}_T^i)] = 0 \tag{13.40}$$

分别对应于债务约束 (13.13) 下的经济、借款约束 (13.14) 下的经济和卖空约束 (13.15) 下的经济。推导这三种经济中 Radner 均衡 $((c^i, \theta^i)_{i=1}^I, p)$ 的一阶条件。证明这些一阶条件和相应的横截性条件 (13.38)、(13.39) 和 (13.40) 是刻画均衡的充分且必要条件。

5. (Kocherlakota, 1992) 考虑确定性经济，其中仅存在一种供给为零的资产（股票）。假设对于所有的 i，$u^i(c) = c^{1-\gamma}/(1-\gamma)$，对于某个 i，$\theta_{-1}^i \neq 0$。证明存在用 $\eta \geqslant 0$ 指标化的均衡连续统，其中

$$c_t^i = s^i(\eta)\bar{y}_t$$

$$\pi_t = \beta^t \left(\frac{\bar{y}_t}{\bar{y}_0}\right)^{-\gamma}$$

$$q_t = \frac{1}{\pi_t}\sum_{s=t+1}^{\infty} \pi_s d_s + \frac{\eta}{\pi_t}$$

$$\theta_t^i = \frac{1}{\pi_t q_t}\left\{\sum_{s=0}^{t} \pi_s (y_s^i - c_s^i) + \theta_{-1}^i(-v_0 + d_0 + \eta)\right\}$$

其中，

$$s^i(\eta) = \frac{1}{\sum_{t=0}^{\infty}\pi_t \bar{y}_t}\left\{\sum_{t=0}^{\infty}\pi_t y_t^i + \theta_{-1}^i(-v_0 + \mathrm{d}_0 + \eta)\right\}$$

且

$$v_0 = \frac{1}{\pi_0}\sum_{s=1}^{\infty}\pi_s d_s$$

6. (Kocherlakota, 1992) 令对于所有 i，$u^i(c) = c^{1-\gamma}/(1-\gamma)$，$\theta_{-1}^i=0$，且对于所有 t，$d_t=0$。存在 $q_t=0$ 的均衡。证明存在用 $\eta>0$ 指标化的均衡连续统，其中，

$$\pi_t = \beta^t\left(\frac{\bar{y}_t}{\bar{y}_0}\right)^{-\gamma}$$

$$q_t = \frac{\eta}{\pi_t} > 0$$

$$c_t^i = s^i\bar{y}_t \text{，其中，} s^i = \frac{\sum_{t=0}^{\infty}\pi_t y_t^i}{\sum_{t=0}^{\infty}\pi_t\bar{y}_t}$$

$$\theta_t^i = \sum_{s=0}^{t}\frac{\pi_s(y_s^i - c_s^i)}{\pi_t q_t}$$

另外，消费分配是 Pareto 最优的。

7. (Kocherlakota, 2008) 考虑代表性代理人具有下述效用函数的经济：

$$U(c) = \sum_{t=0}^{\infty}\sum_{s^t}\Pr(s^t)\beta^t u(c_t(s^t))$$

代理人拥有常数禀赋 y、一个不变红利为 d 的长期资产和零供给的完备 Arrow 证券。他面临预算约束

$$c_t(s^t) + a_t(s^t)p_t(s^t) + \sum_{s^{t+1}\mid s^t} q_t(s^{t+1})b_t(s^{t+1})$$
$$\leqslant y + a_{t-1}(s^{t-1})(p_t(s^t)+d) + b_{t-1}(s^t)$$

和债务约束

$$a_t(s^t)(p_{t+1}(s^{t+1})+d) + b_t(s^{t+1}) \geqslant -\bar{D}_{t+1}(s^{t+1})$$

其中，债务限制为 $D_{t+1}(s^{t+1}) = y/(1-\beta)$。证明均衡价格为

$$q_t(s^t) = \beta\Pr(s^t\mid s^{t-1}),\quad p_t(s^t) = \frac{\beta d}{1-\beta}$$

现在我们变动债务限制，定义 $\bar{D}_t(s^t) = y/(1-\beta) - B_t(s^t)$，其中，$B$ 满足 $B_t = \beta E_t B_{t+1}$。证明存在一个均衡，其中，$p_t(s^t) = \beta d/(1-\beta) + B_t(s^t)$。

8. 证明当且仅当 $J\times S$ 回报矩阵 $D_{t+1}(s^t)$ 在每个节点 s^t 的秩都为 S 时，金融市场在（p, f）是完备的。

9. 考虑代表性代理人的效用为对数的 CCAPM。证明随机贴现因子为 $M_{t+1} = 1/R_{w,t+1}$，其中，$R_{w,t+1}$ 是财富组合的回报。

10. 考虑指数效用和回报为正态分布的 CCAPM。推导 CAPM。

第 14 章

新古典增长模型

本章目标

新古典增长理论是现代宏观经济学的基石。这一理论由 Solow（1956）和 Swan（1956）独立提出，并被用于研究长期经济增长。Solow-Swan 模型借助生产力、资本积累、人口增长和技术进步对长期经济增长做出解释。在 Solow-Swan 模型中，储蓄率是外生给定的。Ramsey（1928）提出了一个国民储蓄率可以从家庭效用最大化中内生选择的模型。通过引入 Solow-Swan 模型中的人口增长和技术进步，Cass（1965）和 Koopmans（1965）对 Ramsey 模型进行了修正，形成了最优增长模型，该模型也被称为 Ramsey-Cass-Koopmans 模型或简称为 Ramsey 模型。Brock 和 Mirman（1972）把不确定性引入了 Ramsey 模型。Kydland 和 Prescott（1982）将随机最优增长模型应用于美国数据，从定量的角度研究了技术冲击在多大程度上可以解释经济周期。他们认为，增长和波动可以用同样的新古典增长框架来研究，并开创了实际经济周期理论。在本章中，我们首先考虑确定性模型。然后，我们转向实际经济周期模型。最后，我们讨论将模型应用于数据的一些实证策略。

14.1 确定性模型

□ 14.1.1 基本的 Ramsey 模型

在基本的确定性 Ramsey 模型中，不存在政府部门，存在人口和技术增长。我们首先研究 Arrow-Debreu 均衡，其中，未定权益市场在第 0 期开放。然后，根据经济中谁拥有资本存量，我们考虑两种序贯市场安排。最后，我们研究社会计划者问题。

Arrow-Debreu 均衡（Arrow-Debreu Equilibrium） 存在测度为 1 的家庭连续统。每个家庭由同质的成员组成，其规模以总速率 g_n 增长。初始规模标准化为 1。每个家庭通过消费和闲暇获得效用，效用函数为

$$\sum_{t=0}^{\infty}\beta^t g_n^t u(c_t,n_t) \tag{14.1}$$

其中，$\beta\in(0,1)$ 为主观贴现因子，c_t 和 n_t 分别代表家庭成员的消费量和劳动供给。假设

$$u_c>0,\quad u_{cc}<0,\quad \lim_{c\to 0}u(c,\cdot)=\infty,\quad u_n<0,\quad u_{nn}<0$$

存在测度为 1 的同质企业连续统。通过使用规模报酬不变的生产函数，每个企业把资本和劳动结合起来生产产品。由于技术是规模报酬不变的，我们仅需要考虑单个加总企业。令加总生产函数为

$$Y_t=F(K_t,A_tN_t)$$

其中，Y_t、K_t、N_t 和 A_t 分别代表加总产出、加总资本、加总劳动需求和技术进步。这里，A_tN_t 代表有效劳动。以这种方式进入的技术进步称为**劳动扩展型**或 Harrod **中性**（Harrod neutral）①。技术以总速率 g_a 增长，因此 $A_t=g_a^t$。假设 F 是一次齐次的，且满足

---

① 如果技术以 $Y=F(AK,N)$ 的形式进入生产函数，那么技术进步是资本扩展型。如果技术以 $Y=AF(K,N)$ 的形式进入生产函数，则技术进步是 Hicks 中性的。对于 Cobb-Douglas 生产函数，以上三种技术进步形式是等价的，且与平衡增长一致。对于所有其他生产函数，与平衡增长一致的唯一技术进步形式是劳动扩展型。

$$F(0,\cdot)=F(\cdot,0)=F(0,0)=0$$

$$F_1>0,\quad F_2>0,\quad F_{11}<0,\quad F_{22}<0$$

$$\lim_{K\to 0}F_1(K,1)=\infty,\quad \lim_{K\to\infty}F(K,1)=0$$

假定家庭拥有所有生产要素以及企业的所有股份，且这些禀赋在家庭之间平均分配。在每一期，家庭卖出资本并提供劳动给企业，同时购买企业生产的产品。家庭将所购产品消费一部分，并将余下部分作为资本进行积累。假定企业从家庭雇用劳动和租用资本，以生产产品、卖出产品以及向家庭支付利润。所有交易都发生在一个在第 0 期开放的单一的一劳永逸的市场中。价格和产量都在第 0 期同时决定。在市场关闭之后，在未来时期，代理人简单地交付他们已签约出售的要素和货物的数量，并根据合约价格接收他们已签约购买的要素和货物。

令 q_t^0 为用第 t 期消费品交割的权益的第 0 期 Arrow-Debreu 价格。令 w_t 和 R_{kt} 分别表示第 t 期的工资率和租金率，则预算约束由下式给出：

$$\sum_{t=0}^{\infty}q_t^0(g_n^tc_t+g_n^ti_t)=\sum_{t=0}^{\infty}q_t^0(R_{kt}k_tg_n^t+w_tn_tg_n^t)+\prod$$

其中，$\prod$ 表示从企业得到的利润现值。代表性家庭选择序列 $\{c_t,i_t,n_t\}$ 以最大化效用（14.1），满足上述预算约束和资本积累方程

$$g_nk_{t+1}=(1-\delta)k_t+i_t,\quad k_0\text{ 给定}\tag{14.2}$$

其中，$\delta\in(0,1)$ 为资本折旧率。

家庭最优化问题的一阶条件为

$$c_t:\beta^tu_c(c_t,n_t)=\lambda q_t^0$$

$$n_t:-\beta^tu_n(c_t,n_t)=\lambda q_t^0w_t$$

$$k_{t+1}:q_t^0=q_{t+1}^0(R_{k,t+1}+1-\delta)$$

其中，λ 为与预算约束相关的 Lagrange 乘子。

每个企业求解如下问题：

$$\prod=\max_{\{K_t,N_t\}}\sum_{t=0}^{\infty}q_t^0[F(K_t,A_tN_t)-R_{kt}K_t-w_tN_t]$$

其中，K_t 和 N_t 分别代表企业需求的总资本和总劳动。一阶条件为

$$F_K(K_t,A_tN_t)=R_{kt},\quad A_tF_N(K_t,A_tN_t=w_t)\tag{14.3}$$

由于技术是规模报酬不变的，因此企业利润为零，即 $\prod = 0$。

Arrow-Debreu 均衡由人均数量序列 $\{c_t, i_t, n_t, k_{t+1}\}$、加总数量序列 $\{C_t, I_t, N_t, K_{t+1}\}$ 和价格序列 $\{q_t^0, w_t, R_{kt}\}$ 构成，满足：(1) 给定价格，序列 $\{c_t, i_t, n_t, k_{t+1}\}$ 是家庭问题的解；(2) 给定价格，$\{K_t, N_t\}$ 是企业问题的解；(3) 市场出清，即

$$C_t = g_n^t c_t, \quad K_t = g_n^t k_t \tag{14.4a}$$

$$I_t = g_n^t i_t, \quad N_t = g_n^t n_t \tag{14.4b}$$

$$K_{t+1} = (1-\delta)K_t + I_t \tag{14.4c}$$

$$C_t + I_t = F(K_t, A_t N_t) \tag{14.4d}$$

我们关注与平衡增长一致的均衡，所有加总变量在稳态时都必须以常数速率增长（某些速率可以为 0）。为满足这一性质，King、Plosser 和 Rebelo（1988）表明，效用函数必须满足

$$u(c,n) = \frac{c^{1-\sigma} v(n)}{1-\sigma}, \ \sigma \in (0,1) \text{或} \ \sigma > 1 \tag{14.5}$$

或

$$u(c,n) = \ln c + v(n), \ \sigma = 1 \tag{14.6}$$

对某一函数 v。

给定此类效用函数，我们可以表明：在稳态时，Y_t、K_t、I_t 和 C_t 都以总速率 $g_a g_n$ 增长。而且，在稳态时，工资率以速率 g_a 增长，资本的租金率 R_{kt} 为常数。定义去趋势变量 $\tilde{x}_t = g_a^{-t} x_t$，其中，$x_t = k_t$、$i_t$、$c_t$ 或 w_t。使用家庭问题和企业问题的一阶条件，我们可以刻画均衡系统如下：

$$g_a^{\sigma} u_c(\tilde{c}_t, n_t) = \beta u_c(\tilde{c}_{t+1}, n_{t+1})(R_{k,t+1} + 1 - \delta)$$

$$\frac{-u_n(\tilde{c}_t, n_t)}{u_c(\tilde{c}_t, n_t)} = \tilde{w}_t$$

$$R_{kt} = F_K(\tilde{k}_t, n_t), \quad \tilde{w}_t = F_N(\tilde{k}_t, n_t)$$

$$g_n g_a \tilde{k}_{t+1} = (1 \sim \delta)\tilde{k}_t + \tilde{i}_t$$

$$\tilde{c}_t + \tilde{i}_t = F(\tilde{k}_t, n_t) = Y_t g_a^{-t} g_n^{-t}$$

序贯均衡：家庭拥有资本 Arrow-Debreu 均衡中的市场结构是不现实的，它假定仅在第 0 期开放一个单一的大市场。现在我们考虑一种代理人序贯交易的市场模式。假定家庭拥有资本并在每一期进行消费、投资和劳动供给决策。家庭通过出租

资本和提供劳动力从企业获得收入。家庭也拥有企业并赚取利润Π_t。代表性家庭的预算约束由下式给出：

$$c_t+i_t=R_{kt}k_t+w_tn_t+\Pi_t$$

其中i_t、k_t、R_{kt}和w_t分别代表投资、资本、租金率和工资率。由于企业每一期都租用资本和雇用劳动，所以它解决的是如下静态问题：

$$\Pi_t=\max_{K_t,N_t}F(K_t,A_tN_t)-R_{kt}K_t-w_tN_t$$

序贯竞争均衡由人均数量序列$\{c_t,i_t,n_t,k_{t+1}\}$、加总数量序列$\{C_t,I_t,N_t,K_{t+1}\}$和价格序列$\{w_t,R_{kt}\}$构成，它满足：(1) 给定价格，序列$\{c_t,i_t,n_t,k_{t+1}\}$是家庭问题的解；(2) 给定价格，$\{K_t,N_t\}$是企业问题的解；(3) 市场出清，即方程 (14.4) 中的条件都成立。

由家庭最优化问题，我们可以得出一阶条件

$$u_c(c_t,n_t)=\beta u_c(c_{t+1},n_{t+1})(R_{k,t+1}+1-\delta) \tag{14.7}$$

$$\frac{-u_n(c_t,n_t)}{u_c(c_t,n_t)}=w_t \tag{14.8}$$

和横截性条件

$$\lim_{t\to\infty}\beta^tu_c(c_t,n_t)k_{t+1}=0 \tag{14.9}$$

由企业问题得到的一阶条件和方程 (14.3) 相同。在剔除趋势之后，我们可以很容易地证明本子节中的均衡系统与上一子节中的均衡系统是相同的。

序贯均衡：企业拥有资本 考虑一种不同的序贯市场模式，在这种模式下企业拥有资本并制定投资决策。家庭拥有企业，并在股市中交易企业股票。每个家庭选择消费$\{c_t\}$、持有股份$\{\psi_{t+1}\}$和提供劳动$\{n_t\}$，以最大化效用 (14.1)，同时满足如下预算约束：

$$g_n^tc_t+\psi_{t+1}(V_t-D_t)=\psi_tV_t+w_tg_n^tn_t$$

其中，V_t为企业的含红利股票市值，D_t表示红利。

存在一个测度为1的同质企业连续统。在任意t时刻，每个企业选择一定数量的劳动和投资，以最大化其股票市值：

$$V_t=\max_{\{I_{t+j},N_{t+j}\}}\sum_{j=0}^{\infty}M_{t,t+j}D_{t+j}$$

满足

$$D_{t+j}=F(K_{t+j},A_{t+j}N_{t+j})-w_{t+j}N_{t+j}-I_{t+j}$$
$$K_{t+j+1}=(1-\delta)K_{t+j}+I_{t+j} \qquad (14.10)$$

其中，$M_{t,t+j}$为贴现因子或定价核。$M_{t,t+j}$给出了在第$t+j$期交割一单位消费品的权益在第t期的价值。标准化$M_{t,t}=1$。

序贯竞争均衡由数量序列$\{c_t,n_t,\psi_{t+1}\}$、$\{K_{t+1},N_t,I_t\}$和价格序列$\{V_t,w_t,M_{t,t+j}\}$构成，满足家庭和企业最优化，并使市场出清，即

$$\psi_t=1,\quad C_t=g_n^tc_t,\quad N_t=g_n^tn_t$$
$$C_t+I_t=F(K_t,A_tN_t)$$

为分析这一均衡，我们首先注意到，定价核$M_{t,t+j}$来自家庭的最优化问题。根据持有股份的一阶条件有

$$u_c(c_t,n_t)(V_t-D_t)=\beta u_c(c_{t+1},n_{t+1})V_{t+1}$$

因此，我们得到一个资产定价方程：

$$V_t=D_t+\frac{\beta u_c(c_{t+1},n_{t+1})}{u_c(c_t,n_t)}V_{t+1} \qquad (14.11)$$

向前求解这一方程得到

$$V_t=\sum_{j=0}^{\infty}\frac{\beta^j u_c(c_{t+j},n_{t+j})}{u_c(c_t,n_t)}D_{t+j} \qquad (14.12)$$

其中，我们使用了横截性条件以排除泡沫：

$$\lim_{j\to\infty}\beta^j u_c(c_{t+j},n_{t+j})V_{t+j}=0 \qquad (14.13)$$

方程（14.12）表明，股票价格等于未来红利的贴现值。为了得出条件（14.13），我们使用来自家庭问题的横截性条件：

$$\lim_{t\to\infty}\beta^t u_c(c_t,n_t)\psi_{t+1}(V_t-D_t)=0$$

我们使用均衡条件$\psi_{t+1}=1$和方程（14.11），得到方程（14.13）。方程（14.12）意味着定价核等于跨期边际替代率：

$$M_{t,t+j}=\frac{\beta^j u_c(c_{t+j},n_{t+j})}{u_c(c_t,n_t)}$$

由企业的最优化问题，我们能够得到关于 N_t 的一阶条件如方程（14.3）所示，以及关于 I_t 和 K_{t+1} 的一阶条件：

$$I_t: Q_t = 1$$

$$K_{t+1}: Q_t = M_{t,t+1}[F_K(K_{t+1}, A_{t+1}N_{t+1}) + (1-\delta)Q_{t+1}] \tag{14.14}$$

其中，$Q_{t+j}M_{t,t+j}$ 为对应于资本积累方程（14.10）的 Lagrange 乘子。这里 Q_t 为 Tobin 边际 Q，它代表资本额外增加一单位时企业的边际价值。因此，Q_t 也可以解释为资本的价格。更正式地，我们可以用动态规划来描述企业问题：

$$V_t(K_t) = \max_{I_t, K_{t+1}} D_t + M_{t,t+1}V_{t+1}(K_{t+1})$$

它满足方程（14.10），其中，$V_t(K_t)$ 是资本为 K_t 的企业的价值。令 Q_t 为关于方程（14.10）的 Lagrange 乘子。由包络定理有

$$Q_t = M_{t,t+1}\frac{\partial V_{t+1}(K_{t+1})}{\partial K_{t+1}}$$

因为模型中没有调整成本，所以 $Q_t=1$。然后，我们可以证明方程（14.7）和方程（14.14）是等价的。因此，我们可以证明由两种不同序贯市场模式得到的均衡分配是完全相同的。

这种分散化对于研究资产定价问题非常有用。举例来说，方程（14.11）意味着资本的（总）回报或股票回报由下式给出：

$$\frac{V_{t+1}}{V_t - D_t} = \frac{u_c(c_t, n_t)}{\beta u_c(c_{t+1}, n_{t+1})} = R_{k,t+1} + 1 - \delta$$

这里我们使用了方程（14.7）。如果家庭能够交易无风险债券，那么这一回报也等于无风险回报率。

社会计划者问题 我们已经考虑了三种分散化市场模式。① 我们已经表明，它们隐含着完全相同的均衡分配。那么这些分配是 Pareto 最优的吗？为回答这一问题，我们考虑一个社会计划者问题，在这里，社会计划者选择一定的消费、劳动和投资，以最大化代表性家庭的效用并满足资源约束：

$$\max_{c_t, n_t, i_t} \sum_{t=0}^{\infty} \beta^t g_n^t u(c_t, n_t)$$

① 存在其他能给出同样的均衡分配的市场模式。具体例子参考 Stokey、Lucas 和 Prescott（1989），以及 Ljungqvist 和 Sargent（2004）。

离散时间的经济动力学

满足

$$g_n^t c_t + g_n^t i_t = F(g_n^t k_t, A_t g_n^t n_t) = Y_t$$

$$g_n k_{t+1} = (1-\delta) k_t + i_t$$

我们可以得出一阶条件：

$$u_c(c_t, n_t) = \beta u_c(c_{t+1}, n_{t+1})[F_K(k_{t+1}, A_{t+1} n_{t+1}) + 1 - \delta]$$

$$\frac{-u_n(c_t, n_t)}{u_c(c_t, n_t)} = F_N(k_t, A_t n_t)$$

$$c_t + i_t = F(k_t, A_t n_t)$$

横截性条件由方程（14.9）给出。类似前面的分析，定义去趋势变量，我们可以证明：

$$g_a^\sigma u_c(\tilde{c}_t, n_t) = \beta u_c(\tilde{c}_{t+1}, n_{t+1})[F_K(\tilde{k}_{t+1}, n_{t+1}) + 1 - \delta]$$

$$\frac{-u_n(\tilde{c}_t, n_t)}{u_c(\tilde{c}_t, n_t)} = F_N(\tilde{k}_t, n_t)$$

$$\tilde{c}_t + \tilde{i}_t = F(\tilde{k}_t, n_t)$$

$$g_n g_a \tilde{k}_{t+1} = (1-\delta)\tilde{k}_t + \tilde{i}_t$$

与前面得到的均衡系统相比较，我们可以发现，竞争均衡分配是 Pareto 最优的。反过来，我们也可以找到不同市场模式下支撑 Pareto 最优配置的均衡价格。

递归竞争均衡 Prescott 和 Mehra（1980）提出了另一种方法来概括竞争均衡行为。这种方法用时间不变决策规则和其他刻画价格和状态转换的函数来定义均衡，而不是通过数量和价格序列。这些决策规则将当前行动设定为有限个状态变量的函数，这些状态变量全面概括了过去决策和当前信息带来的影响。对这些状态变量的了解为经济主体提供了一个对经济当前状态的完整描述。状态转移方程决定了下一时期的状态，从而产生了一个均衡的递归结构。这种均衡被称为**递归竞争均衡**（recursive competitive equilibrium）。这种递归方法可以自然地应用之前发展的强大的动态规划理论来分析理论和实证问题。它已成为现代宏观经济学的主力。用递归方法定义均衡的思想已被应用于定义非竞争经济的**递归均衡**（recursive equilibrium）。

为了应用递归竞争均衡的概念，均衡决策规则必须是时间不变的。由于前面给出的 Ramsey 模型有长期增长，因此我们必须适当地为变量剔除趋势。为了便于说明，我们将考虑没有长期增长的特殊情况，以此来阐述均衡概念。假定 $g_a = g_n = 1$。

我们考虑家庭拥有资本的市场模式。均衡租金率和工资率是加总状态——加总

的资本存量 K——的函数。由企业的最优化问题，我们可以证明这些函数满足

$$F_K(K,N)=R_k(K),\quad F_N(K,N)=W(K) \tag{14.15}$$

接下来，我们用动态规划描述家庭的决策问题：

$$V(k,K)=\max_{c,n,k'} u(c,n)+\beta V(k',K')$$

满足

$$c+k'-(1-\delta)k=kR_k(K)+W(K)n$$
$$K'=G(K) \tag{14.16}$$

其中，k 为资本存量的个体状态。因为价格取决于加总状态，且家庭在做决策时将均衡价格序列视为给定，因此加总状态 K 进入每个家庭的动态规划问题。此外，家庭必须对加总状态的转变形成理性预期，这由方程（14.16）给出。这种转变或运动法则决定了价格的演变。

递归竞争均衡由值函数 $V(k,K)$，决策规则 $g=g^c(k,K)$、$n=g^n(k,K)$、$k'=g(k,K)$，方程（14.16）中 K 的运动规律以及价格函数 $R_k(K)$ 和 $W(K)$ 组成，满足：(1) 给定价格函数和 K 的运动规则，值函数和决策规则是家庭动态规划问题的解；(2) 价格函数满足方程（14.15）；(3) 市场出清，即

$$k=K,\quad k'=K',\quad g(K,K)=G(K),\quad c=C,\quad n=N$$
$$K'-(1-\delta)K+C=F(K,N)$$

因为所有家庭是同质的，所以均衡时个体选择一定等同于加总选择。此外，资本的个体运动规律在均衡时也一定同加总的运动规律一致。

给定递归竞争均衡，价格和数量的均衡序列可以自然生成。我们可以证明：这些序列与前面分析的序贯竞争均衡中的序列是等价的。反过来，人们通常可以证明一个序贯竞争均衡可以被描述为递归形式。但有时使用递归的方式来表述序贯竞争均衡是非平凡的。难点来自状态变量的选择。我们将在后面看到，对于某些问题，选择合适的状态变量需要巧妙的思考。

□ 14.1.2 引入财政政策

在本节我们使用确定性增长模型研究财政政策。我们不考虑长期增长。考虑企业拥有资本并制定投资决策的分散化情形。考虑一种税收系统，在该税收系统中，

家庭支付红利税、资本利得税、消费税和劳动收入税。对资本利得税的处理是复杂的，因为这些税是基于实现值而不是累计值。此外，资本利得税税率通常低于红利税税率。因此，企业有激励回购股份而不是支付股息。这就要求我们在模型中引入一些摩擦来限制股份回购。为了避免这种复杂性，我们沿用 King（1977）、Auerbach（1979）、Bradford（1981）以及 McGrattan 和 Prescott（2005）的思路，假设红利税和资本利得税一起模型化为分配税。

代表性家庭的问题可以描述为

$$\max_{\{C_t,N_t,\psi_{t+1}\}}\sum_{t=0}^{\infty}\beta^t u(C_t,N_t) \tag{14.17}$$

满足

$$(1+\mathcal{T}_t^s)C_t+\psi_{t+1}[V_t-(1-\mathcal{T}_t^d)D_t]+\frac{B_{t+1}}{R_t}$$
$$=\psi_t V_t+(1-\mathcal{T}_t^n)w_t N_t+B_t-T_t,t\geqslant 0$$

其中，$\mathcal{T}_t^s$、$\mathcal{T}_t^d$ 和 $\mathcal{T}_t^n$ 分别为消费税税率、分配税税率和劳动收入税税率。这里 B_t 表示无风险政府公债的持有量，T_t 代表一揽子税。一阶条件为

$$C_t:u_C(C_t,N_t)=(1+\mathcal{T}_t^s)\Lambda_t$$
$$N_t:-u_N(C_t,N_t)=(1-\mathcal{T}_t^n)\Lambda_t w_t$$
$$\psi_{t+1}:\Lambda_t[V_t-(1-\mathcal{T}_t^d)D_t]=\beta\Lambda_{t+1}V_{t+1}$$
$$B_{t+1}:\Lambda_t=\beta\Lambda_{t+1}R_t$$

其中，$\beta^t\Lambda_t$ 为对应于第 t 期预算约束的 Lagrange 乘子。

代表性企业的问题为

$$V_t=\max_{\{I_t,K_{t+1}\}}(1-\mathcal{T}_t^d)D_t+\frac{\beta\Lambda_{t+1}}{\Lambda_t}V_{t+1}$$

满足

$$D_t=(1-\mathcal{T}_t^c)[F(K_t,N_t)-w_t N_t]-I_t+\mathcal{T}_t^c\delta K_t$$
$$K_{t+1}=(1-\delta)K_t+I_t \tag{14.18}$$

其中，$\mathcal{T}_t^c$ 为企业所得税税率。一阶条件为

$$I_t:Q_t=1-\mathcal{T}_t^d \tag{14.19}$$

$$K_{t+1}: Q_t = \frac{\beta\Lambda_{t+1}}{\Lambda_t}[(1-\delta)Q_{t+1} + (1-\mathcal{T}_{t+1}^d)\mathcal{T}_{t+1}^c\delta$$
$$+ (1-\mathcal{T}_{t+1}^d)(1-\mathcal{T}_{t+1}^c)F_K(K_{t+1}, N_{t+1})] \tag{14.20}$$

其中，Q_t 表示资本价格（Tobin 边际 Q）。

政府的预算约束由下式给出：

$$G_t + B_t = \frac{B_{t+1}}{R_t} + \mathcal{T}_t^s C_t + \mathcal{T}_t^d D_t + \mathcal{T}_t^c[F(K_t, N_t) - w_t N_t] + \mathcal{T}_t^n w_t N_t + T_t$$

为了完善模型，我们加上市场出清条件 $\psi_t = 1$ 和资源约束

$$C_t + I_t + G_t = F(K_t, N_t) = Y_t$$

McGrattan 和 Prescott（2005）证明了下述结果。

命题 14.1.1 除息股票的价值满足

$$V_t - (1-\mathcal{T}_t^d)D_t = (1-\mathcal{T}_t^d)K_{t+1}$$

证明 在等式（14.20）两端乘以 K_{t+1}，得到

$$\begin{aligned}
Q_t K_{t+1} &= \frac{\beta\Lambda_{t+1}}{\Lambda_t}[(1-\delta)Q_{t+1}K_{t+1} + (1-\mathcal{T}_{t+1}^d)\mathcal{T}_{t+1}^c\delta K_{t+1} \\
&\quad + (1-\mathcal{T}_{t+1}^d)(1-\mathcal{T}_{t+1}^c)F_K(K_{t+1}, N_{t+1})K_{t+1}] \\
&= \frac{\beta\Lambda_{t+1}}{\Lambda_t}(1-\mathcal{T}_{t+1}^d)(1-\mathcal{T}_{t+1}^c)(F(K_{t+1}, N_{t+1}) - w_{t+1}N_{t+1}) \\
&\quad + \frac{\beta\Lambda_{t+1}}{\Lambda_t}[Q_{t+1}(K_{t+2} - I_{t+1}) + (1-\mathcal{T}_{t+1}^d)\mathcal{T}_{t+1}^c\delta K_{t+1}] \\
&= \frac{\beta\Lambda_{t+1}}{\Lambda_t}(1-\mathcal{T}_{t+1}^d)(1-\mathcal{T}_{t+1}^c)(F(K_{t+1}, N_{t+1}) - w_{t+1}N_{t+1}) \\
&\quad + \frac{\beta\Lambda_{t+1}}{\Lambda_t}[Q_{t+1}K_{t+2} - (1-\mathcal{T}_{t+1}^d)I_{t+1} + (1-\mathcal{T}_{t+1}^d)\mathcal{T}_{t+1}^c\delta K_{t+1}] \\
&= \frac{\beta\Lambda_{t+1}}{\Lambda_t}(D_{t+1} + Q_{t+1}K_{t+2})
\end{aligned}$$

其中，第二个等式是通过替换资本积累方程和 F 的线性齐次性得到的，第三个等式是根据方程（14.19）得到的，最后一个等式是根据红利 D_{t+1} 的定义得到的。给定横截性条件，

$$\lim_{T\to\infty}\beta^T\Lambda_T Q_T K_{T+1} = 0$$

我们发现

$$Q_t K_{t+1} = \sum_{j=1}^{\infty} \frac{\beta^j \Lambda_{t+j}}{\Lambda_t} D_{t+j}$$

因此，$Q_t K_{t+1}$为除息股票的价值。

分配税税率变化的影响是什么？当所有税率随着时间的推移都是常数时，考虑$\mathcal{T}^d$的一个永久性变化。假定征收一揽子税用于平衡政府预算。在此情形下，方程（14.19）和方程（14.20）意味着

$$1=\frac{\beta\Lambda_{t+1}}{\Lambda_t}[(1-\delta)+\mathcal{T}^c\delta+(1-\mathcal{T}^c)F_K(K_{t+1},N_{t+1})] \tag{14.21}$$

因此，分配税不改变投资决策，但它会改变资本价格，进而改变股票价值。更突出的是，它不影响均衡分配。当征收其他扭曲性税收用于平衡政府预算时，分配税的变化将是扭曲性的。

注意，上述结果依赖于一个隐含假设，即企业通过留存收益为投资进行融资，因此对所有时间 t，$D_t>0$。当 $D_t<0$ 时，投资者必须向公司注入新的股本。也就是说，企业必须依靠外部新股票来为投资融资。新股本改变了资本利得，在美国税收体系下，这会引发资本利得税。分别引入资本利得税和红利税，我们可以证明，红利税影响投资（Poterba and Summers，1985）。Gourio 和 Miao（2010）提供的实证证据表明，在横截面上，一些企业使用外部股权融资，而一些公司使用内部融资。然后，他们建立了一个企业生产率冲击具有个体异质性的模型。他们对模型进行校准，并研究了 2003 年红利税和资本利得税改革的长期定量影响。Gourio 和 Miao（2011）研究了暂时性税收改革的转移动态。

在以上模型中，我们假设一揽子税是可用的，因此每当税率发生变化时，我们就使用一揽子税作为剩余部分以平衡政府预算。在没有一揽子税的情况下，我们必须调整某特定税种或者政府支出来平衡政府约束。由于这种调整是任意的，因此可能存在许多均衡。

14.2 一个基本的 RBC 模型

实际经济周期（RBC）理论是由 Kydland 和 Prescott（1982）以及 Long 和

Plosser（1983）提出的。此理论的基本思想是把不确定性引入新古典增长模型。由此产生的随机增长框架随后被用于定量地研究经济周期。这一理论认为，技术冲击可以解释大部分经济周期。尽管这一观点备受争议，但 RBC 理论还是在方法论方面做出了影响深远的贡献，并成为经济周期分析的基石。特别地，使用动态随机一般均衡模型进行定量分析已成为一种标准程序。在这一节，我们首先介绍一个基本的 RBC 模型，然后在下一节讨论各种拓展情形。读者可以参阅 King 和 Rebelo（1999）对 RBC 理论的精彩评述。

我们以加总的全要素生产率（TFP）冲击的形式将不确定性引入基本的 Ramsey 模型。我们强调，之前关于 Pareto 最优和分散竞争均衡的分析仍然适用于随机情形。我们忽略了长期增长，并考虑了一些具体的函数形式。我们从下述社会计划者问题开始：

$$\max_{\{C_t,N_t,I_t\}} E\sum_{t=0}^{\infty}\beta^t[\ln C_t+\chi\ln(1-N_t)] \tag{14.22}$$

满足

$$C_t+I_t=z_tK_t^{\alpha}N_t^{1-\alpha}=Y_t \tag{14.23}$$

$$K_{t+1}=(1-\delta)K_t+I_t \tag{14.24}$$

$$\ln z_t=\rho\ln z_{t-1}+\sigma\varepsilon_t,\quad \varepsilon_t\sim\text{IID } N(0,1) \tag{14.25}$$

其中，χ 衡量闲暇的效用权重，技术冲击 $\{z_t\}$ 模型化为 AR(1)过程。最优分配 $\{C_t,N_t,K_{t+1},I_t,Y_t\}$ 满足非线性差分方程系统

$$\frac{1}{C_t}=E_t\frac{\beta}{C_{t+1}}[\alpha z_{t+1}K_{t+1}^{\alpha-1}N_{t+1}^{1-\alpha}+1-\delta] \tag{14.26}$$

$$\frac{\chi C_t}{1-N_t}=(1-\alpha)\ z_tK_t^{\alpha}N_t^{-\alpha} \tag{14.27}$$

以及方程（14.23）和方程（14.24）。通常的横截性条件也成立。在一个家庭拥有资本和从事实际投资的分散均衡中，租金率和工资率分别由下式给出：

$$R_{kt}=\alpha z_tK_t^{\alpha-1}N_t^{1-\alpha}$$

$$w_t=(1-\alpha)z_tK_t^{\alpha}N_t^{-\alpha}$$

下一步是对模型进行参数化和数值求解。RBC 方法提倡校准的方法论，该方法基于长期稳态关系或来自其他研究（如微观证据）的矩来为参数赋值。

□ 14.2.1 稳态

现在，我们求解非随机稳态，在该稳态下，对所有 t 都满足 $z_t=1$。我们使用 X 表示变量 X_t 的稳态值。由 Euler 方程（14.26）可得

$$1=\beta[\alpha K^{\alpha-1}N^{1-\alpha}+1-\delta]$$

于是，

$$\frac{K}{N}=\left[\frac{\alpha}{1/\beta-(1-\delta)}\right]^{1/(1-\alpha)}$$

因此，均衡要素价格由下式给出：

$$R_{kt}=\alpha\frac{Y}{K}=\alpha\left(\frac{K}{N}\right)^{\alpha-1},\quad w_t=(1-\alpha)\left(\frac{K}{N}\right)^{\alpha}$$

由方程（14.24）可得

$$I=\delta K=\frac{\delta K}{N}N$$

因此，给定 N，我们可以解出 I，以及

$$Y=\left(\frac{K}{N}\right)^{\alpha}N$$

最后，稳态消费 C 是根据资源约束（14.23）得到的。

注意，我们还未使用均衡条件（14.27）。我们可由此等式解出 χ：

$$\chi=(1-\alpha)\left(\frac{K}{N}\right)^{\alpha}\frac{1-N}{C} \tag{14.28}$$

其思想是，给定其他参数值，χ 和 N 之间是一一映射。这里，利用内生变量作为输入，我们使用一种逆向工程方法来校准参数。这种方法对于复杂模型非常有用，因为给定外生参数值，我们避免了求解一个关于内生变量的非线性方程系统。

□ 14.2.2 校准

我们已经准备好为参数赋值。一期对应一个季度。首先，我们令 $\alpha=0.33$，这与美国平均劳动收入份额约为 2/3 的事实一致。令 $\beta=0.99$，这意味着年利率为 $4(1/\beta-1)=4\%$。令 $\delta=0.025$，这表明年折旧率约为 10%。令 $N=0.33$，则其隐含

着家庭在一天（24 小时）内工作 8 小时。给定这一 N 值和其他校准参数值，我们可以确定 $\chi=1.75$，并解出其他所有稳态值。①

我们可以使用下面构造的美国数据的 Solow 剩余（Solow residual）$\{SR_t\}$ 分两步来估计参数 ρ 和 σ。首先，我们用 OLS 估计方程：

$$SR_t=\beta_0+\beta_1 t+u_t \tag{14.29}$$

接下来，我们用 OLS 估计残差：

$$u_t=\rho u_{t-1}+\sigma\varepsilon_t \tag{14.30}$$

其中，u_t 对应基本的 RBC 模型中的 $\ln z_t$。然后，我们分别可得到 $\rho=0.99$ 以及 $\sigma=0.008\,9$。或者，我们可以使用 HP 滤波数据来估计方程（14.25）。

□ 14.2.3 对数线性化系统

一旦完成参数赋值，就可以对模型进行数值求解。如前几章所讨论的，这一模型可借助许多不同的方法来求解。结果表明，对数线性化方法在平衡速度和精度方面是非常有用的（参考 Aruoba，Fernández-Villaverde，and Rubio-Ramírez，2006）。Dynare 可以很快得到对数线性化的解。在此之前，我们手动解对数线性化，由此来理解 RBC 模型的作用过程。我们用 $\hat{X}_t$ 来表示相对于稳态的对数偏差。

从方程（14.27）开始，对方程两边取对数并进行全微分可得到

$$\hat{C}_t+\frac{N}{1-N}\hat{N}_t=\hat{z}_t+\alpha\hat{K}_t-\alpha\hat{N}_t$$

求解得到

$$\hat{N}_t=\frac{1}{\alpha+\zeta}\hat{z}_t+\frac{\alpha}{\alpha+\zeta}\hat{K}_t-\frac{1}{\alpha+\zeta}\hat{C}_t \tag{14.31}$$

其中，$\zeta\equiv N/(1-N)$。

将方程（14.24）代入方程（14.23）并取全微分，我们可得到

$$\mathrm{d}C_t+\mathrm{d}K_{t+1}-(1-\delta)\mathrm{d}K_t=K^\alpha N^{1-\alpha}\mathrm{d}z_t+\alpha K^{\alpha-1}N^{1-\alpha}\mathrm{d}K_t+(1-\alpha)K^\alpha N^{-\alpha}\mathrm{d}N_t$$

因此，

① 校准所用的 Matlab 代码为 calibration.m。

$$C\hat{C}_t + K\hat{K}_{t+1} - (1-\delta)K\hat{K}_t$$
$$= K^{\alpha}N^{1-\alpha}\hat{z}_t + \alpha K^{\alpha}N^{1-\alpha}\hat{K}_t + (1-\alpha)K^{\alpha}N^{1-\alpha}\hat{N}_t$$

求解 $\hat{K}_{t+1}$ 得到

$$\hat{K}_{t+1} = \frac{\Upsilon}{K}[\hat{z}_t + \alpha\hat{K}_t + (1-\alpha)\hat{N}_t] - \frac{C}{K}\hat{C}_t + (1-\delta)\hat{K}_t$$
$$= \frac{1}{\beta}\hat{K}_t + \frac{\Upsilon}{K}[\hat{z}_t + (1-\alpha)\hat{N}_t] - \frac{C}{K}\hat{C}_t$$

其中，我们使用了稳态 Euler 方程

$$1 = \beta\left(\alpha\frac{\Upsilon}{K} + 1 - \delta\right)$$

在方程（14.31）中替换 $\hat{N}_t$，得到

$$\hat{K}_{t+1} = \left(\frac{1}{\beta} + \frac{1-\alpha}{\alpha+\zeta}\alpha\frac{\Upsilon}{K}\right)\hat{K}_t + \frac{\Upsilon}{K}\left(\frac{1+\zeta}{\zeta+\alpha}\right)\hat{z}_t - \left(\frac{C}{K} + \frac{1-\alpha}{\alpha+\zeta}\frac{\Upsilon}{K}\right)\hat{C}_t \tag{14.32}$$

对 Euler 方程取全微分得到

$$-\frac{\mathrm{d}C_t}{C^2} = -E_t\frac{\beta\,\mathrm{d}C_{t+1}}{C^2}[\alpha K^{\alpha-1}N^{1-\alpha} + 1 - \delta]$$
$$+ E_t\frac{\beta}{C}[\alpha K^{\alpha-1}N^{1-\alpha}\mathrm{d}z_{t+1} + \alpha(\alpha-1)K^{\alpha-2}N^{1-\alpha}\mathrm{d}K_{t+1}]$$
$$+ E_t\frac{\beta}{C}\alpha(1-\alpha)K^{\alpha-1}N^{-\alpha}\mathrm{d}N_{t+1}$$

由此可得

$$-\hat{C}_t = -E_t\hat{C}_{t+1} + \beta\alpha\frac{\Upsilon}{K}E_t[\hat{z}_{t+1} + (\alpha-1)\hat{K}_{t+1} + (1-\alpha)\hat{N}_{t+1}]$$

使用方程（14.31）替换 $\hat{N}_{t+1}$，得到

$$-\hat{C}_t = -E_t\hat{C}_{t+1} + \beta\alpha\frac{\Upsilon}{K}E_t[\hat{z}_{t+1} + (\alpha-1)\hat{K}_{t+1}]$$
$$+ (1-\alpha)\beta\alpha\frac{\Upsilon}{K}E_t\left[\frac{1}{\alpha+\zeta}\hat{z}_{t+1} + \frac{\alpha}{\alpha+\zeta}\hat{K}_{t+1} - \frac{1}{\alpha+\zeta}\hat{C}_{t+1}\right]$$

化简可得

$$-\hat{C}_t = -\left[1 + (1-\alpha)\beta\alpha\frac{\Upsilon}{K}\frac{1}{\alpha+\zeta}\right]E_t\hat{C}_{t+1} + \beta\alpha\frac{\Upsilon}{K}\frac{1+\zeta}{\alpha+\zeta}E_t\hat{z}_{t+1}$$
$$-\beta\alpha(1-\alpha)\frac{\Upsilon}{K}\frac{\zeta}{\alpha+\zeta}E_t\hat{K}_{t+1} \tag{14.33}$$

方程（14.32）及方程（14.33）与方程（14.25）中的冲击过程相结合，构成了一个关于 $\{\hat{C}_t, \hat{K}_{t+1}\}$ 的差分方程线性系统。为分析这个系统，我们绘制对应以下确定性系统的相图：

$$\hat{K}_{t+1}-\hat{K}_t=\left(\frac{1}{\beta}-1+\frac{1-\alpha}{\alpha+\zeta}\alpha\frac{\Upsilon}{K}\right)\hat{K}_t+\frac{\Upsilon}{K}\left(\frac{1+\zeta}{\zeta+\alpha}\right)\hat{z}_t-\left(\frac{C}{K}+\frac{1-\alpha}{\alpha+\zeta}\frac{\Upsilon}{K}\right)\hat{C}_t \quad (14.34)$$

$$\hat{C}_{t+1}-\hat{C}_t=(1-\alpha)\beta\alpha\frac{\Upsilon}{K}\frac{1}{\alpha+\zeta}\hat{C}_{t+1}+\beta\alpha\frac{\Upsilon}{K}\frac{1+\zeta}{\alpha+\zeta}\hat{z}_{t+1}-\beta\alpha(1-\alpha)\frac{\Upsilon}{K}\frac{\zeta}{\alpha+\zeta}\hat{K}_{t+1}$$

首先，考虑等斜线 $\Delta\hat{C}_t=\hat{C}_{t+1}-\hat{C}_t=0$：

$$\hat{C}_{t+1}=\frac{1+\zeta}{1-\alpha}\hat{z}_{t+1}-\zeta\hat{K}_{t+1}$$

图 14.1 绘制了滞后一期的方程图像。这条线是向下倾斜的。

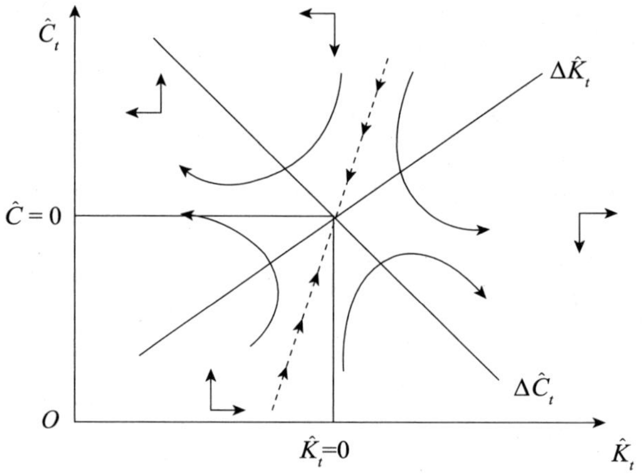

图 14.1　对数线性化的基本的 RBC 模型的相图

接下来考虑等斜线 $\Delta\hat{K}_t=\hat{K}_{t+1}-\hat{K}_t=0$：

$$\hat{C}_t=\left(\frac{C}{K}+\frac{1-\alpha}{\alpha+\zeta}\frac{\Upsilon}{K}\right)^{-1}\left[\left(\frac{1}{\beta}-1+\frac{1-\alpha}{\alpha+\zeta}\alpha\frac{\Upsilon}{K}\right)\hat{K}_t+\frac{\Upsilon}{K}\left(\frac{1+\zeta}{\zeta+\alpha}\right)\hat{z}_t\right] \quad (14.35)$$

这条线是向上倾斜的。

现在我们寻找鞍点路径。当 $\hat{K}_t$ 在等斜线 $\hat{C}_t=\hat{C}_{t+1}$ 的上方时，$\hat{C}_t$ 将会下降，因为高的 $\hat{K}_t$ 意味着低的资本边际产量，进而意味着低利率。当 $\hat{C}_t$ 在等斜线 $\hat{K}_{t+1}=\hat{K}_t$ 的上方时，$\hat{K}_t$ 将会下降，因为家庭会减少储蓄。因此，存在一条鞍点路径收敛到稳态。给定任意初始状态 $\hat{K}_0$ 和 $\hat{z}_0$，存在唯一解 $\hat{C}_0$ 必定位于鞍点路径上。我们能够决定 $\hat{C}_t$ 和 $\hat{K}_t$ 的整条路径，我们也能决定其他均衡变量 $\hat{N}_t$、$\hat{w}_t$、$\hat{R}_{kt}$、$\hat{I}_t$ 和 $\hat{\Upsilon}_t$。

首先考虑 $\hat{N}_t$。不再使用方程（14.31），考察劳动市场会更有启发性。由方程（14.27），劳动供给为

$$\frac{\chi C_t}{1-N_t}=w_t \tag{14.36}$$

因此，劳动供给随着 w_t 的增加而增加，随着 C_t 的增加而减少。对消费的依赖体现了财富效应。劳动供给的对数线性化方程为

$$\frac{N}{1-N}\hat{N}_t=-\hat{C}_t+\hat{w}_t$$

这条曲线是向上倾斜的。劳动需求的对数线性化方程为

$$\hat{w}_t=\hat{z}_t+\alpha\hat{K}_t-\alpha\hat{N}_t \tag{14.37}$$

这条曲线是向下倾斜的。交点给出了均衡的 $\hat{N}_t$ 和 $\hat{w}_t$，如图 14.2 所示。由于 $\hat{K}_t$ 是前定变量，所以一旦我们知道 $\hat{C}_t$ 和 $\hat{z}_t$，我们就可以决定 $\hat{N}_t$ 和 $\hat{w}_t$。

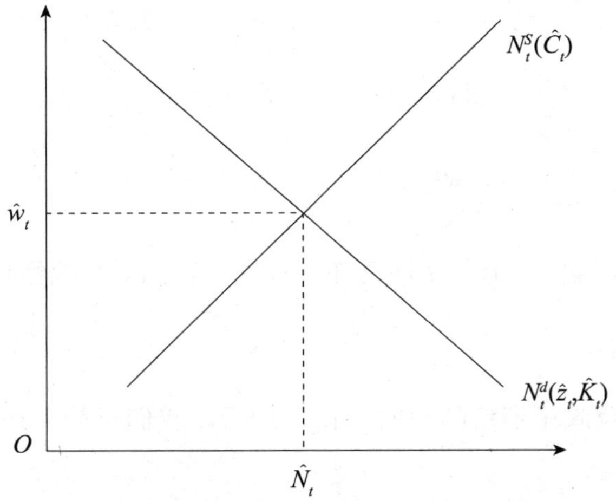

图 14.2　对数线性化的基本的 RBC 模型的劳动市场均衡

得到 $\hat{N}_t$ 以后，我们能使用如下对数线性化方程决定均衡产出：

$$\hat{Y}_t=\alpha\hat{K}_t+(1-\alpha)\hat{N}_t+\hat{z}_t$$

我们也能够决定租金率 R_{kt}。因为 $R_{kt}=\alpha z_t K_t^{\alpha-1}N_t^{1-\alpha}=\alpha Y_t/K_t$，我们可得到

$$\hat{R}_{kt}=\hat{Y}_t-\hat{K}_t$$

最后，利用企业拥有资本并做投资决策的分散化经济，我们能解出金融回报。

像确定性情形那样，我们可以证明剔除红利的股票回报为

$$R_t^s = R_{kt} + 1 - \delta \Rightarrow \hat{R}_t^s = \frac{R_k}{R_k + 1 - \delta} \hat{R}_{kt}$$

转向无风险收益率或利率 r_{t+1}^f，其满足 Euler 方程

$$\frac{1}{C_t} = \beta E_t \frac{1 + r_{t+1}^f}{C_{t+1}}$$

取全微分可得

$$\frac{-\mathrm{d}C_t}{C^2} = \beta E_t \left[(1 + r^f) \frac{-\mathrm{d}C_{t+1}}{C^2} + \frac{\mathrm{d}(1 + r_{t+1}^f)}{C} \right]$$

对于利率，使用偏离稳态百分比 $\mathrm{d}r_{t+1}^f / r^f$ 不容易处理。举例来说，当利率从 1%增至 4%时，利率只上涨了 3 个百分点，但相对地增长了 300%。因此，为避免混淆，我们定义

$$\hat{r}_{t+1}^f \equiv r_{t+1}^f - r^f \simeq \frac{\mathrm{d}(1 + r_{t+1}^f)}{1 + r^f}$$

依据总利率 $R_{t+1}^f = 1 + r_{t+1}^f$，则我们有

$$\hat{R}_{t+1}^f = \frac{\mathrm{d}R_{t+1}^f}{R^f} \simeq R_{t+1}^f - R^f = \hat{r}_{t+1}^f$$

给定此定义，同时注意 r_{t+1}^f 在第 t 期已知，我们可得到对数线性化 Euler 方程

$$\hat{r}_{t+1}^f = E_t \hat{C}_{t+1} - \hat{C}_t$$

这表明，利率变化反映了消费的预期变化。最后，我们可简单地由资源约束推导出投资。

□ 14.2.4 经济周期统计和模型结果

经济周期统计主要关注波动性、联动性（或周期性）和持续性。波动性是指 HP 滤波序列的标准差。周期性是指一个序列与 GDP 的同期相关性。持续性是指一个序列的一阶自相关。研究一个序列与前移或滞后若干期的产出在多大程度上相关也是很有趣的，它可以说明哪些序列是“滞后指标”，哪些序列是“先行指标”。

我们最感兴趣的序列是产出、消费、投资、总工作时数（简称总工时）、实际工资率和实际利率。而且，我们还将考察平均劳动生产率（产出与总工作时数的

比率)、价格水平、股票回报率和全要素生产率。价格水平不在基本的 RBC 模型中，但会出现在扩展模型中。除了利率和股票回报以外，所有序列都是经过 HP 滤波处理的。

该样本的时间跨度为 1948 年第一季度到 2010 年第四季度。所有序列（除去 TFP、价格、利率和股票回报）均取人均量，由对应数据除以 16 岁及以上的非机构平民人口数（civilian non-institutional population）得到。年龄在 16 岁及以上的非机构平民人口数是从圣路易斯联邦储备银行网站下载的。所有序列都取对数。所有名义序列（除了价格水平以外）都按价格水平平减。从美国经济分析局（Bureau of Economic Analysis，BEA）下载的表 1.1.9 中，价格水平用 GDP 的隐含价格平减指数来衡量。名义 GDP、消费和投资来自从 BEA 下载的国民收入和生产账户（NIPA）表 1.1.5。消费用非耐用消费品和服务消费品之和来衡量。用私人固定投资总额加耐用品的消费支出来衡量投资（耐用品应该被视为投资，因为它们在未来会带来好处，就像新的物质资本一样）。

总工时是用来自美国劳工统计局（Bureau of Labor Statistics，BLS）的非农业部门总工时来衡量的。劳动生产率是由 BLS 统计的非农业部门每小时产出。根据 BLS 的数据，工资用非农业部门每小时实际报酬来衡量。名义利率用三个月国库券利率衡量。股票总回报用纽约证券交易所（NYSE）、美国证券交易所（AMEX）和纳斯达克（NASDAQ）的价值加权回报来衡量。名义利率和股票回报均取自美国证券价格研究中心（CRSP）。我们通过减去通货膨胀率来计算实际利率和实际股票回报，其中，通货膨胀率由 GDP 平减指数来衡量。

TFP 利用生产函数

$$SR_t = \ln Y_t - \alpha \ln K_t - (1-\alpha)\ln N_t$$

的 Solow 剩余来衡量。构建这个序列需要对资本存量进行实证测量。在实践中，这是很难做到的，大多数现有资本存量序列只有年度数据。例如，BEA 包含年度固定资产表。研究人员通常使用永续盘存法来衡量资本存量。该方法本质上是利用投资数据、初始资本存量和折旧率估计值，然后使用资本积累方程

$$K_{t+1} = (1-\delta)K_t + I_t$$

构造序列。在构造 Solow 剩余 $\{SR_t\}$ 以后，我们可以使用方程（14.29）和方程（14.30）来估计 TFP 冲击。

从模型和数据（括号内）中选取的矩如表 14.1 所示。该表透露了以下典型事实：

- 消费的波动性低于产出。
- 投资的波动性约为产出的两倍。
- 总工时与产出大概有相同的波动性。
- 劳动生产率的波动性低于产出。
- 实际工资的波动性低于产出。
- 所有宏观序列都具有高度持续性。
- 大多数宏观序列都是顺周期的；工时是强顺周期的，但劳动生产率和产出是弱相关的；实际工资基本上是非周期性的。

表 14.1　　经济周期统计量

	标准差（%）	相对标准差	一阶自相关性	与 Y 的同期相关性
Y	1.52（1.85）	1.00（1.00）	0.72（0.85）	1（1）
C	0.74（1.17）	0.45（0.63）	0.76（0.86）	0.97（0.80）
I	4.19（4.41）	2.75（2.38）	0.71（0.84）	0.99（0.62）
N	0.55（1.95）	0.36（1.05）	0.71（0.90）	0.98（0.82）
Y/N	0.99（1.12）	0.65（0.60）	0.74（0.72）	0.99（0.26）
w	0.99（0.87）	0.65（0.47）	0.74（0.72）	0.99（−0.06）
TFP	0.89（1.10）	0.54（0.60）	0.99（0.80）	1.00（0.68）
价格	NA（0.94）	NA（0.51）	NA（0.91）	NA（0.00）
$\ln R^f$	0.05（0.70）	0.04（0.38）	0.71（0.71）	0.95（0.02）
$\ln R^s$	0.05（8.40）	0.03（4.51）	0.71（0.09）	0.96（−0.23）

说明：所有变量都取对数；括号中的数字根据美国季度数据（从 1948 年第一季度至 2010 年第四季度）计算而得；其他数字根据基本的 RBC 模型计算而得。

表 14.1 也表明，基本的 RBC 模型相当好地解释了美国的经济周期。[①] 不过，基本的 RBC 模型在许多维度存在不足。首先，消费和工时过于平滑。其次，实际工资率和劳动生产率的顺周期性过强。最后，与实际利率和股票回报相关的统计数据与实际数据相差甚远。

因为 TFP 冲击是经济周期的驱动力，下面我们将更深入地研究 TFP 冲击的

① Dynare 代码为 rbc1.mod。

影响。

□ 14.2.5 永久性 TFP 冲击的影响

假定全要素生产率存在一个未预期到的永久性增加。在这种情况下，等斜线 $\Delta\hat{C}_t=0$ 和 $\Delta\hat{K}_t=0$ 皆上移。图 14.3 描绘了这个效应。永久性冲击过后，经济移动到一个新的非随机稳态。图 14.3 也描绘了新的鞍点路径。初始消费必须跳跃到这条新路径。由于这条路径可能高于或低于原始稳态，因此初始消费的影响是不明确的。初始消费下降看起来可能违反直觉。如果初始投资增长超过产出增长，这就可能发生。在图中我们假定初始消费向上跳跃。这一上升是由于财富效应，且与永久收入假说一致。

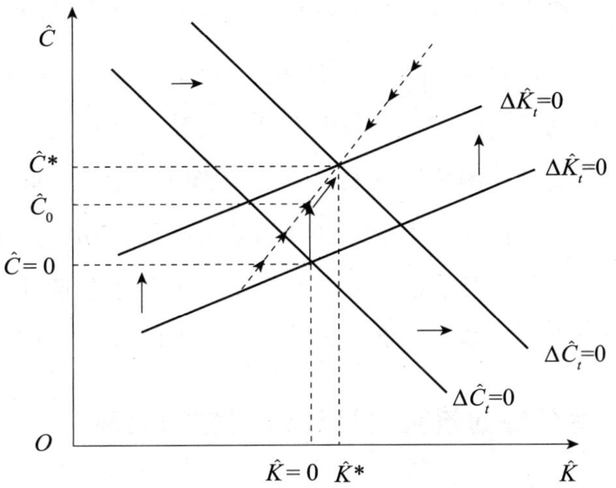

图 14.3 在对数线性化的基本的 RBC 模型中，永久性 TFP 冲击后的相图

转向劳动市场后，结果如图 14.4 所示。更高的 TFP 使劳动需求曲线外移。而高消费使劳动供给曲线内移。净影响导致工资率上升，但对工时的影响不能确定。在图中，我们假定工时增加。

因为消费沿着鞍点路径增加，因此利率必定上升。由于资本也沿着鞍点路径增加，所以投资也必定上升。

□ 14.2.6 暂时性 TFP 冲击的影响

假设有一个未预料到的、纯粹临时性的 TFP 冲击，z_t 只在今天增加，然后在未来保持为零。由于等斜线的变化仅持续一期，因此对消费的初始影响非常小。消费

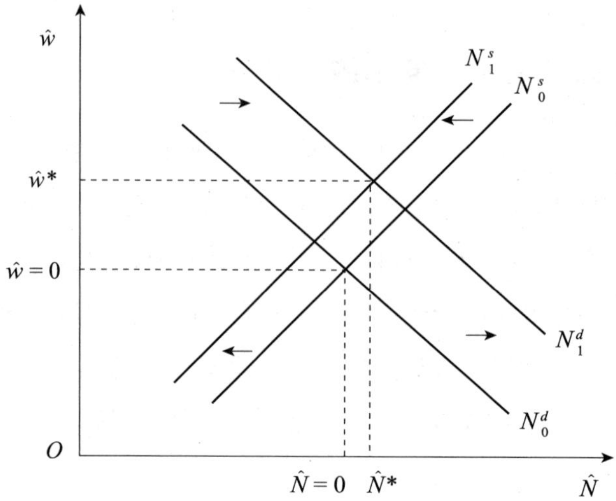

图 14.4　在对数线性化的基本的 RBC 模型中，永久性 TFP 冲击后劳动市场的反应

起初上升，而后沿着鞍点路径下降到原始稳态。因此，劳动供给曲线在最初期的变化非常小。但是，劳动供给曲线在一期内上升，导致工资率提高和工时增加。相比永久性冲击情形，暂时性冲击情形下工时受到的影响更大。因此，在暂时性冲击情形下，对产出的初始影响也要大于永久性冲击情形。因为初始产出上升，而消费变化不大，故初始投资必然上升。这一上升的幅度也大于永久性冲击情形。利率受到影响必定下降，因为消费预期会下降。而后，它将增长至稳态水平。

□ 14.2.7　持久性的效应和对 RBC 模型的批评

如上文所述，TFP 冲击的持续性发挥了重要作用。在图 14.5 和图 14.6 中，我们考虑了 TFP 冲击不同持续性数值下的脉冲响应函数。① 这些图表明，当 TFP 冲击的持久性更强时，消费和实际工资受影响后增加得更多，但工时、投资和产出受影响后增加得更少。从图中可以看出，RBC 模型缺乏放大和传播机制，因为其对产出的影响效应很小，且产出没有呈现出一个驼峰形的响应（Cogley and Nason，1995）。产出的响应基本上遵循与 TFP 冲击相同的形状。最近很多经济周期研究试图通过引入各种新元素来扩展基本的 RBC 模型，从而提供一种放大和传播机制。这些扩展可以克服前面提出的一些局限性。

---

① Matlab 和 Dynare 代码分别为 RBCrho.m 和 rbc2.mod。

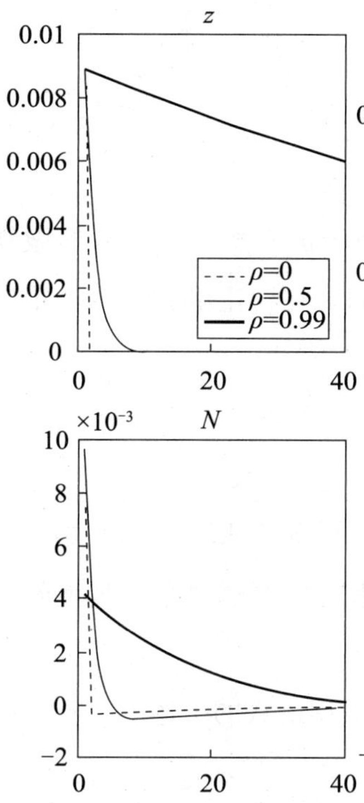

图 14.5　对于不同持续性水平，TFP 冲击的脉冲响应的比较（1）

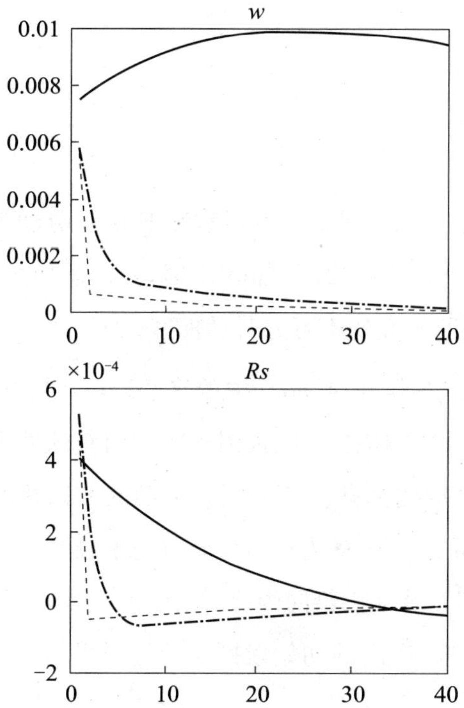

图 14.6　对于不同持续性水平，TFP 冲击的脉冲响应的比较（2）

14.3 基本的 RBC 模型的扩展

基本的 RBC 模型已经在许多方面得到了扩展。由于该模型具有明确的微观基础，因此可以从偏好侧和技术侧对模型进行扩展。我们现在讨论沿着这两个维度的一些扩展。

□ 14.3.1 各种效用函数

在基本的 RBC 模型中，我们采用了 King、Plosser 和 Rebelo（1988）中那一类模型（KPR 类模型）的一个效用设定。现在我们考虑这一类模型中的其他效用设定。我们也会考虑 KPR 类模型之外的其他效用模型。

KPR 效用 方程(14.5) 和方程（14.6）中 KPR 效用函数的下述形式在文献中被广泛采用：

$$u(c,n)=\frac{[c(1-n)^{\chi}]^{1-\gamma}}{1-\gamma} \tag{14.38}$$

和

$$u(c,n)=\ln c-\chi\frac{n^{1+\nu}}{1+\nu}, \tag{14.39}$$

其中，χ、γ 和 $1/\nu$ 分别代表闲暇的效用权重、相对风险规避系数和 Frisch 劳动供给弹性。当 $\gamma=1$ 时，方程（14.38）退化为方程（14.22）。当 $\nu=0$ 时，方程（14.39）即为 Hansen（1985）和 Rogerson（1988）所研究的不可分劳动模型。

利用之前的校准策略，我们仍然可得出方程（14.38）中的 $\chi=1.75$。图 14.7 描绘了方程（14.38）中 γ 在不同取值下的脉冲响应。[①] 这张图表明，消费的冲击效应随着 γ 的增长而增长，因为家庭想要更平滑的消费。这表明，劳动的初始跳跃随着 γ 的下降而下降。直觉如下：当 TFP 增加时，劳动需求右移，且与 γ 独立；当消费增加时，劳动供给左移。消费增加得越多，劳动供给向内移动的幅度越大，因此，均衡工时响应越小，而工资响应越大。最终，产出的初始跳跃会更小。此外，当 γ

① Matlab 和 Dynare 代码分别为 RBCgamma.m 和 rbc3.mod。

更大时，股票回报、无风险利率和资本租金率的初始跳跃也都更小。此图表明，γ 越小，则与数据匹配得更好。然而，微观证据显示 γ 约为 2。

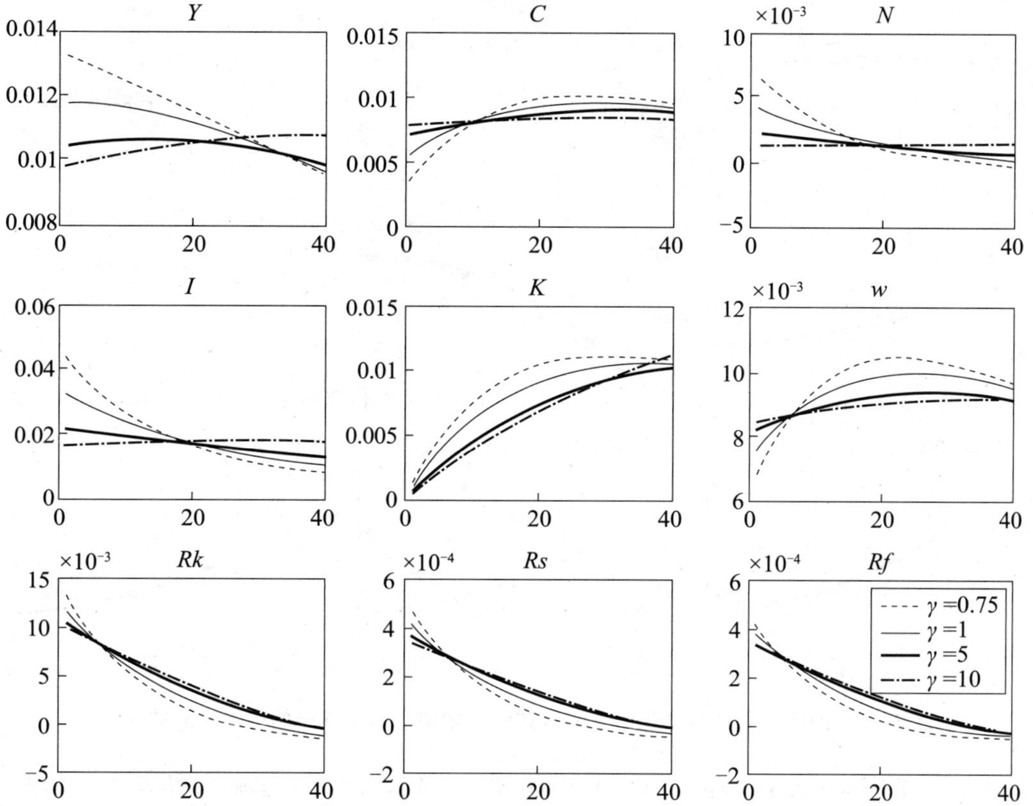

图 14.7　对于不同的风险规避参数值，TFP 冲击的脉冲响应的比较

图 14.8 描绘了方程（14.39）中不同 ν 取值下的脉冲响应。① 注意，当我们改变 ν 时，我们必须重新校准模型，从而确定 ν，因为稳态会随着 ν 变化。图 14.8 表明，不可分劳动模型（$\nu=0$）带来了更大的产出、工时和投资的冲击效应。工资的初始跳跃也更小。因此，不可分劳动模型在改进模型表现方面是非常有用的。

GHH 效用　Greenwood、Hercowitz 和 Huffman（1988）提出了以下效用形式：

$$u(c,n)=U[c-G(n)] \tag{14.40}$$

其中，U 和 G 满足通常的假设。这个效用函数意味着劳动供给决策由下式决定：

$$G'(n)=w$$

① Matlab 和 Dynare 代码分别为 calibration2.m 和 RBCnu.m、rbc4.mod。

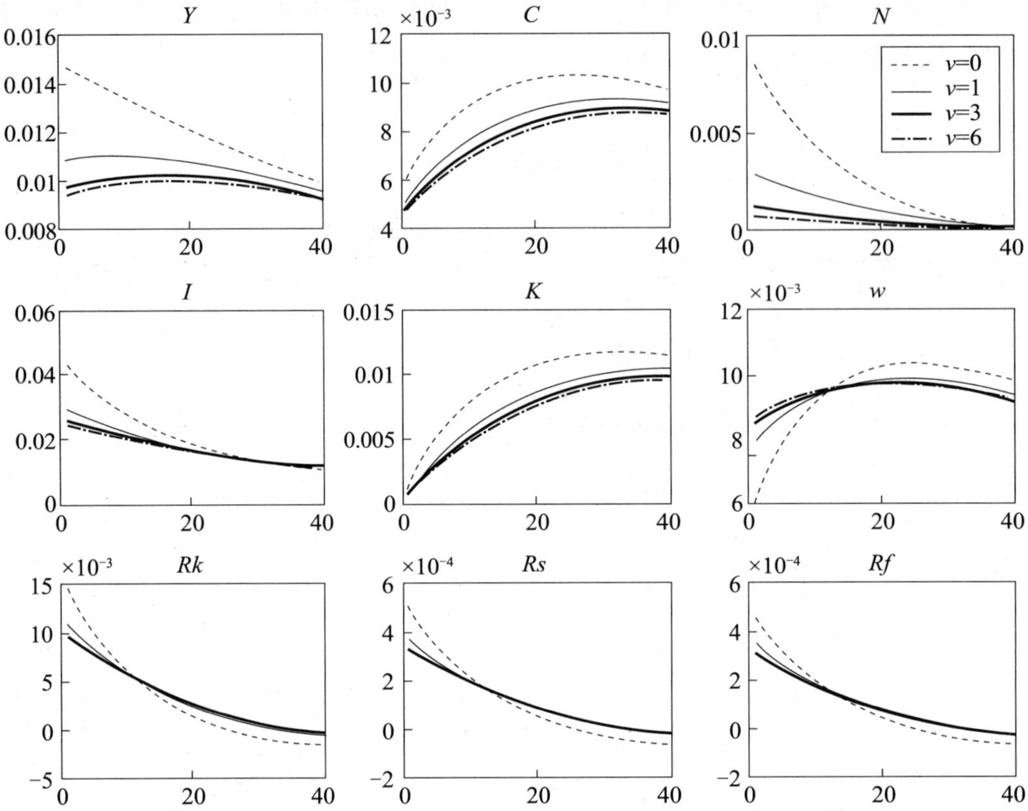

图 14.8　对于不同的劳动供给 Frisch 弹性参数值，TFP 冲击的脉冲响应的比较

与 King、Plosser 和 Rebelo（1988）中的效用不同，消费不影响劳动供给。因此，在决定劳动供给过程时不存在财富效应或跨期替代效应。劳动需求的转移决定了工时和工资的变化。

习惯形成　习惯形成模型的思想是人们从当前的消费（相对于过去的消费）中获得效用。习惯形成有助于弥补永久收入假说中一些实证上的缺陷。例如，习惯形成可以帮助解决“超平滑”难题，因为随着习惯形成水平变得越来越高，作为对永久收入信息的反应，消费的跳跃就越小。习惯形成在解决股权溢价之谜方面也很有用。高水平的习惯形成使人们表现得如同极端的风险规避者，因此可以帮助解释一大部分股权溢价，而不必求助于非常大的相对风险厌恶系数。

存在几种不同的习惯形成类型。这里我们考虑宏观经济学中广泛使用的内部习惯模型：

$$E\sum_{t=0}^{\infty}\beta^t[\ln(C_t-bC_{t-1})+\chi\ln(1-N_t)]$$

其中，b 为习惯参数。在这种情况下，消费的边际效用为

$$\Lambda_t = \frac{1}{C_t - bC_{t-1}} - \beta b E_t \frac{1}{C_{t+1} - bC_t}$$

为了研究习惯形成的影响，我们重新校准模型并给出 b 取不同值下的脉冲响应函数，如图 14.9 所示。①

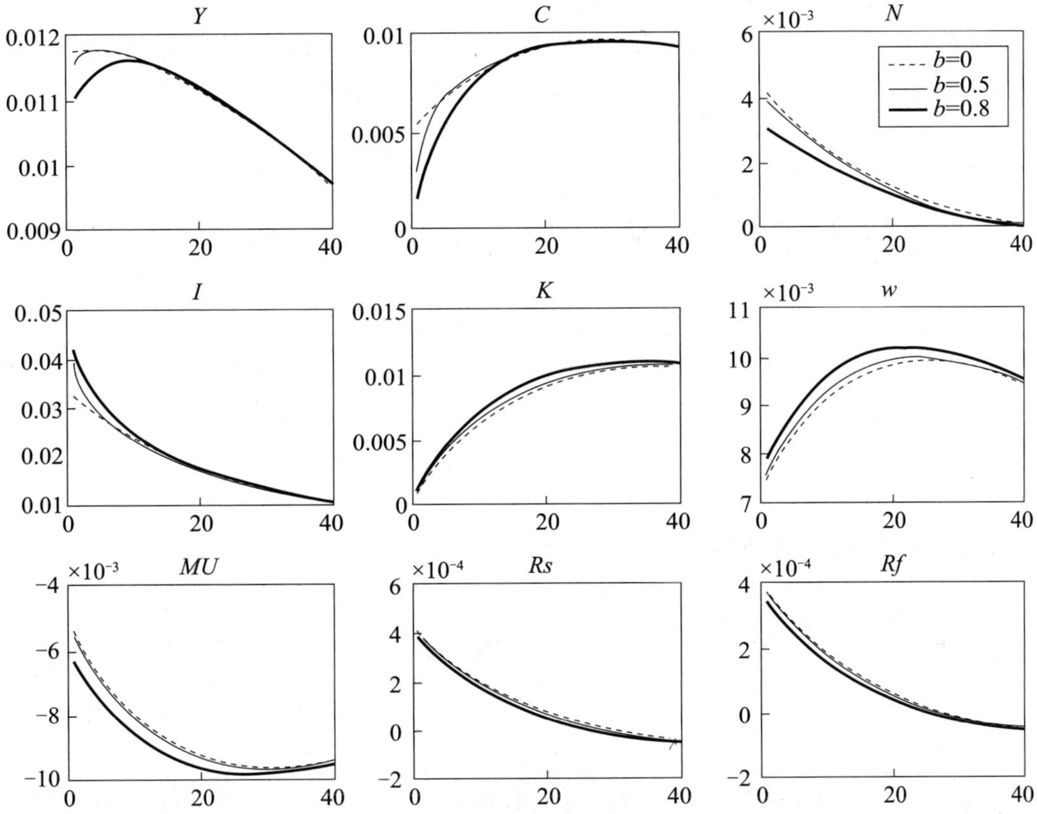

图 14.9　对于不同的习惯形成参数值，TFP 冲击的脉冲响应的比较

如图 14.9 所示，高水平的习惯形成使产出、消费和工时的初始响应很小，但使投资的初始响应很大。直觉告诉我们，家庭关心的是过去的消费。消费的初始调整更迟滞，但当习惯形成的水平更高时，边际效用的下降幅度就更大。因此，当 b 更大时，劳动供给的负向财富效应会更大。习惯形成在放大方面没有用处。不过，习惯形成有助于产生传播。例如，对于 $b=0.8$ 的情况，消费和产出的响应都是驼峰形。图 14.9 也表明，仅有习惯形成并不会助力于产生巨大的股权溢价，因为股票回

① Matlab 和 Dynare 代码分别为 calibration3.m 和 RBChabit.m、rbc5.mod。

报和利率的脉冲响应对于 $b=0$、0.5 和 0.8 的情形区别不大。下面我们将发现，引入调整成本是很重要的。

□ 14.3.2 产能利用

基本的 RBC 模型缺乏放大机制。由于资本是前定的，因此，产出之所以开始可以跳跃是由于 TFP 和劳动跳跃。产能利用的想法是允许资本使用的强度随着 TFP 冲击的变化而变化。高产能利用的成本是使资本折旧得更快。假设资本折旧对产能利用的依赖关系为

$$\delta(u_t)=\delta_0 u_t^{\delta_1},\quad \delta_0>0,\quad \delta_1>1$$

其中，$u_t>0$ 表示产能利用率，曲率参数 δ_1 决定了产能利用的强度。资本积累方程变为

$$K_{t+1}=[1-\delta(u_t)]K_t+I_t$$

令生产函数为

$$Y_t=z_t(K_t u_t)^{\alpha}N_t^{1-\alpha}$$

由社会计划者问题，我们可推得一阶条件为

$$u'(C_t)=\beta E_t u'(C_{t+1})\left[1-\delta(u_{t+1})+\frac{\alpha Y_{t+1}}{K_{t+1}}\right]$$

$$\delta'(u_t)=\frac{\alpha Y_t}{K_t u_t}$$

在家庭拥有资本的分散均衡中，我们假设家庭出租资本 $u_t K_t$ 给企业，租金率为 R_{kt}。企业需求的资本与劳动由以下问题解出：

$$\max_{k_t,n_t} z_t k_t^{\alpha} n_t^{1-\alpha}-R_{kt}k_t-w_t n_t$$

均衡时，$k_t=K_t u_t$，$n_t=N_t$。然后我们可得到

$$R_{kt}=\frac{\alpha Y_t}{K_t u_t}$$

家庭选择最优产能利用，以达到

$$\delta'(u_t)=R_{kt} \tag{14.41}$$

额外一单位资本利用的边际收益为租金率 R_{kt}，边际成本则为 $\delta'(u_t)$。为了校准模

型，我们可以假设稳态产能利用率等于 1。我们可以使用方程（14.41）确定 $\delta_0\delta_1$。令 $\delta_0=0.025$。然后，我们可确定 δ_1。

□ 14.3.3 资本或投资调整成本

如果没有投资摩擦，与企业层面的经验证据相比，投资对收益率冲击的反应将过于强烈。改进模型表现的一个自然方法是引入凸的调整成本。这些成本对于产生资产价格的变动非常重要，因此对于理解资产定价现象非常有用。在存在金融摩擦的模型中，资产价格的变化也提供了一种传播机制。现在我们在基本的 RBC 模型中引入凸的调整成本。

一般有两种方法模型化凸的调整成本：首先，资本存量的变化带来成本。这些调整成本可以模型化为投资的非线性函数。资本存量也通常被引入此函数。我们在第 8.6.2 节的局部均衡中已经给出了这种建模方式。其次，投资的变化带来成本。这些调整成本可以模型化为投资变化的非线性函数。对于这两种建模方法，我们可以通过两种方式引入调整成本：第一种方式，调整成本直接减少利润，因此在一般均衡下代表产出损失；第二种方式，调整成本进入资本积累方程，意味着一单位的投资不一定增加一单位的资本存量。

我们从通常的情形开始，即调整成本是投资和资本的函数。我们把 Hayashi (1982) 的 Q 理论拓展到一般均衡。假定调整成本改变了资本积累方程，

$$K_{t+1}=(1-\delta)K_t+\Phi(I_t,K_t) \tag{14.42}$$

其中，Φ 为调整成本函数，满足 $\Phi_I<0$ 和 $\Phi_{II}<0$。在应用中通常取如下形式：

$$\Phi(I,K)=\varphi\left(\frac{I}{K}\right)K \tag{14.43}$$

其中，$\varphi''<0$，$\varphi(\delta)=\delta$，$\varphi'(\delta)=1$，$\varphi''(\delta)=\kappa$。这一假设确保了：在非随机稳态时投资率为 $I/K=\delta$，$Q=1$，以及参数 κ 控制了投资对冲击的动态反应。在对数线性化解中，参数 κ 并不影响非随机稳态，且不要求特定的函数形式。

首先我们求解社会计划者问题

$$\max_{\{C_t,N_t,I_t,K_{t+1}\}} E\sum_{t=0}^{\infty}\beta^t u(C_t,N_t)$$

满足方程（14.42）和资源约束

$$C_t+I_t=z_tF(K_t,N_t) \tag{14.44}$$

其中，效用函数 u 和生产函数 F 满足通常的平滑和凹性假设。一阶条件如下：

$$\begin{aligned}
&C_t:u_C(C_t,N_t)=\Lambda_t\\
&N_t:-u_N(C_t,N_t)=\Lambda_t z_t F_N(K_t,N_t)\\
&I_t:Q_t\Phi_I(I_t,K_t)=1\\
&K_{t+1}:\Lambda_tQ_t=\beta E_t\Lambda_{t+1}\{z_{t+1}F_K(K_{t+1},N_{t+1})+Q_{t+1}[1-\delta+\Phi_K(I_{t+1},K_{t+1})]\}
\end{aligned} \tag{14.45}$$

其中，$\beta^t\Lambda_tQ_t$ 和 $\beta^t\Lambda_t$ 分别为与方程（14.42）和方程（14.44）相关的 Lagrange 乘子。

转向分散市场均衡，我们考虑三种类型的分散均衡。首先，当家庭拥有资本且进行投资时，代表性家庭的问题如下：

$$\max_{\{C_t,N_t,I_t,K_{t+1}\}} E\sum_{t=0}^{\infty}\beta^t u(C_t,N_t)$$

满足方程（14.42）和

$$C_t+I_t=R_{kt}K_t+w_tN_t \tag{14.46}$$

一阶条件为

$$\begin{aligned}
&C_t:u_C(C_t,N_t)=\Lambda_t\\
&N_t:-u_N(C_t,N_t)=\Lambda_t w_t\\
&I_t:Q_t\Phi_I(I_t,K_t)=1\\
&K_{t+1}:\Lambda_tQ_t=\beta E_t\Lambda_{t+1}\{R_{k,t+1}+Q_{t+1}[1-\delta+\Phi_K(I_{t+1},K_{t+1})]\}
\end{aligned}$$

其中，$\beta^t\Lambda_tQ_t$ 和 $\beta^t\Lambda_t$ 分别为与方程（14.42）和方程（14.46）有关的 Lagrange 乘子。

企业问题为

$$\max_{K_t,N_t} z_tF(K_t,N_t)-R_{kt}K_t-w_tN_t \tag{14.47}$$

一阶条件为

$$R_{kt}=z_tF_K(K_t,N_t),\quad w_t=z_tF_N(K_t,N_t)$$

然后，我们引入一个交易企业股票的股票市场。企业拥有资本且做投资决策。家庭问题为

$$\max_{\{C_t,N_t,I_t,K_{t+1}\}} E\sum_{t=0}^{\infty}\beta^t u(C_t,N_t)$$

满足

$$C_t+\psi_{t+1}(V_t-D_t)+B_{t+1}=\psi_t V_t+B_t R_{ft}+w_t N_t$$

其中，V_t 表示含红利的股票价值，D_t 表示红利，R_{ft} 表示第 $t-1$ 期到第 t 期的无风险利率，ψ_t 和 B_t 则分别表示持有的股票和债券。一阶条件为

$$C_t: u_C(C_t, N_t)=\Lambda_t$$

$$N_t: -u_N(C_t, N_t)=\Lambda_t w_t$$

$$\psi_{t+1}: \Lambda_t(V_t-D_t)=\beta E_t \Lambda_{t+1} V_{t+1}$$

$$B_{t+1}: \Lambda_t=\beta E_t \Lambda_{t+1} R_{ft+1}$$

企业最优化问题为

$$V_0=\max_{\{I_t\}} E\sum_{t=0}^{\infty}\frac{\beta^t \Lambda_t}{\Lambda_0}D_t$$

满足方程（14.42）和

$$D_t=z_t F(K_t, N_t)-w_t N_t-I_t$$

一阶条件为

$$I_t: Q_t \Phi_I(I_t, K_t)=1 \tag{14.48}$$

$$K_{t+1}: \Lambda_t Q_t=\beta E_t \Lambda_{t+1}\{z_{t+1}F_K(K_{t+1}, N_{t+1}) +Q_{t+1}[1-\delta+\Phi_K(I_{t+1}, K_{t+1})]\} \tag{14.49}$$

其中，$Q_t\beta^t\Lambda_t/\Lambda_0$ 为与方程（14.42）有关的 Lagrange 乘子。方程（14.48）和方程（14.42）一起可被解释为资本供给方程，而方程（14.49）可被解释为资本需求方程。在没有资本调整成本［即 $\Phi(I, K)=I$］的情形下，$Q_t=1$，因此可知资本供给是水平的。资本需求变化改变了数量，但不改变影子价格。

与第 8.6.2 节中研究的局部均衡模型一样，Q_t 为 Tobin 边际 Q，且是不可观测的。我们想把 Q_t 与某个可观测的变量例如 Tobin 平均 Q 联系起来。下面的结果是对 Hayashi（1982）结果的推广。它的证明留作习题。

命题 14.3.1 如果 F 和 Φ 是线性齐次的，那么

$$Q_t=\frac{P_t}{K_{t+1}}=\frac{\partial P_t}{\partial K_{t+1}}$$

其中，P_t 为剔除红利的股票价值，其定义为

$$P_t=E_t\frac{\beta\Lambda_{t+1}}{\Lambda_t}V_{t+1}$$

现在，定义投资回报为

$$R_{I,t+1}=\frac{Q_{t+1}[1-\delta+\Phi_K(I_{t+1},K_{t+1})]+R_{k,t+1}}{Q_t}$$

利用上面的结果，我们能够证明股票回报与投资回报相等：

$$R_{s,t+1}=\frac{P_{t+1}+D_{t+1}}{P_t}=R_{I,t+1}$$

证明很简单。首先，我们把红利表述为

$$D_{t+1}=R_{k,t+1}K_{t+1}-I_{t+1}$$

因为 Φ 是线性齐次的，

$$\Phi(I,K)=\Phi_I I+\Phi_K K$$

使用这些方程、方程（14.45）和命题 14.3.1，我们可以证明

$$\begin{aligned}R_{s,t+1}&=\frac{P_{t+1}+D_{t+1}}{P_t}=\frac{Q_{t+1}K_{t+2}+R_{k,t+1}K_{t+1}-I_{t+1}}{Q_tK_{t+1}}\\&=\frac{Q_{t+1}(1-\delta)K_{t+1}+Q_{t+1}\Phi(I_{t+1},K_{t+1})+R_{k,t+1}-I_{t+1}}{Q_tK_{t+1}}\\&=\frac{Q_{t+1}(1-\delta)K_{t+1}+Q_{t+1}\Phi_K(I_{t+1},K_{t+1})K_{t+1}+R_{k,t+1}K_{t+1}}{Q_tK_{t+1}}\\&=\frac{Q_{t+1}[1-\delta+\Phi_K(I_{t+1},K_{t+1})]+R_{k,t+1}}{Q_t}=R_{I,t+1}\end{aligned}$$

这个结果对资产定价有用。

在第三种分散化中，我们引入资本产品生产商和资本品市场。在这种设定下，我们可以为资本存量定价。资本生产商在 t 期向家庭购买未折旧资本 $(1-\delta)K_t$，并以价格 Q_t 向其出售新资本 K_{t+1}。通过投资 I_t，新资本被生产出来。资本品生产商的问题为

$$\max_{I_t} Q_tK_{t+1}-Q_t(1-\delta)K_t-I_t$$

满足方程（14.42）。注意，资本品生产商的利润再分配给家庭。最终产品企业从家庭租用资本和雇用劳动，求解静态利润最大化问题（14.47）。家庭购买资本品、出

租资本并提供劳动。它们求解以下问题：

$$\max_{\{C_t,N_t,K_{t+1}\}} E\sum_{t=0}^{\infty}\beta^t u(C_t,N_t)$$

满足

$$C_t+Q_tK_{t+1}=Q_t(1-\delta)K_t+R_{kt}K_t+w_tN_t+\Pi_t$$

其中，Π_t 表示资本生产商的利润。

最后，我们考虑投资变化产生调整成本的情况。参考 Christiano、Eichenbaum 和 Evans（2005），我们假设资本根据下式演化：

$$K_{t+1}=(1-\delta)K_t+G(I_t,I_{t-1})$$

其中，G 表示投资调整成本，满足 $G_1>0$ 和 $G_{11}<0$。企业的一阶条件为

$$I_t:Q_tG_1(I_t,I_{t-1})+E_t\frac{\beta\Lambda_{t+1}}{\Lambda_t}Q_{t+1}G_2(I_{t+1},I_t)=1 \tag{14.50}$$

$$K_{t+1}:\Lambda_tQ_t=\beta E_t\Lambda_{t+1}[z_{t+1}F_K(K_{t+1},N_{t+1})+Q_{t+1}(1-\delta)] \tag{14.51}$$

Q_t 和 P_t 是什么关系？Q_t 可能不等于 Tobin 平均 Q。Eberly、Rebelo 和 Vincent（2011）证明了，在对数线性化系统中，我们可以用平均 Q 代替边际 Q，因此，当期投资与过去投资及 Tobin 平均 Q 有关系。

在应用中，通常使用以下形式：

$$G(I_t,I_{t-1})=\left[1-S\left(\frac{I_t}{I_{t-1}}\right)\right]I_t \tag{14.52}$$

其中，S 满足 $S''>0$，$S(1)=S'(1)=0$ 和 $S''(1)=\kappa>0$。这些假设确保了稳态投资率 I/K 等于 δ 和 $Q=1$，同时确保了参数 κ 控制投资对冲击的动态反应。在对数线性化解中，参数 κ 并不影响非随机稳态，且不要求特定函数形式。

□ 14.3.4 随机趋势

到目前为止，我们假设数据和模型都是趋势平稳的。为了引入确定性趋势，我们可以假设产出满足

$$Y_t=z_tK_t^{\alpha}(A_tN_t)^{1-\alpha}$$

其中，$A_t=g_a^tA_0$。King 等（1991）表明，许多宏观数据显示了共同的随机趋势。为

了刻画这一事实，我们假设在基本的 RBC 模型中，TFP 冲击服从随机趋势：

$$\ln z_t = \mu_z + \ln z_{t-1} + \sigma \varepsilon_t, \quad z_{-1} = 1$$

其中，μ_z 表示趋势增长，ε_t 是独立同分布的，服从标准正态分布。在这种情况下，我们需要将变量去趋势。定义剔除趋势变量 $\widetilde{X}_t = X_t / z_t^{1/(1-\alpha)}$，其中，$X_t = C_t, I_t, Y_t, w_t$。由于 K_{t+1} 在第 t 期被选择，我们定义 $\widetilde{K}_{t+1} = K_{t+1}/z_t^{1/(1-\alpha)}$。然后，我们得到剔除趋势的系统：

$$\frac{1}{\widetilde{C}_t} = E_t \frac{\beta}{\widetilde{C}_{t+1}} \exp\left(\frac{1}{\alpha-1}(\mu_z + \sigma\varepsilon_{t+1})\right)(R_{k,t+1} + 1 - \delta)$$

$$\frac{\chi \widetilde{C}_t}{1-N_t} = \widetilde{w}_t$$

$$\widetilde{C}_t + \widetilde{I}_t = \widetilde{Y}_t = \exp\left(\frac{\alpha}{\alpha-1}(\mu_z + \sigma\varepsilon_t)\right)\widetilde{K}_t^{\alpha} N_t^{1-\alpha}$$

$$\widetilde{K}_{t+1} = \exp\left(\frac{1}{\alpha-1}(\mu_z + \sigma\varepsilon_t)\right)(1-\delta)\widetilde{K}_t + \widetilde{I}_t$$

$$R_{kt} = \frac{\alpha \widetilde{Y}_t}{\widetilde{K}_t} \exp\left(\frac{1}{1-\alpha}(\mu_z + \sigma\varepsilon_t)\right)$$

$$\widetilde{w}_t = (1-\alpha)\exp\left(\frac{\alpha}{\alpha-1}(\mu_z + \sigma\varepsilon_t)\right)\widetilde{K}_t^{\alpha} N_t^{-\alpha}$$

我们可以使用校准的参数值求解这个模型。[①] Dynare 将生成剔除趋势变量的脉冲响应。为了构造原始变量的脉冲响应，我们需要转换过来，即对任意变量 x_t，均均有 $\ln x_t = \ln \widetilde{x}_t + (\ln z_t)/(1-\alpha)$。图 14.10 展示了下式对 ε_0 增长 1%的反应结果：

$$\ln x_t - \ln \widetilde{x}^{ss} = \ln \widetilde{x}_t - \ln \widetilde{x}^{ss} + \frac{\ln z_t}{1-\alpha}$$

其中，$\widetilde{x}^{ss}$ 为剔除趋势系统的稳态。

如图所示，与暂时性 TFP 冲击相比，在具有随机趋势的模型中，工时的波动要小得多。这个结论的直觉性是基于永久收入假说和我们对基本的 RBC 模型的图形分析。如果 TFP 冲击是永久性的，那么消费将增加得更多。消费增加得更多意味着劳动供给向内移动得更多，因此工时增加量变少，而实际工资增加量变多。由于工时增加量变少，产出也增长得更少。给定消费一个更大幅度的增长，投资增加得也更少。

① Matlab 和 Dynare 代码分别为 calibtrend.m 和 stochtrend2.mod。

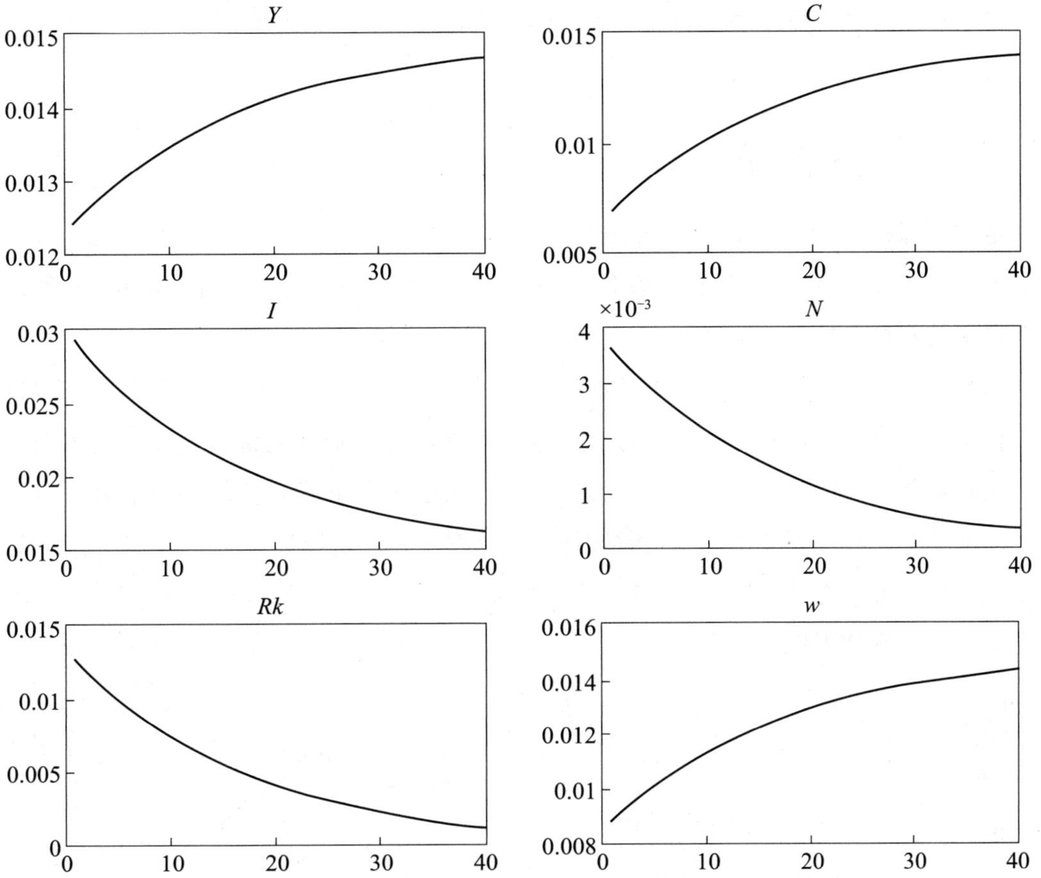

图 14.10　永久性 TFP 冲击的脉冲响应

□ 14.3.5　冲击的其他来源

RBC 理论的主要发现在于，技术冲击是经济周期的推动力。最近，研究者发现其他冲击也发挥着重要作用。我们现在考察一些被广泛研究的冲击。

投资特有技术冲击　Greenwood、Hercowitz 和 Krusell（1997）发现，投资特有技术变革是经济增长的主要来源。这表明，它可能对短期波动也很重要。Fisher（2006）发现，投资特有技术冲击和 TFP 冲击一起解释了产出和工时在经济周期频率下 40%～60%的波动。现在我们在基本的 RBC 模型中引入投资特有技术冲击。我们把资本运动规律方程（14.24）替换为

$$K_{t+1}=(1-\delta)K_t+v_tI_t$$

其中，v_t 服从以下过程：

$$\ln v_t=(1-\rho_v)\ln\bar{v}+\rho_v\ln v_{t-1}+\sigma_v\varepsilon_{vt}$$

考虑家庭拥有资本和进行投资决策的分散化经济。然后，我们有

$$I_t: Q_t=\frac{1}{v_t}$$

$$K_{t+1}: Q_t \Lambda_t=\beta E_t \Lambda_{t+1}[R_{k,t+1}+(1-\delta) Q_{t+1}]$$

其他方程保持不变。这里资本价格等于 $1/v_t$。令 $v=1$，$\rho_v=0.90$，$\sigma_v=0.01$，$\rho=0.95$，$\sigma=0.01$。其他参数值与基本的 RBC 模型一样。图 14.11 展示了对 TFP 冲击和投资特有技术冲击的脉冲响应。①

如图所示，在投资特有技术冲击的影响下，消费、工资、劳动生产率和资本价格皆下降。直觉上，正向的投资特有技术冲击降低了投资品的价格，并提高了消费品的相对价格。因此，消费下降，投资上升。由于消费下降，劳动供给上升，但劳动需求不变。故受到冲击时，工时增加，工资率下降。这导致劳动生产率随之下降。综上，把投资特有技术冲击和 TFP 冲击结合在一起有助于模型与数据中劳动生产率和实际工资率的周期性匹配。

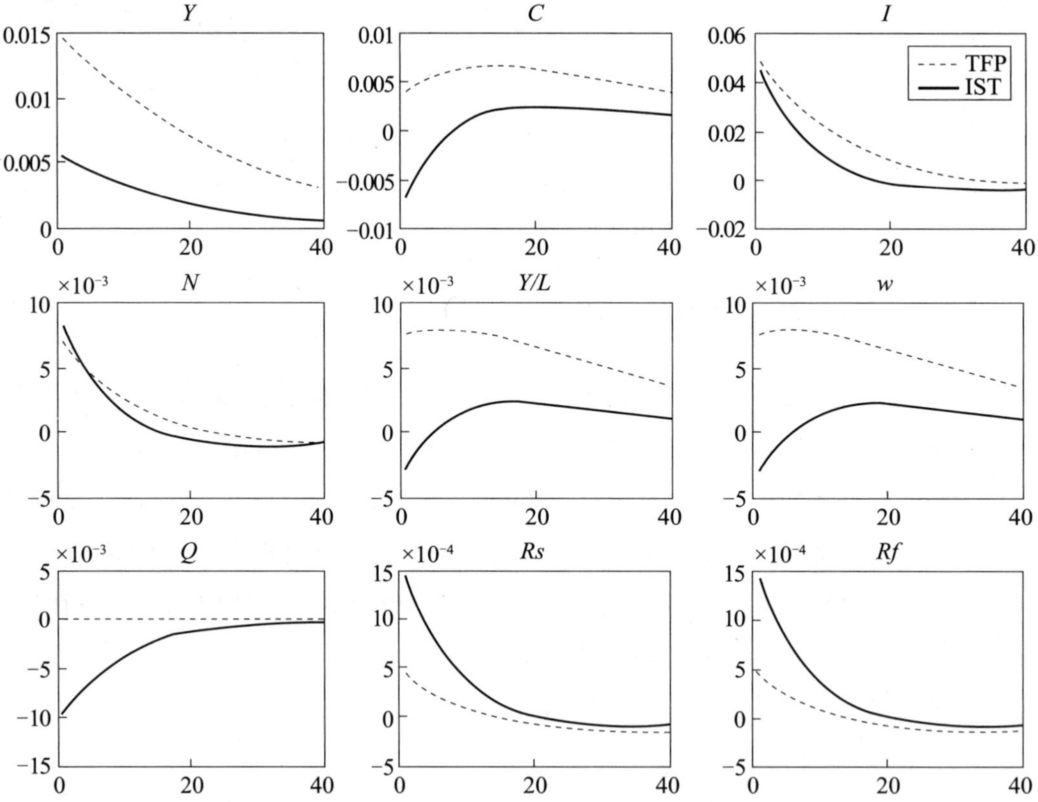

图 14.11　TFP 冲击和投资特有技术（IST）冲击的脉冲响应

① Matlab 和 Dynare 代码分别为 RBCINshock.m 和 calibration.m、rbc6.mod。

政府支出冲击 现在我们在基本的RBC模型中引入政府。假定用一揽子税为政府支出 G_t 提供融资。资源约束变为

$$C_t+I_t+G_t=z_tK_t^{\alpha}N_t^{1-\alpha}$$

其中，G_t 服从过程

$$\ln G_t=(1-\rho_g)\ln\overline{G}+\rho_g\ln G_{t-1}+\sigma_g\varepsilon_{gt}$$

我们重新校准模型，使得政府支出在非随机稳态中占产出的比例为20%。图14.12展示了在不同的持续性水平（ρ_g）下经济变量对政府支出增长1%的脉冲响应。①

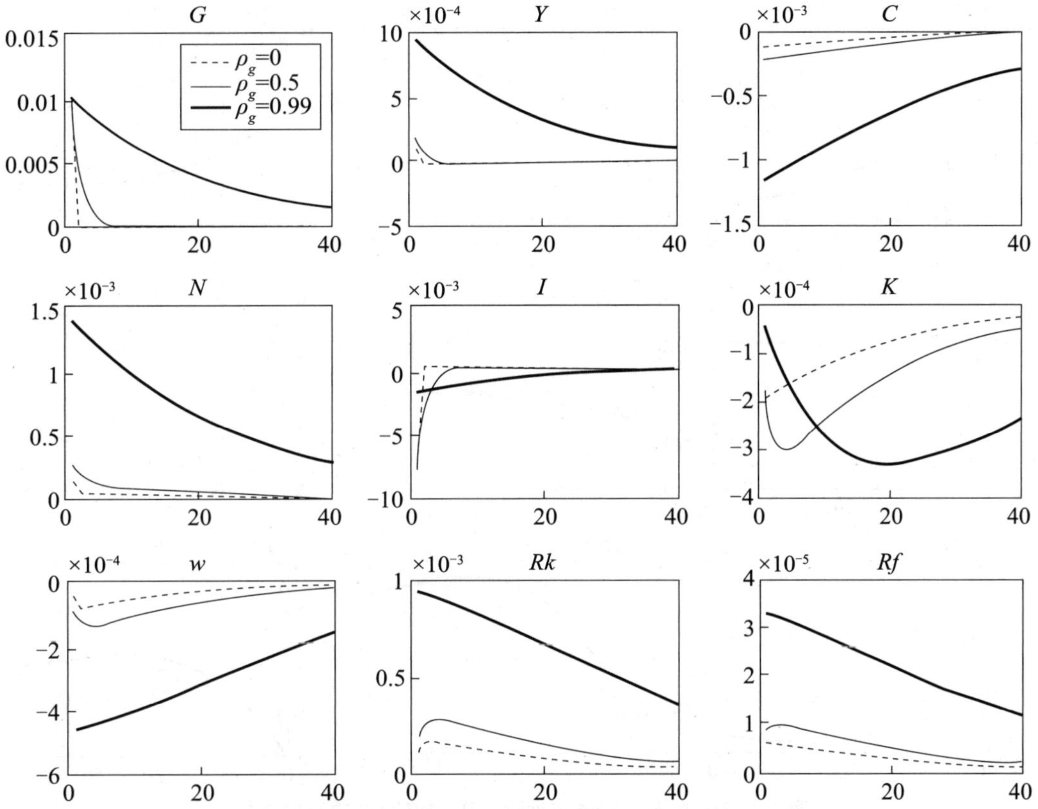

图14.12 在不同的持续性水平下政府支出冲击的脉冲响应

如图所示，由于财富效应，消费和投资下降。但因为劳动供给增加，工时随之增加。因此，产出也会随之增加。持续性水平越高，对产出、消费和工时的影响就越大，但对投资的影响越小。

偏好冲击 最后，我们引入偏好冲击，此时效用函数为

① Matlab和Dynare代码分别为RBCrhog.m和calibgov.m、rbc7.mod。

$$E\sum_{t=0}^{\infty}\beta^t\varphi_t[\ln C_t+\chi\ln(1-N_t)]$$

其中，偏好冲击 φ_t 服从过程

$$\ln\varphi_t=\rho_p\ln\varphi_{t-1}+\sigma_p\varepsilon_{pt}$$

图 14.13 给出了在不同的持续性水平下正向的 1%的偏好冲击的脉冲响应。① 结果表明，偏好冲击的持续性水平越高，消费的初始增长幅度就越小，但工时、投资和产出的初始下降幅度就越大。直觉是，持续性水平更高的偏好冲击会导致更平滑的消费路径。因此，劳动供给的财富效应就更小。

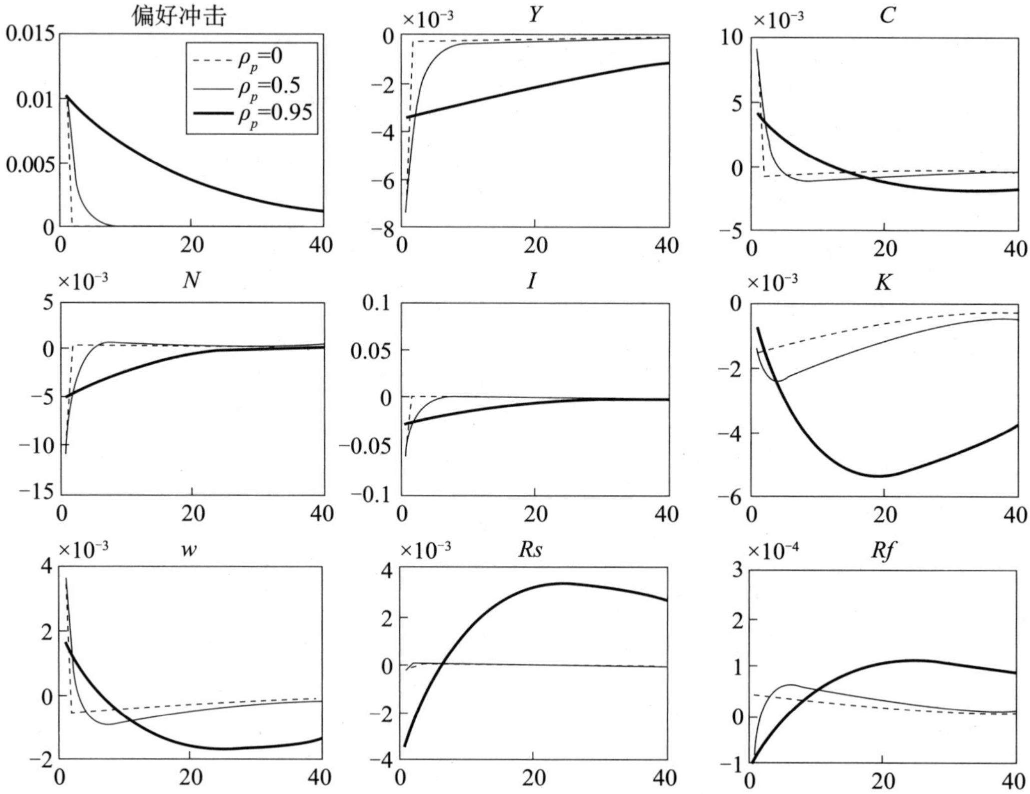

图 14.13　在不同的持续性水平下偏好冲击的脉冲响应

14.4　习题

1. 使用 Arrow-Debreu 框架给出第 14.1.2 节的模型。使用家庭拥有资本和做投

① Matlab 和 Dynare 代码分别为 RBCpref.m 和 calibration.m、rbc8.mod。

资决策的市场安排再次给出模型。证明这两种模型与第 14.1.2 节的模型产生相同的分配。

2. 推导出第 14.1.2 节模型的稳态均衡。

3. 校准产能利用模型，并使用 Dynare 求解。绘制在参数 δ_0 和 δ_1 取不同值的情况下对 TFP 的一个正向的 1% 冲击的脉冲响应图。

4. 证明命题 14.3.1。

5. 证明带有资本调整成本的三种分散化模型产生相同的分配。

6. 假设风险中性偏好。推导有方程（14.43）中的资本调整成本和方程（14.52）中的投资调整成本的模型的投资动态的对数线性化形式。讨论其差异。

7. 校准有方程（14.43）中的资本调整成本或者方程（14.52）中的投资调整成本的两个 RBC 模型。使用 Dynare 求解这两个模型，绘制对于不同曲率参数值 κ 下对 TFP 的一个正向的 1% 冲击的脉冲响应图。

第 15 章　用 Dynare 对 DSGE 模型进行 Bayes 估计

本章目标

有几种不同的正式或者非正式计量方法可以定量地评估 DSGE 模型：Kydland 和 Prescott（1982）提出了校准方法，这种方法在有关实际经济周期的早期文献中占主导地位；Christiano 和 Eichenbaum（1992）使用了广义矩估计来估计均衡关系；Rotemberg 和 Woodford（1997）与 Christiano、Eichenbaum 和 Evans（2005）使用了基于 VAR 和 DSGE 模型脉冲响应函数区别的最小距离估计方法；Altug（1989）、McGrattan（1994）、Leeper 和 Sims（1994）以及 Kim（2000）采用了完全信息似然估计方法；Ireland（2004）发展了一种把 DSGE 模型与 VAR 方法相结合的混合方法。关于方法论问题的讨论，读者可以参考 Kydland 和 Prescott（1996）、Hansen 和 Heckman（1996）以及 Sims（1996）。

在本章，我们集中讨论 DSGE 模型的 Bayes 估计。与其他方法相比，这种方法有几个优势：第一，与 GMM 估计基于像消费 Euler 方程的均衡关系不同，Bayes 分析基于系统和把求解的 DSGE 模型与总时间序列向量相拟合；第二，估计基于

DSGE 模型生成的似然函数，而不是基于像 DSGE 模型反应和 VAR 脉冲响应的偏离；第三，在最大似然方法中，最大化似然函数是有挑战性的，相对而言，在 Bayes 方法中计算后验分布更容易；第四，可以用先验分布把额外信息合并到参数估计中。

关于 DSGE 模型 Bayes 估计的入门书籍，我们建议读者参考 An 和 Schorfheide（2007）、DeJong 和 Dave（2007），以及 Fernández-Villaverde（2010）。

15.1 Bayes 估计的原理

假设我们想要估计某个集合 Θ 中的参数向量 θ。令先验密度是 $p(\theta)$。计量经济学家观测到数据 $Y^T=\{y_1,y_2,\cdots,y_T\}$。似然密度是给定参数 θ 的情况下数据 Y^T 的密度：

$$p(Y^T|\theta)=p(y_1|\theta)\prod_{t=2}^{T}p(y_t|Y^{t-1},\theta)$$

参数的似然函数为

$$L(\theta;Y^T)\equiv p(Y^T|\theta)$$

最大似然估计方法就是寻找最大化似然函数 $L(\theta;Y^T)$ 的参数值。

利用 Bayes 法则，我们可以计算后验概率：

$$p(\theta|Y^T)=\frac{p(Y^T,\theta)}{p(Y^T)}=\frac{p(Y^T|\theta)p(\theta)}{\int p(Y^T|\theta)p(\theta)\mathrm{d}\theta}$$

定义后验核 $\mathcal{K}(\theta|Y^T)$ 为

$$p(\theta|Y^T)\propto p(Y^T|\theta)p(\theta)\equiv\mathcal{K}(\theta|Y^T)$$

Bayes 方法就是选择参数值最大化后验密度 $p(\theta|Y^T)$ 或者后验核 $\mathcal{K}(\theta|Y^T)$。

利用最大似然方法或者 Bayes 方法的困难是似然函数通常没有解析解。Bayes 分析也涉及参数函数 $h(\theta)$ 的条件分布的计算：

$$E[h(\theta)|Y^T]=\int h(\theta)p(\theta|Y^T)\mathrm{d}\theta \tag{15.1}$$

这通常需要数值积分。为了采用 Bayes 方法，我们使用滤波来评估似然函数。然后，我们利用 Markov 链 Monte Carlo（MCMC）方法，比如第 5.2.3 节介绍的 Metropolis-Hastings 算法模拟后验核。

现在我们使用例子来解释 Bayes 估计。这个例子表明，Bayes 估计本质上介于校准和最大似然估计之间。假定数据生成过程为

$$y_t=\mu+\varepsilon_t$$

其中，$\varepsilon_t \sim N(0,1)$ 是 Gauss 白噪声。我们想利用数据样本 Y^T 估计参数 μ。我们可以计算似然密度

$$p(Y^T|\mu)=(2\pi)^{-T/2}\exp\left[-\frac{1}{2}\sum_{t=1}^{T}(y_t-\mu)^2\right]$$

然后，我们得到极大似然估计

$$\hat{\mu}_{ML}=\frac{1}{T}\sum_{t=1}^{T}y_t$$

它是样本均值。

假定先验分布是均值为 μ_0、方差为 σ_μ^2 的 Gauss 分布。然后，后验核为

$$(2\pi\sigma_\mu^2)^{-T/2}\exp\left[-\frac{1}{2\sigma_\mu^2}(\mu-\mu_0)^2\right](2\pi)^{-T/2}\exp\left[-\frac{1}{2}\sum_{t=1}^{T}(y_t-\mu)^2\right]$$

因此，Bayes 估计为

$$\hat{\mu}_{BE}=\frac{T\hat{\mu}_{ML}+\sigma_\mu^{-2}\mu_0}{T+\sigma_\mu^{-2}}$$

它是先验均值和极大似然估计的线性组合。当我们没有先验信息（即 $\sigma_\mu^2\to\infty$）时，Bayes 估计收敛于极大似然估计。如果我们确定先验校准值是真实值（即 $\sigma_\mu^2\to 0$），那么 $\hat{\mu}_{BE}\to\mu_0$。

15.2 DSGE 模型的 Bayes 估计

像在第 2.5 节所讨论的那样，DSGE 模型的均衡系统经常可以概括在非线性系统（2.34）中。如果我们分别用 M^+ 和 M^- 代表抽取变量 $y_t^+=M^+y_t$ 和 $y_t^-=M^-y_t$

的矩阵，那么我们可以把系统重新写为

$$E_t f(y_{t-1}, y_t, y_{t+1}, \varepsilon_t)=0 \tag{15.2}$$

把解写为

$$y_t = g(y_{t-1}, \varepsilon_t)$$

这里在不混淆的情况下我们仍然使用记号 f 和 g。在这些方程里，ε_t 是均值为 0、方差为常数的外生 IID 冲击向量，y_t 是均衡变量和外生状态向量。我们的目标是估计模型的结构参数向量 θ。Bayes 估计通常包括以下几步。

□ 15.2.1 数值解和状态空间表达

第一步是在给定参数值 θ 的情况下求决策规则的数值解：

$$y_t = g(y_{t-1}, \varepsilon_t; \theta) \tag{15.3}$$

这个方程也称为转移方程。我们可以利用很多数值方法求解这个模型。为了估计的需要，我们需要平衡速度和精确度。线性化和对数线性化是使用最广泛的方法。扰动方法经常用来推导非线性解。

并不是 y_t 中的所有变量都是可观测的。可观测向量 y_t^* 是 y_t 的子集。我们把它与 y_t 的关系写为可测方程

$$y_t^* = h(y_t, v_t; \theta) \tag{15.4}$$

其中，v_t 是可观测变量的冲击向量，就像测量误差。我们假定 v_t 和 ε_t 是独立的。

即使转移方程通常是唯一的，测量方程也依赖于挑选的可观测变量，它容许很多自由度。例如，可以假设我们观测工资或者观测劳动时间（甚至假设我们观测到两个序列），因为模型关于这两个变量有预测能力。唯一的限制是我们只能选择小于模型冲击（ε_t 和 v_t）个数的序列个数。否则，模型将是一阶随机奇异的。就是说，额外的可观测变量将是其他变量的确定函数，似然比将会以概率 1 为负无穷。

通常，研究者应当集中于他们发现对于其模型而言释放了较多信息的时间序列。例如，为了研究货币政策对于产出和投资的效应，联邦基金利率、产出和投资应当被包括进来，但是，除非关注劳动市场，否则关于失业的数据是没用的。

给定方程（15.3），我们可以计算密度 $p(y_t \mid y_{t-1}, \theta)$。给定方程（15.4），我们可以计算密度 $p(y_t^* \mid y_t, \theta)$。而且，我们可以推导

$$y_t^* = h(y_t, v_t; \theta) = h(g(y_{t-1}, \varepsilon_t; \theta), v_t; \theta)$$

因此，我们可以计算密度 $p(y_t^* | y_{t-1}, \theta)$。

□ 15.2.2 评估似然函数

下一步是计算似然密度

$$\begin{aligned} p(\Upsilon^{*T} | \theta) &= p(y_t^* | \theta) \prod_{t=2}^{T} p(y_t^* | \Upsilon^{*t-1}, \theta) \\ &= \int p(y_1^* | y_1, \theta) p(y_1, \theta) \mathrm{d}y_1 \\ &\quad \times \prod_{t=2}^{T} \int p(y_t^* | \Upsilon^{*t-1}, y_t, \theta) p(y_t | \Upsilon^{*t-1}, \theta) \mathrm{d}y_t \end{aligned}$$

注意 $p(y_t^* | \Upsilon^{*t-1}, y_t, \theta) = p(y_t^* | y_t, \theta)$。假设 $p(y_1, \theta)$ 是外生给定的。因此，我们仅仅需要计算 $\{p(y_t | \Upsilon^{*t-1}, \theta)\}_{t=1}^{T}$。

滤波理论给出了计算条件密度的步骤。首先，我们利用 Chapman-Kolmogorov 方程：

$$p(y_{t+1} | \Upsilon^{*t}, \theta) = \int p(y_{t+1} | y_t, \theta) p(y_t | \Upsilon^{*t}, \theta) \mathrm{d}y_t$$

其次，我们利用 Bayes 定理推导

$$p(y_t | \Upsilon^{*t}, \theta) = \frac{p(y_t^* | y_t, \theta) p(y_t | \Upsilon^{*t-1}, \theta)}{p(y_t^* | \Upsilon^{*t-1}, \theta)}$$

其中，

$$p(y_t^* | \Upsilon^{*t-1}, \theta) = \int p(y_t^* | y_t, \theta) p(y_t | \Upsilon^{*t-1}, \theta) \mathrm{d}y_t$$

是条件似然比。

Chapman-Kolmogorov 方程告诉我们，在给定直到今天的观测的情况下，明天状态的分布 $p(y_{t+1} | \Upsilon^{*t}, \theta)$ 等于今天的分布 $p(y_t | \Upsilon^{*t}, \theta)$ 乘以转移概率 $p(y_{t+1} | y_t, \theta)$，然后对所有可能状态取积分。因此，Chapman-Kolmogorov 方程只是给出了状态演化的预测规则。给定概率 $p(y_t^* | y_t, \theta)$，当新观测 y_t^* 到达时，Bayes 定理更新了状态分布 $p(y_t | \Upsilon^{*t-1}, \theta)$。递归地应用预测与更新，我们可以在给定初始条件 $p(y_1, \theta)$ 的情况下生成完整序列 $\{p(y_t | \Upsilon^{*t-1}, \theta)\}_{t=1}^{T}$。

这个方程的数值计算是非平凡的，因为它涉及数值积分计算。最简单的情形是线性 Gauss 的情形。然后，我们可以利用第 10.1.1 节讨论的 Kalman 滤波。我们首先利用线性或者对数线性逼近的方法求解 DSGE 模型。然后，我们得到线性状态空间表达

$$\tilde{y}_t = A(\theta)\tilde{y}_{t-1} + C(\theta)\varepsilon_t$$
$$y_t^* = G\bar{y}(\theta) + G\tilde{y}_t + v_t$$

其中，

$$E\varepsilon_t = Ev_t = 0$$
$$E\varepsilon_t\varepsilon_t' = Q(\theta)$$
$$Ev_tv_t' = V(\theta)$$

和 $\tilde{y}_t$ 代表变量 y_t 对于稳态 $\bar{y}(\theta)$ 的偏离。① 注意，决策规则或者转移方程的系数和稳态值依赖于要估计的结构参数。矩阵 G 从所有均衡变量向量 y_t 中抽取可观测变量向量。如果 ε_t 的维数小于 y_t^* 的维数，那么误差项 v_t 可以包含测量误差。

定义

$$\hat{y}_{t|t-1} = E_t[\tilde{y}_t | \Upsilon^{*t-1}], \quad P_t = E[(\tilde{y}_t - \hat{y}_{t|t-1})(\tilde{y}_t - \hat{y}_{t|t-1})' | \Upsilon^{*t-1}]$$

对于 $t=1,2,\cdots,T$，给定初始值 $\hat{y}_{1|0}$ 和 p_1，第 10.1.1 节讨论的 Kalman 滤波给出了下述递归式：

$$a_t = y_t^* - \hat{y}_{t|t-1}^* = y_t^* - G\bar{y}(\theta) - G\hat{y}_{t|t-1}$$
$$\Omega_{t|t-1} = GP_tG' + V(\theta)$$
$$K_t = A(\theta)P_tG'\Omega_{t|t-1}^{-1}$$
$$P_{t+1} = A(\theta)P_t(A(\theta) - K_tG)' + C(\theta)Q(\theta)C(\theta)'$$
$$\hat{y}_{t+1|t} = A(\theta)\hat{y}_{t|t-1} + K_ta_t$$

由 Kalman 滤波可知，我们可以计算对数似然密度

$$\begin{aligned}\ln p(\Upsilon^{*T}|\theta) &= \sum_{t=1}^{T} \ln p(y_t^* | \Upsilon^{*t-1}, \theta) \\ &= -\frac{n^* T}{2}\ln(2\pi) - \sum_{t=1}^{T} \frac{1}{2}\ln|\Omega_{t|t-1}| - \frac{1}{2}\sum_{t=1}^{T} a'_t \Omega_{t|t-1}^{-1} a_t\end{aligned}$$

① 变量 y_t 可以为水平值或者对数值。

其中，n^* 是可观测变量的个数，$a_t = \hat{y}_t - \hat{y}_{t|t-1}$是误差，$\Omega_{t|t-1}$上面已经给定。

对于预防性储蓄、风险溢价和非对称效应等经济问题，线性逼近是不够的。对于这些问题，我们必须利用非线性解方法去捕捉高阶矩的影响。在这种情况下，不能使用 Kalman 滤波，而需要使用非线性滤波。Fernández-Villaverde 和 Rubio-Ramírez（2005，2007）引入粒子滤波分析了 DSGE 模型。读者可以参考 DeJong 和 Dave（2007）。

□ 15.2.3 计算后验分布

最后一步是计算后验分布 $p(\theta|\Upsilon^{*T})$ 或者后验核 $\mathcal{K}(\theta|\Upsilon^{*T})$。因为没有 $p(\theta|\Upsilon^{*T})$ 的解释表达式，所以进行 Bayes 估计是有挑战性的。首先，我们推导 Bayes 估计。给定 θ 的参数值，我们可以利用前面的步骤计算 $p(\theta|\Upsilon^{*T})$ 或者 $\mathcal{K}(\theta|\Upsilon^{*T})$。然后，我们可以利用数值最优化方法找到后验众数 θ^m。我们可以利用这个后验众数作为参数的 Bayes 估计。我们可以利用在后验众数处取值的负的逆 Hess 矩阵估计协方差矩阵：

$$\Sigma_m = \left(-\frac{\partial^2 \ln(\kappa(\theta|\Upsilon^{*T}))}{\partial\theta\partial\theta'}\bigg|_{\theta=\theta^m}\right)^{-1} \tag{15.5}$$

更困难的部分是寻找推断和计算参数函数积分的后验概率 $p(\theta|\Upsilon^{*T})$。我们可以利用 MCMC 方法来生成 Markov 链，它的遍历分布由 $p(\theta|\Upsilon^{*T})$ 给出。然后，我们用这个链模拟和利用由这个链生成的实证分布逼近$p(\theta|\Upsilon^{*T})$。生成 Markov 链的一种有效算法是 **Metropolis-Hastings 算法**。这种算法非常通用，可以通过很多途径来实施。我们将集中于**随机漫步 Metropolis-Hastings（RWMH）算法**。这种算法是基于以下事实：在一般条件下结构参数的分布将是渐近正态的。这种算法在后验众数附近构造一个 Gauss 逼近，利用渐近协方差矩阵的成比例形式作为建议分布的协方差矩阵。这使得我们至少可以在众数的邻域内有效地考察后验分布。更精确地说，RWMH 算法执行下列步骤：

第 1 步 选择起点 θ^0，通常是后验众数，然后通过第 2 步、第 3 步和第 4 步运行一个循环。

第 2 步 从跳跃分布

$$J(\theta^* | \theta^{t-1}) = N(\theta^{t-1}, c\Sigma_m)$$

中得到提议 θ^*，其中，Σ_m 由方程（15.5）给出，c 是比例因子。

第 3 步　给定 θ^* 求模型的数值解，用 Kalman 滤波计算 $p(\theta^* | \Upsilon^{*T})$。计算接受率

$$r=\frac{p(\theta^* | \Upsilon^{*T})}{p(\theta^{t-1} | \Upsilon^{*T})}=\frac{\mathcal{K}(\theta^* | \Upsilon^{*T})}{\mathcal{K}(\theta^{t-1} | \Upsilon^{*T})}$$

第 4 步　以概率 $\min(r,1)$ 从 θ^{t-1} 跳到提议 θ^*，以剩余概率拒绝提议（即，$\theta^t=\theta^{t-1}$）。更新跳跃分布并转到第 2 步。

上述算法的直观解释如下：在第 1 步初始化之后，在第 2 步，从均值为 θ^{t-1} 的正态分布中抽取候选参数 θ^*。标量 c 是方差的比例因子，下文将会解释它的重要作用。在第 3 步，在给定 θ^* 的情况下对模型进行数值求解之后，计算接受率 r，作为在 θ^* 处取值的后验核 $\mathcal{K}(\theta^* | \Upsilon^{*T})$ 与在分布均值处取值的后验核 $\mathcal{K}(\theta^{t-1} | \Upsilon^{*T})$ 的比值。在第 4 步，决定是否保留候选参数 θ^*。如果接受率 r 大于 1，那么一定保留候选参数 θ^*；否则，以概率 $1-r$ 返回之前的候选参数 θ^{t-1}。然后，更新跳跃分布并转到第 2 步。

在重复这些步骤生成足够多的候选参数 $\theta^0,\theta^1,\cdots,\theta^n$ 之后，我们可以绘制这些候选参数的直方图并构建实证分布。此外，我们可以利用

$$E[h(\theta) | \Upsilon^{*T}]=\frac{1}{n}\sum_{i=1}^{n}h(\theta^i)$$

逼近方程（15.1）中的期望。

我们为什么要采用第 4 步的接受规则呢？原因是这个规则确保了后验分布的整个定义域都能达到。给定后验核的较低值，我们不要过快丢掉候选参数。如果跳跃是“上坡”，则我们总是接受；但是，如果跳跃是“下坡”，则应以一定的概率拒绝。当然，此步骤的一个重要参数是跳跃分布的方差，特别是比例因子 c。一方面，如果比例因子太小，接受率（在时间窗口中被接受的候选参数的比例）将过高，候选参数的 Markov 链将缓慢融合，这意味着分布将花费很长时间收敛到后验分布，因为链很可能会卡在局部最大值附近。另一方面，如果比例因子太大，接受率就会很低（因为候选参数很有可能落在概率密度低的区域），并且 Markov 链会花费过多的时间在后验分布的尾部。

在实际实施 RWMH 算法的过程中出现了一些问题：如何选择比例因子 c？什么是合意的接受率？多少候选参数比较理想？如何评估 Metropolis-Hastings 迭代的收敛性？这些都是使用 Dynare 时会出现的重要问题。

15.3 一个例子

我们以在前面章节研究的基本的 RBC 模型为例，说明如何使用 Dynare 进行 Bayes 估计。我们将模型参数值取为

$$\alpha=0.33,\ \beta=0.99,\ \delta=0.025,\ \gamma=1.75,\ \rho=0.95,\ \sigma=0.01 \tag{15.6}$$

注意，这些参数值意味着稳态工作时间为 $N=0.33$。然后，通过对数线性化，我们利用 Dynare 求解模型并在 simuldataRBC. m 文件中得到模拟数据。[①] 假设我们只观测到百分比偏差的产出数据。模型参数未知。我们的目标是利用这些数据通过 Bayes 方法来估计模型的参数。

□ 15.3.1 Dynare 代码

Dynare 代码由以下模块组成。[②] 在第一个模块，定义内生变量、外生冲击和参数：

```
%-----------------------------------------------
%  1. 定义变量
%-----------------------------------------------
var ly lc lk li lh lw Rk z;
varexo e;
parameters beta delta chi alpha rho;
```

在第二个模块，定义观测变量：

```
%-----------------------------------------------
%  2. 声明观测变量
%-----------------------------------------------
varobs ly;
```

在第三个模块，输入模型方程：

① 生成数据的 Dynare 代码是 rbcdata. mod。

② Dynare 估计代码是 rbcEST. mod 和 rbcEST2. mod。

```
%-----------------------------------------------
%   3. 模型
%-----------------------------------------------
model;
//消费 Euler 方程
(1/exp(lc)) = beta * (1/exp(lc(+1))) * (1 + alpha...
* (exp(lk)^(alpha - 1)) * exp(z(+1)) * exp(lh(+1))^(1 - alpha) - delta);
//劳动供给
chi * exp(lc)/(1 - exp(lh)) = exp(lw);
//劳动需求
exp(lw) = exp(z) * (1 - alpha) * exp(lk(-1))^alpha * exp(lh)^(-alpha);
//资源约束
exp(lc) + exp(li) = exp(ly);
//生产函数
exp(ly) = exp(z) * (exp(lk(-1))^alpha) * (exp(lh))^(1 - alpha);
//资本积累方程
exp(li) = exp(lk) - (1 - delta) * exp(lk(-1));
//资本租金率
exp(Rk) = alpha * exp(ly)/exp(lk(-1));
//TFP 冲击
z = rho * z(-1) + e;
end;
```

在第四个模块，指定稳态。在估计过程中，在参数值更新之后，Dynare 在每次优化时都重新计算了模型稳态。这一步通常需要花费大量的时间。如果可以手算或用 Matlab 程序求解稳态，效率会高得多。如果要用 Dynare 求解稳态，那么第四个模块是：

```
%-----------------------------------------------
%   4. 指定稳态
%-----------------------------------------------
initval;
  lk = 2.2;
  lc = -0.26;
```

```
  lh = -1.098;
  li = -1.44;
  ly = 0.005;
  lw = 0.7;
  Rk = -3.3;
    z = 0;
end;
```

如果手动求解稳态，正如上一章我们描述的那样，那么第四个模块如下：

```
steady_state_model;
    N = 1/3;
    KoverN = (alpha/(1/beta - 1 + delta))^(1/(1 - alpha));
    Y = (KoverN)^alpha * N;
    I = delta * KoverN * N;
    K = KoverN * N;
    C = Y - I;
    w = (1 - alpha) * K^alpha * N^( - alpha);
    Rk1 = alpha * Y/K;
    Chi = (1 - alpha) * (KoverN)^alpha * (1 - N)/C; % for KPR0 and KPR3
    ly = log(Y); lc = log(C); lk = log(K); lh = log(N); li = log(I);
    lw = log(W); Rk = log(Rk1); z = 0;
end;
```

注意，我们实际上以稳态工作时间 $N=1/3$ 为目标校准了参数 χ。在这种情况下，参数 χ 必须从要估计的参数列表中排除。在这个模块中，关键的 Dynare 命令是 steady_state_model。当模型的解析解已知时，这个命令可以帮助 Dynare 更有效、更可靠地找到稳态，特别是在更新参数值时需要重复计算稳态的估计中。这个模块的每一行由一个变量（可以是内生变量、临时变量或参数）组成，该变量被赋给一个表达式（它可以包含参数、稳态的外生变量，或者上面已经声明的任何内生或临时变量）。因此，每一行看起来像：

```
VARIABLE_NAME = EXPRESSION;
```

注意，如果右边的主函数是返回多个变量的 Matlab 函数，那么也可以同时安排多个变量：

```
[VARIABLE_NAME, VARIABLE_NAME...] = FUNCTION_NAME;
```

Dynare 将使用此模块中提供的信息自动生成稳态文件。

在第五个模块，我们给出先验分布。在 Dynare 中引入先验的一般语法如下：

```
estimated_params;
Parameter Name, PRIOR_SHAPE, PRIOR_MEAN, PRIOR_STANDARD_ERROR
[,PRIOR THIRD PARAMETER] [,PRIOR FOURTH PARAMETER];
```

表 15.1 定义了每一项。在表中，μ 是 PRIOR_MEAN，σ 是 PRIOR_STANDARD_ERROR，p_3 是 PRIOR THIRD PARAMETER（默认是 0），p_4 是 PRIOR FOURTH PARAMETER（默认是 1）。注意，当指定在 0 和 1 之间的均匀分布作为参数 α 的先验分布时，必须为 μ 和 σ 设置两个空位。例如，alpha，uniform_pdf...0,1;。我们模型的这个模块如下：

```
%------------------------------------------------------------
%  5. 声明先验
%------------------------------------------------------------
estimated_params;
   alpha, beta_pdf, 0.35, 0.02;
   beta, beta_pdf, 0.99, 0.002;
   delta, beta_pdf, 0.025, 0.003;
   chi, gamma_pdf, 1.65, 0.02;
   rho, beta_pdf, 0.9, 0.05;
   stderr e, inv_gamma_pdf, 0.01, inf;
end;
```

表 15.1　　先验分布

先验形状	分布	范围
NORMAL_PDF	$N(\mu,\sigma)$	$\mathbb{R}$
GAMMA_PDF	$G_2(\mu,\sigma,p_3)$	$[p_3,+\infty)$
BETA_PDF	$B(\mu,\sigma,p_3,p_4)$	$[p_3,p_4]$
INV_GAMMA_PDF	$IG_1(\mu,\sigma)$	$\mathbb{R}^+$
UNIFORM_PDF	$U(p_3,p_4)$	$[p_3,p_4]$

如前所述，在使用 steady_state_model 命令时不需要估计参数 χ。在这种情况

下，必须在估计模块中删除 chi 行。

在最后一个模块，进行估算。Dynare 命令是 estimation。它有许多选项。读者可以参考《Dynare 参考手册》或《Dynare 用户指南》。

```
estimation(datafile = simuldataRBC, nobs = 200, order = 1, first_obs = 500,
mh_replic = 2000, mh_nblocks = 2, mh_drop = 0.45, mh_jscale = 0.8,
mode_compute = 6) ly;
```

□ 15.3.2 Dynare 输出

Dynare 的输出由表和图组成。有两个主表。第一个表显示了在 MCMC 部分之前生成的后验最大化的结果。当所有参数估计完之后，如表 15.2 所示。在这个表中，“pstdev” 表示先验标准差。当 χ 校准到稳态时间 $N=1/3$ 时，变为表 15.3。

给定表中其他估计参数值，校准后的 χ 等于 1.757。通过以上两个表的对比可以看出，将 χ 校准为 $N=1/3$ 稳态的方法给出了更好的参数估计。

表 15.2　所有估计参数的先验结果和后验结果

	先验均值	后验众数	标准差	t 统计量	先验结果	先验标准差
α	0.350	0.328 3	0.003 8	85.347	Beta	0.020
β	0.990	0.989 6	0.000 3	3 056.29	Beta	0.002
δ	0.025	0.025 8	0.000 6	43.846	Beta	0.003
χ	1.650	1.651 3	0.005 0	328.398	Gamma	0.020
ρ	0.900	0.948 1	0.009 5	100.218	Beta	0.050
σ	0.010	0.009 6	0.000 5	20.590	invGamma	Inf

表 15.3　校准到稳态时间 $N=1/3$ 时的先验结果和后验结果

	先验均值	后验众数	标准差	t 统计量	先验结果	先验标准差
α	0.350	0.328 7	0.003 7	88.890 8	Beta	0.020
β	0.990	0.989 9	0.000 4	2 212.18	Beta	0.002
δ	0.025	0.025 9	0.000 7	38.445	Beta	0.003
ρ	0.900	0.957 3	0.014 1	67.821	Beta	0.050
σ	0.010	0.01	0.000 4	22.417	invGamma	Inf

Dynare 还提供了第二个用于展示基于 MCMC 估计结果的表，这里我们不作展示。Dynare 输出下述图：

- 先验分布。
- MCMC 单变量分析。
- 多变量分析。
- 先验结果和后验结果。
- 后验众数下的冲击。
- 可观测变量和相应的隐含值。

这里我们只展示先验结果和后验结果的图（见图 15.1）。

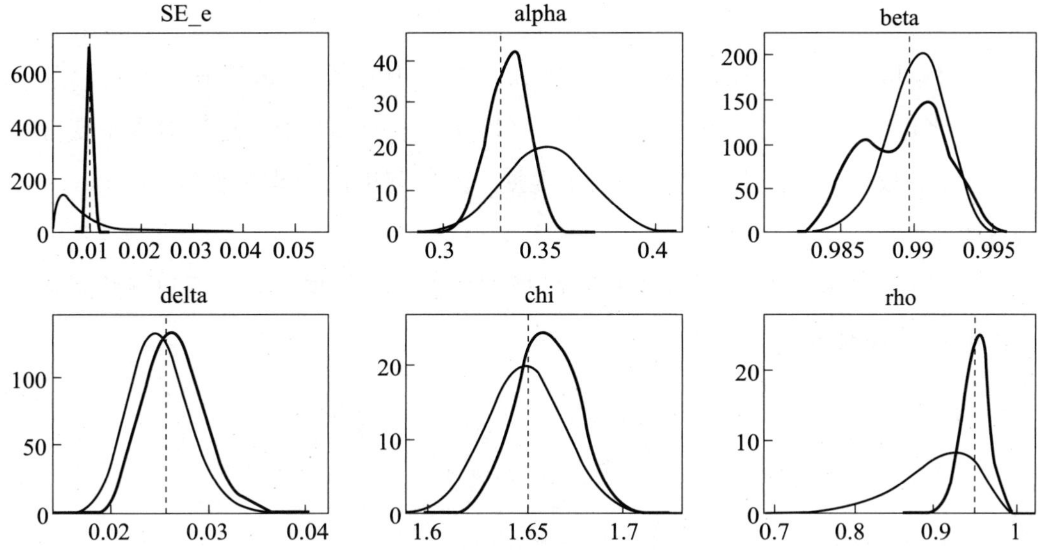

图 15.1　先验结果和后验结果

□ 15.3.3　随机趋势

许多 DSGE 模型都有随机趋势的特征。在这种情况下，我们必须像上一章所讨论的那样剔除模型的趋势。例如，假设技术冲击服从单位根过程：

$$\ln z_t = \mu_z + \ln z_{t-1} + \sigma\varepsilon_t, \quad z_{-1} = 1$$

剔除趋势之后，Dynare 求解剔除趋势后的系统。然后，我们必须将去趋势变量与可观测变量联系起来。有两种方法可以做到这一点。首先，我们可以根据增长率转换数据。其次，我们可以直接用水平数据。我们将重点介绍第一种方法，并推荐读者参考《Dynare 用户指南》以了解第二种方法。假设在第一种方法中，我们观测到产出 Y_t。然后，我们将数据转换为可观测值 $\ln(Y_t/Y_{t-1})$，用 gy_obs 表示。我们想把这个可观测值与 Dynare 的解即剔除趋势的产出 $\widetilde{Y}_t = Y_t / z_t^{1/(1-\alpha)}$ 联系起来。因此，我们将下面的代码添加到 Dynare 的模型模块中：

```
dz = muz + e;
gy_obs = ly - ly(-1) - (1/(1 - alpha)) * dz;
```

其余代码相似，这里省略。

15.4 习题

1. 利用第 10.1.1 节的结果推导出第 15.2.2 节中的 Kalman 滤波。

2. 考虑第 15.3 节的例子。利用方程（15.6）中的参数值，通过对水平变量线性逼近求解模型。首先生成消费的人工数据，然后利用这些消费数据，用 Bayes 方法估计模型。

3. 使用具有随机趋势的基本的 RBC 模型生成人工数据。假设可观测数据是产出。用 Dynare 估计这个模型。

第 16 章 世代交叠模型

本章目标

世代交叠（OLG）模型是一种代理人的存在有期限、不同代的人在任何时点都共同存在的经济模型。在每一期，老一代的人死去，新一代的人出生。这导致了个体在某个时间点上的自然异质性，以及给定个体在不同时间非退化的生命周期考虑。模型的这些特征生成了与第 13 章和第 14 章所研究的无穷寿命代理人模型不同的含义。特别是，OLG 模型中的竞争均衡可能不是 Pareto 最优的。一个自然的问题是如何改进这种低效率。一个解决办法是依靠政府。因此，OLG 模型是研究公共财政的主力。另一个解决办法是利用市场机制。如果代理人接受一种本质上无用的资产（如法定货币）来跨代转移资源，那么福利就会得到改善。因此，OLG 模型有法定货币的角色，可以用来解决货币经济学中的很多重要问题。由于本质上无用的资产可以在 OLG 模型中进行估值，因此它也是研究资产泡沫的主力。

Samuelson（1958）在纯交换经济中引入了 OLG 模型。基于这个模型，Diamond（1965）引入了生产，并研究了国债的作用。Tirole（1985）使用 Diamond

(1965) 的模型研究了资产泡沫。Weil (1987) 在 Samuelson-Diamond-Tirole 模型中引入了随机泡沫。在本章中，我们研究这些模型。

16.1 交换经济

时间从第 1 期开始，持续到永远，记为 $t=1,2\cdots$，没有不确定性。经济由同质的存活两期的代理人的交叠世代组成。在 $t\geqslant 1$ 的任意时期，人口由 N_t 个年轻人和 N_{t-1} 个老年人组成，其中，$N_t=g_nN_{t-1}$，$g_n>0$。产出是非生产的和易腐烂的。每个年轻人和每个老年人分别拥有 e_1 和 e_2 单位的产出作为禀赋。

$t\geqslant 1$ 代的代理人年轻时消费 c_t^t，年老时消费 c_{t+1}^t。他的偏好表示为效用函数

$$u(c_t^t)+\beta u(c_{t+1}^t)$$

其中，$\beta\in(0,1]$，$u'>0$，$u''<0$，$\lim_{c\to 0}u'(c)=\infty$。初始的老年人在时期 1 消费 c_1^0，获得效用 $u(c_1^0)$。他也拥有 m_0^0 单位本质上无用和无担保的资产，称为法定货币。货币是代理人用来平滑消费的唯一资产。

初始第 1 期的总名义货币余额为 $M_0=N_0m_0^0$。货币当局通过一次性转移支付的方式供给货币。对于所有的 $t\geqslant 1$，转移后时期 t 的货币存量 M_t 满足 $M_t=g_mM_{t-1}$，$g_m>0$。时期 t 的转移支付（或税收），即 $(g_m-1)M_{t-1}$，平均分配给当前老一代的 N_{t-1} 个成员。转移支付（或税收）被看成给定的，不影响每个代理人的消费-储蓄决策。

通过以价格 $1/p_t$ 购买 m_t^t 单位货币，年轻人将获得下一期 m_t^t/p_{t+1} 单位消费品的索取权。年轻人只有在相信他能够以正的价格把货币再卖给尚未出生的下一代时，他才会购买货币。因此，在该模型下，购买货币纯粹是投机行为。$t\geqslant 1$ 代的年轻人的预算约束为

$$c_t^t+\frac{m_t^t}{p_t}\leqslant e_1 \tag{16.1}$$

$$c_{t+1}^t\leqslant e_2+\frac{m_t^t}{p_{t+1}}+\frac{g_m-1}{N_t}\frac{M_t}{p_{t+1}} \tag{16.2}$$

其中，$m_t^t\geqslant 0$，而 $p_t>0$ 是时期 t 的价格水平。初始的老年人在时期 1 的预算约束为

$$c_1^0 \leqslant e_2 + \frac{m_0^0}{p_1} + \frac{g_m - 1}{N_0}\frac{M_0}{p_1}$$

货币均衡（monetary equilibrium）由有限的和正的价格序列 $\{p_t\}$ 和分配序列 $\{c_1^0, (c_t^t, c_{t+1}^t, m_t^t), t \geqslant 1\}$ 组成，它们使得：在给定价格序列的情况下，$\{c_1^0, (c_t^t, c_{t+1}^t, m_t^t), t \geqslant 1\}$ 会最大化每代代理人的效用，并且实现市场出清，即 $M_t = N_t m_t^t$ 且

$$N_t c_t^t + N_{t-1} c_t^{t-1} = N_t e_1 + N_{t-1} e_2, \quad t \geqslant 1 \tag{16.3}$$

如果 $p_t = \infty$，那么货币的实际价值为零。除了最初的老年人以外，没有人会持有货币，$m_t^t = 0$。由此可见，自给自足是均衡。我们称这个均衡为**非货币均衡**（nonmonetary equilibrium）。

在货币均衡中，消费 Euler 方程给出

$$\frac{u'(c_t^t)}{\beta u'(c_{t+1}^t)} = \frac{p_t}{p_{t+1}} = R_{t+1} \tag{16.4}$$

其中，R_{t+1} 是总利率或货币回报率。我们也可以把非货币均衡中的隐含利率定义为

$$\frac{u'(e_1)}{\beta u'(e_2)} = R_{aut} \tag{16.5}$$

令 $\hat{m}_t = M_t / (N_t p_t)$ 表示年轻人在时期 t 的均衡实际货币余额。在方程（16.1）和方程（16.2）中施加市场出清条件，得到 $c_t^t = e_1 - \hat{m}_t$ 和 $c_{t+1}^t = e_2 + g_n \hat{m}_{t+1}$。在货币均衡中，$\hat{m}_t > 0$。由方程（16.4）和方程（16.5）可推出

$$\frac{u'(e_1 - \hat{m}_t)}{\beta u'(e_2 + g_n \hat{m}_{t+1})} = R_{t+1} > R_{aut} \tag{16.6}$$

□ 16.1.1 一个特例和多重均衡

考虑没有人口增长和货币供给增长的特殊情况。我们用这个特例来说明 OLG 模型的一些特性。假设每期都出生测度为 1 的同质代理人。货币供应量是常数 M。

定义年轻时商品的超额供给（储蓄或实际余额）为

$$m_t \equiv \frac{m_t^t}{p_t} = e_1 - c_t^t$$

年老时商品的超额需求为

$$z_t \equiv \frac{m_t^t}{p_{t+1}} = c_{t+1}^t - e_2$$

注意，储蓄 m_t 是相对价格或利率 $p_t/p_{t+1}=R_{t+1}$ 的函数。由于

$$z_t=\frac{M_t}{p_{t+1}}=\frac{M_t}{p_t}\frac{p_t}{p_{t+1}}=m_t\frac{p_t}{p_{t+1}}$$

于是我们可以得到当 p_t/p_{t+1} 不断变化时 z_t 和 m_t 之间的关系。图 16.1 展示了这种关系，图中的曲线被称为**提供曲线**（offer curve）。从原点到提供曲线上任意一点的斜率等于 p_t/p_{t+1}。提供曲线必须位于 e_1 处垂线的左侧。

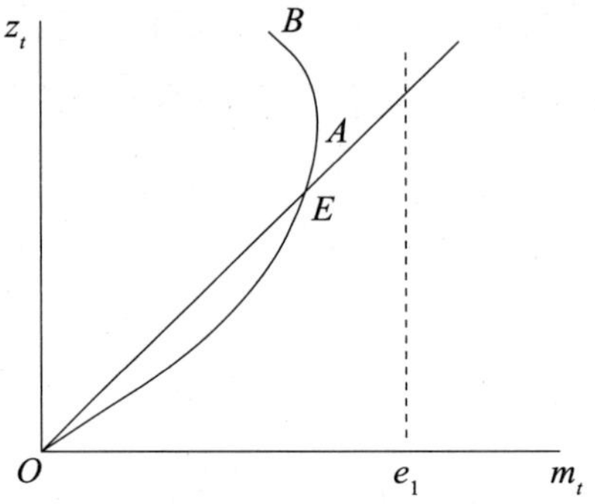

图 16.1 提供曲线

提供曲线的斜率对于分析至关重要。为了推导这个斜率，我们利用 Euler 方程

$$u'(e_1-m_t)=\beta u'(m_tR_{t+1}+e_2)R_{t+1}$$

来推导，得到

$$\frac{\mathrm{d}m_t}{\mathrm{d}R_{t+1}}=\frac{-[R_{t+1}m_t\beta u''(c_{t+1}^t)+\beta u'(c_{t+1}^t)]}{u''(c_t^t)+\beta R_{t+1}^2u''(c_{t+1}^t)}$$

利用 $z_t=m_tR_{t+1}$，得到

$$\frac{\mathrm{d}z_t}{\mathrm{d}R_{t+1}}=\frac{m_tu''(c_t^t)-\beta u'(c_{t+1}^t)R_{t+1}}{u''(c_t^t)+\beta R_{t+1}^2u''(c_{t+1}^t)}>0$$

因此，提供曲线的斜率取决于 $\mathrm{d}m_t/\mathrm{d}R_{t+1}$ 的符号。

利率的提高降低了第二期消费的价格，导致代理人将第一期的消费积蓄到第二期，这是替代效应。但是，它也增加了可行消费集，使得在两个时期都有可能增加消费，这是收入效应。替代效应和收入效应的净效应是不确定的。

更正式地说，由于 $u''(c_t^t)+\beta R_{t+1}^2u''(c_{t+1}^t)<0$，$\mathrm{d}m_t/\mathrm{d}R_{t+1}<0$ 当且仅当

$$0<-[R_{t+1}m_t\beta u''(c_{t+1}^t)+\beta u'(c_{t+1}^t)]=\beta u'(c_{t+1}^t)\left[\frac{z_t}{c_{t+1}^t}\gamma(c_{t+1}^t)-1\right]$$

时成立，其中，$\gamma(c)=-cu''(c)/u'(c)$ 是在 c 点的相对风险厌恶系数。它也等于跨期替代弹性的倒数。因为 $z_t<c_{t+1}^t$，提供曲线向后弯曲的一个必要条件是 $\gamma(c_{t+1}^t)>1$。也就是说，替代效应必须足够小。如果 $\gamma(c_{t+1}^t)\leqslant 1$，那么提供曲线总是向上倾斜的。

在均衡时，货币需求等于货币供给，因此 $z_t=m_{t+1}$。然后我们得到由 m_{t+1} 与 m_t 之间的动态关系表示的均衡系统，如图 16.2 所示。经济的稳态处于提供曲线和 45°线的交点处。图 16.2 表明存在两个稳态：一个是原点处的非货币稳态，另一个是货币稳态。

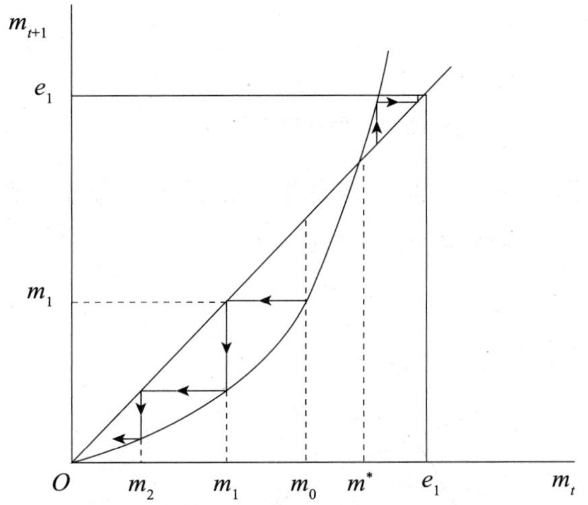

图 16.2　一个稳定的非货币稳态和一个不稳定的货币稳态

货币均衡是否存在取决于提供曲线在原点处的斜率。如果斜率小于 1，则存在货币均衡。下面的命题 16.1.1 表明，这个条件对于更一般的设置是充分必要的。当且仅当 $|\mathrm{d}m_{t+1}/\mathrm{d}m_t|>1$ 时，货币稳态是不稳定的。图 16.2 表明，在货币稳态 m^* 处，$\mathrm{d}m_{t+1}/\mathrm{d}m_t>1$。从 m^* 的右边开始的路径增加，直到 m_t 最终大于 e_1，而这是不可能的。我们可以排除这个解。从左边开始的路径的实际货币余额稳步减少，并且都渐近收敛于非货币稳态。通货膨胀率上升，并渐近趋向于提供曲线在原点处的斜率的倒数减 1。

当提供曲线充分向后弯曲时，$|\mathrm{d}m_{t+1}/\mathrm{d}m_t|<1$，货币均衡是局部稳定的，如图 16.3 所示。在这种情况下，从 m^* 附近的任何价格水平开始，经济最终收敛到货币稳态。由于 m_t 是非前定变量，因此均衡是不定的。如前所述，在替代效应足够小而收入效应足够大的情况下，这种情况会发生。

当货币稳态局部稳定时，存在周期解。图 16.4 绘制了图 16.3 的提供曲线及其

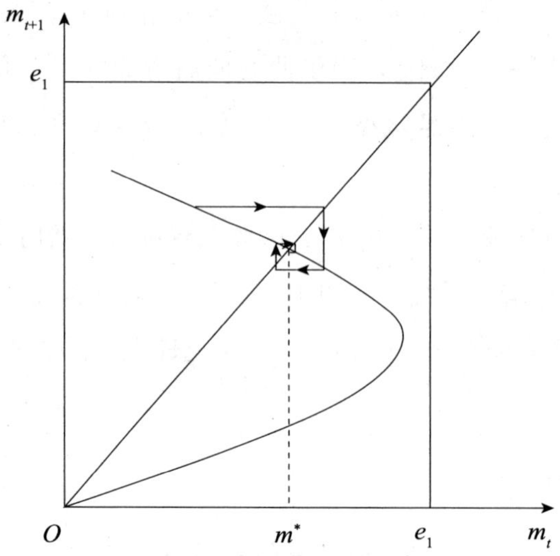

图 16.3　局部稳定的货币稳态

在 45°线附近的镜像图。这两条曲线相交于对角线上的稳态。给定提供曲线在稳态处的斜率绝对值小于 1，它们也相交于另外两个点：A 和 B。

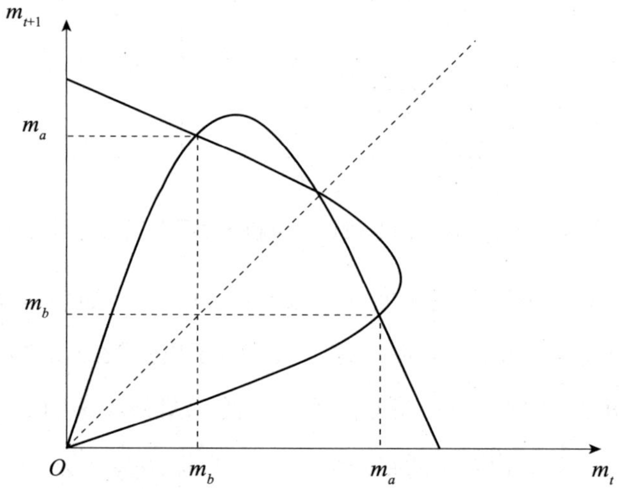

图 16.4　两期周期均衡

我们来证明经济可能存在两期周期。假设时期 1 的实际货币余额等于 m_a，那么时期 2 的实际货币余额等于 m_b。但是，时期 3 的实际货币余额又等于 m_a。然后，经济会重复下去，就像它处于时期 1 一样。

例 16.1.1　令 $u(c)=\ln c$ 和 $\beta=1$。假设 $e_1>e_2$。由消费 Euler 方程，我们可以得到差分方程

$$p_t e_1 - M = p_{t+1} e_2 + M$$

这个差分方程的通解为

$$p_t=\frac{2M}{e_1-e_2}+c\left(\frac{e_1}{e_2}\right)^t$$

其中，c 是待定常数。如果 $c=0$，那么我们会得到具有正常数价格序列的稳定货币均衡。对于任何 $c>0$，价格水平趋于无穷大，因此货币在长期没有价值。经济趋近于自给自足的稳态。我们不能排除这个爆炸性解，因为对于有限期存活的代理人不存在横截性条件。

例 16.1.2 令 $\beta=1$、$e_1=1-\varepsilon$ 和 $e_2=\varepsilon\in(0,0.5)$。假设初始老年人没有任何资产或货币禀赋。货币当局的货币供给 $M=0.5-\varepsilon$，$t\geqslant 1$。我们用猜测和验证的方法构造两个稳定的均衡点。

- **高利率均衡** 对所有的 $t\geqslant 1$，令 $p_t=1$，则 $c_t^t=c_{t+1}^t=0.5$，$m_t^t=0.5-\varepsilon$，并且 $c_1^0=0.5$。这是货币均衡。利率为 $R_{t+1}=1$。
- **低利率均衡** 令 $p_1=1$ 和 $p_t/p_{t+1}=u'(1-\varepsilon)/u'(\varepsilon)$。价格将趋于无穷大，因此货币在极限时没有价值。基于这种信念，没有人会持有货币。给定这个价格体系，自给自足是均衡。在这个均衡中，总禀赋的现值为无穷大，因为利率 $R_{aut}=p_t/p_{t+1}<1$。因此，这违背福利经济学第一定理的假设。故自给自足的均衡不是 Pareto 最优的。

□ 16.1.2 存在性与效率

现在我们在一般设置下研究两个相关的理论问题：货币均衡在什么条件下存在？当它存在时，在什么条件下它能提高福利？下面的论述来自 Wallace（1980）与 Ljungqvist 和 Sargent（2004）。

命题 16.1.1 至少存在一个货币均衡的充要条件是 $R_{aut}g_m<g_n$。

证明 我们首先证明必要性。假设存在货币均衡满足 $R_{aut}g_m\geqslant g_n$。由定义可知，

$$R_{t+1}=\frac{p_t}{p_{t+1}}=\frac{M_{t+1}}{g_mM_t}\frac{p_t}{p_{t+1}}=\frac{N_{t+1}}{g_mN_t}\frac{\hat{m}_{t+1}}{\hat{m}_t}=\frac{g_n}{g_m}\frac{\hat{m}_{t+1}}{\hat{m}_t} \tag{16.7}$$

因为 $R_{t+1}>R_{aut}$，所以

$$\frac{\hat{m}_{t+1}}{\hat{m}_t}=R_{t+1}\frac{g_m}{g_n}>R_{aut}\frac{g_m}{g_n}\geqslant 1 \tag{16.8}$$

如果 $R_{aut}g_m/g_n>1$，那么 $\hat{m}_t$ 的增长率一致有界，且大于 1。因此，序列 $\{\hat{m}_t\}$ 是无界的，这与均衡不一致，因为人均实际货币余额不能超过年轻人的禀赋 e_1。

如果 $R_{aut}g_m/g_n=1$，那么严格递增序列 $\{\hat{m}_t\}$ 收敛于某个极限 $\hat{m}_\infty$。如果这个极限是有限的，那么在式（16.6）和式（16.7）中取极限得到

$$\frac{u'(e_1-\hat{m}_\infty)}{\beta u'(e_2+g_n\hat{m}_\infty)}=R_\infty=\frac{g_n}{g_m}=R_{aut}$$

因此 $\hat{m}_\infty=0$，与方程（16.8）中存在严格递增的正值实际货币余额序列矛盾。

为了证明充分性，我们证明当 $R_{aut}g_m<g_n$ 时，存在唯一的均衡，此时人均实际货币余额为常数。将候选均衡 $\hat{m}_{t+1}=\hat{m}_t=\hat{m}$ 代入方程（16.6）和方程（16.7）得到

$$\frac{u'(e_1-\hat{m})}{\beta u'(e_2+g_n\hat{m})}=\frac{g_n}{g_m}>R_{aut}=\frac{u'(e_1)}{\beta u'(e_2)}$$

因此，存在唯一解 $\hat{m}>0$ 使得第一个等式成立。

接下来我们转向 Pareto 最优。

定义 16.1.1 如果式（16.3）成立，或者等价地，如果

$$g_nc_t^t+c_t^{t-1}=g_ne_1+e_2,\quad t\geqslant1 \tag{16.9}$$

则 OLG 模型的分配 $C=\{c_1^0,(c_t^t,c_{t+1}^t),t\geqslant1\}$ 是可行的。

定义 16.1.2 如果不存在其他可行的分配 $\widetilde{C}$ 使得

$$\tilde{c}_1^0\geqslant c_1^0$$
$$u(\tilde{c}_t^t)+\beta u(\tilde{c}_{t+1}^t)\geqslant u(c_t^t)+\beta u(c_{t+1}^t)$$

并且至少有一个弱不等式以严格不等式成立，则 OLG 模型的可行分配 C 是 Pareto 最优的。

定义 16.1.3 如果对于所有的 $t\geqslant1$ 都有 $c_t^t=c_y$ 和 $c_{t+1}^t=c_o$ 成立，则 OLG 模型的分配 $\{c_1^0,(c_t^t,c_{t+1}^t),t\geqslant1\}$ 是平稳的。

注意，我们不要求 $c_1^0=c_o$。我们称具有平稳分配的均衡为**平稳均衡**（stationary equilibrium）。

命题 16.1.2 $R_{aut}\geqslant g_n$ 是非货币均衡（自给自足）最优的充要条件。

证明 为了证明充分性，假设存在另一种可行分配 $\widetilde{C}$ Pareto 优于自给自足的分配并且 $R_{aut}\geqslant g_n$。令 t 为备选分配 $\widetilde{C}$ 与自给自足的分配不同时的第一期。要求老一代的福利在这个时期不会变得更糟，即 $\tilde{c}_t^{t-1}\geqslant e_2$，这意味着自给自足分配的第一次扰动必须是 $\tilde{c}_t^t<e_1$，紧接着意味着 $\tilde{c}_{t+1}^t>e_2$。由可行性可知，年轻人在第 $t+1$ 期的消费也必须下降到 e_1 以下，以使得

$$\varepsilon_{t+1} \equiv e_1 - \tilde{c}_{t+1}^{t+1} > 0 \tag{16.10}$$

现在，给定 $\tilde{c}_{t+1}^{t+1}$，定义 $\bar{c}_{t+2}^{t+1}$ 为 c_{t+2}^{t+1} 在下述方程下的解：

$$u(\tilde{c}_{t+1}^{t+1}) + \beta u(c_{t+2}^{t+1}) = u(e_1) + \beta u(e_2)$$

显然，$\bar{c}_{t+2}^{t+1} > e_2$。由于分配 $\tilde{C}$ Pareto 优于自给自足的分配，我们有 $\tilde{c}_{t+2}^{t+1} \geq \bar{c}_{t+2}^{t+1}$。

现在，我们推导 $\bar{c}_{t+2}^{t+1}$ 的表达式。考虑得到等于 $u(e_1)+\beta u(e_2)$ 的固定效用的 $u(c_1)+\beta u(c_2)$ 的无差异曲线。沿着无差异曲线，$c_2 = h(c_1)$，其中，$h' = -\frac{u'(c_1)}{\beta u'(c_2)} = -R < 0$，$h'' > 0$。因此，对 h 应用中值定理，我们有

$$h(c_1) = h(e_1) + (e_1 - c_1)[-h'(e_1) + f(e_1 - c_1)] \tag{16.11}$$

其中，函数 f 在 $[0, e_1]$ 上是严格递增的，而且 $f(0)=0$。

因为 $(\tilde{c}_{t+1}^{t+1}, \bar{c}_{t+2}^{t+1})$ 和 (e_1, e_2) 在同一条无差异曲线上，我们可以利用式（16.10）和式（16.11）写出

$$\bar{c}_{t+2}^{t+1} = e_2 + \varepsilon_{t+1}[R_{aut} + f(\varepsilon_{t+1})]$$

而在应用 $\tilde{c}_{t+2}^{t+1} \geq \bar{c}_{t+2}^{t+1}$ 后，我们有

$$\tilde{c}_{t+2}^{t+1} - e_2 \geq \varepsilon_{t+1}[R_{aut} + f(\varepsilon_{t+1})]$$

因为 $\tilde{C}$ 是可行的，所以

$$\varepsilon_{t+2} \equiv e_1 - \tilde{c}_{t+2}^{t+2} = \frac{\tilde{c}_{t+2}^{t+1} - e_2}{g_n}$$

由此可见，

$$\varepsilon_{t+2} \geq \varepsilon_{t+1} \frac{R_{aut} + f(\varepsilon_{t+1})}{g_n} > \varepsilon_{t+1}$$

其中，最后一个不等式是根据假设和当 $\varepsilon_{t+1} > 0$ 时 $f(\varepsilon_{t+1}) > 0$ 得出的。以这种方式继续下去得到

$$\varepsilon_{t+k} \equiv e_1 - \tilde{c}_{t+k}^{t+k} \geq \varepsilon_{t+1} \prod_{j=1}^{k-1} \frac{R_{aut} + f(\varepsilon_{t+j})}{g_n} > \varepsilon_{t+1} \left[\frac{R_{aut} + f(\varepsilon_{t+1})}{g_n}\right]^{k-1}$$

对 $k > 2$ 成立，最后一个不等式是根据 $\{\varepsilon_{t+j}\}$ 是严格递增序列的事实得出的。因此，$\{\varepsilon_{t+k}\}$ 是无界的，与 $\varepsilon_{t+k} < e_1$ 的事实矛盾。

为了证明必要性，我们证明当 $R_{aut} < g_n$ 时，存在 Pareto 优于自给自足分配的备

用可行分配。想象社会计划者在同一时期将每个年轻人 $\varepsilon>0$ 单位的消费转移给老年人。因为在时期 t 有 $N_t=g_nN_{t-1}$ 个年轻人和 N_{t-1} 个老年人，所以老年人将获得转移 $g_n\varepsilon$。假设社会计划者在每个时期都这样做，那么初始老年人的福利会变得更好。考虑第 t 代人的效用，$f(\varepsilon)\equiv u(e_1-\varepsilon)+\beta u(e_2+g_n\varepsilon)$。显然，$f(0)=u(e_1)+\beta u(e_2)$。但是，只要 $g_n>R_{aut}$，就有 $f'(0)=-u'(e_1)+\beta g_n u'(e_2)>0$。因此，当小值 $\varepsilon>0$ 时，第 t 代人中每个人的福利都会变得更好。

条件 $R_{aut}\geqslant g_n$ 背后的直觉是什么？如果 $R_{aut}<g_n$，那么利率小于经济增长率，因此禀赋的现值是无穷的。这违背了福利经济学第一定理的假设。注意，在上面给出的必要性部分的证明中，构造 Pareto 改进分配依赖于这样一个事实，即计划者可以不断地将资源从年轻人转移给老年人。由于这种无效率来自经济的跨期结构，因此常被称为**动态无效率**（dynamic inefficiency）。

对于恒定的名义货币供给，$g_m=1$，前面两个命题表明，当且仅当非货币均衡是 Pareto 无效率的时，货币均衡存在。下面的命题表明，平稳货币均衡是 Pareto 最优的。

命题 16.1.3 给定 $R_{aut}g_m<g_n$，那么 $g_m\leqslant 1$ 对于平稳货币均衡的最优性是充分必要的。

证明 对于所有的 $t\geqslant 1$，可行平稳分配 $(c_t^t,c_{t+1}^t)=(c_1,c_2)$ 的类由下式给出：

$$c_1+\frac{c_2}{g_n}=e_1+\frac{e_2}{g_n} \tag{16.12}$$

考虑具有分配 $(\hat{c}_1,\hat{c}_2)$ 和常数人均实际货币余额 $\hat{m}$ 的平稳货币均衡。我们可以将预算约束（16.1）和（16.2）重新写为

$$c_1+\frac{g_m}{g_n}c_2\leqslant e_1+\frac{g_m}{g_n}e_2+\frac{g_m}{g_n}\frac{(g_m-1)}{N_t}\frac{M_t}{p_{t+1}}$$

其中，我们用到了 $p_t/p_{t+1}=g_n/g_m$ 这个事实。由此可见，

$$c_1+\frac{g_m}{g_n}c_2\leqslant e_1+\frac{g_m}{g_n}e_2+(g_m-1)\hat{m} \tag{16.13}$$

为了证明必要性，当条件 $g_m\leqslant 1$ 不成立，即当 $g_m>1$ 时，我们在图 16.5 中画出方程（16.12）和方程（16.13）这两条曲线。把满足约束（16.12）最大化效用的点记为 $(\bar{c}_1,\bar{c}_2)$。偏好的传递性和预算线方程（16.13）的斜率比方程（16.12）的斜率平坦的事实意味着 $(\hat{c}_1,\hat{c}_2)$ 位于 $(\bar{c}_1,\bar{c}_2)$ 的东南方向。由显示偏好可知，$(\bar{c}_1,$

$\bar{c}_2$）优于（$\hat{c}_1,\hat{c}_2$），而且在 $t\geqslant 1$ 期出生的所有世代在分配 $\bar{C}$ 下其福利都变得更好。初始老一代在这种分配下其福利也变得更好，因为严格增加他们的消费是可行的，

$$\bar{c}_1^0=e_2+g_n(e_1-\bar{c}_1^1)>e_2+g_n(e_1-\hat{c}_1^1)=\hat{c}_1^0$$

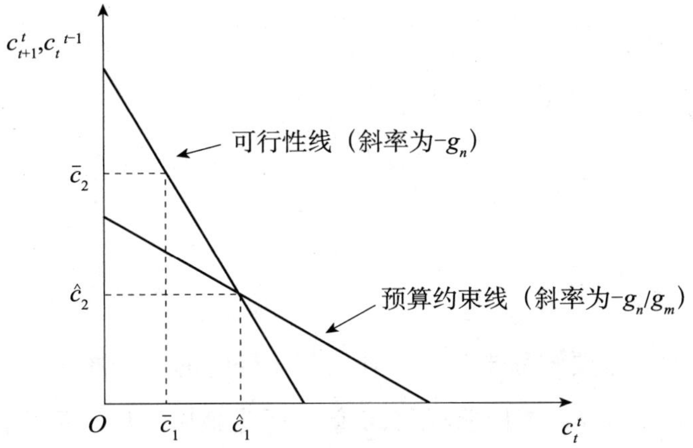

图 16.5　可行性线和预算约束线

这证明了必要性。

为了证明充分性，注意消费 Euler 方程（16.7）和 $g_m\leqslant 1$ 意味着

$$\frac{u'(c_1)}{\beta u'(c_2)}=R_{t+1}=\frac{g_n}{g_m}\geqslant g_n$$

然后我们可以使用与前面的命题相同的论证。

对于常数人口的情况，Balasko 和 Shell（1980）建立了检验分配是否最优的一般性准则。定义利率 $R_{t+1}=u'(c_t^t)/[\beta u'(c_{t+1}^t)]$。Balasko 和 Shell 证明了当且仅当以下条件成立时，分配 $\{c_1^0,(c_t^t,c_{t+1}^t),t\geqslant 1\}$ 是 Pareto 最优的：

$$\sum_{t=1}^{\infty}\prod_{s=1}^{t}R_{s+1}=+\infty$$

标准化 $p_1=1$。根据 $R_{t+1}=p_t/p_{t+1}$ 可知，上述条件等价于

$$\sum_{t=1}^{\infty}\frac{1}{p_t}=+\infty$$

Balasko-Shell 最优性准则表明，低利率经济通常不是最优的。

对 Balasko 和 Shell（1980）的结果的证明相当复杂。这里我们非正式地提供一些直觉。取自给自足分配 $\{e_1^0,(e_t^t,e_{t+1}^t),t\geqslant 1\}$，尝试构造 Pareto 改进。特别地，从第 1

代转移 $\delta_0>0$ 单位的消费给初始老一代。这显然提高了初始老一代的效用。为了让第一代人的福利不变差，他们必须在生命的第二期获得 δ_1 单位的额外消费，δ_1 满足

$$\delta_0 u'(e_1^1)=\delta_1 \beta u'(e_2^1)$$

或

$$\delta_1=\frac{\delta_0 u'(e_1^1)}{\beta u'(e_2^1)}=\delta_0 R_2>0$$

一般而言，数量

$$\delta_t = \delta_0 \prod_{s=1}^{t} R_{s+1}$$

是第 t 代人年老时的必要转移支付，以补偿其年轻时的消费减少。显然，如果经济在有限时间 T 结束，这样的计划就不会奏效，因为最后一代（只活在青年时期）的福利将变差。但是，由于我们的经济具有无穷期，只要 δ_t 增长得不是太快，也就是说，只要利率足够小，这种代际转移计划就是可行的。如果这种转移计划是可行的，那么我们已经在原来自给自足分配的基础上找到了一个 Pareto 改进，因此自给自足的均衡分配不是 Pareto 有效的。

Balasko 和 Shell（1980）的结果可以推广到考虑了生产和人口增长的情况，这将在下一节介绍。

16.2 生产经济

我们现在将生产引入前面部分研究的经济中。这是 Diamond（1965）分析的模型。生产技术由规模报酬不变的总生产函数 $F(K,N)$ 表示。假设 F 满足第 14.1.1 节给出的假设。定义 $f(k)=F(K/N,1)$，其中 $k=K/N$。那么 f 满足 $f'>0$，$f''<0$，$f(0)=0$，$f'(0)=\infty$ 且 $f'(\infty)=0$。

初始老一代被赋予 K_1 单位的资本。其他世代的人没有任何禀赋，只在年轻时工作，无弹性地提供 1 单位劳动，并获得实际工资 w_t。他们消费工资收入的一部分，把剩下的储蓄起来以备年老时的退休消费。第 t 期年轻人的储蓄生成资本存量，与第 $t+1$ 期年轻人提供的劳动力结合在一起，用于生产第 $t+1$ 期的产出。假设没

有资本折旧。

在第 t 期，年轻人求解下述问题：

$$\max u(c_t^t)+\beta u(c_{t+1}^t)$$

满足

$$c_t^t+s_t=w_t$$
$$c_{t+1}^t=R_{t+1}S_t$$

其中，s_t 是第 t 期的储蓄，R_{t+1}是为从第 t 期到第 $t+1$ 期持有的储蓄支付的总利率。由消费的 Euler 方程，有

$$u'(w_t-s_t)=\beta u'(R_{t+1}S_t)R_{t+1}$$

求解得到储蓄函数

$$s_t=s(w_t,R_{t+1}),\quad 0<s_w<1$$

由于 u 的凹性，储蓄是工资率的增函数。提高利率的效应是不确定的，它取决于收入效应和替代效应。正如我们在第 16.1 节中所展示的，如果相对风险厌恶系数小于 1，那么替代效应占优势，利率上升导致储蓄增加。

企业采取竞争性的行动，根据下列条件雇用劳动和租用资本：

$$f(k_t)-k_tf'(k_t)=w_t \tag{16.14}$$
$$1+f'(k_t)=R_t \tag{16.15}$$

其中，k_t 是资本-劳动比率，$t\geqslant 1$。

资本市场均衡意味着

$$K_{t+1}=N_ts(w_t,R_{t+1})$$

要素市场均衡意味着 $K_t=k_tN_t$。然后我们得到

$$g_nk_{t+1}=s(w_t,R_{t+1})$$

把方程（16.14）和方程（16.15）代入上述等式可得

$$k_{t+1}=\frac{s[f(k_t)-k_tf'(k_t),f'(k_{t+1})+1]}{g_n},\quad k_1\text{ 给定} \tag{16.16}$$

这个等式刻画了 Diamond 模型的均衡。

□ 16.2.1 多重均衡

k_t 的动态取决于斜率

$$\frac{\mathrm{d}k_{t+1}}{\mathrm{d}k_t}=\frac{-s_w k_t f''(k_t)}{g_n-s_R f''(k_{t+1})}$$

注意，这个表达式的分子是正的，因为第 t 期资本存量的增加会提高工资，从而增加储蓄；分母的符号是不确定的，因为利率上升对储蓄的影响是不确定的。

如果 $s_R>0$，那么分母为正。我们可以用隐函数定理把 k_{t+1} 解成 k_t 的函数，即 $k_{t+1}=G(k_t)$，其中，G 是增函数。我们可以证明 $G(0)=0$ 且

$$\lim_{k\to\infty}\frac{G(k)}{k}=0$$

这个极限来源于以下事实：

$$\frac{g_n k_{t+1}}{k_t}\leqslant\frac{w_t}{k_t}\Rightarrow\lim_{k\to\infty}\frac{g_n G(k)}{k}\leqslant\lim_{k_t\to\infty}\frac{f(k_t)}{k_t}-f'(k_t)=0$$

因此，对于充分大的 k_t，$k_{t+1}/k_t=G(k_t)/k_t<1$，这意味着 G 的图像最终落在对角线以下。

函数 G 经过原点，并且对于大的 k 位于 45°线以下。是否存在 $k>0$ 的额外稳态取决于 G 在原点处的斜率。如果 $G'(0)>1$，那么存在奇数个正值稳态，如图 16.6 所示。如果 $G'(0)<1$，那么存在偶数个（也可能是零个）正值稳态，如图 16.7 和图 16.8 所示。

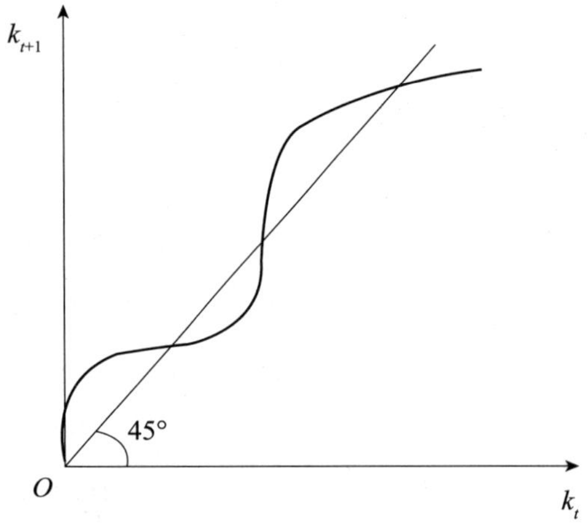

图 16.6 三个正值稳态和 $G'(0)>1$

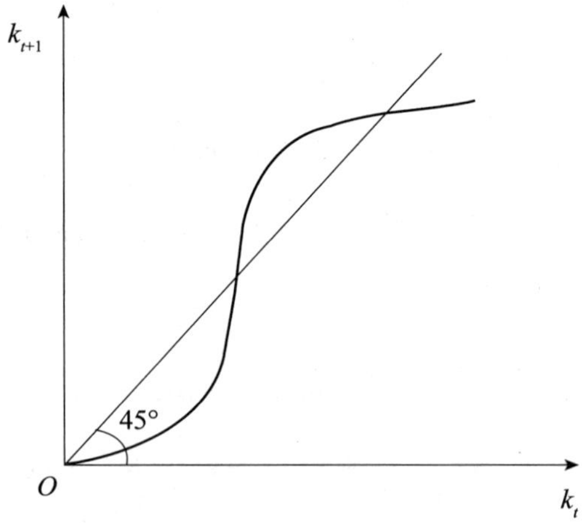

图 16.7 两个正值稳态和 $G'(0)<1$

如果 $s_R<0$，那么在给定 k_t 的情况下，方程（16.16）可能无法给出 k_{t+1} 的唯一解。图 16.9 给出了一个例子，当 k_t 处于 k_a 和 k_b 之间时，k_{t+1} 不能由 k_t 唯一确定。直觉如下：一方面，如果代理人认为 k_{t+1} 高，那么利率就低，因而储蓄就高。这可以支撑代理人对高 k_{t+1} 的信念；另一方面，如果代理人认为 k_{t+1} 低，那么利率就高，因而储蓄就低，这也支持了代理人对低 k_{t+1} 的信念。因此，两条路径都可以达到均衡。这是一个**自我实现预期**（self-fulfilling prophecy）的例子。即使不存在外生冲击，经济也会出现波动。根据代理人的信念的不同，各种动态都是可能的。

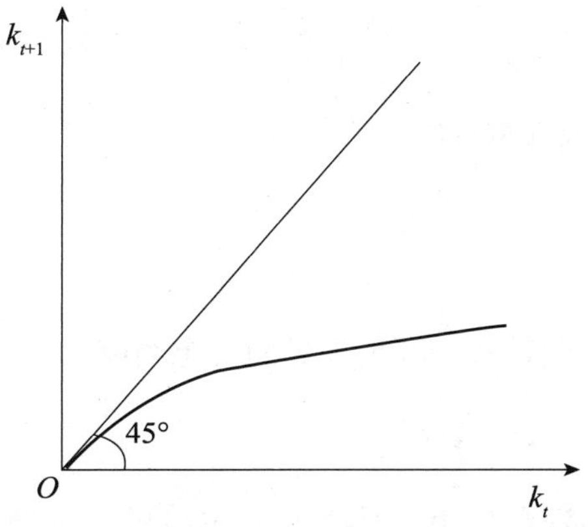

图 16.8　零个正值的稳态和 $G'(0)<1$

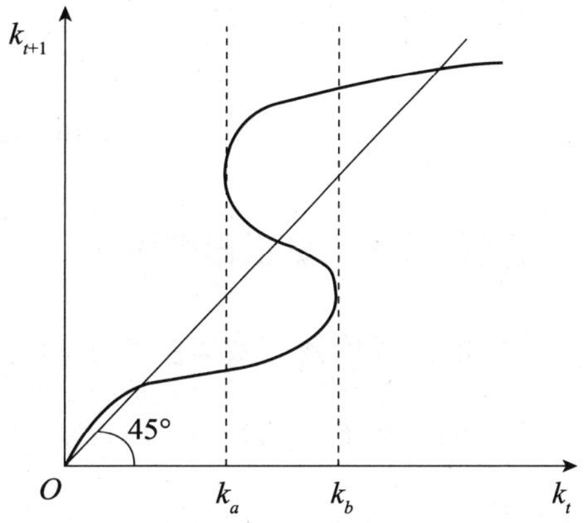

图 16.9　不定性

正稳态 $k_{t+1}=k_t=k^*>0$ 的稳定性条件为

$$G'(k^*)=\left|\frac{-s_w k^* f''(k^*)}{g_n-s_R f''(k^*)}\right|<1$$

我们称下列条件为 Diamond 条件：(1) $s_w\in(0,1)$；(2) $g_n-s_R f''>0$；(3) $G'(0)>1$；(4) 在稳态 $k^*>0$ 处，

$$0<G'(k^*)=\frac{-s_w k^* f''(k^*)}{g_n-s_R f''(k^*)}<1$$

条件（4）是稳定性条件。条件（1）和条件（2）保证了储蓄随着工资的增加而增加，而利率随工资的增加而降低。形式上，由等式 $s_t=s(w_t,R_{t+1})$ 和 $R_{t+1}=f'(k_{t+1})+1=f'\left(\frac{s(w_t,R_{t+1})}{g_n}\right)+1$，我们可以把 R_{t+1} 和 s_t 解为 w_t 的函数。然后我们可以通过求导来验证前面的论断。

图 16.10 画出了这些条件下的动态。在这种情况下，只存在一个资本为正值的稳态 k_D，称为 Diamond 稳态。

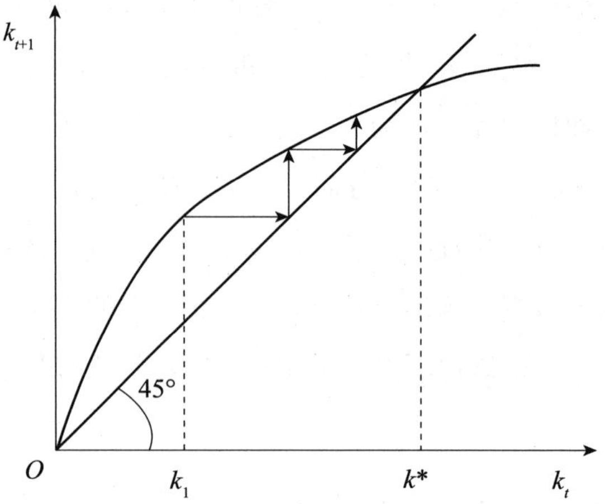

图 16.10　唯一稳定的正值稳态

□ 16.2.2　动态有效性

分散的市场均衡有效吗？为了回答这个问题，我们写出加总的资源约束

$$K_t+F(K_t,N_t)=K_{t+1}+N_tc_t^t+N_{t-1}c_t^{t-1},\quad t\geqslant 1$$

如果分配 $\{c_1^0,(c_t^t,c_{t+1}^t,k_{t+1}),t\geqslant 1\}$ 满足上述资源约束，那么它是可行的。资源约束除以工人数 N_t 得到

$$k_t+f(k_t)=g_nk_{t+1}+c_t^t+g_n^{-1}c_t^{t-1}$$

在稳态，$k_t=k$、$c_t^t=c_y$ 和 $c_{t+1}^t=c_0$ 对所有的 $t\geqslant 2$ 均成立。然后，我们将资源约束重写为

$$c_y+g_n^{-1}c_0=f(k)-(g_n-1)k \tag{16.17}$$

考虑社会计划者在稳态下求解下述问题：

$$\max_{c_y,c_0,k}\lambda_0u(c_1^0)+\lambda_1[u(c_y)+\beta u(c_o)]$$

满足方程（16.17）和

$$c_y+g_n^{-1}c_1^0=f(k_1)+k_1-g_nk$$

其中，λ_0 是初始老一代的权重，λ_1 是其他代的权重。令 μ 和 θ 分别为两个约束的 Lagrange 乘子。我们可以用不等式约束来代替这两个约束。一阶条件为

$$\frac{u'(c_y)}{\beta u'(c_0)}=g_n$$

$$\lambda_0 u'(c_1^0)=\theta g_n^{-1}$$

$$f'(k)=g_n-1+\frac{\theta}{\mu}\geqslant g_n-1$$

当计划者不考虑初始老一代的时候，$\lambda_0=0$，因此 $\theta=0$。然后，我们得到资本存量的**黄金律**（golden rule）水平 k_G，使得 $f'(k_G)=g_n-1$。在这个水平上，人均消费 $c_y+g_n^{-1}c_0$ 是最大化的，资本的边际产出或（净）利率等于（净）人口增长率。当资本的边际产出小于人口增长率时，经济积累过多的资本，导致 $k^*>k_G$，因此是动态无效率的。计划者可以使储蓄从 k^* 减少到 k_G，从而使每个人的福利都变得更好。

我们已经证明，稳态资本存量 $k^*\leqslant k_G$ 是分配动态有效的必要条件。它是充分条件吗？Cass（1972）及 Balasko 和 Shell（1980）表明，当且仅当下式成立时，可行分配是 Pareto 最优的（或动态有效的）：

$$\sum_{t=1}^{\infty}(g_n)^{-t}\prod_{s=1}^{t}R_{s+1}=+\infty$$

其中，$R_t=1+f'(k_t)$。一个直接的推论是，当且仅当 $k^*\leqslant k_G$ 或者 $f'(k^*)\geqslant g_n-1$ 时，稳态均衡是 Pareto 最优的（或动态有效的）。

16.3　资产价格泡沫

现在，我们将一种本质上无用的资产引入前面研究的 Diamond 模型中。假设该资产的总供给是 1，初始老一代持有这一单位资产。资产的基本价值为零。我们将证明，依赖于自我实现的信念，这种资产在均衡中可能具有正的价值。Tirole（1985）研究了这个问题，我们的介绍紧跟他的研究。

假设 Diamond 条件成立。由于年轻人可以用储蓄来购买泡沫资产或积累资本，资本市场的出清条件变为

$$N_t s_t=B_t+K_{t+1}$$

其中，B_t 表示本质上无用的资产的价格。如果此价格是正值，那么我们称之为泡沫。令 $b_t=B_t/N_t$ 表示人均泡沫。然后上述条件变为

$$g_n k_{t+1}+b_t=s(w_t, R_{t+1}) \tag{16.18}$$

由于无套利，泡沫资产的回报率一定等于利率：

$$B_{t+1}=R_{t+1}B_t$$

我们要求 $B_t \geqslant 0$ 对所有的 $t \geqslant 1$ 成立。按人均量计算，

$$g_n b_{t+1}=R_{t+1}b_t \tag{16.19}$$

把方程（16.14）和方程（16.15）代入方程（16.18）和方程（16.19）得到关于两个未知数 k_t 和 b_t 的由两个差分方程组成的系统：

$$b_{t+1}=\frac{1+f'(k_{t+1})}{g_n}b_t \tag{16.20}$$

$$g_n k_{t+1}+b_t=s(f(k_t)-k_t f'(k_t), f'(k_{t+1})+1) \tag{16.21}$$

显然，如果对于所有 t，有 $b_t=0$，那么方程（16.20）是多余的，方程（16.21）可化为方程（16.16），即我们得到了之前研究的 Diamond 均衡。我们感兴趣的是对于所有 t 都有 $b_t>0$ 的**泡沫均衡**（bubbly equilibrium）。在泡沫稳态下，我们有

$$g_n=f'(k)+1$$

$$g_n k+b=s(f(k)-kf'(k), f'(k)+1)$$

因此，泡沫稳态下的资本存量等于黄金律水平下的资本存量 k_G。而稳态泡沫 b^* 由上面给出的第二个等式确定。为了研究稳态（k_G, b^*）的稳定性，我们使用相图分析。

令 $k_{t+1}=G(k_t, b_t)$ 表示方程（16.21）的解。把这个解代入方程（16.20）得到

$$b_{t+1}=\frac{1+f'(G(k_t, b_t))}{g_n}b_t$$

在方程（16.21）中，对 b_t 和 k_t 求导可得

$$G_k(k_t, b_t)=\frac{-s_w k_t f''(k_t)}{g_n-s_R f''(k_t)}>0, \quad G_b(k_t, b_t)=\frac{-1}{g_n-s_R f''(k_t)}<0$$

其中，符号来自 Diamond 条件（1）和条件（2）。

图 16.11 画出了 $\Delta k_t \equiv k_{t+1}-k_t=G(k_t, b_t)-k_t=0$ 的轨迹。

这条曲线在原点和 Diamond 稳态 k_D 处与横轴相交。取微分得到

$$\frac{\mathrm{d}b_t}{\mathrm{d}k_t}=\frac{1-G_k(k_t, b_t)}{G_b(k_t, b_t)}$$

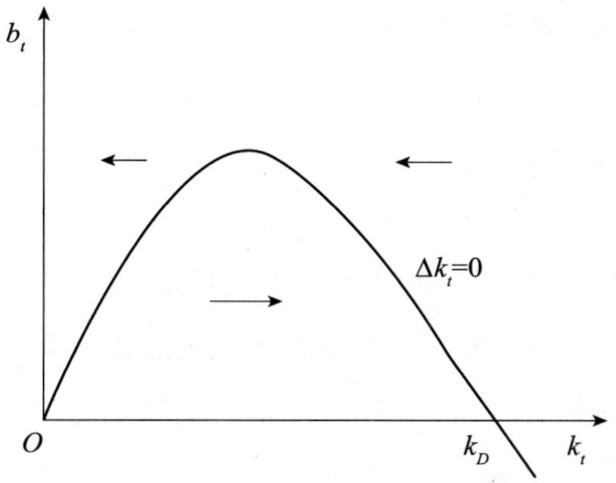

图 16.11　$\Delta k_t = k_{t+1} - k_t = 0$ 的轨迹和向量场

在 Diamond 条件（3）和条件（4）下，我们可以验证

$$\frac{\mathrm{d}b_t}{\mathrm{d}k_t}(0,0)>0 \quad 和 \quad \frac{\mathrm{d}b_t}{\mathrm{d}k_t}(k_D,0)<0$$

因此，$\Delta k_t=0$ 在原点处的斜率为正，而在 Diamond 稳态处的斜率为负。由于 $G_b<0$，且

$$k_{t+1}>k_t \Leftrightarrow G(k_t,b_t)-k_t>0$$

我们可以得到如图 16.11 所示的向量场。

接下来，图 16.12 画出了

$$\Delta b_t \equiv b_{t+1}-b_t=\frac{1+f'(G(k_t,b_t))}{g_n}b_t-b_t=0$$

的轨迹。对其进行微分得

$$\frac{\mathrm{d}b_t}{\mathrm{d}k_t}=-\frac{G_k(k_t,b_t)}{G_b(k_t,b_t)}>0$$

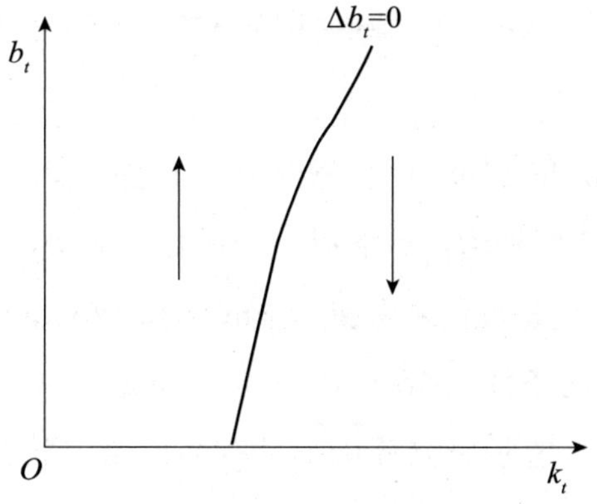

图 16.12　$\Delta b_t = b_{t+1} - b_t = 0$ 的轨迹和向量场

因此，这条曲线总是向上倾斜。该曲线与 $\Delta k_t=0$ 在泡沫稳态（k_G, b^*）处相交。我们可以证明

$$b_{t+1}>b_t \Leftrightarrow \frac{1+f'(G(k_t, b_t))}{g_n}b_t-b_t>0 \Leftrightarrow G(k_t, b_t)<k_G$$

由于 $G_b<0$，我们可以得到如图 16.12 所示的向量场。

现在，我们将图 16.11 和图 16.12 结合在一起得到图 16.13。从该图可以看出，要使泡沫稳态存在，必须有 $k_G<k_D$ 或 $R_D<g_n$。也就是说，无泡沫均衡一定是动态无效的。在这种情况下，泡沫稳态（k_G, b^*）位于 $k_{t+1}=k_t$ 和 $b_{t+1}=b_t$ 的交点处。图 16.13 表明，这个稳态是鞍点。对于任何给定的初始值 k_1，在鞍点路径上存在唯一的 $b_1=b(k_1)$ 使得（k_t, b_t）沿着鞍点路径移动并收敛到泡沫稳态。然而，如果从任意的 $b_1<b(k_1)$ 开始，那么（k_t, b_t）将收敛到无泡沫的 Diamond 稳态。

Tirole（1985）在上述模型中引入了具有外生给定分红或租金的其他资产，以研究这些资产何时会出现泡沫。

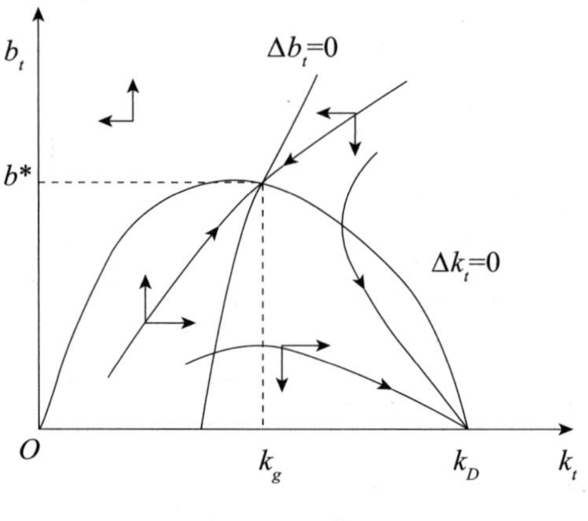

图 16.13　相图

说明：泡沫稳态为（k_g, b^*）。它是鞍点。Diamond 无泡沫稳态为（k_D,0）。有无穷多个均衡收敛到 Diamond 稳态。

Weil（1987）在 Tirole（1985）的分析中引入了一种随机设置。泡沫最初是存在的，代理人相信在每个时期泡沫可能以一定的概率破裂。Weil（1987）表明了当这个概率足够小时，存在随机泡沫均衡。Santos 和 Woodford（1997）在一般框架下研究了理性泡沫存在的条件。Kocherlakota（1992，2009）研究了无穷期存活代理人模型中的理性泡沫。这些研究分析了具有外生给定收益的资产泡沫。Miao 和 Wang（2011b，c；2012a，b）研究了当股利由生产内生决定时信贷驱动的股市泡

沫。他们的研究表明，泡沫有助于放松抵押品约束，使企业能够借入更多资金，进行更多投资，从而产生较高的企业价值。

16.4 习题

1. 考虑第 16.1 节中的 Samuelson（1958）模型。假设效用是 $\ln(c_t^t)+\ln(c_{t+1}^t)$。人口为 $N_t=g_nN_{t-1}$。令 $e_1>e_2$。初始老一代中每个人都被赋予一单位本质上毫无价值的法定货币。货币存量随时间不变。

(a) 计算非货币均衡。

(b) 计算所有的平稳货币均衡。你能根据 Pareto 准则对这些均衡进行排序吗？

(c) 找到所有货币均衡在 $t\to\infty$ 时的极限货币收益率。

2. 考虑习题 1 中的模型。赋予初始老一代一棵树，这棵树可以产生恒定的红利，在每个 $t\geqslant 1$ 时期产生 $d>0$ 单位的消费品。

(a) 计算所有带有价值法定货币的均衡。

(b) 计算所有非货币均衡。

3. 考虑 Diamond（1965）的模型，其中，$u(c)=c^{1-\gamma}/(1-c)$，$f(k)=k^{\alpha}$。求解储蓄函数 $s(R)$。对于不同的 γ 值，刻画 $s(R)$ 的性质。推导资本的均衡运动规律。

4. 考虑 Diamond（1965）的模型，其中，$u(c)=\ln c$，$f(k)=k^{\alpha}$。推导资本的均衡运动规律和稳态资本存量。

5. 考虑 Diamond（1965）的模型，其中，$u(c)=\ln c$，$f(k)=A[ak^{(\sigma-1)/\sigma}+1-a]^{\sigma/(\sigma-1)}$，其中 σ 是替代弹性。注意，$\sigma=1$ 对应于 Cobb-Douglas 生产函数。

(a) 证明如果 $\sigma\geqslant 1$，那么存在一个正值稳态。

(b) 假设 $\sigma<1$。推导资本的均衡运动规律。分析稳态的存在性、唯一性和稳定性。特别地，证明对于一个足够小的 σ，不存在正值稳态。

6. 在第 16.2 节中，我们假设折旧为零。假设折旧率是 δ。推导资本的均衡运动定律。当 $\delta=1$ 时，这个规律是什么？

7. [Diamond（1965）的模型中的政府] 考虑第 16.2 节中的模型。令 G_t 表示人均政府支出。假设政府支出的资金来源是对年轻人征收的一次性税收。令 $u(c)=\ln c$，$f(k)=k^{\alpha}$。

(a) 推导资本的均衡运动规律。

(b) 分析政府支出从 G_L 永久性增加到 G_H 的影响。画出资本存量的路径。

(c) 分析政府支出从 G_L 暂时性增加到 G_H 的影响。画出资本存量的路径。

8. [Diamond (1965) 的模型中的社会保障] 令 $u(c)=\ln c$，$f(k)=k^{\alpha}$。

(a)（现收现付式社会保障）假设政府向每个年轻人征收 d_t 数量的税，并将所得用于向当前的老年人支付福利。因此，每个老年人得到 $g_n d_t$。

i. 推导资本的均衡运动规律。

ii. 引入社会保障税对均衡资本存量的影响是什么？

iii. 如果经济最初是在动态有效的平衡增长路径上，那么 d_t 的边际增加将如何影响当代人和后代人的福利？如果最初的平衡增长路径是动态无效率的，那么将会发生什么？

(b) 完全基金式社会保障。假设年轻人贡献了 d_t。这笔钱用于投资，并在第 $t+1$ 期连本带利 ($R_{t+1}d_t$) 地返还给当时的老年人。

i. 推导资本的均衡运动规律。

ii. 对资本和福利的影响是什么？解释结果背后的直觉。

9. 将第 16.3 节模型的均衡系统线性化。利用该系统分析泡沫稳态的稳定性。

第 17 章

不完备市场模型

本章目标

在第 13 章中，我们证明了：在总禀赋由外生 Markov 状态变量决定的完备市场交换经济中，最优消费分配不具有历史依赖性。本章和第 22 章介绍了一些在交换风险时存在摩擦的模型。在这种情况下，消费分配将会是历史依赖的。在本章的不完备市场模型中，历史依赖性体现在家庭消费依赖于其当前资产持有上。在第 22 章，历史依赖性体现在消费分配依赖于委托人承诺的连续值上。

在本章，我们介绍一种特殊类型的不完全市场模型——Aiyagari-Bewley-Huggett 模型。在此类模型中存在事前同质代理人的连续统。这些代理人面临个体冲击，因此事后是异质的。市场是不完备的，因此个体风险不能被分散或者对冲。这些模型建立在第 8.3 节研究的收入波动问题的基础上。我们通过引入资产市场对模型进行封闭，并由市场清算条件得到均衡。在第 17.1 节，我们研究了资产具有生产性的生产经济。在第 17.2 节，我们研究了资产是无风险债券或者法定货币的交换经济。在第 17.3 节，我们引入了总冲击并研究了其经济周期效应。对于 Aiyagari-Bewley-

Huggett 模型的其他精彩展示，我们推荐读者阅读 Ljungqvist 和 Sargent（2004）。

17.1 生产经济

在本节我们介绍 Aiyagari（1994）模型。我们从收入波动问题开始。然后引入生产并定义均衡。最后讨论计算方法。

□ 17.1.1 收入波动问题

考虑代理人的消费/储蓄问题。令 $c_t \geqslant 0$ 表示消费，$a_t \geqslant -b$ 表示资产持有量（或借款量，若 $a_t < 0$），l_t 表示劳动禀赋冲击。代理人将利率 r 和工资率 w 看成给定的，求解下述问题：

$$\max_{\{c_t, a_{t+1}\}} E \sum_{t=0}^{\infty} \beta^t u(c_t) \tag{17.1}$$

满足

$$c_t + a_{t+1} = (1+r)a_t + wl_t \quad a_t \geqslant -b \tag{17.2}$$

假设 I_t 在 $[l_{\min}, l_{\max}]$ 中取值，且服从转移函数为 Q 的 Markov 过程。根据定理 8.3.1，对于 $r>0$，非 Ponzi 计划条件为 $\lim_{t\to\infty} a_t/(1+r)^t \geqslant 0$，非负消费意味着 $a_t \geqslant -wl_{\min}/r$。该借款约束被称为自然借款约束。因而我们加上如下借款约束：

$$a_t \geqslant -\phi \tag{17.3a}$$

$$\phi = \min\begin{cases} b, wl_{\min}/r, & 对于 r>0 \\ b, & 对于 r<0 \end{cases} \tag{17.3b}$$

定义手头的现金或总资源 x_t 为

$$x_t \equiv (1+r)a_t + wl_t + \phi$$

令 $\hat{a}_t = a_t + \phi$。代理人求解如下动态规划问题：

$$V(x_t, l_t) = \max_{\hat{a}_{t+1} \in [0, x_t]} u(x_t - \hat{a}_{t+1}) + \beta \int V(x_{t+1}, l_{t+1}) Q(\mathrm{d}l_{t+1}, l_t)$$

满足

$$x_{t+1}=(1+r)\hat{a}_{t+1}+wl_{t+1}-r\phi$$

令政策函数为

$$\hat{a}_{t+1}=A(x_t,l_t)$$

显然，若 l_t 是独立同分布的，则我们可将 l_t 从状态变量中移除。在该情况下，由

$$x_{t+1}=(1+r)A(x_t,l_t)+wl_{t+1}-r\phi$$

定义的过程（x_t）是 Markov 过程。在第 8.3.3 节，我们证明了若 $\beta(1+r)\geqslant 1$，则 x_t 和 a_t 收敛于无穷。但是，若 $\beta(1+r)<1$，则 $\{x_t\}$ 有唯一不变的测度 λ^*。给定该测度，我们可以计算长期平均资产 $Ea(r,w)=E_{\lambda^*}[A(x_t)-\phi]$。

Huggett（1993）把这些结果推广到两状态的 Markov 过程。一般 Markov 过程下的结果仍是未知的。在应用中，研究者通常使用数值方法。在这种情况下，接下来的动态规划处理更加方便：

$$V(a_t,l_t)=\max_{a_{t+1}\geqslant -\phi} u(c_t)+\beta\int V(a_{t+1},l_{t+1})Q(\mathrm{d}l_{t+1},l_t) \tag{17.4}$$

满足式（17.2）和式（17.3）。此问题给出了政策函数

$$a'=g(a,l)$$

这里，我们移除了时间下标并使用带撇号的变量来表示它下一时期的值。令 (a,l) 的状态空间为 S。联合过程 $(a_t,l_t)_{t\geqslant 0}$ 服从转移函数为

$$P(A\times B,(a,l))=\mathbf{1}_{g(a,l)\in A}Q(B,l)$$

的 Markov 过程，其中，$A\times B$ 是 S 的 Borel 集。此转移函数在状态空间上诱导出 (a,l) 的一列分布：

$$\lambda_{t+1}(A\times B)=\int P(A\times B,(a,l))\mathrm{d}\lambda_t(a,l)$$

假设它弱收敛于一个不变分布，在不混淆风险的情况下用 $\lambda^*(a,l)$ 表示。给定该分布，我们可以计算长期平均资产 $Ea(r,w)=\int g(a,l)\mathrm{d}\lambda^*(a,l)$。

□ 17.1.2 生产

存在代表性企业利用资本和劳动生产产出。生产函数为

$$Y_t=F(K_t,L_t)$$

其中，F 是规模报酬不变的。静态利润最大化意味着一阶条件为

$$F_K(K,L)=r+\delta \tag{17.5}$$

$$F_L(K,L)=w \tag{17.6}$$

其中，δ 表示资本的折旧率。

□ 17.1.3 平稳递归均衡

假设不存在总冲击。存在事前代理人的连续统，这些事前代理人面临个体的劳动禀赋冲击或收益冲击。我们可以把分布 $\lambda^*(a,l)$ 重新解释为横截面资产-就业分布。我们集中研究平稳递归均衡，在该均衡中所有加总变量和要素价格 r 和 w 都是跨时不变的。

定义 17.1.1 平稳的递归竞争均衡由值函数 $V:S\to\mathbb{R}$，家庭的政策函数 $g:S\to\mathbb{R}$ 和 $c:S\to\mathbb{R}_+$，公司的选择 L 和 K，价格 r 和 w 以及 S 上的平稳测度 λ^* 组成，它们使得：

(a) 给定价格 r 和 w，政策函数 g 和 c 是家庭问题的解，而 V 是相应的值函数。

(b) 给定 r 和 w，公司选择最优的资本 K 和劳动 L，这意味着式（17.5）和式（17.6）成立。

(c) 劳动市场出清：$L=\int l\mathrm{d}\lambda^*(a,l)$。

(d) 资产市场出清：$K=\int g(a,l)\mathrm{d}\lambda^*(a,l)$。

(e) 资源约束成立：

$$\int c(a,l)\mathrm{d}\lambda^*(a,l)+\delta K=F(K,L)$$

(f) 对于所有 S 的 Borel 集 $A\times B$，λ^* 是稳定分布：

$$\lambda^*(A\times B)=\int \mathbf{1}_{g(a,l)\in A}Q(B,l)\mathrm{d}\lambda^*(a,l) \tag{17.7}$$

注意，给定其他均衡条件，资源约束是多余的。而且，总劳动 L 是外生给定的，且由 l_t 的均值决定，它通常标准化为 1。

对于平稳递归均衡的存在性和唯一性，没有一般的理论结果。① Aiyagari

① 参考 Aiyagari（1994）、Huggett（1993）、Acemoglu 和 Jensen（2012）以及 Miao（2006）的一些理论结果。

(1994) 很好地讨论了建立存在性的经典观点。该观点可通过图 17.1 来说明。图 17.1 中向下倾斜的曲线代表由式 (17.5) 推导的总资本需求函数 $K^d(r)$。向上倾斜的曲线代表由长期平均资产 $\int g(a,l)\mathrm{d}\lambda^*(a,l)$ 推导的资本供给函数 $Ea(r)$。特别地，给定式 (17.5) 和式 (17.6)，可证明 w 是 r 的连续函数。因此，我们可证明政策函数 g 和平稳分布 λ^* 也是 r 的连续函数。这表明 $\int g(a,l)\mathrm{d}\lambda^*(a,l)$ 也是 r 的连续函数，它等于 $Ea(r)$。

随着 $(1+r)\beta$ 从下端趋近于 1，由于 a_t 趋近于无穷，因此 $Ea(r)$ 趋近于无穷。当 $r<0$ 时，$Ea(r)$ 趋近于 $-b$。因此，根据中值定理可知，存在一个点使得资本需求曲线 $K^d(r)$ 与资本供给曲线 $Ea(r)$ 相交。由于无法保证 $Ea(r)$ 是单调的，故可能存在多个交点。因此，Aiyagari 模型可能会存在多重均衡。然而，在实际应用中，这种情况很少发生。

图 17.1 清楚地表明，均衡利率小于完全市场中的均衡利率 $\rho=1/\beta-1$。这意味着不完备市场下的资本存量大于完备市场下的资本存量。直觉如下：家庭会因为预防性动机而持有额外的资产。为了看到定量的重要性，我们需要校准模型和求数值解。

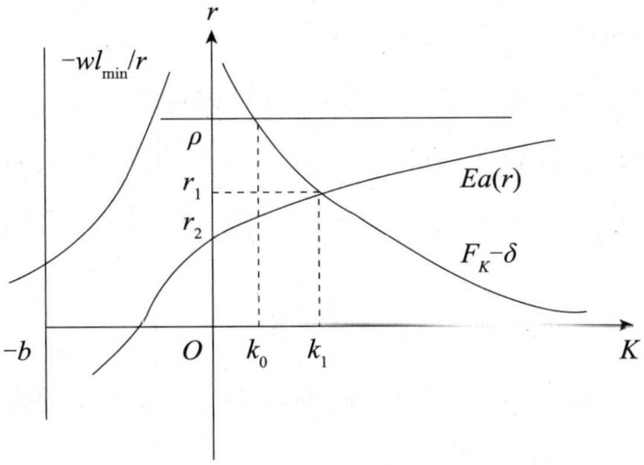

图 17.1 Aiyagari (1994) 模型中均衡的决定

说明：曲线 $Ea(r)$ 和曲线 $F_k-\delta$ 的交点给出了均衡利率和资本存量。

□ 17.1.4 计算和含义

存在多种求解 Aiyagari (1994) 模型的方法。下列算法是其中的一种：

第 1 步 固定利率的初始猜测值 $r^0\in(-\delta,1/\beta-1)$，它们的上界来自我们之前的讨论。利率 r^0 是均衡的第一候选（上标表示迭代的次数）。

第 2 步 给定利率 r^0，利用式（17.6）推导工资率 $w(r^0)$。

第 3 步 给定价格 $(r^0, w(r^0))$，求解动态规划问题（17.4），获得决策规则 $a'=g(a,l;r)$ 和 $c=c(a,l;r^0)$。我们在第 11 章介绍了几种求解方法。对于每种方法，我们都需要把 a 和 l 的状态空间离散化。我们可利用在第 11.2 节中讨论的方法把连续的 Markov 过程离散化为离散的 Markov 链。

第 4 步 给定政策函数 $a'=g(a,l;r^0)$ 和 (l_t) 的转移函数 Q，我们利用式（17.7）求解平稳分布 $\lambda^*(r^0)$。计算资本总供应量

$$Ea(r^0)=\int g(a,l;r^0)\mathrm{d}\lambda^*(a,l;r^0)$$

第 5 步 利用式（17.5）计算资本总需求 $K(r^0)=F_K^{-1}(r^0+\delta)$。

第 6 步 寻找使得资产市场出清的 r。特别地，若 $Ea(r^0)>(<)K(r^0)$，令 $r^1<(>)r^0$。为了得到新的候选 r^1，二分法是一个很好的选择：

$$r^1=\frac{1}{2}[r^0+F_K(Ea(r^0),1)-\delta]$$

第 7 步 将初始猜测更新至 r^1，然后回到第 1 步。不断迭代直至利率收敛，即对于很小的 $\varepsilon>0$，直到 $|r^{n+1}-r^n|<\varepsilon$。

有几种方法可用来执行第 4 步。这里我们仅讨论两种方法。第一种方法是离散化 (a,l) 的状态空间。这也要求 Markov 过程 $\{l_t\}$ 被离散化为转移矩阵为 $\pi(l,l')$ 的 Markov 链。我们可利用第 11.2 节给出的方法。然后，我们迭代方程

$$\lambda_{t+1}(a',l')=\sum_{l}\sum_{\{a:a'=g(a,l)\}}\lambda_t(a,l)\pi(l,l')$$

直至收敛于 λ^*，其中，(a,l) 和 (a',l') 均在网格上。然后，我们可计算

$$Ea(r^0)=\sum_{(a,l)}g(a,l;r^0)\lambda^*(a,l;r^0)$$

第二种方法是利用模拟：(1) 我们模拟了大量的家庭（如 100 000 个），并跟踪它们一段时间，就像数据调查那样。然后，用 (a_0,l_0) 初始化样本中的每个个体，并利用决策规则 $a'=g(a,l)$ 和随机数生成元复制 Markov 冲击 $\{l_t\}$ 以生成联合 Markov 过程 $\{a_t,l_t\}$。(2) 对于每一个 t，我们可以计算一组横截面矩 m_t 概括资产的分布（即均值、方差和各种百分位数），当 m_t 和 m_{t+1} 充分接近（在这种情况下，对给定的 r，横截面分布已经收敛）时停止。(3) $Ea(r^0)$ 是横截面均值。

Ljungqvist 和 Sargent（2004）讨论的另一种可供选择的算法是迭代资本而不是利率。从猜测 K^0 开始。利用式（17.5）和式（17.6）解出 r 和 w。求解决策规则 $g(a,s;K^0)$ 和平稳分布 $\lambda^*(K^0)$。计算更新的资本存量

$$K^1=\sum_{(a,l)}g(a,l;K^0)\lambda^*(a,l)$$

令

$$K^2=\xi K^1+(1-\xi)K^0\text{，其中 }\xi\in(0,1)$$

用 K^2 替代 K^0，重复上述步骤直至收敛。

Aiyagari（1994）求解了校准模型，并研究了未保险的个体风险会对总储蓄贡献多少。他发现，对于合理校准的参数值，不完备市场的总储蓄率比完备市场的总储蓄率高出的部分不超过 3 个百分点。① 他也发现，收入和财富分布是正向偏离（中位数小于均值），财富分布比收入分布更分散，且若以 Gini 系数衡量，财富的不平等程度将显著高于收入的不平等程度。

Gini 系数与 Lorenz 曲线有关。为推导 Lorenz 曲线，假设我们观测到 n 个个体的收入数据 $\{x_1,x_2,\cdots,x_n\}$。将 $\{x_1,x_2,\cdots,x_n\}$ 按大小升序排列，得到 $\{y_1,y_2,\cdots,y_n\}$。Lorenz 曲线对应于 $z_i=\sum_{j=1}^{i}y_j/\sum_{j=1}^{n}y_j$（对于 $i=1,\cdots,n$）描画 i/n。换言之，它将家庭百分位数与家庭收入占总收入的百分比作图。例如，如果 $n=100$，则 $i=10$ 相当于 10%的家庭。注意，由于 $\{y_i\}$ 按升序排列，所以 $\{z_i\}$ 是一个递增序列且 $z_n=1$。Lorenz 曲线越接近 45°线，$\{x_i\}$ 分布得越均匀。Gini 系数（或 Gini 指数）是 Lorenz 曲线与 45°线之间的面积的两倍。若对于所有的 i，均有 $x_i\geqslant 0$，则 Gini 系数在 0 和 1 之间，Gini 系数越大，$\{x_i\}$ 越集中。在极端情况下，收入完全相等时，Gini 系数为 0；收入完全集中（最富有的人拥有所有收入）时，Gini 系数为 1。

例 17.1.1 我们用 Matlab 代码计算一些数值例子。② 效用函数为 $u(c)=c^{1-\gamma}/(1-\gamma)$，其中，$\gamma=3$。生产函数为 $F(k,l)=k^{\alpha}l^{1-\alpha}$。令 $\beta=0.96$，$\delta=0.08$ 和 $\alpha=0.36$。收益冲击遵循如下过程

$$\ln l_t=\rho\ln l_{t-1}+\varepsilon_t$$

---

① 对于生产函数 $F(K,L)=AK^{\alpha}L^{1-\alpha}$，总储蓄率被定义为 $\delta K/(AF(K,L))=\delta\alpha/(r+\delta)$。

② 代码是 `Bewley99.m` 和 `Aiyagari2.m`，它们是对 Ljungqvist 和 Sargent（2004）的相应代码略微进行修改后得到的。代码 `Markovappr.m` 可用来实施 Tauchen（1986）中用 Markov 链逼近连续 $AR(1)$ 过程的方法。程序 `markovsimul.m` 可用来模拟 Markov 链。

其中，ε_t 服从均值为0、方差为σ^2 的独立同分布的正态分布。令$\rho=0.2$，$\sigma=0.4\sqrt{1-\rho^2}$。我们使用7个网格点的Tauchen（1986）方法把AR（1）过程离散化为Markov链。l的均值为1.090 4。

图17.2绘制了当$b=3$和$b=5$时的资产供给曲线$Ea(r)$和资产需求曲线$K^d(r)$。$b=5$时，曲线$Ea(r)$向左移动，意味着相对于$b=3$时，均衡利率较高，均衡资本存量较低。直觉是：当借款约束更紧时，家庭有更强烈的预防性储蓄动机，诱导它们储蓄更多。

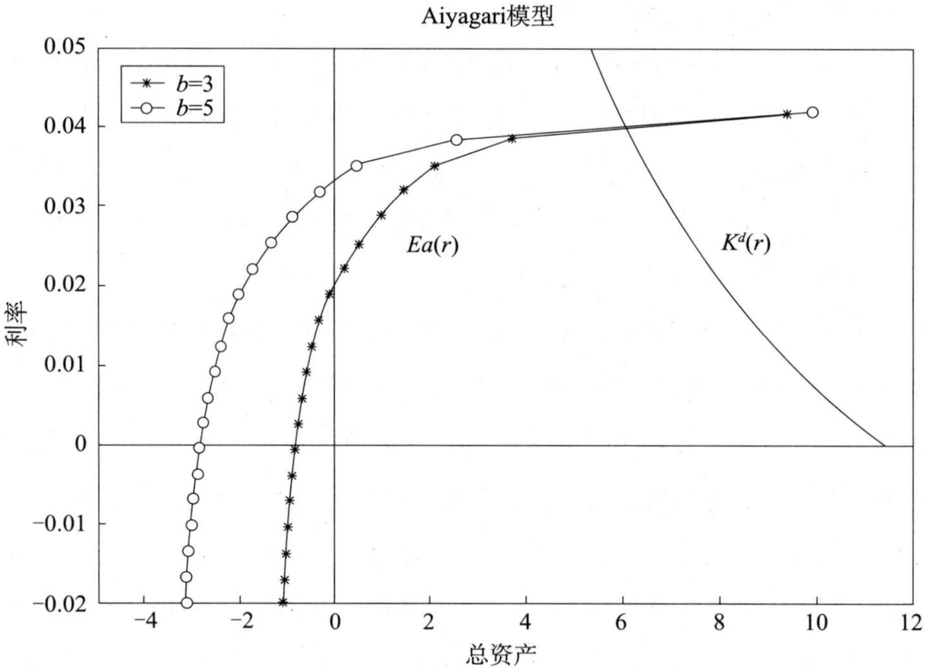

图17.2 例17.1.1中Aiyagari模型均衡的决定

17.2 禀赋经济

在本节我们集中讨论禀赋经济。我们首先介绍Huggett（1993）模型，然后介绍Bewley（1980，1983，1986）模型。

□ 17.2.1 无风险利率

Huggett（1993）建立了带借款约束的不完备市场模型以解释为什么在数据中

无风险利率这么低。这个模型也建立在第8.3节和第17.1.1节研究的收入波动问题的基础上。与Aiyagari模型不同的是，本模型中没有生产。家庭在每期收到个体禀赋 $e_t=wl_t$。禀赋流服从转移函数为 Q 的Markov过程，且各家庭间是相互独立的。通过施加市场出清条件（即总资产为0），关闭模型。这意味着没有外部资产。通过令 $w=1$，我们可以交换使用 e_t 和 l_t。令 S 为资产和禀赋 (a,e) 的状态空间。我们正式定义平稳递归均衡如下：

定义17.2.1 平稳递归均衡由以下部分组成：值函数 $V:S\to\mathbb{R}$，家庭的资产积累政策函数 $g:S\to\mathbb{R}$，无风险利率 r 和 S 上的平稳测度 λ^*，它们使得：

(a) 给定 r，政策函数 g 是家庭问题的解，V 是相关的值函数。

(b) 资产市场出清：$\int g(a,e)\mathrm{d}\lambda^*(a,e)=0$。

(c) λ^* 是平稳分布：

$$\lambda^*(A\times B)=\int \mathbf{1}_A(g(a,e))Q(B,e)\mathrm{d}\lambda^*(a,e) \tag{17.8}$$

对于 S 上的所有Borel集 $A\times B$。

债务限制 b 和市场不完备性如何影响均衡的无风险利率？图17.3表明了 b 的两个值的均衡决定。参数值在例17.1.1中给出。均衡利率由曲线 $Ea(r)$ 和纵轴的交点给出。当 b 变得更大时，曲线 $Ea(r)$ 平移到左侧。这表明，b 越小，利率越低。直觉是，当借款约束更紧时，家庭出于预防性动机有更强的激励持有更多资产。因为家庭不受持有大量资产的限制，所以需要较低的无风险利率，以说服它们不要积累巨额信贷余额，从而使得信贷市场可以出清。当 b 充分大的时候，借款约束退化为自然借款约束。在这种情况下，利率是最高的。但是，它仍然低于完备市场下的均衡利率 $1/\beta-1$。

命题17.2.1 当 $r=0$ 时，$Ea(0;b)=Ea(0;0)-b$。

证明 令 $\hat{a}_t=a_t+b$。方程（17.2）变为

$$c_t+\hat{a}_{t+1}=\hat{a}_t+wl_t\text{，其中，}\hat{a}_t\geqslant 0$$

那么，最优政策 $\hat{a}_{t+1}=A(a_t,l_t)$ 独立于 b。这意味着 $A(a_t,l_t;b)=a_{t+1}+b=A(a_t,l_t;0)$。因此，$Ea(0;b)=Ea(0;b)-b$。

Huggett模型可被视为纯“内部货币”模型或私人借据（IOU）的流通模型。在模型中，每个家庭都是“银行家”，在满足信贷限制 $a_{t+1}\geqslant-\phi$ 的条件下有权发行

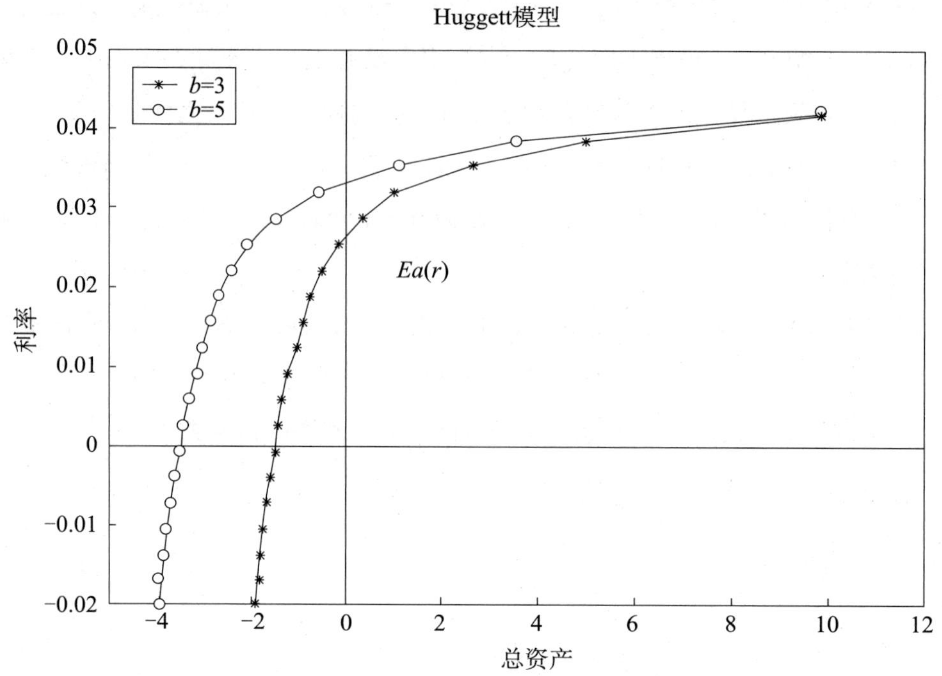

图 17.3　Huggett（1993）模型中均衡的决定

"票据"。只要 $a_{t+1}<0$，家庭就发行票据。在自然借款限制下，我们可将这个纯消费信贷或内部货币模型视为自由银行模型。在模型中，每个家庭发行借据的能力只受以下要求约束：所有贷款均为一期无风险贷款。在随后的小节中，在具有外部货币和严格借款限制的模型中，我们将使用这个自由银行模型的均衡分配作为判断著名的 Friedman 规则的基准。

□ 17.2.2　法定货币

假设政府供给固定数量的名义货币。货币在本质上是无用的。为何家庭要持有它？Bewley（1980，1983）提出了一个模型：家庭之所以持有货币是因为货币是家庭用来对个体风险进行保险的一种资产。家庭可持有货币，但是不能发行货币。为了将家庭问题映射成问题（17.1）[满足式（17.2）]，我们取 $m_{t+1}/p=a_{t+1}$，$w=1$，$b=0$，$r=0$，其中，m_{t+1}为从第 t 期到第 $t+1$ 期的货币持有量，p 是不变的价格水平。固定货币供应量为 M。平稳均衡的市场出清条件为

$$Ea(0)=\frac{M}{p}$$

这个条件决定了均衡价格水平 p，这是货币数量理论的一个版本。

如果放松 $b=0$ 的借款约束，允许一些借款（$b>0$），那么曲线 $Ea(r)$ 会向左移动，导致 $Ea(0)$ 下降，均衡价格水平 p 上升。借贷意味着家庭可以发行私人借据或"内部货币"。因此，通过替代外部货币来扩大"内部货币"的数量会导致外部货币的价值下降。当 b 充分大，例如 $b>Ea(0;0)$ 时，根据命题 17.2.1，$Ea(0;b)<0$。内部货币的利率必须上升以使市场出清。在这种情况下，内部货币主导了法定货币的收益率，并将其赶出市场。让法定货币回到模型的一个方法就是对其支付利息。

□ 17.2.3 货币利息

Bewley（1980，1983）表明，支付货币利息可增加平稳均衡下的福利，但利息支付不能实现最优分配。现在我们将其论点正式化。假设家庭不能借款（$b=0$）。预算约束为

$$\frac{m_{t+1}}{p_t}+c_t\leqslant\frac{(1+\tilde{r})m_t}{p_t}+w\,l_t-\mathcal{T}$$

其中，$m_{t+1}\geqslant 0$ 为从第 t 期带到第 $t+1$ 期的货币，p_t 为 t 期的价格水平，$\tilde{r}$ 是政府支付的现金名义利率，$\mathcal{T}$是实际一揽子税。这项税是用来支付货币利息的。政府的预算约束为

$$\mathcal{T}p_t+M_{t+1}=M_t+\tilde{r}M_t \tag{17.9}$$

其中，M_t 是货币供应量。

模型有两种设定：一种是政府支付显性利息，同时保持固定货币的名义存量；另一种是政府不支付明确的利息，但通过通货紧缩减少货币供应以支付利息。对于每种设定，我们都可以证明，支付货币利息加上货币持有的非负性约束可以被看作一种用于削弱这种约束的影响的手段。放松借款限制可以提升福利。通过证明家庭问题与问题（17.1）［满足式（17.2）和式（17.3）］是同构的，我们在每种设定下确立了这种观点。

显性利息　在第一种设定中，政府在所有 t 下固定名义货币供应量 $M_t=M_{t+1}$，并尽力支撑不变的价格水平。不存在政府支出或者其他税。这使得政府的预算约束变为

$$\mathcal{T}=\frac{\tilde{r}M}{p} \tag{17.10}$$

将式（17.10）代入家庭的预算约束，重新整理得到

$$\frac{m_{t+1}}{p}+c_t\leqslant\frac{(1+\tilde{r})m_t}{p}+wl_t-\frac{\tilde{r}M}{p},\quad m_{t+1}\geqslant 0$$

市场出清条件为

$$E\frac{m_{t+1}}{p}=\frac{M}{p} \tag{17.11}$$

这决定了均衡价格水平 p。方程（17.10）中的一揽子税决定了利率 $\tilde{r}$。

为了把家庭问题映射为问题（17.1）[满足（17.2）]，我们取 $m_{t+1}/p=\hat{a}_{t+1}\geqslant 0$、$\phi=M/p$ 和 $r=\tilde{r}$。给定该映射，带总实际余额 M/p 和通货的名义利率 $\tilde{r}$ 的经济中家庭问题的解可从实际利率为 $\tilde{r}$ 和借款约束参数为 $\phi=M/p$ 的经济中得到。令后一问题的解为政策方程 $a_{t+1}=g(a_t,l_t;\tilde{r},\phi)$。因为我们已经取 $m_{t+1}/p=\hat{a}_{t+1}=a_{t+1}+\phi$，所以 Bewley 模型的市场出清条件等价于 $Ea(\tilde{r})=0$，该条件是 Huggett 模型的市场出清条件。然后，我们可得出如下结论：

命题 17.2.2 用一揽子税支付通货利息的 Bewley 模型的平稳均衡与债务限制 ϕ 等于 Bewley 模型中的均衡实际余额的 Huggett 模型的均衡具有相同的分配和利率。

我们可用“反向求解”方法计算带有货币利息的均衡。[1] 这个方法由以下几步组成：

第 1 步 令 ϕ 满足 $0\leqslant\phi\leqslant wl_{\min}/\tilde{r}$。解出 $p=M/\phi$。

第 2 步 找出使得 $Ea(\tilde{r})=0$ 的 $\tilde{r}$。

第 3 步 计算税 $\mathcal{T}=\tilde{r}M/p$。

上述方法将 $\phi=M/p$ 视为外生，$\mathcal{T}$ 视为内生，而不是将 $\mathcal{T}$ 视为外生，M/p 视为内生。

可被平稳均衡支撑的最大实际余额 M/p 等于 Huggett 模型中的自然借款限制 $wl_{\min}/\tilde{r}$。均衡利率 $\tilde{r}$ 可从图 17.3 中曲线 $Ea(r)$ 和纵轴的交点得到。随着 b 的增加，曲线 $Ea(r)$ 向左移动。Bewley 模型中的最高利率由自然借款限制曲线 $Ea(r)$ 穿过纵轴的点决定。这比任何与先验借款限制相关的均衡利率都高，但是它必定低于 $1/\beta-1$。注意，$1/\beta-1$ 是由 Friedman 规则提出的与最优货币数量相关的利率。然后，我们有下述结果：

命题 17.2.3 支付货币利息所能支撑的最高利率等于与自然借款限制相关的

① 关于此方法的应用，参考 Sims（1989）与 Díaz-Giménez 等（1992）。

Huggett 模型的利率。该利率小于时间偏好率。

隐性利息 在第二种设定中，货币没有显性利息，但是政府可以通过通货紧缩隐性支付利息。政府可通过下述方式改变货币供给

$$M_{t+1}=M_t(1+g)$$

这等价于

$$\frac{M_{t+1}}{p_t}=\frac{M_t}{p_{t-1}}\frac{p_{t-1}}{p_t}(1+g)$$

我们寻找常数实际余额 $M_{t+1}/p_t=M_t/p_{t-1}$ 和常数通货膨胀率 $p_t/p_{t-1}=1/(1+r)$ 的稳态。这样一种稳态和上述方程意味着 $1+r=1/(1+g)$。由式（17.9）和 $\tilde{r}=0$，隐含的一揽子税

$$\mathcal{T}=-\frac{gM_t}{p_t}=-\frac{gM_t}{p_{t-1}}\frac{p_{t-1}}{p_t}=\frac{M_t}{p_{t-1}}r$$

在这种税制下，家庭的预算约束变为

$$\frac{m_{t+1}}{p_t}+c_t\leqslant\frac{m_t}{p_t}+wl_t-\frac{M_t}{p_{t-1}}r$$

这与满足 $\phi=M_t/p_{t-1}$ 的 Huggett 模型一致。给定这种处理，稳态均衡刚好像显性利率用通货支付一样。曲线 $Ea(r)$ 与纵轴的交点决定了实际利率水平。给定设定借款限制的参数 ϕ，利率等于对通货支付显性利率的经济的利率。因为均衡利率 $r>0$ 是正的，所以政府以 $r/(1+r)$ 的比率减少货币，以实现通货紧缩。

□ 17.2.4 铸币税

假设不存在税收，但政府可以发行货币来为固定的总购买量 G 提供资金。假设家庭不能借贷，从而 $\phi=b=0$。政府的预算约束变为

$$\frac{M_{t+1}}{p_t}=\frac{M_t}{p_t}+G$$

它可表示为

$$\frac{M_{t+1}}{p_t}=\frac{M_t}{p_{t-1}}\frac{p_{t-1}}{p_t}+G$$

我们想找到一个平稳均衡，使得当 $t\geqslant1$ 时，有 $p_{t-1}/p_t=1+r$；当 $t\geqslant0$ 时，有

$M_{t+1}/p_t=\overline{m}$。对于这个均衡，

$$\overline{m}=-\frac{G}{r}$$

对于$G>0$，这是一条位于东南象限的直角双曲线，如图 17.4 所示。r 的平稳均衡值由该曲线与曲线 $Ea(r)$ 的交点决定。很明显，当 $G>0$ 时，均衡净利率 $r<0$；$-r$ 可被视为通货膨胀税。注意，可能存在多重平稳均衡，如图 17.4 所示。

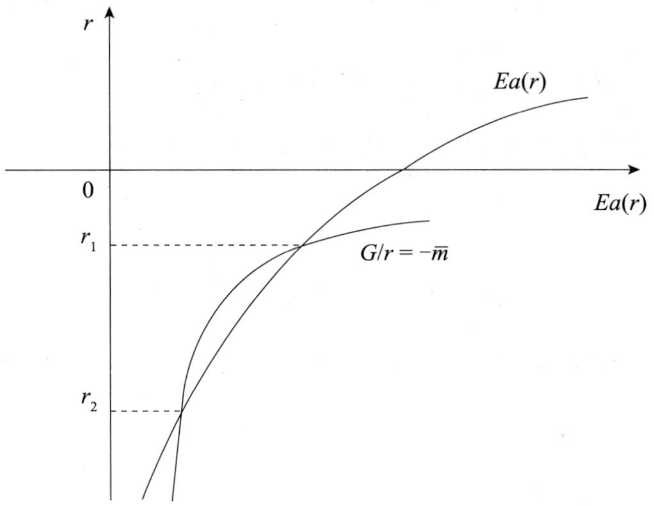

图 17.4　为不变的政府赤字 G 提供融资的两个平稳均衡货币回报率

在确定 r 之后，假设 M_0 为外生给定，那么初始价格水平由初始政府预算约束决定：

$$\overline{m}=\frac{M_0}{p_0}+G$$

这是货币数量理论的一种形式。M_0 增加导致 p_0 增加，且所有后续价格都成比例增加。

我们应该从多重均衡中选择哪一个？Ljungqvist 和 Sargent（2004）建议选择货币回报率最高或通货膨胀税最低的点。这个选择给出了标准的比较静态：G 的增加会造成 r 下降、通货膨胀率上升。这种选择可以通过 Marcet 和 Sargent（1989）与 Bruno 和 Fischer（1990）研究的相关背景下的学习过程来确认。

注意，如果我们通过设定 $b>0$ 允许借款，则 b 提高会导致曲线 $Ea(r)$ 左移，从而降低 r。甚至有可能 b 的增加会导致所有的平稳均衡消失。该结果解释了为什么决心提高铸币税的政府可能想要限制私人借款。

17.3 总冲击

前面章节中的模型关注平稳均衡，这对于研究横截面目标比如财富分布的稳态性质很有用。但是，这些模型对理解经济周期无用。在本节，我们仿照 Krusell 和 Smith（1998）将总冲击引入这些模型中。带总冲击和连续统代理人个体冲击的模型很难求数值解，因为横截面分布是一个无限维的状态变量。我们将给出由 Krusell 和 Smith（1998）提出的算法。

□ 17.3.1 递归均衡

我们想在第 17.1 节研究的 Aiyagari（1994）模型中引入总的生产率冲击 z_t。令生产函数为

$$Y_t = z_t F(K_t, L_t)$$

其中，联合过程 $(z_t, l_t)_{t\geqslant 0}$ 服从转移函数为 $Q(\cdot, \cdot; z, l)$ 的（离散）Markov 过程。总冲击（z_t）和个体冲击（l_t）可能相关。令 S 为个体状态 (a, l) 的状态空间。

定义 17.3.1 递归（竞争）均衡由值函数 $V(k, l; \lambda, z)$、政策函数 $g(a, l; \lambda, z)$、运动法则 $G(\lambda, z; z')$ 以及价格函数 $r(\lambda, z)$ 和 $w(\lambda, z)$ 组成，它们使得：

(a) 给定 $G(\lambda, z; z')$、$r(\lambda, z)$ 和 $w(\lambda, z)$，g 和 V 是下述 Bellman 方程的解：

$$V(a, l; \lambda, z) = \max_{a'} u(c) + \beta\int V(a', l'; \lambda', z') Q(\mathrm{d}z', \mathrm{d}l'; z, l)$$

满足

$$c + a' = (1 + r(\lambda, z))a + w(\lambda, z)l, \quad a' \geqslant 0$$

(b) 企业最大化利润使得

$$zF_K(K, L) = r(\lambda, z) + \delta$$

$$zF_L(K, L) = w(\lambda, z)$$

(c) 市场出清，即

$$K = \int a\lambda(\mathrm{d}a, \mathrm{d}l)$$

$$L = \int l\lambda(\mathrm{d}a, \mathrm{d}l)$$

(d) 总分布 G 的运动法则由个体最优政策 g 生成，即对于 S 上的所有 Borel 集 $A\times B$，均有

$$G(\lambda, z; z')(A\times B) = \int I_A(g(a, l; \lambda, z))Q(z', B, z, l)\lambda(\mathrm{d}a, \mathrm{d}l)$$

注意，如果总冲击和个体冲击是独立的，那么可将联合过程 (z_t, l_t) 的转移函数写为

$$Q(\cdot, \cdot, z, l) = Q_l(\cdot, l)Q_z(\cdot, z)$$

其中，Q_1 和 Q_2 分别是 (l_t) 和 (z_t) 的转移函数。在这种情况下，运动法则 $G(\lambda, z; z')$ 不取决于 z'。

递归均衡诱导了下面这个序贯竞争均衡：

$$a_{t+1} = g(a_t, l_t; \lambda_t, z_t)$$

$$w_t = w(\lambda_t, z_t) = z_t F_L(K_t, L_t)$$

$$r_t = r(\lambda_t, z_t) = z_t F_K(K_t, L_t) - \delta$$

$$K_t = \int a_t \lambda_t(\mathrm{d}a_t, \mathrm{d}l_t)$$

$$L_t = \int l_t \lambda_t(\mathrm{d}a_t, \mathrm{d}l_t)$$

$$\lambda_{t+1} = G(\lambda_t, z_t; z_{t+1})$$

对于所有的 $t\geqslant 0$。初始值 $(a_0, l_0, \lambda_0, z_0)$ 是给定的。递归均衡的存在性是一个开放问题。Miao（2006）证明了序贯竞争均衡的存在性。受 Duffie 等（1994）的启发，他也给出了递归刻画，包括一个额外的状态变量——连续值的分布。Kubler 和 Schmedders（2002）构造了具有有限个代理人的不完备市场模型，在自然状态空间下，此模型不存在递归均衡。

□ 17.3.2 Krusell-Smith 方法

因为总分布是一个无限维的状态变量，因此我们必须在动态规划问题中找到有效的方法来逼近这个分布。Krusell 和 Smith（1998）提出用一组矩来逼近这个分布，这些矩是有限维的目标。

令 m 为财富分布的前 I 阶矩（均值、方差、偏度、峰度等）的 I 维向量，即 λ 相对于 a 的边际。用向量 $\mathbf{m}=\{m_1,\cdots,m_I\}$ 替代 λ，它的运动法则为

$$m'=H_I(\mathbf{m},z)$$

为使该方法具有可操作性，我们需要选择数字 I 并为 H_I 指定一种函数形式。Krusell 和 Smith（1998）表明，通过简单地设定 $I=1$ 和指定运动法则的形式

$$\ln K'=b_z^0+b_z^1\ln K \tag{17.12}$$

可得到精确的解，其中，只有一阶矩 $m_1=K$ 与预测下一期的一阶矩有关。而且，因为资本是前定的，所以运动法则不取决于 z'。

代理人的决策问题变为

$$V(a,l;K,z)=\max_{a'}u(c)+\beta E[V(a',l';K',z')\mid z_tl] \tag{17.13}$$

满足式（17.12）和

$$c+a'=(1+r(K,L,z))a+w(K,L,z)l,\quad a'\geqslant 0$$

其中，r 和 w 满足

$$zF_K(K,L)=r(K,L,z)+\delta$$
$$zF_L(K,L)=w(K,L,z)$$

现在我们描述 Krusell 和 Smith 算法。

第 1 步 对于每个 z，猜测运动法则的系数 $\{b_z^0,b_z^1\}$。

第 2 步 求解家庭的动态规划问题（17.13），获得决策规则 $a'=g(a,l;K,z)$。

第 3 步 对于 N 个个体和 T 个时期（例如，$N=100\ 000$，$T=2\ 000$），模拟此经济。抽取总冲击的随机序列 $\{z_t\}$，基于总冲击的路径，为每个 $i=1,2,\cdots,N$ 抽取个体生产率冲击 $\{l_t^i\}$ 的随机序列。利用决策规则 g 递归生成资产持有序列 $\{a_t^i\}_{i=1}^N,t=1,2,\cdots,T$，且在每期计算平均资本存量

$$\overline{K}_t=\frac{1}{N}\sum_{i=1}^N a_t^i$$

第 4 步 抛弃前 T_0 期（例如，$T_0=500$），以避免依赖于初始条件。利用剩余的序列，运行回归

$$\ln\overline{K}_{t+1}=\beta_z^0+\beta_z^1\ln\overline{K}_t$$

来对每个 z 估计 (β_z^0,β_z^1)。

第 5 步 若 $(\beta_z^0,\beta_z^1)\neq(b_z^0,b_z^1)$，则再次猜测并回到第 1 步。如果对于每个 z，两对值足够接近，那么这意味着代理人所使用的近似运动法则与通过加总个体选择的均衡所产生的运动法则是一致的。

第 6 步 为了验证这种逼近是否准确，在第 4 步中计算回归拟合的度量，例如，通过利用 R^2。接下来，尝试用另一个矩来扩充状态空间，例如，用来自第 3 步的 $\{a_t^i\}$ 的抽样二阶矩 m_{2t}。重复第 1～5 步直至收敛。如果上述回归的 R^2 显著增高了，那么持续增加矩，直至 R^2 足够大且对新增的解释矩不会做出反应。

Krusell 和 Smith（1998）的一个重要发现是：利用财富分配的均值能够几乎完美地刻画宏观经济总量行为的近似加总结果。为什么在实践中我们得到近似加总？有三个原因。首先，对于低水平的个体冲击和低水平的资产，这类问题的资产持有政策函数通常有很大的曲率，但是超出这个范围它们几乎呈线性。其次，高曲率的代理人很少且财富水平低，故在决定总财富时他们的影响很小。决定总资本存量的是持有大量资本的个体，即是富人而不是穷人。最后，总生产冲击对财富分布的影响非常弱，且分布质量总是在资产持有函数是线性的地方。

有其他几种方法求解 Krusell 和 Smith 类型的模型。我们建议读者参考 Haan、Judd 和 Juillard（2009）编辑的《经济动态与控制杂志》（*Journal of Economic Dynamics and Control*）的特别专题。

17.4 习题

1. 写出求解 Aiyagari（1994）模型的计算机代码。尽量复制其文章中的结果。

2. 写出求解 Huggett（1993）模型的计算机代码。尽量复制其文章中的结果。

3. 写出求解 Krusell 和 Smith（1998）模型的计算机代码。尽量复制其文章中的结果。

4. 将内生闲暇引入 Aiyagari（1994）模型并且定义平稳均衡。

5. 将内生闲暇引入 Krusell 和 Smith（1998）模型并且定义递归均衡。

6.（Imrohoroglu，1992）存在家庭的连续统。每个家庭的效用函数为

$$E\sum_{t=0}^{\infty}\beta^t\frac{c_t^{1-\gamma}}{1-\gamma}$$

代理人在每期有一单位不可分割的时间禀赋，并面临着一个在代理人之间独立的就业机会。假定就业状态 l 服从两状态的一阶 Markov 过程，两个可能的状态 $l=u$ 和 $l=e$ 分别表示未就业和就业。该过程的转移概率为 $\pi_{ll'}$。若就业状态 $l=e$ 发生，则代理人使用时间分配生产 $y_t=y$ 单位的消费品。在未就业状态 $l=u$ 下，代理人通过家庭生产 $y_t=\theta y$ 单位的消费品，其中，$0<\theta<1$。个体带着上一期的名义货币余额 m_t 进入每一期。这些余额被等于 gM_t 的一揽子转移支付所扩充，其中，M_t 是第 t 期的人均名义货币供给，g 是不变的货币增长率。货币供应服从运动法则

$$M_{t+1}=(1+g)M_t$$

家庭预算约束为

$$c_t+\frac{m_{t+1}}{p_t}=\frac{m_t}{p_t}+\frac{gM_t}{p_t}+y_t,\quad m_{t+1}\geqslant 0$$

(a) 写出家庭的动态规划问题。

(b) 定义平稳均衡。

(c) 写出计算机代码，求该模型的数值解。尝试复制 Imrohoroglu (1992) 中的结果。估计通货膨胀的福利成本。

第 18 章 失业的搜寻和匹配模型

本章目标

到目前为止，我们主要关注的是劳动市场的新古典理论。这意味着劳动供给由家庭效用最大化问题决定，劳动需求由企业利润最大化问题决定。在这两个问题中，工资率在竞争的劳动市场中被看成给定的，均衡工资率由市场出清条件决定：劳动供给等于劳动需求。该方法具有两大局限。首先，它不能解释观察到的工作时间波动的幅度。由新古典理论可知，在调整劳动和消费税后，闲暇和消费的边际替代率等于劳动的边际产出。然而，这种关系在数据中并不成立（例如，参考 Rotemberg and Woodford，1991，1999；Hall，1997；Chari，Kehoe，and McGrattan，2007）。特别地，在边际替代率和劳动产出率之间存在一个劳动楔子。其次，新古典方法预测的是工作时间而不是失业。因此该方法不能解释下述经验事实：总工时的大多数周期性变动是由就业和失业的变动引起的，而不是由就业工人工作时间的变动引起的。

在本章我们介绍由 Diamond（1982）、Mortensen（1982）和 Pissarides（1985）

提出的搜寻和匹配模型（后面用 DMP 指代）。该理论有潜力克服上面提到的两种局限。它的关键思想是：失业工人找到工作和职位空缺被工人填补需要时间。而且，工资率并不是在一个集中的市场上决定的。相反，它是由双边谈判决定的。该理论可被用来解释失业的原因。然而，它在定量解释某些劳动市场方面仍然面临一些困难。例如，标准 DMP 模型假设岗位破坏是外生的。但经验证据表明，工作创造和岗位破坏均会对外生冲击做出反应。Mortensen 和 Pissarides（1994）在 DMP 框架下引入了内生的岗位破坏。另外，标准 DMP 模型无法解释在数据中观察到的劳动楔子、失业率和职位空缺的巨大的周期性变动（Shimer，2005；Hall，2005）。因此，需要对模型进行修改。Shimer（2005）和 Hall（2005）认为，引入工资刚性是重要的。我们推荐读者参考 Shimer（2010）关于这个问题的细致处理，推荐 Pissarides（2000）关于失业的搜寻与匹配模型的教科书。

18.1 基本 DMP 模型

我们从一个基于 Pissarides（1985，2000）的外生分离的基本搜寻和匹配模型开始。考虑没有加总不确定性的无穷期框架。存在测度为 1 的同质工人连续统。每个工人都生活无穷期，且根据函数 $\sum_{t=0}^{\infty}\beta^t C_t$ 从消费 $\{C_t\}$ 得到效用，其中，$\beta\in(0,1)$。

生产技术是规模报酬不变的，劳动是唯一投入。劳动的边际生产率用 A 表示。假设每个公司至多雇用一名工人。公司可以通过以成本 κ 公布一个职位空缺来进入经济。一旦工人发现与企业匹配，企业和工人商定工资 w_t，企业得到利润 $A-w_t$。所有匹配在期末以外生的概率 ρ 得到解决。

在第 t 期所有成功匹配的测量均由匹配函数 $m_t=M(u_t,v_t)$ 给出，其中，u_t 和 v_t 分别是失业工人和职位空缺的加总度量。假设匹配函数关于两个分量都是递增的、凹的和线性齐次的。那么，失业工人找到工作的概率（找到工作比率）为 $q_t^u=m_t/u_t$，开放的职位空缺被填补的概率（工作填补率）为 $q_t^v=m_t/v_t$。假设匹配关系在下一期开始生产。

用 $\theta_t=v_t/u_t$ 定义市场紧度。那么，根据线性齐次性，

$$q_t^v=\frac{M(u_t,v_t)}{v_t}\equiv q(\theta_t),\quad q_t^u=\frac{M(u_t,v_t)}{u_t}\equiv q(\theta_t)\theta_t \tag{18.1}$$

由匹配函数 M 的性质可知，$q'(\theta)<0$，$\mathrm{d}\ln q(\theta)/\mathrm{d}\ln\theta\in(-1,0)$。直觉上，劳动市场越紧，企业越难招到工人，而工人越容易找到工作。用 N_t 表示总就业率。那么，N_t 服从以下动态：

$$N_{t+1}=(1-\rho)N_t+M(u_t,v_t),\quad N_0\text{ 给定} \tag{18.2}$$

定义失业率为

$$u_t=1-N_t \tag{18.3}$$

工资率 w_t 是在匹配企业和工人的 Nash 议价中决定的。为了刻画这个议价问题，我们需要推导工人和企业的剩余。令 J_t^F 为职位空缺被填补的价值，V_t 为职位空缺的价值。那么，J_t^F 和 V_t 分别满足资产定价方程

$$J_t^F=A-w_t+\beta(\rho V_{t+1}+(1-\rho)J_{t+1}^F) \tag{18.4}$$

$$V_t=-\kappa+\beta[q_t^v J_{t+1}^F+(1-q_t^v)V_{t+1}] \tag{18.5}$$

竞争使职位空缺的价值变为零，从而使 $V_t=0$，对于所有的 t。从式（18.5）可得到

$$J_{t+1}^F=\frac{\kappa}{\beta q_t^v} \tag{18.6}$$

代入式（18.4）可得

$$J_t^F=A-w_t+\frac{(1-\rho)\kappa}{q_t^v} \tag{18.7}$$

结合前面两个方程可得

$$\frac{\kappa}{q_t^v}=\beta\left(A-W_{t+1}+\frac{(1-\rho)\kappa}{q_{t+1}^v}\right) \tag{18.8}$$

令 J_t^W 和 J_t^U 分别表示就业工人和失业工人的价值。那么，它们分别满足如下资产定价方程：

$$J_t^W=w_t+\beta(\rho J_{t+1}^U+(1-\rho)J_{t+1}^W) \tag{18.9}$$

$$J_t^U=b+\beta[q_t^u J_{t+1}^W+(1-q_t^u)J_{t+1}^U] \tag{18.10}$$

其中，b 代表失业保险金，它们通过一揽子税进行融资。也可将 b 大体上理解为非市场收入。

Nash 议价问题为

$$\max_{w_t}(J_t^W-J_t^U)^{\eta}(J_t^F-V_t)^{1-\eta} \tag{18.11}$$

满足 $J_t^W \geqslant J_t^U$ 和 $J_t^F \geqslant V_t=0$，其中，$\eta \in (0,1)$ 表示工人的议价能力。一阶条件给出

$$\eta J_t^F=(1-\eta)(J_t^W-J_t^U)$$

定义总剩余为

$$S_t=J_t^F+J_t^W-J_t^U$$

因此，

$$\eta S_t=J_t^W-J_t^U \tag{18.12}$$

$$(1-\eta)S_t=J_t^F=\frac{\kappa}{\beta q_{t-1}^v} \tag{18.13}$$

其中，式（18.13）中后一个等式是根据自由进入条件（18.6）得到的。

由式（18.4）、（18.9）和（18.10）可知，S_t 满足资产定价方程。

$$\begin{aligned} S_t &=A-b+\beta(1-\rho)S_{t+1}-\beta q_t^u(J_{t+1}^W-J_{t+1}^U) \\ &=A-b+\beta(1-\rho-\eta q_t^u)S_{t+1} \\ &=A-b+\frac{\kappa(1-\rho-\eta q_t^u)}{(1-\eta)q_t^v} \end{aligned} \tag{18.14}$$

其中，第二个等式是根据式（18.12）得到的，最后一个等式是根据式（18.13）得到的。因此，

$$\begin{aligned} \eta S_t &= J_t^W-J_t^U=w_t-b+\beta(1-\rho-q_t^u)(J_{t+1}^W-J_{t+1}^U) \\ &= w_t-b+\beta(1-\rho-q_t^u)\eta S_{t+1} \end{aligned}$$

其中，第二个等式是根据式（18.9）和式（18.10）得到的，最后一个等式是根据式（18.12）得到的。把式（18.14）中的 S_{t+1} 和式（18.13）中的 S_t 代入上面的等式并求解 w_t 可得

$$w_t=\eta(A+\kappa\theta_t)+(1-\eta)b \tag{18.15}$$

注意，此解意味着任何企业和工人匹配都提供相同的工资 w_t，因为它只依赖于加总变量。

一个搜寻均衡由分配序列 $\{N_t,u_t,v_t,\theta_t\}$、工资 $\{w_t\}$ 和工作填补率 $\{q_t^v\}$ 构成，它们满足式（18.1）、（18.2）、（18.3）、（18.8）和（18.15）。

□ 18.1.1 稳态

考虑所有变量随着时间的推移不变的稳态。我们将方程（18.8）的稳态形式写为

$$\frac{\kappa}{q(\theta)}(1-\beta(1-\rho))=\beta(A-w) \tag{18.16}$$

这个方程给出了 θ 和 w 之间的关系。我们将此关系在图 18.1 中画出，并称之为工作创造曲线。在 (θ, w) 平面上，它向下方倾斜：更高的工资使得工作创造更无利可图，因此导致新雇员与失业工人的均衡比率更低。它代替了 Walras 经济中的需求曲线。

我们可将方程（18.15）的稳态形式写为

$$w=\eta(A+\kappa\theta)+(1-\eta)b \tag{18.17}$$

这个方程也给出了 θ 和 w 之间的关系。我们将此关系在图 18.1 中画出，并称之为工资曲线。该曲线向上倾斜：在更高的市场紧度下，市场参与者的相对议价能力转向有利于工人。它取代了 Walras 经济中的供给曲线。

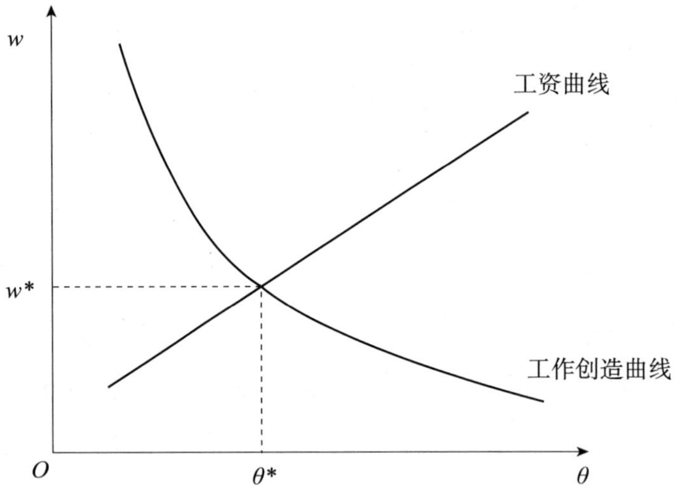

图 18.1 稳态均衡的市场紧度和工资率

工资曲线和工作创造曲线的交点给出了稳态均衡 (θ^*, w^*)。特别地，如果消去 w，我们可以证明 θ^* 是下列方程的唯一解：

$$\frac{\kappa}{q(\theta)}(1-\beta(1-\rho))+\beta\eta\kappa\theta=\beta(1-\eta)(A-b) \tag{18.18}$$

给定解 θ，我们在图 18.2 中画出工作创造曲线 $v=u\theta$。我们将就业动态（18.2）的稳态形式写为

$$\rho(1-u)=M(u,v) \tag{18.19}$$

图 18.2 中给出了 (u,v) 的所谓 **Beveridge 曲线**（Beveridge curve）。根据匹配函数的性质，它是向下倾斜和凸的。工作创造曲线和 Beveridge 曲线的交点决定了稳态的职业空缺率和失业率。

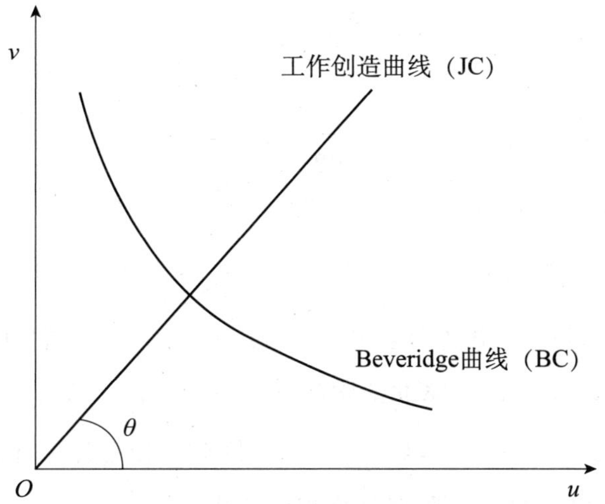

图 18.2　稳态均衡下的职位空缺率和失业率

这两幅图对理解该模型的比较静态性质是有用的。首先，考虑生产率 A 提高的影响。它使得图 18.1 中的工作创造曲线向右移动，使得工资曲线向上移动。因为 $0<\eta<1$，所以工作创造曲线移动得更多，故工资和市场紧度均增加。这使得图 18.2 中的工作创造曲线逆时针旋转，故职位空缺增加且失业减少。接下来，考虑失业救济金 b 增加的影响。它使得图 18.1 中的工资曲线向上移动但是不改变工作创造曲线。因此，工资提高了，市场紧度降低了。此外，它还使得图 18.2 中的工作创造曲线向下旋转，因此失业率提高了且职位空缺率降低了。工人议价能力 η 增强的影响与此类似。

□ 18.1.2　转移动态

现在我们来看转移动态。将方程（18.15）代入方程（18.8）得到动态工作创造方程

$$\frac{\kappa}{q(\theta_t)}=\beta\left((1-\eta)(A-b)-\eta\kappa\theta_{t+1}+\frac{(1-\rho)\kappa}{q(\theta_{t+1})}\right) \tag{18.20}$$

然后，我们把就业动态方程（18.2）改写为

$$u_{t+1}=(1-\rho-q(\theta_t)\theta_t)u_t+\rho,\quad u_0 \text{ 给定} \tag{18.21}$$

然后，我们得到关于两个未知数（u_t,θ_t）的一个包含两个微分方程的系统。为了分析系统的稳定性，我们把它在稳态（u^*,θ^*）附近进行线性化：

$$\begin{bmatrix} \mathrm{d}\theta_{t+1} \\ \mathrm{d}u_{t+1} \end{bmatrix}=\begin{bmatrix} a_{11} & 0 \\ a_{21} & a_{22} \end{bmatrix}\begin{bmatrix} \mathrm{d}\theta_t \\ \mathrm{d}u_t \end{bmatrix}$$

其中，

$$a_{11}=\frac{q'(\theta^*)/q^2(\theta^*)}{\beta(1-\rho)q'(\theta^*)/q^2(\theta^*)+\beta\eta}$$

$$a_{21}=uq(\theta^*)[1-\xi(\theta^*)]$$

$$a_{22}=1-\rho-q(\theta^*)\theta^*$$

其中，我们把 $q(\theta)$ 的弹性定义为 $\xi(\theta)=-\theta q'(\theta)/q(\theta)$。我们可以验证 $\xi(\theta)\in(0,1)$。注意，u_t 是前定的，但 θ_t 是非前定的。假设 $1-\rho-\eta q(\theta^*)\theta^*/\xi(\theta^*)>0$。那么，我们也可以验证 $a_{22}\in(-1,1)$，$a_{21}>0$。因此，稳态是局部鞍点。因为 θ_t 的方程不依赖于 N_t，所以 θ_t 的解不随时间推移而变化。

图 18.3 给出了（u_t,θ_t）的相图。显然，$\Delta u_t=u_{t+1}-u_t=0$ 是向下倾斜的，$\Delta\theta_t=0$ 是一条水平线。如果起始失业率是 u_0，那么市场紧度立即跳到 $\Delta\theta_t=\theta_{t+1}-\theta_t=0$ 的鞍点路径上。在转移路径上，θ_t 是不变的，但是 u_t 会下降，直至达到稳态。图 18.4 展示了职位空缺率的调整过程。职位空缺率开始跳跃到比其稳态值高的点，然后在保持市场紧度不随时间推移而变化的条件下缓慢下降。

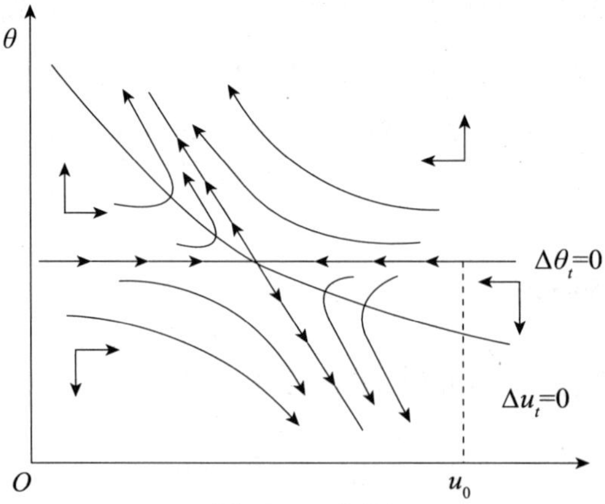

图 18.3　相图

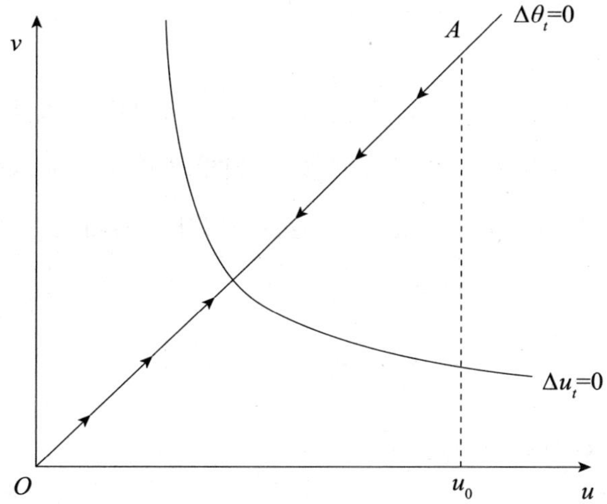

图 18.4　职位空缺率和失业率的调整

□ 18.1.3　大企业

到目前为止，我们都是假设每个企业只有一名工人。现在假设每个企业有许多名工人。存在测度为 1 的企业连续统。时间安排如下：在第 t 期期初，在企业 j 中有 N_t^j 名工人。企业生产产出 AN_t^j 并在所有其他雇员的工资被视为给定的情况下与每个雇员单独进行 Nash 议价。在生产和支付工资率 w_t 之后，工作分离发生，企业失去比例为 ρ 的工人。在分离之后，企业发布职位空缺 v_t^j。这些职位空缺以 q_t^v 的概率被填补，因此在第 t 期期末，企业拥有的工人数量 N_{t+1}^j 为

$$N_{t+1}^j=(1-\rho)N_t^j+q_t^v v_t^j \tag{18.22}$$

定义总就业和总职位空缺分别为 $N_t=\int N_t^j \mathrm{d}j$ 和 $v_t=\int v_t^j \mathrm{d}j$。工作填补率 q_t^v 和找到工作比率 q_t^u 在式（18.1）中定义。N_t 的加总运动法则由式（18.2）给出。

企业 j 的问题为

$$\max_{\{N_t^j,v_t^j\}}\sum_{t=0}^{\infty}\beta^t(AN_t^j-w_tN_t^j-v_t^j\kappa)$$

满足式（18.22）。一阶条件为

$$v_t^j:-\kappa+\mu_t q_t^v=0 \tag{18.23}$$

$$N_t^j:(A-w_t)+\mu_t(1-\rho)-\beta^{-1}\mu_{t-1}=0$$

其中，$\beta^t\mu_t$ 是与式（18.22）相关的 Lagrange 乘子。结合这两个方程可得

第18章　失业的搜寻和匹配模型

$$\frac{\kappa}{q_t^v}=\beta\left(A-w_{t+1}+\frac{(1-\rho)\kappa}{q_{t+1}^v}\right)$$

该方程等同于方程（18.8）。注意，方程（18.23）与自由进入条件（18.6）起相同的作用，即决定职位空缺的均衡数量。此外，当求解单个企业问题时，企业将 $q_t^v=q(\theta_t)$ 或市场紧度 θ_t 看成给定的。这给其他企业带来了外部性。

我们用动态规划写企业的问题：

$$J_t(N_t^j)=\max_{v_t^j} AN_t^j-w_tN_t^j-v_t^j\kappa+\beta J_{t+1}(N_{t+1}^j)$$

满足式（18.22）。根据包络条件，有

$$\frac{\partial J_t(N_t^j)}{\partial N_t^j}=A-w_t+(1-\rho)\mu_t=A-w_t+\frac{(1-\rho)\kappa}{q_t^v}=J_t^F \tag{18.24}$$

其中，最后一个等式是根据式（18.7）得到的。考虑在第 $t-1$ 期期末分离发生之前企业有额外 ε 个工人的情况下企业的价值。令 w 为企业和额外工人商定的工资率。Bellman 方程为

$$J_t(N_t^j+\varepsilon)=\max_{v_t^j} A(N_t^j+\varepsilon)-w_tN_t^j-w\varepsilon-v_t^j\kappa+\beta J_{t+1}(N_{t+1}^j)$$

满足

$$N_{t+1}^j=(1-\rho)(N_t^j+\varepsilon)+q_t^v v_t^j \tag{18.25}$$

根据包络条件，

$$\frac{\partial J_t(N_t^j)}{\partial \varepsilon}\Big|_{\varepsilon=0}=A-w+(1-\rho)\beta\frac{\partial J_{t+1}(N_{t+1}^j)}{\partial N_{t+1}^j}$$

关于 v_t^j 的一阶条件为

$$\kappa=\beta\frac{\partial J_{t+1}(N_{t+1}^j)}{\partial N_{t+1}^j}q_t^v$$

利用前面两个方程和式（18.24）可得到

$$\frac{\partial J_t(N_t^j)}{\partial \varepsilon}\Big|_{\varepsilon=0}=(w_t-w)+\frac{\partial J_t(N_t^j)}{\partial N_t^j}=J_n(w,t)$$

就业工人的价值 $J_t^W(w)$ 和失业工人的价值 $J_t^U(w)$ 与之前相同，除了用 w 替代 w_t 以外。工资率 w_t 由下述 Nash 议价问题决定：

$$w_t = \arg\max_w (J_t^W(w) - J_t^U(w))^\eta J_n(w,t)^{1-\eta} \tag{18.26}$$

这个问题等价于问题（18.11）。因此，大企业的处理方式和以前的处理方式有相同的均衡结果。注意，通过求解下述更简单的问题我们可以直接得到工资率：

$$\max_{w_1} (J_t^W - J_t^U)^\eta \left(\frac{\partial J_t(N_t^j)}{\partial N_t^j}\right)^{1-\eta} \tag{18.27}$$

□ 18.1.4 效率

分散搜寻均衡是有效的吗？搜寻均衡受到交易外部性的影响。这种外部性表现为失业工人和有职位空缺的企业的转移概率都依赖于劳动力市场的紧度。假设存在一个社会计划者，他在满足与企业和工人具有相同的搜寻和匹配摩擦的条件下最大化社会福利。他的问题为

$$\max_{\{N_t, v_t\}} \sum_{t=0}^{\infty} \beta^t (AN_t + bu_t - v_t\kappa)$$

满足条件（18.21）、（18.3）和 $\theta_t = v_t/u_t$。通过选择 v_t 和 u_t（或 N_t）以调节市场紧度，社会计划者可以将外部性内部化。一阶条件为

$$v_t: -\kappa + \mu_t(q(\theta_t)\theta_t)' = 0$$

$$N_t: 0 = (A-b) - \beta^{-1}\mu_{t-1} + \mu_t[1-\rho-q(\theta_t)\theta_t + (q(\theta_t)\theta_t)'\theta_t]$$

其中，$\beta^t\mu_t$ 是与式（18.21）相关的 Lagrange 乘子。我们将前面的两个条件结合起来并写出所得到的稳态方程

$$\frac{\kappa}{q(\theta)}(1-\beta(1-\rho)) + \beta\xi(\theta)\kappa\theta = \beta(1-\xi(\theta))(A-b) \tag{18.28}$$

对比方程（18.18），我们推断：当 $\xi(\theta) = \eta$ 时，稳态的搜寻均衡从社会的角度来看是有效的。

为了理解该结论背后的直觉，注意 $\xi(\theta)$ 是职位空缺的预期持续时间关于职位空缺数量的弹性，而 $1-\xi(\theta)$ 是失业的预期持续时间关于失业的弹性。如果 $\xi(\theta)$ 是高的，那么这意味着，在边际上，企业对其他企业造成的拥堵比工人对其他工人造成的拥堵要严重。社会计划者必须通过在工资谈判中给予工人更高的份额来对企业"征税"。当且仅当 $\xi(\theta) = \eta$ 时，这两个拥堵效应相互抵消。

18.2 内生工作破坏

到目前为止，我们一直假设分离是外生的。本节将介绍 Mortensen 和 Pissarides (1994) 中的内生分离。假设外生分离在每期期末以概率 ρ^x 发生。在第 $t-1$ 期期末外生分离发生后，每个企业在第 t 期期初都面临个体的生产率冲击 z_t，该冲击跨时抽自 $(0,\infty)$ 上的固定分布 $G(z)$，且在企业间是独立的。令 z_t 的均值为 1。在观察到 z_t 之后，企业决定是留用被雇用的工人还是与之分离。如果与工人分离，那么这个职位变成空缺状态，企业得到价值 V_t。企业可支付成本 κ 来发布职位空缺消息并在下一期开始生产。新工作的个体生产率也抽自分布 G。但是若雇主留用工人，则其生产产出 Az_t 且商定工资为 w_t。然后，我们移动到第 $t+1$ 期。

对于个体冲击为 z_t 的企业来讲，令 $J_t^F(z_t)$ 为被填补的工作的价值。它满足如下 Bellman 方程：

$$J_t^F(z_t)=Az_t-w_t+\beta E_t[(1-\rho^x)\max\{J_{t+1}^F(z_{t+1}),V_{t+1}\}+\rho^x V_{t+1}]$$

显然，存在临界值 z_t^*，使得当 $z_t\leqslant z_t^*$ 时，企业和工人分离。因此，内生的分离率为 $\rho_t^n=G(z_t^*)$，总分离率为

$$\rho_t=\rho^x+(1-\rho^x)\rho_t^n$$

总就业服从动态

$$N_{t+1}=(1-\rho_t)N_t+q_t^v v_t,\quad N_0\text{ 给定} \tag{18.29}$$

其中，$q_t^v=q(\theta_t)$ 是工作填补率，$\theta_t=v_t/u_t$ 是市场紧度。定义失业率为 $u_t=1-N_t$。

我们把填补工作的价值重新写为

$$J_t^F(z_t)=Az_t-w_t+\beta\left[(1-\rho^x)\int_{z_{t+1}^*}^{\infty}(J_{t+1}^F(z_{t+1})-V_{t+1})\mathrm{d}G(z_{t+1})+V_{t+1}\right]$$

职位空缺的价值 V_t 满足

$$V_t=-\kappa+\beta\left[q_t^v\int_{z_{t+1}^*}^{\infty}(J_{t+1}^F(z_{t+1})-V_{t+1})\mathrm{d}G(z_{t+1})+V_{t+1}\right] \tag{18.30}$$

其中职位空缺以概率 q_t^v 被填充。自由进入意味着对于所有的 t，均有 $V_t=0$。故可得

$$\beta\int_{z_{t+1}^{*}}^{\infty} J_{t+1}^{F}(z_{t+1})\mathrm{d}G(z_{t+1}) = \frac{\kappa}{q_t^v} \tag{18.31}$$

和

$$J_t^F(z_t)=Az_t-w_t+\frac{(1-\rho^x)\kappa}{q_t^v} \tag{18.32}$$

进一步地，

$$\frac{\kappa}{q_t^v} = \beta\int_{z_{t+1}^{*}}^{\infty}\left(Az_{t+1}-w_{t+1}+\frac{(1-\rho^x)\kappa}{q_{t+1}^v}\right)\mathrm{d}G(z_{t+1}) \tag{18.33}$$

保留生产率 z_t^* 由条件 $J_t^F(z_t^*)=0$ 决定，这意味着

$$Az_t^*-w_t+\frac{(1-\rho^x)\kappa}{q_t^v}=0 \tag{18.34}$$

就业工人和失业工人的价值分别满足如下 Bellman 方程：

$$J_t^W(z_t) = w_t(z_t)+\beta\left[(1-\rho^x)\int_{z_{t+1}^{*}}^{\infty}(J_{t+1}^W(z_{t+1})-J_{t+1}^U)\mathrm{d}G(z_{t+1})+J_{t+1}^U\right] \tag{18.35}$$

$$J_t^U = b+\beta E_t\left[q_t^u\int_{z_{t+1}^{*}}^{\infty}(J_{t+1}^W(z_{t+1})-J_{t+1}^U)\mathrm{d}G(z_{t+1})+J_{t+1}^U\right] \tag{18.36}$$

工资率由 Nash 议价决定：

$$\max_{w_t}(J_t^W(z_t)-J_t^U)^{\eta}(J_t^F(z_t))^{1-\eta}$$

一阶条件给出

$$\eta S_t(z_t)=J_t^w(z_t)-J_t^U \tag{18.37}$$

$$(1-\eta)S_t(z_t)=J_t^F(z_t)=Az_t-w_t+\frac{(1-\rho^x)\kappa}{q_t^v} \tag{18.38}$$

其中，匹配盈余为 $S_t(z_t)=J_t^F(z_t)+J_t^W(z_t)-J_t^U$。利用式（18.37）、（18.35）和（18.36），我们可得到

$$\begin{aligned}\eta S_t(z_t) &= J_t^W(z_t)-J_t^U\\ &= w_t(z_t)-b+\beta(1-\rho^x-q_t^u)\int_{z_{t+1}^{*}}^{\infty}(J_{t+1}^W(z_{t+1})-J_{t+1}^U)\mathrm{d}G(z_{t+1})\\ &= w_t(z_t)-b+\beta(1-\rho^x-q_t^u)\eta\int_{z_{t+1}^{*}}^{\infty}S_{t+1}(z_{t+1})\mathrm{d}G(z_{t+1})\end{aligned}$$

把式（18.38）代入上面的方程得到

$$w_t(z_t)=(1-\eta)b+\eta\left(Az_t+\frac{(1-\rho^x)\kappa}{q_t^v}\right)$$

$$-\eta\beta(1-\rho^x-q_t^u)\int_{z_{t+1}^*}^{\infty}\left(Az_{t+1}-w_{t+1}+\frac{(1-\rho^x)\kappa}{q_{t+1}^v}\right)\mathrm{d}G(z_{t+1})$$

插入方程（18.33），得到工资方程

$$w_t(z_t)=\eta(Az_t+\theta_t\kappa)+(1-\eta)b \tag{18.39}$$

注意，Nash 议价工资取决于特定的企业-工人匹配，因为其取决于 z_t。

搜寻均衡由 $(N_t, u_t, v_t, z_t^*, w_t(z_t))$ 组成，使得方程（18.29）、（18.3）、（18.34）和（18.39）成立。为了求解该均衡，我们将工资方程（18.39）代入方程（18.32）得到

$$J_t^F(z_t)=(1-\eta)(Az_t-b)-\eta\theta_t\kappa+\frac{(1-\rho^x)\kappa}{q_t^v}$$

在保留生产率 z_t^* 处，

$$0=J_t^F(z_t^*)=(1-\eta)(Az_t^*-b)-\eta\theta_t\kappa+\frac{(1-\rho^x)\kappa}{q_t^v} \tag{18.40}$$

取上述两个方程的差可得

$$J_t^F(z_t)=(1-\eta)A(z_t-z_t^*)$$

将此方程代入方程（18.31）可得

$$\frac{\kappa}{q(\theta_t)}=\beta(1-\eta)A\int_{z_t^*}^{\infty}(z_{t+1}-z_t^*)\mathrm{d}G(z_{t+1}) \tag{18.41}$$

其中，我们用到了事实 $q_t^v=q(\theta_t)$。此方程给出了工作创造的条件。

把前面的方程代入方程（18.40）得到

$$\eta\theta_t\kappa=(1-\eta)(Az_t^*-b)+\beta(1-\rho^x)(1-\eta)A\int_{z_t^*}^{\infty}(z_{t+1}-z_t^*)\mathrm{d}G(z_{t+1}) \tag{18.42}$$

我们把此方程称为工作破坏条件。工作创造条件（18.41）和工作破坏条件（18.43）决定了均衡的保留生产率 z_t^* 和市场紧度 θ_t。这些均衡值不随时间推移而变化。然后，均衡失业率 u_t 由方程（18.29）决定，它可被重新写为

$$u_{t+1}=(1-\rho_t-q(\theta_t)\theta_t)u_t+\rho_t, \quad u_0 \text{ 给定} \tag{18.43}$$

我们引入两个新的有助于实证分析的变量。首先，工作破坏率被定义为总工作破坏数量与就业数量的比值：

$$jd_t=\rho^x+(1-\rho^x)G(z_t^*)$$

其次，工作创造率被定义为总的新匹配数量与就业数量的比值：

$$jc_t=\frac{M(u_t,v_t)}{1-u_t}=\frac{q(\theta_t)\theta_t u_t}{1-u_t}$$

□ 18.2.1 稳态

在稳态下，所有变量都不随时间变化。然后，我们可将稳态的工作创造方程写为

$$\frac{\kappa}{q(\theta)}=\beta(1-\eta)A\int_{z^*}^{\infty}(z-z^*)\mathrm{d}G(z) \tag{18.44}$$

它是向下倾斜的。直觉是：较高的保留生产率意味着匹配更可能分开。这降低了工作的期望现值。因此，公司会发布更少的空缺。我们也可将稳态下的工作破坏方程写为

$$\eta\theta\kappa=(1-\eta)(Az^*-b)+\beta(1-\rho^x)(1-\eta)A\int_{z^*}^{\infty}(z-z^*)\mathrm{d}G(z) \tag{18.45}$$

它是向上倾斜的。直觉是：θ 越大，工人的外部工作机会就越好（且工资越高），所以越多的边际工作被破坏了。这两条曲线的交点给出了稳态的保留生产率 z^* 和市场紧度 θ^*，如图 18.5 所示。

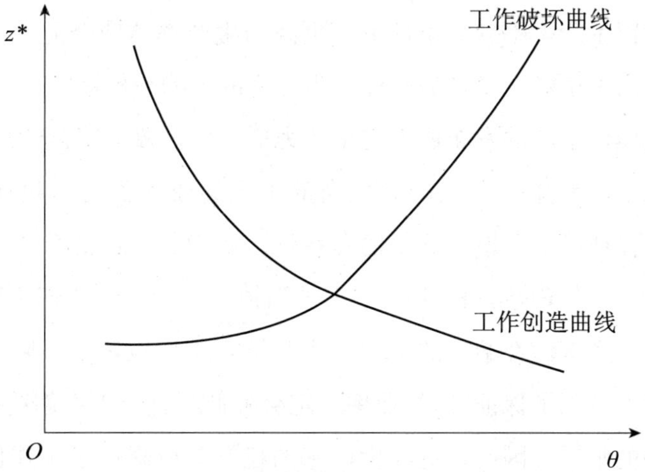

图 18.5 均衡的保留生产率和市场紧度

在决定了（$\theta^*, \bar{z}^*$）之后，我们使用 Beveridge 图来决定稳态（u^*, v^*）。Beveridge 曲线仍由式（18.19）刻画，除了分离率为

$$\rho=\rho^x+(1-\rho^x)G(\bar{z}^*)$$

它是向下倾斜的，且是凸的。图 18.6 画出了 Beveridge 曲线和工作创造曲线 $v=\theta u$。这两条曲线的交点给出了（u^*, v^*）。

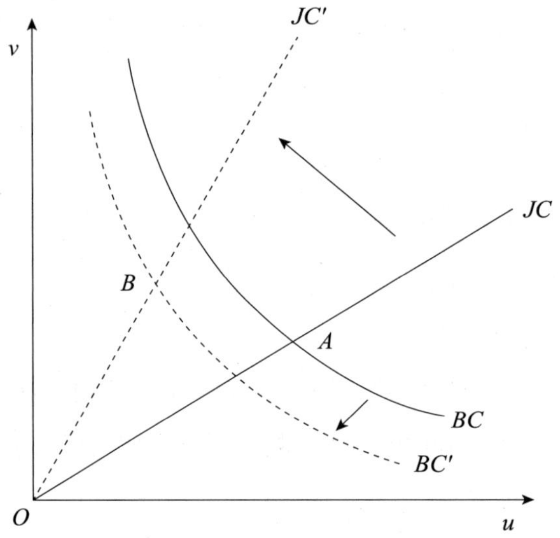

图 18.6　更高生产率对均衡职位空缺率和失业率的影响

我们现在用之前的两条曲线进行比较静态分析。考虑生产力 A 永久性增加。A 的增加使图（18.5）中的工作破坏曲线向右下方移动。对于给定的市场紧度，较高的生产率提高了工作价值且使得工作更不可能被破坏。它也使得工作创造曲线向右平移。在保持保留生产率不变的条件下，更高的生产率诱使企业发布更多的职位空缺。净效应是提高了市场紧度，但对保留生产率的影响是模糊的。

我们可假设职位空缺的发布成本与生产力成正比，故可用 κA 代替 κ。这个假设是合理的。直觉上，雇用一个生产力较高的工人的成本更高。此外，如果 A 有增长，那么该假设保证了平衡增长路径的存在性。我们在下面的分析中将会继续维持这个假设。因此，工作创造方程两边的 A 被消掉了。然后，我们可以推导出：A 的增长降低了保留生产率。在给定的失业率水平下，工作破坏率下降，工作创造率上升（因为市场紧度得到了保证）。失业率一定会降低，直至工作创造率下降至更低的等于工作破坏率的水平。因此，更高生产率的稳态效应降低了工作创造率、工作破坏率和失业率。

□ 18.2.2　转移动态

考虑总生产力 A 永久性增加的转移动态。均衡系统由关于三个未知数（θ_t、z_t^*、u_t）的三个方程（18.41）、（18.42）和（18.43）组成。注意 θ_t 和 z_t^* 是跳跃变量，u_t 是前定状态变量。稳态是鞍点。如果没有预期的参数变化，所有三个变量即 θ_t、z_t^* 和 u_t 在所有时刻一定都处于稳态水平。在总生产率永久性增加后，工作创造率大幅上升，工作破坏率大幅下降。工作破坏率始终保持在这个不变的较低水平。失业率下降，直到经济达到一个新稳态，此时工作创造率下降到工作破坏率的水平。

18.3　失业和经济周期

在本节，我们将基本 DMP 模型嵌入实际经济周期框架。特别地，我们加入风险规避、资本积累和总生产率冲击。早期在该文献领域的重要贡献包括 Merz（1995）、Andolfatto（1996）以及 Haan、Ramey 和 Watson（2000）。

□ 18.3.1　家庭

存在测度为 1 的同质家庭连续统。每个家庭有测度为 1 的成员连续统。每个成员要么就业要么失业。失业成员获得非市场收入 b，就业成员赚取工资 w_t。代表性家庭积累资本，并以租金率 R_{kt} 租借给企业。它也拥有企业并获得总分红 D_t。令 N_t 表示就业家庭成员的数量。家庭成员共同分享收入且在家庭内部充分分担风险。因此，每个家庭成员均有相同的消费水平，用 C_t 来表示。代表性家庭的预算约束为

$$C_t+I_t=D_t+R_{kt}K_t+w_tN_t+b(1-N_t)-T_t \tag{18.46}$$

其中，T_t 代表一揽子税，I_t 代表投资。我们将 b 解释为由一揽子税融资的失业救济金。资本根据下述方式演化：

$$K_{t+1}=(1-\delta)K_t+I_t,\quad K_0 \text{ 给定} \tag{18.47}$$

家庭根据下述函数得到效用：

$$E\sum_{t=0}^{\infty}\beta^t\left(\frac{C_t^{1-\gamma}-1}{1-\gamma}-\frac{\chi N_t^{1+\phi}}{1+\phi}\right),\quad \gamma,\chi,\phi>0$$

通过假设就业家庭成员 $j\in[0,N_t]$ 因工作 χj^{ϕ} 产生负效用，我们可以为工作的负效用函数给出一个微观基础。那么，工作的总负效用为

$$\int_0^{N_t}\chi j^{\phi}\mathrm{d}j=\frac{\chi N_t^{1+\phi}}{1+\phi}$$

代表性家庭内部的就业率 N_t 遵循如下动态：

$$N_{t+1}=(1-\rho)N_t+q_t^u u_t \tag{18.48}$$

其中，$u_t=1-N_t$，q_t^u 代表找到工作比率。由第 18.1 节中的匹配技术，我们可以得到 $q_t^u=q(\theta_t)\theta_t$，其中，$\theta_t$ 代表市场紧度。均衡时，因为家庭是同质的，所以 N_t 和 u_t 也分别代表总就业率和总失业率。此外，$\theta_t=v_t/u_t$，其中，v_t 代表总职位空缺。

我们用动态规划来写代表性家庭的问题：

$$V_t(K_t,N_t)=\max_{C_t,I_t}\frac{C_t^{1-\gamma}}{1-\gamma}-\frac{\chi N_t^{1+\phi}}{1+\phi}+\beta E_t V_{t+1}(K_{t+1},N_{t+1})$$

满足式（18.46）和式（18.47）。注意，我们在家庭值函数 $V_t(K_t,N_t)$ 中压缩了总状态变量。我们可以推导出 Euler 方程

$$C_t^{-\gamma}=\beta E_t C_{t+1}^{-\gamma}(R_{k,t+1}+1-\delta) \tag{18.49}$$

根据包络条件，有

$$\begin{aligned}\frac{\partial V_t(K_t,N_t)}{\partial N_t}&=\Lambda_t(w_t-b)-\chi N_t^{\phi}+\frac{\partial N_{t+1}}{\partial N_t}\beta E_t\frac{\partial V_{t+1}(K_{t+1},N_{t+1})}{\partial N_{t+1}}\\&=\Lambda_t(w_t-b)-\chi N_t^{\phi}+(1-\rho-q(\theta_t)\theta_t)\beta E_t\frac{\partial V_{t+1}(K_{t+1},N_{t+1})}{\partial N_{t+1}}\end{aligned}$$

其中，$\Lambda_t=C_t^{-\gamma}$。注意，当计算 $\partial N_{t+1}/\partial N_t$ 时，我们使用了方程（18.48）和把 $q_t^u=q(\theta_t)\theta_t$ 视为给定的。

定义多一个家庭成员被雇用的边际家庭剩余（以消费单位测量）为

$$S_t^H=\frac{1}{\Lambda_t}\frac{\partial V_t(K_t,N_t)}{\partial N_t}$$

在此定义中，我们已经假设新就业成员与其他已就业成员赚取相同的工资 w_t。然后，我们有

$$S_t^H=w_t-b-\frac{\chi N_t^{\phi}}{\Lambda_t}+(1-\rho-q(\theta_t)\theta_t)E_t\frac{\beta\Lambda_{t+1}}{\Lambda_t}S_{t+1}^H \tag{18.50}$$

我们可以假设新就业成员可能赚取不同的工资 w。我们现在推导边际家庭剩余。考虑动态规划问题

$$V_t(K_t, N_t+\varepsilon)=\max_{C_t, I_t} \frac{C_t^{1-\gamma}}{1-\gamma}-\frac{\chi(N_t+\varepsilon)^{1+\phi}}{1+\phi}+\beta E_t V_{t+1}(K_{t+1}, N_{t+1})$$

满足条件（18.47）和

$$C_t+I_t=D_t+R_{kt}K_t+w_tN_t+w\varepsilon+b(1-N_t)-T_t$$

$$N_{t+1}=(1-\rho)(N_t+\varepsilon)+q(\theta_t)\theta_t(1-(N_t+\varepsilon))$$

根据包络条件，有

$$\begin{aligned}
&\frac{\partial V_t(K_t, N_t+\varepsilon)}{\partial \varepsilon}\Big|_{\varepsilon=0}\\
&=-\chi N_t^{\phi}+\Lambda_t w+(1-\rho-q(\theta_t)\theta_t)E_t\beta\frac{\partial V_{t+1}(K_{t+1}, N_{t+1})}{\partial N_{t+1}}\\
&=\Lambda_t(w-w_t)+\frac{\partial V_t(K_t, N_t)}{\partial N_t}\\
&=V_n(w, t)
\end{aligned}$$

这里，$V_n(w,t)$ 表示当额外的家庭成员以工资率 w 被雇用时的边际家庭剩余。

□ 18.3.2 企业

存在测度为 1 的企业连续统。每个企业租借资本 K_t^j 并雇用劳动 N_t^j，根据相同的规模报酬不变的生产函数 F 来生产产品。生产面临总的劳动扩展型生产率冲击 A_t，它服从 Markov 过程。每个企业 j 选择资本 K_t^j 和职位空缺 v_t^j 以求解以下问题：

$$\max_{\{K_t^j, v_t^j\}} E\sum_{t=0}^{\infty}\frac{\beta^t\Lambda_t}{\Lambda_0}[F(K_t^j, A_tN_t^j)-w_tN_t^j-R_tK_t^j-v_t^j\kappa]$$

满足条件（18.22），其中，$q_t^v=q(\theta_t)$ 是工作填补率。注意，因为家庭拥有企业，所以我们用家庭定价核来计算企业价值。

我们用动态规划写出公司 j 的问题：

$$J_t(N_t^j)=\max_{K_t^j, v_t^j} F(K_t^j, A_tN_t^j)-w_tN_t^j-R_{kt}K_t^j-v_t^j\kappa+E_t\frac{\beta\Lambda_{t+1}}{\Lambda_t}J_{t+1}(N_{t+1}^j)$$

满足条件（18.22），其中，我们已经压缩了值函数 $J_t(N_t^j)$ 中的总状态变量。一阶条件为

$$F_1(K_t^j, AN_t^j) = R_{kt} \tag{18.51}$$

$$\kappa = E_t \frac{\beta \Lambda_{t+1}}{\Lambda_t} \frac{\partial J_{t+1}(N_{t+1}^j)}{\partial N_{t+1}^j} q_t^v \tag{18.52}$$

方程（18.51）意味着 K_t^j / N_t^j 不依赖于企业身份 j。根据包络条件，有

$$\frac{\partial J_t(N_t^j)}{\partial N_t^j} = A_t F_2(K_t^j, A_t N_t^j) - w_t + (1-\rho) E_t \frac{\beta \Lambda_{t+1}}{\Lambda_t} \frac{\partial J_{t+1}(N_{t+1}^j)}{\partial N_{t+1}^j} \tag{18.53}$$

定义边际企业剩余为

$$S_t^F = \frac{\partial J_t(N_t^j)}{\partial N_t^j}$$

利用此定义及方程（18.52）和（18.53），我们推导出

$$S_t^F = A_t F_2(K_t^j, A_t N_t^j) - w_t + \frac{(1-\rho)\kappa}{q_t^v} \tag{18.54}$$

代回方程（18.52）得到

$$\frac{\kappa}{q(\theta_t)} = E_t \frac{\beta \Lambda_{t+1}}{\Lambda_t} \left\{ A_{t+1} F_2(K_{t+1}^j, A_{t+1} N_{t+1}^j) - w_{t+1} + \frac{(1-\rho)\kappa}{q(\theta_{t+1})} \right\} \tag{18.55}$$

接下来，我们计算当公司 j 在第 t 期期初雇用额外工人 ε 时的价值。企业向这些工人支付工资率 w。它是如下问题的解：

$$\begin{aligned} J_t(N_t^j + \varepsilon) = &\max_{K_t^j, v_t^j} F(K_t^j, A_t(N_t^j + \varepsilon)) - w_t N_t^j - w\varepsilon - R_t K_t^j - v_t^j \kappa \\ &+ E_t \frac{\beta \Lambda_{t+1}}{\Lambda_t} J_{t+1}(N_{t+1}^j) \end{aligned}$$

满足

$$N_{t+1}^j = (1-\rho)(N_t^j + \varepsilon) + q_t^v v_t^j$$

根据包络条件，

$$\begin{aligned} \frac{\partial J_t(N_t^j + \varepsilon)}{\partial \varepsilon}\Big|_{\varepsilon=0} &= A_t F_2(K_t^j, A_t N_t^j) - w + (1-\rho) E_t \frac{\beta \Lambda_{t+1}}{\Lambda_t} \frac{\partial J_{t+1}(N_{t+1}^j)}{\partial N_{t+1}^j} \\ &= w_t - w + \frac{\partial J_t(N_t^j)}{\partial N_t^j} \\ &= J_n(w, t) \end{aligned}$$

其中，第二个等式是根据式（18.53）得到的。值 $J_n(w,t)$ 代表当企业以工资率 w

雇用一个额外的工人时的边际剩余。

□ 18.3.3 Nash 议价工资

企业和新雇用的工人使用 Nash 议价解商定工资率 w。Nash 议价问题为

$$w_t=\arg\max_{w} V_n(w,t)^{\eta}J_n(w,t)^{1-\eta}$$

其中，我们假定 Nash 解给出与之前被雇用的工人相同的工资率。根据一阶条件，

$$\eta\frac{\partial V_n(w,t)}{\partial w}J_n(w,t)+(1-\eta)\frac{\partial J_n(w,t)}{\partial w}V_n(w,t)=0$$

令 $w=w_t$，根据 $J_n(w,t)$ 和 $V_n(w,t)$ 的定义，我们有

$$\eta\frac{\partial J_t(N_t^j)}{\partial N_t^j}=(1-\eta)\frac{1}{\Lambda_t}\frac{\partial V_t(N_t)}{\partial N_t}$$

此条件可以等价地由下述 Nash 议价问题推导出来：

$$\max_{w_t}(S_t^H)^{\eta}(S_t^F)^{1-\eta}$$

一阶条件为

$$(1-\eta)S_t^H=\eta S_t^F$$

利用此条件，我们可将方程（18.50）重新写为

$$\frac{\eta}{1-\eta}S_t^F=w_t-b-\frac{\chi N_t^{\phi}}{\Lambda_t}+(1-\rho-q(\theta_t)\theta_t)E_t\frac{\beta\Lambda_{t+1}}{\Lambda_t}\frac{\eta}{1-\eta}S_{t+1}^F$$

代入方程（18.54）和方程（18.52）得到

$$\frac{\eta}{1-\eta}\left(A_tF_2(K_t^j,A_tN_t^j)-w_t+\frac{(1-\rho)\kappa}{q_t^v}\right)$$
$$=w_t-b-\frac{\chi N_t^{\phi}}{\Lambda_t}+(1-\rho-q(\theta_t)\theta_t)\frac{\eta}{1-\eta}\frac{\kappa}{q_t^v}$$

求解 w_t 可得

$$w_t=(1-\eta)\left(b+\frac{\chi N_t^{\phi}}{\Lambda_t}\right)+\eta[A_tF_2(K_t^j,A_tN_t^j)+\kappa\theta_t] \tag{18.56}$$

因为 K_t^j/N_t^j 对所有的企业 j 都是相同的，所以我们可推断出工资率 w_j 不依赖于 j。

□ 18.3.4 均衡

定义总产出、总资本、总就业和总职位空缺分别为$Y_t=\int F(K_t^j, A_t N_t^j)\mathrm{d}j$、$K_t=\int K_t^j \mathrm{d}j$、$N_t=\int N_t^j \mathrm{d}j$和$v_t=\int v_t^j \mathrm{d}j$。搜寻均衡由随机过程$\{Y_t, C_t, K_t, N_t, u_t, v_t, \theta_t, w_t, R_{kt}\}$组成，它们使得方程$Y_t=F(K_t, A_t N_t)$、式（18.49）、式（18.51）、式（18.48）、$u_t=1-N_t$、$v_t=u_t\theta_t$和下面的资源约束成立：

$$C_t+K_{t+1}-(1-\delta)K_t=F(K_t, A_t N_t)-\kappa v_t$$

18.4 习题

1. 对于第18.1节中的模型，假设企业拥有资本并做投资决策。家庭交易企业股票。正式提出这种市场安排并定义搜寻均衡。分析此均衡。

2. 沿用第18.1节的类似分析，推导第18.2节模型的社会计划者问题。研究分散搜寻均衡的有效性。

3. 假设分布G存在保持均值的扩散变化。研究对保留生产率和失业率的稳态效应。

4. 沿用第18.1节的类似分析，推导第18.3节中模型的社会计划者问题。研究分散搜寻均衡的有效性。

5. 校准第18.3节的模型以匹配美国数据。求该模型的数值解。

第 19 章

动态新 Keynes 模型

本章目标

自 20 世纪 80 年代后期以来，许多研究人员用经验证据表明了货币政策影响短期经济波动。① 这一证据表明，引入货币政策的模型将有助于理解经济周期。从 20 世纪 90 年代末开始，一些研究人员在结合新 Keynes 理论与实际经济周期理论方面做出了重要贡献。② 新 Keynes 理论兴起于 20 世纪 80 年代，它试图为诸如价格刚性和货币非中性等传统 Keynes 思想提供微观基础（参见 Mankiw and Romer，1991）。这一文献集中讨论为定性分析而非定量分析设计的静态模型。实际经济周期理论使用动态随机一般均衡框架，但没有考虑货币和金融因素。把这两种理论综合起来是很自然的，由此产生了由 Goodfriend 和 King（1997）提出的所谓“新新古典综合”和由 Woodford（2003）提出的所谓“新 Wicksell”方法。在这里，我们使用看起来

① 参考 Romer and Romer（1989）；Bernanke and Blinder（1992）；Gali（1992）；Bernanke and Mihov（1997）；Christiano，Eichenbaum and Evans（1996，1998）；Leeper，Sims and Zha（1996）。

② 参考 Goodfriend and King（1997）；Walsh（1998）；Woodford（2003）。

更常见的术语——“动态新凯恩斯”（DNK）方法。典型的DNK模型包括三个关键要素：（1）垄断竞争；（2）黏性价格或工资；（3）动态随机一般均衡。该类文献的标准参考文献包括 Woodford（2003）、Gali（2008）和 Walsh（2010）。

在这一章我们首先介绍一个基本的不含资本的DNK模型。然后，我们使用这一基本模型研究货币和财政政策。最后，我们引入资本，并研究一个中等规模的DNK模型。

19.1 基本DNK模型

考虑由一个代表性家庭、一个同质的最终产品企业的连续统、一个中间产品企业的连续统和一个中央银行构成的经济。为使货币发挥作用，我们必须引入货币需求。在文献中存在三种一般方法：（1）货币进入效用函数（MIU）方法假设货币带来直接效用（Sidrauski，1967）；（2）现金先行方法假设某些类型的交易需要货币（Clower，1967）；（3）世代交叠方法假设货币是跨期转移资源的一种资产（Samuelson，1958）。文献中也存在其他相关方法，如购物时间方法（Brock，1974；McCallum and Goodfriend，1988）、交易成本方法（Baumol，1952；Tobin，1956），以及搜寻方法（Kiyotaki and Wright，1989）。在本章我们将采用MIU方法。

□ 19.1.1 家庭

代表性家庭根据以下期望效用函数，从最终产品消费 $\{C_t\}$、劳动 $\{N_t\}$ 和实际货币余额 $\{m_t\}$ 的随机过程中获得效用：

$$E\sum_{t=0}^{\infty}\beta^t u(C_t,N_t,m_t)$$

其中，$\beta\in(0,1)$ 为主观贴现因子，u 满足 $u_1>0$，$u_2<0$，$u_3>0$，$u_{11}<0$，$u_{22}<0$，$u_{33}<0$，以及通常的Inada条件。为了确保货币均衡存在，我们通常假设存在有限的 $m^*>0$，使得 $u_3(\cdot,\cdot,m)\leqslant 0$ 对所有 $m>m^*$ 成立。为了简化起见，我们考虑下述可分的形式：

$$u(C,N,m)=\frac{C^{1-\gamma}}{1-\gamma}-\frac{\chi N^{1+\nu}}{1+\nu}+\frac{m^{1-\varphi}}{1-\varphi} \tag{19.1}$$

其中，γ，ν，$\varphi>0$。家庭选择消费 $\{C_t\}$、货币持有量 $\{M_t\}$ 和债券持有量 $\{B_t\}$ 的随机过程以最大化效用，并满足下述预算约束：

$$C_t+\frac{M_{t+1}}{P_t}+\frac{B_{t+1}}{P_t(1+i_t)}=\frac{M_t}{P_t}+\frac{B_t}{P_t}+\frac{W_t}{P_t}N_t+\Upsilon_t+T_t$$

其中，B_0 和 M_0 由外生给定，P_t 表示最终产品的价格，W_t 表示名义工资率，i_t 表示无风险债券在第 t 期和第 $t+1$ 期之间的名义利率，Υ_t 表示来自企业的实际利润，T_t 则表示来自政府的实际转移支付或税收。定义实际余额 m_t 为购买消费品以后的期末持有量，其中 $m_t=M_{t+1}/P_t$。[①] 债券是无风险的、名义上的，且供给为零。

一阶条件由以下各式给出：

$$C_t:C_t^{-\gamma}\Lambda_t$$

$$N_t:\chi N_t^{\nu}=\Lambda_t\frac{W_t}{P_t}$$

$$B_{t+1}:\frac{\Lambda_t}{P_t(1+i_t)}=E_t\frac{\beta\Lambda_{t+1}}{P_{t+1}}$$

$$M_{t+1}:\left(\frac{M_{t+1}}{P_t}\right)^{-\varphi}\frac{1}{P_t}-\frac{\Lambda_t}{P_t}+E_t\frac{\beta\Lambda_{t+1}}{P_{t+1}}=0$$

其中，Λ_t 表示消费的边际效用。横截性条件必须满足

$$\lim_{t\to\infty}E\beta^t\Lambda_t\frac{B_{t+1}}{P_t}=0,\quad \lim_{t\to\infty}E\beta^t\Lambda_t\frac{M_{t+1}}{P_t}=0$$

由以上一阶条件可得

$$\frac{\chi N_t^{\nu}}{C_t^{-\gamma}}=\frac{W_t}{P_t} \tag{19.2}$$

$$1=\beta(1+i_t)E_t\left[\left(\frac{C_{t+1}}{C_t}\right)^{-\gamma}\frac{P_t}{P_{t+1}}\right] \tag{19.3}$$

$$\frac{(M_{t+1}/P_t)^{-\varphi}}{C_t^{-\gamma}}=\frac{i_t}{1+i_t} \tag{19.4}$$

等式（19.2）表明，劳动和消费的边际替代率等于实际工资。等式（19.3）为消费 Euler 方程。等式（19.4）为货币需求方程。

---

① 另一种方法是假设期初货币进入效用，即 $m_t=M_t/P_t$（Carlstrom and Fuerst，2001）。

□ 19.1.2 最终产品企业

令 Y_t 为使用中间产品作为投入，根据

$$Y_t = \left[\int_0^1 (Y_t^j)^{(\varepsilon-1)/\varepsilon} \mathrm{d}j\right]^{\varepsilon/(\varepsilon-1)} \tag{19.5}$$

生产出来的最终产品的产量。其中，$\varepsilon>1$ 为不同商品之间的替代弹性，Y_t^j 表示中间产品 $j\in[0,1]$ 的投入。① 最终产品企业是竞争的且会最大化其利润：

$$\max_{Y_t^j} P_t Y_t - \int_0^1 P_t^j Y_t^j \mathrm{d}j$$

求解得到产品 j 的需求函数：

$$Y_t^j = \left(\frac{P_t^j}{P_t}\right)^{\varepsilon} Y_t \tag{19.6}$$

零利润条件意味着

$$P_t = \left[\int_0^1 (P_t^j)^{1-\varepsilon} \mathrm{d}j\right]^{1/(1-\varepsilon)} \tag{19.7}$$

□ 19.1.3 中间产品企业

中间产品企业在垄断竞争商品市场上生产不同的产品，并将其销售给最终产品企业。生产中间产品 j 的企业拥有形如

$$Y_t^j = A_t (N_t^j)^{1-\alpha}, \alpha \in [0,1) \tag{19.8}$$

的规模报酬递减的生产函数。其中，A_t 表示总生产率冲击，N_t^j 表示劳动投入。当 $\alpha=0$ 时，技术是规模报酬不变的。企业面对一条由式（19.6）给出的向下倾斜的需求曲线，且据此做出价格决策。在分析这一决策之前，我们首先研究成本最小化问题：

$$TC_t^j(Y_t^j) = \min_{N_t^j} \frac{W_t N_t^j}{P_t}, \quad \text{满足式(19.8)}$$

其中，$TC_t^j(Y_t^j)$ 表示企业 j 的实际总成本，是产出 Y_t^j 的函数。令 MC_t^j 表示企业 j

① 另一种引入垄断竞争的方法参见第 19.3 节。

的实际边际成本，它等于与约束条件（19.8）相关的 Lagrange 乘子：

$$MC_t^j = \frac{W_t/P_t}{A_t(1-\alpha)(N_t^j)^{-\alpha}} = \frac{W_t/P_t}{A_t(1-\alpha)(Y_t^j/A_t)^{-\alpha/(1-\alpha)}}$$

定义整个经济的平均边际成本为

$$MC_t = \frac{W_t/P_t}{A_t(1-\alpha)(Y_t/A_t)^{-\alpha/(1-\alpha)}} \tag{19.9}$$

由上述两个等式，我们可推出企业 j 的边际成本与整个经济的平均边际成本之间的关系：

$$MC_t^j = MC_t\left(\frac{Y_t}{Y_t^j}\right)^{-\alpha/(1-\alpha)} = MC_t\left(\frac{P_t^j}{P_t}\right)^{\varepsilon\alpha/(\alpha-1)} \tag{19.10}$$

这一等式表明，价格相对较高的企业的实际边际成本相对较低。

再来看价格决策。根据 Calvo（1983），假设每一期一家企业有 $1-\theta$ 的概率调整其价格，有 θ 的概率不调整其价格。是否进行调整这一事件独立于企业和时间。利用大数定律，我们可将 θ 解释为每一期不调整价格的企业所占的比例。令 P_t^* 为企业 j 在第 t 期的定价。企业 j 的目标为最大化其实际利润的贴现值：

$$\max_{P_t^*} E_t\sum_{k=0}^{\infty}\theta^k\frac{\beta^k\Lambda_{t+k}}{\Lambda_t}\left(\frac{P_t^*Y_{t+k|t}^j}{P_{t+k}} - TC_{t+k|t}^j(Y_{t+k|t}^j)\right)$$

满足

$$Y_{t+k|t}^j = \left(\frac{P_t^*}{P_{t+k}}\right)^{-\varepsilon}Y_{t+k}$$

其中，$Y_{t+k|t}^j$ 和 $TC_{t+k|t}^j$ 分别表示在第 t 期定价为 P_t^* 的企业 j 在第 $t+k$ 期的实际产出和实际总成本。一阶条件由下式给出：

$$E_t\sum_{k=0}^{\infty}\theta^k\frac{\beta^k\Lambda_{t+k}}{\Lambda_t}\frac{Y_{t+k}}{P_{t+k}^{1-\varepsilon}}(P_t^* - \mu MC_{t+k|t}^jP_{t+k}) = 0$$

其中，$MC_{t+k|t}^j$ 表示在第 t 期定价为 P_t^* 的企业 j 在第 $t+k$ 期的实际边际成本，$\mu\equiv\varepsilon/(\varepsilon-1)$ 表示在无摩擦价格调整的情况下合意的加成。求解得到

$$P_t^* = \frac{\varepsilon}{\varepsilon-1}\frac{E_t\sum_{k=0}^{\infty}\theta^k\beta^k\Lambda_{t+k}P_{t+k}^{\varepsilon}Y_{t+k}MC_{t+k|t}^j}{E_t\sum_{k=0}^{\infty}\theta^k\beta^k\Lambda_{t+k}P_{t+k}^{\varepsilon-1}Y_{t+k}} \tag{19.11}$$

其中，由式（19.10）可得

$$MC^{j}_{t+k|t}=MC_{t+k}\left(\frac{P_t^*}{P_{t+k}}\right)^{\varepsilon\alpha/(\alpha-1)} \tag{19.12}$$

由大数定律，我们可将式（19.7）重写为

$$P_t^{1-\varepsilon}=\theta P_{t-1}^{1-\varepsilon}+(1-\theta)(P_t^*)^{1-\varepsilon} \tag{19.13}$$

这表明，有比例为 θ 的企业不调价并维持上期价格水平，其余企业则将价格调整至新水平 P_t^*。

□ 19.1.4　中央银行

存在一个负责实施货币政策的中央银行。假定名义利率是货币政策工具。中央银行实施下列 Taylor（1993）规则：

$$\ln\frac{1+i_t}{1+i}=\phi_\pi\ln\frac{P_t}{P_{t-1}}+\phi_y\ln\left(\frac{Y_t}{Y_t^f}\right)+v_t \tag{19.14}$$

其中，$i=1/\beta-1$ 为零通胀率确定性稳态下的名义利率，Y_t^f 是灵活价格均衡下的产出［也称为**自然产出**（natural product）或**潜在产出**（potential output）］，而 v_t 是独立同分布的，服从正态分布，其均值为 0，方差为 σ_v^2。然后，我们使用货币需求方程（19.4）决定货币供给。Taylor 规则表明，当实际产出超出自然产出或者通货膨胀率超过目标零通胀率时，中央银行将提高名义利率。或者说，如果中央银行通过设定名义货币供给路径来实施货币政策，则我们可以使用货币需求方程（19.4）来决定名义利率。最后，利率可由有关中央银行最大化代表性代理人效用的 Ramsey 问题来决定。

□ 19.1.5　黏性价格均衡

在定义均衡之前，我们进行加总。定义总劳动为 $N_t=\int_0^1 N_t^j\mathrm{d}j$。由式（19.6）和式（19.8）可得

$$N_t=\int_0^1\left(\frac{Y_t^j}{A_t}\right)^{1/(1-\alpha)}\mathrm{d}j=\int_0^1\left(\frac{(P_t^j/P_t)^{-\varepsilon}Y_t}{A_t}\right)^{1/(1-\alpha)}\mathrm{d}j \tag{19.15}$$

求解 Y_t 得到

$$Y_t=A_tN_t^{1-\alpha}\left[\int_0^1\left(\frac{P_t^j}{P_t}\right)^{-\varepsilon/(1-\alpha)}\mathrm{d}j\right]^{\alpha-1} \tag{19.16}$$

此方程表明，总产出与总生产函数 $A_tN_t^{1-\alpha}$ 的不同之处在于价格离差项 $\Delta_t^{\alpha-1}$，其中，

$$\Delta_t \equiv \int_0^1 \left(\frac{P_t^j}{P_t}\right)^{-\varepsilon/(1-\alpha)} \mathrm{d}j$$

根据 Calvo 定价的性质，有

$$\begin{aligned}\Delta_t &= \theta\int_0^1 \left(\frac{P_{t-1}^j}{P_t}\right)^{-\varepsilon/(1-\alpha)} \mathrm{d}j + (1-\theta)\left(\frac{P_t^*}{P_t}\right)^{-\varepsilon/(1-\alpha)} \\ &= \theta\prod_t^{\varepsilon/(1-\alpha)}\Delta_{t-1} + (1-\theta)\left(\frac{P_t^*}{P_t}\right)^{-\varepsilon/(1-\alpha)} \end{aligned} \tag{19.17}$$

其中，$\prod_t \equiv P_t/P_{t-1}$ 。

均衡包括 9 个随机过程 $\{C_t\}$、$\{N_t\}$、$\{Y_t\}$、$\{W_t\}$、$\{i_t\}$、$\{M_t\}$、$\{\Delta_t\}$、$\{\prod_t\}$、$\{P_t^*/P_t\}$，使得由 9 个方程（19.2）、（19.3）、（19.4）、（19.11）、（19.13）、（19.14）、（19.16）、（19.17）和 $C_t=Y_t$ 组成的系统成立。

□ 19.1.6 灵活价格均衡

当 $\theta\to0$ 时，模型退化为灵活价格模型。由式（19.11）可得

$$\frac{P_t^*}{P_t} = \mu MC_t^j$$

此方程表明，每个企业设定其价格 P_t^* 等于在名义边际成本 $\mu P_tMC_t^j$ 基础上加成 $\mu>1$。因为价格超过边际成本，所以产出效率低下。当价格灵活的时候，所有企业都是对称的，且索取相同的价格。因此，对于所有 j，有 $P_t^*=P_t$，$MC_t^j=1/\mu$，$Y_t^j=Y_t$，$N_t^j=N_t$。然后，我们使用式（19.9）解得

$$\frac{W_t}{P_t} = \frac{1}{\mu}(1-\alpha)A_tN_t^{-\alpha}$$

由式（19.2），有

$$\frac{\chi N_t^\nu}{C_t^{-\gamma}} = \frac{W_t}{P_t} = \frac{1}{\mu}(1-\alpha)A_tN_t^{-\alpha}$$

由资源约束，有

$$C_t = Y_t = A_tN_t^{1-\alpha}$$

使用这三个等式，我们可解出灵活价格均衡产出：

$$Y_t^f = \left(\frac{1-\alpha}{\mu\chi}\right)^{(1-\alpha)/(\gamma(1-\alpha)+\alpha+\nu)} A_t^{(1+\nu)/(\gamma(1-\alpha)+\alpha+\nu)} \tag{19.18}$$

这一方程表明，灵活价格产出由总生产力决定。

□ 19.1.7 对数线性化系统

我们将推导一个对于所有 t 都满足 $P_t = P^* = P$ 和 $MC_t^j = MC_t = 1/\mu$ 的黏性价格均衡在零通胀率确定性稳态附近的对数线性化系统。定义通货膨胀率为 $\prod_t = P_t/P_{t-1}$，$\pi_t = \ln\prod_t$。令 $\hat{X}_t = \ln X_t - \ln X$，其中，$X$ 代表任意变量 X_t 的零通胀率确定性稳态值。定义 $q_t = \hat{P}_t^* - \hat{P}_t$。注意，由于稳态通胀率为零，所以 $d\ln\prod_t \simeq d\prod_t/\prod \simeq \pi_t$。对数线性化式（19.13）可得

$$q_t = \frac{\theta}{1-\theta}\pi_t \tag{19.19}$$

由式（19.11），有

$$P_t^* E_t \sum_{k=0}^{\infty} \theta^k \beta^k Y_{t+k}^{1-\gamma} P_{t+k}^{\varepsilon-1} = \mu E_t \sum_{k=0}^{\infty} \theta^k \beta^k Y_{t+k}^{1-\gamma} P_{t+k}^{\varepsilon} MC_{t+k|t}^j$$

对数线性化此方程得到

$$\begin{aligned} & P^* \sum_{k=0}^{\infty} \theta^k \beta^k Y^{1-\gamma} P^{\varepsilon-1} \hat{P}_t^* + E_t \sum_{k=0}^{\infty} \theta^k \beta^k P^* Y^{1-\gamma} P^{\varepsilon-1} (1-\gamma) \hat{Y}_{t+k} \\ & + E_t \sum_{k=0}^{\infty} \theta^k \beta^k P^* Y^{1-\gamma} P^{\varepsilon-1} (\varepsilon - 1) \hat{P}_{t+k} \\ = & \mu E_t \sum_{k=0}^{\infty} \theta^k \beta^k Y^{1-\gamma} P^{\varepsilon} MC^j [(1-\gamma)\hat{Y}_{t+k} + \varepsilon \hat{P}_{t+k} + \widehat{MC}_{t+k|t}^j] \end{aligned}$$

化简可得

$$\frac{\hat{P}_t^*}{1-\beta\theta} = E_t \sum_{k=0}^{\infty} \theta^k \beta^k [\hat{P}_{t+k} + \widehat{MC}_{t+k|t}^j] \tag{19.20}$$

对数线性化式（19.12）得到

$$\widehat{MC}_{t+k|t}^j = \widehat{MC}_{t+k} - b(\hat{P}_t^* - \hat{P}_{t+k}) \tag{19.21}$$

其中，我们定义

$$b \equiv \frac{\varepsilon\alpha}{1-\alpha} \tag{19.22}$$

将式（19.21）代入式（19.20）并化简，我们得到

$$\frac{\hat{P}_t^*(1+b)}{1-\beta\theta} = E_t \sum_{k=0}^{\infty} \theta^k \beta^k [(1+b)\hat{P}_{t+k} + \widehat{MC}_{t+k}]$$

将它重写为递归形式，得出

$$\hat{P}_t^* = (1-\beta\theta)\left(\frac{\widehat{MC}_t}{1+b} + \hat{P}_t\right) + \beta\theta E_t[\hat{P}_{t+1}^*]$$

通过定义 $q_t = \hat{P}_t^* - \hat{P}_t$，得出

$$q_t = \frac{1-\beta\theta}{1+b}\widehat{MC}_t + \beta\theta E_t[q_{t+1} + \hat{P}_{t+1} - \hat{P}_t]$$

由式（19.19）可得

$$\pi_t = \beta E_t \pi_{t+1} + \frac{(1-\beta\theta)(1-\theta)}{\theta(1+b)}\widehat{MC}_t$$

向前求解此方程并利用横截性条件，我们推导出：通胀率是由边际成本的贴现值决定的，贴现因子为 β。我们可以使用式（19.9）来计算边际成本的百分比变化：

$$\widehat{MC}_t = \hat{W}_t - \hat{P}_t + \frac{\alpha}{1-\alpha}\hat{Y}_t - \frac{1}{1-\alpha}\hat{A}_t$$

使用对数线性化方程（19.2）代替上述方程中的 $\hat{W}_t - \hat{P}_t$，得出

$$\widehat{MC} = \nu\hat{N}_t + \gamma\hat{Y}_t + \frac{\alpha}{1-\alpha}\hat{Y}_t - \frac{1}{1-\alpha}\hat{A}_t \tag{19.23}$$

将式（19.16）全微分可得

$$\begin{aligned} \mathrm{d}Y_t = {} & (1-\alpha)AN^{-\alpha}\mathrm{d}N_t + N^{1-\alpha}\mathrm{d}A_t \\ & -\varepsilon AN^{1-\alpha}[-\theta\mathrm{d}P_{t-1} + \theta\mathrm{d}P_t - (1-\theta)\mathrm{d}P_t^* + (1-\theta)\mathrm{d}P_t] \end{aligned}$$

由式（19.19）可得

$$\hat{Y}_t = \hat{A}_t + (1-\alpha)\hat{N}_t$$

该方程表明，在一阶近似下价格离差项对总产出没有影响。用此式消去式（19.23）中的 $\hat{N}_t$ 得到

$$\widehat{MC}_t = \frac{\nu+\alpha+\gamma(1-\alpha)}{1-\alpha}\hat{Y}_t - \frac{\nu+1}{1-\alpha}\hat{A}_t$$

$$= \frac{\nu+\alpha+\gamma(1-\alpha)}{1-\alpha}(\hat{Y}_t - \hat{Y}_t^f)$$

其中，我们在第二个等式中使用了式（19.18）的对数线性化方程。定义**产出缺口**（output gap）为实际产出与灵活价格下产出之间的差，$x_t=\hat{Y}_t-\hat{Y}_t^f$。因为我们在相同的稳态附近进行对数线性化，所以 $x_t=\ln Y_t-\ln Y_t^f$。然后，我们得到新 Keynes Phillips 曲线方程：

$$\pi_t = \beta E_t\pi_{t+1} + \kappa x_t \tag{19.24}$$

其中，

$$\kappa \equiv \frac{(1-\beta\theta)(1-\theta)}{\theta(q+b)}\frac{\nu+\alpha+\gamma(1-\alpha)}{1-\alpha}$$

$$= \frac{(1-\beta\theta)(1-\theta)(\nu+\alpha+\gamma(1-\alpha))}{\theta(1-\alpha+\varepsilon\alpha)} \tag{19.25}$$

注意，在最后一个等式中，我们代入了式（19.22）中 b 的表达式。

将消费 Euler 方程（19.3）对数线性化，并使用资源约束，我们得到

$$\hat{Y}_t = E_t\hat{Y}_{t+1} - \frac{1}{\gamma}(i_t + \ln\beta - E_t\pi_{t+1}) \tag{19.26}$$

其中，我们使用了近似

$$\hat{i}_t = \frac{\mathrm{d}(1+i_t)}{1+i} = \mathrm{d}\ln(1+i_t) = i_t + \ln\beta$$

此方程对自然产出也成立：

$$\hat{Y}_t^f = E_t\hat{Y}_{t+1}^f - \frac{1}{\gamma}(r_t^n + \ln\beta) \tag{19.27}$$

其中，r_t^n 为**自然利率**（natural rate of interest），它被定义为使产出在任何时期都等于其自然率（灵活价格产出）的实际利率，即，

$$1 = \beta(1+r_t^n)E_t\left(\frac{Y_{t+1}^f}{Y_t^f}\right)^{-\gamma}$$

对数线性形式为

$$r_t^n = -\ln\beta + \gamma(E_t\hat{Y}_{t+1}^f - \hat{Y}_t^f)$$

我们可以定义 $\hat{r}_t^n = r_t^n + \ln\beta$。由方程（19.18），$r_t^n$ 仅取决于生产率冲击。结合式（19.26）和式（19.27）得到跨期 IS 曲线方程

$$x_t = E_t x_{t+1} - \frac{1}{\gamma}(i_t - E_t\pi_{t+1} - \hat{r}_t^n) \tag{19.28}$$

最后，对数线性化 Taylor 规则（19.14）得到

$$i_t = -\ln\beta + \phi_\pi \pi_t + \phi_y x_t + v_t \tag{19.29}$$

方程（19.24）、(19.28）和（19.29）构成了一个关于三个变量 x_t、π_t 和 i_t 的三方程线性系统。

图 19.1 说明了一个货币政策冲击（名义利率上升）的影响。① 参数取值为β=0.99，$\gamma=\nu=1$，$\phi_\pi=1.5$，$\phi_y=0.25$，以及 $\theta=0.8$。冲击服从一个 AR（1）过程，$v_t=\rho_v v_{t-1}+\varepsilon_{vt}$，其中，$\rho_v=0.5$。作为对一个 1%的正向货币政策冲击的响应，名义利率的上升会导致通胀率和产出缺口立即下降。这反映了这两个变量的前瞻性。由于预期通胀率的下降，实际利率的上升幅度大于名义利率。这里我们定义实际利率为 $r_t=i_t-E_t\pi_{t+1}$。

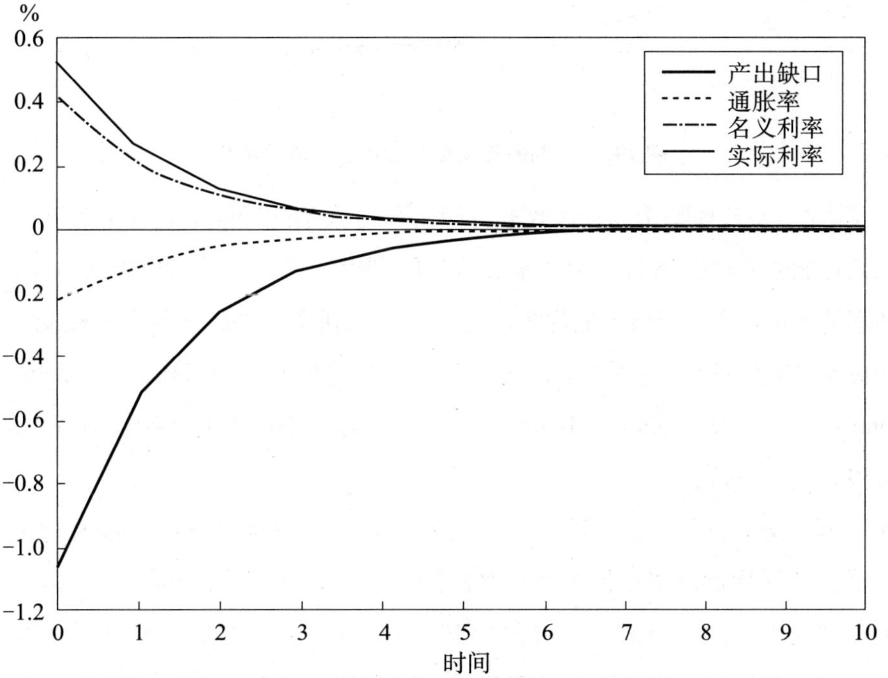

图 19.1　1%的正向货币政策冲击的脉冲响应

① 得出图 19.1 和图 19.2 的 Dynare 代码为 Chapter19 _ 1.mod。

图 19.2 绘制了 1%的正向冲击对自然率的脉冲响应。令 $\hat{r}_t^n=\rho_r\hat{r}_{t-1}^n+\varepsilon_{rt}$，其中 $\rho_r=0.5$。因为利率缺口 $\hat{r}_t-\hat{r}_t^n$ 下降了，产出缺口受影响会上升。因此，通货膨胀率沿新 Keynes Phillips 曲线上升，根据 Taylor 规则，名义利率也会上升。实际利率也会上升，但幅度小于 1 个百分点。

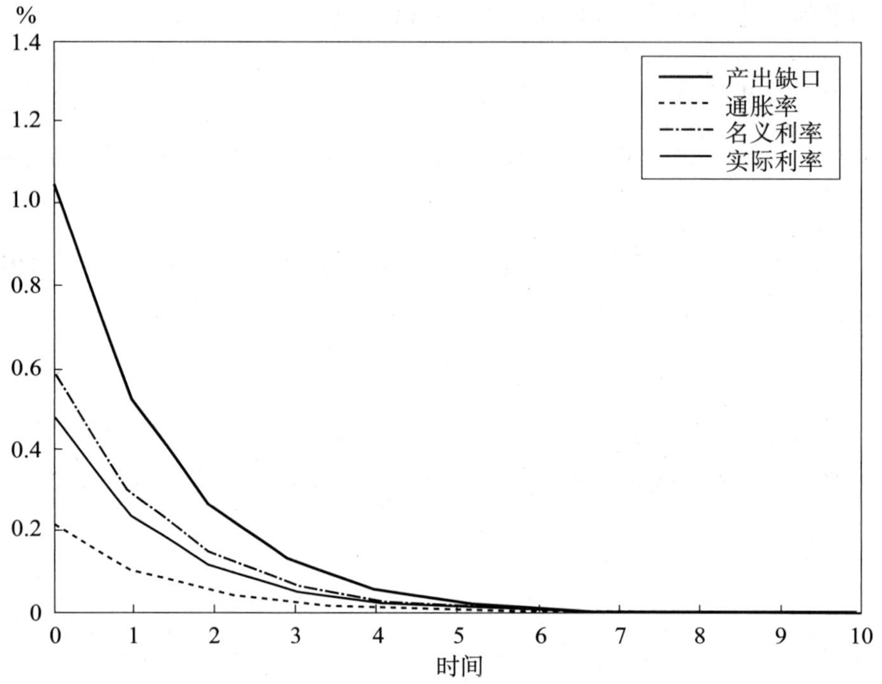

图 19.2　1%的正向自然率冲击的脉冲响应

在基本的 DNK 模型中，货币政策对产出和通胀率的影响通过实际利率产生。只要中央银行能够通过控制名义利率来影响实际利率，货币政策就能够影响实际产出。实际利率的变化改变了消费的最优时间路径。实际利率的提高会导致家庭减少当前消费（相对于未来消费）。利率通道也适用于有资本的情况（Christiano，Eichenbaum，and Evans，2005；Dotsey and King，2001）。实际利率的上升将减少对资本的需求，并导致投资支出下降。

除了利率通道以外，货币政策还可能间接地通过信贷渠道或直接通过货币量来影响经济。实际货币持有量代表家庭财富的一部分，实际余额的增长会通过财富效应增加消费支出。这一渠道通常被称为 Pigou 效应，且它被视为会产生这样一种渠道，通过它萧条期间价格水平的下降将最终使实际余额和家庭财富增长到足以恢复消费支出的水平。

货币量的直接影响并未在模型中展现出来，因为我们在 MIU 框架下假设了可分效用函数。当货币在效用函数中与消费或闲暇不可分时，货币持有量会影响跨期 IS 曲线或新 Keynes Phillips 曲线。不过，McCallum 和 Nelson（1999）以及 Woodford（2001）发现，由不可分效用引起的效应相当小，所以假设效用可分不会引起太大损失。在一个根据美国数据做估计的模型中，Ireland（2001）没有发现不可分偏好的证据。

在本书中，我们不研究货币传导过程中信贷渠道的作用。关于这种渠道的模型，我们推荐读者阅读 Bernanke、Gertler 和 Gilchrist（1999）与 Walsh（2010，ch. 10）的教材。

19.2 货币政策设计

我们首先研究有效分配，然后把具有微观基础的线性二次方法引入货币政策的分析中（参见 Woodford，2003；Benigno and Woodford，2005）。

□ 19.2.1 有效配置

有效配置通过求解下述社会计划者问题得到：

$$\max_{\{C_t, N_t, Y_t^j, N_t^j\}} E\sum_{t=0}^{\infty}\beta^t u(C_t, N_t)$$

满足

$$C_t = Y_t$$

$$Y_t = \left[\int_0^1 (Y_t^j)^{(\varepsilon-1)/\varepsilon} \mathrm{d}j\right]^{\varepsilon/(\varepsilon-1)}$$

$$Y_t^j = A_t (N_t^j)^{1-\alpha}$$

$$N_t = \int_0^1 N_t^j \mathrm{d}j$$

很容易证明，对于所有 j，均有

$$Y_t^j = Y_t = C_t, N_t^j = N_t$$

而且，

$$\frac{-u_N(C_t,N_t)}{u_C(C_t,N_t)}=(1-\alpha)A_tN_t^{-\alpha}\equiv MPN_t$$

因此，有效配置必须确保闲暇和消费之间的边际替代率等于劳动的边际产出。我们可以证明：对于 $\mu=1$，有效产出 Y_t^e 由式（19.18）给出。

基本的DNK模型中有两个扭曲来源。第一个扭曲来源来自垄断竞争导致了低就业水平与低产出。这一扭曲可通过向企业提供就业补贴 $\mathcal{T}=1/\varepsilon$ 来校正。[①] 此补贴用一揽子税进行融资。在这种情况下，企业的一阶条件变为

$$\frac{(1-\mathcal{T})W_t}{P_t}=\frac{1}{\mu}(1-\alpha)A_tN_t^{-\alpha}$$

使得实际工资等于劳动的边际产出，或价格等于名义边际成本。

第二个扭曲来源来自交错价格设定。由于价格调整缺乏同步性，不同商品的相对价格会因偏好或技术的变化而出现毫无根据的变化。因此，只要 $P_t^i\neq P_t^j$，价格就不等于名义边际成本。货币政策的目标是使所有企业的相对价格相等。

□ 19.2.2 效用的二次逼近

假定中央银行的目标是最大化代表性代理人的效用。根据Rotemberg和Woodford（1999）、Woodford（2003）以及Benigno和Woodford（2005），我们将推导出代理人效用的一个二次逼近，该近似围绕零通胀率非随机稳态展开。我们研究由垄断竞争导致稳态无效率的一般情形。带有就业补贴的有效稳态是一个特例。

对于任何变量，我们用它的小写字母来表示它的对数值，用不带时间下标的变量来表示它的稳态值。令 $\hat{z}_t=z_t-z$ 表示一般变量 z_t 关于其稳态的对数偏离。令 $u_t=u(C_t,N_t)$，$u=u(C,N)$。下述Taylor近似将被重复使用：

$$\frac{C_t-C}{C}=\frac{\mathrm{e}^{c_t}-C}{C}\simeq\frac{\mathrm{e}^{c}-C}{C}+\frac{\mathrm{e}(c_t-c)}{C}+\frac{1}{2}\frac{\mathrm{e}^{c}}{C}(c_t-c)^2$$

$$=c_t-c+\frac{1}{2}(c_t-c)^2=\hat{c}_t+\frac{1}{2}\hat{c}_t^2$$

类似地，

$$\frac{N_t-N}{N}\simeq\hat{n}_t+\frac{1}{2}\hat{n}_t^2$$

---

① 如果向家庭提供就业补贴，那么为了实现有效配置它必须等于 $1/(\varepsilon-1)$。

离散时间的经济动力学

我们采用式（19.1）中给出的效用并忽略货币。应用 Taylor 展开可得

$$u_t - u \simeq u_C C\frac{C_t - C}{C} + u_N N\frac{N_t - N}{N} + \frac{1}{2}u_{CC}C^2\left(\frac{C_t - C}{C}\right)^2$$

$$+\frac{1}{2}u_{NN}N^2\left(\frac{N_t - N}{N}\right)^2$$

$$\simeq u_C C\left(\hat{c}_t + \frac{1}{2}\hat{c}_t^2\right) + u_N N\left(\hat{n}_t + \frac{1}{2}\hat{n}_n^2\right) + \frac{1}{2}u_{CC}C^2\left(\hat{c}_t + \frac{1}{2}\hat{c}_t^2\right)^2$$

$$+\frac{1}{2}u_{NN}N^2\left(\hat{n} + \frac{1}{2}\hat{n}_t^2\right)^2$$

保持二阶项并使用式（19.1），我们得到

$$\frac{u_t - u}{u_C C} = \hat{c}_t + \frac{1-\gamma}{2}\hat{c}_t^2 + \frac{u_N N}{u_C C}\left(\hat{n} + \frac{1+\nu}{2}\hat{n}_t^2\right) \tag{19.30}$$

我们的目标是用稳态偏离来表示上述表达式，即用实际产出相对于自然产出的缺口和通胀率相对于零通胀率的缺口来表示。这涉及几步。

第 1 步 对式（19.16）两边取对数得到

$$n_t = \frac{1}{1-\alpha}(y_t - a_t) + \ln\Delta_t$$

因此，用稳态偏离可表示为

$$\hat{n}_t = \frac{1}{1-\alpha}(\hat{y}_t - a_t) + \hat{\Delta}_t$$

我们之前已经证明：$\hat{\Delta}_t = 0$，直到一阶逼近。现在我们想得出一个二阶逼近。

由式（19.13）和式（19.17），有

$$\Delta_t = \theta\prod\nolimits_t^{\varepsilon/(1-\alpha)}\Delta_{t-1} + (1-\theta)\left[\frac{1-\theta\prod_t^{\varepsilon-1}}{1-\theta}\right]^{-\varepsilon/((1-\alpha)(1-\varepsilon))}$$

进行二阶 Taylor 展开可得

$$\hat{\Delta}_t = \theta\hat{\Delta}_{t-1} + \frac{(1-\alpha+\alpha\varepsilon)\varepsilon\theta}{2(1-\alpha)^2(1-\theta)}\pi_t^2$$

因此，

$$\sum_{t=0}^{\infty}\beta^t\hat{\Delta}_t = \frac{\varepsilon\theta}{2(1-\alpha)\Theta(1-\theta)(1-\theta\beta)}\sum_{t=0}^{\infty}\beta^t\pi_t^2$$

其中，我们假定 $\hat{\Delta}_{-1}=0$，并定义

$$\Theta \equiv \frac{1-\alpha}{1-\alpha+\alpha\epsilon}$$

第 2 步 对式（19.30）应用第 1 步可得

$$\frac{u_t-u}{u_C C}=\left(\hat{y}+\frac{1-\gamma}{2}\hat{y}_t^2\right)$$

$$+\frac{u_N N}{(1-\alpha)u_C C}\left(\hat{y}+(1-\alpha)\hat{\Delta}_t+\frac{1+\nu}{2(1-\alpha)}(\hat{y}_t-a_t)^2\right)+\text{t. i. p.}$$

其中，t. i. p. 表示独立于政策的项。

令 Φ 表示稳态扭曲的大小，它由下式隐含地定义：

$$\frac{-u_N}{u_C}=MPN(1-\Phi)$$

有就业补贴 $\mathcal{T}$时，

$$\Phi=1-\frac{1}{(1-\mathcal{T})\mu}$$

根据 $MPN=(1-\alpha)Y/N$ 和 $Y=C$ 的事实可得

$$\frac{u_t-u}{u_C C}=\left(\hat{y}_t+\frac{1-\gamma}{2}\hat{y}_t^2\right)$$

$$-(1-\Phi)\left(\hat{y}_t+(1-\alpha)\hat{\Delta}_t+\frac{1+\nu}{2(1-\alpha)}(\hat{y}_t-a_t)^2\right)+\text{t. i. p.}$$

在小扭曲假设下，Φ 与二阶项的乘积可被忽略，我们可推导出

$$\frac{u_t-u}{u_C C}=\Phi\hat{y}_t-(1-\alpha)\hat{\Delta}_t-\frac{1}{2}\left(\frac{1+\nu}{1-\alpha}(\hat{y}_t-a_t)^2-(1-\gamma)\hat{y}_t^2\right)+\text{t. i. p.}$$

$$=\Phi\hat{y}_t(1-\alpha)\hat{\Delta}_t-\frac{1}{2}\left[\left(\gamma+\frac{\nu+\alpha}{1-\alpha}\right)\hat{y}_t^2-2\left(\frac{1+\nu}{1-\alpha}\right)\hat{y}_t a_t\right]+\text{t. i. p.}$$

$$=-\frac{1}{2}\left(\gamma+\frac{\nu+\alpha}{1-\alpha}\right)[\hat{y}_t^2-2(x^*+\hat{y}_t^f)\hat{y}_t]-(1-\alpha)\hat{\Delta}_t+\text{t. i. p.}$$

$$=-\frac{1}{2}\left(\gamma+\frac{\nu+\alpha}{1-\alpha}\right)(x_t-x^*)^2-(1-\alpha)\hat{\Delta}_t+\text{t. i. p.}$$

其中，$x_t=\hat{y}_t-\hat{y}_t^f=y_t-y_t^f$ 为产出缺口，且我们定义

$$x^*\equiv\frac{\Phi(1-\alpha)}{\gamma(1-\alpha)+\nu+\alpha}$$

并使用了以下事实：

$$\hat{y}_t^f=\frac{1+\nu}{\gamma(1-\alpha)+\nu+\alpha}a_t$$

注意，在一阶近似下，x^* 等于有效稳态产出水平与稳态自然产出水平之比的对数 $\ln(Y^e/Y^f)$，且它是对由垄断竞争的存在造成的扭曲的一种度量。

第 3 步 我们现在可以计算家庭福利损失的二阶逼近，它被表示为稳态消费的一部分：

$$\begin{aligned}W&=E\sum_{t=0}^{\infty}\beta^t\frac{u_t-u}{u_C C}\\&=E\sum_{t=0}^{\infty}\beta^t\left\{-\frac{1}{2}\left(\gamma+\frac{\nu+\alpha}{1-\alpha}\right)(x_t-x^*)^2-(1-\alpha)\hat{\Delta}_t+\text{t. i. p.}\right\}\\&=-\frac{\Omega}{2}E\sum_{t=0}^{\infty}\beta^t\{\lambda(x_t-x^*)^2+\pi_t^2\}+\text{t. i. p.}\end{aligned}$$

其中

$$\Omega\equiv\frac{\varepsilon\theta}{\Theta(1-\theta)(1-\theta\beta)},\quad\lambda\equiv\left(\gamma+\frac{\nu+\alpha}{1-\alpha}\right)\frac{1}{\Omega}$$

当不存在经济扭曲时，$\Phi=0$，从而 $x^*=0$。经济扭曲仅影响 x^*，而不影响 λ。上述计算的近似福利为中央银行使用二次目标函数提供了微观基础。

□ 19.2.3 承诺与相机抉择

对于第 19.1 节中的对数线性化的基本的 DNK 模型，最优货币政策是保持价格稳定，即对所有 t，使 $\pi_t=0$。在这种情况下，对所有 t，产出缺口 $x_t=0$。因此，$i_t=r_t^n$，且可以实现灵活价格均衡配置。此种情况消除了相对价格扭曲，且就业补贴可以抵消垄断扭曲。这种货币政策被称为**严格的通胀目标制**（strict inflation targeting）。它可以通过假设一个如同式（19.29）的 Taylor 规则来实现，其中，当下述条件成立时，货币政策冲击 v_t 就被消除了：

$$\kappa(\phi_\pi-1)+(1-\beta)\phi_y>0\tag{19.31}$$

对于第 19.1 节中的有微观基础的 DNK 模型，Yun（2005）证明了：如果没有承继下来的相对价格扭曲，即对所有 $j\in[0,1]$，$P_{-1}^j=P_{-1}$，则严格的通胀目标制也是最优的。在非退化的价格初始分布情况下，最优货币政策在一个过渡时期之后收敛到上述政策。

在实践中，中央银行通常面临短期权衡。一种引入权衡的方式是在新 Keynes Phillips 曲线（19.24）中增加成本推动型冲击 u_t：

$$\pi_t = \kappa x_t + \beta E_t \pi_{t+1} + u_t \tag{19.32}$$

当存在这种冲击时，对所有 t 有 $\pi_t=0$ 并不意味着产出缺口 $x_t=0$。这一冲击可以通过引入加价冲击或劳动收入税的变化找到微观基础。

现在我们使用一个二次函数来刻画中央银行的目标函数，并考虑下述存在承诺的最优货币政策问题：

$$\max_{\{\pi_t, x_t\}} -\frac{1}{2} E \sum_{t=0}^{\infty} \beta^t [\pi_t^2 + \lambda (x_t - x^*)^2]$$

满足式（19.32）和

$$u_t = \rho_u u_{t-1} + \sigma_u \varepsilon_t$$

令 $\beta^{t+1}\mu_{xt+1}$ 为与约束（19.32）相关的 Lagrange 乘子。然后，我们有一阶条件

$$\pi_t : \pi_t + \beta \mu_{xt+1} - \beta \mu_{xt} = 0, \quad t \geqslant 1 \tag{19.33}$$

$$x_t : \lambda (x_t - x^*) - \beta \kappa \mu_{xt+1} = 0, \quad t \geqslant 0 \tag{19.34}$$

π_0 的一阶条件给出 $\mu_{x0}=0$。如第 9.4 节所示，我们可解出

$$\mu_{xt+1} = a \mu_{xt} - \frac{a}{\beta}\left(\frac{\kappa x^*}{1-\beta a} + \frac{u_t}{1-\beta a \rho_u}\right)$$

其中，a 为方程（9.29）的较小的根。由这两个一阶条件，可得

$$x_t = a x_{t-1} - \frac{a\kappa}{\lambda} \frac{u_t}{1-\beta a \rho_u}$$

$$\pi_t = a \pi_{t-1} + \frac{a}{1-\beta a \rho_u}(u_t - u_{t-1})$$

其中，初值由下式给出

$$x_0 = \frac{\beta\kappa}{\lambda}\mu_{x1} + x^* = x^* - \frac{a\kappa}{\lambda}\left(\frac{\kappa x^*}{1-\beta a} + \frac{u_0}{1-\beta a \rho_u}\right)$$

$$\pi_0 = -\beta \mu_{x1} = a\left(\frac{\kappa x^*}{1-\beta a} + \frac{u_0}{1-\beta a \rho_u}\right)$$

因为 $\pi_t = p_t - p_{t-1}$，所以价格水平是平稳的：

$$p_t = ap_{t-1} + \frac{a}{1-\beta a\rho_u}u_t$$

存在承诺的最优政策的另一种方法是假设式（19.33）和式（19.34）对所有 $t\geqslant -1$ 的时刻都成立。这一方法被称为**永恒视角方法**（timeless perspective approach），它由 Woodford（1999）提出。这种方法的思路在于，剔除关于前瞻性方程的 Lagrange 乘子，仅仅使用内生变量表示均衡系统。特别地，消除式（19.33）和式（19.34）中的 μ_{xt} 可得

$$\pi_t = -\frac{\lambda}{\kappa}(x_t - x_{t-1}), \quad \text{对于所有 } t\geqslant 0 \tag{19.35}$$

将此式代入式（19.32）可得

$$\left(1+\beta+\frac{\kappa^2}{\lambda}\right)x_t = \beta E_t x_{t+1} + x_{t-1} - \frac{\kappa}{\lambda}u_t$$

求解得出

$$x_t = ax_{t-1} - \frac{\kappa}{\lambda(1+\beta(1-\rho-a))+\kappa^2}u_t$$

注意，该方程与使用式（19.29）的最优承诺下的方程相同。将它代入式（19.35）可得到

$$\pi_t = \frac{\lambda}{\kappa}(1-a)x_{t-1} + \frac{\lambda}{\lambda(1+\beta(1-\rho_u-a))+\kappa^2}u_t$$

我们需要一个初始条件 x_{-1} 来决定 x_t 和 π_t 的整个路径。注意，在最优预先承诺下，$\mu_{x0}=0$，从而

$$\pi_0 = -\frac{\lambda}{\kappa}(x_0 - x^*)$$

它与式（19.35）有所不同。如果 $x_{-1}=x^*$，则由永恒视角得到的解与最优承诺解相同。

因为永恒视角承诺政策通常不是最优承诺政策问题的解，所以式（19.35）给出的政策规则可能会被其他政策规则占优。例如，对于某些初始条件 x_{-1}，它可能被最优相机抉择政策占优（参见 Dennis，2010）。

让我们转向相机抉择政策。在第 9.5 节，我们推导了相机抉择通胀率，证明了它由下式给出：

$$\pi_t = \frac{\lambda}{\kappa^2+\lambda}\sum_{j=0}^{\infty}\beta^j\left(\frac{\lambda}{\kappa^2+\lambda}\right)^j[\kappa x^* + E_t u_{t+j}]$$

$$= \frac{\lambda\kappa x^*}{\kappa^2+\lambda-\beta\lambda} + \frac{\lambda\kappa}{\kappa^2+\lambda-\beta\lambda\rho_u}u_t$$

因为 $x^*>0$，所以长期存在通胀偏差。相机抉择的政策制定者不考虑当期选择更高通胀率对预期通胀率的影响，因此也没有考虑上一时期 Phillips 曲线的权衡所处的位置。由于更高的通胀率对以前的预期通胀率的被忽略的影响是反向的，所以在 $x^*>0$（从而如果可能的话，政策制定者希望下移 Phillips 曲线）的情况下，忽略这种效用会使得相机抉择的政策制定者在任何时候都选择比最优承诺情况下更高的通胀率。而且，由于刚好在正的成本推动型冲击之后的这种被忽视的效应特别强，此时在相机抉择下选择的通胀率与在最优政策选择下选择的通胀率之间的差距比平均水平更大。

图 19.3 绘制了在最优承诺和相机抉择下通胀与产出缺口对 1 个标准差的成本推动型冲击的脉冲响应。① 我们设定参数值 $\beta=0.99$，$\kappa=0.05$，$\gamma=1$，$x^*=0$，$\lambda=0.25$，$\rho_u=0$ 和 $\sigma_u=1$。该图表明，对于这两种政策，通货膨胀率受影响上升，而产出缺口下降。相机抉择政策继承了前定状态变量的持续性质——成本推动型冲击。

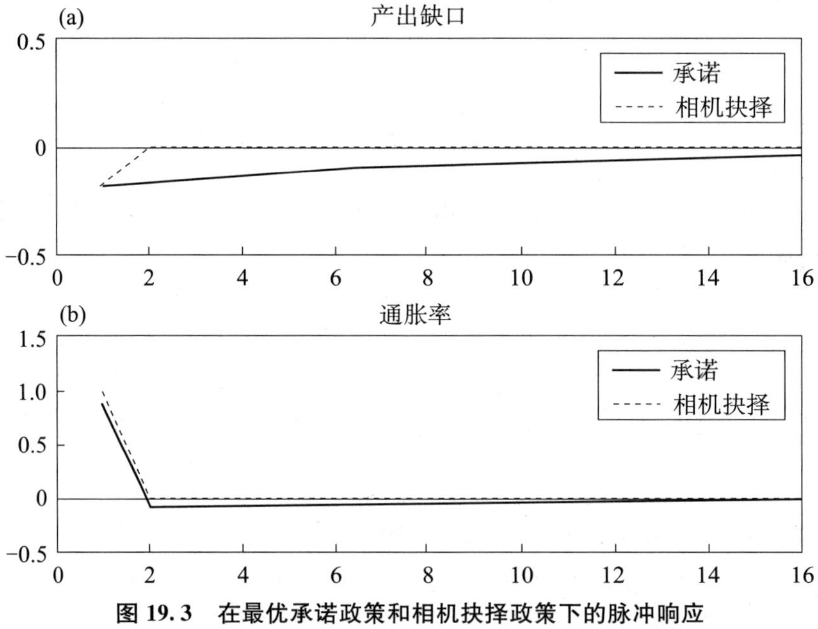

图 19.3　在最优承诺政策和相机抉择政策下的脉冲响应

① 生成图 19.3 的 Matlab 代码为 Chapter _ 2.m。这一代码应用了 Paul Söderlind 的代码，网址为：http://home.datacomm.ch/paulsoderlind/。

由于成本推动型冲击是暂时的，因此通胀和产出缺口都回到了从第 $2n$ 期开始的长期稳态水平。相反，最优承诺政策依赖于历史。产出缺口表现出强烈的正序列相关。在正的成本冲击之后，通过在未来几个时期内将产出保持在自然率水平以下，中央银行能够降低未来的通胀预期。正的成本推动型冲击发生时 $E_t\pi_{t+1}$ 的下降改善了中央银行面临的通胀率和产出缺口稳定之间的权衡。

19.3 财政刺激

政府支出对总经济活动的影响是什么？这一问题在最近的大萧条期间尤为重要，彼时短期名义利率接近 0。在这种情况下，降息形式的货币政策是一种效果较小的选择。在本节中，我们沿用 Woodford（2011）的分析，以了解政府支出在一系列模型中的作用。

□ 19.3.1 新古典模型

我们从完美竞争的新古典基准模型开始。考虑确定性模型。代表性家庭的效用函数为

$$\sum_{t=0}^{\infty}\beta^t[u(C_t)-v(N_t)] \tag{19.36}$$

其中，C_t 代表消费，N_t 代表小时数，$\beta\in(0,1)$，$u'>0$，$u''<0$，$v'>0$，$v''<0$。存在代表性企业使用劳动进行生产，总生产函数为

$$Y_t=f(N_t) \tag{19.37}$$

其中，$f'>0$，$f''<0$。存在一个政府，政府支出 G_t 用一揽子税进行融资。资源约束为

$$C_t+G_t+Y_t \tag{19.38}$$

在竞争均衡中，

$$\frac{v'(N_t)}{u'(C_t)}=\frac{W_t}{P_t} \tag{19.39}$$

$$f'(N_t)=\frac{W_t}{P_t}$$

其中，W_t 和 P_t 分别代表名义工资和价格水平。利用式（19.37）和式（19.38），我们得到

$$u'(Y_t - G_t) = \frac{v'(f^{-1}(Y_t))}{f'(f^{-1}(Y_t))} = \tilde{v}'(Y_t) \qquad (19.40)$$

其中，$\tilde{v}(Y_t) \equiv v(f^{-1}(Y_t))$。然后，我们可以计算稳态**财政乘数**（fiscal multiplier）

$$\frac{\mathrm{d}Y}{\mathrm{d}G} = \frac{\eta_u}{\eta_u + \eta_v} \qquad (19.41)$$

其中，

$$\eta_u = -\bar{Y}\frac{u''(\bar{Y}-\bar{G})}{u'(\bar{Y}-\bar{G})} > 0, \quad \eta_v = \bar{Y}\frac{\tilde{v}''(\bar{Y})}{\tilde{v}'(\bar{Y})} > 0$$

这里，带有上横线的变量表示其稳态值。由此可见，财政乘数是正值但小于1。这意味着私人支出（这里完全模型化为非耐用消费品支出）必定被挤出，至少部分被政府购买挤出。直觉如下：政府购买的增加必然通过降低家庭财富的税收来融资。负的财富效应减少了私人消费和闲暇。然后，家庭更加努力地工作，并因此提高了产出。

□ 19.3.2 垄断竞争

仅仅在产品或劳动市场中存在某种程度的市场力量并不会大幅改变这一结果。例如，假设存在大量不同商品而不是一种商品，每种商品都由一个垄断生产者来生产。就像我们熟知的Dixit-Stiglitz垄断竞争模型一样，假设代表性家庭的偏好仍然是式（19.36）的形式，但现在 C_t 是家庭购买每一种差异化商品的常数替代弹性加总，

$$C_t = \left[\int_0^1 (C_t^j)^{(\varepsilon-1)/\varepsilon}\mathrm{d}j\right]^{\varepsilon/(\varepsilon-1)}$$

其中，C_t^j 是产品 j 的购买量，$\varepsilon > 1$ 是不同产品之间的替代弹性。预算约束由下式给出：

$$\int_0^1 P_t^j C_t^j \mathrm{d}j + \frac{B_{t+1}}{1+i_t} = B_t + W_t N_t + T_t$$

其中，B_t 表示债券持有量，i_t 表示名义利率，而 T_t 表示包括公司所有权带来的利润和一揽子税（或转移支付）在内的收入。然后，我们可以得到式（19.7）给出的

物价指数 P_t，以使得

$$\int_0^1 P_t^j C_t^j \mathrm{d}j = P_t C_t$$

为了简化，假定每种产品都使用如式（19.37）所示的共同的生产函数进行生产，在生产所有产品时投入单一的同质劳动。每个企业面临一条向下倾斜的需求曲线，需求弹性为 ε。像第 19.1.6 节那样，企业能够无摩擦地调整价格。利润最大化意味着实际价格等于在实际边际成本上加成 $\mu=\varepsilon/(\varepsilon-1)$。这表明，在对称均衡中实际边际成本等于 $1/\mu$，故有

$$\frac{W_t}{P_t f'(N_t)} = \frac{1}{\mu} \quad \text{或} \quad P_t = \mu \frac{W_t}{f'(N_t)} \tag{19.42}$$

由式（19.38）和式（19.39），我们可证明

$$u'(Y_t - G_t) = \mu\tilde{v}'(Y_t) \tag{19.43}$$

在这种情况下，财政乘数仍由式（19.41）给出。在相对于家庭边际替代率工资常数加成的情况下，我们可以得到相似的结论：总产出仍由式（19.43）决定，其中，μ 此时是一个“效率楔子”，它取决于产品市场和劳动市场力量的大小，因此乘数的计算保持不变。

然而，如果效率楔子是内生的，那么我们会得到不同的结果。这种内生性最明显的来源之一是工资或价格对于不断变化的市场条件的调整黏性。如果对于政府购买增加导致的边际成本增加，价格没有立即进行全比例的调整，那么式（19.42）右侧将比左侧增加得更多。所以，表达式（19.43）右侧将比左侧增加得更多。类似的论证也适用于工资调整存在摩擦的情况。

□ 19.3.3 DNK 模型

我们将黏性价格与货币政策引入模型。假定价格由 Calvo（1983）模型决定，但工资是灵活变动的。考虑财政政策和货币政策如何协调是重要的。作为基准，我们首先想考虑这样一种政策实验：不管政府购买路径如何，中央银行保持实际利率路径不变。我们再次考虑确定性经济，令政府购买路径由序列 $\{G_t\}$ 给出，且在极限情况下 $G_t \to \bar{G}$。令长期通货膨胀率为零。

根据消费的 Euler 方程，

$$\frac{u'(C_t)}{\beta u'(C_{t+1})} = \exp(r_t) \tag{19.44}$$

其中，r_t 为第 t 期至第 $t+1$ 期之间的实际利率（连续复利）。由此可得，在长期稳态下，$\bar{r} = -\ln\beta > 0$。因为我们想考察不管政府购买短期如何变动都保持实际利率不变的货币政策，所以必须假设货币政策保证对所有 t 都有 $r_t = \bar{r}$。在这种情况下，对所有 t，$C_t = \bar{C}$。由 $\bar{C} + G_t = Y_t$ 可得，财政乘数等于 1。

现在，我们考虑容许某些财政刺激的货币政策的其他假设。与第 19.1 节中的模型不同，假定每一个差异化产品 j 都使用规模报酬不变的技术进行生产，形式如下：

$$Y_t^j = K_t^j f\left(\frac{N_t^j}{K_t^j}\right) \tag{19.45}$$

其中，K_t^j 为企业 j 用于生产的资本品数量，N_t^j 为企业雇用的劳动小时数，而 f 是与前面一致的递增凹函数。为简化起见，我们假设资本品的总供给是外生给定的（且可以标准化为 1），但资本品在每一期通过竞争的租赁市场分配给企业。在这种情况下，成本最小化问题为

$$\min_{K_t^j, N_t^j} \frac{R_t^k}{P_t} K_t^j + \frac{W_t}{P_t} N_t^j$$

满足式（19.45），其中，R_t^k 表示资本的名义租金率。一阶条件为

$$\frac{R_t^k}{P_t} = MC_t^j \left(f\left(\frac{N_t^j}{K_t^j}\right) - f'\left(\frac{N_t^j}{K_t^j}\right)\frac{N_t^j}{K_t^j} \right)$$

$$\frac{W_t}{P_t} = MC_t^j f'\left(\frac{N_t^j}{K_t^j}\right)$$

其中，MC_t^j 为关于式（19.45）的 Lagrange 乘子，它也代表了企业 j 的实际边际成本。从两个方程中消掉 MC_t^j，得出 R_t^k/P_t 和 W_t/P_t 的隐函数 N_t^j/K_t^j。因此，无论其生产规模如何，每个企业都会选择相同的劳动-资本比率，且均衡时这一共同的劳动-资本比率将等于总劳动供给 N_t（回忆一下，总资本等于 1）。此外，每个企业都将具有共同的生产边际成本 MC_t，它独立于企业的生产规模选择，

$$MC_t = \frac{W_t}{P_t f'(N_t)} \tag{19.46}$$

使用关于消费-闲暇选择的一阶条件以及资源约束可得

$$\frac{v'(N_t)}{u'(Y_t - G_t)} = \frac{W_t}{P_t} = MC_t f'(N_t)$$

或者

$$\frac{\tilde{v}(Y_t)}{u'(Y_t - G_t)} = MC_t \tag{19.47}$$

其中，$\tilde{v}(Y_t)$ 由式（19.40）定义。

与第 19.1 节一样，最优价格由式（19.11）决定，其中，$MC^j_{t+k|t} = MC_{t+k}$。将此式对数线性化可得①

$$\hat{P}^*_t = (1-\beta\theta)E_t\sum_{k=0}^{\infty}\theta^k\beta^k[\hat{P}_{t+k} + \widehat{MC}_{t+k}]$$

将它重写为递归形式可得

$$\hat{P}^*_t = (1-\beta\theta)(\widehat{MC}_t + \hat{P}_t) + \beta\theta E_t[\hat{P}^*_{t+1}]$$

由 q_t 的定义可知，

$$q_t = (1-\beta\theta)\widehat{MC}_t + \beta\theta E_t[q_{t+1} + \hat{P}_{t+1} - \hat{P}_t]$$

使用式（19.19）可得

$$\pi_t = \beta E_t\pi_{t+1} + \frac{(1-\beta\theta)(1-\theta)}{\theta}\widehat{MC}_t$$

对数线性化式（19.47）得到

$$\widehat{MC}_t = \eta_v\hat{Y}_t + \eta_u(\hat{Y}_t - \hat{G}_t) = (\eta_u + \eta_v)(\hat{Y}_t - \Gamma\hat{G}_t)$$

其中，Γ 为式（19.41）中定义的乘子，$\hat{Y}_t = \ln(Y_t/\bar{Y}) \simeq (Y_t - \bar{Y})/\bar{Y}$，$\hat{G}_t = (G_t - \bar{G})/\bar{Y}$。由以上两个方程，我们推导出

$$\pi_t = \kappa\sum_{j=0}^{\infty}\beta^j E_t(\hat{Y}_{t+j} - \Gamma\hat{G}_{t+j}) \tag{19.48}$$

其中，$\kappa = (1-\beta\theta)(1-\theta)(\eta_u + \eta_v)/\theta > 0$。

假定中央银行服从以下形式的 Taylor 规则：

$$i_t = \bar{r} + \phi_\pi\pi_t + \phi_y\hat{Y}_t \tag{19.49}$$

其中，$\phi_\pi > 1$ 且 $\phi_y > 0$。将消费 Euler 方程对数线性化可得

① 我们已经在方程中加入条件期望，以便在后面的模型中引入冲击。

$$\hat{Y}_t - \hat{G}_t = E_t(\hat{Y}_{t+1} - \hat{G}_{t+1}) - \sigma(i_t - E_t\pi_{t+1} - \bar{r}) \tag{19.50}$$

其中，$\sigma \equiv 1/\eta_u$ 代表跨期替代弹性。均衡 $\{\hat{Y}_t, \pi_t, i_t\}$ 由等式（19.48）、（19.49）和（19.50）来刻画。

令 $\hat{G}_t = \rho^t \hat{G}_0$。对于某个待定系数 γ_y、γ_π 和 γ_i，猜测均衡具有以下形式：

$$\hat{Y}_t = \gamma_y \hat{G}_t \tag{19.51a}$$

$$\pi_t = \gamma_\pi \hat{G}_t \tag{19.51b}$$

$$i_t = \bar{r} + \gamma_i \hat{G}_t \tag{19.51c}$$

直接证明乘子由下式给出：

$$\gamma_y = \frac{1 - \rho + (\psi - \sigma\phi_y)\Gamma}{1 - \rho + \psi} \tag{19.52}$$

其中，

$$\psi \equiv \sigma\left[\phi_y + \frac{\kappa}{1 - \beta\rho}(\phi_\pi - \rho)\right] > 0$$

我们可验证 $\gamma_y < 1$。因此，相比常数实际利率政策下的乘子，此时的乘子更小，因为实际利率会随着通胀和产出缺口的增加而增加。注意，对于 Taylor 规则，乘子的大小取决于价格黏性的大小（通过 ψ 依赖于 κ 的值）。

对于充分大的 ϕ_y 值，Taylor 规则（19.49）下的乘子可能小于新古典模型预期的乘子。在这种情况下，与灵活价格相比，价格黏性导致产出增加得更少，因为与灵活价格相比中央银行的反应函数使实际利率提高的幅度更大（也大于维持零通胀率所需的幅度）。因此，尽管根据新 Keynes 模型，更大的乘子是可能的，但预计只有当对实际活动增加所做的货币调整程度足够大时，这种情况才会出现。通常，这也要求央行调节通货膨胀率上升。当名义利率受限于零下限时，这种情况就会出现。

□ 19.3.4　零利率下限

当短期名义利率达到零下限时，中央银行面对政府购买的增加将无法缩紧政策。如果财政刺激与通胀预期上升有某种相关性，那么实际利率将会随着财政刺激而下降。因此，当央行的政策利率处于零下限时，政府购买将对总产出产生特别大的影响。在这种情况下，财政刺激变得更加紧迫，因为再也没有降息的空间。在实践中，当金融中介被严重干扰时（如大萧条或金融危机期间），零利率下限很可能成为货币政策的紧约束。我们现在把上面的模型扩展到包括零利率下限。假设消费 Euler 方程中的相关利率和中央银行的政策利率不同，而且由于金融中介效率的变化，这两个利率之间的离差会随时间而变化。如果我们令 i_t 表示政策利率，令 $i_t+\Delta_t$ 表示与消费的跨期配置有关的利率，则式（19.50）可取更一般的形式：

$$\hat{Y}_t-\hat{G}_t=E_t(\hat{Y}_{t+1}-\hat{G}_{t+1})-\sigma(i_t-E_t\pi_{t+1}-r_t^{net}) \tag{19.53}$$

其中，$r_t^{net}\equiv-\ln\beta-\Delta_t$ 为保持稳态私人消费为常数所需的实际政策利率。如果利差 Δ_t 在某个时期变得足够大，由于金融部门的紊乱，r_t^{net} 的值可以暂时为负。在这种情况下，关于 i_t 的零利率下限将使式（19.53）与政府购买在所有时期都为 $\bar{G}$ 以达到零通胀稳态不相容。

举一个简单的例子（基于 Eggertsson，2009），假定在正常条件下，$r_t^{net}=-\ln\beta=\bar{r}>0$，但作为第 0 期金融动荡的结果，信贷利差上升，且 r_t^{net} 下降到值 $r_L<0$。① 假设在每一期往后，都存在概率 $\mu\in(0,1)$ 使提高的信贷利差在第 t 期持续，且如果信贷利差在第 $t-1$ 期提高了，则 r_t^{net} 仍然等于 r_L；存在 $1-\mu$ 的概率使信贷利差回到它们的正常水平，即 $r_t^{net}=\bar{r}$。一旦信贷利差回到正常水平，它们从此就保持在正常水平不变。假设信贷利差的外生演变不受货币政策和财政政策选择的影响。进一步假设货币政策由 Taylor 规则来描述，但如果线性规则要求负利率，则利率目标设为零。特别地，令

$$i_t=\max\{\bar{r}+\phi_\pi\pi_t+\phi_y\hat{Y}_t,0\} \tag{19.54}$$

使得如果在所有时点都有 $r_t^{net}=\bar{r}$，那么此规则与零通胀稳态一致。我们将仍然假定 $\phi_\pi>1$，$\phi_y>0$。

考虑这样一种财政政策：政府购买在所有 $0\leqslant t<T$ 时刻都等于某个水平 G_L，而在所有 $t\geqslant T$ 时刻都等于 $\bar{G}$，其中，T 为信贷利差回到正常水平的随机日期。我们想要研究的问题是，在给定货币政策规则（19.54）的情况下，在危机时刻选择更高水平的政府购买 G_L 的影响。

我们使用逆推法求解均衡。在 T 时刻以后，均衡应为零通胀稳态，因此在所有 $t\geqslant T$ 时刻均衡值都应为 $\pi_t=\hat{Y}_t=0$，$i_t=\bar{r}>0$。转向 T 时刻之前的均衡。当且仅当模型参数满足

① 参见 Christiano、Eichenbaum 和 Rebelo（2011）的带资本和零利率下限债券的定量 DSGE 模型。

$$\kappa\sigma\mu < (1-\mu)(1-\beta\mu) \tag{19.55}$$

时，往前求解均衡条件（19.48）、（19.53）和（19.54）可以得到唯一的有界解。

注意，这一条件对所有 $0\leqslant\mu\leqslant\bar{\mu}$ 都成立，其中，上界 $\bar{\mu}<1$ 依赖于模型参数（β, κ, σ）。我们求解这样的均衡，它满足：对于每个 $t<T$，都有 $\pi_t=\pi_L$，$Y_t=Y_L$，$i_t=i_L$。这些常数值可以通过观察以下事实得到：式（19.48）要求

$$\pi_L = \frac{\kappa}{1-\beta\mu}(\hat{Y}_L - \Gamma\hat{G}_L) \tag{19.56}$$

而式（19.53）要求

$$(1-\mu)(\hat{Y}_L - \hat{G}_L) = \sigma(-i_L + \mu\pi_L + r_L) \tag{19.57}$$

使用式（19.56）替代式（19.57）中的 π_L，我们推导出

$$\hat{Y}_L = \vartheta_r(r_L - i_L) + \vartheta_G\hat{G}_L \tag{19.58}$$

其中，

$$\vartheta_r \equiv \frac{\sigma(1-\beta\mu)}{(1-\mu)(1-\beta\mu)-\kappa\sigma\mu} > 0 \tag{19.59}$$

$$\vartheta_G \equiv \frac{(1-\mu)(1-\beta\mu)-\kappa\sigma\mu\Gamma}{(1-\mu)(1-\beta\mu)-\kappa\sigma\mu} > 1$$

在这里，这些限制来自式（19.55）和 $0<\Gamma<1$。

我们把式（19.58）和相关通胀率的解代入式（19.54），求解所得关于 i_L 的方程。该解取决于式（19.54）的分支，其中，当且仅当 $\hat{G}_L<\hat{G}^c$ 时，$i_L=0$，且

$$\hat{G}^c \equiv \frac{-\left(\frac{\kappa\phi_\pi}{1-\beta\mu}+\phi_y\right)\vartheta_r r_L - \bar{r}}{\frac{\kappa\phi_\pi}{1-\beta\mu}(\vartheta_G-\Gamma)+\phi_y\vartheta_G} > 0$$

当 r_L 充分负时，这个条件成立。对于任何低于此临界水平的政府购买，对所有 $t<T$，均衡产出为

$$\hat{Y}_L = \vartheta_r r_L + \vartheta_G\hat{G}_L \tag{19.60}$$

且通胀率将等于式（19.56）给出的 π_L 值。在这一均衡中，将既存在通货紧缩，又存在负值的产出缺口（产出低于灵活工资和价格下的产出水平）。在 μ 很大的时候，对于 r_L 的一个适当负值，通缩和经济萎缩也会相当严重。在这种情况下，通过增加

政府购买来刺激总需求是非常合意的。

当 $\hat{G}_L > \hat{G}^c$ 时，不会达到零利率下限，则三个方程，即方程（19.56）、方程（19.58）和

$$i_L = \bar{r} + \phi_\pi \pi_L + \phi_y \hat{Y}_L > 0$$

可用来求解 i_L、π_L 和 $\hat{Y}_L$。求解过程留给读者作为练习。

图 19.4 将 $\hat{Y}_L$ 绘制为 $\hat{G}_L$ 的函数。参数值设定为：$\beta=0.997$，$\kappa=0.008\ 59$，$\sigma=0.862$，$\Gamma=0.425$，$\phi_\pi=1.5$，$\phi_y=0.25$，$r_L=-0.0104$，$\mu=0.903$。扭结出现在 $\hat{G}^c=0.136$ 处。[1] 对于达到 G^c 的政府购买水平，式（19.60）表明：政府每多花费 1 美元，就会使国内生产总值（GDP）增加 ϑ_G 美元。而即使每 1 美元的额外政府购买的增加量更小，超过该水平的政府支出增长也会导致更高水平的 GDP，如图 19.4 所示。这是由于中央银行按照 Taylor 规则提高了利率。在图 19.4 中，当政府购买相比其稳态值超出稳态 GDP 的 13.6%时达到 G^c 点。若 $G_L > G^c$，则乘数不再是 ϑ_G，而是式（19.52）定义的系数 $\gamma_y=0.324$，其中，持久性参数 ρ 被 μ 代替。

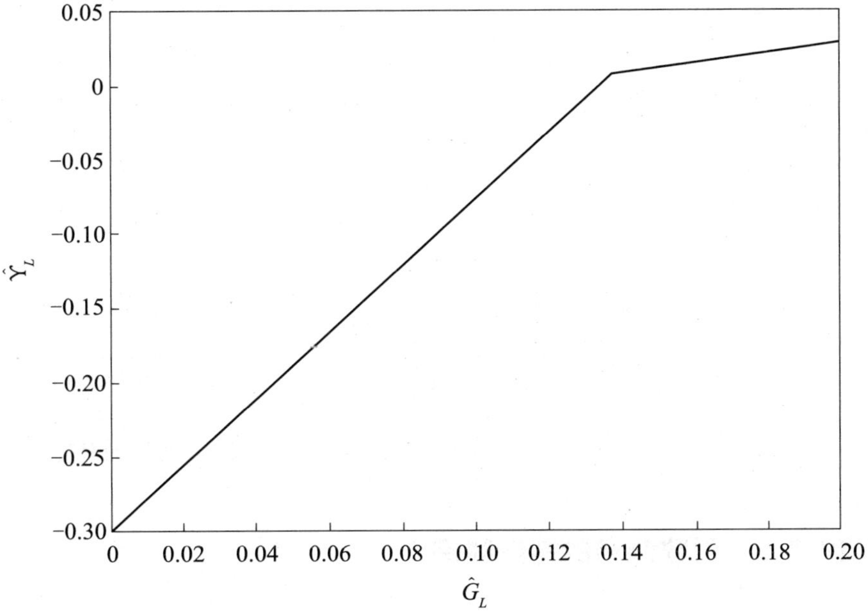

图 19.4　$\hat{Y}_L$ 作为 $\hat{G}_L$ 的函数

根据式（19.59），对高达 G^c 的政府购买水平，乘数 $dY_L/dG_L=\vartheta_G$ 都必然大于 1（对于任意 $\mu>0$）。原因在于，给定名义利率在时期 $t<T$ 内保持为零，G_L 增加使得

① Matlab 代码 Chapter19_3.m 生成了图 19.4 到图 19.7。

π_L 增加，进而使得预期通胀率上升（给定提高的信贷利差以某个正概率持续到下一期），并因此降低实际利率。① 因此，货币政策甚至比基准分析所假定的更适合，相应地总产出的增长幅度也会更大。

当政策利率处于零下限时，若持久性参数值 μ 足够大，则乘子可以无限地大。图 19.5 把乘数绘制为 μ 的函数，令其他模型参数固定为 Eggertsson（2009）使用的取值。由该图可见，乘数随着 μ 单调增长，当 μ 接近 $\bar{\mu}$ 时无限增长。该图也表明，乘子通常不会大于 1 太多，除非 μ 足够大。然而，重要的是，要注意，μ 大的情况（特别是当其是 $\bar{\mu}$ 的一大部分时）正好是乘数 dY_L/dr_L 也很大的情况，也就是说，信贷利差规模的适度增长会导致严重的产出崩溃。因此，当利率位于零下限时，增加的政府购买是避免经济危机的强有力的手段，在那种情况下，零下限约束最具破坏性，即在那种情况下，没有足够的信心认为信贷市场波动将是短期的。

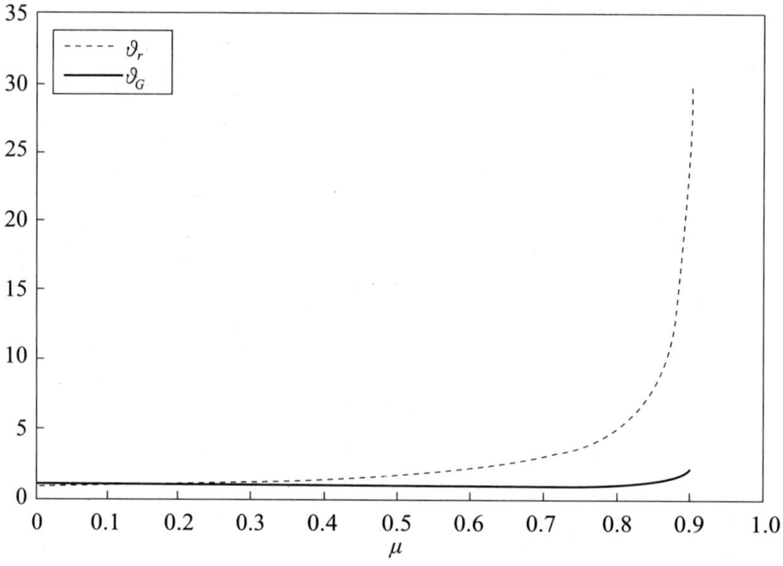

图 19.5　对于金融动荡的不同持续水平 μ，Y_L 关于 r_L 和 G_L 取值的导数

□ 19.3.5　财政刺激的持续时间

在我们的简单模型中，如果利率脱离零下限以后，预期政府购买将大量增加，那么产出的增长将会小得多。一旦利率由 Taylor 规则决定，那么更高水平的政府购买将会挤出私人支出（提高私人支出的边际效用），同时也可能会导致更低的通胀

① 注意，这里提到的预期通胀率的上升实际上是预期通缩率的下降。

率。但是，如果信贷利差在接下来的时期是正常的，那么更高的支出边际效用和更低的预期通胀率都会抑制私人支出，而名义利率保持为零。因此，尽管在 $t<T$ 时期增加政府购买的危机期间存在对产出的正面影响，但在 $t>T$ 时期对增加政府购买的预期会对 T 时刻以前的产出产生负面影响。

我们用一个简单的例子来说明。假定不再像以前考虑的那样有两种状态的 Markov 链，而是有三种状态：在“危机”状态（此时 $r_t^{net}=r_L$ 且 $\hat{G}_t=\hat{G}_L$）之后，即使 $r_t^{net}=\bar{r}$，每一期也有 $\lambda\in(0,1)$ 的概率政府购买会保持在它们提高后的水平（$\hat{G}_t=\hat{G}_L$），而同时有 $1-\lambda$ 的概率经济将回到“正常”状态（此时 $r_t^{net}=\bar{r}$ 且 $G_t=\bar{G}$）并永远保持在这一状态。如果我们令（$\pi_s,\hat{Y}_s,i_s$）为（$\pi_t,\hat{Y}_t,i_t$）在“过渡”状态的不变值（即，对所有 $T\geqslant t<T'$，其中，T' 为政府购买回到其“正常”水平的随机时刻），那么在“危机”期间 $E_t\hat{Y}_{t+1}$ 的取值不是 $\mu\hat{Y}_L$，而是 $\mu\hat{Y}_L+(1-\mu)\lambda\hat{Y}_s$，且对预期未来政府购买和预期未来通胀有相似的结果。我们可以重复前面的推导，获得比式（19.60）更一般的形式：

$$\hat{Y}_L=\vartheta_r r_L+\vartheta_G\hat{G}_L+\vartheta_\pi\pi_s+\vartheta_C(\hat{Y}_s-\hat{G}_L)$$

其中，

$$\vartheta_\pi\equiv(1-\mu)\lambda\vartheta_r>0$$
$$\vartheta_C\equiv\sigma^{-1}\vartheta_\pi>0$$

$\vartheta_\pi,\vartheta_C>0$ 的事实表明，过渡状态下更低的私人支出或更低的预期通胀率将会降低危机期间的产出。

利用和前面类似的分析，我们可以证明，当利率由 Taylor 规则决定而政府购买保持在高水平时，过渡状态的产出和通胀率分别由 $\hat{Y}_S=\gamma_y\hat{G}_L$ 和 $\pi_S=\gamma_\pi\hat{G}_L$ 给定，其中，γ_y 为式（19.52）定义的系数（但是持久性系数 ρ 等于 λ），而 $\gamma_\pi=\kappa(\gamma_y-\Gamma)/(1-\beta\lambda)$。

因此，对于低于临界水平导致即使在危机状态零下限也不再有约束力的水平的政府购买，我们得到乘数

$$\frac{\mathrm{d}Y_L}{\mathrm{d}G_L}=\vartheta_G+\vartheta_\pi\gamma_\pi+\vartheta_C(\gamma_y-1) \tag{19.61}$$

由于 $\gamma_y<1$（前面已有解释），最后一项必然为负。当反应系数（ϕ_y,ϕ_π）中任何一个足够大时，Taylor 规则不允许通胀率在过渡状态有较大幅度的上升，在 $\lambda>0$ 时我

们可得到小于 ϑ_G 的乘数。图 19.6 将式（19.61）中的乘数绘制为 λ 的函数，其他参数设置为与前面相同的值。当 $\lambda=0$ 时，乘数约为 2.3，但它随着 λ 的增大稳步下降。如果 λ 的取值等于或大于 0.8（在金融动荡结束后，财政刺激的预期持续时间为 4 个季度或更长），则乘数降至 1 以下。如果 λ 的取值等于或大于 0.91（预期持续时间为 10 个季度或更长），则乘数为负。因此，如同 Cogan 等（2010）的模拟中所发现的那样，一项长期的财政刺激计划预计只会小幅地增加产出，但这并不意味着更有针对性的财政刺激计划不会更有效。

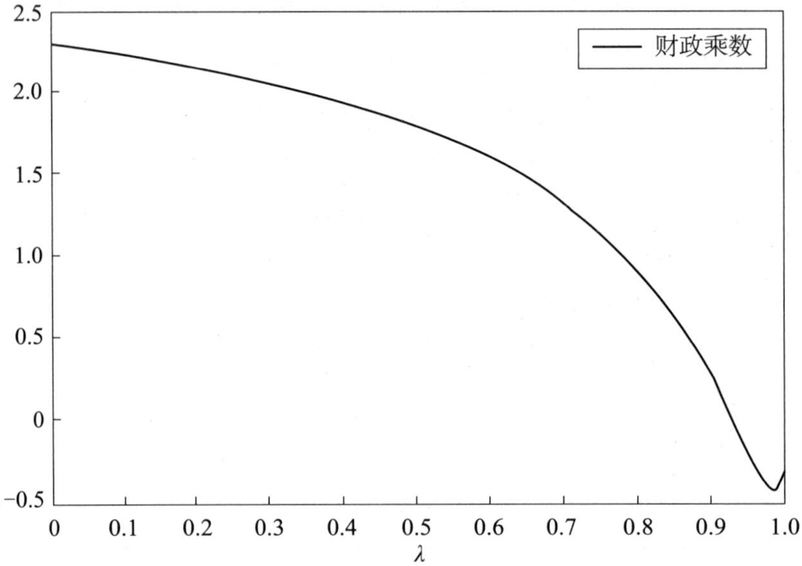

图 19.6　财政乘数作为 λ 的函数

□ 19.3.6　政府购买与福利

在新古典模型中，如果政府购买没有内在价值，那么最优的政府购买应该为零。因此，我们假设家庭具有以下效用

$$\sum_{t=0}^{\infty}\beta^t[u(C_t)+g(G_t)-v(N_t)] \tag{19.62}$$

其中，$g'>0$，$g''<0$。政府购买的最优路径应该满足一阶条件

$$u'(Y_t-G_t)=g'(G_t) \tag{19.63}$$

因为 G_t 的增长能够提高产出 Y_t，所以如果下式成立，那么效用将会增加

$$(u'-v')\frac{\mathrm{d}Y_t}{\mathrm{d}G_t}+g'-u'>0$$

在新古典模型中，上述表达式中的第一项为零。

我们转向 DNK 模型。如果存在就业补贴以弥补垄断竞争导致的扭曲，则无论政府购买路径如何，使得价格在所有时刻都保持稳定的货币政策将实现灵活价格均衡（有效）配置。最优的政府购买水平与新古典模型中的水平相同。

在利率存在零下限的情况下，通货紧缩造成的大量扭曲和巨大的负产出缺口可以在均衡中存在。因此，至少在一定程度上，利用政府购买“填补产出缺口”是合意的，即便代价是在一定程度上扭曲了经济中支出的构成。

作为例子，我们考虑以前分析的两状态模型中财政刺激的福利效应。假设央行在可能的情况下维持一个严格的零通胀率目标，且在通缩不可避免的情况下维持名义利率为零。我们仅考虑这样的财政政策：对于所有 $t<T$，G_t 等于某个常数 G_L；而对于所有 $t \geqslant T$，G_t 等于 $\bar{G}$。其中，$\bar{G}$ 为“正常”条件下最优的政府购买水平，也就是说，当 $Y_t=\bar{Y}$ 时它满足式（19.63）。假设存在一种补贴使灵活价格均衡配置是最优的。在这种情况下，满足 $Y_t=\bar{Y}$ 和 $G_t=\bar{G}$ 的稳态代表了资源的最优配置，且假设的货币政策在信贷利差一直保持在适宜大小的情况下将是最优的，以至于零下限不会成为紧约束。

我们希望考虑将 G_L 增加到超过正常水平 $\bar{G}$ 所产生的福利效应，以及最优选择 G_L 取决于金融动荡的规模与预期持续时间的方式。我们能够证明，对式（19.62）的期望值的二次逼近与下式反方向变化：

$$E\sum_{t=0}^{\infty}\beta^t\left[\pi_t^2+\lambda_y(\hat{Y}_t-\Gamma\hat{G}_t)^2+\lambda_g\hat{G}_t^2\right] \tag{19.64}$$

其中，

$$\lambda_y \equiv \frac{\kappa}{\theta}>0$$

$$\lambda_g \equiv \left[\frac{\eta_g}{\eta_u}+1-\Gamma\right]\Gamma\lambda_y>0$$

$\eta_g \geqslant 0$ 是 g' 关于 G 的弹性（的相反数），衡量额外的政府支出回报递减的程度。这里方括号内的后两项表示对 $u(Y_t-G_t)+g(G_t)-\bar{v}(Y_t)$ 的二次逼近，它是在所有产品价格都相同的情况下对效用的时期贡献，如同发生在弹性价格或完全价格稳定的环境中一样。额外的 π_t^2 项表示由价格分散引发的经济总产品无效率构成所导致的额外福利损失。

如果零下限不是货币政策的紧约束，则无论 $\hat{G}_t$ 的路径如何，对通胀率和产出缺口 $\hat{Y}_t-\Gamma\hat{G}_t$ 的可行路径的唯一约束都将是式（19.48）。因此，最优货币政策将在所有时间保持通胀率和产出缺口都为零，将式（19.64）中方括号内前两项的每一项都减少到它们在每一期可能的最小值。这样的政策可由式（19.49）所示的 Taylor 规则实现。进而，通过设定每一期的 $\hat{G}_t$，政府购买的最优路径将简单地由最小化剩余项来选择。(这将达到最优支出构成，因为在每一期它都使得 $Y_t=\bar{Y}$，$G_t=\bar{G}$。)

然而，利率的零下限排除了这个最优结果。在式（19.54）所示的政策下，可得到与前面所描述的类似的同种均衡。对于任何此种均衡，目标（19.64）取值为

$$\frac{1}{1-\beta\mu}[\pi_L^2+\lambda_y(\hat{Y}_L-\Gamma\hat{G}_L)^2+\lambda_g\hat{G}_L^2] \tag{19.65}$$

考虑到式（19.56）和式（19.60）表明了 $(\pi_L,\hat{Y}_L)$ 依赖于 $\hat{G}_L$，因此，通过选择 $\hat{G}_L$ 最小化式（19.65）可得出此类最优政策。最小化满足两个线性约束的二次目标，其一阶条件可以被唯一地解为一个线性解

$$\hat{G}_L=-\frac{\xi(\vartheta_G-\Gamma)\vartheta_r}{\xi(\vartheta_G-\Gamma)^2+\lambda_g}r_L>0$$

其中，

$$\xi\equiv\left(\frac{\kappa}{1-\beta\mu}\right)^2+\gamma_y>0$$

图 19.7 绘制了上文中在 μ 的不同取值下定义的 $\hat{G}_L/|r_L|$ 的最优值的图形（给定 $\theta=12.77$，其他参数值设定如前）。最优值的图形是在关于额外政府支出的两种不同程度地递减的回报的假设下绘制的。在情形 A 下，假设效用关于政府购买是线性的（$\eta_g=0$），这为增加政府购买的成本效率提供了一个上限。在情形 B 下，假设 $\eta_g=4\eta_u$，这对应了政府购买的边际效用与私人购买的边际效用以同样速率（支出每增加 1 个百分点）下降，且在稳态时私人支出是政府购买的四倍。在此情形下，由于额外政府购买的回报递减，对于任意给定的金融动荡，政府支出的最优增长幅度都会更小。

为了便于比较，图 19.7 中的实线还绘制了完全消除产出缺口（即使产出处于灵活价格均衡水平）和防止金融动荡造成通货膨胀率下降所需的政府购买数额，$\hat{G}_L/|r_L|=\vartheta_r/\vartheta_G$。这条线也表明了使零下限不紧的政府购买的临界水平。

图 19.7 表明，当金融动荡持续的时间不太久（μ 值很小）时，假如我们假设额

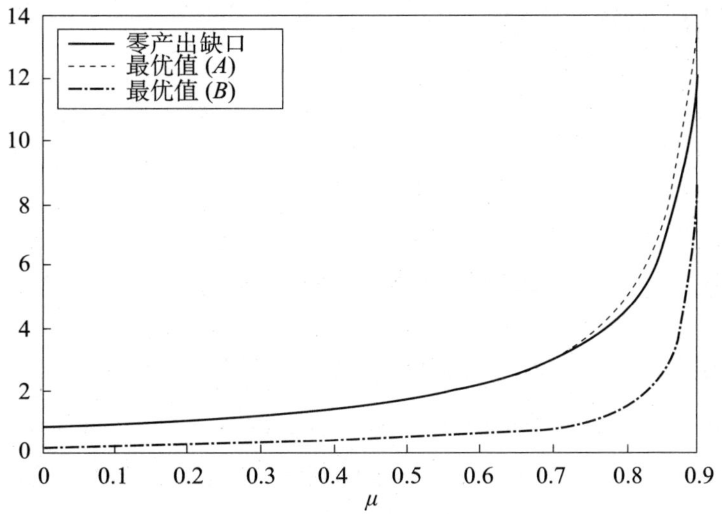

图 19.7　对于 μ 的不同取值，$\hat{G}_L/|r_L|$ 的最优值

说明：情形 A：$\eta_g=0$。情形 B：$\eta_g=4\eta_\mu$。实线表示维持 0 产出缺口所需的 $\hat{G}_L/|r_L|$ 值。

外公共支出的回报递减，那么政府购买的最优增长仅仅是消除产出缺口所需增长的一小部分。如果我们假设公共支出的回报更明显地递减，则最优财政刺激将会更小。在 μ 很大时，财政刺激的最优规模可以非常大。此时，当金融动荡有很大的概率会持续数年，以及当严重的萧条可能会导致财政刺激缺失时，政府购买大举增加，几乎达到完全稳定通胀和产出缺口所需的规模，可以使福利最大化。

19.4　一个中等规模的 DSGE 模型

在这一部分我们在基本的 DNK 模型中引入一些新要素：(1) 习惯形成偏好；(2) 资本和投资调整成本；(3) 产能利用率；(4) 黏性工资；(5) 部分指数化；(6) 长期增长；(7) 多重冲击。这样一个模型被认为是新 Keynes 宏观经济学当前的标准（参见 Christiano，Eichenbaum and Evans，2005；Smets and Wouters，2007)，且它与几家中央银行用于政策分析的模型很接近。

19.4.1　家庭

经济中存在一个家庭连续统，用 $i\in[0,1]$ 表示。家庭 i 最大化下述生命期效用函数，该函数关于消费 C_{it}、实际货币余额 M_{it+1}/P_t 和工作小时数 N_{it} 是可分的：

$$E\sum_{t=0}^{\infty}\beta^t\left[\ln(C_{it}-bC_{it-1})+\chi_m\ln\left(\frac{M_{it+1}}{P_t}\right)-\frac{\chi N_{it}^{1+\nu}}{1+\nu}\right]$$

预算约束为

$$\begin{aligned}&C_{it}+I_{it}+\frac{M_{it+1}}{P_t}+\frac{B_{it+1}}{(1+i_t)P_t}\\&=\frac{W_{it}}{P_t}N_{it}+\left(\frac{R_t^k}{P_t}u_t-Z_t^{-1}a(u_{it})\right)K_{it}+\frac{M_{it}}{P_t}+\frac{B_{it}}{P_t}+T_t\end{aligned}$$

其中，W_{it} 为名义工资率，R_t^k 为资本的名义租金率，I_{it} 为投资，$u_{it}>0$ 为资本的使用强度，$Z_t^{-1}a(u_{it})$ 为在资源项中使用资本的物理成本，Z_t 为即将描述的投资特有技术冲击，T_t 包括了一揽子税和经济中企业的利润。用 Z_t^{-1} 标准化产能利用成本，以确保平衡增长。假设 $a(1)=0$ 和 a'，$a''>0$。

投资 I_{it} 诱导出了资本运动规则

$$K_{it+1}=(1-\delta)K_{it}+Z_t\left(1-S\left(\frac{I_{it}}{I_{it-1}}\right)\right)I_{it}$$

其中，δ 为折旧率，S 为调整成本函数，满足 $S(g_I)=0$，$S'(g_I)=0$，$S''>0$，其中，g_I 为投资沿平衡增长路径的总增长率，它将等于长期经济增长率。我们将在后面决定增长率。假定

$$Z_t=Z_{t-1}\exp(g_z+\sigma_z\varepsilon_{zt}),\quad \varepsilon_{It}\sim N(0,1)$$

一阶条件为

$$\Lambda_{it}=(C_{it}-bC_{it-1})^{-1}-b\beta E_t(C_{it+1}-bC_{it})^{-1}$$

$$\Lambda_{it}=\beta E_t\Lambda_{it+1}\frac{(1+i_t)P_t}{P_{t+1}}$$

$$\frac{R_t^k}{P_t}=Z_t^{-1}a'(u_{it})$$

$$Q_{it}=\beta E_t\left\{\frac{\Lambda_{it+1}}{\Lambda_{it}}\left((1-\delta)Q_{it+1}+\frac{R_{t+1}^k}{P_{t+1}}u_{it+1}-Z_{t+1}^{-1}a(u_{it+1})\right)\right\}$$

$$\begin{aligned}1=&Q_{it}Z_t\left(1-S\left(\frac{I_{it}}{I_{it-1}}\right)-S'\left(\frac{I_{it}}{I_{it-1}}\right)\frac{I_{it}}{I_{it-1}}\right)\\&+\beta E_tQ_{it+1}Z_{t+1}\frac{\Lambda_{it+1}}{\Lambda_{it}}S'\left(\frac{I_{it+1}}{I_{it}}\right)\left(\frac{I_{it+1}}{I_{it}}\right)^2\end{aligned}$$

其中，Q_{it} 表示 Tobin 边际 Q，Λ_{it} 为关于家庭 i 的预算约束的 Lagrange 乘子。如果

$S=0$（即，不存在调整成本），则 $Q_{it}=1/Z_t$；也就是说，边际 Q 等于资本的重置成本（资本的相对价格）。进一步地，如果像新古典增长模型那样，$Z_t=1$，则 $Q_{it}=1$。

每个家庭都提供异质性劳动服务，这些劳动通过一个劳动“包装工”加总为一个同质的劳动单位，所依据的函数为

$$N_t^d=\left(\int_0^1 N_{it}^{(\eta-1)/\eta}\mathrm{d}i\right)^{\eta/(\eta-1)} \qquad (19.66)$$

其中，$\eta\geqslant 0$ 为不同类型的劳动之间的替代弹性。劳动“包装工”将所有异质劳动的工资 W_{it} 和同质劳动的单位工资 W_t 视为给定，并最大化实际利润

$$\frac{W_t}{P_t}N_t^d\int_0^1 \frac{W_{it}}{P_t}N_{it}\,\mathrm{d}i$$

满足生产函数（19.66）。关于劳动“包装工”的一阶条件意味着

$$N_{it}=\left(\frac{W_{it}}{W_t}\right)^{-\eta}N_t^d$$

零利润条件则表明总工资指数 W_t 满足

$$W_t=\left(\int_0^1 W_{it}^{1-\eta}\mathrm{d}i\right)^{1/(1-\eta)}$$

因为家庭在劳动供给方面拥有垄断力量，因此它们能够决定工资。工资是黏性的，像 Calvo（1983）模型那样。在每一期，家庭 i 有 $1-\theta_w$ 的概率可以改变其工资。否则，家庭只能通过过去通胀的一部分 $\chi_w\in[0,1]$ 来部分地指数化自己的工资。因此，如果一个家庭在 $\mathcal{T}$ 期内都不能改变它的工资，那么 $\mathcal{T}$ 期后它的实际工资等于

$$\prod_{s=1}^{\tau}\frac{\Pi_{t+s-1}^{\chi_w}W_{it}}{P_{t+\mathcal{T}}}=\prod_{s=1}^{\mathcal{T}}\frac{\Pi_{t+s-1}^{\chi_w}}{P_{t+s}}w_{it}$$

它是原始名义工资与指数的乘积除以 $t+\mathcal{T}$ 时刻的价格水平。这里 $w_{it}\equiv W_{it}/P_t$ 表示家庭 i 的劳动的实际工资率。令 $w_t=W_t/P_t$ 表示总实际工资指数。

家庭 i 根据下述问题决定工资：

$$\max_{w_{it}} E_t\sum_{\tau=0}^{\infty}(\beta\theta_w)^{\tau}\left\{-\chi\frac{N_{i\tau}^{1+\nu}}{1+\nu}+\Lambda_{i\tau}\prod_{s=1}^{\tau}\frac{\Pi_{t+s-1}^{\chi_w}}{\Pi_{t+s}}w_{it}N_{it}\right\}$$

满足

$$N_{it+\mathcal{T}}=\left(\prod_{s=1}^{\mathcal{T}}\frac{\prod_{t+s-1}^{\chi_w}}{\prod_{t+s}}\frac{w_{it}}{w_{t+\mathcal{T}}}\right)^{-\eta}N_{t+\mathcal{T}}^d$$

一阶条件意味着最优实际工资率 w_t^* 满足

$$\frac{\eta-1}{\eta}w_t^*E_t\sum_{\tau=0}^{\infty}(\beta\theta_w)^{\mathcal{T}}\Lambda_{t+\mathcal{T}}\left(\prod_{s=1}^{\mathcal{T}}\frac{\prod_{t+s-1}^{\chi_w}}{\prod_{t+s}}\right)^{1-\eta}\left(\frac{w_t^*}{w_{t+\mathcal{T}}}\right)^{-\eta}N_{t+\mathcal{T}}^d$$

$$=E_t\sum_{\tau=0}^{\infty}(\beta\theta_w)^{\mathcal{T}}\chi\left(\prod_{s=1}^{\mathcal{T}}\frac{\prod_{t+s-1}^{\chi_w}}{\prod_{t+s}}\frac{w_t^*}{w_{t+\mathcal{T}}}\right)^{-\eta(1+\nu)}(N_{t+\mathcal{T}}^d)^{1+\nu}$$

其中，我们去掉了家庭指标 i，因为我们关注所有家庭设定相同工资且制定相同决策的对称均衡。定义 f_t 为上述等式的值，则它满足下述递归方程：

$$f_t=\frac{\eta-1}{\eta}(w_t^*)^{1-\eta}\Lambda_t w_t^{\eta}N_t^d+\beta\theta_w E_t\left(\frac{\prod_t^{\chi_w}}{\prod_{t+1}}\right)^{1-\eta}\left(\frac{w_{t+1}^*}{w_t^*}\right)^{\eta-1}f_{t+1}$$

$$f_t=\chi\left(\frac{w_t^*}{w_t}\right)^{-\eta(1+\nu)}(N_t^d)^{1+\nu}+\beta\theta_w E_t\left(\frac{\prod_t^{\chi_w}}{\prod_{t+1}}\right)^{-\eta(1+\nu)}\left(\frac{w_{t+1}^*}{w_t^*}\right)^{\eta(1+\nu)}f_{t+1}$$

这两个方程联合决定 f_t 和 w_t^*。

在对称均衡中，在每一期，$1-\theta_w$ 部分的家庭把它们的工资设定为 w_t^*，而剩余 θ_w 部分的家庭根据过去的通胀水平部分指数化它们的工资。所以，实际工资指数根据下式变动：

$$w_t^{1-\eta}=\theta_w\left(\frac{\prod_{t-1}^{\chi_w}}{\prod_t}\right)^{1-\eta}w_{t-1}^{1-\eta}+(1-\theta_w)(w_t^*)^{1-\eta}$$

□ 19.4.2 企业

让我们转向企业问题。最终产品生产者问题与第 19.1 节相同。存在一个连续统的中间产品生产者，用 $j\in[0,1]$ 表示。每个中间产品生产者 j 都可以使用下述生产函数描述的技术进行生产：

$$Y_t^j=A_t(K_t^j)^{\alpha}(N_t^{jd})^{1-\alpha}-\phi\xi_t$$

其中，ϕ 代表生产的固定成本，A_t 满足

$$A_t = A_{t-1}\exp(g_a + \sigma_a\varepsilon_{at}), \quad \varepsilon_{at} \sim N(0,1)$$

固定成本按比例 $\xi_t \equiv A_t^{1/(1-\alpha)} Z_t^{\alpha/(1-\alpha)}$ 增加，以保证经济利润大致为零。可以证明，长期经济增长率等于

$$g_e = \frac{g_a + \alpha g_z}{1-\alpha}$$

中间产品生产者求解一个两阶段问题。首先，给定实际工资 w_t 与实际租金率 $r_t^k = R_t^k / P_t$，他们租用 N_t^{jd} 和 K_t^j 以最小化实际生产成本：

$$\min_{N_t^{jd}, K_t^j} w_t N_t^{jd} + r_t^k K_t^j$$

满足

$$Y_t^j = \begin{cases} A_t (K_t^j)^\alpha (N_t^{jd})^{1-\alpha} - \phi\xi_t, & \text{如果 } Y_t^j > 0 \\ 0, & \text{其他} \end{cases}$$

我们假设存在一个内部解，从而实际边际成本即为与生产函数相关的 Lagrange 乘子：

$$MC_t = \frac{1}{A_t}\left(\frac{1}{1-\alpha}\right)^{1-\alpha}\left(\frac{1}{\alpha}\right)^{\alpha} w_t^{1-\alpha} r_t^{\alpha}$$

一阶条件意味着

$$\frac{K_t^j}{N_t^{jd}} = \frac{\alpha}{1-\alpha}\frac{w_t}{r_t^k}$$

因此，资本-劳动比率对所有企业都相同。可证得上述等式在加总情况下也成立：

$$\frac{\int K_t^j \mathrm{d}j}{N_t^d} = \frac{\alpha}{1-\alpha}\frac{w_t}{r_t^k}$$

其中，$\int_0^1 N_t^{jd}\,\mathrm{d}j = N_t^d$。

在第二阶段，中间产品制造者选择价格，从而使贴现的实际利润最大。在每一期，$1-\theta_p$ 部分的企业能够改变价格。所有其他企业只能根据过去的通胀水平指数化它们的价格。指数化由参数 $\chi_p \in [0,1]$ 控制，其中，$\chi_p = 0$ 表示没有指数化，而 $\chi_p = 1$ 表示完全指数化。企业 j 的定价问题为

$$\max_{P_t^j} E_t \sum_{\tau=0}^{\infty} (\beta\theta_w)^{\tau} \frac{\Lambda_{t+\tau}}{\Lambda_t} \left\{ \left(\prod_{s=1}^{\tau} \prod_{t+s-1}^{\chi_p} \frac{P_t^j}{P_{t+\tau}} - MC_{t+\tau} \right) Y_{t+\tau} \right\}$$

满足

$$Y_{t+\tau}^j = \left(\prod_{s=1}^{\tau} \prod_{t+s-1}^{\chi_p} \frac{P_t^j}{P_{t+\tau}} \right)^{-\varepsilon} Y_{t+\tau}$$

其中，$Y_{t+\tau}$由式（19.5）给定。

在对称均衡中，一阶条件意味着

$$E_t \sum_{\tau=0}^{\infty} (\beta\theta_p)^{\tau} \frac{\Lambda_{t+\tau}}{\Lambda_t} Y_{t+\tau} \left(\begin{array}{c} \left(\prod_{s=1}^{\tau} \frac{\prod_{t+s-1}^{\chi_p}}{\prod_{t+s}} \right)^{1-\varepsilon} \frac{P_t^*}{P_t} \\ -\frac{\varepsilon}{\varepsilon - 1} \left(\prod_{s=1}^{\tau} \frac{\prod_{t+s-1}^{\chi_p}}{\prod_{t+s}} \right)^{1-\varepsilon} MC_{t+\tau} \end{array} \right) = 0$$

我们可以将它写为递归形式：

$$g_t = \frac{\varepsilon}{\varepsilon - 1} MC_t Y_t + \beta\theta_p E_t \frac{\Lambda_{t+1}}{\Lambda_t} \left(\frac{\prod_t^{\chi_p}}{\prod_{t+1}} \right)^{-\varepsilon} g_{t+1}$$

$$g_t = \prod_t^* Y_t + \beta\theta_p E_t \frac{\Lambda_{t+1}}{\Lambda_t} \left(\frac{\prod_t^{\chi_p}}{\prod_{t+1}} \right)^{1-\varepsilon} \left(\frac{\prod_t^*}{\prod_{t+1}^*} \right) g_{t+1}$$

其中，$\prod_t^* = P_t^*/P_t$。

价格指数按下式演进：

$$1 = \theta_p \left(\frac{\prod_{t-1}^{\chi_p}}{\prod_t} \right)^{1-\varepsilon} + (1 - \theta_p) \prod_t^{*\,1-\varepsilon}$$

□ 19.4.3 货币与财政政策

中央银行根据 Taylor 规则通过开放市场操作设定名义利率，

$$\ln\left(\frac{1+i_t}{1+i}\right) = \phi_R \ln\left(\frac{1+i_{t-1}}{1+i}\right) + (1-\phi_R) \times \left[\phi_\pi \ln\left(\frac{\prod_t}{\prod}\right) + \phi_y \ln\left(\frac{Y_t/Y_{t-1}}{g_e}\right) \right] + \sigma\varepsilon_{mt}$$

其中，ε_{mt}是独立同分布的，服从标准正态分布，$\phi_R \in (0,1)$，且不含时间下标的变量表示其稳态值。这里 g_e 表示经济的长期增长率。在这个 Taylor 规则下，当期利率对过去的利率与增长缺口而非产出缺口做出反应。

政府支出 G_t 用一揽子税、政府债券以及铸币税支付。为了实现平衡增长，假设 G_t 与总产出的比例为常数。

□ 19.4.4 加总与均衡

劳动与资本市场的出清条件如下：

$$\int_0^1 K_t^j \mathrm{d}j = \int_0^1 u_{it} K_{it} \mathrm{d}i = u_t K_t$$

和

$$N_t \equiv \int_0^1 N_{it} \mathrm{d}i = \int_0^1 \left(\frac{w_{it}}{w_t}\right)^{-\eta} N_t^d \mathrm{d}i = \Delta_t^w N_t^d$$

其中，

$$\Delta_t^w = \int_0^1 \left(\frac{w_{it}}{w_t}\right)^{-\eta} \mathrm{d}i$$

表示工资分散程度。它遵循动态

$$\Delta_t^w = \theta_w \left[\frac{w_{t-1}}{w_t} \frac{\prod_{t-1}^{\chi_w}}{\prod_t}\right]^{-\eta} \Delta_{t-1}^w + (1-\theta_w)\left(\frac{w_t^*}{w_t}\right)^{-\eta}$$

由于所有中间产品企业都将具有相同的资本-劳动比率，所以我们可得到总产出供给

$$Y_t = \frac{1}{\Delta_t^p}\left[A_t (u_t K_t)^{\alpha} (N_t^d)^{1-\alpha} - \phi \xi_t\right]$$

其中，

$$\Delta_t^p = \int_0^1 \left(\frac{P_t^j}{P_t}\right)^{-\varepsilon} \mathrm{d}j$$

表示价格分散。它满足动态

$$\Delta_t^p = \theta_p \left[\frac{\prod_{t-1}^{\chi_p}}{\prod_t}\right]^{-\varepsilon} \Delta_{t-1}^p + (1-\theta_p)\left(\prod_t^*\right)^{-\varepsilon}$$

令总需求与总供给相等可得出资源约束

$$C_t + I_t + Z_t^{-1}a(u_t)K_t + G_t = Y_t$$

竞争均衡包括 20 个变量 C_t、I_t、K_t、N_t、N_t^d、Y_t、u_t、Λ_t、Q_t、w_t、r_t^k、Π_t、Π_t^*、w_t^*、MC_t、Δ_t^p、Δ_t^w、i_t、f_t、g_t，使得 20 个方程成立。前定变量为两个外生冲击，内生变量为 Δ_t^p、Δ_t^w、Π_t、i_t、K_t 和 C_t。在该模型中可以很容易地引入更多外生冲击，然后用 Bayes 方法对其进行估计（参见 Fernández-Villaverde，Guerrón-Quintana and Rubio-Ramírez，2010）。

19.5 习题

1.（Bullard and Mitra，2002）对于第 19.1 节中的模型，证明它存在唯一稳定均衡解的充要条件是由式（19.31）给出的。

2. 考虑对数线性化的基本 DNK 模型。证明：当且仅当条件（19.31）成立时，式（19.29）中移除货币政策冲击 v_t 的 Taylor 规则可实现最优货币政策。

3. 考虑第 19.3 节的模型，证明：当且仅当模型参数满足式（19.55）时，均衡条件（19.48）和式（19.53）（其中 $i_t=0$）可以向前求解得到 $\{\hat{Y}_t, \pi_t\}$ 的唯一有界解。

4. 考虑第 19.3 节中的模型。证明 $\hat{Y}_S = \gamma_y \hat{G}_L$，$\pi_S = \gamma\pi \hat{G}_L$，推导系数 γ_y 和 γ_π。证明财政乘数由式（19.61）给出。

5. 用二阶近似推导式（19.64）。

6. 推导第 19.4 节中模型的稳态条件和对数线性化的均衡条件。

IV

附加课题

我们在本部分讨论包括递归效用、动态博弈和递归合约等在内的附加课题。这些课题要求我们拓展以前的动态规划方法。特别地，我们将研究标准的动态规划方法如何被应用于递归效用，以及平方动态规划方法如何被用于求解动态博弈和合约问题。① 平方动态规划方法的思想是利用连续值作为状态变量，根据它可以写出 Bellman 方程。术语“平方”来源于连续值本身满足另外一个 Bellman 方程。

① 术语“平方动态规划”来自 Ljungqvist 和 Sargent (2004)。

第 20 章

递归效用

本章目标

动态效用模型一定要考虑如何将未来的效用加总并贴现到现在、如何跨时解决不确定性，以及决策者如何对不确定性做出反应。标准方法是采用时间可加期望效用模型。这种效用有一些缺点。

首先，这种效用表明不同时期消费的边际替代率具有一些不合意的性质。考虑消费跨时不变的情形。那么，今天消费和明天消费的边际替代率是主观贴现率的倒数。它不受消费水平的影响。这种常数边际替代率严重限制了经济模型的长期行为。例如，面对固定利率的消费者将会要么无限储蓄要么无限借贷，除了主观贴现率等于利率的刀锋情形。当存在异质性消费者时，这种情况特别严重。除非所有家庭都具有相同的主观贴现率，否则从长期来看，最有耐心的家庭会占据所有的资本，而所有其他家庭都不消费，而是用它们的劳动收入偿还债务（Becker，1980）。

其次，时间可加期望效用模型表明，**跨期替代弹性**（elasticity of intertemporal substitution，EIS）等于相对风险规避系数的倒数。这个约束严重限制了模型的应用，特别是在资产市场上。例如，这个模型不能解释证券溢价难题和无风险利率难题（Mehra and Prescott，1980；Epstein and Zin，1989；Weil，1989）。特别地，需要较高的相对风险规避系数来对应数据中的高证券溢价。然而，这意味着 EIS 很低，因此无风险利率很高，这与数据中的低无风险利率矛盾。

再次，时间可加期望效用模型表明，代理人关于不确定性的解除时间是无差异的。为了表明这一点，考虑效用函数为 $E[u(c_0)+\beta u(c_1)]$ 的简单两期模型。比如我们在零时刻投掷一枚均匀的硬币。如果正面朝上，那么在第 0 期和第 1 期的消费分别为 c_0 和 c_1^1。如果反面朝上，则二者分别为 c_0 和 $c_1^2 \neq c_1^1$。现在假定零时刻的消费水平依然是 c_0，但是我们在第 1 期投掷一枚硬币得到相同的结果 c_1^1 或者 c_1^2。那么，从这两个实验得到的期望效用是相同的。解决风险的时间对经济重要吗？Bansal 和 Yaron（2004）在一个考虑了长期风险的模型中表明，它对资产定价是重要的。他们表明，厌恶长期风险有助于解释证券溢价之谜。Epstein、Farhi 和 Strzalecki（2012）定义了时机溢价的概念，并表明在一类递归效用中解决长期风险是有利的。

最后，期望效用模型不能解释一些实验证据，比如 Ellsberg 悖论和 Allais 悖论。决策理论方面的研究者建立了许多静态非期望效用模型来解释这些悖论。为了使用这些模型研究宏观经济学和金融中的问题，我们需要把它们加进动态框架。

基于以上这些考虑，本章介绍最近的文献建立的一些递归效用模型。这些模型解释了金融市场和实体经济中许多令人不解的现象，也给出了一些新的理论洞见和可检验的含义。我们推荐读者阅读以下相关文献：Epstein（1992），Backus、Routledge 和 Zin（2004），Epstein 和 Schneider（2010），等等。也可以参考 Skiada（2009）关于处理递归效用的教材。

20.1 确定性情形

我们从确定性情形开始。Fisher（1906）引入了耐心的概念来刻画对提前满足的偏好。这个概念由 Koopmans 和他的合作者在 20 世纪 60 年代正式提出并公理化（Koopmans，1960，1972a，b；Koopmans，Diamond and Williamson，1964）。他们提出了一种确定性的递归效用模型。为了解释这个概念，我们考虑无穷期框架。

□ 20.1.1 Koopmans效用

时间由 $t=0,1,\cdots$ 来指标化。令 $c=(c_0,c_1,c_2,\cdots)$ 为关于任何时期 t 的消费束 $c_t\in\mathbb{R}_+^l$ 序列。令 L 为范数

$$\|c\|_L=\sup_t\|c_t\|_E$$

有界的序列 c 的空间，其中，$\|\cdot\|_E$ 是定义在 $\mathbb{R}^l$ 上的 Euclid 范数。对于任何 $c=(c_0,c_1,\cdots)\in L$，定义 ${}_tc=(c_t,c_{t+1},\cdots)\in L$。

假定我们有定义在 L 上的连续偏好关系 $\succeq$。如果存在效用函数 U，函数 W［称为**时间加总函数**（time aggregator）］和即期效用函数 $u:\mathbb{R}_+^l\to\mathbb{R}$，满足

$$U(c)=W(u(c_0),U({}_1c)),\quad c\in L \tag{20.1}$$

那么我们称这个偏好关系有**递归效用**（recursive utility）表达。一个例子是时间可加效用，即 $U(c)=\sum_{t=0}^{\infty}\beta^tu(c_t)$。

Koopmans 引入了以下公理：

(K1) $\succeq$ 是平稳关系：对于所有 $c_0\in\mathbb{R}_+^l$，当且仅当 ${}_1c\succeq{}_1c'$ 时，$(c_0,{}_1c)\succeq(c_0,{}_1c')$。

(K2) $\succeq$ 具有有限独立性：对于所有 c_0，$c'_0\in\mathbb{R}_+^l$ 和 ${}_1c$，${}_1c'\in L$，当且仅当 $(c_0,{}_1c')\succeq(c'_0,{}_1c')$ 时，$(c_0,{}_1c)\succeq(c'_0,{}_1c)$。

(K3) $\succeq$ 是一个敏感关系：存在一个 ${}_1c\in L$ 和 c_0，$c'_0\in\mathbb{R}_+^l$，使得 $(c_0,{}_1c)\succ(c'_0,{}_1c)$。

公理（K1）保证了动态一致。动态一致排除了这种可能性：决策者在 0 时刻选择消费计划 c_0，但是在未来选择另一个计划。我们正式给出下述定义：

定义 20.1.1 如果对于任何满足 $c_s=c'_s$，$0\leqslant s<t$ 的 c、c'，对于任何 t，若 $U_t(c)>U_t(c')$，则我们有 $U_0(c)>U_0(c')$，那么效用函数 $U:L\to\mathbb{R}$ 是**动态一致的**（dynamically consistent）。

容易证明，任何带递归表达的偏好序都满足 Koopmans 公理。Koopmans (1960) 表明，如果偏好关系满足（K1）到（K3）且有效用表达 U，那么 U 满足式 (20.1)。这个表达在序数效用的意义下是唯一的。

对于可微效用，我们可以定义与常数消费流 $(x,x,\cdots)\in L$ 相关的主观贴现因子

$$\beta(x)=\left.\frac{\partial W(u,U)}{\partial U}\right|_{(x,x,\cdots)}$$

通常，$\beta(x)$ 依赖于消费水平。

现在我们定义 s 期和 t 期消费的跨期替代弹性：

$$EIS=\left|\frac{\mathrm{d}\ \ln(c_s/c_t)}{\mathrm{d}\ \ln MRS_{s,t}}\right|=\left|\frac{\mathrm{d}\ \ln\left(\frac{c_s}{c_t}\right)}{\mathrm{d}\ \ln\left(\frac{\partial U/\partial c_s}{\partial U/\partial c_t}\right)}\right|$$

解释为：EIS 测量当它们的相对价格变化 1%时，s 期消费相对于 t 期消费变化的百分比。通常，EIS 依赖于消费水平。但是，对于位似效用，它是常数。

例 20.1.1 Uzawa（1968）研究了下述形式的效用函数：

$$U(c)=u(c_0)+\beta(u(c_0))U({}_1c)$$

主观贴现因子由 $\beta(u(c_0))$ 给出。Epstein 和 Hynes（1983）引入了下述效用函数：

$$U(c)=u(c_0)+\beta(c_0)U({}_1c)$$

主观贴现率由 $\beta(c_0)$ 给出。

例 20.1.2 考虑下述带常数替代弹性（CES）的时间加总函数的递归效用：

$$U(c)=[(1-\beta)c_0^{1-\rho}+\beta U({}_1c)^{1-\rho}]^{1/(1-\rho)},\quad \rho>0$$

我们可以计算出：EIS 等于 $1/\rho$，主观贴现率等于 β。

□ 20.1.2 构造

Koopmans 效用函数满足递归方程（20.1），它不能保证存在性。Lucas 和 Stokey（1984）首先使用压缩映射来构造递归效用。为了应用这个定理，令 $C(L)$ 代表范数为 $\|U\|=\sup_{c\in L}|U(c)|$ 的所有有界连续函数 $U:L\rightarrow\mathbb{R}$ 的 Banach 空间。令 $W:\mathbb{R}_+^l\times\mathbb{R}\rightarrow\mathbb{R}$ 为具有下述性质的连续函数：

（W1）对于任意 $z\in\mathbb{R}_+$，$W(\cdot,z)$：$\mathbb{R}_+^l\rightarrow\mathbb{R}$ 是有界的。

（W2）对于某个 $\beta\in(0,1)$，$|W(x,z)-W(x,z')|\leqslant\beta|z-z'|$（对于所有 $x\in\mathbb{R}_+^l$ 和 z，$z'\in\mathbb{R}$）。

（W3）W 是递增的。

（W4）W 是凹的。

用 $T_Wf(c)=W(c_0,f({}_1c))$ 定义算子 $T_W:C(L)\rightarrow C(L)$。可以直接证明下述定理：

定理 20.1.1 令 W 满足（W1）和（W2）。那么，T_W 有唯一的不动点 U 是

$$U(c)=W(c_0,U(_1c))$$

的唯一解。如果 W 满足（W3），那么 U 是递增的。如果（W3）和（W4）成立，那么 U 是凹的。

这个定理的一个限制性假设是：W 是有界的。这排除了许多通常使用的效用函数。例如，加总函数 $W(x,y)=x^{1-\gamma}/(1-\gamma)+\beta y$，它导出效用函数 $U(c)=\sum_{t=0}^{\infty}\beta^t c_t^{1-\gamma}/(1-\gamma)$，不使用 Lucas 和 Stokey 的框架。许多研究者提出了这个问题的解，最有名的是加权压缩映射方法（Boyd，1990）、“部分和”方法（Boyd，1990）、Streufert（1990）的双收敛条件，以及 Rincon-Zapatero 和 Rodringuez-Palmero（2003）最近使用的 k-局部压缩方法。

这里我们仅介绍加权压缩映射方法。我们把假设（W2）和（W4）削弱，使其分别如假设（W5）和（W6）所示：

（W5）W 满足一阶 Lipschitz 条件：存在 $\delta>0$ 使得对于所有 $x\in\mathbb{R}_+^l$ 和 y，$y_0\in\mathbb{R}_+^l$，有 $|W(x,y)-W(x,y_0)|<\delta|y-y_0|$。

（W6）对于所有 n 和所有常数函数 $y\in L$，$T_W^n y(c)$ 关于 c 是凹的。

在（W5）中，δ 可以大于 1。条件（W6）的目的是保证效用函数的凹性。对于存在性结果，它不是必要的。W 的联合凹性对于相关递归效用函数的凹性不是必要的。

对于 $\theta\geqslant 1$，用 $|c|_\theta=\sup_t\|c_t\|_E/\theta^t$ 定义 θ-范数（对于任何 $c\in\mathbb{R}_+^{l\infty}$），其中 $\|\cdot\|_E$ 是 $\mathbb{R}^l$ 上的 Euclid 范数。然后，用 $\ell_\theta^\infty=\{c\in\mathbb{R}_+^{l\infty}:|c|_\theta<\infty\}$ 定义 θ-加权 ℓ^∞ 空间。空间 ℓ_θ^∞ 在范数 $|c|_\theta$ 下是 Banach 空间。令 $C(\ell_\theta^\infty)$ 为 ℓ^∞ 上的连续函数空间。令 $\varphi\in C(\ell_\theta^\infty)$，$\varphi>0$。用 $\|f\|_\varphi=\sup_{x\in\ell_\theta^\infty}|f(x)/\varphi(x)|$ 定义 φ-加权范数。空间在 φ-范数 $\|f\|_\varphi$ 下是 Banach 空间。

定理 20.1.2 假定连续函数 $W:\mathbb{R}_+^l\times\mathbb{R}\to\mathbb{R}$ 满足（W2）和（W5），$\varphi>0$ 是 ℓ_θ^∞ 上的连续函数。进一步假定 $W(c_0,0)$ 在 φ-加权范数下有上界，满足

$$\delta\sup_{c\in\ell_\theta^\infty}\frac{\varphi(_1c)}{\varphi(c)}<1$$

那么，存在唯一的 $U\in C_\varphi(\ell_\theta^\infty)$ 使得 $W(c_0,U(_1c))=U(c)$。而且，在 $C_\varphi(\ell_\theta^\infty)$ 里，$T_W^n 0(c)\to U(c)$。如果（W6）成立，那么 U 是凹的。另外，如果 $W(x,y)$ 关于 x 是严格凹的，关于 y 是严格递增的，那么 U 是严格凹的。

证明 因为 W 关于 y 是递增的，所以算子 T_W 是递增的。因为 $W(c_0,0)$ 在 φ-加权范数下是有界的，所以

$$\frac{|T_W 0|}{\varphi(c)}=\frac{|W(c_0,0)|}{\varphi(c)}<\infty$$

因此，$T_W 0\in C_\varphi(\ell_\theta^\infty)$。而且，由（W5），对于任何 $a>0$ 和 $f\in C_\varphi(\ell_\theta^\infty)$，均有

$$\begin{aligned}T_W(f+a\varphi)(c)&=W(c_0,(f+a\varphi)({}_1c))\\&\leqslant W(c_0,f({}_1c))+a\delta\varphi({}_1c)\\&\leqslant T_W f(c)+a\varphi(c)\delta\sup_{c\in\ell_\theta^\infty}\frac{\varphi({}_1c)}{\varphi(c)}\end{aligned}$$

应用加权压缩映射定理 7.3.6 和 $\delta\sup_{c\in\ell_\theta^\infty}\frac{\varphi_1(c)}{\varphi(c)}<1$ 可得出：T_W 有唯一的不动点 U。现在考虑

$$\begin{aligned}||U(c)-T_W^n 0||_\varphi&\leqslant\delta^n||U({}_nc)||_\varphi=\delta^n\sup_c\frac{U({}_nc)}{\varphi({}_nc)}\frac{\varphi({}_nc)}{\varphi({}_{n-1}c)}\cdots\frac{\varphi({}_1c)}{\varphi(c)}\\&\leqslant||U||_\varphi\left(\delta\sup_c\frac{\varphi({}_1c)}{\varphi(c)}\right)^n\to 0\end{aligned}$$

然后即可得到结果。凹性的证明留作练习。

现在，我们使用一些例子解释这个定理。通常的办法是为加权函数寻找 $W(x,0)$ 或者一个限制它的函数。考虑贴现加总函数 $W(x,y)=x^{1-\gamma}+\beta y$（对于 $0<\gamma$，$\beta<1$）。选择 θ 使得 $\beta\theta^{1-\gamma}<1$，取 ℓ_θ^∞ 为消费空间。注意，$\theta>1$ 是有可能的，它使得我们允许消费增长。这里，$W(x,0)=x^{1-\gamma}$。这可能为零，因此我们加上 1，并和 δ-型函数一起得到加权函数，即 $\varphi(c)=1+|c|_\theta^{1-\gamma}$。那么，$W(c_0,0)=c_0^{1-\gamma}<|c|_\theta^{1-\gamma}<\varphi(c)$。因此，在 φ-范数下，$W(c_0,0)$ 是有界的。我们也有

$$\begin{aligned}\beta\varphi({}_1c)&=\beta+\beta|{}_1c|_\theta^{1-\gamma}=\beta+\beta\left(\sup_{t\geqslant 0}\frac{c_{t+1}}{\theta^t}\right)^{1-\gamma}\\&<1+\beta\theta^{1-\gamma}\left(\sup_{t\geqslant 0}\frac{c_{t+1}}{\theta^{t+1}}\right)^{1-\gamma}<1+(|c|_\theta)^{1-\gamma}=\varphi(c)\end{aligned}$$

它表明：

$$\beta\sup_{c\in\ell_\theta^\infty}\frac{\varphi({}_1c)}{\varphi(c)}<1$$

加权压缩映射方法的一个局限是它不能处理加总函数无下界的情况。Boyd

(1990) 证明了部分和方法可以处理这种情况。

20.2 随机情形

现在我们在动态框架下引入不确定性。把不确定情况下的偏好和跨期偏好放在一起考虑。这个任务不简单，因为我们必须处理动态一致性。如以前所讨论的，最常用的时间可加的期望效用模型有几点局限。由于 Kreps 和 Porteus (1978) 的开创性贡献，研究者已经开发了很多偏离时间可加的期望效用框架的动态一致模型。我们将从 Epstein 和 Zin (1989) 模型开始。

□ 20.2.1 Epstein-Zin 偏好

Epstein 和 Zin (1989) 提出了一种递归效用框架，把带有不确定性的静态效用模型引入动态框架。这个框架能保证动态一致性，且在应用中能够处理，因为可以利用动态规划方法。另外，它的适应性特别强，能把跨期替代弹性和风险厌恶区分开。它也允许对早解决不确定性或者晚解决不确定性的偏好。在本部分，我们引入这个框架。我们不讨论它的公理化基础。

考虑无穷期框架，时间可以用 $t=0,1,2,\cdots$ 来指标化。固定滤波 $\{\mathcal{F}_t\}$ 和 $\mathcal{F}_0=\{\Omega,\varnothing\}$ 的概率空间 $(\Omega,\mathcal{F},P)$。这个空间可以用带有限状态空间 S 和转移矩阵为 $\pi(s'|s)$，s，$s'\in S$ 的马氏过程生成。令 $\mathcal{L}$ 为所有适应性实值过程的集合。决策者为适应性消费计划 $c=(c_t)_{t\geq 0}$ 排序，其中，$c_t\in\mathbb{R}_+$。令 $\mathcal{C}$ 代表消费计划的空间。

定义 20.2.1 消费空间 $\mathcal{C}$ 上的**动态效用** (dynamic utility) 是形如 $U:\mathcal{C}\rightarrow\mathcal{L}$ 的映射，它使得 t 时刻的**连续效用** (continuation utility) $U_t(c)$ 独立于过去或者未实现的消费，即，对于任何 c，$c'\in C$，均有

$$c_s=c'_s,\ \text{对于}\ s\geqslant t\Rightarrow U_t(c)=U_t(c')$$

给定动态效用 U，我们称 $U(c)$ 为消费计划 c 的**效用过程** (utility process)。我们将集中讨论动态一致效用。

定义 20.2.2 如果对于任意满足 $c_s=c'_s(0\leqslant s<t)$ 的 c，c'，若对于任意 t，$U_t(c)\geqslant U_t(c')$ 且 $U_t(c)>U_t(c')$ 有正概率，则有 $U_0(c)>U_0(c')$，那么动态效用 $U:\mathcal{C}\rightarrow\mathcal{L}$ 是**动态一致的** (dynamically consistent)。

Epstein 和 Zin（1989）把 Koopmans 的确定性递归效用推广至随机框架。他们利用时间加总函数 W 和条件确定性等价 $\mathcal{M}$ 定义了不确定性情况下的递归效用函数。

定义 20.2.3　条件确定性等价（条件 CE）［conditional certainty equivalent (conditional CE)］是一个映射 $\mathcal{M}$，它为每个 t 时刻指定一个连续函数 $\mathcal{M}_t$，这个函数把 $\mathcal{F}_{t+1}$-可测连续变量映射到一个 $\mathcal{F}_t$-可测随机变量，使得对于任意常数 $\alpha \in \mathbb{R}_+$，都有 $\mathcal{M}_t(\alpha)=\alpha$。

我们已为定义递归效用做好了准备。不确定性情况下的**递归效用**（recursive utility）是满足以下条件的任意动态效用 $U:\mathcal{C}\to\mathcal{L}$：存在一个时间加总函数 $W:\mathbb{R}_+\times\mathbb{R}\to\mathbb{R}$ 和一个条件确定性等价 $\mathcal{M}$，使得 U 满足

$$U_t(c)=W(c_t,\mathcal{M}_t(U_{t+1}(c))) \tag{20.2}$$

时间加总函数 W 控制跨期替代，条件确定性等价 $\mathcal{M}$ 控制对不确定性的态度。在应用时，我们只需要规定好这两个方面。或者，我们可以用时间加总函数 W 和**不确定加总函数**（uncertainty aggregator）$\mathcal{R}$ 来定义不确定情况下的递归效用。后者在定义 20.2.3 中有定义，除了去掉了要求 $\mathcal{R}_t(\alpha)=\alpha$ 外。这种构造在定义效用时具有更多的灵活性。现在我们给出一些例子。

时间可加期望效用（time-additive expected utility）　令 $W(x,y)=u^{-1}(u(x)+\beta u(y))$ 和 $\mathcal{M}_t(x_{t+1})=u^{-1}E_t[u(x_{t+1})]$。递归效用满足

$$U_t(c)=u^{-1}(u(c_t)+\beta E_t[u(U_{t+1}(c))])$$

其中，E_t 代表给定信息 $\mathcal{F}_t$ 下的条件期望算子。令 $V_t(c)=u(U_t(c))$。然后，我们得到

$$V_t(c)=u(c_t)+\beta E_t[V_{t+1}(c)]=E_t\Big[\sum_{s=t}^{\infty}\beta^{s-t}u(c_s)\Big]$$

或者，我们可以取 $W(x,y)=u(x)+\beta y$ 和 $\mathcal{R}_t(x_{t+1})=E_t[x_{t+1}]$。递归效用满足

$$U_t(c)=u(c_t)+\beta E_t[U_{t+1}(c)]$$

使得

$$U_t(c)=E_t\Big[\sum_{s=t}^{\infty}\beta^{s-t}u(c_s)\Big]$$

Kreps-Porteus 效用　Kreps 和 Porteus（1978）提出了一种带期望效用条件确定

性等价的有限期递归效用。Epstein 和 Zin（1989）与 Weil（1990）把 Kreps 和 Porteus 模型推广至了无穷期。他们给出了下述特定泛函形式：

$$W(x,y)=((1-\beta)x^{1-\rho}+\beta y^{1-\rho})^{1/(1-\rho)}$$

和

$$\mathcal{M}_t(x_{t+1})=(E_t[x_{t+1}^{1-\gamma}])^{1/(1-\gamma)}$$

其中，$\gamma>0$，$\gamma\neq1$ 且 $\rho>0$。那么，递归效用满足

$$U_t(c)=[(1-\beta)c_t^{1-\rho}+\beta(E_t[U_{t+1}(c)^{1-\gamma}])^{(1-\rho)/(1-\gamma)}]^{1/(1-\rho)} \tag{20.3}$$

这种效用在文献中经常被称为 Kreps-Porteus 效用、Epstein-Zin 效用或者 Epstein-Zin-Weil 效用。Epstein-Zin 效用的一种重要性质是相对风险规避系数由 γ 给出，EIS 等于 $1/\rho$，因此，跨期替代和风险厌恶分开了（除了 $\gamma=\rho$ 的特殊情形外）。这种特殊性质对应于标准的时间可加期望幂函数。这种效用的另一种性质是它具有规模不变性，即它是位似的。对于具有奇次性的问题，这种性质对于减少一个状态变量是有用的。

Weil（1993）考虑了指数确定性等价

$$\mathcal{M}_t(x_{t+1})=-\frac{1}{\gamma}\ln E_t\exp(-\gamma x_{t+1})$$

和 CES 加总函数来得到递归效用

$$U_t(c)=\left[(1-\beta)c_t^{1-\rho}+\beta\left(-\frac{1}{\gamma}\ln E_t\exp(-\gamma U_{t+1}(c))\right)^{1-\rho}\right]^{1/(1-\rho)} \tag{20.4}$$

这种效用具有平移不变性。它对于处理具有可加风险的问题比如劳动收入风险问题是方便的。

考虑 $\rho\to1$ 的极限情形是有趣的。我们可以证明 $V_t(c)\equiv\ln U_t(c)$ 满足

$$V_t(c)=(1-\beta)\ln c_t+\frac{\beta}{1-\gamma}\ln E_t\exp((1-\gamma)V_{t+1}(c)) \tag{20.5}$$

上面两个方程中的对数指数形式与第 9.6 节中研究的稳健控制和风险敏感控制有联系。我们可以把式（20.4）中的 $1/\gamma$ 或者式（20.5）中的 $1/(\gamma-1)$（对于 $\gamma>1$）看作稳健性参数。更高的风险厌恶程度等同于更高的稳健性关注程度。

Epstein 和 Zin 效用允许早解决不确定性或者晚解决不确定性。后面我们将转向这个问题。

Chew-Dekel 风险加总函数（Chew-Dekel risk aggregator） 期望效用的最强假设是独立性公理。在客观风险情况下，它告诉我们，如果一个彩票 P 好于另一个彩票 P^*，那么与共同彩票的任何混合都不会改变偏好次序。正式地，

$$P \succeq P^* \Rightarrow \alpha P + (1-\alpha)Q \succeq \alpha P^* + (1-\alpha)Q$$

其中，$\alpha \in (0,1)$，$\succeq$代表偏好关系。系统违背独立性公理的最早且最有名的例子是著名的 **Allais 悖论**（Allais paradox）（Allais，1953，1979）。下面的选择可以用来说明这一点：

$$a_1:(\$1\text{M},1)\text{与 } a_2:(\$5\text{M},0.10;\$1\text{M},0.89;\$0,0.01)\text{相比较}$$

和

$$a_3:(\$1\text{M},0.11;\$0,0.89)\text{与 } a_4:(\$5\text{M},0.10;\$0,0.90)\text{相比较}$$

其中，M 代表百万。这里，我们使用$(x_1,p_1;x_2,p_2)$来代表彩票以概率 p_1 得到 x_1，以概率 p_2 得到 x_2。类似的记号应用于其他彩票。期望效用表明：当且仅当 $a_3 \succeq a_4$ 时，$a_1 \succeq a_2$。例如，假设 vNM 指标由 u 来给出，且 $u(0)=0$。那么，

$$u(\$1\text{M}) \geqslant 0.1u(\$5\text{M}) + 0.89u(\$1\text{M}) \Leftrightarrow 0.11u(\$1\text{M}) \geqslant 0.1u(\$5\text{M})$$

然而，在大多数实验中，我们有 $a_1 \succ a_2$，但是没有 $a_4 \succ a_3$。

有关风险决策理论的大多数文献试图建立新的效用模型以解决 Allais 悖论。这些模型中的一个著名例子是由 Chew（1983，1989）和 Dekel（1986）给出的。这些模型导出关于概率是线性的一阶条件，因此是可处理的且可修正以用于计量分析。为了引入 Chew-Dekel 类效用，我们考虑静态框架。

固定有限状态空间 S。我们考察定义在 S 上的已知概率测度 p 的客观风险。以后我们考虑未知概率的情形。消费选择 $c:S \to \mathbb{R}_+$是 S 上的随机变量。所有消费的集合用 $\mathcal{C}$代表。$\mathcal{C}$上的偏好用效用函数

$$U(c) = U(c(1),\cdots,c(s))$$

来代表。不用 U，我们考虑用**确定性等价**（certainty equivalent）来刻画的等价表达。我们把消费选择 c 的确定性等价定义为某个给出相同效用水平的结果 μ：

$$U(\mu,\cdots,\mu) = U(c(1),\cdots,c(s))$$

如果 U 是严格递增的，那么存在唯一的 μ。然后，我们得到函数 $\mu:\mathcal{C} \to \mathbb{R}_+$。利用 μ

代表偏好有一些合意的性质。首先，它用支付（“消费”）单位表达效用。其次，它直接概括了关于风险的行为：因为一件确定的事情的确定性等价是它自己，风险的影响就是确定性等价与期望消费之间的区别。

消费选择 c 的 Chew-Dekel 确定性等价函数 μ 是由满足

$$\mu = \sum_s p(s) M(c(s), \mu) \tag{20.6}$$

的风险加总函数 $M: \mathbb{R}_+^2 \to \mathbb{R}_+$ 隐含地定义的。这种偏好满足一个比隐含在期望效用里的独立性公理更弱的条件。我们假设 M 具有下述性质：(1) $M(m,m)=m$（确定的东西是它自己的确定性等价）；(2) M 关于第一个自变量是递增的（一阶随机占优）；(3) M 关于第一个自变量是凹的（风险厌恶）；(4) 对于 $k>0$，$M(kc,m)=kM(c,m)$（线性齐次）。Chew-Dekel 类的分析便利主要来自方程（20.6）关于概率是线性的。

现在我们考虑 Chew-Dekel 类的一些可解例子。

- **期望效用** 常数相对风险规避的一种形式为

$$M(c,m) = c^{1-\gamma} \frac{m^{1-\gamma}}{1-\gamma} + m\left(1 - \frac{1}{1-\gamma}\right)$$

如果 $\gamma>0$，那么 M 满足上面给出的条件。应用式（20.6），我们发现

$$\mu(c) = \left(\sum_s p(s) c(s)^{1-\gamma}\right)^{1/(1-\gamma)}$$

这是常用的带幂效用函数的期望效用。

- **加权效用** Chew(1983) 用结果的函数提出了加权概率。一种常数弹性的形式为

$$M(c,m) = \left(\frac{c}{m}\right)^{\eta} \frac{c^{1-\gamma} m^{\gamma}}{1-\gamma} + m\left(1 - \frac{(c/m)^{\eta}}{1-\gamma}\right)$$

因为在 m 的一个邻域里 M 关于 c 是递增的和凹的，所以参数满足：(1) $0<\eta<1$ 且 $1-\gamma+\eta<0$，或者 (2) $\eta<0$ 且 $0<1-\gamma+\eta<1$。注意，条件 (1) 表明 $\gamma>1$，条件 (2) 表明 $\gamma<1$，而两者都表明 $2\eta<\gamma$。相关的确定性等价函数为

$$\mu(c) = \left[\frac{\sum_s p(s) c(s)^{\eta+1-\gamma}}{\sum_s p(s) c(s)^{\eta}}\right]^{1/(1-\gamma)} = \left(\sum_s \hat{p}(s) c(s)^{1-\gamma}\right)^{1/(1-\gamma)}$$

其中，

$$\hat{p}(s) = \frac{p(s) c(s)^{\eta}}{\sum_s p(s) c(s)^{\eta}}$$

这种形式强调坏结果的影响：如果 $\eta<0$，那么与期望效用相比它们得到更大的权重，否则得到更小的权重。在动态框架下把这种风险加总函数加进来，我们可以把递归加权效用定义为

$$U_t(c)=[(1-\beta)c_t^{1-\rho}+\beta(\mathcal{M}_t[U_{t+1}(c)^{1-\gamma}])^{(1-\rho)/(1-\gamma)}]^{1/(1-\rho)}$$

其中，条件 CE 被定义为

$$\mathcal{M}_t(x_{t+1})=\sum_{s_{t+1}}\left(\frac{\pi(s_{t+1}\mid s_t)U_{t+1}(c)^{\eta}}{\sum_{s_{t+1}}\pi(s_{t+1}\mid s_t)U_{t+1}(c)^{\eta}}\right)x_{t+1}$$

这里我们假设外生冲击 $\{s_t\}$ 是 Markov 的，$\pi(s_{t+1}\mid s_t)$ 代表其转移概率。

- **失望厌恶**　Gul（1991）给出了一个提高对坏事件（“失望”）的敏感度的模型。偏好通过风险加总函数

$$M(c,m)=\begin{cases}\dfrac{c^{1-\gamma}m^{\gamma}}{1-\gamma}+m\left(1-\dfrac{1}{1-\gamma}\right), & c\geqslant m\\ \dfrac{c^{1-\gamma}m^{\gamma}}{1-\gamma}+m\left(1-\dfrac{1}{1-\gamma}\right)+\eta\dfrac{(c^{1-\gamma}m^{\gamma}-m)}{1-\gamma}, & c<m\end{cases}$$

来定义，其中，$\eta\geqslant0$ 且 $1\neq\gamma>0$。当 $\eta=0$ 时，它退化为期望效用。否则，失望厌恶对比确定性等价更坏的结果赋予额外的权重。确定性等价函数满足

$$\begin{aligned}\mu^{1-\gamma}&=\sum_s p(s)c(s)^{1-\gamma}-\eta\sum_s p(s)\mathbf{1}_{\{c(s)<\mu\}}(\mu^{1-\gamma}-c(s)^{1-\gamma})\\&=\sum_s\hat{p}(s)c(s)^{1-\gamma}\end{aligned}$$

其中，$\mathbf{1}_{\{x\}}$ 是指示函数，当 x 为真时等于 1，否则等于 0，而且

$$\hat{p}(s)=p(s)\left(\frac{1+\eta\mathbf{1}_{\{c(s)<\mu\}}}{1+\eta\sum_s p(s)\mathbf{1}_{\{c(s)<\mu\}}}\right)$$

不同于加权效用，这种效用把所有坏事件的概率提高相同的比例，把好事件的概率降低一个与之互补的比例，好和坏被分别定义为比确定性等价更好或者更坏。

利用 Gul 风险加总函数，我们可以把递归失望厌恶效用定义为

$$U_t(c)=[(1-\beta)c_t^{1-\rho}+\beta\mathcal{M}_t(U_{t+1}(c))^{1-\rho}]^{1/(1-\rho)}$$

其中，$\mathcal{M}_t(U_{t+1}(c))$ 是 Gul 条件 CE，定义为下述方程

$$\mu_t^{1-\gamma}=\sum_{s_{t+1}}\pi(s_{t+1}|s_t)U_{t+1}(c)^{1-\gamma}$$

$$-\eta \sum_{s_{t+1}\in\Delta_{t+1}} \pi(s_{t+1}|s_t)\left(\mu_t^{1-\gamma}-U_{t+1}(c)^{1-\gamma}\right)$$

中 μ_t 的解，其中，

$$\Delta_{t+1}=\{s_{t+1}\in S: \mu_t > U_{t+1}(c)\}$$

□ 20.2.2 模糊厌恶

到目前为止，我们集中讨论了概率测度外生给定的客观风险的情形。在主观不确定性情况下，测度是主观的，且是从关于选择的偏好中推导出来的。在文献中存在主观期望效用和主观 Epstein-Zin 效用。然而，大量的实验证据表明，主观期望效用是失败的。一个著名实验，即 **Ellsberg 悖论**（Ellsberg paradox）（Ellsberg，1961）引起了广泛注意，并吸引了大家对此进行积极研究。Ellsberg 悖论的一种形式如下：假定有两个箱子，每个箱子里都有 100 个黑球和白球。你被告知第一个箱子里有 50 个黑球和 50 个白球，但是未被告知第二个箱子里有多少个黑球和多少个白球。你打赌从这两个箱子里抽到黑球。如果抽到黑球，你得到 100 美元；否则，什么都得不到。你愿意从哪个箱子里抽取？你会从第一个箱子里抽取，因为你不确定第二个箱子里黑球和白球的组成，并因此厌恶它。但是，你打赌从这两个箱子里抽到白球可以得到同样的奖励，根据相同的推理，你可能仍然愿意从第一个箱子里抽取白球。这表明从第一个箱子里抽取黑球和白球的概率都大于第二个箱子，这是悖论。

Ellsberg 悖论与期望效用是矛盾的。它表明，人们对于概率已知和概率未知这两种情形的评价是不同的。前者经常被称为风险，后者则被称为**模糊性**（ambiguity）或者 **Knightian 不确定性**（Knightian uncertainty）（Knightian，1921）。决策理论里有很多可以解释 Ellsberg 悖论的模型。这里我们将集中讨论三个模型。

最大最小期望效用　Gilboa 和 Schmeidler（1989）引入了下述**最大最小期望效用**（maxmin expected utility）模型①：

$$U(c)=\min_{q\in\Delta(S)}\int u(c(s))\mathrm{d}q(s)$$

① 这个模型的一个重要的子类是 Choquet 期望效用（Schmeidler，1989），它被定义为 $U(c)=\int u(c(s))\mathrm{d}p(s)$，其中，$p$ 是凸容量或者非可加概率测度。

其中，$\Delta(S)$ 是 S 上的某个概率测度集。决策者使用 $\Delta(S)$ 上的任何测度计算期望效用并选择最坏情形下的方案。Epstein 和 Wang（1994）在动态框架下推广了这个模型，定义了如下形式的递归多先验分布效用：

$$U_t(c) = u(c_t) + \beta\mathcal{R}_t(U_{t+1}(c)) \tag{20.7}$$

$$\mathcal{R}_t(U_{t+1}(c)) = \min_{\pi \in \mathcal{P}(\cdot|s_t)} \int U_{t+1}(c)\mathrm{d}\pi(s_{t+1}|s_t)$$

其中，$\mathcal{P}(\cdot|s_t)$是把 s_t 映射到 S 上的概率测度集的概率核对应。Epstein 和 Schneider（2003）为这个效用模型提供了公理化基础，证明如果我们把效用定义为

$$U_0(c) = \min_{P \in \mathcal{P}} E^P\left[\sum_{t=0}^{\infty}\beta^t u(c_t)\right]$$

其中，$\mathcal{P}$是定义在完备状态空间$\Omega=S^\infty$上的概率测度集，那么可能就违背了动态一致性。为了确保动态一致性，集合 $\mathcal{P}$必须满足“矩形”条件，使得效用过程满足上面的递归方程。

Hayashi（2005）公理化了下述形式的模型：

$$U_t(c) = W(c_t, \mathcal{R}_t(U_{t+1}(c)))$$

$$\mathcal{R}_t(U_{t+1}(c)) = \min_{\pi \in \mathcal{P}(\cdot|s_t)} \int U_{t+1}(c)\mathrm{d}\pi(s_{t+1}|s_t)$$

其中，W 是时间加总函数。

变分效用　Maccheroni，Marinacci 和 Rustichini（2006a，b）提出了下述**变分效用**（variational utility）：

$$U(c) = \min_{q \in \Delta(S)} \int u(c(s))\mathrm{d}q(s) + c(q)$$

其中，$c(q)$ 是凸的成本函数。解释如下：决策者不确定数据生成过程的真实分布。他可以从分布集合 $\Delta(S)$ 中使用扭曲的信念。但是，他以成本函数 $c(q)$ 受到惩罚。通过考虑最坏情形的方案，决策者试图做稳健决策。这种效用模型包括最大最小期望效用作为 $c(q)=0$ 情况下的特例。它也包含下述**差异效用**（divergence utility）作为特例：

$$U(c) = \min_{q \in \Delta(S)} \int u(c(s))\mathrm{d}q(s) + \theta D_\phi^w(q||p)$$

其中，$D_\phi^w(q||p)$ 是 q 关于 p 的权重为 w 的 ϕ 差异，定义为

$$D_\phi^w(q||p) = \int w(s)\phi\left(\frac{\mathrm{d}q}{\mathrm{d}p}(s)\right)\mathrm{d}p(s)$$

这里 ϕ: $\mathbb{R}_+ \to \mathbb{R}_+$ 是满足 $\phi(1)=0$ 和$\lim_{t\to\infty}\phi(t)/t=\infty$的凸的连续函数，$w$: $S \to \mathbb{R}_{++}$ 满足 $\int w(s)\mathrm{d}p(s) = 1$ ，$\mathrm{d}q/\mathrm{d}p$ 是 Radon-Nikodym 导数。这里 ϕ 代表**差异指数**（divergence index），它测量测度 q 和 p 之间的差异。这个模型的解释来自 Hansen 和 Sargent（2001，2008）。由于模型误设和模型不确定性，决策者认为他的模型 p 可能不是真实的。他认为 p 仅仅是一个逼近，并因此考虑 q 附近的其他可能模型。所有这些模型都在集合 $\Delta(S)$ 里。对模型误设的关注使得决策者想要实施稳健决策规则，该规则会考虑附近模型的集合。附近模型的相对似然比由差异 $D_\phi^w(q||p)$ 度量，而正参数 $\theta>0$ 反映了决策者给予 p 不是真实模型的可能性的真实权重。参数越大，代理人越有可能把 p 当作真实模型，从而给予其他可能的备选模型越少的权重。当 θ 趋向于无穷时，模型退化为期望效用模型。Maccheroni、Marinacci 和 Rustichini（2006a）的解释为：更小的 θ 意味着更关心稳健性或者更强的模糊厌恶。

Maccheroni、Marinacci 和 Rustichini（2006a）证明了，当 $w=1$ 时，差异偏好是**概率复杂的**（probabilistically sophisticated）。**概率复杂性**（probabilistic sophistication）意味着决策者基于概率信念做选择。概率复杂偏好包括期望效用和其他一些能够解释 Allais 悖论并违背概率线性的非期望效用模型。然而，这些偏好不能解释 Ellsberg 悖论。Maccheroni、Marinacci 和 Rustichini（2006a）证明了，对设定 $w=1$ 的微小偏离会导致能够解释 Ellsberg 悖论的模型。他们也考虑了下述两种有趣的满足 $w=1$ 的差异设定：

- **相对熵**［或者 **Kullback-Leibler 差异**（Kullback-Leibler divergence）］，

$$\phi(x) = x\ln x - x + 1$$

这种情形对应于 Hansen 和 Sargent（2001，2008）引入的**乘子效用**（multiplier utility）：

$$U(c) = \min_{q\in\Delta(S)}\int u(c(s))\mathrm{d}q(s) + \theta\int \ln\left(\frac{\mathrm{d}q}{\mathrm{d}p}\right)\mathrm{d}q$$

求解最小化问题得到风险敏感效用模型：

$$U(c) = -\theta\ln\int \exp\left(\frac{-u(c(s))}{\theta}\right)\mathrm{d}p(s)$$

因此，关心稳健性使风险厌恶增强了 $1/\theta$。

- **相对 Gini 集中指数**（relative Gini concentration index）（或者 χ^2 差异）

$$\phi(x)=\frac{1}{2}(x-1)^2$$

Maccheroni、Marinacci 和 Rustichini（2006a）证明了这种情形对应于**单调均值方差效用**（monotone mean variance utility）：

$$U(c)=E[c]-\frac{1}{2\theta}\mathrm{Var}(c)$$

在定义域 $\{c: c-Ec\leqslant\theta\}$ 里，利用 p 可以计算出均值和方差。

为了构造模糊的动态模型，我们依然可以固定滤波为 $\{\mathcal{F}_t\}$ 和 $\mathcal{F}_0=\{\Omega,\varnothing\}$ 的概率空间 $(\Omega,\mathcal{F},P)$。这个空间由有限状态空间为 S、转移矩阵为 $\pi(s'|s)$，s，$s'\in S$ 的 Markov 过程所生成。令 E_t 为给定 $\mathcal{F}_t$ 在 P 下的条件期望算子。测度 P 为决策者和计量经济学家使用的逼近模型。决策者对 P 的怀疑由一个扭曲信念集代表。

为了构造这些信念，我们把一步前向密度定义为

$$m_{t+1}=\frac{\hat{\pi}(s_{t+1}\mid s_t)}{\pi(s_{t+1}\mid s_t)}$$

其中，$\hat{\pi}(s_{t+1}|s_t)$ 是扭曲的转移概率。然后，我们递归地把鞅 $\{M_t\}$ 定义为

$$M_{t+1}=m_{t+1}M_t,\quad M_0=1 \tag{20.8}$$

其中，M_t 是基于 t 时刻信息的联合密度比率。它代表信念扭曲。然后，我们把递归差异效用函数定义为

$$U_t(c)=u(c_t)+\beta\mathcal{R}_t(U_{t+1}(c))$$
$$\mathcal{R}_t(U_{t+1}(c))=\min_{m_{t+1}}E_t[m_{t+1}U_{t+1}(c)+\theta w_{t+1}\phi(m_{t+1})]$$

满足 $E_t[m_{t+1}]=1$，其中 $w_{t+1}>0$ 是满足 $E_t[w_{t+1}]=1$ 的权重。这个效用函数是动态一致的，而零时刻的效用满足

$$U_0(c)=\min_{\{m_{t+1}\}}E\sum_{t=0}^{\infty}\beta^tM_t\{u(c_t)+\beta\theta E_t[w_{t+1}\phi(m_{t+1})]\}$$

满足式（20.8）和 $E_t[m_{t+1}]=1$。这里，定义在无穷期上的贴现差异由

$$\beta\sum_{t=0}^{\infty}\beta^tE[M_tw_{t+1}\phi(m_{t+1})]$$

给出。

平滑模糊效用 Klibanoff、Marinacci 和 Mukerji（2005）提出了下述**平滑模糊效用**（smooth ambiguity utility）模型：

$$U(c) = v^{-1}\left(\int_{\Delta} v\left(\int u(c(s))\mathrm{d}q(s)\right)\mathrm{d}\mu(q)\right) \tag{20.9}$$

其中，Δ 是定义在 S 上的概率测度集，μ 是定义在这个集合上的先验分布。解释如下：决策者不确定真实测度并厌恶模型不确定性。他在可能模型集合 Δ 上设定先验 μ。对于每个模型 q，他用 u 计算期望效用。他根据另一个期望效用给消费排序，v 和 μ 被定义在与所有可能模型有关的效用值上。这里 u 代表对风险的态度，v 代表对模型不确定性的态度。这个模型允许风险厌恶和**模糊厌恶**（ambiguity aversion）的分离。

Klibanoff、Marinacci 和 Mukerji（2005），Hayashi 和 Miao（2011）与 Ju 和 Miao（2012）把上述静态模型放进动态框架。时间由 $t=0,1,2\cdots$ 所代表。每期的状态空间用 S 来代表。在 t 时刻，给定 $s_0 \in S$，$s_t \in S$，决策者的信息由历史 $s^t = \{s_0, s_1, s_2, \cdots, s_t\}$ 所组成。决策者对适应性消费计划 $c=(c_t)_t \geqslant 0$ 进行排序。也就是说，c_t 是 s_t 的可测函数。决策者关于完备状态空间上的概率分布是模糊的。这种不确定性由空间 Z 中的一个不可观测的随机状态 z 来刻画。隐藏状态 z 有几种不同的解释方式。它可以是一个未知的模型参数、备选模型的离散指标（Chen，Ju and Miao，2012），或者机制转换过程中跨时演化的隐藏的 Markov 状态（Hamilton，1989）。关于隐藏的状态 z，决策者有一个先验分布 μ_0。每个 z 值给出一个在完全状态空间上的概率分布 π_z。利用 Bayes 法则，可以得到后验分布 μ_t 和条件似然比 $\pi_{z,t}$。

受到 Kreps 和 Porteus（1978）与 Epstein 和 Zin（1989）的启发，Hayashi 和 Miao（2011）与 Ju 和 Miao（2012）提出了下述**推广的递归光滑模糊效用**（generalized recursive smooth ambiguity utility）模型：

$$\begin{aligned} U_t(c) &= W(c_t, \mathcal{M}_t(U_{t+1}(c))) \\ \mathcal{M}_t(x_{t+1}) &= v^{-1}(E_{\mu_t}\{v \circ u^{-1} E_{\pi_{z,t}}[u(x_{t+1})]\}) \end{aligned} \tag{20.10}$$

其中，关于 u 和 v 的解释与静态框架相同。当 $v \circ u^{-1}$ 为线性的时，式（20.10）退化为 Epstein 和 Zin（1989）的带隐藏状态的递归效用模型。在这个模型里，后验 μ_t 和似然比 $\pi_{z,t}$ 可以退化为预测分布，这是 Bayes 分析的关键思想。当 $v \circ u^{-1}$ 为非线性的时，μ_t 和 $\pi_{z,t}$ 不能退化为式（20.10）中决策者的单个分布，带来与静态模型

(20.9）类似的模糊敏感行为。

式（20.10）中的推广的递归光滑模糊模型允许风险厌恶、模糊厌恶和跨期替代的三方分离。在应用时，在下述位似设定下它是可解的：

$$W(c,y)=[(1-\beta)c^{1-\rho}+\beta y^{1-\rho}]^{1/(1-\rho)},\quad \rho>0,\quad \rho\neq 1 \tag{20.11}$$

且 u 和 v 分别由下式给出：

$$u(x)=\frac{x^{1-\gamma}}{1-\gamma},\quad \gamma>0,\quad \gamma\neq 1 \tag{20.12}$$

$$v(x)=\frac{x^{1-\eta}}{1-\eta},\quad \eta>0,\quad \eta\neq 1 \tag{20.13}$$

其中，$\beta\in(0,1)$ 是主观贴现因子，$1/\rho$ 代表 EIS，γ 是风险厌恶参数，η 是模糊厌恶参数。那么，我们有

$$U_t(C)[(1-\beta)C_t^{1-\rho}+\beta\{\mathcal{M}_t(U_{t+1}(c))\}^{1-\rho}]^{1/(1-\rho)} \tag{20.14}$$

$$\mathcal{M}_t(x_{t+1})=\{E_{\mu_t}(E_{\pi_{z,t}}[x_{t+1}^{1-\gamma}])^{(1-\eta)/(1-\gamma)}\}^{1/(1-\rho)} \tag{20.15}$$

如果 $\eta=\gamma$，那么决策者是模糊中性的，式（20.14）退化为 Epstein 和 Zin（1989）与 Weil（1989）的递归效用模型。当且仅当 $\eta>\gamma$ 时，决策者显示出模糊厌恶。由确定性等价的性质，η 的值更高且更模糊厌恶的代理人具有更低的效用水平。

在 $\rho=1$ 的极限情形下，式（20.14）退化为

$$V_t=(1-\beta)\ln c_t+\frac{\beta}{1-\eta}\ln\left\{E_{\mu t}\exp\left(\frac{1-\eta}{1-\gamma}\ln(E_{\pi_{z,t}}\exp((1-\gamma)V_{t+1}))\right)\right\}, \tag{20.16}$$

其中，$V_t=\ln U_t$。这种设定退化为 Hansen（2007）与 Hansen 和 Sargent（2010）研究的带隐藏状态的乘子模型。分布 $\pi_{z,t}$ 的第一个风险敏感调整反映了代理人关心给定隐藏状态 z 的隐含 Markov 法则的误设。分布 μ_t 的第二个风险敏感调整反映了代理人关心为隐藏状态指定的概率误设。更一般地，我们在（20.10）中的模型包含了 Hansen 和 Sargent（2007）的带隐藏状态的递归乘子模型作为一个特例①，这里我们令 $W(c,y)=h(c)+\beta y$、$u(x)=-\exp(-x/\theta_1)$ 和 $v(x)=-\exp(-x/\theta_2)$（对于 θ_1，$\theta_2>0$）。

---

① 当 $\theta_1=\theta_2$ 时，这个模型就是 Kreps-Porteus-Epstein-Zin 递归期望效用模型。相较之下，完美信息乘子偏好模型（例如，Anderson，Hansen，and Sargent，2003；Barillas，Hansen，and Sargent，2009；Hansen，and Sargent，2001）是 Kreps-Porteus-Epstein-Zin 模型的一个特例。

如果在式（20.16）中关于 $\gamma \to 1$ 取极限，那么方程（20.16）变为

$$V_t(c) = (1-\beta)\ln c_t + \frac{\beta}{1-\eta}\ln\{E_{\mu_t}\exp((1-\eta)E_{\pi_{z,t}}[V_{t+1}(c)])\} \tag{20.17}$$

这是 Ju 和 Miao（2007）研究的对数-指数设定。在这种情况下，状态信念 μ_t 仅有一个风险敏感调整。沿用 Klibanoff 等（2005），我们可以证明，当 $\eta \to \infty$ 时，式（20.17）变为

$$V_t(c) = (1-\beta)\ln c_t + \beta \min_z E_{\pi_{z,t}}[V_{t+1}(c)] \tag{20.18}$$

这个效用函数属于 Epstein 和 Wang（1994）与 Epstein 和 Schneider（2003）的递归多先验效用函数类。通过在每期选择最坏的连续值，代理人特别厌恶模糊。

式（20.10）中的模型包括下述 Klibanoff、Marinacci 和 Mukerji（2009）模型作为一个特例：

$$V_t(c) = u(c_t) + \beta\phi^{-1}(\mathbb{E}_{\mu_t}\phi(\mathbb{E}_{\pi_{z,t}}[V_{t+1}(c)])) \tag{20.19}$$

在此模型里，风险厌恶和跨期替代被混淆在一起。Ju 和 Miao（2007）也发现，当 u 满足式（20.12）的定义，且对于 $x>0$ 和 $1\neq\alpha>0$，有 $\phi(x)=x^{1-\alpha}/(1-\alpha)$ 时，模型（20.19）在 $\gamma>1$ 的情况下没有被良好定义。因此，他们考虑满足 $\gamma=\rho$ 和 $\alpha\equiv 1-(1-\eta)/(1-\gamma)$ 的式（20.14）和式（20.15），当 $\gamma\in(0,1)$ 时，它们在序数意义下等价于式（20.19）。对于设定 $\phi(x)=-\exp(-x/\theta)$，$\theta>0$，式（20.19）中的效用函数总是被良好定义。这个设定的良好性质是：它把风险敏感控制和稳健性结合起来，如 Hansen（2007）与 Hansen 和 Sargent（2001）所研究的。这个设定的劣势是效用函数通常没有齐次性。因此，维数诅咒使得决策者动态规划问题的数值分析非常困难，除了特例 $u(c)=\ln(c)$ [如式（20.17）中]，参见 Ju 和 Miao（2012）、Collard 等（2009）。

□ 20.2.3 不确定性的暂时解决

考虑两期环境的下述四种选择：

(1) 在第 0 期期初，抛掷一枚均质硬币。如果正面向上，那么决策者在第 0 期得到消费 c，在第 1 期得到彩票 m。否则，他在第 0 期得到消费 c，在第 1 期得到彩票 m'。

(2) 在第 0 期，决策者得到某些消费 c。在第 1 期期初，抛掷一枚均质硬币。如

果正面向上，那么决策者在第 0 期得到消费 c，在第 1 期得到彩票 m。否则，在第 1 期得到彩票 m'。

（3）在第 0 期和第 1 期期初，分别独立地抛掷一枚均质硬币。如果正面向上，那么决策者得到消费 c；否则，他得到消费 c'。

（4）在第 0 期期初，抛掷一枚硬币。如果正面向上，那么决策者在第 0 期和第 1 期得到消费 c。否则，他在两期都得到消费 c'。

时间可加期望效用的决策者在选择（1）和（2）之间，以及在选择（3）和（4）之间是无差异的。这表明，这样的决策者对于解决不确定性的时机和长期风险是不敏感的。Kreps 和 Porteus（1978）第一次在客观风险下提出了解决不确定性的时机偏好的概念。Chew 和 Epstein（1989）与 Grant、Kajii 和 Polak（1998，2000）推广了他们的分析。Duffie 和 Epstein（1992）发现，递归效用对长期发现特别敏感。这种性质对于资产定价是重要的（Bansal and Yaron，2004；Hansen，Heaton，and Li，2008）。最近，Strzalecki（2013）在主观不确定性下正式形成了这些概念。

现在我们介绍 Kreps 和 Porteus 在两期框架下对解决不确定性的时机的偏好分析。把每期消费 $c_t(t=0,1)$ 限制在非负实轴的有界区域 X 上。X 上的 Borel 概率测度空间 X 用 $M(X)$ 代表。令 $D=M(X\times M(X))$ 为 $X\times M(X)$ 上的 Borel 概率测度空间。D 中的元素为跨期消费彩票（或者计划）。它们可以用图 20.1 中的概率树来代表。注意，对于 $i=a$，b，$\delta[c_0^i, m^i]$ 代表把所有质量安排在 $\{c_0^i, m^i\}$ 上的测度。在图 20.1 中，把 α 和 $1-\alpha$ 看作与两期消费水平有关的随机变量的概率分布，它们的实现值在第 0 期期初可以观测到。第 0 期的消费水平在第 0 期期初可以观测到，之后的未来消费水平用第 2 期消费的概率测度 $m^i\in M(X)$ 来刻画。

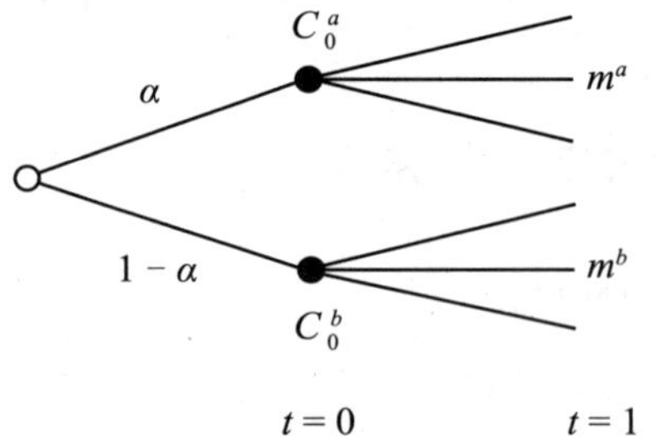

图 20.1　消费彩票

说明：消费彩票取形式 $\alpha\delta[c_0^a, m^a]+(1-\alpha)\delta[c_0^b, m^b]$。

定义 20.2.4 如果

$$\alpha\delta[c_0, m] + (1-\alpha)\delta[c_0, m'] \succeq (\preceq) \delta[c_0, \alpha m + (1-\alpha)m']$$

那么偏好序为$\succeq$的决策者偏好更早（更晚）解决不确定性。

在图 20.2 中，与图（b）相比，图（a）的消费彩票更早解决了不确定性。如果决策者偏好更早解决不确定性，那么他一定偏好图（a）中的消费彩票。

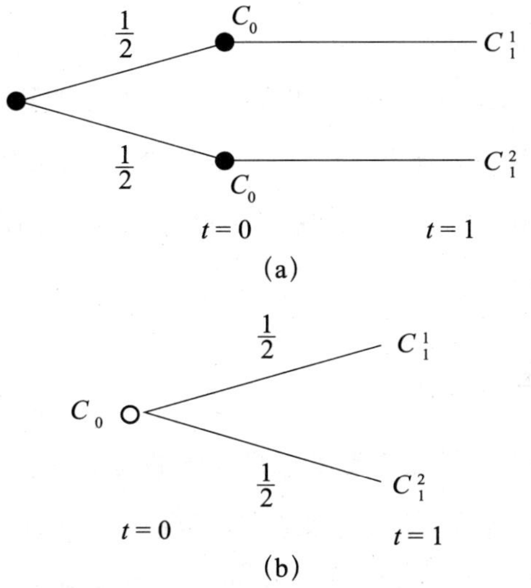

图 20.2 不确定性的暂时解决

说明：与图（b）相比，图（a）的消费彩票更早解决了不确定性。

假设决策者的偏好由满足

$$U_0(\mathrm{d}) = E_{\mathrm{d}}[W(c_0, E_m U_1(c_1))], \quad d \in D$$

的递归效用$U_0: D \to \mathbb{R}$和$U_1: M(X) \to \mathbb{R}$来代表。Kreps 和 Porteus（1978）给出了下述定理：

定理 20.2.1 当且仅当$W(x, y)$关于y是凸（凹）的时，具有上述递归效用的决策者偏好更早地解决不确定性。

证明 由定义，当且仅当

$$\alpha W(c_0, E_m U_1(c_1)) + (1-\alpha) W(c_0, E_{m'} U_1(c_1))$$
$$\geqslant W(c_0, \alpha E_m U_1(c_1) + (1-\alpha) E_{m'} U_1(c_1))$$

时，

$$\alpha\delta[c_0, m] + (1-\alpha)\delta[c_0, m'] \succeq \delta[c_0, \alpha m + (1-\alpha)m']$$

这等价于 $W(x,y)$ 关于 y 是凸的这一性质。

在应用此定理时，我们很容易证明，当且仅当 $\gamma>\rho$ 时，具有式（20.3）中的 Epstein-Zin 效用的代理人偏好更早解决不确定性。

20.3 递归效用的性质

动态效用 $U: c\to\mathcal{L}$ 由式（20.2）中的时间加总函数 W 和条件确定性等价 $\mathcal{M}$（或者不确定性加总函数 $\mathcal{R}$）来代表。加总函数 W 刻画跨期替代，算子 $\mathcal{M}$ 或者 $\mathcal{R}$ 刻画风险厌恶或者模糊厌恶。这一节给出了在应用中有用的递归效用的某些重要性质。

□ 20.3.1 凹性

凹性对于最优化的充分性是重要的。严格凹性保证了唯一性。这里我们集中讨论严格凹的情形。弱凹的情形可以类似地进行分析。如果对于每个 t，$U_t(c)$ 都是严格凹函数，那么我们称动态效用 U 是严格凹的。很明显，如果时间加总函数 W 是严格递增且严格凹的，条件确定性等价（或者不确定性加总函数）对于所有 t 都是严格凹的，那么 U 是严格凹的。由逆向归纳可知，这个论断对于有限期情形是对的。如果能应用压缩映射定理，则对于无穷期情形它也是对的。

例如，考虑在有限期情况下式（20.3）中定义的 Epstein-Zin 效用。令 $U_T(c)=c_T$。如果 $\rho>0$ 且 $\gamma>0$，那么对于 $t=0,1,\cdots,T-1$，U_t 是严格凹的。下述取自 Skiadas（2009）的引理对于证明这个论断是有用的。

引理 20.3.1 假定函数 $f: \mathbb{R}'_{++}\to\mathbb{R}$ 是一次齐次的。那么，下述条件是等价的：

(a) f 是凹的。

(b) 对于每个 x，$y\in\mathbb{R}^l_{++}$ 和 $\lambda\in(0,1)$，有

$$f(x)=f(y),\quad x\neq y\Rightarrow f(\lambda x+(1-\lambda))\geqslant f(x)$$

(c) 对于每个 x，$y\in\mathbb{R}^l_{++}$，有

$$f(x+y)\geqslant f(x)+f(y)$$

□ 20.3.2 风险厌恶

我们首先定义可比较的风险厌恶，然后定义绝对风险厌恶。考虑两个定义在共同消费集 $\mathcal{C}$ 上的动态效用 U^1 和 U^2，它们关于确定性计划是序数等价的。如果对于每个 b，$c\in\mathcal{C}$，使得 b 是确定性的，

$$U_t^2(b)>U_t^2(c)\Rightarrow U_t^1(b)>U_t^1(c),\quad \text{对于所有 } t$$

则我们称 U^1 比 U^2 **更风险厌恶**（more risk averse）。

解释为：如果 U^1 比 U^2 更风险厌恶，那么 U^1 偏好确定性计划甚于风险计划，不论 U^2 何时发生。如果对于每个 b，$c\in\mathcal{C}$，使得 b 是确定性的，

$$U_t^2(b)=U_t^2(c)\Rightarrow U_t^1(b)>U_t^1(c),\quad \text{对于所有 } t \text{ 和所有 } U^2$$

那么我们称 U^1 是风险厌恶的。

这表明，如果 U^1 比风险中性 U^2 更风险厌恶，那么 U^1 也是风险厌恶的。

命题 20.3.1 考虑两个递归效用函数 U^1 和 U^2，它们有共同的递增时间加总函数且分别具有条件确定性等价 $\mathcal{M}^1$ 和 $\mathcal{M}^2$。那么，当且仅当对于所有 t 均有 $\mathcal{M}_t^1\leqslant\mathcal{M}_t^2$ 时，U^1 比 U^2 更风险厌恶。进一步假设每个 U^i 都是 Epstein-Zin 效用，具有条件确定性等价 $(u^i)^{-1}E_t u^i$。那么，当且仅当存在递增的凹函数 ϕ 使得 $u^1=\phi\circ u^2$ 时，U^1 比 U^2 更风险厌恶。

证明 因为 U^1 和 U^2 在确定性计划上是一致的，所以 $U_t^2(b)=U_t^1(b)$。因此，我们一定有 $U_t^1(c)\leqslant U_t^2(c)$。固定同一个 c_t，那么我们有 $\mathcal{M}_t^1\leqslant\mathcal{M}_t^2$。借助标准的风险理论可以得出最后的观点。

模糊厌恶可以通过可比较的概念类似地定义出来。那么，我们需要模糊中性基准。可比较的概念需要考虑模糊行动和不模糊行动的区别。不模糊行动的自然选择是彩票。模糊中性基准的自然选择是期望效用偏好。这是 Ghirardato 和 Marinacci（2002）采用的方法。Epstein（1999）采用了不同方法，并使用复杂概率偏好作为基准。这里我们不再讨论这些概念，读者可以参考这些论文。

□ 20.3.3 效用梯度和定价核

效用梯度对于刻画最优性和均衡是有用的。Duffie 和 Skiadas（1994）以及 Skiadas（2009）深入讨论了这个概念及其应用。

定义 20.3.1 零时刻效用$U_0:\mathcal{C}\rightarrow\mathbb{R}$在$c\in\mathcal{C}$处的梯度密度是对于使得$c+\alpha x\in\mathcal{C}$的所有$x\in\mathcal{L}$，满足

$$\lim_{\alpha\downarrow 0}\frac{U_0(c+\alpha x)-U_0(c)}{\alpha}=E\left[\sum_{t=0}^{\infty}\pi_t x_t\right]$$

的适应性过程π。

为了计算递归效用的效用梯度，我们定义条件确定性等价的导数如下：

定义 20.3.2 条件确定性等价$\mathcal{M}$的导数是映射κ，它为每个t时刻的$\mathcal{F}_t$-可测的随机变量z固定另一个$\mathcal{F}_t$-可测的随机变量$\kappa_t(z)$，$\kappa_t(z)$满足如下性质，即给定任何$\varepsilon>0$，存在$\delta>0$使得对于每个$\mathcal{F}_t$-可测的随机变量h，有

$$E_{t-1}[h^2]<\delta\Rightarrow|\mathcal{M}_{t-1}(z+h)-\mathcal{M}_{t-1}(z)-E_{t-1}[\kappa_t(z)h]|\varepsilon$$

$\mathcal{M}_t(x_{t+1})$在x_{t+1}处的导数为

$$\frac{\partial\mathcal{M}_t(x_{t+1})}{\partial x_{t+1}}=E_t\kappa_{t+1}(x_{t+1})$$

我们可以类似地定义不确定性加总函数$\mathcal{R}$的导数。非正式地，这个导数可以关于随机变量的状态逐个取。为了阐述上述定义，假定对于某个连续可微函数u，条件确定性等价取$\mathcal{M}_t(x)=u^{-1}E_t u(x)$的形式。那么$v$的导数存在，且由下式给出：

$$\frac{\partial\mathcal{M}_t(x_{t+1})}{\partial x_{t+1}}=E_t\kappa_{t+1}(x_{t+1})=\frac{E_t u'(x_{t+1})}{u'(\mathcal{M}_t(x_{t+1}))}$$

下述命题表明了如何计算递归效用的梯度密度，其中，W_1和W_2分别代表加总函数W关于消费和条件确定性等价的偏导数。

命题 20.3.2 假定$U:\mathcal{C}\rightarrow\mathcal{L}$是加总函数为$W:\mathbb{R}_+\times\mathbb{R}\rightarrow\mathbb{R}$和条件确定性等价为$\mathcal{M}$的递归效用。再假设$W$是可微的，$\mathcal{M}$有导数$\kappa$。给定任何计划$c\in\mathcal{C}$，令过程$\lambda$和$\varepsilon$分别由下式定义：

$$\lambda_t=W_1(c_t,\mathcal{M}_t(U_{t+1}(c)))$$

$$\varepsilon_t=\prod_{s=1}^{t}W_2(c_{s-1},\mathcal{M}_{s-1}(U_s(c)))\kappa_s(U_s(c)),\quad \varepsilon_0=1$$

如果对于任何$\{x_t\}\in\mathcal{L}$，都有$\lim_{t\to\infty}E[\pi_t x_t]=0$，那么过程$\pi=\varepsilon\lambda$是$U_0$在$c$处的效用梯度。

证明 对于满足$c+\alpha x\in\mathcal{C}$的所有$\alpha\in\mathbb{R}$，$x\in\mathcal{L}$，定义

$$\varphi_t(\alpha) = U_t(c + \alpha x)$$

我们想用记号

$$W_1(t) = W_1(c_t, \mathcal{M}_t(U_{t+1}(c))), \quad W_2(t) = W(c_t, \mathcal{M}_t(U_{t+1}(c)))$$

递归计算 $\varphi'_t(0)$。利用效用递归式，我们有

$$\varphi_t(\alpha) = W(c_t + \alpha x_t, \mathcal{M}_t(\varphi_{t+1}(\alpha)))$$

微分得到

$$\varphi'_t(0) = W_1(t)x_t + W_2(t)E_t[\kappa_{t+1}(\varphi_{t+1}(0))\varphi'_{t+1}(0)]$$

重复代入得到 $\varphi'_0(0)$，进而得到命题中的效用梯度。

这里 λ_t 可以被解释为财富在 t 时刻的边际值。为了看出这一点，考虑问题

$$J(w_0) = \max_c U_0(c), \quad \text{满足 } E\Big[\sum_{t=0}^{\infty} p_t c_t\Big] \leqslant w_0$$

其中，$\{p_t\}$ 是状态价格密度，$p_0=1$，w_0 是初始财富。由包络定理，$J'(w_0)=\mu$，其中，μ 是 Lagrange 乘子。由一阶条件，我们有 $W_1(c_0, M_0(U_1(c)))=\mu$。因此，$\lambda_0=J'(w_0)$。将类似的论证应用于任何 t 时刻，得出 $\lambda_t=J'(w_t)$，其中，w_t 是 t 时刻的财富。

定价核（pricing kernel）或者**跨期边际替代率**（intertemporal marginal rate of substitution）被定义为 $M_{t+1}=\pi_{t+1}/\pi_t$，其中，$\{\pi_t\}$ 是效用梯度密度。由命题 20.3.2 可知，

$$M_{t+1} = \frac{\lambda_{t+1}}{\lambda_t} W_2(c_t, \mathcal{M}_t(U_{t+1}(c)))\kappa_{t+1}(U_{t+1}(c))$$

定价核对资产定价来讲是重要的，我们将在下一节介绍。

由于不满足可微性，效用梯度可能不存在。然而，当 U_0 是凹的时，我们定义在$c \in \mathcal{C}$处的**效用超梯度**（utility supergradient）为满足

$$U_0(c') \leqslant U_0(c) + E\Big[\sum_{t=0}^{\infty} \pi_t(c'_t - c_t)\Big], \quad \text{对于所有 } c' \in \mathcal{C}$$

的适应性过程。

效用超梯度可能不唯一。令 $\partial U_0(c)$ 代表在 c 处所有超梯度的集合。

例 20.3.1 考虑由式（20.3）定义的 Epstein-Zin 效用。它的定价核由下式给出：

$$M_{t+1}=\beta\left(\frac{c_{t+1}}{c_t}\right)^{-\rho}\left[\frac{U_{t+1}(c)}{\mathcal{M}_t(U_{t+1}(c))}\right]^{\rho-\gamma} \tag{20.20}$$

其中，

$$\mathcal{M}_t(U_{t+1}(c))=(E_t[U_{t+1}^{1-\gamma}(c)])^{1/(1-\gamma)}$$

当决策者偏好更早解决不确定性（即 $\gamma>\rho$）时，定价核会赋予糟糕时刻的低连续值更大的权重。这就生成了帮助解释证券溢价之谜的反周期的定价核。

例 20.3.2 考虑由式（20.14）和式（20.15）定义的广义光滑模糊效用。定价核由

$$M_{z,t+1}=\beta\left(\frac{c_{t+1}}{c_t}\right)^{-\rho}\left(\frac{U_{t+1}(c)}{\mathcal{M}_t(U_{t+1}(c))}\right)^{\rho-\gamma}\left(\frac{(\mathbb{E}_{z,t}[U_{t+1}^{1-\gamma}(c)])^{1/(1-\gamma)}}{\mathcal{M}_t(U_{t+1}(c))}\right)^{-(\eta-\gamma)}$$

给出，其中，

$$\mathcal{M}_t(x_{t+1})=\{E_{\mu_t}(E_{\pi_{z,t}}[x_{t+1}^{1-\gamma}])^{(1-\eta)/(1-\gamma)}\}^{1/(1-\eta)}$$

当决策者是模糊厌恶者（即 $\eta>\gamma$）时，定价核会赋予糟糕时刻的低连续值更大的权重。这会帮助生成反周期的定价核。Ju 和 Miao（2012）表明了这个性质对于回答许多资产定价之谜是有用的。

例 20.3.3 考虑由式（20.7）定义的递归多先验效用。这个效用通常不是光滑的。Epstein 和 Wang（1994）表明，效用超梯度的集合由

$$\partial U(c)=\{\pi\in\mathcal{L}:\pi_t=u'(c_t)m_t^*,m_t^*\in Q_t\}$$

给出，其中，

$$Q_t=\left\{m_t=\frac{\mathrm{d}q_t}{\mathrm{d}p_t}:\int U_{t+1}(c)m_t\mathrm{d}p_t=\min_{q_t\in\mathcal{P}_t}\int U_{t+1}(c)\mathrm{d}q_t\right\}$$

这里，p_t 是参照向前一步分布（或者转移概率），$\mathcal{P}_t$ 是决策者认为可能的参照向前一步分布的集合。

20.4 投资组合和资产定价

本节研究利用 Epstein-Zin 偏好处理投资组合和资产定价问题。考虑具有式（20.3）给出的 Epstein-Zin 效用的代表性代理人经济。他能交易具有从第 t 期到第

$t+1$ 期的回报 $R_{i,t+1}$，$i=1,\cdots,N$ 的 N 种资产。一种资产是无风险的，无风险回报率是 $R_{f,t+1}$。它的预算约束由下式给出：

$$X_{t+1}=R_{w,t+1}(X_t-C_t) \tag{20.21}$$

其中，X_t 是 t 时刻的财富，

$$R_{w,t+1}=\sum_{i=1}^{N}\psi_{i,t+1}R_{i,t+1}$$

是组合回报。这个组合回报也被称为财富回报或者市场回报。这里 $\psi_{i,t+1}$代表在资产 i 上的投资比重，满足 $\sum_i\psi_{i,t+1}=1$。代理人的问题是选择投资组合和消费过程，以最大化效用。我们使用动态规划求解这个问题。

□ 20.4.1　最优性和均衡

令 $J_t(X_t)$ 为压缩其他状态变量的值函数。它满足 Bellman 方程

$$J_t(X_t)=\max_{C_t,\psi_{it}}\left[(1-\beta)C_t^{1-\rho}+\beta(E_t[J_{t+1}(X_{t+1})^{1-\gamma}])^{(1-\rho)/(1-\gamma)}\right]^{1/(1-\rho)}$$

猜测

$$J_t(X_t)=A_tX_t,\quad C_t=a_tX_t$$

其中，A_t 和 a_t 待定。把式（20.21）和猜测代入 Bellman 方程，得到

$$A_t=\max_{a_t,\{\psi_{i,t+1}\}}\left[(1-\beta)a_t^{1-\rho}+(1-a_t)^{1-\rho}\beta(E_t[(A_{t+1}R_{w,t+1})^{1-\gamma}])^{(1-\rho)/(1-\gamma)}\right]^{1/(1-\rho)}$$

关于 a_t 的一阶条件为

$$\left(\frac{a_t}{1-a_t}\right)^{-\rho}=\frac{\beta}{1-\beta}(E_t[(A_{t+1}R_{w,t+1})^{1-\gamma}])^{(1-\rho)/(1-\gamma)} \tag{20.22}$$

把上面两个方程中的期望消掉，我们得到

$$A_t=(1-\beta)^{1/(1-\rho)}a_t^{-\rho/(1-\rho)}=(1-\beta)^{1/(1-\rho)}\left(\frac{C_t}{X_t}\right)^{-\rho/(1-\rho)} \tag{20.23}$$

把式（20.23）代入式（20.22）得到

$$\left(\frac{a_t}{1-a_t}\right)^{-\rho}=\beta\left(E_t\left[\left(\frac{C_{t+1}}{X_{t+1}}\right)^{-\rho(1-\gamma)/(1-\rho)}R_{w,t+1}^{1-\gamma}\right]\right)^{(1-\rho)/(1-\gamma)} \tag{20.24}$$

利用预算约束和猜解 $X_t=C_t/a_t$，我们得到

$$X_{t+1}=(X_t-C_t)R_{w,t+1}=R_{w,t+1}C_t\frac{1-a_t}{a_t} \tag{20.25}$$

把方程（20.25）代入式（20.24），简化得到

$$\beta^{(1-\gamma)/(1-\rho)}E_t\left[\left(\frac{C_{t+1}}{C_t}\right)^{-\rho(1-\gamma)/(1-\rho)}(R_{w,t+1})^{(1-\gamma)/(1-\rho)}\right]=1 \tag{20.26}$$

接下来，投资组合由最大化确定性等价来确定：

$$\max_{\{\psi_{i,t+1}\}}(E_t[(A_{t+1}R_{w,t+1})^{1-\gamma}])^{1/(1-\gamma)}$$

我们推导出任何资产 i 的一阶条件

$$E_t[A_{t+1}^{1-\gamma}R_{w,t+1}^{-\gamma}(R_{i,t+1}-R_{f,t+1})]=0$$

把式（20.23）代入上面的方程得到

$$0=E_t\left[\left(\frac{C_{t+1}}{X_{t+1}}\right)^{-\rho(1-\gamma)/(1-\rho)}R_{w,t+1}^{-\gamma}(R_{i,t+1}-R_{f,t+1})\right]$$

把式（20.25）代入可得

$$0=E_t\left[\left(\frac{C_{t+1}}{C_t}\right)^{-\rho(1-\gamma)/(1-\rho)}R_{w,t+1}^{[(1-\gamma)/(1-\rho)]-1}(R_{i,t+1}-R_{f,t+1})\right] \tag{20.27}$$

乘以 $\psi_{i,t+1}$ 并求和，可得出

$$\begin{aligned}&E_t\left[\left(\frac{C_{t+1}}{C_t}\right)^{-\rho(1-\gamma)/(1-\rho)}R_{w,t+1}^{[(1-\gamma)/(1-\rho)]-1}R_{f,t+1}\right]\\=&E_t\left[\left(\frac{C_{t+1}}{C_t}\right)^{-\rho(1-\gamma)/(1-\rho)}R_{w,t+1}^{[(1-\gamma)/(1-\rho)]-1}\right]\end{aligned}$$

利用式（20.26）代入上述等式右侧的表达式，我们可以推出

$$E_t\left[\left(\beta\left(\frac{C_{t+1}}{C_t}\right)^{-\rho}\right)^{(1-\gamma)/(1-\rho)}R_{w,t+1}^{[(1-\gamma)/(1-\rho)]-1}R_{f,t+1}\right]=1 \tag{20.28}$$

把这个等式代入式（20.27）得到 Euler 方程

$$E_t[\overline{M}_{t+1}R_{i,t+1}]=1 \tag{20.29}$$

对于任何资产 i，其中

$$\overline{M}_{t+1}\equiv\left(\beta\left(\frac{C_{t+1}}{C_t}\right)^{-\rho}\right)^{(1-\gamma)/(1-\rho)}R_{w,t+1}^{[(\rho-\gamma)/(1-\rho)]} \tag{20.30}$$

这表明 $\overline{M}_{t+1}$ 应该是一个定价核。

$\overline{M}_{t+1}$ 和式（20.20）中定义的 M_{t+1} 是什么关系？我们想表明：它们是一样的。把式（20.23）代入猜测的值函数得到

$$\frac{X_t}{C_t}=\frac{1}{1-\beta}\left(\frac{U_t}{C_t}\right)^{1-\rho} \tag{20.31}$$

其中，$U_t=J_t(X_t)$ 满足最优消费过程的效用值。这个等式把不可观测的效用值与可观测的消费和财富联系了起来。我们利用这个等式消掉式（20.20）中的 U_t：

$$\begin{aligned}M_{t+1}&=\beta\left(\frac{C_{t+1}}{C_t}\right)^{-\rho}\left[\frac{U_{t+1}}{\mathcal{M}_t(U_{t+1})}\right]^{\rho-\gamma}\\&=\beta\left(\frac{C_{t+1}}{C_t}\right)^{-\rho}\left[\frac{[X_{t+1}(1-\beta)C_{t+1}^{-\rho}]^{1/(1-\rho)}}{E_t[(A_tX_{t+1})^{1-\gamma}]^{1/(1-\gamma)}}\right]^{\rho-\gamma}\end{aligned}$$

把式（20.25）代入上面的等式得到

$$M_{t+1}=\beta\left(\frac{C_{t+1}}{C_t}\right)^{-\rho}\left[\frac{\left[R_{w,t+1}C_t\dfrac{1-a_t}{a_t}(1-\beta)C_{t+1}^{-\rho}\right]^{1/(1-\rho)}}{C_t\dfrac{1-a_t}{a_t}E_t[(A_tR_{w,t+1})^{1-\gamma}]^{1/(1-\gamma)}}\right]^{\rho-\gamma}$$

利用式（20.22）消掉 $E_t[(A_tR_{w,t+1})^{1-\gamma}]^{1/(1-\gamma)}$ 得到

$$M_{t+1}=\beta\left(\frac{C_{t+1}}{C_t}\right)^{-\rho}\left[\frac{\left[R_{w,t+1}C_t\dfrac{1-a_t}{a_t}(1-\beta)C_{t+1}^{-\rho}\right]^{1/(1-\rho)}}{C_t\dfrac{1-a_t}{a_t}\left(\dfrac{a_t}{1-a_t}\right)^{-\frac{\rho}{(1-\rho)}}\left(\dfrac{1-\beta}{\beta}\right)^{1/(1-\rho)}}\right]^{\rho-\gamma}$$

简化得到 $M_{t+1}=\overline{M}_{t+1}$。

Epstein 和 Zin（1991）根据 GMM 方法，使用式（20.30）检验了式（20.29）。他们使用了数据中 X_t 和 C_t 的代理。尽管效用值是不可观测的，但式（20.20）中的公式对求数值解更方便。

注意，对于无风险回报率，式（20.29）成立，即

$$R_{f,t+1}=\frac{1}{E_t[M_{t+1}]}$$

然后，我们利用式（20.29）推导条件股票溢价

$$E_t[R_{e,t+1}]-R_{f,t+1}=-\frac{\mathrm{Cov}_t(R_{e,t+1},M_{t+1})}{E_t[M_{t+1}]}$$

其中，$R_{e,t+1}$代表股票溢价。这个方程表明，股票溢价是由股票回报和定价核之间的协方差的相反数决定的。直觉是什么？定价核测量消费的边际效用。在糟糕时刻，股票回报很低，代理人的边际效用很高，此时代理人不喜欢这只股票。也就是说，当股票回报和定价核负相关时，他对股票的需求很低。这使得股票价格下降，因此股票溢价上升。

由上面的等式可知，为了提高股票溢价，我们必须增大股票回报和定价核之间的协方差。一个简单的解决办法是提高定价核的反周期性。前面讨论的效用模型可以生成这种性质，因此可以帮助破解股票溢价之谜。

□ 20.4.2 对数线性化

在假设消费和资产回报的联合分布是条件对数正态分布和同方差的情况下，Campbell（1996，1999）建立了一个解析框架来分析资产定价公式。他的方法用到了下述公式：

$$\ln E_t X = E_t \ln X + \frac{1}{2}\text{Var}_t \ln X$$

其中，

$$\text{Var}_t \ln X = E_t(\ln X - E_t \ln X)^2 = \text{Var}(\ln X - E_t \ln X)$$

我们也用小写字母 x 来表示任意变量 X 的对数值。定义

$$\sigma_c = \text{Var}(c_{t+1} - E_t c_{t+1})$$
$$\sigma_w = \text{Var}(r_{w,t+1} - E_t r_{w,t+1})$$
$$\sigma_{ic} = \text{Cov}(r_{i,t+1} - E_t r_{i,t+1}, c_{t+1} - E_t c_{t+1})$$
$$\sigma_{iw} = \text{Cov}(r_{i,t+1} - E_t r_{i,t+1}, r_{w,t+1} - E_t r_{w,t+1})$$

利用式（20.26）推导

$$0 = \frac{(1-\gamma)}{(1-\rho)}\ln\beta - \frac{\rho(1-\gamma)}{1-\rho}E_t\Delta c_{t+1} + \frac{1-\gamma}{1-\rho}E_t r_{w,t+1} + \frac{1}{2}\left[\frac{\rho(1-\gamma)}{1-\rho}\right]^2\sigma_c^2 - \frac{\rho(1-\gamma)}{1-\rho}\frac{1-\gamma}{1-\rho}\sigma_{cw} + \frac{1}{2}\frac{1-\gamma}{1-\rho}\sigma_w^2$$

由式（20.28）可知，

$$0 = r_{f,t+1} + \frac{(1-\gamma)}{(1-\rho)}\ln\beta - \frac{\rho(1-\gamma)}{1-\rho}E_t\Delta c_{t+1} + \frac{\rho-\gamma}{1-\rho}E_t r_{w,t+1}$$

$$+\frac{1}{2}\left[\frac{\rho(1-\gamma)}{1-\rho}\right]^2\sigma_c^2-\frac{\rho(1-\gamma)}{1-\rho}\frac{\rho-\gamma}{1-\rho}\sigma_{cw}+\frac{1}{2}\left(\frac{\rho-\gamma}{1-\rho}\right)\sigma_w^2 \tag{20.32}$$

从上述方程中消掉 σ_{cw} 得到

$$r_{f,t+1}=-\ln\beta+\rho E_t\Delta c_{t+1}-\frac{1}{2}\frac{\gamma-\rho}{1-\rho}\sigma_w^2-\frac{\rho^2(1-\gamma)}{2(1-\rho)}\sigma_c^2 \tag{20.33}$$

这个方程表明：当代理人更有耐心时，无风险回报率更低，因为他储蓄得更多。它随着消费的增长而提高，因为需要高利率以阻止代理人向未来借贷。敏感性等于跨期替代弹性的倒数 ρ。当 ρ 取值大时，跨期替代弹性小，消费增长对无风险回报率的影响也小。后两项反映了预防性储蓄。在两个二次项小的情况下，高跨期替代弹性会帮助降低无风险回报率。因为变动的跨期替代弹性（或者 $1/\rho$）独立于风险厌恶参数 γ，所以 Epstein-Zin 效用是灵活的。

由式（20.29），我们得到

$$\begin{aligned}0=&E_tr_{i,t+1}+\frac{1-\gamma}{1-\rho}\ln\beta-\frac{\rho(1-\gamma)}{1-\rho}E_t\Delta c_{t+1}+\frac{\rho-\gamma}{1-\rho}E_tr_{w,t+1}\\&+\frac{1}{2}\left[\frac{\rho(1-\gamma)}{1-\rho}\right]^2\sigma_c^2-\frac{\rho(1-\gamma)}{1-\rho}\frac{\rho-\gamma}{1-\rho}\sigma_{cw}+\frac{1}{2}\left(\frac{\rho-\gamma}{1-\rho}\right)^2\sigma_w^2\\&+\frac{1}{2}\sigma_i^2-\frac{\rho(1-\gamma)}{1-\rho}\sigma_{ic}+\frac{\rho-\gamma}{1-\rho}\sigma_{iw}\end{aligned} \tag{20.34}$$

把式（20.32）和式（20.34）结合起来得到资产 i 的风险溢价：

$$E_tr_{i,t+1}-r_{f,t+1}+\frac{1}{2}\sigma_i^2=\frac{\rho(1-\gamma)}{1-\rho}\sigma_{ic}+\frac{\gamma-\rho}{1-\rho}\sigma_{iw} \tag{20.35}$$

此等式表明，资产 i 的风险溢价是资产 i 和消费增长的协方差（乘以跨期替代弹性的倒数 ρ）与资产 i 和财富回报的协方差的加权和。二者的权重分别为 $(1-\gamma)/(1-\rho)$ 和 $(\gamma-\rho)/(1-\rho)$。因为我们假设 $\gamma>1$，所以两个权重的符号由 $\rho>1$ 和 $\gamma>\rho$ 是否成立来决定。特别地，当 $\rho<1$（即 $EIS>1$）和 $\gamma>\rho$（即代理人偏好更早解决不确定性）时，式（20.35）右侧的第一项是负的，而第二项是正的。

Campbell-Shiller 近似 Campbell 和 Shiller（1988）推导出了价格-红利比率的对数线性近似，这对实证分析是有用的。由定义可知，

$$R_{i,t+1}=\frac{P_{i,t+1}+D_{i,t+1}}{P_{it}}$$

其中，P_{it} 和 D_{it} 分别代表资产 i 的价格和红利。取对数并对红利-价格比率的对数的

均值$\overline{d_{it}-p_{it}}$进行泰勒展开，我们得到

$$r_{i,t+1}=\kappa-\varrho p_{i,t+1}+(1-\varrho)d_{i,t+1}-p_{it} \tag{20.36}$$

其中，

$$\varrho\equiv\frac{1}{1+\exp(\overline{d_{it}-p_{it}})}$$

$$\kappa\equiv-\log(\varrho)-(1-\varrho)\log\left(\frac{1}{\varrho-1}\right)$$

往前求解并加上终点条件$\lim_{i\to\infty}\varrho^i p_{j,t+1}=0$，我们推导出

$$p_{it}-d_{it}=\frac{\kappa}{1-\varrho}+E_t\sum_{k=0}^{\infty}\varrho^k[\Delta d_{i,t+1+k}-r_{i,t+1+k}] \tag{20.37}$$

重写等式（20.36）为

$$r_{i,t+1}=\kappa+\varrho(p_{i,t+1}-d_{i,t+1})+\Delta d_{i,t+1}+(d_{i,t}-p_{it}) \tag{20.38}$$

把式（20.37）代入这个等式得到：

$$\begin{aligned}r_{i,t+1}-E_t r_{i,t+1}=&(E_{t+1}-E_t)\sum_{k=0}^{\infty}\varrho^k\Delta d_{i,t+1+k}\\&-(E_{t+1}-E_t)\sum_{k=1}^{\infty}\varrho^k r_{i,t+1+k}\end{aligned} \tag{20.39}$$

此等式说明，资产i的非期望回报必定与未来红利期望和未来回报期望的变化有关。

股票波动之谜 我们用上面给出的框架来说明股票波动之谜。代理人的跨期预算约束表明，总消费为总投资财富的组合，用下标w表示：

$$d_{wt}=c_t$$

包括Grossman和Shiller（1981）、Lucas（1978）以及Mehra和Prescott（1985）在内的许多作者假设总体股市（用下标e代表股权）等价于财富组合，因此用消费作为红利支付。这里我们采用更现实的假设：股市的总红利不等于总消费。沿着Campbell（1986）和Abel（1999）的思路，我们假设它们由下式联系在一起：

$$d_{et}=\lambda c_t$$

其中，λ可以解释为Abel（1999）中对杠杆的测度。当$\lambda>1$时，红利和股票回报的波动比总财富组合回报的波动更大。这个框架有其他优势：具有无穷期到期期限的

无风险实际公债，即通胀指数化永久公债（用下标 b 表示），可以仅通过令 $\lambda=0$ 来定价。

式（20.33）和式（20.35）表明：

$$E_t r_{et+1} = \mu_e + \rho E_t[\Delta c_{t+1}]$$

其中，μ_e 是资产常数项。股票的期望对数回报像任何其他资产的期望对数回报一样，刚好等于一个常数加上被跨期替代弹性所除的期望消费增长。

把上面两个等式代入式（20.37）到式（20.39）可得

$$p_{et} - d_{et} = \frac{k_e}{1-\varrho} + (\lambda-\rho)E_t\sum_{i=0}^{\infty}\varrho^i \Delta c_{t+1+i} \tag{20.40}$$

和

$$r_{e,t+1} - E_t r_{e,t+1} = \lambda(\Delta c_{t+1} - E_t \Delta c_{t+1}) + (\lambda-\rho)(E_{t+1}-E_t)\sum_{i=1}^{\infty}\varrho^i \Delta c_{t+1+i} \tag{20.41}$$

期望未来消费增长对对数价格-红利比率有抵消作用。通过增加期望未来红利，它具有直接的正财富效应，但是，通过提高期望未来实际利率，它具有间接的负替代效应。股市的非期望对数回报等于 λ 乘以同期非期望消费增长（因为同期消费增长增加同期红利），加上（$\lambda-\rho$）乘以期望未来消费增长修正的贴现和。

考虑 Bansal 和 Yaron（2004）的**长期风险模型**（long-run risk）的一种简单形式：

$$\Delta c_{t+1} - z_t + \varepsilon_{c,t+1}$$
$$z_{t+1} = (1-\phi)g + \phi z_t + \varepsilon_{z,t+1}$$

这是 Cecchetti、Lam 和 Mark（1990，1993）与 Kandel 和 Stambaugh 的线性形式。我们将在下一节考虑更一般的情形。把这些方程代入式（20.40）和式（20.41），我们有

$$p_{et} - d_{et} = \frac{k_e}{1-\varrho} + (\lambda-\rho)\left[\frac{g}{1-\varrho} + \frac{z_t-g}{1-\varrho\phi}\right] \tag{20.42}$$

$$r_{e,t+1} - E_t r_{e,t+1} = \lambda\varepsilon_{c,t+1} + (\lambda-\rho)\left(\frac{\varrho}{1-\varrho\phi}\right)\varepsilon_{z,t+1} \tag{20.43}$$

等式（20.42）表明，如果 $\lambda>\rho$，即跨期替代弹性大于$\lambda\geqslant1$，那么价格-红利比率是

顺周期的。在这种情况下，财富效应占优于替代效应。等式（20.43）表明，当λ取大的数值且$\lambda > \rho$时，当期消费增长和期望消费增长的变化都有助于加大股票波动。

模型关于无风险回报率的波动率的预测是什么？通过在等式（20.42）和（20.43）中令$\lambda=1$，实际永久性公债（用下标b表示）的对数收益和非期望回报分别为

$$y_{bt}=d_{bt}-p_{bt}=-\frac{k_b}{1-\varrho}+\rho\left[\frac{g}{1-\varrho}+\frac{z_t-g}{1-\varrho\phi}\right]$$

$$r_{b,t+1}-E_t r_{b,t+1}=-\rho\left(\frac{\varrho}{1-\varrho\phi}\right)\varepsilon_{z,t+1}$$

上述等式表明，无风险回报率是反周期的。而且，高跨期替代弹性（或者低ρ）会生成光滑的无风险回报率和光滑的有限收益。

上面的讨论表明，跨期替代弹性大于1对于解释高股票波动率和低无风险回报率波动率是必要的。实证文献对于跨期替代弹性的估计存在很大争议。

股票溢价之谜 现在我们使用长期风险消费过程计算股票溢价。我们将使用式（20.35）计算σ_{ic}和σ_{iw}的显式表达式。首先，计算σ_{iw}。对于财富组合$\lambda=1$，等式（20.35）成立：

$$r_{w,t+1}-E_t r_{w,t+1}=(\Delta c_{t+1}-E_t\Delta c_{t+1})+(1-\rho)(E_{t+1}-E_t)\sum_{j=0}^{\infty}\varrho^j\Delta c_{t+1+j}$$

因此，对于任何资产i，

$$\sigma_{iw}=\sigma_{ic}+(1-\rho)\sigma_{ig}$$

其中，σ_{ig}表示资产回报率i与期望未来消费增长的修正的协方差：

$$\sigma_{ig}=\mathrm{Cov}\left(r_{it+1}-E_t r_{it+1},(E_{t+1}-E_t)\sum_{i=0}^{\infty}\rho^i\Delta c_{t+1+i}\right)$$

在定价方程（20.35）中替换σ_{iw}，推导出

$$E_t r_{it+1}-r_{ft+1}+\frac{1}{2}\sigma_i^2=\gamma\sigma_{ic}+(\gamma-\rho)\sigma_{ig}$$

给定消费的长期风险模型，我们推导出

$$(E_{t+1}-E_t)\sum_{j=1}^{\infty}\varrho^j\Delta c_{t+1+j}=\frac{\varrho}{1-\varrho\phi}\varepsilon_{z,t+1}$$

利用这个等式和等式（20.43），我们有

$$E_t r_{et+1} - r_{ft+1} + \frac{\sigma_e^2}{2} = \gamma\left[\lambda\sigma_c^2 + (\lambda-\rho)\frac{\varrho}{1-\varrho\phi}\sigma_{cz}\right] + (\gamma-\rho)\left[\frac{\lambda\varrho}{1-\varrho\phi}\sigma_{cz} + (\lambda-\rho)\left(\frac{\varrho}{1-\varrho\phi}\right)^2\sigma_z^2\right]$$

这个表达式包括有关股票溢价之谜的文献中探讨的许多例子。为了理解它，把股票溢价分成两部分是有帮助的：实际永久公债（$\lambda=0$）相对于无风险回报率的溢价，股票相对于永久公债的溢价，即

$$E_t r_{bt+1} - r_{ft+1} + \frac{\sigma_b^2}{2} = -\rho\gamma\frac{\varrho}{1-\varrho\phi}\sigma_{cz} - (\gamma-\rho)\rho\left(\frac{\varrho}{1-\varrho\phi}\right)^2\sigma_z^2 \qquad (20.44)$$

和

$$E_t[r_{et+1} - r_{bt+1}] + \frac{\sigma_e^2}{2} - \frac{\sigma_b^2}{2} \qquad (20.45)$$

$$= \gamma\lambda\left[\sigma_c^2 + \frac{\varrho}{1-\varrho\phi}\sigma_{cz}\right] + (\gamma-\rho)\lambda\left[\frac{\varrho}{1-\varrho\phi}\sigma_{cz} + \left(\frac{\varrho}{1-\varrho\phi}\right)^2\sigma_z^2\right]$$

这些表达式中的第一项表示在幂效用下的溢价，第二项表示转向 Epstein-Zin 效用并允许风险规避系数不等于跨期替代弹性的倒数对溢价的效应。

在效用函数为幂函数的情况下，等式（20.44）中的实际公债溢价由实现的消费增长和期望未来消费增长的协方差 σ_{cz} 来决定。如果这个协方差是正的，那么消费的增长会伴随着更高的期望未来消费增长、更高的实际利率和更低的债券价格。相应地，实际公债有对冲价值，实际公债溢价是负的。如果 σ_{cz} 是负的，那么实际公债溢价是正的。当代理人偏好更早解决不确定性（即 $\gamma>\rho$）时，式（20.44）中的第二项是负的。因此，Epstein-Zin 效用生成负的期限溢价。

股票相对于实际债券的溢价与控制红利增长波动性的系数 λ 成比例。在效用函数为幂函数的情况下，股票-债券溢价刚好等于风险厌恶 γ 乘以 λ 再乘以关于 σ_c^2 和 σ_{cz} 的项。因为为了与观测到的消费增长的矩匹配，σ_c^2 和 σ_{cz} 必须很小，所以很难实现数据中巨大的股票-债券溢价。但是，满足 $\gamma>\rho$ 的 Epstein-Zin 效用增加了第二个关于 σ_c^2 和 σ_{cz} 的正项，这帮助提高了股票-债券溢价。

最后，具有 Epstein-Zin 效用和满足更早解决不确定性（$\gamma>\rho$）的基于消费的模型帮助产生了巨大的股票溢价，但是这个模型产生了负的期限溢价。这个模型也需要

$\gamma>\rho$ 来产生顺周期的价格-红利比率。给定 $\lambda\geqslant 1$，这必然需要跨期替代弹性大于 1。

□ 20.4.3 长期风险

Bansal 和 Yaron（2004）提出了下述有关消费和红利增长的长期风险模型。在这个模型里，一个持续部分驱动着期望消费和红利增长。消费和红利增长也是时间可变的。正式地，令

$$g_{t+1}=\mu+x_t+\sigma_t\eta_{t+1}$$

$$g_{dt+1}=\mu_d+\phi x_t+\varphi_d\sigma_t u_{t+1}$$

$$x_{t+1}=\rho_x x_t+\varphi_e\sigma_t e_{t+1}$$

$$\sigma_{t+1}^2=\sigma^2+v_1(\sigma_t^2-\sigma^2)+\sigma_w w_{t+1}$$

其中，$g_{t+1}=\Delta\ln c_{t+1}$，$g_{dt+1}=\Delta\ln d_{t+1}$，$\eta_t$、$u_t$、$e_t$ 和 w_t 是独立同分布的，服从 $N(0,1)$。

Bansal 和 Yaron（2004）使用对数线性近似方法推导出了资产定价公式的封闭解。为了推导出这些公式，我们首先推导总消费证券回报的 Campbell-Shiller 近似。由定义 $R_{w,t+1}=(P_{t+1}+C_{t+1})/P_t$，我们可以推导出

$$\begin{aligned}r_{w,t+1}&=\ln\frac{P_{t+1}}{C_{t+1}}+1-\ln\left(\frac{P_t}{C_t}\right)+\ln\left(\frac{C_{t+1}}{C_t}\right)\\&=\kappa_0+\kappa_1 z_{t+1}-z_t+g_{t+1}\end{aligned}\tag{20.46}$$

其中，$z_t=\ln(P_t/C_t)$，$\bar{z}$ 是 z_t 的长期均值，

$$\kappa_0=\ln(e^{\bar{z}}+1)-\frac{e^{\bar{z}}\bar{z}}{e^{\bar{z}}+1},\quad \kappa_1=\frac{e^{\bar{z}}}{e^{\bar{z}}+1}<1$$

注意 $\bar{z}$ 是内生的，在我们推出均衡的对数价格-红利比率 z_t 之后需要把它解出来。就是说，它是不动点，$\bar{z}=E[z_t]$。

由式（20.30），我们可以把对数定价核写为

$$\ln M_{t+1}=\frac{1-\gamma}{1-\rho}\ln\beta-\frac{(1-\gamma)\rho}{1-\rho}g_{t+1}+\frac{\rho-\gamma}{1-\rho}r_{w,t+1}\tag{20.47}$$

由 Euler 方程 $E_t[M_{t+1}R_{i,t+1}]=1$，有

$$E_t\left[\exp\left(\frac{1-\gamma}{1-\rho}\ln\beta-\frac{(1-\gamma)\rho}{1-\rho}g_{t+1}+\frac{\rho-\gamma}{1-\rho}r_{w,t+1}+r_{i,t+1}\right)\right]=1\tag{20.48}$$

价格-消费比率　等式（20.48）对于财富回报成立，因此

$$E_t\left[\exp\left(\frac{1-\gamma}{1-\rho}\ln\beta-\frac{(1-\gamma)\rho}{1-\rho}g_{t+1}+\frac{1-\gamma}{1-\rho}r_{w,t+1}\right)\right]=1 \tag{20.49}$$

猜测

$$z_t=A_0+A_1x_t+A_2\sigma_t^2$$

其中，A_0、A_1、A_2 是待定常数。把猜测代入式（20.46）和式（20.49），对照 x_t 的系数，我们得到

$$-\frac{(1-\gamma)\rho}{1-\rho}+\frac{1-\gamma}{1-\rho}[\kappa_1A_1\rho_x-A_1+1]=0$$

求解得到

$$A_1=\frac{1-\rho}{1-\kappa_1\rho_x}$$

如果跨期替代弹性大于 1（或者 $\rho<1$），那么它是正的。在这种情况下，跨期替代弹性占优于财富效应。作为对更高的期望消费增长率的反应，代理人会购买更多股票，于是，价格-消费比率上升。对于标准的 CRRA 效用，需要高风险厌恶参数 $\gamma>1$，这也表明 $\rho=\gamma>1$，进而表明价格-消费比率是反周期的。

对照 σ_t^2 的系数得到

$$\begin{aligned}0=&\frac{1-\gamma}{1-\rho}[\kappa_1v_1A_2-A_2]\\&+\frac{1}{2}\left[(1-\gamma)^2+\left(\frac{1-\gamma}{1-\rho}A_1\kappa_1\varphi_e\right)^2\right]\end{aligned}$$

求解可得

$$A_2=\frac{0.5\left[(1-\gamma)^2+\left(\frac{1-\gamma}{1-\rho}A_1\kappa_1\varphi_e\right)^2\right]}{\frac{1-\gamma}{1-\rho}[1-\kappa_1v_1]}$$

因此，如果 $\gamma>1$，$\rho<1$，那么 $A_2<0$，波动率的上升降低了价格-消费比率。而且，v_1 的增加提高了 A_2，放大了经济不确定性对价格-消费比率的影响。

由式（20.46）可知，

$$\begin{aligned}r_{w,t+1}-E_tr_{w,t+1}&=\kappa_1(z_{t+1}-E_tz_{t+1})+g_{t+1}-E_tg_{t+1}\\&=\sigma_t\eta_{t+1}+B\sigma_te_{t+1}+A_2\kappa_1\sigma_ww_{t+1}\end{aligned} \tag{20.50}$$

其中，$B\equiv\kappa_1 A_1\varphi_e$。然后，我们得到

$$\mathrm{Var}_t(r_{w,t+1})=(1+B^2)\sigma_t^2+(A_2\kappa_1)^2\sigma_w^2$$

定价核 由式（20.47)，我们用状态变量将定价核写成如下形式：

$$m_{t+1}=\ln M_{t+1}=\frac{1-\gamma}{1-\rho}\ln\beta-\frac{(1-\gamma)\rho}{1-\rho}g_{t+1}+\frac{\rho-\gamma}{1-\rho}r_{w,t+1}$$

$$E_t m_{t+1}=m_0-\rho x_t+A_2(\kappa_1 v_1-1)\frac{\rho-\gamma}{1-\rho}\sigma_t^2$$

$$\begin{aligned}m_{t+1}-E_t m_{t+1}&=\left(-\frac{(1-\gamma)\rho}{1-\rho}+\frac{\rho-\gamma}{1-\rho}\right)\sigma_t\eta_{t+1}\\&\quad+\frac{\rho-\gamma}{1-\rho}(A_1\kappa_1\varphi_e)\sigma_t e_{t+1}+\frac{\rho-\gamma}{1-\rho}A_2\kappa_1\sigma_w w_{t+1}\\&=-\lambda_{m,\eta}\sigma_t\eta_{t+1}-\lambda_{m,e}\sigma_t e_{t+1}-\lambda_{m,w}\sigma_w w_{t+1}\end{aligned}\tag{20.51}$$

其中，

$$\lambda_{m,\eta}\equiv\gamma>0$$

$$\lambda_{m,e}\equiv\frac{\gamma-\rho}{1-\rho}(A_1\kappa_1\varphi_e)>0$$

$$\lambda_{m,w}\equiv\frac{\gamma-\rho}{1-\rho}A_2\kappa_1>0$$

分别代表每一种风险来源 η_{t+1}、e_{t+1}和 w_{t+1}的风险市场价格。如果代理人偏好更早解决不确定性（即 $\gamma>\rho$）和跨期替代弹性大于 1（或者 $\rho<1$），那么后两项就是正的。注意，对于时间可加的幂效用函数，$\lambda_{m,e}=\lambda_{m,w}=0$。对于这种效用函数，长期风险和消费不确定性不影响价格核的变化。

我们也可以计算

$$\mathrm{Var}_t(m_{t+1})=(\lambda_{m,\eta}^2+\lambda_{m,e}^2)\sigma_t^2+\lambda_{m,w}^2\sigma_w^2\tag{20.52}$$

财富组合的风险溢价 由 Euler 方程，有

$$E_t[M_{t+1}(R_{w,t+1}-R_{f,t+1})]=0$$

因此，

$$\begin{aligned}&E_t(r_{w,t+1}-r_{f,t+1})\\&=-\mathrm{Cov}_t[m_{t+1}-E_t m_{t+1},r_{w,t+1}-E_t r_{w,t+1}]-\frac{1}{2}\mathrm{Var}_t(r_{w,t+1})\end{aligned}$$

利用式（20.50）和式（20.51），我们推导出

$$E_t(r_{w,t+1}-r_{f,t+1})$$
$$=\lambda_{m,\eta}\sigma_t^2+\lambda_{m,e}B\sigma_t^2+\kappa_1A_2\lambda_{m,w}\sigma_w^2-\frac{1}{2}\mathrm{Var}_t(r_{w,t+1}) \tag{20.53}$$

股票溢价和股票波动率 利用 Euler 方程 $E_t[M_{t+1}(R_{e,t+1}-R_{f,t+1})]=0$，得到

$$E_t(r_{e,t+1}-r_{f,t+1})+\frac{1}{2}\mathrm{Var}_t(r_{e,t+1})$$
$$=-\mathrm{Cov}_t[m_{t+1}-E_tm_{t+1},r_{e,t+1}-E_tr_{e,t+1}] \tag{20.54}$$

推测价格-红利比率由

$$z_{e,t}=A_{0e}+A_{1e}x_t+A_{2e}\sigma_t^2$$

给出，其中，A_{0e}、A_{1e}和A_{2e}是待定常数。然后，我们使用 Campbell-Shiller 近似来计算

$$\begin{aligned}r_{e,t+1}&=\ln\left(\frac{P_{e,t+1}+D_{t+1}}{P_{e,t}}\right)=\ln\left(\frac{P_{e,t+1}+D_{t+1}}{D_{t+1}}\frac{D_{t+1}}{D_t}\frac{D_t}{P_{e,t}}\right)\\&=\ln\left(1+\frac{P_{e,t+1}}{D_{t+1}}\right)+g_{dt+1}-z_{e,t}\\&=g_{dt+1}+\kappa_1A_{1e}x_{t+1}-A_{1e}x_t\\&\quad+\kappa_1A_{2e}\sigma_{t+1}^2-A_{2e}\sigma_t^2+\text{常数}\end{aligned} \tag{20.55}$$

因此，

$$\begin{aligned}r_{e,t+1}-E_tr_{e,t+1}&=\varphi_d\sigma_tu_{t+1}+\kappa_1A_{1e}\varphi_e\sigma_te_{t+1}+\kappa_1A_{2e}\sigma_ww_{t+1}\\&\equiv\varphi_d\sigma_tu_{t+1}+\beta_{e,e}\sigma_te_{t+1}+\beta_{e,w}\sigma_ww_{t+1}\end{aligned}$$

其中，

$$\beta_{e,e}\equiv\kappa_1A_{1e}\varphi_e>0,\quad \beta_{e,w}\equiv\kappa_1A_{2e}$$

而且，

$$\mathrm{Var}_t(r_{e,t+1})=(\varphi_d^2+\beta_{e,e}^2)\sigma_t^2+\beta_{e,w}^2\sigma_w^2$$

现在，我们可以用式（20.54）推导条件期望股票溢价

$$E_t(r_{e,t+1}-r_{f,t+1})=\beta_{e,e}\lambda_{e,e}\sigma_t^2+\beta_{e,w}\lambda_{e,w}\sigma_w^2-\frac{1}{2}\mathrm{Var}_t(r_{e,t+1}) \tag{20.56}$$

和无条件期望股票溢价。有两种系统性风险来源影响股票溢价：第一种与期望消费增长 x_t 的波动有关，第二种与消费波动率的波动有关。

我们可以使用以下 Euler 方程（20.48）计算 A_{1e}和 A_{2e}：

$$E_t\left[\exp\left(\frac{1-\gamma}{1-\rho}\ln\beta\frac{(1-\gamma)\rho}{1-\rho}g_{t+1}+\frac{\rho-\gamma}{1-\rho}r_{w,t+1}+r_{e,t+1}\right)\right]=1 \tag{20.57}$$

把式（20.46）和式（20.55）代入这个方程并对比 x_t 的系数，我们有

$$-\rho+\kappa_{1e}A_{1e}\rho_x-A_{1e}+\phi=0$$

求解得到

$$A_{1e}=\frac{\phi-\rho}{1-\kappa_{1e}\rho_x}$$

因此，当跨期替代弹性大于 1（因为 $\phi>\rho$）时，价格-红利比率是顺周期的。

对照 σ_t^2 的系数得到

$$\frac{\rho-\gamma}{1-\rho}A_2(\kappa_1 v_1-1)+A_{2e}(\kappa_{1e}v_1-1)+\frac{H_e}{2}=0$$

其中，

$$H_e=\lambda_{m,\eta}^2+(-\lambda_{m,e}+\beta_{e,e})^2+\varphi_d^2$$

因此，

$$A_{2e}=\frac{\frac{\gamma-\rho}{1-\rho}A_2(1-\kappa_1 v_1)+0.5H_e}{1-\kappa_{1e}v_1}$$

现在我们计算无条件股票波动率：

$$\begin{aligned}r_{e,t+1}-Er_{e,t+1}=&-\rho x_t+\beta_{e,e}\sigma_t e_{t+1}+\varphi_d\sigma_t u_{t+1}\\&+A_{2e}(v_1\kappa_1-1)[\sigma_t^2-E\sigma_t^2]+\beta_{e,w}\sigma_w w_{t+1}\end{aligned}$$

无条件股票波动率和价格-红利比率分别由

$$\begin{aligned}\mathrm{Var}(r_{e,t+1})=&\rho^2\mathrm{Var}(x_t)+(\beta_{e,e}^2+\varphi_d^2)\sigma^2\\&+[A_{2e}(v_1\kappa_1-1)]^2\mathrm{Var}(\sigma_t^2)+\beta_{e,w}^2\sigma_w^2\\\mathrm{Var}(z_{e,t})=&A_{1e}^2\mathrm{Var}(x_t)+A_{2e}^2\mathrm{Var}(\sigma_t^2)\end{aligned}$$

给出。

无风险回报率 利用 Euler 方程 $E_t[M_{t+1}R_{f,t+1}]=1$，推导出

$$r_{f,t+1}=-\frac{(1-\gamma)}{(1-\rho)}\ln\beta+\frac{(1-\gamma)\rho}{1-\rho}E_t g_{t+1}+\frac{\rho-\gamma}{1-\rho}E_t r_{w,t+1}-\frac{1}{2}\mathrm{Var}_t(m_{t+1})$$

从两边减掉$\frac{\rho-\gamma}{1-\rho}r_{f,t+1}$，推导出

$$r_{f,t+1}=-\ln\beta+\rho E_t g_{t+1}+\frac{\gamma-\rho}{1-\gamma}E_t[r_{w,t+1}-r_{f,t+1}]-\frac{1-\rho}{2(1-\gamma)}\mathrm{Var}_t(m_{t+1})$$

现在我们利用消费证券（20.53）的平均风险溢价和式（20.52）中的 $\mathrm{Var}_t(m_{t+1})$ 计算平均无风险回报率。

最后，无风险回报率由

$$\mathrm{Var}(r_{f,t+1})=\rho^2\mathrm{Var}(x_t)+\left\{\frac{\gamma-\rho}{1-\gamma}Q_1-\frac{Q_2(1-\rho)}{2(1-\gamma)}\right\}^2\mathrm{Var}(\sigma_t^2)$$

给出，其中，

$$Q_1=-\lambda_{e,\eta}+\frac{\rho-\gamma}{1-\rho}B^2-\frac{1}{2}(1+B^2)$$

$$Q_2=\lambda_{e,\eta}^2+\lambda_{e,e}^2$$

注意，Q_1 决定了财富组合的风险溢价的时间可变部分。对于合理的校准，$r_{f,t+1}$ 的时间可变部分在很大程度上由第一项决定。

20.5 Pareto 最优

本节研究有有限个具有递归效用的代理人的纯交换经济的有效分配。存在 n 个代理人，代理人 i 具有满足

$$U_t^i(c)=W^i(c_t,\mathcal{R}_t(U_{t+1}^i(c)))$$

的递归效用，其中，$\mathcal{R}$ 是不确定性加总函数。每个代理人 i 均具有禀赋过程 $\{e_t^i\}$。令加总禀赋为 $e=\sum_{i=1}^n e^i$。可行的消费集由

$$\mathcal{C}(e)=\left\{(c^1,\cdots,c^n)\in c^n:\sum_{i=1}^n c^i\leqslant e\right\}$$

给出。可行效用集由

$$\mathcal{U}_0(e)=\{(U_0^1(c^1),\cdots,U_0^n(c^n)):c\in\mathcal{C}(e)\}$$

给出。类似地，我们可以把 t 时刻的可行集定义为

$$\mathcal{U}_t(e)=\{(U_t^1(c^1),\cdots,U_t^n(c^n)):{}_tc\in\mathcal{C}({}_te)\}$$

引理 20.5.1 $\mathcal{U}_0(e)$ 是凸的、闭的并在 $u\leqslant u'\in\mathcal{U}_0(e)\Rightarrow u\in\mathcal{U}_0(e)$ 意义下满足无成本处理性质。

定义 20.5.1 给定 e 的 **Pareto 最优分配**（Pareto optimal allocation）是消费过程 $c\in\mathcal{C}(e)$，满足：不存在其他可行分配 $(\hat{c}^1,\cdots,\hat{c}^n)\in\mathcal{C}(e)$，使得对于所有 i，均有 $U_0^i(\hat{c}^i)\geqslant U_0^i(c^i)$，对于某个 j，有 $U_0^j(\hat{c}^j)>U_0^j(c^j)$。

我们的目标是刻画 Pareto 最优分配。沿用 Negishi（1960）的思路，通常的方法是求解以下问题：

$$\sup_{(c^1,\cdots,c^n)\in\mathcal{C}^n}\sum_{i=1}^n\theta^iU_0^i(c^i) \tag{20.58}$$

满足

$$\sum_{i=1}^n c^i\leqslant e \tag{20.59}$$

其中，$\theta^i\in\mathbb{R}_+$代表满足 $\sum_i\theta^i=1$ 的 Pareto 权重。令 $\Delta^n\equiv\{\theta\in\mathbb{R}_+^n:\sum_{i=1}^n\theta^i=1\}$。使用这种方法，我们可以容易地刻画第 13.2 节给出的时间可分期望效用的 Pareto 最优分配。然而，这种方法关于递归效用的计算缺乏效率。现在，我们引入两种其他方法。

□ 20.5.1 Lucas-Stokey 方法

Lucas 和 Stokey（1984）在确定性增长模型中提出了对于上述问题的递归方法。我们可以将他们的方法应用于随机禀赋经济。① 假设总禀赋 e 服从 Markov 过程。那么，Pareto 最优分配是下述 Bellman 方程的解：

$$V(e_t,\theta_t)=\max_{c_t,v_{t+1}}\sum_{i=1}^n\theta_t^iW^i(c_t^i,\mathcal{R}_t(v_{t+1}^i)) \tag{20.60}$$

满足式（20.59），且对于所有 e_{t+1}，均有

① 参考 Anderson（2005）给出的应用。

$$\min_{\theta_{t+1}\in\Delta^n} V(e_{t+1},\theta_{t+1}) - \sum_{i=1}^{n}\theta_{t+1}^i v_{t+1}^i \geqslant 0 \tag{20.61}$$

其中，我们用到了记号 $c_t=(c_t^1,\cdots,c_t^n)$，并将类似的记号用于 θ_t 和 v_{t+1}。求解这一动态规划问题的思路是把在给定禀赋 e_t 和权重向量 θ_t 的情况下选择最优分配的问题，转化成选择可行的当期消费分配 c_t 和从明天开始的效用向量 v_{t+1}，满足以下约束：在给定下一期禀赋 e_{t+1}的情况下，这些效用可以获得，即 v_{t+1}满足式（20.61）。在式（20.61）中达到最小值的权重 θ_{t+1}将会是在选择明天的分配时使用的新权重，依此类推，以至无穷。

为了理解上述 Bellman 方程的直觉，令 $\hat{V}(e_0,\theta)$ 为问题（20.58）的值函数。下述引理是关键。

引理 20.5.2 当且仅当

$$\min_{\theta\in\Delta^n}\hat{V}(e_0,\theta) - \sum_{i=1}^{n}\theta^i v^i \geqslant 0 \tag{20.62}$$

时，$v\in\mathcal{U}_0(e)$。

证明 “仅当”部分根据式（20.58）中的定义可得到。我们证明“当”部分。

假设式（20.62）成立，但是 $v\notin\mathcal{U}_0(e)$。因为 $\mathcal{U}_0(e)$ 是凸的，所以由凸集的分离定理可知：对于某个 $w\in\mathbb{R}^n$，$w\neq 0$，$w\cdot v\geqslant w\cdot z$，对于所有 $z\in\mathcal{U}_0(e)$ 成立。因为 $\mathcal{U}_0(e)$ 具有自由处置性质，所以 $w\geqslant 0$，我们可以选择 $w\in\Delta^n$。因为 $\mathcal{U}_0(e)$ 是闭集，所以不等式是严格不等式：$w\cdot u>w\cdot z$。由于对于所有 $\theta\in\Delta^n$，$\hat{V}(e_0,\theta)\geqslant\sum_{i=1}^{n}\theta^i v^i$ 都成立，所以对于所有 $z\in\mathcal{U}_0(e)$，$\hat{V}(e_0,w)\geqslant w\cdot v>w\cdot z$，与下述事实矛盾：

$$\hat{V}(e_0,w)=\max_{z\in\mathcal{U}_0(e)} w\cdot z$$

证毕。

现在我们证明下述命题：

命题 20.5.1 $\hat{V}(e_0,\theta)$ 满足 Bellman 方程（20.60）。

证明 由定义，我们有

$$\begin{aligned}\hat{V}(e_0,\theta) &= \max_{c\in\mathcal{C}(e)^n}\sum_{i=1}^{n}\theta^i U_0^i(c)\\ &= \max_{c\in\mathcal{C}(e)^n} W^i(c_0^i,\mathcal{R}_0(U_1^i(c^i)))\end{aligned}$$

第20章 递归效用

$$= \max_{c_0, v_1 \in \mathcal{U}_1(e)} W^i(c_0^i, \mathcal{R}_0(v_1^i))$$
$$= \max_{c_0, v_1} W^i(c_0^i, \mathcal{R}_0(v_1^i))$$

满足 $\sum_{i=1}^n c_0^i \leqslant e_0$ 和

$$\min_{\theta_1 \in \Delta^n} \hat{V}(e_1, \theta_1) - \sum_{i=1}^n \theta_1^i v_1^i \geqslant 0$$

其中，第三个等式来自以下事实：如果一个分配在 0 时刻是 Pareto 最优的，那么从任何 $t>0$ 的时刻起经济中的连续分配也是最优的。最后一个不等式是根据引理 20.5.2 得出的。

反过来也成立。取 $G(e_t, \theta_t)$ 为从动态规划问题（20.60）推导出的最优政策对应。给定任何总禀赋 e_t 和 Pareto 权重向量 θ_t，最大化问题给出（c_t, v_{t+1}）的一个解，最小化问题对于 $t+1$ 时刻的每个可能值给出 θ_{t+1}的一个解。（c_t, v_{t+1}）的解用对应 $G^1(e_t, \theta_t)$ 来表示，θ_{t+1}的解用对应 $G^1(e_t, \theta_t, e_{t+1})$ 来表示。这个对应分别生成如下 Pareto 最优分配（c_t）和帕累托权重过程（θ_t）：

$$(c_t, v_{t+1}) \in G^1(e_t, \theta_t), \quad t = 0,1,2,\cdots \tag{20.63}$$

$$\theta_{t+1} \in G^2(e_t, \theta_t, e_{t+1}), \quad t = 0,1,2,\cdots \tag{20.64}$$

命题 20.5.2 由动态规划问题（20.60）生成的任何分配都是 Pareto 有效的。

证明 令式（20.63）和式（20.64）成立。假设（c_t）达不到 $\hat{V}(e_0, \theta_0)$。那么，某个其他分配（$\tilde{c}_t$）可以达到。取 $\tilde{v}_{t+1}$为与（c'_t）对应的效用路径。那么，

$$\hat{V}(e_0, \theta_0) = \sum_i \theta_0^i W^i(\tilde{c}_0, \mathcal{R}_0(\tilde{v}_1)) > \sum_i \theta_0^i W^i(c_0, \mathcal{R}_0(v_1)) \tag{20.65}$$

因为（$\tilde{c}_t$）是可行的且 $\tilde{v}_1 \in \mathcal{U}_1(e)$，所以引理 20.5.2 表明：对于所有 $\theta_1 \in \Delta^n$，都有 $\hat{V}(e_1, \theta_1) \geqslant \sum_{i=1}^n \theta_1^i \tilde{v}_1^i$。但是，这意味着式（20.65）和式（20.58）矛盾。

式（20.60）中的动态规划问题对于数值计算是有用的。下面是一个算法：

第 1 步 猜关于 θ 连续和凸的值函数 $V^0(e, \theta)$。

第 2 步 求解问题

$$V^1(e_t, \theta_t) = \max_{c_t, v_{t+1}} \sum_{i=1}^n \theta_t^i W^i(c_t^i, \mathcal{R}_t(v_{t+1}^i))$$

满足式（20.59），且对于所有 e_{t+1}，均有

$$\min_{\theta_{t+1}\in\Delta^n} V^0(e_{t+1},\theta_{t+1})-\sum_{i=1}^{n}\theta_{t+1}^i v_{t+1}^i\geqslant 0$$

第 3 步 如果 V^1 充分靠近 V^0，那么停止。否则，用 V^1 代替 V^0 继续迭代，直到收敛。

□ 20.5.2 Dumas-Wang-Uppal 方法

Dumas-Wang-Uppal（2000）给出了求解最优分配问题的另一种方法。他们的方法是基于 Geoffard（1996）的思想，即递归效用可以通过对偶表示为变分效用。为了解释这一思想，考虑 Kreps 和 Porteus 效用

$$U_t(c)=W(c_t,E_tU_{t+1}(c))$$

用

$$F(c,\nu)=\max_u W(c,u)-(1-\nu)u$$

定义函数。由对偶性可知，

$$W(c,u)=\min_\nu F(c,\nu)+(1-\nu)u$$

然后，我们可以把效用函数写为

$$U_t(c)=\min_{\nu_t} F(c_t,\nu_t)+(1-\nu_t)E_tU_{t+1}(c)$$

这个效用被 Geoffard（1996）称为变分效用。它看起来与时间可分效用类似，允许 Pareto 最优效用的简单递归形式：

$$J(e_t,\lambda_t)=\max_{(c_t^i)}\min_{(\nu_t^i)}\lambda_t^iF^i(c_t^i,\nu_t^i)+E_tJ(e_{t+1},\lambda_{t+1})$$

满足式（20.59）和

$$\lambda_{t+1}^i=(1-\nu_t^i)\lambda_t^i,\quad i=1,2,\cdots,n$$

这个问题看起来比解式（20.60）更简单，因为值函数不进入约束（20.61）。

20.6 习题

1. 考虑由式（20.3）定义的有限期 Epstein-Zin 效用。令 $U_T(c)=c_T$。证明：

如果$\rho>0$且$\gamma>0$，那么对于$t=0,1,\cdots,T-1$，U_t是严格凹的。

2. 推导 Epstein-Zin 效用、差异效用和广义光滑模糊效用的价格核。

3. 证明当且仅当$\gamma>\rho$时，具有 Epstein-Zin 效用的代理人偏好更早解决不确定性。

4. 使用 Bansal 和 Yaron（2004）中的参数值尽可能写出 Matlab 代码复制他们论文的结果。

5.（Weil，1993）假设代理人具有式（20.4）给出的效用函数。这个代理人求解满足预算约束

$$a_{t+1}=R(a_t-c_t)+y_{t+1}$$

的消费-储蓄问题，其中，$R>1$，a_t和y_t分别代表手里的现金和劳动收入。令$\{y_t\}$服从过程

$$y_t=\rho_y y_{t-1}+(1-\rho_y)\bar{y}+\sigma_y\varepsilon_t$$

其中，ε_t是独立同分布的，服从标准正态分布。推导最优消费和储蓄规则。分析EIS和风险厌恶对这些规则的影响。

6. 写出生产经济的 Pareto 最优问题。特别地，假设资源约束由

$$\sum_{i=1}^{n}c_t^i+k_{t+1}=z_tF(k_t)$$

给出，其中，k_t是t时刻的资本存量，F是生产函数，$\{z_t\}$服从 Markov 过程。假设某些充分光滑的性质，推导 Pareto 最优问题的一阶条件。可以首先考虑 Epstein-Zin 效用。

7. 考虑纯交换经济的 Pareto 最优问题。令总禀赋满足过程

$$\ln e_t=\rho_e\ln e_{t-1}+\sigma_e\varepsilon_t$$

其中，ε_t是独立同分布的，服从标准正态分布。令两个代理人的效用函数为

$$U_t^i(c^i)=u^i(c_t^i)-\beta\theta^i\ln E_t\exp\left(\frac{-U_{t+1}^i(c^i)}{\theta^i}\right),\quad \theta^i>0$$

(a) 推导 Pareto 最优问题的一阶条件。

(b) 假设$u^1(c)=u^2(c)=\ln c$。选取参数值$\beta=0.95$，$\theta^1=0.01$，$\theta^2=0.1$或者∞，$\rho_e=0.9$，$\sigma_e=0.1$。写出 Matlab 代码以求解 Pareto 最优问题。

第 21 章

动态博弈

本章目标

动态博弈理论用来研究在动态环境下参与者之间的策略性交互影响。它被应用于经济学的许多领域，比如产业组织、公共财政、国际经济学、发展经济学和宏观经济学。一个博弈至少涉及两个参与者。参与者可以是任何决策者，如政府、政党、企业、监管机构或家庭。**动态博弈**（dynamic game）扩展到有限期或无穷期，且通常具有以下性质：

- 参与者在每个时期都可以收到支付。
- 参与者在一期收到的支付可能取决于该期所采取的行动和该期系统的状态，这种状态由一个或几个状态变量来表示。
- 参与者的总支付是其在时间范围内的贴现支付之和，可能还包括终点支付。
- 系统状态随着时间发生变化，其演变可以用一个状态转移方程来表示，该方程取决于参与者的行动。

当不涉及状态变量且静态博弈重复进行时，我们将这种动态博弈称为**重复博弈**（repeated game）。

博弈论使用三个基本的解概念。第一个是 **Nash 均衡**（Nash equilibrium）解：每个参与者把其他参与者的策略看成给定的，求解其最优化问题。这与市场经济中的竞争均衡类似。第二个是 **Stackelberg 均衡**（Stackelberg equilibrium）解：其中，一个参与者是主导者（或领导者），其他参与者为追随者。领导者先行动。给定他的策略，追随者做优化决策。而领导者在选择策略时会考虑追随者的反应。第三个是**合作解**（cooperative solution）：计划者最大化所有参与者支付的加权平均值。

在动态框架下，这三个解可能不是时间一致的或者对偏离不稳健。Kydland 和 Prescott（1977）开创了政府政策时间一致性方面的现代文献，对于将博弈论应用于政策分析产生了深远的影响。研究时间一致性的重要解概念是子博弈完美（Nash）均衡，它是 Nash 均衡的一种改进。**子博弈完美均衡**（subgame perfect equilibrium，SPE）是在每个子博弈中诱导出一个 Nash 均衡的策略集合。动态博弈中子博弈完美均衡的一种特殊类型是 **Markov 完美均衡**（Markov perfect equilibrium）。在这种子博弈完美 Nash 均衡中，参与者仅根据每一期的收益相关状态决定他们的策略。因此，Markov 完美均衡是每个个体参与者求解的动态规划问题集合的解。均衡策略由每个参与者的政策函数生成。Markov 完美均衡的概念由 Maskin 和 Tirole（1987，1988）首次提出。

在本章，我们将应用 Abreu、Pearce 和 Stacchetti（后面记为 APS）（1986，1990）所提出的方法来分析动态博弈。[①] 这种方法的思想是研究集合而非函数的递归方程，并把均衡策略集合看成集值算子的不动点。我们将使用 Chari、Kehoe 和 Prescott（1989）与 Stokey（1989，1991）的模型来研究 Chari 和 Kehoe（1990）称之为可持续的政府政策和 Stokey 称之为可置信的公共政策的东西。我们将对动态博弈发展的思想做一些调整，从而把它应用于单个代理人（一个政府）做出策略性行动而其他代理人的行动可被概括为对政府选择进行非策略性反应的竞争均衡。对本章内容有用的参考文献有 Fudenberg 和 Tirole（1991）、Ljungqvist 和 Sargent（2004，ch. 22）以及 Mailath 和 Samuelson（2006）。

21.1 重复博弈

我们首先研究完美监控情况，并介绍 APS 方法的关键思想。然后，我们研究不

① Feng 等（2012）应用了 APS 方法来求解非最优经济的竞争均衡。

完美监控的情况。

□ 21.1.1 完美监控

重复博弈的构建从阶段博弈开始。阶段博弈是标准的策略式（标准式）博弈 $G=\{N,A,u\}$，其中，$N=\{1,2,\cdots,n\}$ 为参与者集合，$A=\times_{i=1}^{n}Ai$ 为所有参与者行动集合 A_i 的乘积，$u=(u_1,u_2,\cdots,u_n)$，其中，$u_i:A\rightarrow\mathbb{R}$ 为每个参与者i 的支付函数。

假设 21.1.1 对所有 i，A_i 是有限的或紧的，u_i 是有界连续的。

可行的支付集 $\mathcal{W}$ 是集合$\{u(a)\in\mathbb{R}^n:a\in A\}$的凸包。参与者跨时重复进行阶段博弈。时间是离散的，表示为 $t=1,2,\cdots$。在每一期的最后，所有参与者都可观察到所选择的行动组合。也就是说，每个参与者的行动都被其他所有参与者完美监控。

历史 $h^t\in H^t$ 是过去行动 $\{a_1,a_2,\cdots,a_{t-1}\}$ 的罗列。第 t 期历史的集合由 $H^t=A^{t-1}$给出，其中，我们把初始历史定义为空集 $H^1=\varnothing$。参与者 i 的（纯）策略σ_i 是定义如下的映射序列 $\{\sigma_{it}\}_{t=1}^{\infty}$：

$$\sigma_{i1}(\varnothing)=\sigma_{i1}\in A_i,\quad \sigma_{it}:A^{t-1}\rightarrow A_i,\quad t\geqslant 2,\quad i\in N$$

令 Σ_i 为参与者 i 的策略集。取任何策略组合 $\sigma=(\sigma_1,\cdots,\sigma_n)$，它生成行动组合序列（或路径）$\{a_t(\sigma)\}_{t=1}^{\infty}$，其中，$a_t(\sigma)=(a_{1t}(\sigma),\cdots,a_{nt}(\sigma))$，且有

$$a_{i1}(\sigma)=\sigma_{i1},\quad a_{it}(\sigma)=\sigma_{it}(h^t),\quad t\geqslant 2,\quad i\in N$$
$$h^t=\{a_1(\sigma),a_2(\sigma),\cdots,a_{t-1}(\sigma)\}$$

那么，参与者 i 由策略组合σ 得到的期望贴现平均支付为：

$$U_i(\sigma)=(1-\delta)\sum_{t=1}^{\infty}\delta^{t-1}u_i(a_t(\sigma))$$

其中，δ 为共同的贴现因子。令 $U=(U_1,\cdots,U_n)$。

我们集中讨论带完美监控的重复博弈的子博弈完美均衡。对每一个历史 h^t，令 $\sigma|_{h^t}=\{\sigma|_{h^t}(\mathcal{T})\}_{\mathcal{T}=0}^{\infty}$为沿着历史 h^t 的子博弈连续策略组合，其定义如下：

$$\sigma|_{h^t}(\mathcal{T})(h^{\mathcal{T}})=\sigma_{t+\mathcal{T}}(h^{t+\mathcal{T}})$$

其中，$h^{t+\mathcal{T}}=(h^t,h^{\mathcal{T}})$，$\mathcal{T}=0,1,\cdots,h^0=\varnothing$。子博弈的支付为

$$U_i(\sigma|_{h^t})=(1-\delta)\sum_{s=t}^{\infty}\delta^{s-t}u_i(a_s(\sigma))$$

其中，$\{a_t(\sigma), a_{t+1}(\sigma), \cdots,\}$ 为由$\sigma|_{h^t}$生成的行动组合序列。

定义 21.1.1 如果对于任何历史 $h^t \in H$，$\sigma|_{h^t}$ 都是从 h^t 开始的子博弈的 Nash 均衡，即，

$$U_i(\sigma^*|_{h^t}) \geqslant U_i((\sigma_i, \sigma_{-i}^*)|_{h^t})$$

对所有 $\sigma_i \in \sum_i$ 和所有 i 成立，那么策略 σ^* 是子博弈完美均衡。

注意，连续策略集与原始策略集相同。事实上，每一个子博弈都与原始博弈完全相同。我们随后利用重复博弈的这种递归性质来刻画整个均衡支付的集合。

上述定义不是很有用，因为不等式的数目是不可数的，使得验证均衡很困难。接下来，我们将证明只需要检验一种特定类型的偏差。

定义 21.1.2 如果对某个 $\bar{h}^t \in H_i$ 有 $\sigma'_{it}(\bar{h}^t) \neq \sigma_{it}(\bar{h}^t)$，且对所有 $h^s \in H_i \backslash \{\bar{h}^t\}$，都有 $\sigma'_{is}(h^s) = \sigma_{is}(h^s)$，那么策略 σ'_i是σ_i 的**一次性偏离**（one-shot deviation）。用 $\sigma_i^{\bar{h}^t}$ 表示这个一次性偏离。如果

$$U_i(\sigma_i^{\bar{h}^t}|_{\bar{h}^t}, \sigma_{-i}|_{\bar{h}^t}) > U_i(\sigma|_{\bar{h}^t})$$

那么我们称 $\sigma_i^{\bar{h}^t}$ 是参与者 i 的有利的一次性偏离。

命题 21.1.1 （一次性偏离原理）当且仅当策略组合 σ 中不存在有利的一次性偏离时，σ 是子博弈完美均衡。

证明 （梗概）“仅当”部分是根据 SPE 的定义得到的。因此，我们仅需要证明“当”部分。首先，如果不存在有利的一次性偏离，就不存在有利的有限期偏离。这来自简单的归纳论证。其次，如果对于无穷期存在不同于 σ^i 的有利偏差，那么这种偏差的有限截断仍然是有利的，如果选择足够长的有限期。这是矛盾的，所以也不应该存在任何有利的无穷期偏差。

□ 21.1.2 均衡支付集

注意，对于重复博弈，任何子博弈都等同于原始博弈。因此，SPE 的任何连续策略组合都是原有博弈的均衡组合。令 V 表示重复博弈的 SPE 支付集。那么，对于任何 SPEσ^*，$U(\sigma^*|_{h^t}) \in V$ 对任何历史 h^t 都成立。这个事实促使我们定义下述一次性博弈：固定一个 SPEσ^*，令 w 表示由 $w(a) = U(\sigma^*|_a)$和 $u_w(a) = (1-\delta)u(a) + \delta w(a)$ 定义的从 A 到 $W \subset \mathbb{R}^n$ 的函数。这定义了一个策略式博弈 $\{N, A, u_w\}$。令 a_1^* 表示 σ^* 在第一期的均衡行动组合。那么很明显，a_1^* 应该也是 $\{N, A, u_w\}$ 的一个 Nash

均衡。

现在我们更正式地考察这一观察结果。

定义 21.1.3 如果（1）w 是一个函数 $w:A\to W$，（2）a 是策略式博弈 $\{N,A,u_w\}$ 的 Nash 均衡，即，

$$(1-\delta)u_i(a)+\delta w_i(a)\geqslant(1-\delta)u_i(a'_i,a_{-i})+\delta w_i(a'_i,a_{-i})$$

对所有 $a'_i\in A_i$ 和所有 i 都成立，那么对任意 $W\subset\mathbb{R}^n$，对 $(a,w(\cdot))$ 关于 $W\subset\mathbb{R}^n$ 是可行的。

定义 21.1.4 对任意 $W\subset\mathbb{R}^n$，$B(W)$ 是所有 $v\in\mathbb{R}^n$ 的集合，使得存在关于 $W\subset\mathbb{R}^n$ 的可行对 $(a,w(\cdot))$，且有

$$v=(1-\delta)u(a)+\delta w(a)$$

使用这些定义，我们可以更正式地表述观察结果。

引理 21.1.1 $V\subset B(V)$。

我们想证明反向包含亦成立。如果 $W\subset B(W)$，则称 W 是**自我生成**（self-generating）的。

引理 21.1.2 （自我生成）如果 $W\subset\mathbb{R}^n$ 是有界的且 $W\subset B(W)$，则 $B(W)\subset V$。

证明 取任意点 $v\in B(W)$。由定义可知，存在可行对 $a_1\in A$ 和 $w_1:A\to W$ 使得

$$v=(1-\delta)u(a_1)+\delta w_1(a_1),\quad 对于\ t=1$$

因为 $W\subset B(W)$，则对每一个 $w_1(a_1)$（$a_1\in A$）均存在一个可行对（$a_2(a_1)$，$w_2(\cdot|a_1)$）满足

$$w_1(a_1)=(1-\delta)u(a_2(a_1))+\delta w_2(a_2(a_1)|a_1),\quad 对于\ t=2$$

继续这一过程，我们可得到一个可行对（$a_t(h^t)$，$w_t(\cdot|h^t)$）满足

$$w_{t-1}(h^t)=(1-\delta)u(a_t(h^t))+\delta w_t(a_t(h^t)|h^t)$$

对每个历史 $h^t=(h^{t-1},a_{t-1})=(a_1,a_2,\cdots,a_{t-1})$ 均成立。

对所有 h^t，我们用 $\sigma_t(h^t)=a_t(h^t)$ 定义策略组合 σ。那么，因为 W 是有界的，所以对于所有 h^t，$v=U(\sigma)$ 和 $w_{t-1}(h^t)=U(\sigma(h^t))$ 都成立。由构造可知，不存在对 σ 有利的一次性偏离。因此，根据一次性偏离原理，σ 是一个子博弈完美均衡。

例 21.1.1 考虑完美监控下的囚徒困境博弈。支付矩阵如下：

	C	D
C	1, 1	−1, 2
D	2, −1	0, 0

我们认为，如果 $\delta \geqslant 0.5$，则 $W=\{(1,1),(0,0)\}$ 是自我生成的，并因此有 $W \subset V$。为证明这一结果，我们首先考虑（0,0）。很容易知道，对于所有 y，策略组合（D,D）和支付组合（0,0）将被任意 δ 和函数 $w(y)=(0,0)$ 所实施，因为

$$0=(1-\delta)u_i(D,D)+\delta w_i(D,D)$$

且对所有 $a_i \in \{C,D\}$，均有

$$0 \geqslant (1-\delta)u_i(a_i,D)+\delta w_i(a_i,D)$$

转向（1,1）。我们证明策略组合（C,C）和支付组合（1,1）会在 $\delta \geqslant 1/2$ 与 W 下被实施。令对所有 $y \neq (C,C)$，$w(C,C)=(1,1)$ 和 $w(y)=(0,0)$。那么，

$$1=(1-\delta)u_i(C,C)+\delta w_i(C,C)$$

且对所有 $a_i \in \{C,D\}$，

$$1 \geqslant (1-\delta)u_i(a_i,C)+\delta w_i(a_i,C)$$

故 $\delta \geqslant 0.5$ 时，$W \subset B(W)$，这表明 W 是自我生成的。

由上述两个引理，我们得到下述定理。

定理 21.1.1 （因式分解）$V=B(V)$。

定理 21.1.1 表明，V 是集值算子 B 的不动点。由此定理和引理 21.1.2 可知，任何 SPE 支付都可由递归策略所支撑，即存在函数 g 和 $\mathcal{V}$ 使得

$$a_t=g(v_t) \text{ 且 } v_{t+1}=\mathcal{V}(v_t,a_t), \quad v_1 \in V$$

其中，v_t 为概括第 t 期之前的历史结果的状态变量。

定理 21.1.2 V 是可行支付集中最大的不动点。

证明 可行支付集的所有子集构成一个关于 $\cap$ 和 $\cup$ 的格和由包含所诱导的偏序。由于 B 是此格上的单调算子，下面将会说明，Tarski 的不动点定理（见附录 C）表明，存在一个最大的不动点和一个最小的不动点，且所有不动点形成了一个完备的格。最大的不动点由 $\bigcup_{\{W \subset \mathcal{W}; W \subset B(W)\}} W$（所有自生成集的并集）给出。因为由定理 21.1.1 可知 $V \subset \bigcup_{\{W \subset \mathcal{W}; W \subset B(W)\}} W$，由引理 21.1.2 可知 $\bigcup_{\{W \subset \mathcal{W}; W \subset B(W)\}} W \subset V$，所以 V

是 B 的最大不动点。

命题 21.1.2 V 是紧的。

证明 假定 A 是有限的。关于 A 是紧的的证明留作练习。由于 V 是有界的，因此我们只需证明它是闭的。我们提出两个证明。第一个证明：选择 $v_k \in V$ 和 v^* 满足 $\lim_{k\to\infty} v_k = v^*$。令 $\sigma_k \in \Sigma$ 为支撑 v_k 的子博弈完美均衡。那么，我们可找到 $\{\sigma_{k_n}\}$ 的一个子序列在每个历史下收敛到某个 $\sigma^* \in \Sigma$。在极限情况下，σ^* 实现 v^*，且对于 σ^*，每个一次性偏离约束都是满足的。因此，由一次性偏离原理可知，σ^* 是子博弈完美均衡，故而 $v^* \in V$。

第二个证明：我们证明 $\bar{V} \subset B(\bar{V})$，由引理 21.1.2 可知，$\bar{V} \subset V$。再一次地，我们选择 $v_k \in V$ 和 v^* 满足 $\lim_{k\to\infty} v_k = v^*$。令 (a_k, w_k) 为实现 v_k 的关于 V 的可行对。由于 A 是有限集，$\bar{V}$ 是紧集，因此 $\{(a_k, w_k)\}$ 有收敛到 (a^*, w^*) 的子列，它关于 $\bar{V}$ 是可行的且可达到 v^*。因此，$v^* \in B(\bar{V})$。

□ 21.1.3 计算

这里我们假设 A 是有限的。我们需要关于算子 B 的两个有用引理。

引理 21.1.3 （单调性）如果 $W \subset W'$，则 $B(W) \subset B(W')$。

引理 21.1.4 （紧性）如果 W 是紧的，则 $B(W)$ 是紧的。

这两个引理的证明留作练习。它们能被用来推导获得不动点 V 的有用算法。

定理 21.1.3 令 $W_0 \supset V$ 为紧的，且 $B(W_0) \subset W_0$。那么，$V = \lim_{t\to\infty} B^t(W_0)$。

证明 由假设，$V \subset W_0$。在两边应用算子 B，由引理 21.1.3 及定理 21.1.1，我们得到 $V \subset B(W_0) \equiv W_1 \subset W_0$。而后通过归纳可得，$W_t = B^t(W_0)\ (t = 1, 2, \cdots)$ 满足

$$V \subset \cdots \subset W_t \subset \cdots \subset W_2 \subset W_1 \subset W_0$$

由引理 21.1.4 可知，所有 W_t 都是紧集，所以 $\bigcap_t W_t = \lim_t W_t$ 是紧的和非空的，因为 V 是非空的。一方面，$V \subset \bigcap_t W_t$。另一方面，对于任何 $v \in \bigcap_t W_t$，均存在可行对 $(a_t, w_t)(t=1,2,\cdots)$ 使得 $w_t : A \to W_t$ 和 $v = (1-\delta)u(a_t) + \delta w_t(a_t)$。由于每个 W_t 都是紧的，所以我们可以取一个收敛子序列 $(a_t, w_t) \to (a^*, w^*)$，使得 (a^*, w^*) 关于每个 W_t 都是可行的，因此关于 $\bigcap_t W_t$ 也是可行的，而且 $v = (1-\delta)u(a^*) + \delta w^*(a^*)$。因此，我们得到 $\bigcap_t W_t \subset B(\bigcap_t W_t)$，由引理 21.1.2 可知 $\bigcap_t W_t \subset V$。

由于 V 是紧集的非空交集，因此 V 的紧性也是根据这个定理得到的。这一定理

仍然不能为计算 V 提供一种显式的方法。Cronshaw 和 Luenberger（1994）对 APS 方法做了一些调整，使之可以用于完美监控下的重复博弈。基于 APS 与 Cronshaw 和 Luenberger（1994），通过引入公共随机化，Judd、Yeltekin 和 Conklin（2003）提出了一种算法。

定义最大收益集如下：

$$\mathcal{W}=\times_{i=1}^{n}[u_{i\min},u_{i\max}]$$

其中，

$$u_{i\min}=\min_{a\in A}u_i(a),\quad u_{i\max}=\max_{a\in A}u_i(a)$$

定义算子 B 为

$$B(W)=\bigcup_{(a,w)\in A\times W}\{(1-\delta)u(a)+\delta w: IC_i \text{ 对于所有 } i\}$$

其中，$W\in\mathbb{R}^n$ 是紧集，IC_i 是参与者 i 的激励约束：

$$(1-\delta)u_i(a)+\delta w_i\geqslant(1-\delta)\max_{a_i'\in A_i}u_i(a_i',a_{-i})+\delta\underline{w}_i$$

且

$$\underline{w}_i=\inf_{w\in W}w_i$$

Cronshaw 和 Luenberger（1990）证明了 V 是集合 W 内 B 的最大不动点（参见定理 21.1.2）。

令 $co(W)$ 表示 W 的凸包。Judd、Yeltekin 和 Conklin（2003）定义算子 B^* 如下：

$$B^*(co(W))=co(B(co(W)))$$

于是，B^* 是单调的，且保持紧性。他们使用算子 B^* 通过内近似和外近似计算了带有公共随机化的子博弈的均衡值集 B^*。

□ 21.1.4 简单策略

纯策略子博弈完美均衡的集合 V 可能会非常复杂。Abreu（1988）证明了，每个纯策略 SPE 路径都是某个**简单策略组合**（simple strategy profile）的结果。简单策略组合是用 $n+1$ 条路径（$Q^*,Q^1,\cdots,Q^n$）来定义的：

定义 21.1.5 简单策略 $\sigma(Q^0,Q^1,\cdots,Q^n)$ 满足：(a) 执行 Q^0，直到一个参与者单方面偏离 Q^0。(b) 如果参与者 j 单方面偏离了 Q^i，$i=0,1,\cdots,n$，其中，Q^i 是一

条正在进行的前定路径，则执行 Q^j；但是，如果没有参与者偏离，或者不止一位参与者同时偏离，则继续执行 Q^i。

令 $Q^i=\{a_t^i\}_{t=1}^{\infty}$。定义

$$U_i(Q^i;t+1)=(1-\delta)\sum_{s=1}^{\infty}\delta^{s-1}u_j(a^i(t+s))$$

对任何 $i=0,1,\cdots,n$ 和 $j=1,2,\cdots,n$ 都成立。下述命题提供了一个简单的方法来验证一个简单策略组合是不是子博弈完美的。它的证明可根据一次性偏离原理得出。

命题 21.1.3 当且仅当

$$(1-\delta)u_j(a^i)+\delta U_j(Q^i;t+1)\geqslant(1-\delta)u_j(a_j',a_{-j}^i)+\delta U_j(Q^j;t+1)$$

对所有 $a_j'\in A_j$，$j\in N$，$i=0,1,\cdots,n$，$t=1,2,\cdots$ 成立时，简单策略组合 $\sigma(Q^0,Q^1,\cdots,Q^n)$ 是一个 SPE。

我们现在构造一个简单策略组合来支持一个重复博弈的所有子博弈完美均衡。由于均衡支付集 V 是紧的，故对每个参与者 i 都存在一个 SPE 支付 $\underline{w}_i$，它最小化 V 中参与者 i 的支付。令 Q^i 为生成 $\underline{w}_i$ 的均衡路径。取任何均衡策略 σ^*，并令 Q^0 为均衡 σ^* 的均衡路径。现在，简单策略 $\sigma(Q^0,Q^1,\cdots,Q^n)$ 生成了与 σ^* 相同的支付，同时，由于 σ^* 中的所有惩罚都被最严厉的惩罚 $\underline{w}_i(i=1,2,\cdots,n)$ 所代替，所以由上述命题可知，简单策略仍然是一个子博弈完美均衡。这表明每个均衡支付都可以由简单策略所支持，因此，不失一般性地，我们可将注意力限制在将 $\underline{w}_i(i=1,2,\cdots,n)$ 作为惩罚上。

□ 21.1.5 不完美公共监控

在完美监控博弈中，偏离均衡路径的行动可被观察到，进而被惩罚。在本子节，我们研究不完美监控下的博弈：参与者关于过去的行动仅有带噪声的信息。在这种情况下，偏离行动无法被明确地观察到。我们将集中讨论噪声信息被所有参与者观察到的情况。这种情况被称为不完美公共监控。共同观察到的信号允许参与者协调他们的行动，但如果信号被某些参与者观察到而没有被其他人观察到，则这种协调不可能发生。后一种情况被称为私人监控，在本书中不做讨论。

考虑在第 21.1.1 子节中介绍的重复博弈。在阶段博弈的最后，参与者观察到公共信号 y 而非过去的行动，这个信号独立同分布地提取自信号空间 Y。信号空间 Y 是有限的。给定行动组合 $a\in A$，实现了的信号 y 的概率表示为 $f(y|a)$。函数 $f:Y\times$

$A \to [0,1]$ 是连续的（使得事前支付是行动的连续函数）。假设对所有 $a \in A$，Υ 是 f 的支撑（全支撑假设）。

参与者接收不到超过信号 y 以外的有关对手行动的信息。如果参与者在每一时期的最后收到支付，则对于某个函数 r_i，实现值为 (y, a) 时参与者 i 的支付为

$$u_i(a) = \sum_{y \in \Upsilon} f(y|a) r_i(a_i, y)$$

参与者 i 的历史由她自己的行动与过去的公共信号的实现值构成。称她自己过去的行动的序列为参与者 i 的私人历史，用 $h_i^{t'} = (a_{i1}, a_{i2}, \cdots, a_{it-1}) \in A_i^{t-1}$ 表示，其中，$t \geqslant 2$，且有 $h_i^{1'} = \varnothing$。公共信号实现值的序列称为公共历史，简单地用 $h^t = (y_1, y_2, \cdots, y_{t-1}) \in \Upsilon^{t-1}$ 表示，其中，$t \geqslant 2$，且有 $h^1 = \varnothing$。因此，参与者 i 在第 t 期的历史为 $h_i^t = (h^t, h_i^{t'})$。令 $H_i = \bigcup_{t=1}^{\infty} (\Upsilon \times A_i)^{t-1}$，满足 $(\Upsilon \times A_i)^0 = \varnothing$。参与者 i 的（纯）策略 σ_i 是从 H_i 到 A_i 的映射。如果一个策略仅依赖于公共历史 h^t，那么该策略被称为**公共策略**（public strategy）。使用上述阶段支付，我们可用策略 σ 定义期望贴现平均支付。

令 σ^* 为一个公共策略组合。我们定义一组基于公共策略的完美 Bayes 均衡。

定义 21.1.6 如果对任意公共历史 $h^t \in \Upsilon^{t-1}$，$\sigma^*|_{h^t}$ 均会形成从那时起的 Nash 均衡，即，

$$U_i(\sigma^*|_{h^t}) \geqslant U_i(\sigma_i, \sigma_{-i}^*|_{h^t}), \quad \text{对于所有 } \sigma_i \text{ 和 } i$$

那么策略 σ^* 是**完美公共均衡**（perfect public equilibrium，PPE）。

即使公共策略和 PPE 具有某种限制性，它们也能够支持许多支付。首先，我们知道，对于任意纯策略序贯均衡（进而对任何纯策略 Nash 均衡），均存在生成相同均衡结果（分布）的 PPE。因此，如果我们仅对纯策略均衡感兴趣，那么不失一般性地，我们可将注意力放到公共策略和 PPE 上。其次，我们可以在 PPE 中证明无名氏定理。在关于信息结构（$f(y|a)$）的某个假设下，只要参与者们足够有耐心，那么任何可行且个体理性的（内部的）支付就都可在 PPE 中得到支撑。

在不完美公共监控的重复博弈中，我们仍然能够找到与完美监控的重复博弈中所得到的结构类似的递归结构。由于参与者们使用公共策略，所以任何公共信号实现值以后的连续策略仍然是原始博弈的一个 PPE。

像完美监控的情况一样，我们引入两个定义：

定义 21.1.7 如果对所有 $y \in \Upsilon$，$w(y) \in W$，且

$$(1-\delta)u_i(a)+\delta\sum_y f(y|a)w_i(y)$$
$$\geqslant(1-\delta)u_i(a'_i,a_{-i})+\delta\sum_y f(y|a'_i,a_{-i})w_i(y)$$

对所有 $a'_i\in A_i$ 和所有 i 都成立，那么对任意 $W\subset\mathbb{R}^n$，对 $(a,w(\cdot))$ 关于 W 是可行的。

定义 21.1.8 对任意 $W\subset\mathbb{R}^n$，$B(W)$ 是所有 $v\in\mathbb{R}^n$ 的集合，使得存在关于 $W\subset\mathbb{R}^n$ 的可行对 $(a,w(\cdot))$，且

$$v=(1-\delta)u(a)+\delta\sum_y f(y|a)w(y)$$

我们可以证明，几乎所有的完美监控情形的结果在不完美公共监控情形下都继续成立，但这可能需要不同的假设。

例 21.1.2 （带噪声的囚徒困境）假定可观察到的结果在 $Y=\{G,B\}$（好和坏）中，其中

$$f(G|a)=\Pr(G|a)=\begin{cases}p, & \text{如果 } a=(C,C)\\ q, & \text{如果 } a=(C,D)\text{或}(D,C)\\ r, & \text{如果 } a=(D,D)\end{cases}$$

且 $p>q>r$。假设 $p-q>q-r$。支付如下：

$$r_i(a_i,y)=\begin{cases}1+\dfrac{2-2p}{p-q}, & \text{如果}(a_i,y)=(C,G)\\ 1-\dfrac{2p}{p-q}, & \text{如果}(a_i,y)=(C,B)\\ \dfrac{2-2r}{q-r}, & \text{如果}(a_i,y)=(D,G)\\ \dfrac{-2r}{q-r}, & \text{如果}(a_i,y)=(D,B)\end{cases}$$

这意味着期望支付 $u_i(a)$ 由前例中的标准囚徒困境矩阵给出。

推论 如果$\dfrac{1}{2p-q-r}\leqslant\delta\leqslant\dfrac{1}{p+q-2r}$，则集合

$$W=\left\{\frac{\delta r}{1-\delta(p-r)},\frac{1-\delta+\delta r}{1-\delta(p-r)}\right\}^3$$

是自我生成的。

证明 回顾前文，为了实现支付 v，我们需要一个组合 a 和一个从结果到连续支付的映射 $w: \Upsilon \to W$，使得

$$v=(1-\delta)u_i(a)+\delta\sum_y f(y|a)w_i(y)$$

且对所有 $a_i' \neq a_i$，

$$v \geqslant (1-\delta)u_i(a_i', a_{-1})+\delta\sum_y f(y|a_i', a_{-i})w_i(y)$$

根据对称性，我们忽略下标 i。现在令 $v=\dfrac{\delta r}{1-\delta(p-r)}$ 和 $v'=\dfrac{1-\delta+\delta r}{1-\delta(p-r)}$（分别为坏的连续支付和好的连续支付）。为了实现 v，使用组合 (D,D) 和

$$w(y)=\begin{cases} v', & \text{如果 } y=G \\ v, & \text{如果 } y=B \end{cases}$$

我们需要验证：

$$v=(1-\delta)(0)+\delta(1-r)v+\delta r v'$$

$$v \geqslant (1-\delta)(-1)+\delta(1-q)v+\delta q v'$$

第一个等式肯定成立，而第二个不等式当且仅当 $\dfrac{1}{p-r+q-r} \geqslant \delta$ 时成立。

为实现 v'，使用组合 (C,C) 和相同的 $w: \Upsilon \to W$。我们需要验证：

$$v'=(1-\delta)(1)+\delta(1-p)v+\delta p v'$$

$$v' \geqslant (1-\delta)(2)+\delta(1-q)v+\delta q v'$$

第一个条件自然成立，而第二个不等式只有当 $\delta \geqslant \dfrac{1}{p-q+p-r}$ 时才成立。

21.2 动态随机博弈

随机博弈由 Lloyd Shapley (1953) 引入。重复博弈是这种模型的特殊形式。一个 n-参与者的**随机博弈** (stochastic game) 可以概括为一个元组 $\{S, A, p, \delta, u\}$，其中，

- S 是某个 Euclid 空间中的状态空间；

- $A=\times_{i=1}^{n}A_i$，每个 A_i 是参与者 i 的行动空间；
- $p:S\times A\rightarrow[0,1]$ 为转移概率函数；
- $u=(u_1,\cdots,u_n)$，其中，每个 $u_i:S\times A\rightarrow R$ 是参与者 i 的支付函数；
- $\delta=(\delta_1,\cdots,\delta_n)$，其中，每个 $\delta_i\in(0,1)$ 是参与者 i 的贴现因子。

参与者 i 的一般纯策略是一个序列 $\sigma_i=\{\sigma_{it}\}_{t=1}^{\infty}$，其中，$\sigma_{it}$ 规定要在 t 时刻采取的（纯）行动，它是到 t 时刻为止所有状态和行动历史的（Borel-可测）函数。如果到 t 时刻为止的历史被限制在当期状态 $s_t\in S$ 上，则称这种策略是 Markov 的。如果一个 Markov 策略是时间不变的，即 σ_{it} 独立于 t，则称这种策略是平稳 Markov 的。对于无穷期博弈，我们将集中讨论平稳 Markov 策略。令 $\sigma=(\sigma_1,\cdots,\sigma_n)$ 表示 Markov 策略组合，其中，每个 $\sigma_{it}:S\rightarrow A_i$，$t=1,2,\cdots$。

博弈规则如下：在时刻 1，初始状态 $s_1\in S$ 给定。在观察到初始状态后，参与者同时且独立地各自选择他们的行动 $\sigma_{t=1}(s_1)\in A$。参与者 i 收到支付 $u_i(s_1,\sigma_{t=1}(s_1))$，且动态系统根据（累积）概率分布 $p(s_2\mid s_1,\sigma_{t=1}(s_1))$ 由状态 s_1 转变为状态 s_2。在下一回合，$t=2$。观察到当期状态 s_2 后，参与者选择他们的行动 $\sigma_{t=2}(s_2)\in A$。而后参与者收到阶段支付 $u(s_2,\sigma_{t=2}(s_2))$，且动态系统状态再次改变。博弈按此种方式继续下去。

一个平稳 Markov 策略组合 σ 带来的期望贴现平均支付为

$$U_i(s_1;\sigma)=(1-\delta_i)E\Big[\sum_{t=1}^{\infty}\delta_i^{t-1}u_i(s_t,\sigma_t(s_t))|s_1\Big],\quad i=1,\cdots,n$$

其中，期望由行动和转移概率函数 p 所诱导。给定 Markov 策略 σ 和直到 t 时刻的观测历史 s^t，我们定义连续 Markov 策略 $\sigma|_{s^t}$ 为 $\sigma|_{s^t}(\mathcal{T}):S\rightarrow A$，其中，$\sigma|_{s^t}(\mathcal{T})(s_{\mathcal{T}})=\sigma_{t+\mathcal{T}}(s_{t+\mathcal{T}})$，$\mathcal{T}=0,1,\cdots$。给定状态 s_t 和连续策略 $\sigma|_{s^t}$，我们可以用标准方式定义连续值 $U_i(s_t;\sigma^*|_{s^t})$。

定义 21.2.1 如果在任意状态 s_t 和任意历史 s^t 下，都有

$$U_i(s_t;\sigma^*|_{s^t})\geqslant U_i(s_t;(\sigma_i;\sigma_{-i}^*)|_{s^t}),\quad \text{对于所有 } \sigma_i \text{ 和 } i$$

那么我们称 Markov 策略 $\sigma^*=\{\sigma_t^*\}_{t=1}^{\infty}$ 是 **Markov 完美均衡**（Markov perfect equilibrium，MPE）。如果 σ_t^* 独立于 t，则它是平稳 MPE。

在应用时，状态转换通常由下述函数规定：

$$s_{t+1}=f(s_t,a_t)+\varepsilon_{t+1}$$

其中，ε_{t+1}是独立同分布的随机变量。当ε_{t+1}消失时，我们得到确定性的动态博弈。

APS方法可被用于寻找随机博弈的均衡支付集。我们以确定性情形为例。定义Markov完美均衡支付对应为$V^* \equiv \{V_s^*: s\in S\}$。对于重复博弈，APS方法使用定义在集合上的算子。这里我们将使用状态作为集合的指标。令$\mathcal{P}$为所有图像为紧集的对应$W: S \to \mathbb{R}^n$的集合。定义算子$B: \mathcal{P} \to \mathcal{P}$如下：

$$B(W)_s = \bigcup_{(a,w)} \{(1-\delta)u_i(s,a)+\delta w\}$$

满足$w\in Wf_{(s,a)}$和

$$(1-\delta)u_i(s,a)+\delta w \geqslant (1-\delta)u_i(s,a_i',a_{-i})+\delta\mu_{i,f(s,a_i',a_{-i})}$$

其中，

$$\mu_{i,s}=\min\{w_i: w\in W_s\}$$

如果$W\subset B(W)$，则对应W是自我生成的。改编以前所使用的论证，我们可证明B是单调的，且保持紧性。此外，V^*是算子B的最大不动点，且通过重复应用B于任何包括V^*的图像的集合可以得到V^*。

21.3 应用：捕鱼大战

我们考虑Levhari和Mirman（1980）分析的捕鱼大战模型。令x_t表示t时刻鱼的数量。它的变化由下式给出：

$$x_{t+1}=(x_t-c_{1t}-c_{2t})^{\alpha},\quad \alpha\in(0,1) \tag{21.1}$$

其中，c_{it}为国家i在t时刻对鱼的消费量。假定有两个国家捕鱼。每个国家从每期捕的鱼中得到效用，因此都对其现期捕捞的长期影响感兴趣。此外，每个国家在决定自己的捕捞情况时一定会将另一个国家的捕捞情况也纳入考虑。国家i的效用函数如下：

$$\sum_{t=0}^{\infty}\beta_i^t \ln c_{it}$$

我们先求解一个稳定的MPE，其中，对于某个函数f_i，$c_{it}=f_i(x_t)$。首先，给定国家2的策略$c_{2t}=f_2(x_t)$，我们利用动态规划求解国家1的问题：

$$V_1(x_t)=\max_{c_{1t}} \ln c_{1t}+\beta_1 V_1(x_{t+1})$$

满足式（21.1）。猜测

$$V_1(x)=\kappa_1 \ln x+\nu_1$$

其中，κ_1 和 ν_1 为待定系数。然后，我们可推导出一阶条件

$$\frac{1}{c_1}=\frac{\alpha\beta_1\kappa_1}{x-c_1-c_2}$$

类似地，我们猜测国家 2 的值函数具有以下形式：

$$V_2(x)=\kappa_2 \ln x+\nu_2$$

其中，κ_2 和 ν_2 为待定系数。我们也可得到对应的一阶条件：

$$\frac{1}{c_2}=\frac{\alpha\beta_2\kappa_2}{x-c_1-c_2} \tag{21.2}$$

使用以上两个方程，我们可解得

$$c_1=\frac{\beta_2\kappa_2 x}{(1+\alpha\beta_1\kappa_1)\beta_2\kappa_2+\beta_1\kappa_1}$$

$$c_2=\frac{\beta_1\kappa_1 x}{(1+\alpha\beta_2\kappa_2)\beta_1\kappa_1+\beta_2\kappa_2}$$

将这些决策规则代回值函数，我们可解得

$$\kappa_i=\frac{1}{1-\alpha\beta_i}$$

因此，我们得到 MPE：

$$c_1=\frac{\alpha\beta_2(1-\alpha\beta_1)x}{1-(1-\alpha\beta_1)(1-\alpha\beta_2)}$$

$$c_2=\frac{\alpha\beta_1(1-\alpha\beta_2)x}{1-(1-\alpha\beta_1)(1-\alpha\beta_2)}$$

将这个 MPE 代入式（21.1）得出

$$x_{t+1}=\left[\frac{\alpha\beta_1\beta_2 x_t}{\beta_1+\beta_2-\alpha\beta_1\beta_2}\right]^{\alpha}$$

在稳态时，

$$\lim_{t\to\infty} x_t = \bar{x} = \left[\frac{\alpha\beta_1\beta_2}{\beta_1+\beta_2-\alpha\beta_1\beta_2}\right]^{\alpha/(1-\alpha)}$$

接下来，我们转向 Stackelberg 解，其中，在每一期，国家 1 为领导者，而国家 2 为追随者。猜测值函数仍然采用如前所述的形式，但系数取值不同。国家 2 将国家 1 的策略视为给定，然后推导出式（21.2）给出的决策规则。我们得到

$$c_2 = \frac{1}{1+\alpha\beta_2\kappa_2}(x-c_1)$$

将这一规则代入国家 1 的值函数得到

$$\kappa_1 \ln(x) + \nu_1 = \max_{c_1} \ln c_1 + \alpha\beta_1\kappa_1 \ln\left(x - c_1 - \frac{1}{1+\alpha\beta_2\kappa_2}(x-c_1)\right) + \beta_1\nu_1$$

关于 c_1 的一阶条件为

$$\frac{1}{c_1} = \frac{\alpha\beta_1\kappa_1}{x-c_1}$$

因此，

$$c_1 = \frac{x}{1+\alpha\beta_1\kappa_1}$$

将这一规则代回前面的 Bellman 方程，得出 $k_1 = 1/(1-\alpha\beta_1)$，且因此有

$$c_1 = (1-\alpha\beta_1)x$$

国家 2 的消费的解留作练习。

21.4 可信的政府政策

在本节，我们应用 APS 方法来研究政府政策。我们大量采用了 Stokey（1991）与 Ljungqvist 和 Sargent（2004，ch. 22）的内容。我们将关注没有状态变量的情况。Chang（1998）与 Phelan 和 Stacchetti（2001）已经将 APS 方法拓展到私人代理人具有自然状态变量如资本存量的情况，从而他们对政府政策的最佳反应要求跨期 Euler 方程得到满足。在这种情况下，第 21.2 节中的方法是有用的。彻底的分析超出了本书的范围。

□ 21.4.1　单期经济

存在同质家庭的连续统，每个家庭选择行动 $a\in X$。政府选择行动 $y\in \Upsilon$。家庭行动 a 的平均水平表示为 $x\in X$。当代表性家庭选择行动 a、平均家庭选择为 x 和政府选择为 y 时，代表性家庭的效用为 $u(a,x,y)$。函数 u 是严格凹的，且关于 a 连续可微。集合 X 和 Υ 是紧的。

给定 x 和 y，代表性家庭求解问题

$$\max_{a\in X} u(a,x,y)$$

令其解为函数 $a=f(x,y)$。由于所有家庭是同质的，因此在竞争均衡中有 $x=a$。在这种情况下，$x=f(x,y)$，且 $u(x,x,y)=\max_{a\in X}u(a,x,y)$。对每个 $y\in\Upsilon$，令 $x=h(y)$ 表示对应的竞争均衡。令 $C=\{(x,y):x=h(y)\}$ 表示竞争均衡的集合。

政府是仁慈的，故其偏好与家庭偏好一致：$r(x,y)=u(x,x,y)$，对所有 $(x,y)\in X\times\Upsilon$。下述行动时机构成了 **Ramsey 计划**（Ramsey plan）的基础。首先，政府选择 $y\in\Upsilon$。然后，私人部门知道 y 的设定，作为反应会给出一个竞争均衡。在做出 y 的选择时，政府正确预测到经济会给出一个竞争均衡 $x=h(y)$ 作为对 y 的反应。在形式上，Ramsey 问题为 $\max_{y\in\Upsilon}u(h(y),h(y),y)=\max_{(x,y)\in C}u(x,x,y)$。达到 **Ramsey 问题**（Ramsey problem）最大值的政策表示为 y^R。令 $x^R=h(y^R)$。那么，(y^R,x^R) 称为 Ramsey 计划。

行动的时机是很重要的。Ramsey 问题假设政府拥有一种技术允许它先做出选择且不再重新考虑它的行动，这意味着政府必须做出承诺。如果政府可以在家庭选择 x^R 以后重新思考它的行动，则一般来说，它会想要偏离 y^R，因为可能存在 $\alpha\neq y^R$ 使得 $u(x^R,x^R,\alpha)>u(x^R,x^R,y^R)$。这就是 Kydland 和 Prescott（1977）所提出的时间不一致问题。

考虑另一种时间协定，家庭和政府同时进行选择或者家庭先选。不存在承诺。解概念是 Nash 均衡，它描述了政府的相机抉择行为。Nash 均衡 (x^N,y^N) 满足：(1) $(x^N,y^N)\in C$；(2) 给定 x^N，$u(x^N,x^N,y^N)=\max_{y'\in\Upsilon}u(x^N,x^N,y')$。对每个 x，令 $\max_{y'\in\Upsilon}u(x,x,y')$ 的解为 $y=H(x)$，它被称为反应函数或政府的最优反应函数。

令 $v^N=u(x^N,x^N,y^N)$ 和 $v^R=u(x^R,x^R,y^R)$。明显地，$v^N\leqslant v^R$，因为

$$v^N\leqslant \max_{\{(x,y)\in C;\,y=H(x)\}} u(x,x,y)\leqslant \max_{(x,y)\in C} u(x,x,y)=v^R$$

例 21.4.1 考虑 Barro 和 Gordon（1983a，b）的单期经济。政府选择通货膨胀率 π 以最大化目标函数

$$\lambda(y-y_n)-\frac{1}{2}\pi^2$$

满足 Phillips 曲线关系

$$y=y_n+a(\pi-\pi^e)$$

其中，y 为实际产出水平，y_n 为自然产出率，π^e 为私人部门的平均预期通胀率，λ，$a>0$为参数。每个家庭选择它的预期通胀率 ξ，以最小化（$\pi-\xi$）^{2}，从而 $\xi=\pi$。在理性预期均衡中，$\xi=\pi^e$。为了求解 Ramsey 计划，我们首先在给定政策 π 的情况下解出私人预测 $\xi=\pi^e=\pi$。给定此预测，政府选择 π 来求解以上问题，由此得到 $\pi=\pi^e=0$ 和$y=y_n$。为求解 Nash 均衡，政府将 π^e 视为给定，并求解问题。其解为 $\pi=a\lambda>0$，$y=y_n$。因此，$\pi^e=\pi=a\lambda$。Ramsey 结果不是时间一致的，原因在于政策$\pi=0$ 的私人预测为 $\pi^e=0$。在知晓此预测之后，政府将设定 $\pi=a\lambda>0$。

例 21.4.2 考虑摘自 Stokey（1991）的关于货币政策离散选择的例子。政府能够选择 $y_H=100\%$，$y_M=10\%$，以及 $y_L=9\%$作为货币供给的增长率。家庭可以采取行动 x_H、x_M 和 x_L，它们分别是对应高速、中速和低速货币增长率的竞争均衡结果。效用值 $r(x_i,y_j)=u(x_i,x_i,y_j)$ 由下表给出。竞争均衡使用星号标注。

	x_H	x_M	x_L
y_H	0*	−1	1
y_M	7	8*	30
y_L	−1	−1	9.7*

此表表明（x_L,y_L）是 Ramsey 结果，因为给定三个竞争均衡，政府最好的选择为 y_L。这里（x_M,y_M）是 Nash 结果或无承诺结果，因为给定 x_M，政府的最优回应是 y_M。最后一列表明，Ramsey 结果不是时间一致的。给定私人部门对 y_L 的反应 x_L，政府有动机偏离 y_M，从而获得 30。

□ 21.4.2 无限重复的经济

考虑一个永远重复前一期的经济。在 $t\geqslant1$ 的每一期，每个家庭选择 $a_t\in X$，其平均行动 $x_t\in X$，同时，政府选择 $y_t\in Y$。在第 $t\geqslant2$ 期的历史是过去行动的一个序列，$(x^{t-1},y^{t-1})\in X^{t-1}\times Y^{t-1}$，其中，$x^{t-1}=(x_1,\cdots,x_{t-1})$，$y^{t-1}=(y_1,\cdots,y_{t-1})$。当

$t=1$ 时，令 $X_0=Y^0=\varnothing$。家庭的**纯策略**（pure strategy）$\sigma^h=\{\sigma_t^h\}_{t=1}^{\infty}$是函数序列，其定义为

$$\sigma_1^h \in X,\quad \sigma_t^h: X^{t-1}\times Y^{t-1}\to X,\quad t\geqslant 2$$

类似地，政府的纯策略 $\sigma^g=\{\sigma_t^g\}_{t=1}^{\infty}$ 也是一个函数序列，其定义为

$$\sigma_1^g \in Y,\quad \sigma_t^g: X^{t-1}\times Y^{t-1}\to Y,\quad t\geqslant 2$$

我们称 $\sigma=(\sigma^h,\sigma^g)$ 为一个策略组合。一个策略组合导致一条路径 $\{x_t(\sigma),y_t(\sigma)\}_{t=1}^{\infty}$：

$$(x_1(\sigma),y_1(\sigma))=(\sigma_1^h,\sigma_1^g),\quad (x_t(\sigma),y_t(\sigma))=\sigma_t(x(\sigma)^{t-1},y(\sigma)^{t-1})$$

其中，

$$x(\sigma)^{t-1}=(x_1(\sigma),\cdots,x_{t-1}(\sigma)),\quad y(\sigma)^{t-1}=(y_1(\sigma),\cdots,y_{t-1}(\sigma))$$

一个策略组合产生政府和家庭的一对效用值：

$$U^h(\sigma)=(1-\delta)\sum_{t=1}^{\infty}\delta^{t-1}u(x_t(\sigma),x_t(\sigma),y_t(\sigma))$$

$$U^g(\sigma)=(1-\delta)\sum_{t=1}^{\infty}\delta^{t-1}r(x_t(\sigma),y_t(\sigma))$$

策略组合 σ 会诱导出一个连续策略。令$\sigma|_{(x^t,y^t)}$表示一个连续经济的策略组合，在此经济中，第一个时期为 $t+1$，且它是观察到历史 (x^t,y^t) 后的开始。这里，$\sigma|_{(x^t,y^t)}(s)$ 为$\sigma|_{(x^t,y_t)}$的第 s 部分，对于 $s\geqslant 2$，它是把 $X^{s-1}\times Y^{s-1}$映射到 $X\times Y$ 的函数；而对于 $s=1$，它是 $X\times Y$ 中的一个点。正式地说，

$$\sigma|_{(x^t,y^t)}(1)=\sigma_{t+1}(x^t,y^t)$$

$$\sigma|_{(x^t,y^t)}(s+1)(\xi^s,\eta^s)=\sigma_{t+s+1}(x^t,\xi^s;y^t,\eta^s),\quad s\geqslant 1,\quad (\xi^s,\eta^s)\in X^s\times Y^s$$

定义 21.4.1 如果对每个 $t\geqslant 1$ 和每个历史 $(x^{t-1},y^{t-1})\in X^{t-1}\times Y^{t-1}$，均有

(a) 私人部门结果 $x_t=\sigma_t^h(x^{t-1},y^{t-1})$ 在 $y_t=\sigma_t^g(x^{t-1},y^{t-1})$ 时与竞争均衡一致；

(b) 对任意 $\hat{\sigma}^g$，

$$U^g(\sigma|_{x^{t-1},y^{t-1}})\geqslant U^g((\sigma^h,\hat{\sigma}^g)|_{x^{t-1},y^{t-1}})$$

那么策略组合 $\sigma=(\sigma^h,\sigma^g)$ 是无限重复经济的**子博弈完美均衡**。

下述引理与 APS 方法相关。它的证明是根据定义，此处省略。

引理 21.4.1 考虑策略组合 σ，且令相应的第一期的结果为 $x=\sigma_1^h$，$y=\sigma_1^g$。当且仅当

(a) 对每个 $(\xi,\eta)\in X\times Y$，$\sigma|_{(\xi,\eta)}$ 都是一个 SPE，

(b) (x,y) 是竞争均衡，

(c) 对每个 $\eta\in Y$，

$$(1-\delta)r(x,y)+\delta U^g(\sigma|_{(x,y)})\geqslant(1-\delta)r(x,\eta)+\delta U^g(\sigma|_{(x,\eta)})$$

时，组合 δ 是一个 SPE。

这个引理用第一期的竞争均衡结果对 (x,y) 和一对连续值刻画 SPE，这对连续值为：如果遵守政策 y，那么政府在下一期得到的值 $U^g(\sigma|_{(x,y)})$ 以及如果偏离政策 y，那么政府得到的值 $U^g(\sigma|_{(x,\eta)})$，$\eta\neq y$。每个值都必须由某个 SPE 策略支撑。

例 21.4.3 容易验证一期 Nash 均衡的无限重复是一个 SPE。利用触发策略，我们可以用更好的结果来支撑 SPE。我们使用早期分析的 Barro 和 Gordon（1983a，b）模型来阐述这一观点。假定例 21.4.1 中的单期经济永远重复进行。政府的目标函数为

$$(1-\delta)\sum_{t=1}^{\infty}\delta^{t-1}\left[\lambda(y_t-y_n)-\frac{1}{2}\pi_t^2\right]$$

Phillips 曲线关系为

$$y_t=y_n+a(\pi_t-\pi_t^e)$$

考虑什么范围内的通胀率 π 可由下述触发策略支撑：在政府做出偏离行动之前，它每一期都选择 π。如果它偏离行动，则私人部门的预期通胀率将永远等于 λa。很明显，对所有 t，$\pi_t=\pi_t^e=\lambda a$ 是一个 Nash 均衡，因此它是一个 SPE。为使前述触发策略为一个 SPE，以下不等式必须成立：

$$-\frac{1}{2}\pi^2\geqslant(1-\delta)\left[\lambda a(\varepsilon-\pi)-\frac{1}{2}\varepsilon^2\right]+\delta\left(-\frac{1}{2}(\lambda a)^2\right),\quad 对于所有\ \varepsilon$$

其中，不等式左边给出了政府永远选择 π 的支付，而右边则为政府通过选择 $\varepsilon\neq\pi$ 而偏离行动的支付。很明显，最有利的偏离为 $\varepsilon=\lambda a$。于是，我们可证明

$$(1-2\delta)\lambda a\leqslant\pi\leqslant\lambda a,\quad 对于\ 0<\delta<0.5$$

因此，任何处于上述范围的通胀率都可作为由触发策略支持的一个 SPE。δ 越大，

这一范围越大。

□ 21.4.3 均衡值集合

为了支持更好的结果，恢复 Nash 均衡可能不会太差。在这种情况下，我们可能对寻找比 Nash 均衡更差的惩罚感兴趣。作为结果，我们想要找到均衡值的整个集合。令

$$V=\{U^g(\sigma):\sigma\text{ 是一个 SPE}\}$$

现在，我们使用 APS 方法，并定义下述概念。

定义 21.4.2 令 $W\subset\mathbb{R}$。如果（a）$(x,y)\in C$，（b）$w:X\times\Upsilon\to W$，（c）

$$(1-\delta)r(x,y)+\delta w(x,y)\geqslant(1-\delta)r(x,y')+\delta w(x,y'),\quad y'\in\Upsilon$$

那么元组 $(x,y,w(\cdot))$ 关于 W 是可行的。

定义 21.4.3 对于 $W\subset\mathbb{R}$，令 $B(W)$ 为关于可行元组 (x,y,w) 的可能值 $v=(1-\delta)r(x,y)+\delta w(x,y)$ 的集合。

定义 21.4.4 如果 $W\subset B(W)$，那么集合 W 是自我生成的。

然后我们会得到以下结果：

引理 21.4.2 算子 W 是单调的且保持紧性。

引理 21.4.3 （自我生成）如果 $W\subset\mathbb{R}$ 是有界且自我生成的，则 $B(W)\subset V$。

证明 我们模仿引理 21.1.2 的证明。选择 $v\in B(W)$。存在可行元组 (x_1,y_1,w_1) 使得 $(x_1,y_1)\in C$，$w_1:X\times\Upsilon\to W$，

$$v=(1-\delta)r(x_1,y_1)+\delta w_1(x_1,y_1)\geqslant(1-\delta)r(x_1,y')+\delta w_1(x_1,y'),\quad y'\in\Upsilon$$

令 $\sigma_1=(x_1,y_1)$。由于 $W\subset B(W)$，所以对每个 $(x_1,y_1)\in C$，均有 $w_1(x_1,y_1)\in B(W)$，且存在可行元组 $(x_2(x_1,y_1),\ y_2(x_1,y_1),\ w_2(\cdot|x_1,y_1))$ 使得

$$\begin{aligned}w_1(x_1,y_1)=&(1-\delta)r(x_2(x_1,y_1),y_2(x_1,y_1))\\&+\delta w_2(x_2(x_1,y_1),y_2(x_1,y_1)|x_1,y_1)\end{aligned}$$

在 $t=2$ 时成立。以这种方式继续下去，我们可构造策略组合 $\sigma=\{\sigma_t\}_{t=1}^{\infty}$，使得 $\sigma_t^h(x^{t-1},y^{t-1})=x_t(x^{t-1},y^{t-1})$ 和 $\sigma_t^g(x^{t-1},y^{t-1})=y_t(x^{t-1},y^{t-1})$ 对任意历史 $(x^{t-1},y^{t-1})\in X^{t-1}\times\Upsilon^{t-1}$ 都成立。我们断言 $U^g(\sigma)=V$ 且 σ 是一个 SPE。

由引理 21.4.1，$V\subset B(W)$。将它与上述引理结合，我们可得到：

定理 21.4.1 $V=B(V)$，V 是 B 的最大不动点。

使用之前的结果，我们可以设计下列算法来找到集合 V。

第 1 步 我们从大集合 $W_0=[w_{\min}^0, w_{\max}^0]\supset V$ 开始，其满足 $B(W_0)\subset W_0$。例如，取

$$w_{\min}^0=\min_{(x,y)\in C} r(x,y), \quad w_{\max}^0=\max_{(x,y)\in C} r(x,y)$$

第 2 步 计算集合 $B(W_0)=[w_{\min}^1, w_{\max}^1]$ 的边界。数值 $w_{\max}^1$ 是下述问题的解：

$$w_{\max}^1=\max_{(x,y)\in C}(1-\delta)r(x,y)+\delta w_{\max}^1$$

满足

$$(1-\delta)r(x,y)+\delta w_{\max}^1\geqslant(1-\delta)r(x,y')+\delta w_{\min}^1, \quad 对于所有\ y'\in \Upsilon$$

数值 $w_{\min}^1$ 是下述问题的解：

$$w_{\min}^1=\min_{(x,y)\in C,(w_1,w_2)\in[w_{\min}^0, w_{\max}^0]^2}(1-\delta)r(x,y)+\delta w_1$$

满足

$$(1-\delta)r(x,y)+\delta w_1\geqslant(1-\delta)r(x,y')+\delta w_2, \quad 对于所有\ y'\in \Upsilon$$

第 3 步 构造出 $W_1=B(W_0)\subset W_0$ 之后，继续迭代可生成一个紧集 $W_{j+1}=B(W_j)\subset W_j$ 的递减序列。不断迭代，直到集合收敛。

在下一节我们将给出来自 Stokey（1991）与 Ljungqvist 和 Sargent（2004）的无迭代算法。

□ 21.4.4 最好的和最差的 SPE 值

本小节通过对 Abreu（1988）、Stokey（1991）的内容进行调整，刻画了所有 SPE 路径。令 (x,y) 为一条结果路径，其中，$x=(x_1,x_2,\cdots)$，$y=(y_1,y_2,\cdots)$。给定这条路径，定义政府从第 t 期开始的支付为

$$U_t^g(x,y)=(1-\delta)\sum_{s=t}\delta^{s-t}r(x_{t+s},y_{t+s})$$

命题 21.4.1 令 $v_{\min}$ 为 V 中最小的均衡支付，并假定存在一个 SPE 策略支撑这一支付。当且仅当对所有 $t\geqslant 1$，

$$U_t^g(x,y)\geqslant(1-\delta)r(x_t,y'_t)+\delta v_{\min}, \quad y'_t\in \Upsilon$$

时，路径 (x,y) 是一个 SPE。

证明留作练习。如果 $v_{\min}$ 可被计算，则上述命题可被用于构造 SPE 结果路径和支付的整个集合。接下来的任务是找到构造 SPE 的方法，其中该 SPE 具有一条达到 $v_{\min}$ 的均衡结果路径。它具有**自我强化的**（self-enforcing）令人感到惊奇的性质。

令 (x,y) 为一条结果路径，且令 $(\sigma^h(x,y),\sigma^g(x,y))$ 为一种具有下述性质的策略：

- 从执行 $\{x_t,y_t\}$ 开始。
- 如果政府偏离了它所处的路径，则重新从路径 $\{x_t,y_t\}$ 开始。

如果 $(\sigma^h(x,y),\sigma^g(x,y))$ 是一个 SPE，则称 (x,y) 为**自我强化的 SPE 路径**（self-enforcing SPE path）。下面的结果给出了自我强化的路径的特征。

命题 21.4.2 当且仅当

$$U_t^g(x,y)\geqslant(1-\delta)r(x_t,y_t')+\delta U_1^g(x,y),\quad y_t'\in\Upsilon$$

时，路径 (x,y) 是一条自我强化的 SPE 路径。

由此立刻可得到推论：

命题 21.4.3 令 $(\underline{x},\underline{y})$ 为与支持最差均衡支付 $v_{\min}$ 的 SPE 策略相关的路径，则 $(\underline{x},\underline{y})$ 是自我强化的。

由前面的结果，我们可计算出最差的 SPE 值如下：

$$v_{\min}=\min_{y\in\Upsilon,\, v_1\in V}(1-\delta)r(h(y),y)+\delta v_1$$

满足

$$(1-\delta)r(h(y),y)+\delta v_1\geqslant(1-\delta)r(h(y),H(h(y)))+\delta v_{\min}$$

其中，我们使用了最差的 SPE 作为偏离事件的连续值。约束必须是紧的，使得我们可计算出

$$v_{\min}=\min_{y\in\Upsilon}r(h(y),H(h(y)))$$

但我们必须验证解 $v_1\in V$。为检验这一条件，我们需要知道 $v_{\max}$。

有关 $v_{\max}$ 的计算利用了它是自我奖励的事实：当政府遵从规定的均衡策略时，最好的 SPE 具有连续值 $v_{\max}$。因此，$v_{\max}$ 是下述问题的解：

$$v_{\max}=\max_{y\in\Upsilon}r(h(y),y)$$

满足

$$r(h(y),y)\geqslant(1-\delta)r(h(y),H(h(y)))+\delta v_{\min}$$

最后，我们必须检验支持最差取值的 v_1 在均衡集合 $[v_{\min},v_{\max}]$ 内。如果 v_1 不在前面计算的集合 $[v_{\min},v_{\max}]$ 内，那么我们必须调整集合。为了看到这种情况是如何发生的，我们对某个 $y_{\min}$ 计算

$$v_{\min}=r(h(y_{\min}),H(h(y_{\min})))$$

同时，对于此 $y_{\min}$，连续值 $v_{\min}$ 满足

$$(1-\delta)r(h(y_{\min}),y_{\min})+\delta v_1=(1-\delta)r(h(y_{\min}),H(h(y_{\min})))+\delta v_{\min}$$

求解 v_1 可得

$$v_1=\frac{1-\delta}{\delta}[r(h(y_{\min}),H(h(y_{\min})))-r(h(y_{\min}),y_{\min})]+v_{\min}$$

对于较小的贴现因子，v_1 可能超过 $v_{\max}$。

为解决这一问题，我们用 $v_{\max}$ 来奖励对最差情况的坚持。令 $v_1=v_{\max}$，我们使用下述四个方程来求解 $v_{\max}$、$v_{\min}$、$y_{\max}$ 和 $y_{\min}$：

$$v_{\min}=r(h(y_{\min}),\ H(h(y_{\min})))$$

$$v_{\max}=\frac{1-\delta}{\delta}[r(h(y_{\min}),\ H(h(y_{\min})))-r(h(y_{\min}),y_{\min})]+v_{\min}$$

$$v_{\max}=r(h(y_{\max}),y_{\max})$$

$$r(h(y_{\max}),y_{\max})=(1-\delta)r(h(y_{\max}),\ H(h(y_{\max})))+\delta v_{\min}$$

例 21.4.4 考虑例 21.4.2 中的无限重复经济。假设贴现因子为 $\delta=0.9$。我们能否在 SPE 中找到支持 Ramsey 结果（x_L,y_L）的策略？考虑路径（x,y），其中，$x=(x_H,x_M,x_M,\cdots)$，$y=(y_H,y_M,y_M,\cdots)$。这个策略是自我实现的SPE 策略，因为返回自身就足以惩罚政府的偏离。这一策略的支付为$0+0.9\times 8/(1-0.9)=72$。若在第一期偏离到 y_M，而后恢复此策略，则它的支付为 $7+0.9\times 72=71.8$，这是一个较差的结果。通过定义下述策略，可使用这条路径支撑 Ramsey 结果：

(a) 第一期执行 Ramsey 结果（x_L,y_L）。

(b) 如果政府偏离了这条路径或任何所处路径，从上述定义的路径（x,y）开始。

通过偏离一期而后回归（x,y），政府的支付为 30＋0.9×72＝94.8。因为此数值小于 Ramsey 结果的支付 97，所以 Ramsey 结果是一个由此策略支撑的 SPE 结果。

□ 21.4.5 递归策略

本节使用连续值作为状态变量刻画递归策略。

定义 21.4.5 如果存在函数元组 $\phi=(z^h,z^g,\mathcal{V})$ 和初始条件 v 满足以下结构：

$$x_t=z^h(v_t),\quad y_t=z^g(v_t),\quad v_{t+1}=\mathcal{V}(v_t,x_t,y_t)$$

其中，$v_1=v\in\mathbb{R}$ 给定，那么家庭和政府沿用递归策略。

当且仅当 $v\in V$，且（a）$(z^h(v),z^g(v))\in C$，（b）对所有 $y\in\Upsilon$，$\mathcal{V}(v,z^h(v),y)\in V$，和（c）对每个 $y\in\Upsilon$，均有

$$\begin{aligned}v&=(1-\delta)r(z^h(v),z^g(v))+\delta\mathcal{V}(v,z^h(v),z^g(v))\\&\geqslant(1-\delta)r(z^h(v),y)+\delta\mathcal{V}(v,z^h(v),y)\end{aligned}$$

时，递归策略（ϕ,v）是一个 SPE。

现在我们研究两个递归策略的例子。

例 21.4.5 （触发策略支撑一个优于 Nash 的结果）令 $v^b=r(x^b,y^b)$ 为无限重复（x^b,y^b）的支付。假定 $v^b>v^N=r(x^N,y^N)$。如例 21.4.1 所示，我们可以构造以下 SPE 来支持 v^b：

$$v^1=v^b$$

$$z^h(v)=\begin{cases}x^b, & \text{如果 } v=v^b\\ x^N, & \text{其他}\end{cases}$$

$$z^g(v)=\begin{cases}y^b, & \text{如果 } v=v^b\\ y^N, & \text{其他}\end{cases}$$

$$\mathcal{V}(v,x,y)=\begin{cases}v^b, & \text{如果}(v,x,y)=(v^b,x^b,y^b)\\ v^N, & \text{其他}\end{cases}$$

例 21.4.6 （胡萝卜加大棒策略支撑一个差于 Nash 的结果；Abreu，1988）“大棒”部分为结果（x^*,y^*）$\in C$，它差于（x^N,y^N）。“胡萝卜”部分为 Ramsey 结果（x^R,y^R），当政府在惩罚的第一期接受大棒以后，它将永远获得这一结果。

Abreu 提出：取偏离的连续值为 $\tilde{v}$，为了支持第一期结果（x^*,y^*）和获得值

第21章 动态博弈

$$\tilde{v}=(1-\delta)r(x^*,y^*)+\delta v^R \geqslant (1-\delta)r(x^*,H(x^*))+\delta\tilde{v}$$

相关的 SPE 策略由下式给出：

$$v^1=\tilde{v}$$

$$z^h(v)=\begin{cases} x^R, & \text{如果 } v=v^R \\ x^*, & \text{其他} \end{cases}$$

$$z^g(v)=\begin{cases} y^R, & \text{如果 } v=v^R \\ y^*, & \text{其他} \end{cases}$$

$$\mathcal{V}(v,x,y)=\begin{cases} v^R, & \text{如果}(x,y)=(z^h(v),z^g(v)) \\ \tilde{v}, & \text{其他} \end{cases}$$

如果“大棒”部分足够严厉，那么这一策略会使我们得到一个比重复 Nash 更差的值。如果政府偏离了糟糕的第一期规定政策 y^*，则惩罚是重新开始均衡。这一均衡是自我实现的。

21.5 习题

1. 给定假设 A 是紧的，证明命题 21.1.2。

2. 证明引理 21.1.4。

3. 考虑捕鱼大战模型。在线性 Stackelberg 均衡中求解国家 2 的均衡消费。

4. 证明第 21.4.4 节中的三个命题。

5. 考虑例 21.4.2。令 $\delta=0.88$。证明路径 (x,y) 仍然是自我强化的，但它不再支持 Ramsey 路径作为均衡路径。

6. 令 $X=\{x_L,x_H\}$ 和 $Y=\{y_L,y_H\}$。对单期经济来说，当 $a_i=x_i$ 时，政府支付由 $u(x_i,x_i,y_j)$ 给出，其取值如下表所示：

	x_L	x_H
y_L	0^*	15
y_H	1	10^*

竞争均衡用星号标注。

(a) 找出 Ramsey 计划。

(b) 证明单期经济不存在纯策略 Nash 均衡。

（c）考虑这个经济的无限重复形式。找出关于最差 SPE 的政府取值。找出对应的结果路径。

（d）假设贴现因子为 $\delta=0.9$。确定 Ramsey 结果的无限重复是否足以支持一个子博弈完美均衡。如果答案为“是”，给出相关的子博弈完美均衡。

（e）找出与最好的子博弈完美均衡相关的政府取值。

（f）找出最小的贴现因子取值，使得 Ramsey 结果的重复是一个子博弈完美均衡。

第 22 章

递归合约

本章目标

由于信息不对称或**有限承诺**（limited commitment），激励问题经常出现在合约关系中。例如，企业所有者雇用经理之后，所有者可能无法观察到经理的努力程度。经理可能会偷懒从而使企业所有者蒙受损失。这种情况被称为**隐藏行动**（hidden action）。在另一个例子中，经理比企业所有者拥有更多关于投资机会的信息。为了私利，经理可能隐藏这些信息。这种情况被称为**隐藏信息**（hidden information）。即使没有信息不对称，在存在合约不完备执行的情况下，缔约双方也可能因有限承诺而违约。这种情况也会导致效率损失。

预计到上述问题，缔约双方可以设法设计一份合约以减轻这些问题。我们称合约设计问题为**委托代理问题**（principal-agent problem）。本章的目的是在动态框架下研究这类问题。这个问题的技术困难在于如何递归地对历史进行编码，以及如何通过保留记忆并做出承诺的合约来管理激励问题。历史是高度多维的，不能作为状态变量直接管理。Spear 和 Srivastava（1987）、Thomas 和 Worrall（1988，1990），以及 Abreu、Pearce 和 Stacchetti（1990）发现，对于某些问题，历史可由一维状态变量连续值或者承诺值来概括。使用此类状态变量使我们可以递归地提出动态合约设计问题。

读者可以参考 Ljungqvist 和 Sargent（2004）的第五部分了解与本章高度相关的对递归合约的处理，同时可参考 Laffont 和 Martimort（2002）以及 Bolton 和 Dewatripont（2005）关于合约理论的更全面的阐释。

22.1 有限承诺

我们从完全信息的合约问题开始。由于合约不能被完备执行，缔约双方或其中一方可能违约和接受外部选择。为了简单起见，我们集中讨论“单边有限承诺”的情况，即只有代理人可以在任意时刻背约，但是委托人具有完全承诺。[①] 最优合约是自我实现的，因为在均衡时代理人会更乐于遵守它，从而永远不会违约。

我们将给出一个模型，它是紧密参照 Ljungqvist 和 Sargent（2004）的第 19 章及 Zhang（2012）中的模型建立的。[②] 这样，我们将考虑一个风险中性委托人与风险厌恶代理人之间的风险分担问题。代理人收到随机禀赋流 $\{y\}_{t=0}^{\infty}$。每个 y_t 在集合 $\{\theta_1,\theta_2,\cdots,\theta_n\}$ 中取值。假定 $\{y_t\}$ 服从转移概率为 $\pi(y'|y)$ 的 Markov 过程，对任意 y，$y'\in\{\theta_1,\theta_2,\cdots,\theta_n\}$。代理人不能借款或储蓄，仅能与委托人进行交易。委托人可在无风险贷款市场以总利率 $R=1/\beta$ 进行借贷。在不存在激励问题的情况下，风险中性的委托人应给风险厌恶的代理人完全保险，从而使代理人在每一期均得到不变的消费量。然而，有限承诺的存在阻止了最优合约解的发生。

假定在观察到禀赋实现值 $y_0,y_1,\cdots,y_t$ 之后，代理人在每个时刻 t 都可以背约并取得外部值 $U_d(y_t)$。常用的假设是外部值等于自给自足价值：

$$U_d(y_t)=E_t\Big[\sum_{s=t}^{\infty}\beta^{s-t}u(y_s)\Big]$$

其中，u 为代理人的当期效用，β 为代理人和委托人的共同贴现因子。假设 u 二阶连

① 双边有限承诺模型可参考 Thomas 和 Worrall（1988）、Kocherlakota（1996），以及 Ljunqvist 和 Sargent（2004）。

② Ljungqvist 和 Sargent（2004）集中讨论了独立同分布情形。这里我们则考虑一般 Markov 情形。

续可微、严格凹，且满足通常的 Inada 条件。

现在给出最优合约问题如下：

$$\max_{\{c_t\}_{t\geqslant 0}} E\sum_{t=0}^{\infty}\beta^t(y_t-c_t)$$

满足

$$E\sum_{j=0}^{\infty}\beta^j u(c_{t+j})\geqslant U_d(y_t) \tag{22.1}$$

$$E\sum_{T=0}^{\infty}\beta^t u(c_t)\geqslant v_0 \tag{22.2}$$

其中，$v_0\geqslant U_d(y_0)$ 为代理人的初始外部选择值。式（22.1）和式（22.2）分别给出了激励约束与参与约束。激励约束确保了代理人在最优合约中永远不会违约。

我们介绍两种方法来求解这个问题，同时给出对最优合约的刻画。

□ 22.1.1 动态规划方法

第一种方法是以递归形式写出上述合约问题，然后使用动态规划理论。关键之处在于选择代理人的承诺值（或者连续值）作为状态变量。Bellman 方程为

$$P(\theta_i,v)=\max_{c,\{w_j\}_{j=1}^n}\theta_i-c+\beta\sum_{j=1}^{n}\pi(\theta_j\,|\,\theta_i)P(\theta_j,w_j)$$

满足

$$w_j\geqslant U_d(\theta_j),\quad j=1,\cdots,n \tag{22.3}$$

$$u(c)+\beta\sum_{j=1}^{n}\pi(\theta_j\,|\,\theta_i),\quad w_j\geqslant v \tag{22.4}$$

这里 P 为委托人的值函数，v 为代理人的当期承诺值，w_j 则为下一期在状态 j 下的承诺值。式（22.3）与式（22.4）分别给出了激励约束和参与约束，后者通常也被称为**信守承诺约束**（promise-keeping constraint）。

我们可以证明，约束集是凸集，且值函数 P 关于 v 是凹函数。构造 Lagrange 函数：

$$\begin{aligned}L=&\ \theta_i-c+\beta\sum_{j=1}^{n}\pi(\theta_j\,|\,\theta_i)P(\theta_j,w_j)+\sum_{j=1}^{n}\lambda_j(w_j-U_d(\theta_j))\\&+\mu\Big[u(c)+\beta\sum_{j=1}^{n}\pi(\theta_j\,|\,\theta_i)w_j-v\Big]\end{aligned}$$

一阶条件为

$$c: u'(c)=\frac{1}{\mu} \tag{22.5}$$

$$w_j: \beta\pi(\theta_j|\theta_i)p_2(\theta_j,w_j)+\lambda_j+\mu\beta\pi(\theta_j|\theta_i)=0 \tag{22.6}$$

由于 $u'>0$，因此 $\mu>0$，进而信守承诺约束总是紧的。包络条件由下式给出：

$$P_v(\theta_i,v)=-\mu \tag{22.7}$$

然后，我们得到

$$u'(c)=-\frac{1}{P_v(\theta_i,v)} \tag{22.8}$$

由式（22.6）与式（22.7）可知，

$$P_v(\theta_j,w_j)=P_v(\theta_i,v)-\frac{\lambda_j}{\beta\pi(\theta_j|\theta_i)} \tag{22.9}$$

状态（$\lambda_i>0$） 在这种情况下，激励约束在状态 i 下是紧的，因此，下一期的承诺值为 $w_i=U_d(\theta_i)$。由式（22.8），状态 i 的下一期消费满足：

$$u'(c_i)=-\frac{1}{P_v(\theta_j,w_i)}$$

因此，c_i 和 w_i 都将仅依赖于 θ_i，且都独立于历史。这一性质即 Kocherlakota（1996）所说的健忘症。我们可将解写为

$$c_i=f_1(\theta_i),\quad w_i=U_d(\theta_i)>v$$

对某个函数 f_1 成立。

状态（$\lambda_i=0$） 在这种情况下，激励约束在状态 i 下不是紧的。方程（22.9）表明：$w_i=v$。因此，下一期消费 c_i 也满足式（22.8），且等于当期消费 c。我们把这个方程的解写为

$$c_i=f_2(\theta_i,v)=c$$

对某个函数 f_2 成立。

最优合约 结合以上两种情况，我们得到下一期消费和连续值的最优政策函数：

$$c=\max\{f_1(y),f_2(y,v)\},\quad w=\max\{U_d(y),v\}$$

一旦对每个 j 我们均获得 w_j，那么我们就可使用式（22.4）求解初始消费。由上式

可知，存在边界 $y^d(v)$ 使得 $U_d(y^d(v))=v$，且对于 $y>y^d(v)$，激励约束是紧的。我们现在可以这样刻画最优合约：在任意时刻 t，给定 $v_t \geqslant U_d(y_t)$ [即 $y_t \leqslant y^d(v_t)$] 和禀赋实现值 y_t，委托人为代理人提供 $c_t=f_2(y_t, v_t)$。如果 $y_{t+1} \leqslant y^d(v_t)$，则委托人为代理人提供 $c_{t+1}=f_2(y_{t+1}, v_t)$，且保持承诺值不变，即 $v_{t+1}=v_t$。因此，委托人为代理人提供了 $y_{t+1} \leqslant y^d(v_t)$ 状态下的保险。如果 $y_{t+1}>y^d(v_t)$，则激励约束在 y_{t+1} 处是紧的，故而委托人被迫诱使代理人放弃其部分当期禀赋以换取提高的承诺效用 $v_{t+1}=U_d(y_{t+1})>v_t$。委托人为代理人提供 $c_{t+1}=f_1(y_{t+1})>f_2(y_{t+1}, v_t)>c_t$。承诺值永远不会减小。它们在低禀赋状态下保持不变，在高禀赋状态下增加，而这可能违反激励约束。当激励约束不紧时，消费保持不变；当激励约束紧时，消费会增加。因为为了推出最优消费政策，我们需要知道值函数 P，所以我们通常需要借助数值方法来求解最优合约。

□ 22.1.2 Lagrange 方法

Marcet 和 Marimon（1992，2011）提出了一种 Lagrange 方法，使用激励约束的 Lagrange 乘子来保持承诺。他们的方法推广了 Kydland 和 Prescott（1980）的早期研究，并于近期被 Messner、Pavoni 和 Sleet（2011，2012）推广了。

现在，我们使用 Marcet 和 Marimon 方法来求解前面的合约问题。构造 Lagrange 函数如下：

$$L=E\sum_{t=0}^{\infty}\beta^t(y_t-c_t)+E\sum_{t=0}^{\infty}\beta^t\alpha_t\left(E_t\left[\sum_{s=t}^{\infty}\beta^{s-t}u(c_s)\right]-U_d(y_t)\right)$$
$$+\phi\left(E\left[\sum_{t=0}^{\infty}\beta^t u(c_t)\right]-v_0\right)$$

其中，$\beta^t\alpha_t$ 为关于 t 时刻激励约束的 Lagrange 乘子，ϕ 为关于初始参与约束的 Lagrange 乘子。递归地定义序列 $\{\mu_t\}$ 如下：

$$\mu_t=\mu_{t-1}+\alpha_t, \quad \mu_{-1}=0 \tag{22.10}$$

然后，把上述 Lagrange 函数重新写为

$$L=E\sum_{t=0}^{\infty}\beta^t[(y_t-c_t)+(\mu_t+\phi)u(c_t)-(\mu_t-\mu_{t-1})U_d(y_t)]-\phi v$$

对于给定的值 v，我们寻找鞍点：关于 $\{c_t\}$ 的最大值以及关于 $\{\mu_t\}$ 和 ϕ 的最小值。关于 c_t 的一阶条件为

$$u'(c_t)=\frac{1}{\mu_t+\phi},$$

它是式（22.8）的一种形式。因此，$-(\mu_t+\phi)$ 等于 $p_v(y_t,v_t)$，进而乘子包含了委托人值函数偏导中所包含的信息。我们也有互补松弛性条件：

$$E_t\Big[\sum_{s=t}^{\infty}\beta^{s-t}u(c_s)\Big]-U_d(y_t)\geqslant 0\text{（如果 }\alpha_t>0\text{，则等式成立）}$$

$$E\Big[\sum_{t=0}^{\infty}\beta^t u(c_t)\Big]=v_0$$

前面的三个等式与运动法则（22.10）共同刻画了最优合约的解。

由于互补松弛性条件包含了未来内生变量 $\{c_{t+j}\}$ 的条件期望，上述方程的数值解变得很复杂。Marcet 和 Marimon（1992）使用期望参数化方法来解决这一问题，即，使用状态变量的参数化函数代替条件期望。Kehoe 和 Perri（2002）在具有有限承诺的国际贸易模型中应用了这种方法。

□ 22.1.3 另一种刻画

Zhang（2012）基于一种停止方法给出了对前述合约问题中最优合约的另一种刻画。他的方法依赖于这样的观察，即最优消费采取下述递归形式：

$$c_t=\max\{c_{t-1},h(y_t)\},\quad t\geqslant 1 \tag{22.11}$$

对某个函数 h 成立。通过之前的分析可知，当且仅当激励约束在 t 时刻是紧的时，消费增加 $c_t>c_{t-1}$。如果约束是紧的，则时刻 t 的连续值等于 $U_d(y_t)$，且 $c_t=h(y_t)$。目标是刻画函数 h，Zhang（2012）称之为最小消费函数。

对于停时 $\mathcal{T}\geqslant 1$，令 $d_i(\mathcal{T})$ 为满足下式的消费水平：

$$E\Big[\sum_{t=0}^{\mathcal{T}-1}\beta^t u(d_i(\mathcal{T}))\mid y_0=\theta_i\Big]=U_d(\theta_i)-E[\beta^{\mathcal{T}}U_d(y_{\mathcal{T}})\mid y_0=\theta_i]$$

这一等式表明，在 $\mathcal{T}$ 时刻与 0 时刻，激励约束是紧的，但 0 时刻到 $\mathcal{T}-1$ 时刻之间的消费等于常数 $d_i(\mathcal{T})$。定义最小消费函数为

$$h(\theta_i)=\inf_{\mathcal{T}\geqslant 1} d_i(\mathcal{T})$$

这种构造的直觉如下：如果 $h(\theta_i)$ 不是最小的，则为了放松 $\mathcal{T}$ 时刻的激励约束，委托人可以将 0 时刻的一些消费移动到 $\mathcal{T}-1$ 时刻。通过选择 $\mathcal{T}$ 最小化从第 0 期到第 $\mathcal{T}-1$ 期的平均消费，委托人可以实现可行的最多的消费平滑。将式（22.11）中的

$\{c_t\}_{t\geqslant 1}$代入初始紧的参与约束（22.2），我们可求得 c_0 的唯一解，用 $c_0(v_0, y_0)$ 表示。

Zhang（2012）证明了 $c_0(U_d(\theta_i), \theta_i)=h(\theta_i)$。因此，当 $v_0>U_d(\theta_i)$ 时，$c_0(v_0, \theta_i)>h(\theta_i)$。他也证明了：如果 $y_0=\theta_i$，$v_0\geqslant U_d(\theta_i)$，且 $c_0=g(v_0, \theta_i)$，那么由式（22.11）定义的 $\{c_t\}_{t\geqslant 1}$ 与 c_0 一起给出了最优消费过程。基于这一特征，Zhang（2012）提出了一种相比基于值函数迭代或 Lagrange 处理的数值方法更有效的数值方法。

22.2 隐藏行动

在上一节，我们假设不存在信息不对称。由于有限承诺，会产生激励问题。在下面两节，我们假设存在信息不对称，但承诺是完全的。通过给出标准代理模型的无限重复形式（例如，参见 Holmstrom，1979），我们从隐藏行动的情形开始。动态代理模型难以分析，这是由于合约的历史依赖性使得递归处理变得困难。Spear 和 Srivastava（1987）在此类模型中取得了重大突破。我们下面介绍他们的模型。

委托人拥有生产技术并同一个代理人签约操作这项技术。在时刻 $t\geqslant 0$，代理人选择努力程度 $a_t\in A=[a_{\min}, a_{\max}]$。那么，产出 y_t 抽自概率密度函数为 $f(y|a_t)$ 的固定分布。对于任意固定的行动，产出跨时服从独立同分布。委托人在 t 时刻向代理人支付 c_t 作为报酬。他在 t 时刻的时期效用为 $v(y_t-c_t)$，而代理人在 t 时刻的时期效用为 $u(c_t, a_t)$。为了引入道德风险，我们假设委托人仅能观察到过去和当期的产出，但是不能观察到代理人的努力程度。令 $y^t=\{y_0, y_1, \cdots, y_t\}$ 表示已实现的产出历史。合约在 t 时刻的报酬仅取决于 y^t，它由 $c_t=c(y^t)$ 给出，其中，c 为某个函数。代理人的努力程度选择 a_t 取决于 y^{t-1}，并由 $a_t=a(y^{t-1})$ 给出，其中，a 为某个函数。令 $a(y^{-1})=a_0$。

给定 $(c, a)=\{(c(y^t), a(y^{t-1}))$：所有 $y^t\}$，我们可以对每个历史 y^t 递归地构造一个概率分布序列 $\{\pi(y^t; a)\}$ 如下：

$$\mathrm{d}\pi(y^0; a)=f(y_0|a_0)\mathrm{d}y_0$$

$$\mathrm{d}\pi(y^{t+1}; a)=f(y_{t+1}|a(y^t))\mathrm{d}\pi(y^t; a)\mathrm{d}y_{t+1}, \quad t\geqslant 0$$

假设委托人与代理人具有相同的主观贴现因子 β。

我们正式提出动态合约问题如下：

$$\max_{(c,a)}\sum_{t=0}^{\infty}\beta^t\int v(y_t-c(y^t))\mathrm{d}\pi(y^t;a)$$

满足

$$\sum_{t=0}^{\infty}\beta^t\int u(c(y^t),a(y^{t-1}))\mathrm{d}\pi(y^t;a) \tag{22.12}$$

$$\geqslant\sum_{t=0}^{\infty}\beta^t\int u(c(y^t),\hat{a}(y^{t-1}))\mathrm{d}\pi(y^t;\hat{a}),\forall\hat{a}$$

$$\sum_{t=0}^{\infty}\beta^t\int u(c(y^t),a(y^{t-1}))\mathrm{d}\pi(y^t;a)\geqslant u_0 \tag{22.13}$$

其中，u_0 为外部效用水平。

不等式（22.12）与（22.13）分别为激励约束与参与约束。为了简化，我们假设委托人是风险中性的，且 $u(c,a)=\phi(c)-\psi(a)$，其中，$\phi'>0$，$\phi''<0$，$\psi'>0$，$\psi''>0$。同时我们假设 $f(y|a)$ 关于 a 是二阶连续可微的，且 $f_a(y|a)/f(y|a)$是 y 的增函数。后面的假设通常被称为**单调似然率条件**（monotone likelihood ratio condition，MLRC）。由于激励约束（22.12）很复杂，因此我们使用**一阶条件方法**（first-order approach）进行简化，即我们用委托人推荐行动的一阶条件来替代这个约束。众所周知，这一方法对于激励相容可能不是充分的（例如 Mirrlees，1975）。Rogerson（1985b）表明，如果 MLRC 和一个关于条件概率分布函数的凸性条件成立，那么一阶条件方法是有效的。我们不用基本元素来陈述这些充分条件，而是简单地假设这种方法对于我们的动态问题是有效的。

遵循 Spear 和 Srivastava（1987）的思路，我们使用动态规划求解上述合约问题：

$$P(v)=\max_{a(v),c(v,y),w(v,y)}\int[(y-c(v,y))+\beta P(w(v,y))]f(y|a(v))\mathrm{d}y$$

满足

$$\int[\phi(c(v,y))+\beta w(v,y)]f(y|a(v))\mathrm{d}y-\psi(a(v)) \tag{22.14}$$

$$\geqslant\int[\phi(c(v,y))+\beta w(v,y)]f(y|\tilde{a})\mathrm{d}y-\psi(\tilde{a}),\quad 对于所有\ \tilde{a}\in A$$

$$\int[\phi(c(v,y))+\beta w(v,y)]f(y|a(v))\mathrm{d}y-\psi(a(v))\geqslant v \tag{22.15}$$

其中，P 为委托人的值函数，v 表示对代理人的承诺值（连续值），$w(v,y)$ 为下一期的承诺值。行动 $a(v)$ 是一个关于 v 的函数，但是，消费 $c(v,y)$ 和下一期连续值 $w(v,y)$ 是关于 v 与 y 的函数。这反映了前面假设的信息结构。承诺值 v 是状态变量，体现了历史信息。此递归合约问题的解释如下：假定在第 t 期开始的时候和观察到产出 y 之前，委托人为代理人提供支付计划 $c(v,\cdot)$ 和明天的承诺效用函数 $w(v,\cdot)$。代理人将遵从委托人的推荐努力程度 $a(v)$，并在第 t 期获得承诺值 v。在第 t 期期末，产出水平 y 得以实现，代理人获得 $c(v,y)$ 和 $w(v,y)$。在第 $t+1$ 期开始和观察到产出 y'之前，委托人提供合约计划 $c(w(v,y),\cdot)$ 与 $w(w(v,y),\cdot)$。代理人将遵从委托人推荐努力程度 $a(w(v,y))$，并在第 $t+1$ 期获得承诺值 $w(v,y)$。然后，合约进行到第 $t+2$ 期，并以这种方式不断进行下去。

方程（22.14）为递归的激励约束，方程（22.15）为信守承诺约束。我们使用下述一阶条件代替递归的激励约束：

$$\int[\phi(c(v,y))+\beta w(v,y)]f_a(y|a(v))\mathrm{d}y-\psi'(a(v))=0 \tag{22.16}$$

Spear 和 Srivastava（1987）证明了 P 是凹的和递减的。通过假设它全局可微，他们证明了 P 是严格凹的。构造 Lagrange 表达式如下：

$$\begin{aligned}L=&\int[(y-c(v,y))+\beta P(w(v,y))]f(y|a(v))\mathrm{d}y\\&+\mu(v)\left\{\int[\phi(c(v,y))+\beta w(v,y)]f_a(y|a(v))\mathrm{d}y-\psi'(a(v))\right\}\\&+\lambda(v)\left\{\int[\phi(c(v,y))+\beta w(v,y)]f(y|a(v))\mathrm{d}y-\psi(a(v))-v\right\}\end{aligned}$$

其中，$\mu(v)$ 与 $\lambda(v)$ 分别为关于式（22.16）和式（22.15）的 Lagrange 乘子。一阶条件如下：

$$c:\frac{1}{\phi'(c(v,y))}=\lambda(v)+\mu(v)\frac{f_a(y|a)}{f(y|a)} \tag{22.17}$$

$$\begin{aligned}a:0=&\int[y-c(v,y)+\beta P(w(v,y))]f_a(y|a)\mathrm{d}y\\&+\mu(v)\left[\int[\phi(c(v,y))+\beta w(v,y)]f_{aa}(y|a)\mathrm{d}y-\psi''(a)\right]\end{aligned} \tag{22.18}$$

$$w:\beta P'(w(v,y))f(y|a)+\mu\beta f_a(y|a)+\lambda\beta f(y|a)=0 \tag{22.19}$$

式（22.17）与式（22.19）意味着

$$P'(w(v,y))=-\frac{1}{\phi'(c(v,y))} \tag{22.20}$$

最优合约如何随着时间的推移而演化呢？假定在第 t 期开始提供了合约计划 $c(v,\cdot)$ 与 $w(v,\cdot)$。我们研究第 $t+1$ 期的合约如何对第 t 期末观察到的 y 做出反应。

命题 22.2.1 对每个 v，均存在一个产出水平 $\hat{y}(v)$ 使得 $v=w(v,\hat{y}(v))$。

证明 由包络条件，

$$P'(v)=-\lambda(v)$$

对式（22.17）关于 $f(y|a(v))$进行积分并将 $\lambda(v)$ 代入可得

$$P'(v)=-\int\frac{1}{\phi'(c(v,y))}f(y|a(v))\mathrm{d}y \tag{22.21}$$

其中，我们用到了事实 $\int f_a(y|a)\mathrm{d}y=0$。由于 $\phi'>0$，我们可以应用积分中值定理得到 $\hat{y}$，使得

$$P'(v)=-\frac{1}{\phi'(c(v,\hat{y}(v)))} \tag{22.22}$$

结合式（22.20）与式（22.22）可得，

$$P'(v)=P'(w(v,\hat{y}(v)))$$

因此，对所有 v，$v=w(v,\hat{y}(v))$。

此命题表明，如果合约 $c(v,\cdot)$ 与 $w(v,\cdot)$ 是第 t 期提供的，且第 t 期的产出为 $\hat{y}(v)$，则由于 $v=w(v,\hat{y}(v))$，第 $t+1$ 期的合约将恰好与第 t 期的合约相同。为了理解合约的动态，我们需要理解当 $y\neq\hat{y}(v)$ 时合约将如何变化，以及 $\hat{y}(v)$ 随着时间的推移将如何变动。

命题 22.2.2 假定 c 与 w 关于 y 可微。那么，$\mu(v)>0$，$c_y>0$ 且 $w_y>0$。

证明 由式（22.20），

$$P''(w(v,y))w_y(v,y)=\frac{\phi''(c(v,y))}{[\phi'(c(v,y))]^2}c_y(c,y)$$

由于 P 和 ϕ 是严格凹的，因此 c_y 与 w_y 具有相同的符号。假定 $\mu(v)\leqslant0$。由式（22.17）和 ϕ 的凹性可得，$c_y\leqslant0$。因此，$w_y\leqslant0$。进而，由于 P 关于 v 递减，故

$y-c(v,y)+\beta P(w(v,y))$ 关于 y 递增。在式（22.18）中，第二项方括号中的表达式是代理人的二阶条件，因此它是负的。故而，$\mu(v)\leqslant 0$ 意味着第二项是非负的，进而第一项必须是非正的。我们可重写这一项如下：

$$\int[y-c(v,y)+\beta P(w(v,y))]f_a(y|a)\mathrm{d}y$$

$$=E\left\{[y-c(v,y)+\beta P(w(v,y))]\frac{f_a(y|a)}{f(y)}\right\}$$

$$=\mathrm{Cov}\left([y-c(v,y)+\beta P(w(v,y))],\frac{f_a(y|a)}{f(y)}\right)$$

$$+E[y-c(v,y)+\beta P(w(v,y))]E\left[\frac{f_a(y|a)}{f(y)}\right]$$

注意，$E[f_a(y|a)/f(y)]=\int f_a(y|a)\mathrm{d}y=0$。由 MLRC 和$[y-c(v,y)+\beta P(w(v,y))]$的单调性可知，上面的协方差项是非负的，因此式（22.18）中的第一项是非负的，且如果 $\mu(v)<0$，则它是严格为正的。所以，我们一定有 $\mu(v)=0$。由式（22.17）与式（22.20）可知，这使得 $c(v,y)$ 和 $w(v,y)$ 独立于 y。然后，式（22.18）意味着 $\int yf_a(y|a)\mathrm{d}y=0$。因此，$E[yf_a(y|a)/f(y)]=0$，与 MLRC 矛盾。

为了解释前述的两个命题，我们认为 $c(v,\hat{y}(v))$ 是与乘子 $\lambda(v)$ 有关的“第一好”的收入水平。如果在第 t 期提供 $c(v,y)$ 和 $w(v,y)$，且观察到 $\hat{y}(v)$，则代理人获得“第一好”的收入水平作为报酬，且第 $t+1$ 期会提供完全相同的合约。如果 $y>\hat{y}(v)$，则代理人所得报酬会超过此“第一好”的收入，并且收到承诺：在第 $t+1$ 期 $w(v,y)>y$。因此，较高的产出观察值会导致代理人在第 t 期和第 $t+1$ 期皆获得奖励。

最后，我们介绍由 Rogerson（1985a）首次在两期模型中推出的逆 Euler 方程。

命题 22.2.3 （逆 Euler 方程）

$$\frac{1}{\phi'(c(v,y))}=\int\frac{1}{\phi'(c(w(v,y),y'))}f(y'|a(v))\mathrm{d}y'$$

证明 把 $w(v,y)$ 代入式（22.21）可得

$$P'(w(v,y))=-\int\frac{1}{\phi'(c(w(v,y),y'))}f(y'|a(v))\mathrm{d}y'$$

结合此式和式（22.20）可得到逆 Euler 方程。

由此命题可得

$$\phi'(c(v,y))=\left[\int\frac{1}{\phi'(c(w(v,y),y'))}f(y'|a(v))\mathrm{d}y'\right]^{-1}$$

由 Jensen 不等式，我们可得

$$\phi'(c(v,y))<E[\phi'(c(w(v,y),y'))]$$

这意味着，代理人不希望以总利率 $1/\beta$ 借款，但他会希望进行储蓄。这一结果由 Rogerson（1985a）首次指出。

除了激励约束难以用一阶条件代替外，约束集在实际应用中往往也不具有凸性。Phelan 和 Townsend（1991）通过随机化使约束集凸化，从而克服了这一困难。他们将委托人的选择拓展到定义在行动和结果上的彩票空间。Phelan 和 Townsend（1991）还开发了一种用数值方法求最优合约的数值解。

22.3 隐藏信息

在这一部分，我们研究考虑了隐藏信息的 Thomas 和 Worrall（1990）模型。假定代理人获得随机收入 y_t，它从集合 $\theta=\{\theta_1,\theta_2,\cdots,\theta_n\}$ 中取值，其中，对所有$i>j$，均有 $\theta_i>\theta_j$。假设 $\{y_t\}$ 是独立同分布的，且 $\Pr(y_t=\theta_i)=\pi_i$。由于 $\{y_t\}$ 是代理人的私人信息，故而会产生激励问题。代理人不能进行储蓄或借款，但可以与委托人交易以平滑消费。代理人是风险厌恶的，且具有时期效用函数 $u:(a,\infty)\to\mathbb{R}$，满足以下假设：

假设 22.3.1 $u'>0$，$u''<0$，$\sup u(c)<\infty$，$\inf u(c)=-\infty$，$\lim_{c\to a}u'(c)=\infty$，且$-u''/u'$递减。

我们将最后一个假设称为递减绝对风险规避（DARA）。它对确保值函数的凹性至关重要。

委托人与代理人具有共同的贴现因子 $\beta\in(0,1)$。委托人是风险中性的，且不能观察到代理人的实际收入。因此，如果他想要为代理人提供完全保险，则借款者将会一直低报其收入。根据显示原理，对于给定报告收入的任何合约，都存在等价的激励相容合约从而使代理人报告其真实收入。因此，我们集中讨论根据真实收入流而定的合约。我们使用动态规划提出合约问题如下：

$$P(v) = \max_{\{c_i, w_i\}_{i=1}^n} \sum_{i=1}^{n} \pi_i [-c_i + \beta P(w_i)] \tag{22.23}$$

满足

$$C_{i,j} \equiv u(\theta_i + c_i) + \beta w_i - [u(\theta_i + c_j) + \beta w_j] \geqslant 0 \tag{22.24}$$

$$\sum_{i=1}^{n} \pi_i [u(\theta_i + c_i) + \beta w_i] = v \tag{22.25}$$

$$c_i \in [a - \theta_i, \infty]$$

$$w_i \in [-\infty, v_{\max}]$$

其中，对所有 $i, j = 1, 2, \cdots, n$，$v_{\max} = \sup u(c)/(1-\beta)$。这里 P 是委托人的值函数，v 为来自上一期的对代理人的承诺值。我们分别使用 c_i 和 w_i 来表示如果代理人报告收入为 θ_i 时给予代理人的报酬以及连续值。方程（22.25）为信守承诺约束。约束集（22.24）确保了代理人在每个状态 i 下都没有动机就他的收入实现值说谎。这些约束代表了激励相容约束。

我们首先推导值函数 P 的界。考虑在每期都支付常数数量 $b(v)$ 的合约，其中，$b(v)$ 满足

$$\sum_{i=1}^{n} \frac{\pi_i u(\theta_i + b)}{1-\beta} = v$$

该合约是激励相容的，且支付承诺效用 v。因此，贴现值 $-b/(1-\beta)$ 提供了 $P(v)$ 的一个下界。此外，$P(v)$ 在所有时期都不能超过无约束的在状态 i 下支付 $c^*(v) - \theta_i$ 的第一好合约的值，其中，$c^*(v)$ 满足 $\sum_{i=1}^{n} \pi_i u(c^*)/(1-\beta) = v$。总之，值函数满足

$$\frac{-b(v)}{1-\beta} \leqslant P(v) \leqslant \sum_{i=1}^{n} \frac{\pi_s [\theta_i - c^*(v)]}{1-\beta} \tag{22.26}$$

图 22.1 展示了值函数 $P(v)$ 及其边界。

□ 22.3.1 刻画

下述两个引理是有用的。

引理 22.3.1 激励约束意味着对所有 i，均有 $c_{i-1} \geqslant c_i$，$w_{i-1} \leqslant w_i$。

证明 增加向下约束 $C_{i,i-1} \geqslant 0$ 和向上约束 $C_{i-1,i}$ 得到

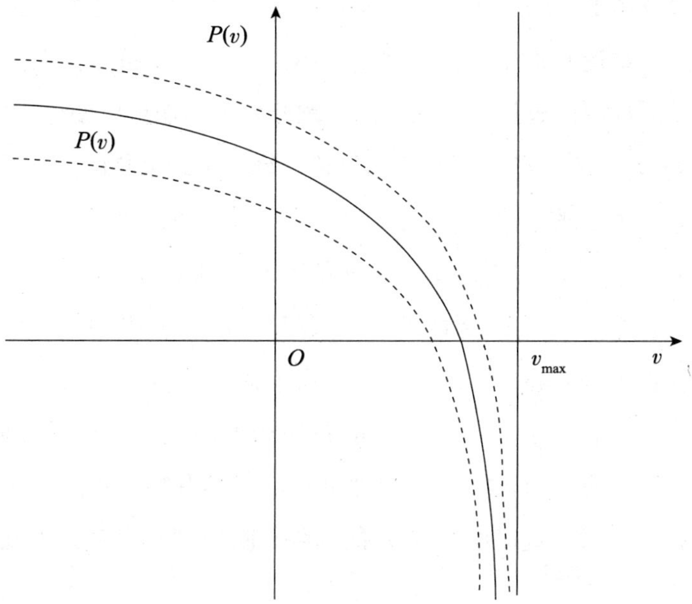

图 22.1　值函数和它的边界

说明：垂直的实线是 $v_{\max}=\sup u(c)/(1-\beta)$。

$$u(\theta_i+c_i)-u(\theta_{i-1}+c_i)\geqslant u(\theta_i+c_{i-1})-u(\theta_{i-1}+c_{i-1})$$

该不等式与 u 的凹性意味着 $c_{i-1}\geqslant c_i$。由 $C_{i,i-1}$，我们可得出 $w_{i-1}\leqslant w_i$。

此定理表明，对任意 v，报告较低收入的代理人会从委托人那里得到较高的转移，代价是较低的未来效用。下述引理简化了激励约束集。

引理 22.3.2　如果局部向下约束 $C_{i,i-1}$ 和向上约束 $C_{i,i+1}$ 对每个 i 都成立，则全局约束 $C_{i,j}$ 对所有 i 和 j 都成立。

证明　假定向下约束 $C_{i,k}\geqslant 0$ 对某个 $i>k$ 成立，那么

$$u(\theta_i+c_i)+\beta w_i\geqslant u(\theta_i+c_k)+\beta w_k$$

由上面的引理可知，$c_i\leqslant c_k$，故 u 的凹性意味着

$$u(\theta_{i+1}+c_i)-u(\theta_i+c_i)\geqslant u(\theta_{i+1}+c_k)-u(\theta_i+c_k)$$

通过加入上述两个不等式并利用局部向下约束 $C_{i+1,i}\geqslant 0$，我们得到

$$u(\theta_{i+1}+c_{i+1})+\beta w_{i+1}\geqslant u(\theta_{i+1}+c_k)+\beta w_k$$

这表明向下约束 $C_{i+1,k}\geqslant 0$ 成立。递归地继续这个论证，我们可以证明，如果局部向下约束成立，那么所有全局向下约束都是满足的。对称的论证适用于向上约束。

下述命题确立了 Bellman 方程（22.23）的解的性质。由于约束集不是凸的，故值函数是凹的这一结论并不显然。不过，DARA 假设将确保存在唯一解 $(c_i, w_i)_{i=1}^n$，且值函数是凹的。证明的思路是：从一期问题开始不断迭代以使用归纳法。Thomas 和 Worrall（1990）还使用了一条聪明的思路，绕过了约束集的非凸性。

命题 22.3.1 存在唯一的 P 与 $\{c_i, w_i\}_{i=1}^n$ 是动态规划问题（22.23）的解。值函数 $P(v)$ 在 $(-\infty, v_{\max})$ 上是递减的、凹的和连续可微的。

证明 令$\mathbb{F}$为 $(-\infty, v_{\max})$ 上的处于式（22.26）的边界之间的连续函数的空间。由于边界之间的差距是有界的，因此$\mathbb{F}$是具有上确界度量的完备度量空间。对任意函数 $f\in\mathbb{F}$，令 Tf 表示与式（22.23）的右侧相关的算子。根据 Blackwell 充分条件可知，T 是压缩映射。由压缩映射定理可知，T 具有唯一不动点，即 Bellman 方程的值函数。我们可以很直接地证明 T 把减函数映射到减函数。因此，T 的不动点也是递减的。

现在，我们证明 T 把严格凹函数 P 映射到严格凹函数 TP。考虑分别与合约 $(c_i^0, w_i^0)_{i=1}^n$ 和 $(c_i^1, w_i^1)_{i=1}^n$ 相关的任意 v^0 和 v^1。令 $w_i^* = \delta w_i^0 + (1-\delta) w_i^1$，利用$u(\theta_i + c_i^*) = \delta u(\theta_i + c_i^0) + (1-\delta) u(\theta_i + c_i^1)$ 定义 c_i^*，其中，$\delta\in(0,1)$。u 的凹性意味着 $c_i^* \leqslant \delta c_i^0 + (1-\delta) c_i^1$，由此，$(c_i^*, w_i^*)$ 给出了代理人的承诺效用 $\delta v^0 + (1-\delta) v^1$，委托人拥有不低于平均效用 $\delta TP(v^0) + (1-\delta) TP(v^1)$ 的效用。如果此合约是激励相容的，则我们可以得出 $T(P)$ 是凹的。不幸的是，它可能违反激励约束。我们首先检查向下约束。我们可以计算

$$
\begin{aligned}
C_{i,i-1}^* = {} & \delta C_{i,i-1}^0 + (1-\delta) C_{i,i-1}^1 \\
& + [\delta u(\theta_i + c_{i-1}^0) + (1-\delta) u(\theta_i + c_{i-1}^1) - u(\theta_i + c_{i-1}^*)]
\end{aligned}
$$

由于 (c_i^0, w_i^0) 和 (c_i^1, w_i^1) 满足向下约束，我们可知 $C_{i,i-1}^0 \geqslant 0$ 且 $C_{i,i-1}^1 \geqslant 0$。根据 DARA 假设，风险溢价是收入的递减函数。因此，上式第二行的表达式是非负的。进而，向下激励约束 $C_{i,i-1}^*$ 是满足的。然而，$(c_i^*, w_i^*)_{i=1}^n$ 可能违反向上激励约束。在这种情况下，我们可以由 $(c_i^*, w_i^*)_{i=1}^n$ 构造一个新合约，新合约激励相容，且为委托人与代理人提供不小的效用。特别地，这一新合约为委托人带来了不小于 $\delta TP(v^0) + (1-\delta) TP(v^1)$ 的效用，因此，

$$
TP(\delta v^0 + (1-\delta) v^1) \geqslant \delta TP(v^0) + (1-\delta) TP(v^1)
$$

构造如下：固定 w_1^*，减少 w_2^*，直到 $C_{2,1}=0$ 或 $w_2^* = w_1^*$。以同样的方式降低

w_3^*，如此不断进行下去。增加使 $\sum_i \pi w_i^*$ 为常数所需的常数。由于 TP 是凹的，因此这一步不会使委托人的情况变差。也就是说，我们为连续值 w 的扩散设计了一个保均值的减少。现在，如果 $w_2^* = w_1^*$，它意味着 $c_2^* > c_1^*$，则降低 c_2^* 直到 $C_{2,1}$ 是紧的。对于 c_3^*，我们以同样的方式进行处理，等等。由于 $c_i^* + \theta_i \geqslant c_{i-1}^* + \theta_{i-1}$，因此对每个 c_1^* 加一个常数不会使 $\sum_i \pi_i c_i^*$ 发生变化。在这个新合约下，$C_{i,i-1}=0$，$c_{i-1} \geqslant c_i$。因此，向上约束也成立。

TP 的严格凹性来自 P 的严格凹性，因为对所有 i，$c_i^0 = c_i^1$ 和 $w_i^0 = w_i^1$ 不可能与 $v^0 \neq v^1$ 同时成立。因此，上面构造的新合约将使委托人的效用严格大于 $\delta TP(v^0) + (1+\delta) TP(v^1)$。

从 $P_0(v)=0$开始，很容易证得 $P_1(v) = TP_0(v)$是严格凹的。通过归纳，所有 $P_k(v) = T^k P_{k-1}(v)$都是严格凹的。因此，$P(v) = \lim_{k\to\infty} P_k(v)$是凹的。

为了证明最优合约 $(c_i, w_i)_{i=1}^n$ 的唯一性，我们观察到，对于相同的 v，对于所有 i，$c_i = c_i'$和 $w_i \neq w_i'$不可能同时成立。所以，非唯一性意味着对某个 i，$c_i \neq c_i'$。使用上述构造，我们可得到一个对委托人来说严格高的值，由此产生矛盾。

最后，为了证明连续可微性，我们考虑围绕任意 v'的 v 值的一个邻域，并对每个 v 构造激励相容合约。在此合约中，我们采用 v'处的最优合约并保持未来效用不变，但改变 c_i 的效用以保持激励相容性，同时给出 v（只有一种方式可以这么做）。根据与上面给出的论证相似的论证，委托人的效用是凹函数 v，且此函数可微，在 v'处等于 P_k。此结果是根据 Benveniste 和 Scheinkman 定理得到的。证毕。

为了简化说明，我们给出一个更强的假设，该假设对 Thomas 和 Worrall (1990) 得出的某些结果不是必需的。

假设 22.3.2 $P(v)$ 是严格凹的。

命题 22.3.2 在一个最优合约中，局部向上激励约束永远不紧，而局部向下激励约束总是紧的。

证明 利用前面命题的思路。反过来假定对某个 k，$C_{k,k-1} > 0$。由于$c_k \leqslant c_{k-1}$，故必有 $w_k > w_{k-1}$。考虑变化 $(c_i, w_i)_{i=1}^n$ 如下：保持 w_1 固定，如果有必要的话，降低 w_2 直到 $C_{2,1}=0$。接下来，减少 w_3 直到 $C_{3,2}=0$，依此类推，直到$C_{k,k-1}=0$。对每个 w_i 加上必需的常数，使全部的期望未来承诺值 $\sum_i \pi_i w_i$ 保持不变。由于 $c_i \leqslant c_{i-1}$和 $c_{i,i-1}=0$ 一起表明，局部向上约束 $C_{i-1,i} \geqslant 0$ 必然成立，因此新合约为代理人

提供相同的效用，而且是激励相容的。同时，由于承诺值的均值保持不变，且差值（$w_i - w_{i-1}$）要么不变要么下降，因此值函数 $P(v)$ 的严格凹性意味着委托人的价值会提高。也就是说，我们对连续值 w 的扩散设计了一个保均值的降低。因为 $P(v)$ 是严格凹的，所以 $\sum_i \pi_i P(w_i)$ 会上升，进而由 Bellman 方程可知，$P(v)$ 也会上升。因此，带不紧的局部向下约束的原始合约不会是最优解。证毕。

下面的命题表明，最优合约具有共同保险的特征，即代理人的效用和委托人的值都随收入实现值的增加而增加。

命题 22.3.3 在最优合约中，

$$u(\theta_i + c_i) + \beta w_i > u(\theta_{i-1} + c_{i-1}) + \beta w_{i-1}$$

$$-c_i + \beta P(w_i) \geqslant -c_{i-1} + \beta P(w_{i-1})$$

证明 由于局部向下约束总是紧的，$C_{i,i-1} = 0$。于是，

$$\begin{aligned} u(\theta_i + c_i) + \beta w_i &= u(\theta_i + c_{i-1}) + \beta w_{i-1} \\ &> u(\theta_{i-1} + c_{i-1}) + \beta w_{i-1} \end{aligned}$$

现在假设 $-c_i + \beta P(w_i) < -c_{i-1} + \beta P(w_{i-1})$，那么，在合约中用 (c_{i-1}, w_{i-1}) 代替 (c_i, w_i) 提高了委托人的价值，而代理人的价值保持不变，因为 $C_{i,i-1} = 0$。这种变化也是激励相容的。由此产生了矛盾。证毕。

我们现在推导最优性的必要条件。令 λ 和 $\mu_i (i = 2, \cdots, n)$ 分别为与约束（22.25）和（22.24）$(i = 2, \cdots, n)$ 相关的乘子。关于 c_i 和 w_i 的一阶条件为

$$\pi_i [1 - \lambda u'(\theta_i + c_i)] = \mu_i u'(\theta_i + c_i) - \mu_{i+1} u'(\theta_{i+1}, c_i) \tag{22.27}$$

$$\pi_i [P'(w_i) + \lambda] = \mu_{i+1} - \mu_i \tag{22.28}$$

对 $i = 1, \cdots, n$，其中，$\mu_1 = \mu_{n+1} = 0$。由包络条件可得

$$P'(v) = -\lambda \tag{22.29}$$

把式（22.28）关于 i 进行加总，我们可推导出

$$\sum_{i=1}^{n} \pi_i P'(w_i) = P'(v) \tag{22.30}$$

因此，$P'(v)$ 是鞅。

这一结果的直觉如下：考虑在任何时期将代理人的效用增加一单位。这么做的方法之一是，把每个 w_i 增加 $1/\beta$ 比例从而保持每个 c_i 不变。这种变化保持了激励相

容，但是以代理人 $\sum_{i=1}^{n}\pi_i P'(w_i)$ 为代价。由包络定理，这是从局部来看与其他方法至少一样好的增加 v 的一种方法，因而等于 $P'(v)$。

□ 22.3.2 长期贫困

在本子节，我们考虑最优合约的长期性质。

引理 22.3.3 $w_1<v<w_n$。

证明 为了证明 $w_n>v$，我们反过来假设 $w_n\leqslant v$。因为对所有 i，均有 $w_n\geqslant w_i$，而且 $P(v)$ 严格凹，所以式（22.30）意味着对所有 i，$w_i=v$。将式（22.30）代入式（22.28），导致等式左侧为零。而且，等式右侧在 $i=1$ 时等于 μ_2，而在 $i=n$ 时等于 $-\mu_n$。因此，我们可证得所有 $\mu_i=0$。由式（22.27），消费的边际效用在所有收入实现值下都相等，即对所有 i，$u'(\theta_i+c_i)=1/\lambda$。这种消费平滑需要 $c_{i-1}>c_i$，但由激励相容性，$w_{i-1}=w_i$ 意味着 $c_{i-1}=c_i$，矛盾。我们断定，$w_n>v$。对称的论证表明，$w_1<v$。证毕。

此引理表明，委托人想要将承诺分散到未来每一期的效用。否则，它不可能以今天或然性支付的形式提供任何保险。

命题 22.3.4 代理人的承诺值 v_t 几乎处处收敛到 $-\infty$。

证明 $P'(v_t)$ 是非正的鞅。由上鞅收敛定理（见附录 D），$P'(v_t)$ 收敛到某个随机变量。回忆一下，$\lim_{v\to-\infty}P'(v)=0$，$\lim_{v\to v_{\max}}P'(v)=-\infty$。如果 $P'(v_t)$ 收敛到一个有限的负数，则它与前面的引理矛盾。因此，$P'(v_t)$ 收敛到 0，从而 v_t 收敛到 $-\infty$。证毕。

这一结果表明，代理人在长期将会穷困潦倒。直觉如下：不存在信息不对称时，委托人应该提供使代理人的消费随着时间的推移不变的合约。然而，不对称信息的存在会使委托人不得不变动未来承诺值来诱导代理人说真话，这是有成本的，因为 $P(v)$ 是凹的。例如，如果 $n=2$，则在 w_1 和 w_2 的均值 $\bar{w}$ 的两边分散等额小量 ε，其代价约为 $-0.5\varepsilon^2P''(\bar{w})$。这是根据 $P(v)$ 在端点处的性质 $\lim_{v\to-\infty}P''(v)=0$ 和 $\lim_{v\to v_{\max}}P''(v)=-\infty$ 得到的。因此，分散承诺值的成本在一个端点处为零，而在另一个端点处为正无穷。$P(v)$ 的凹性与对激励相容的考虑导致了未来效用的下移进而消费的下移。通过利用未来效用的大幅变化和平滑初始时期的消费，一个未来承诺值随着时间的推移而下降的合约会诱导代理人说真话。

22.4 习题

1.（Zhang，2012）考虑第 22.1 节中的确定性模型。假定外部选择是自给自足。则问题变为

$$\max_{\{c_t\}_{t\geqslant 0}} \sum_{t=0}^{\infty} \beta^t (y_t - c_t)$$

满足

$$\sum_{t=0}^{\infty} \beta^j u(c_{t+j}) \geqslant U_d(y_t) \equiv \sum_{j=0}^{\infty} \beta^j u(y_{t+j}), \quad t \geqslant 1$$

$$\sum_{j=0}^{\infty} \beta^j u(c_j) = U_d(y_0)$$

证明以下陈述：

(a) 如果 $\{y_t\}$ 随着时间的推移严格递减，则最优合约满足 $u(c_t)=(1-\beta)U_d(y_0)$。

(b) 如果 $\{y_t\}$ 随着时间的推移严格递增，则最优合约是自给自足。

(c) 通常，

$$c_t = \max\{c_{t-1}, \bar{c}_t(y_t)\}, \quad t \geqslant 1, \quad c_0 = \bar{c}_0(y_0)$$

其中，

$$\bar{c}_t(y_t) = u^{-1}\left(\min_{\mathcal{T}} \frac{\sum_{s=0}^{\mathcal{T}-1} \beta^s u(y_{t+s})}{\sum_{s=0}^{\mathcal{T}-1} \beta^s}\right)$$

2. 考虑第 22.1 节中的模型。令 $\beta=0.98$。收入过程 (y_t) 满足

$$\ln y_t = \rho \ln y_{t-1} + \sigma \varepsilon_t$$

其中，$\rho=0.95$，$\sigma=0.10$。外部选择是自给自足。

(a) 写出 Bellman 方程。

(b) 写出 Matlab 代码，对于任意给定的初始承诺值 v，求解最优合约。画出值函数 $P(v, y)$ 的图像。

(c) 计算满足 $P(v, 1) = 0$ 的 v。

3. 考虑第 22.3 节中的模型。证明：对任何给定的 v，当 $\beta \to 1$ 时，值函数 $P(v)$

收敛到不存在信息不对称情况下第一好的结果。

4. 考虑第 22.3 节中的模型。假定 $u(c)=-\exp(-\gamma c)$。证明最优合约采取下述形式：

$$c_i=-\frac{1}{\gamma}\ln(-v)+a_i$$

$$w_i=vd_i$$

$$P(v)=\frac{\ln(-v)}{\gamma(1-\beta)}+K$$

其中，a_i，$d_i<0$，而 K 为某些独立于 v 的待定常数。

数学附录

本部分回顾了本书中使用的一些基本数学概念和结论。关于更多的细节，读者可以参考下列教科书：Luenberger（1969）、Royden（1988）、Billingsley（1995）、Rudin（1991）、Strang（2006）和 Shiryaev（1996）。

附录 A 线性代数

（实）**向量空间**（vector space）或者**线性空间**（linear space）X 是元素或者向量集和两种运算：加法和数乘。对于任意两个向量 x，$y\in X$，加法给出向量 $x+y\in X$；对于任意向量 $x\in X$ 和任意实数 $\alpha\in\mathbb{R}$，数乘给出向量 $\alpha x\in X$。这些运算服从通常的代数规则，即，对于所有 $x,y,z\in X$ 和 $\alpha,\beta\in\mathbb{R}$：有（1）$x+y=y+x$，$(x+y)+z=x+(y+z)$；（2）$\alpha(x+y)=\alpha x+\alpha y$，$(\alpha+\beta)x=\alpha x+\beta x$，$(\alpha\beta)x=\alpha(\beta x)$。而且，存在 0 向量 $\theta\in X$ 具有下列性质：（3）$x+\theta=x$，$0x=\theta$。最后，（4）$1x=x$。

线性空间的例子是 Euclid 空间。所有整数的空间不是一个向量空间。如果 X 自身是一个线性空间，那么它的子集 L 是**线性子空间**（linear subspace）或者**向量子空间**（vector subspace），由向量集 S 生成或者张成的线性子空间用 span(S) 代表，它是包含 S 的所有线性子空间的交集。特别地，对于有限向量集 $S=\{x_1,\cdots,x_n\}$，集合 span(S) 也用 span$(x_1,\cdots,x_n)$ 表示，由形如 $\lambda_1x_1+\cdots+\lambda_nx_n$ 的所有线性组合构成，其中，$\lambda_1,\cdots,\lambda_n\in\mathbb{R}$。

如果 $c_1x_1+\cdots+c_nx_n=0$ 仅当 $c_1=\cdots=c_n=0$ 时发生，则向量 $x_1,\cdots,x_n$ 是**线性无**

关的（linearly independent）。否则，它们是**线性相关的**（linearly dependent）。线性空间 X 的**基**（basis）是生成 X 的向量 S［意味着 $\mathrm{span}(S)=X$］的线性独立集合。如果线性空间有有限个基，那么它是**有限维的**（finite dimensional），否则它就是**无穷维**（infinite dimensional）的。有限维线性空间的每个基都有相同数目的元素，称为空间的**维数**（dimension），对于空间 V，它的维数用 $\dim(V)$ 表示。线性空间有无穷多个不同的基。只要 $n\times n$ 的方阵是可逆的，它的列就是独立的，并且是 $\mathbb{R}^n$ 的基。$\mathbb{R}^n$ 的**标准基**（standard basis）［也称**自然基**（natural basis）或**典范基**（canonical basis）］由 n 个**单位向量**（unit vector）$e_1,e_2,\cdots,e_n$ 组成，其中，e_i 的第 i 个坐标是 1，其他坐标都是 0。

线性变换（linear transformation）T 把线性空间映射到另一个线性空间，满足对于任何 $\alpha,\beta\in\mathbb{R}$ 有 $T(\alpha x+\beta y)=\alpha T(x)+\beta T(y)$。令 A 为 $m\times n$ 矩阵。A 的行张成 $\mathbb{R}^n$ 的子空间，称为 A 的**行空间**（row space），A 的列张成 $\mathbb{R}^m$ 的子空间，称为 $\mathbb{R}^m$ 的**列空间**（column space）［**值域**（range）或者**像**（image）］。这些空间的维数分别称为**行秩**（row rank）和**列秩**（column rank）。列秩总是等于行秩，这个共同的数称为 A 的**秩**。矩阵 A 的**零空间**（null space）［或者**核**（kernel）］由使得 $A_x=0$ 的所有向量 x 组成。A 的**左零空间**（left null space）是 A^{T} 的零空间。

如果 $x\cdot y=\sum_{i=1}^{n}x_iy_i=0$，那么向量 $x,y\in\mathbb{R}^n$ 是**正交的**（orthogonal）。$x\cdot y$ 这个运算称为 x 和 y 的**内积**（inner product）。如果 $\|x\|=1$，那么向量 $x\in\mathbb{R}^n$ 是单位向量。X 的**正交基**（orthonormal basis）是张成 X 的相互正交的单位向量的集合。如果 V 中的每个向量 x 正交于 W 中的每个向量 y，那么相同空间 $\mathbb{R}^n$ 的两个子空间 V 和 W 是正交的。给定 $\mathbb{R}^n$ 的子空间 V，与 V 正交的所有向量的空间称为 V 的**正交补**（orthogonal complement），用 $V^{\perp}$ 表示。**正交矩阵**（orthogonal matrix）是具有正交列的方阵。对于正交矩阵，转置就是逆。

线性代数基本定理　(1) 对于任意 $m\times n$ 矩阵 A，零空间是 $\mathbb{R}^n$ 的行空间的正交补，而左零空间是 $\mathbb{R}^m$ 的列空间的正交补。(2) $\dim$(行空间)$+\dim$(零空间)$=$列数，$\dim$(列空间)$+\dim$(左零空间)$=$行数。

这个定理表明：行空间包含与零空间正交的所有东西；列空间包含与左零空间正交的所有东西。这决定了可以求解哪个方程。特别地，$Ax=b$ 要求 b 在列空间里，或者 b 垂直于左零空间。因此，当且仅当 $y^{\mathrm{T}}b=0$（无论何时 $y^{\mathrm{T}}A=0$）时，$Ax=b$ 是可解的。直觉上来看，$Ax=b$ 表明，b 一定是列的组合。这样，b 一定正交于与其他列正交的每一个向量。

线性方程系统的基本定理 令 A 为 $m\times n$ 矩阵。（存在性）当且仅当 A 的列张成 $\mathbb{R}^m$ 时，$Ax=b$ 对于任意 $b\in\mathbb{R}^m$ 至少有一个解 $x\in\mathbb{R}^n$。也就是说，A 是满秩的。（唯一性）当且仅当列是线性无关的时 $Ax=b$ 最多有一个解。即，A 是列满秩的。

对于任意向量 $b\in\mathbb{R}^n$，我们都尽量寻找 b 在 A 的列空间上的**投影**（projection）。即，寻找一个点 $A\hat{x}$ 使得它距离 b 最近。正式地，我们求解下列最小二乘问题：$\min_x\|Ax-b\|$。解一定使得误差项 $e=Ax-b$ 正交于列空间。解是 $p=A(A^{\mathrm{T}}A)^{-1}A^{\mathrm{T}}b$。矩阵 $P=A(A^{\mathrm{T}}A)^{-1}A^{\mathrm{T}}$ 是**投影矩阵**（projection matrix），它被定义为满足 $P^2=P$ 的任何对称矩阵。

正交投影定理 令 M 为 $\mathbb{R}^n$ 的线性子空间。对于每一个 $x\in\mathbb{R}^n$，我们都可以把 x 唯一地写成 $x=x_M+x_\perp$，其中，$x_M\in M$，$x_\perp\in M^\perp$。另外，$\dim M+\dim M^\perp=n$。

考虑**特征方程**（eigenvalue equation）$Ax=\lambda x$，其中 A 是方阵。数 λ 是矩阵 A 的**特征值**（eigenvalue），非零向量 x 是相关的**特征向量**（eigenvector）。当且仅当 $\det(A-\lambda I)=0$ 时，λ 是 A 的特征值，其中 det 表示行列式。这个方程称为 λ 的**特征方程**（eigenvalue equation）。如果特征向量 $x_1,\cdots,x_k$ 对应于不同的特征值 $\lambda_1,\cdots,\lambda_k$，那么这些特征向量是线性无关的。投影矩阵的特征值是 1 或者 0。对角矩阵的特征值在主对角线上。A 的**迹**（trace）等于对角元素之和，它等于 A 的所有特征值之和。所有特征根的乘积等于矩阵的行列式。矩阵的特征值等于它的转置矩阵的特征值。

特征分解定理 假设 $n\times n$ 矩阵 A 有 n 个线性无关的特征向量（或者 n 个不同的特征值）。那么 A 有**特征分解**（eigen-decomposition）[或者**谱分解**（spectral decomposition）] $A=SDS^{-1}$，其中，D 是由 A 的特征值组成的对角矩阵。

$a+bi$ 的**（复）共轭** [(complex) conjugate] 是数 $\overline{a+bi}=a-bi$，其中，$i=\sqrt{-1}$。复数 $a+bi$ 的**模**（modulus）或者绝对值是 $r=|a+bi|=\sqrt{a^2+b^2}$。$a+bi$ 的**极坐标形式**（polar form）是 $re^{i\theta}=r(\cos\theta+i\sin\theta)$。**复线性空间**（complex linear space）$\mathbb{C}^n$ 包含具有 n 个复数元的所有向量。复向量 x（矩阵 A）的适宜转置是**共轭转置**（conjugate transpose）$x^H=\overline{x}^{\mathrm{T}}$（$A^H=\overline{A}^{\mathrm{T}}$）。有时它也用 x^* 表示。$x,y\in\mathbb{C}^n$ 的内积定义为 $x\cdot y=x^Hy$。**Hermit 矩阵**（Hermitian matrix）是与其共轭转置相同的矩阵。Hermit 矩阵的所有特征值都是实值。如果实对称矩阵或者 Hermit 矩阵的两个特征向量来自不同的特征值，那么它们是相互正交的。带正交列的复矩阵称为**单**

位矩阵（unitary matrix）。单位矩阵 U 满足性质 $U^HU=UU^H=I$。

方阵 A 和 $M^{-1}AM$ 是**相似的**（similar）。从一个到另一个是**相似变换**（similarity transformation）。相似矩阵具有相同的特征值。

Schur 引理 存在单位矩阵 U 使得 $U^{-1}AU=T$ 是三角矩阵。A 的特征值出现在这个相似矩阵 T 的对角线上。

谱定理 每一个实对称矩阵 A 都可以被一个正交矩阵 Q 对角化。每一个 Hermit 矩阵都可以被一个满足（实）$Q^{-1}AQ=\Lambda$ 和（复）$U^{-1}AU=\Lambda$ 的矩阵 U 对角化。Q（或者 U）的列包含 A 的正交特征向量。

这个定理可以扩展到更大一类矩阵。如果矩阵 N 与 N^H 可交换，即 $N^HN=NN^H$，那么矩阵 N 是**正规的**（normal）。

谱定理 当且仅当方阵 N 单位相似于对角矩阵，即 $U^{-1}NU=\Lambda$ 时，它是正规的。正规矩阵恰好是那些具有正交特征向量完备集的矩阵。

正规矩阵的谱定理可以看成 Schur 引理的特例。事实上，令 A 为一个方阵。那么，由 Schur 引理可知，它单位相似于上三角矩阵，比如 B。如果 A 是正规的，那么 B 就是正规的。但是，B 一定是对角的，因为正规上三角矩阵是对角矩阵。

Jordan 分解定理 任意实或者复的方阵 A 都有下述 **Jordan 分解**（Jordan decomposition）：存在可逆矩阵 P 使得 $J=P^{-1}AP$，其中，

$$J=\begin{bmatrix} J_1 & & & \\ & J_2 & & \\ & & \cdots & \\ & & & J_k \end{bmatrix},\quad J_i=\begin{bmatrix} \lambda_i & 1 & & \\ & \lambda_i & \cdots & \\ & & \cdots & 1 \\ & & & \lambda_i \end{bmatrix}$$

其中，k 是 A 中独立特征向量的个数。每个 J_i 称为 **Jordan 块**（Jordan block），它的对角元素对应于 A 的特征值。

矩阵 J 的置换是唯一的，但 P 不是唯一的。需要强调，不止一个 Jordan 块对应于同一个特征值。对应于特征值 λ_i 的所有 Jordan 块的个数之和是它的**代数重数**（algebraic multiplicity），它是特征方程的根的重数。它的**几何重数**（geometric multiplicity）是对应于 λ_i 的线性无关的特征向量的个数。如果几何重数小于代数重数，矩阵就是**亏损的**（defective）。

假设 A 有 l 个不同的特征值 $\lambda_1,\lambda_2,\cdots,\lambda_l$。令每个 λ_i 有代数重数 m_i 和几何重数 k_i。那么：(1) $k=k_1+k_2+\cdots+k_l$；(2) J 中特征值为 λ_i 的 Jordan 块的个数等于

k_i；(3) 在 J 的对角线上 λ_i 恰好出现 m_i 次。

下面是 Jordan 矩阵的例子：

$$J=\begin{bmatrix}\begin{bmatrix}2 & 1\\ & 2\end{bmatrix} & & \\ & \begin{bmatrix}0 & 1\\ & 0\end{bmatrix} & \\ & & [0]\end{bmatrix}=\begin{bmatrix}J_1 & & \\ & J_2 & \\ & & J_3\end{bmatrix}$$

二重特征值 $\lambda_1=2$ 仅有一个特征向量 $e_1=(1,0,0,0,0)$，在第一个坐标的方向；结果，$\lambda_1=2$ 仅出现在一个块 J_1 上。三重特征值 $\lambda_2=0$ 有两个特征向量，分别是 e_3 和 e_5，对应两个 Jordan 块 J_2 和 J_3。如果 A 有 5 个特征向量，那么所有块都是 1×1 的，J 将是对角的。一个例子是恒等矩阵。

下述条件中每一个都是实对称矩阵 A 是**正定矩阵**（positive definite matrix）的等价定义：(1) $x^{\mathrm{T}}Ax>0$ 对于所有非零实向量 x 成立。(2) A 的所有特征值都是正的。(3) 所有上左子矩阵都有正的行列式。(4) 存在具有无关列的矩阵 R 使得 $A=R^{\mathrm{T}}R$。

更一般地，如果对于所有非零复向量 x，x^HAx 均是实的正值，那么复 Hermit 矩阵 A 是正定的。**负定矩阵**（negative definite matrix）、**正半定矩阵**（positive semidefinite matrix）和**负半定矩阵**（negative semi-definite matrix）都是类似地定义的，除了分别要求式 $x^{\mathrm{T}}Ax$ 或者 x^HAx 是负的、非负的和非正的。

令 A 为方阵。A 的 ***LU* 分解**（*LU* decomposition）[或 ***LU* 因数分解**（*LU* factorization）] 是 $A=LU$，其中，L 是下三角的矩阵，U 是上三角的矩阵。

***LUP* 分解定理**　任何方阵 A 都有 ***LUP* 分解**（*LUP* decomposition）$A=LUP$，其中，P 是**置换矩阵**（permutation matrix）。

置换矩阵是二元方阵，它在每一行每一列刚好有一个 1，其他位置都为 0。每个这样的矩阵代表 m 个元素的特定置换，当用来乘以另一个矩阵的时候，可以实现其他矩阵行或列的置换。置换矩阵是正交矩阵。

并不是每个矩阵都存在 LU 分解。当 P 是恒等矩阵时，LUP 分解退化为 LU 分解。在求解 $n\times n$ 的线性系统 $Ax=b$ 的时候，LUP 分解和 LU 分解是有用的。这些分解总结了矩阵形式的 Gauss 消元过程。矩阵 P 表示在 Gauss 消元过程中进行的任意行互换。如果 Gauss 消元过程在不要求任何行互换的情况下生成了**行阶梯型**（row echelon form），那么 $P=I$，因此存在 LU 分解。

如果满足下述条件：

- 所有非零行（至少有一个非零元素的行）在任意零行（所有元素都为零的行）的上面［即，所有零行（如果存在的话）都在矩阵的下部］，
- 非零行的首项系数（从左侧开始的第一个非零元素，也称为支点）总是严格在上一行首项系数的右侧，
- 一列中首元素下方的元素都为零（可由前两个条件推出），

那么矩阵是行阶梯型。

Cholesky 分解定理 如果矩阵 A 是 Hermit 半正定的，那么 A 有 **Cholesky 分解**（Cholesky decomposition）$A=TT^H$，其中，T 是有非负对角元素的下三角矩阵。

当 A 是实矩阵时，T 也是实矩阵。当 A 是正定矩阵时，Cholesky 分解是唯一的。然而，当 A 是半正定矩阵时，分解不一定是唯一的。

***QR* 分解定理** 任何 $m\times n$ 矩阵 A 都有 ***QR* 分解**（QR decomposition）$A=QR$，其中，Q 是 $m\times m$ 正交矩阵，R 是 $m\times n$ 上三角矩阵。

QR 分解可以用 **Gram-Schmidt 过程**（Gram-Schmidt process）来计算。QR 分解提供了一种在不对矩阵 A 进行转置的情况下求解方程系统 $Ax=b$ 的方式。系统 $Ax=b$ 等价于 $Rx=Q^{\mathrm{T}}$，因为 R 是三角矩阵，所以它更容易求解。

奇异值分解定理 任何 $m\times n$ 实或者复矩阵 A 都有**奇异值分解**（singular value decomposition，SVD）$A=UDV^H$，其中，U 是 $m\times m$ 实或者复单位矩阵，D 是对角元素为非负实数的 $m\times n$ 对角矩阵，V 是 $n\times n$ 实或者复单位矩阵。

D 的对角元素 d_i 称为 A 的**奇异值**（singular value）。U 的 m 列和 V 的 n 列分别称为 A 的**左奇异向量**（left-singular vector）和**右奇异向量**（right-singular vector）。A 的左奇异向量为 AA^H 的特征向量。A 的右奇异向量为 A^HA 的特征向量。A 的非零奇异值（在 D 的对角元素上可以找到）是 A^HA 和 AA^H 的非零特征值的平方根。

SVD 的应用包括计算**广义逆**（pseudoinverse），求解线性方程系统，进行数据的最小二乘拟合，矩阵近似，求矩阵的秩、值域和零空间。

具有奇异值分解 $A=UDV^H$ 的矩阵 A 的广义逆是 $A^+=VD^+U^H$，其中，D^+ 是 D 的广义逆，它可以通过用它的导数替代每个非零元素和转置所导致的矩阵而得到。广义逆是求解线性最小二乘问题的一种方式。

方阵 A 的**条件数**（condition number）是 $\|A\|\cdot\|A^{-1}\|$，其中，$\|A\|=\max_{x\neq 0}\dfrac{\|Ax\|}{\|x\|}$ 是 A 的范数。

附录 B 实分析和泛函分析

一个**赋范向量空间**（normed vector space）是一个向量空间 S，它与一个范数 $\|\cdot\|$：$S\to\mathbb{R}$ 一起，使得对于所有 $x,y\in S$ 和 $\alpha\in\mathbb{R}$，均有（1）$\|x\|\geqslant 0$，当且仅当 $x=\theta$ 时，等式成立；（2）$\|\alpha x\|=|\alpha|\cdot\|x\|$；（3）$\|x+y\|\leqslant\|x\|+\|y\|$。一个**度量空间**（metric space）是一个集合 S 和一个函数［称为**距离**（distance）或者**度量**（metric）］d：$S\times S\to\mathbb{R}$，使得对于所有 $x,y,z\in S$，均有：（1）$d(x,y)\geqslant 0$［如果 $x=y$，那么 $d(x,y)=0$］；（2）$d(x,y)=d(y,x)$；（3）$d(x,z)\leqslant d(x,y)+d(y,z)$。一个赋范向量空间可以被看成一个度量空间，其中度量是由 $d(x,y)=\|x-y\|$ 定义的。

如果 $d(x,x_n)\to 0$，那么 (S,d) 中的序列 $\{x_n\}_{n=0}^{\infty}$ 收敛于某一点 $x\in S$。如果对于每个 $\varepsilon>0$，均存在 N_ε 使得

$$d(x_n,x_m)<\varepsilon,\quad \text{对于所有 } n,m\geqslant N_\varepsilon$$

那么 (S,d) 中的序列 $\{x_n\}_{n=0}^{\infty}$ 是 **Cauchy 序列**（Cauchy sequence）（满足 Cauchy 准则）。如果 S 中每个 Cauchy 序列都收敛于 S 中的一个元素，那么度量空间 (S,d) 是**完备的**（complete）。完备的赋范向量空间称为 **Banach 空间**（Banach space）。

许多广为人知的函数空间都是 Banach 空间。

- 定义在紧空间 X 上的有界连续函数空间 $C(X)$ 赋予上确界范数：

$$\| f \| = \sup_{x \in X} f(x)$$

- 所有实值可测函数空间 $L^p(S,\Sigma,\mu)$ 均在以下范数有界：

$$\| f_p \| = \left(\int_S |f|^p \mathrm{d}\mu\right)^{1/p}$$

其中，$1 \leqslant p < \infty$，(S,Σ,μ) 是测度空间。此空间中的两个函数如果几乎处处相等的话，就是一样的。

- 所有**本质有界的**（essentially bounded）（即上界是零测集）实值可测函数空间 $L^\infty(S,\Sigma,\mu)$，均有**本质上确界范数**（essential supremum norm）：

$$\| f \|_\infty = \inf\{M \geqslant 0 \colon |f(x)| < M \text{ 几乎处处}\}$$

- 序列 $(x_0, x_1, x_2, \cdots)$ 的空间 ℓ^p 在以下范数有界：

$$\| x \|_p = \left(\sum_{n=1}^{\infty} |x_n|^p\right)^{1/p}$$

其中，$1 \leqslant p < \infty$。

- 有界序列的空间 ℓ^∞ 有范数

$$\| x \|_\infty = \sup_n |x_n|$$

- 所有 Hilbert 空间都是 Euclid 空间的近邻。

令 (S,d) 为度量空间。如果对于某个 $\beta \in (0,1)$，$d(Tx,Ty) \leqslant \beta d(x,y)$ 对于所有 $x,y \in S$ 成立，那么算子 T：$S \to S$ 是模为 β 的**压缩映射**（contraction mapping）。满足 $Tx = x$ 的点 x 称为 T 的**不动点**（fixed point）。

压缩映射定理 如果 (S,d) 是完备度量空间，$T \colon S \to S$ 是模为 β 的压缩映射，那么：(1) T 在 S 中有唯一的不动点 v；(2) 对于任意 $v_0 \in S$，$d(T^n v_0, v) \leqslant \beta^n d(v_0, v)$。

这个定理在确保 Bellman 方程解的存在性时特别有用。下一个定理在研究不动点的性质时特别有用。例如，我们可以用它证明值函数的单调性和凹性。

闭子集定理 (1) 令 (S,d) 为完备度量空间，S' 为 S 的一个闭子集。那么 S' 是一个完备的度量空间。

(2) 令 (S,d) 为完备度量空间，$T \colon S \to S$ 是不动点为 $v \in S$ 的压缩映射。如果 S'

是 S 的闭子集，$T(S')\subset S'$，那么 $v\in S'$。如果还有 $T(S')\subset S''\subset S'$，那么 $v\in S''$。

下述定理为验证算子是否为压缩映射提供了一个简单的充分条件。

Blackwell 定理 令 $X\subset\mathbb{R}^l$，$B(X)$ 为带上确界范数的有界函数 $f:X\to\mathbb{R}$ 的空间。令 $T:B(X)\to B(X)$ 为一个算子，满足：(1)（单调性）$f,g\in B(X)$，$f(x)\leqslant g(x)$（对于所有 $x\in X$），意味着 $Tf(x)\leqslant Tg(x)$（对于所有 $x\in X$）；(2)（贴现）存在某个 $\beta\in(0,1)$，使得

$$T(f+a)(x)\leqslant Tf(x)+\beta a,\quad 对于所有\ f\in B(X),\quad a\geqslant 0,\quad x\in X$$

那么 T 是模为 β 的压缩。

令 (S,d) 为度量空间。集合 $B_r(x)=\{y\in S:d(x,y)<r\}$ 称为以 x 为圆心、$r>0$ 为半径的**开球**（open ball）。如果 U 包含一个以 x 为圆心的球，那么集合 U 的点 x 称为 U 的**内点**（interior point）。如果 x 是 U 的内点，那么 U 称为 x 的**邻域**（neighborhood）。如果对于以 x 为圆心的每一个球都有 $(B_r(x)\setminus\{x\})\cap U\neq\varnothing$，那么点 x 称为 U 的**极限点**（limit point）［也称**聚点**（cluster point）］。注意极限点 x 不一定在 U 里面，但是 U 一定包含与 x 任意靠近的点。如果存在不包含 U 内任意其他点的 x 的邻域，那么点 x 称为 U 的**隔离点**（isolated point）。仅包含隔离点的集合称为**离散集**（discrete set）。

开球的补集是一个**闭集**（closed set）。A 的**闭包**（closure）$\bar{A}$ 是包含 A 的所有闭集的交。如果集合 D 的闭包是 S 的所有点，即 $\bar{D}=S$，那么集合 D 是**稠密的**（dense）。如果度量空间包含一个可数稠密集，那么它是**可分的**（separable）。

如果对于任意 $\varepsilon>0$，存在 $\delta>0$ 使得如果 $d_X(x,y)<\delta$，就有 $d_Y(f(x),f(y))<\varepsilon$，那么从度量空间 (X,d_X) 映射到另一个度量空间 (Y,d_Y) 的函数 f 在 $x\in X$ 处是连续的。如果对于每一个 $y\in Y$，至多存在一个 $x\in X$ 使得 $f(x)=y$，那么函数 $f:X\to Y$ 是**单射**（injective）；如果 f 的值域是 Y，那么它是**满射**（surjective）或者**到上**（onto）的。如果 f 和它的逆 f^{-1} 都是连续的，那么双射 f 称为**同胚**（homeomorphism）。

在分析中我们感兴趣的问题是：在什么条件下函数序列有某种意义上的收敛子序列？下面的概念在此问题中起核心作用：如果给定 $\varepsilon>0$，存在一个包含 x 的开集 O 使得对于 O 中的所有 y 和所有 $f\in\mathfrak{F}$ 都有 $d_Y(f(x),f(y))<\varepsilon$，那么从度量空间 X 到度量空间 (Y,d_Y) 的函数族 $\mathfrak{F}$ 在点 $x\in X$ 处是**等度连续的**（equicontinuous）。如果函数族在每一点 $x\in X$ 处均是等度连续的，那么它在 X 上是等度连续的。

Ascoli-Arzelá 定理　令 $\mathfrak{F}$ 为从可分空间 X 到度量空间 Y 的等度连续的函数族。令 $\{f_n\}$ 为 $\mathfrak{F}$ 中的序列，使得对于 X 中的每一个 x，集合 $\{f_n(x):n\geqslant 0\}$ 的闭包都是紧的。那么存在点点收敛于连续函数 f 的子序列 $\{f_{n_k}\}$，而且在 X 的每一个紧子集上收敛是一致的。

通常，如果 $\mathcal{O}$ 中的集合满足以下性质：(1) $\varnothing$，$S\in\mathcal{O}$，(2) O_1，$O_2\in\mathcal{O}$ 意味着 $O_1\cap O_2\in\mathcal{O}$，(3) $\{O_\alpha\}\subset\mathcal{O}$ 意味着 $\bigcup O_\alpha\in\mathcal{O}$，那么空间 S 和集合族 $\mathcal{O}$ 一起成为一个**拓扑空间**（topological space）。也就是说，$\mathcal{O}$ 在有限交和任意并下是封闭的。这样的集合族 $\mathcal{O}$ 成为 S 的一个**拓扑**（topology）。$\mathcal{O}$ 中的任意集合都是**开集**（open set）。如果用开集代替开球，那么闭集、内点、极限点和邻域的概念可以移植到拓扑空间。

相同的集合 S 可以有不同的拓扑。有两个例子：**平凡拓扑**（trivial topology）$\mathcal{O}=\{\varnothing,S\}$ 和**离散拓扑**（discrete topology），其中 $\mathcal{O}$ 是 S 的所有子集族。给定 S 上的两个拓扑 $\mathcal{O}_1$ 和 $\mathcal{O}_2$，当且仅当 $\mathcal{O}_1\subset\mathcal{O}_2$ 时，我们称 $\mathcal{O}_1$ 比 $\mathcal{O}_2$ **更弱**（weaker）[或**更粗**（coarser）]。

拓扑空间 X 的每个子空间 Y 称为它自身的拓扑空间。如果存在某个开集 $N\subset X$ 使得 $O=N\cap Y$，那么我们称 $O\subset Y$ 是开集。这个自然拓扑 $O\cap Y$ 被称为**相对拓扑**（relative topology）[也称为**子空间**（subspace）或者**诱导拓扑**（induced topology）]。

如果对于两个不同的点总是存在两个不相交邻域，那么拓扑空间被称为 **Hausdorff 空间**（Hausdorff space）。任何度量空间都是 Hausdorff 空间。如果 K 的每个开覆盖都有有限的子覆盖，那么集合 $K\subset S$ 是**紧的**（compact）。如果 $\mathcal{O}$ 的每个成员（即每个开集）都是 $\mathcal{O}'$ 中成员的并，那么族 $\mathcal{O}'\subset\mathcal{O}$ 是 $\mathcal{O}$ 的**基**（base）。如果每个可数的开覆盖都有有限的子覆盖，那么集合 K 是**可数紧的**（countably compact）。

假定 X 是拓扑空间，x_0 是 X 中的一个点，$f:X\to\mathbb{R}\cup\{-\infty,+\infty\}$ 是拓展的实值函数。如果对于每个 $\varepsilon>0$，都存在 x_0 的邻域 U 使得 $f(x)\leqslant f(x_0)+\varepsilon$ 对于所有 $x\in U$ 成立，那么我们称 f 在 x_0 处是**上半连续的**（upper semi-continuous）。对于度量空间的具体情形，这可以被表达为

$$\lim\sup_{x\to x_0} f(x)\leqslant f(x_0)$$

如果函数在定义域内的每一点都是上半连续的，那么函数 f 是上半连续的。当且仅当对于每个 $\alpha\in\mathbb{R}$，$\{x\in X:f(x)<\alpha\}$ 是开集时，函数是上半连续的。

如果对于每一个 $\varepsilon>0$，均存在 x_0 的一个邻域 U 使得 $f(x)\geqslant f(x_0)-\varepsilon$ 对于所有 $x\in U$ 成立，那么我们说 f 在 x_0 处是**下半连续的**（lower semi-continuous）。等价地，这能被表示为

$$\lim_{x\to x_0}\inf f(x)\geqslant f(x_0)$$

如果函数在定义域内每一点都是下半连续的，那么函数 f 是下半连续的。f 下半连续的定义可以等价地陈述为：$-f$ 是上半连续的，或者对于每个 $\alpha\in\mathbb{R}$，$\{x\in X: f(x)>\alpha\}$是一个开集。当且仅当函数既是上半连续的又是下半连续的时，函数是**连续的**（continuous）。连续函数列的点点上确界是下半连续的。任意开集的指示函数是下半连续的。闭集的指示函数是上半连续的。

极值定理Ⅰ　令 f 是定义在可数紧空间 X 上的上半连续的实值函数，那么 f 是有上界的，且可以达到最大值。

给定拓扑空间 X_i 的**笛卡儿乘积**（Cartesian product）（可能是无穷的），由 $i\in I$ 指标化，

$$X\equiv\prod_{i\in I}X_i$$

和**标准投影**（canonical projection）$p_i:X\to X_i$，那么 X 上的**乘积拓扑**（product topology）被定义为最粗的拓扑（即有最少的开集的拓扑），其上的所有投影都是连续的。乘积拓扑有时候称为 **Tychonoff 拓扑**（Tychonoff topology）。

假定 $\mathcal{O}$是向量空间 S 上的拓扑，满足：(1) S 的每个点都是一个闭集；(2) 向量空间的运算关于 $\mathcal{O}$是连续的。在这些条件下，$\mathcal{O}$是 S 上的一个**向量拓扑**（vector topology），S 是一个**拓扑向量空间**（topological vector space）。拓扑向量空间的元素是作用在拓扑向量空间上的函数或者线性算子，定义拓扑是为了利用函数序列收敛的特定概念。所有的赋范向量空间，从而所有的 Hilbert 空间和 Banach 空间都是著名的例子。然而，存在某些特殊的拓扑向量空间，它们的拓扑不是由范数诱导的，但是在分析中依然很有意思。

拓扑向量空间 S 的**局部基**（local base）是 0 的邻域族 $\mathfrak{B}$，使得 0 的每个邻域都包含 $\mathfrak{B}$ 的成员。如果存在局部基 $\mathfrak{B}$（它的成员是凸的），那么拓扑空间 S 是**局部凸的**（locally convex）。如果对于 0 在 S 中的每个邻域 U，都对应一个数 $s>0$，使得对于每一个 $t>s$，均有 $A\subset tU$，那么我们说拓扑向量空间的子集 A 是**有界的**（bounded）。

赋范向量空间 $(S,\|\cdot\|_S)$ 上的**线性泛函**（linear functional）是满足

$$\phi(\alpha x+\beta y)=\alpha\phi(x)+\beta\phi(y),\quad \text{对所有 } x,y\in S,\quad \text{所有 } \alpha,\beta\in\mathbb{R}$$

的函数 $\phi:S\to\mathbb{R}$。如果 $\|x_n-x\|_S\to 0$ 意味着 $|\phi(x_n)-\phi(x)|\to 0$，那么线性泛函是连续的。如果对所有 $x\in X$，都存在常数 $M>0$ 使得 $|\phi(x)|\leqslant M\|x\|_S$，那么线性泛函是有界的。有界线性泛函 ϕ 的范数定义为

$$\|\phi\|_d=\sup_{\|x\|_S\leqslant 1}|\phi(x)|$$

如果在 S 中的每一点 ϕ 都是连续的，那么它在 S 上是连续的。当且仅当 ϕ 是有界的时，它是连续的。

对于任何赋范向量空间 S，S 上所有连续线性泛函的空间 S^* 称为 S 的**对偶**（dual）。S^* 是向量空间，$(S^*,\|\cdot\|_d)$ 是赋范向量空间。每个对偶空间都是一个 Banach 空间。如果 Banach 空间与对偶空间的对偶重合，那么它是**反身的**（reflexive）。例如，对于$1<p<\infty$，$L^p(S,\Sigma,\mu)$ 是反身的，但是 $L^1(S,\Sigma,\mu)$ 不是反身的。

- $C(X)$ 的对偶是 rca(X)，其中，rca(X) 是 X 上所有可数可加正规 Borel 测度的 Banach 空间。
- $L^p(S,\Sigma,\mu)$ 的对偶是 $L^q(S,\Sigma,\mu)$，其中，$1<p$，$q<\infty$，$1/p+1/q=1$。
- $L^1(S,\Sigma,\mu)$ 的对偶是 $L^\infty(S,\Sigma,\mu)$。但是，$L^\infty(S,\Sigma,\mu)$ 的对偶是 $ba(\Sigma,\mu)$，它包括 $L^1(S,\Sigma,\mu)$。空间 $ba(\Sigma,\mu)$ 是包含 Σ 上关于 μ 绝对连续的所有有界和有限可加符号测度的 Banach 空间。
- ℓ^p 的对偶是 ℓ^q，其中，$1<p$，$q<\infty$，$1/p+1/q=1$。
- ℓ^1 的对偶是 ℓ^∞。但是，ℓ^∞ 的对偶是 ba（包含 ℓ^1），它是自然数幂集上的所有有界有限可加测度的集合。

假定 S 是赋范向量空间。由对偶 S^* 生成的**弱拓扑**（weak topology）是 S 上使得 $\phi\in S^*$ 连续的最弱的拓扑。弱拓扑由下面的条件来刻画：当且仅当对于所有 $\phi\in X^*$，$\phi(x_\alpha)$ 收敛于$\phi(x)$时，X 中的网（x_α）在弱拓扑中收敛于元素 $x\in X$。我们通常称范数生成的拓扑为**强拓扑**（strong topology）。S^* 上的**弱* 拓扑**（weak* topology）是使得由 $T_x(\phi)=\phi(x)$定义的线性泛函 $T_x:S^*\to\mathbb{R}$ 对所有$x\in S$ 保持连续的最弱的泛函。如果 S^* 中的网 $\{\phi_\alpha\}$ 是点点收敛的，那么它在弱* 拓扑中收敛于 ϕ。

例如，考虑 Hilbert 空间 $L^2(S,\Sigma,\mu)$ 中函数强收敛和弱收敛的区别。$L^2(S,\Sigma,\mu)$ 中的序列 $\{f_n\}$ 强收敛于 f 意味着 $\int|f_n-f|^2\mathrm{d}\mu\to 0$。相比之下，弱收敛意味着，

离散时间的经济动力学

对于所有函数 $g \in L^2(S,\Sigma,\mu)$，都有 $\int f_n g\,\mathrm{d}\mu \to \int fg\,\mathrm{d}\mu$。

Banach-Alaoglu 定理 如果 S 是赋范向量空间，那么 S^* 中的闭单位球是弱 * -紧的。

Kakutani 定理 令 X 为 Banach 空间。下列陈述是等价的：

（1）X 是反身的。

（2）X 中的闭单位球在弱拓扑中是紧的。

（3）X 中的每个有界序列有一个弱收敛子序列。

如果当 $\|x\| \to \infty$ 时，$f(x) \to +\infty$，那么我们称 Banach 空间中的实值函数是**强制的**（coercive）。

极值定理Ⅱ 令 f 为反身 Banach 空间 X 上的弱下半连续实值强制函数。那么 f 有下界，并假定其最小值。

与极值定理Ⅰ相比，定理的这个形式假设弱半连续，但是要求函数是强制的且定义在反身 Banach 空间上。

Hahn-Banach 定理是泛函分析中的核心工具。它允许定义在某向量空间的子空间上的有界线性泛函延拓到全空间。它也表明：存在足够多定义在每个赋范线性空间上的连续线性泛函，使得关于对偶空间的研究很有趣。Hahn-Banach 定理的另一种形式称为 Hahn-Banach 分离定理或者超平面分离定理。我们将在这里给出这种形式。

Hahn-Banach 分离定理 令 S 为拓扑向量空间。假设 A、B 是 S 的凸的非空不相交子集，那么

（1）如果 A 是开集，那么存在定义在 S 上的连续线性泛函 ϕ 和 $\alpha \in \mathbb{R}$ 使得 $\phi(x) < \alpha < \phi(y)$ 对于所有 $x \in A$ 和 $y \in B$ 成立。

（2）如果 S 是局部凸的，A 是紧的、B 是闭的，那么存在定义在 S 上的连续线性泛函 ϕ 和 α、γ，使得 $\phi(x) < \alpha < \gamma < \phi(y)$ 对于所有 $x \in A$ 和 $y \in B$ 成立。

这个定理的另一种形式如下：

Hahn-Banach 分离定理 令 S 为赋范线性空间，令 A、B 为 S 的凸的非空子集。假定要么 B 有内点且 A 不包括 B 的内点，要么 S 是有限维的且 $A \cap B = \varnothing$。那么，存在定义在 S 上的连续线性泛函 ϕ 和 $\alpha \in \mathbb{R}$，使得 $\phi(x) \leqslant \alpha \leqslant \phi(y)$ 对于所有 $x \in A$ 和 $y \in B$ 成立。

集合 A 的**凸包**（convex hull）是指包含 A 的所有凸集的交。

Krein-Milman 定理　令 K 为局部凸的拓扑向量空间中的紧的凸集。那么 K 是它的极限点的闭的凸包。

线性空间 S 中的**内积**（inner product）是 $S\times S$ 到 $\mathbb{R}$ 的双线性泛函 $\langle x,y\rangle$，满足①：(1) $\langle\alpha_1x_1+\alpha_2x_2,y\rangle=\alpha_1\langle x_1,y\rangle+\alpha_2\langle x_2,y\rangle$，$\alpha_1,\alpha_2\in\mathbb{R}$；(2) $\langle x,y\rangle=\langle y,x\rangle$；(3) $\langle x,x\rangle\geqslant0$，当且仅当 $x=0$ 时等式成立。**内积空间**（inner product space）［或者**前-Hilbert 空间**（pre-Hilbert space）］是范数为 $\|x\|=\sqrt{\langle x,x\rangle}$ 的赋范向量空间。完备的内积空间称为 **Hilbert 空间**（Hilbert space）。根据定义，Hilbert 空间是 Banach 空间。$L^2(S,\Sigma,\mu)$ 和 ℓ^2 是 Hilbert 空间。从几何上来讲，$\mathbb{R}^2$ 中的内积与角的余弦有关：$\langle x,y\rangle/\|x\|\|y\|=\cos\theta$。

如果 $\langle x,y\rangle=0$，那么两个向量是**正交的**（orthogonal），用 $x\perp y$ 表示。如果集合中的任何两个元素都是正交的，那么集合是**正交集**（orthogonal set）。如果集合中的每一个向量均有等于 1 的范数，那么集合是**标准正交的**（orthonormal）。内积空间 V 中 M 的**正交补**（orthogonal complement）是集合 $\{x\in V: x\perp y, y\in M\}$，用 $M^{\perp}$ 代表。很容易证明 $M\cap M^{\perp}=\{0\}$。如果由 $\{e_i\}$ 生成的闭子空间是 H，那么我们称 Hilbert 空间 H 中的正交序列 $\{e_i\}$ 是**完备的**（complete）。

正交投影定理　令 M 为有限维实内积空间 V 的线性子空间。对于每一个 $x\in V$，我们可以把 x 写成唯一的形式 $x=x_M+x_{\perp}$，其中，$x_M\in M$，$x_{\perp}\in M^{\perp}$。而且，$\dim M+\dim M^{\perp}=\dim V$。

下述定理是优化理论和将上述结果推广到无穷维空间的基础。

经典投影定理　令 H 为一个 Hilbert 空间，M 为 H 的一个闭子空间。对于任意 $x\in H$，均存在唯一的 $m_0\in M$ 是下述问题的解：

$$\min_{m\in M}\|x-m\|$$

$m_0\in M$ 是唯一最小化向量的充分必要条件是 $(x-m_0)$ 与 M 正交。

Gram-Schmidt 定理　令 $\{x_i\}$ 为前-Hilbert 空间 H 中线性独立向量的可数或者有限序列。那么，存在正交序列 $\{e_i\}$ 使得对于每个 n，前 n 个 e_i 生成的空间与前 n 个 x_i 生成的空间是一样的。

证明是构造性的。令 $e_1=x_1/\|x_1\|$。令 $z_2=x_2-\langle x_2,e_1\rangle e_1$，$e_2=z_2/\|z_2\|$。那么，$e_1\perp e_2$，$e_1$ 和 e_2 张成与 x_1 和 x_2 相同的空间。用归纳法继续这个过程：

---

① 我们这里关注实空间。Hilbert 空间理论可以用于复杂空间。

$$z_n = x_n - \sum_{i=1}^{n-1} \langle x_n, e_i \rangle e_i, \quad e_n = \frac{z_n}{\| z_n \|}$$

令 $\{e_i\}$ 为完全正交的序列。那么，Hilbert 空间中的任意向量 x 均可以写为

$$x = \sum_{i=1}^{\infty} \langle x, e_i \rangle e_i$$

其中，$\langle x, e_i \rangle$ 是 x 关于 e_i 的 **Fourier 系数**（Fourier coefficient）。

令 H 为 Hilbert 空间，令 H^* 代表它的对偶。如果 $y \in H$，那么由

$$\varphi_y(x) = \langle y, x \rangle, \quad \text{对于任意 } x \in H$$

定义的函数 φ_y 是 H^* 的元素。下述定理表明，H^* 的每个元素均可以唯一地写成这种形式。

Riesz 表示定理 对于 Hilbert 空间 H 中的每个连续线性泛函 f，存在唯一的 $y \in H$ 使得对于所有 $x \in H$，$f(x) = \langle x, y \rangle$。

例如，如果 $g: L^2(S, \Sigma, \mu) \to R$ 是连续的和线性的，那么存在唯一的 $h \in L^2(S, \Sigma, \mu)$ 使得

$$g(f) = \int fh \, \mathrm{d}\mu$$

附录 C 凸分析

对 $\mathbb{R}^n$ 中不等式的约定如下：对于 $i=1,2,\cdots,n$，$x\geqslant y\Leftrightarrow x_i\geqslant y_i$；$x>y\Leftrightarrow x_i\geqslant y_i$ 且 $x\neq y$；$x>>y\Leftrightarrow x_i>y_i$。如果给定 $x_1,x_2\in C$，对于所有 $\alpha\in[0,1]$ 有 $\alpha x_1+(1-\alpha)x_2\in C$，那么线性空间中的集合 C 是**凸的**（convex）。如果子集 K 在正参数相乘下是封闭的，那么它被称为**锥**（cone）。对于某个矩阵 A，**多面锥**（polyhedral cone）是集合 $C=\{x\in\mathbb{R}^n:Ax\geqslant 0\}$。多面锥是凸的，而且是有限多个半平面的凸包。线性空间 X 中集合 A 的**回收锥**（recession cone）由

$$\{y\in X:x+\lambda y\in A,\quad \text{对于所有 } x\in A,\quad \lambda\in\mathbb{R}_+\}$$

给出。

Farkas 引理 令 A 为一个 $m\times n$ 矩阵，b 是一个 m 维向量。那么，下面两个陈述中恰好有一个为真：

（1）存在一个 $x\in\mathbb{R}^n$ 使得 $Ax=b$ 且 $x\geqslant 0$。

（2）存在一个 $y\in\mathbb{R}^m$ 使得 $A^{\mathrm{T}}y\geqslant 0$ 且 $b^{\mathrm{T}}y<0$。

这个引理表明，对于一个向量来说，要么它在一个给定凸锥里，要么存在一个

超平面把它和锥分开，而没有其他可能性。Farkas 引理的通常应用包括：证明与线性规划有关的强对偶定理和弱对偶定理、初等水平的博弈论和 Kuhn-Tucker 约束。

Stiemke 引理 令 A 为 $m\times n$ 矩阵。那么，下面两个陈述中恰好有一个为真：

（1）存在 $x\in\mathbb{R}^n_{++}$ 使得 $Ax=0$。

（2）存在 $y\in\mathbb{R}^m$ 使得 $A^{\mathrm{T}}y>0$。

这两个引理是择一定理的两个例子。它们在套利定价理论中是有用的。

如果

$$f(\alpha x_1+(1-\alpha)x_2)\leqslant\alpha f(x_1)+(1-\alpha)f(x_2)$$

对于所有 $x_1,x_2\in C$ 和所有 $\alpha\in(0,1)$ 成立，那么定义在线性空间的凸子集 C 上的实值函数 f 是凸的。如果当 $x_1\neq x_2$ 时严格不等式成立，那么 f 是**严格凸的**（strictly convex）。如果 $-g$ 是（严格）凸的，那么函数 g 是**（严格）凹的**［(strictly) concave］。

如果

$$f(\alpha x_1+(1-\alpha)x_2)\leqslant\min\{f(x_1),f(x_2)\}$$

对于所有 $x_1,x_2\in C$ 和所有 $\alpha\in(0,1)$ 成立，那么定义在线性空间的凸子集 C 上的实值函数 f 是**拟凸的**（quasi-convex）。如果当 $x_1\neq x_2$ 时严格不等式成立，那么它是**严格拟凸的**［(strictly) quasi-convex］。如果 $-f$ 是（严格）拟凹的，那么函数 f 是（严格）拟凸的。

令 C 是 $\mathbb{R}^n$ 中的开凸集，令 $f:C\rightarrow\mathbb{R}$ 是凹的。那么，除了可能在 Lebesgue 测度为零的点集以外，f 在 C 上处处是可微的。而且，f 的导数 $Df=(\partial f/\partial x_1,\cdots,\partial f/\partial x_n)$ 在它存在的所有点处都是连续的。对于 $f:\mathbb{R}^n\rightarrow\mathbb{R}^m$，$f$ 在 x 处的导数用 $Df(x)=(\partial f_i/\partial x_j(x))_{m\times n}$ 来代表。

令 C 为 $\mathbb{R}^n$ 中的开凸集，令 $f:C\rightarrow\mathbb{R}$ 在 C 上是可微的。那么，当且仅当

$$Df(x)(y-x)\geqslant f(y)-f(x),\quad 对于所有\ x,y\in C$$

时，f 在 C 上是凹的。

如果在一个开凸集 C 上 $f:C\rightarrow\mathbb{R}$ 是两次连续可微的，那么当且仅当对于所有 $x\in C$，$D^2f(x)$ 是半负（正）定矩阵时，f 是凹（凸）的。如果对于所有 $x\in C$，$D^2f(x)$ 是负（正）定的，那么 f 是严格凹（凸）的。最后一个结果的逆是不正确的，可由例子 $f(x)=-x^4$ 来说明。

令 X 为实赋范向量空间，令 X^* 为 X 的对偶空间。用 $\langle\cdot,\cdot\rangle$：$X^*\times X\rightarrow\mathbb{R}$ 代

表**双配对**（dual pairing）（双线性函数）。对于取值在扩展实数上的泛函 $f:X\to\mathbb{R}\cup\{+\infty\}$，**凸共轭**（convex conjugate）$f^*:X^*\to\mathbb{R}\cup\{+\infty\}$ 是根据上确界

$$f^*(x^*)=\sup_{x\in X}\langle x^*,x\rangle-f(x)$$

来定义的，或者，等价地，是根据下确界

$$f^*(x^*)=-\inf_{x\in X}f(x)-\langle x^*,x\rangle$$

来定义的。例如，仿射函数

$$f(x)=a^{\mathrm{T}}x-b,\quad x\in\mathbb{R}^n$$

的凸共轭是

$$f^*(x^*)=\sup_{x\in\mathbb{R}^m}(x^*)^{\mathrm{T}}x-a^{\mathrm{T}}x+b=\begin{cases}b, & \text{如果 } x^*=a\\ +\infty, & \text{如果 } x^*\neq a\end{cases}$$

X 中集合 M 的**指示函数**（indicator function）用 δ_M 来表示，定义为

$$\delta_M(x)=\begin{cases}0, & \text{如果 } x\in M\\ +\infty, & \text{如果 } x\notin M\end{cases}$$

这个函数在把有约束优化问题转化成无约束优化问题

$$\inf_{x\in M}f(x)\Leftrightarrow\inf_{x\in X}f(x)+\delta_M(x)$$

时是有用的。

令 $f:A\to\mathbb{R}\cup\{\pm\infty\}$。$f$ 的**有效域**（effective domain）定义为 $\mathrm{dom}(f)=\{x\in A:f(x)<+\infty\}$。如果对于所有 $x\in A$，$\mathrm{dom}(f)\neq\varnothing$ 且 $f(x)>-\infty$，那么它是**本征函数**（proper function）。

最小最大定理　令 X 和 Y 为拓扑向量空间的凸子集，X 是紧的，并令 $f:X\times Y\to R$ 满足：(1) 对于每一个 $x\in X$，函数 $f(x,y)$ 是上半连续的且在 Y 上是拟凹的；(2) 对于每一个 $y\in Y$，函数 $f(x,y)$ 是下半连续的且在 X 上是拟凸的。那么，

$$\sup_{y\in Y}\min_{x\in X}f(x,y)=\min_{x\in X}\sup_{y\in Y}f(x,y)$$

非线性优化问题　考虑下述问题：

$$\inf_{x\in\mathbb{R}^n}f(x)\tag{C.1}$$

满足

$$g_i(x) \leqslant 0, \quad i=1,\cdots,m \tag{C.2}$$

$$h_j(x)=0, \quad j=1,\cdots,p \tag{C.3}$$

定义 **Lagrange 函数**（Lagrangian function）为

$$L(x,\lambda,\mu)=f(x)+\lambda \cdot g+\mu \cdot h$$

其中，$\lambda=(\lambda_1,\cdots,\lambda_m)$ 和 $\mu=(\mu_1,\cdots,\mu_p)$ 是分别与约束（C.2）和约束（C.3）有关的 **Lagrange 乘子**（Lagrange multiplier）。定义**对偶函数**（dual function）为

$$\phi(\lambda,\mu)=\inf_{x\in\mathbb{R}^n} L(x,\lambda,\mu)$$

那么，

$$\phi(\lambda,\mu) \leqslant p^*$$

其中，p^* 是**原始问题**（primal problem）（C.1）的解。定义**对偶问题**（dual problem）为

$$\sup_{(\lambda,\mu)\in\mathbb{R}^m\times\mathbb{R}^p} \phi(\lambda,\mu)$$

满足 $\lambda \geqslant 0$。令对偶问题的解为 d^*。然后，我们有 $d^* \leqslant p^*$，它被称为**弱对偶**（weak duality）。差 d^*-p^* 被称为对偶间隙。如果 $d^*=p^*$ 成立，那么我们说**严格对偶**（strong duality）成立。在某个**约束规格条件**（constraint qualification condition）下，严格对偶成立。一个简单的条件是凸优化的 **Slater 条件**（Slater condition）：函数 $f, g_1, \cdots$，和 g_m 是凸的，存在一个点 x 使得

$$g_i(x)<0, \quad h_j(x)=0, \quad \text{对于所有 } i,j$$

如果 f、g_i 和 h_j 都是可微的，那么最优化的一阶必要条件［**Kuhn-Tucker 条件**（Kuhn-Tucker condition）］由

$$Df(x)+\lambda \cdot Dg(x)+\mu \cdot Dh(x)=0$$

$$\lambda_i \geqslant 0, \quad \lambda_i g_i(x)=0, \quad i=1,\cdots,m$$

$$g_i(x) \leqslant 0, \quad i=1,\cdots,m$$

$$h_j(x)=0, \quad j=1,\cdots,p$$

给出。

对于满足上面的 Kuhn-Tucker 条件的最小化元 x^* 而言，我们需要一个约束规格条件。一个这样的条件是上面给出的 Slater 条件。另外一个条件是，积极不等式

约束的梯度和等式约束的梯度在 x^* 处是线性独立的。这个结论也应用于不存在不等式约束的情形。

如果 f 和所有 g^i 都是凸的，所有 h^j 都是仿射的，那么前面的 Kuhn-Tucker 条件对于最优也是充分的。在没有不等式约束的情况下，我们有下述充分条件：

定理（Lagrange 方法的充分条件） 假设存在 x^* 和 μ^*，使得 h_j 在 x^* 处的梯度是线性独立的，且

$$Df(x^*)+\mu^* \cdot h(x^*)=0$$

定义

$$Z(x^*)=\{z\in \mathbb{R}^n: Dh(x^*)\cdot z=0\}$$

并令 D^2L^* 代表 $n\times n$ 矩阵

$$D^2L(x^*,\mu^*)=D^2f(x^*)+\sum_{j=1}^{p}\mu_j^* D^2h_j(x^*)$$

如果 $z'D^2L^*z<(>)0$ 对于所有 $z\in Z(x^*)$（$z\neq 0$）均成立，那么 x^* 是 f 的局部最大化（最小化）元。

令 $X\subset\mathbb{R}^l$，$Y\subset\mathbb{R}^m$。**对应**（correspondence）$\Gamma: X\to Y$ 给每个 $x\in X$ 规定一个集合 $\Gamma(x)\subset Y$。如果 $\Gamma(x)$ 非空，且对于每个 $y\in\Gamma(x)$ 和每个序列 $x_n\to x$，存在 $N\geqslant 1$ 和一个序列 $\{y_n\}_{n=N}^{\infty}$ 使得对于所有 $n\geqslant N$，有 $y_n\to y$ 且 $y_n\in\Gamma(x_n)$，那么对应 $\Gamma: X\to Y$ 在 x 处是**下半连续的**（lower hemi-continuous）。如果 $\Gamma(x)$ 非空，且对于满足对所有 n 都有 $y_n\in\Gamma(x_n)$ 的每个序列 $x_n\to x$ 和每个序列 $\{y_n\}$，均存在 $\{y_{n_k}\}$ 一个其极限点 y 在 $\Gamma(x)$ 里的收敛子列，那么紧值对应 $\Gamma: X\to Y$ 在 x 处是**上半连续的**（upper hemi-continuous）。

如果对应 $\Gamma: X\to Y$ 在 x 处既是下半连续的又是上半连续的，那么它在 x 处是连续的。如果 Γ 是单值的且上半（下半）连续的，那么它就是连续的。令 $f: \mathbb{R}_+^l\to\mathbb{R}_+$ 是一个连续函数，用 $\Gamma(x)=[0,f(x)]$ 定义对应 $\Gamma: \mathbb{R}_+^l\to\mathbb{R}_+$，那么 Γ 是连续的。

（复合规则）如果 $\phi: X\to Y$ 和 ψ: $Y\to Z$ 是紧值的和上半（下半）连续的，那么由

$$\Gamma(x)=\{z\in Z: z\in\psi(y),\text{对于某个 } y\in\phi(x)\}$$

定义的对应 $\psi\circ\phi=\Gamma: X\to Z$ 也是紧值的和上半（下半）连续的。

（乘积规则）令 $\Gamma_i: X\to Y_i (i=1,\cdots,k)$ 是紧值的和上半（下半）连续的。那么由

$$\Gamma(x)=\{y\in \Upsilon: y=(y_1,\cdots,y_k),\text{其中 } y_i\in\Gamma_i(x), i=1,\cdots,k\}$$

定义的对应 $\Gamma: X\to\Upsilon=\Upsilon_1\times\cdots\times\Upsilon_k$ 也是紧值的和上半（下半）连续的。

对应 $\Gamma: X\to\Upsilon$ 的**图像**（graph）是集合

$$A=\{(x,y)\in X\times\Upsilon: y\in\Gamma(x)\}$$

闭图像定理 令 $\Gamma: X\to\Upsilon$ 为非空值对应，令 A 为 Γ 的图像。假设 A 是闭集，且对于任意有界集合 $\hat{X}\subset X$，集合 $\Gamma(\hat{X})$ 均是有界的。那么 Γ 是紧值的和上半连续的。

最大值定理 令 $f: X\times\Upsilon\to\mathbb{R}$ 为连续函数，令 $\Gamma: X\to\Upsilon$ 为紧值的和连续的对应。那么由

$$h(x)=\sup_{y\in\Gamma(x)} f(x,y)$$

定义的函数 $h: X\to\mathbb{R}$ 是连续的，由

$$G(x)=\{y\in\Gamma(x): h(x)=f(x,y)\}$$

定义的对应 $G: X\to\Upsilon$ 是非空的、紧值的和上半连续的。

我们给出两个例子表明这个定理：(1) 令 $X=\mathbb{R}$，$\Gamma(x)=\Upsilon=[-1,1]$，$f(x,y)=xy^2$。那么 G 在 $x=0$ 处是上半连续的，但不是下半连续的。(2) 令 $X=\mathbb{R}_+$，$\Gamma(x)=\{y\in\mathbb{R}: -x\leqslant y\leqslant x\}$，$f(x,y)=\cos(y)$。那么 G 是上半连续的，而不是下半连续的。

下述定理是包络条件的一种形式。

Benveniste-Scheinkman 定理 令 $X\subset R^l$ 为凸集，令 $V: X\to\mathbb{R}$ 为凹的，令 $x_0\in \text{int}(X)$，令 D 为 x_0 的一个邻域。如果存在一个凹的可微函数 $W: D\to\mathbb{R}$，满足 $W(x_0)=V(x_0)$ 和 $W(x)\leqslant V(x)$（对于所有 $x\in D$），那么 V 在 x_0 处是可微的，且 $V_i(x_0)=W_i(x_0)$，$i=1,2,\cdots,l$。

定理（收敛） 令 $\Gamma: X\to\Upsilon$ 是凸的、紧值的和连续的对应。令 $\{f_n\}$ 是 A 上的连续函数序列。假设对于每个 n 和每个 x，$f_n(x,\cdot)$ 都是严格凹的。假设 f 有相同的性质且 $f_n\to f$ 是一致的。定义

$$g_n(x)=\arg\max_{y\in\Gamma(x)} f_n(x,y)$$
$$g(x)=\arg\max_{y\in\Gamma(x)} f(x,y)$$

那么 $g_n\to g$ 是点点的。如果 X 是紧集，那么收敛是一致的。

偏序集（partially ordered set）是在它上面存在满足下述性质的二元关系 $\preceq$ 的集合 X：

（1）（反身性）对于所有 $x\in X$，$x\leq x$。

（2）（反对称性）如果 $x\leq x'$ 且 $x'\leq x$，那么对于所有 $x,x'\in X$，$x=x'$。

（3）（传递性）如果 $x\leq x'$ 且 $x'\leq x''$，那么对于所有 $x,x',x''\in X$，$x\leq x''$。

令 X' 为偏序集 X 的一个子集。如果 $x'\in X$，$x\leq x'$（$x'\leq x$）对于所有 $x\in X'$ 成立，那么我们称 x' 是 X' 的一个**上（下）界**［upper（lower）bound］。如果 $x'\in X'$ 是 X' 的一个上界，那么 x' 是 X' 的**最大（最小）元素**［greatest（least）element］。X' 的**上确界（下确界）**［supremum（infimum）］是 X' 的最小上界（最大下界），用 $\sup_X(X')$（$\inf_X(X')$）表示。基础集 X 是重要的。例如，假设 $X=\mathbb{R}$，$Y=[0,1)\cup\{3\}$，$X'=[0,1)$，那么 $\sup_X(X')=1\neq 3=\sup_Y(X')$。

元素 x，$x'\in X$ 的**并（交）**［join（meet）］是 x 和 x' 的最小上界（最大下界）。它们分别用 $x\vee x'$ 和 $x\wedge x'$ 表示。包括它的每个元素对的并和交的偏序集是**格**（lattice）。每个非空子集均有一个上确界和一个下确界的格是完备的。具有前面介绍的偏序的 Euclid 空间是完备的格。如果 $f(x)\leq f(y)$ 对于任意 $x\leq y$ 成立，那么函数 $f:X\rightarrow X$ 是递增的。

Tarski 不动点定理 假设 X 是非空的完备格，$f(x)$ 是从 X 到它自身的增函数。

（1）$f(x)$ 在 X 中的不动点集合是非空的，$\sup_X(\{x\in X:x\leq f(x)\})$ 是最大的不动点，$\inf_X(\{x\in X:f(x)\leq x\})$ 是最小的不动点。

（2）$f(x)$ 在 X 中的不动点集合是非空的完备格。

这个定理的一个重要性质在于，它不需要函数 f 是连续的。如果 f 是严格递减的，那么定理不成立，但是它可以扩展到递增对应。关于格理论的讨论和介绍，参见 Topkis（1998）。

附录 D 测度论和概率论

令 S 是一个集合，$\mathcal{S}$ 是它的子集族。如果（1）$\varnothing, S\in\mathcal{S}$，（2）$A\in\mathcal{S}$ 意味着 $A^c=S\setminus A\in\mathcal{S}$，（3）$A_1,\cdots,A_n\in\mathcal{S}$ 意味着 $\bigcup_{i-1}^{n}A_i\in\mathcal{S}$，那么 $\mathcal{S}$ 被称为**代数**（algebra）。如果用性质（3）′[$A_n\in\mathcal{S}$, $n=1,2,\cdots$ 意味着 $\bigcup_{n=1}^{\infty}A_n\in\mathcal{S}$] 代替性质（3），那么 $\mathcal{S}$ 被称为 σ-代数。在这种情况下，对（$S,\mathcal{S}$）被称为**可测空间**（measurable space）。任何集合 $A\in\mathcal{S}$ 被称为**可测集**（measurable set）。

一个平凡的 σ-代数是 $\{\varnothing, S\}$。如果 S 是有限的或者可数的，那么 S 的所有子集的族是一个 σ-代数。给定一个度量空间（S,d），**Borel 代数**（Borel algebra）$\mathcal{B}(S)$ 是包含开球 $A=\{s\in S: d(s,s_0)<\delta\}$ 的最小 σ-代数，其中，$s_0\in S$，$\delta>0$。$\mathcal{B}(S)$ 的元素称为 **Borel 集**（Borel set）。

令（$S,\mathcal{S}$）为一个可测空间。一个**测度**（measure）是一个实值函数 $\mu:\mathcal{S}\to\mathbb{R}$，满足：（1）$\mu(\varnothing)=0$；（2）$\mu(A)\geqslant 0$ 对于所有 $A\in\mathcal{S}$ 成立；（3）如果 $\{A_n\}_{n=1}^{\infty}$ 是 $\mathcal{S}$ 中的一个可数不相交子集序列，那么 $\mu(\bigcup_{n=1}^{\infty}A_n)=\sum_{n=1}^{\infty}\mu(A_n)$。（$S,\mathcal{S},\mu$）被称为一个**测度空间**（measure space）。如果 $u(S)=1$，那么它是**概率测度**（probability measure），

$(S,\mathcal{S},\mu)$ 被称为**概率空间**（probability space）。如果我们去掉性质（2），那么 μ 被称为**符号测度**（signed measure）。

如果性质（3）中的序列是有限的，那么 μ 被称为有限可加测度。如果只要 μ: $\mathcal{S}\to\mathbb{R}_+$是可数可加测度且在$\mathcal{S}$上满足 $\mu\leqslant v$，就有 $\mu=0$，那么有限可加测度 $v:\mathcal{S}\to\mathbb{R}_+$是**完全有限可加的**（purely finitely additive）。

Yosida-Hewitt 定理 如果 $v:\mathcal{S}\to\mathbb{R}_+$是有限可加测度，那么存在唯一的分解 $v=v_c+v_f$，其中，$v_c:\mathcal{S}\to\mathbb{R}_+$是可数可加测度，$v_f:\mathcal{S}\to\mathbb{R}_+$是完全有限可加测度。

Hahn 分解定理 给定可测空间 $(S,\mathcal{S})$ 和它上面的一个符号测度 μ，存在两个可测集 P 和 N，使得 $P\cup N=S$ 且 $P\cap N=\varnothing$；对于满足 $E\subset P$ 的每个 $E\in\mathcal{S}$, $\mu(E)\geqslant 0$，表明 P 是**正集**（positive set）；对于满足 $E\subset N$ 的每个 $E\in\mathcal{S}$, $\mu(E)\leqslant 0$，表明 N 是**负集**（negative set）。而且，对于从 P 和 N 中加上或者去掉一个 μ 零测集，这种分解是唯一的。

考虑由

$$\mu^+(E)=\mu(P\cap E)\text{和}\mu^-(E)=\mu(N\cap E),\quad\text{对于所有可测集 }E$$

定义的两个非负测度 μ^+ 和 μ^-。可以证明，μ^+ 和 μ^- 是非负测度，仅取有限值，分别称为 μ 的**正部**（positive part）和**负部**（negative part），满足 $\mu=\mu^+-\mu^-$。测度 $|\mu|=\mu^++\mu^-$ 称为 μ 的**变分**（variation），它的最大可能值 $\|\mu\|=|\mu|(S)$ 称为 μ 的**全变分**（total variation）。符号测度的集合是一个线性空间，全变分是一个范数，它可以被等价地定义为

$$\|\mu\|=\sup_{\{A_i\}}\sum_{i=1}^{k}\|\mu(A_i)\|$$

其中，范数取自 S 的所有不相交可测子集的有限分割。

两个有限符号测度之和是有限符号测度，有限符号测度被实数相乘也是有限符号测度：它们关于线性组合是封闭的。结果是，定义在可测空间 $(S,\mathcal{S})$ 上的有限符号测度之和是实向量空间；这与构成凸锥但不是向量空间的正测度形成了对比。而且，全变分定义了一个范数，关于这个范数有限符号测度空间变成了 Banach 空间。如果 S 是紧的可分度量空间，那么根据 Riesz 表示定理，有限符号 Borel 测度空间就是 S 上的所有连续实值函数实 Banach 空间的对偶。我们可以通过去掉度量空间的限制推广这个结论。

先构造小集合族即代数上的测度，然后延拓到较大的族即 σ-代数更容易。定义

在代数 $\mathcal{A}$ 上的测度与以前一样，除了性质（3）被下述性质（3）′所取代：如果 $\{A_n\}_{n=1}^{\infty}$ 是 $\mathcal{A}$ 中可数不相交的子集序列，满足 $\bigcup_{n=1}^{\infty} A_n \in \mathcal{A}$，那么 $\mu(\bigcup_{n=1}^{\infty} A_n) = \sum_{n=1}^{\infty} \mu(A_n)$。

Caratheodory 延拓定理 令 S 是一个集合，$\mathcal{A}$ 是它的子集的代数，μ 是 $\mathcal{A}$ 上的测度。令 $\mathcal{S}$ 为包含 $\mathcal{A}$ 的最小的 σ-代数。那么存在 $\mathcal{S}$ 上的测度 μ^*，对于所有的 $A \in \mathcal{A}$，满足 $\mu^*(A) = \mu(A)$。

这个定理没有给出唯一性。我们引入下述概念：如果存在 $\mathcal{A}$ 中的集合序列 $\{A_i\}_{i=1}^{n}$ 满足 $\mu(A_i) < \infty$ 对于所有的 i 成立，那么 μ 是 **σ-有限的**（finite）。显然，任何概率测度都是 σ-有限的。下一个定理表明，σ-有限的测度的延拓是唯一的。

Hahn 延拓定理 如果 μ 是 σ-有限的，那么 μ^* 到 $\mathcal{S}$ 的延拓是唯一的。

给定测度空间（$S, \mathcal{S}, \mu$），我们可以想象，如果 $A \in \mathcal{S}$ 测度为零，那么 $C \subset A$ 测度也为零，但是 C 可能不在 $\mathcal{S}$ 里面，因此 $\mu(C)$ 可能是没有定义的。这个缺陷可以用测度空间完备化的思路来弥补。

定义

$$\mathcal{C} = \{C \subset S: C \subset A, \text{对于某个 } A \in \mathcal{S}, \text{满足 } \mu(A) = 0\}$$

现在考虑从任意集合 $B \in \mathcal{S}$ 开始，然后对 $\mathcal{C}$ 中的集合进行加减。$\mathcal{S}$ 的**完备化**（completion）是以下述方式构造的集合族 $\mathcal{S}'$：

$$\mathcal{S}' = \{B' \subset S: B' = (B \cup C_1) \setminus C_2, B \in S, C_1, C_2 \in \mathcal{C}\}$$

这表明 $\mathcal{S}'$ 和 $\mathcal{S}$ 的差别在于测度为零的集合的子集。σ-代数的完备化是一个 σ-代数。**Lebesgue 可测集**（Lebesgue measurable set）的族是 Borel 集的完备化。Borel 集上的测度延拓到 Lebesgue 可测集称为 **Lebesgue 测度**（Lebesgue measure）或者简称 **Borel 测度**（Borel measure）。注意 Caratheodory 延拓定理可用于测度的完备化。

给定可测空间（$S, \mathcal{S}$），如果

$$\{s \in S: f(s) \leqslant a\} \in \mathcal{S}, \quad \text{对于所有 } a \in \mathbb{R}$$

那么实值函数 $F: S \to \mathbb{R}$ 关于 $\mathcal{S}$ 是可测的或者 $\mathcal{S}$-可测的。

如果空间是概率空间，那么 f 就是**随机变量**（random variable）。注意，我们可以等价地使用“$\leqslant$”、“$\geqslant$”、“$<$”和“$>$”。例如，对于 $S = \{x, y\}$，$\mathcal{S} = \{\varnothing, S,$

$\{x\},\{y\}\}$ 和 $\hat{\mathcal{S}}=\{\varnothing,S\}$ 都是 σ-代数。S 上的所有函数都是 $\mathcal{S}$-可测的，但是仅有常值函数才是 $\hat{\mathcal{S}}$-可测的。任意单调或者连续函数都是可测的。点点收敛保持可测。如果 f 和 g 是 $\mathcal{S}$-可测的，那么 $f+g$、fg、$|f|$ 和 cf 是 $\mathcal{S}$-可测的。Borel 可测函数的复合是 Borel 可测的，但是这一点对于 Lebesgue 可测函数不成立。

我们可以将函数可测的定义从任意可测空间延拓到任意其他可测空间。令（S，$\mathcal{S}$）和（$T,\mathcal{T}$）为可测空间。如果每一个可测集的逆象都是可测的，那么函数 f：$S\rightarrow T$ 是可测的。令 Γ 为从 S 到 T 的对应。如果 h 是可测的，而且对于所有的 $s\in S$，均有 $h(s)\in\Gamma(s)$，那么函数 $h:S\rightarrow T$ 是来自 Γ 的可测选择。

可测选择定理 令 $\Gamma:S\rightarrow T$ 为非空的、紧值的和上半连续的对应。那么存在来自 Γ 的可测选择。

我们可以通过表明一个函数是一列简单函数的极限来证明它的可测性。如果 $f(s)=\sum_{i=1}^{n}a_i\mathbf{1}_{A_i}(s)$（其中集合 $\{A_i\}$ 构成 S 的一个划分，$\mathbf{1}_{A_i}$ 是指示函数），那么函数 $f:S\rightarrow\mathbb{R}$ 称为**简单函数**（simple function）。任意可测函数都可以用简单函数来逼近。

现在我们定义积分。思路是从非负可测简单函数开始，然后延拓至非负可测函数。最后，我们定义任意可测函数的积分。令（$S,\mathcal{S},\mu$）为测度空间。令 $M(S,\mathcal{S})$ 为定义在 S 上的可测扩展实值函数空间，$M^{+}(S,\mathcal{S})$ 为由非负函数构成的子集。

对于任意 $f\in M^{+}(S,\mathcal{S})$，$f$ 关于 μ 的**积分**（integral）是

$$\int f(s)\mu(\mathrm{d}s)=\sup_{\phi\in\wp}\int\phi(s)\mu(\mathrm{d}s)$$

其中，$\wp$ 是所有满足 $0\leqslant\phi\leqslant f$ 的简单函数 ϕ 的集合。如果 $A\in\mathcal{S}$，那么 f 在 A 上关于 μ 的积分是

$$\int_A f(s)\mu(\mathrm{d}s)=\int f(s)\mathbf{1}_A(s)\mu(\mathrm{d}s)$$

注意，积分可能为无穷。

对于任意 $f\in M(S,\mathcal{S})$，如果 f^{+} 和 f^{-} 具有有限积分，那么 f 关于 μ 的积分是

$$\int f(s)\mu(\mathrm{d}s)=\int f^{+}\,\mathrm{d}\mu-\int f^{-}\,\mathrm{d}\mu$$

在这种情况下，f 是**可积的**（integrable）。类似地，

$$\int_A f(s)\mu(\mathrm{d}s)=\int_A f^+\,\mathrm{d}\mu-\int f_A f^-\,\mathrm{d}\mu$$

如果对于任意给定的 $\varepsilon>0$，均存在 $K\geqslant 0$，使得对于所有 $X\in\mathcal{C}$，$E[|X|\mathbf{1}_{|X|\geqslant K}]\leqslant\varepsilon$，那么随机变量的类 $\mathcal{C}$ 称为**一致可积的**（uniformly integrable）。

下述定理表明，积分定义不依赖于简单函数的特定序列。

单调收敛定理 如果 $\{f_n\}$ 是 $M^+(S,\mathcal{S})$ 中点点收敛于 f 的单调递增函数列，那么 $\int f\mathrm{d}\mu=\lim_{n\to\infty}\int f_n\mathrm{d}\mu$。

下述引理在证明积分序列收敛时是有用的：

Fatou 引理 如果 $\{f_n\}$ 是 $M^+(S,\mathcal{S})$ 中的一列函数，那么 $\int\liminf f_n\mathrm{d}\mu\leqslant\liminf\int f_n\mathrm{d}\mu$。

控制收敛定理 令 $(S,\mathcal{S},\mu)$ 为测度空间，$\{f_n\}$ 为几乎处处收敛于可测函数 f 的可积函数列。如果存在可积函数 g，使得对于所有 n 都有 $|f_n|\leqslant g$，那么 f 是可积的，$\int f\mathrm{d}\mu=\lim_{n\to\infty}\int f_n\mathrm{d}\mu$。

令 λ 和 μ 为在 $(S,\mathcal{S})$ 上的有限测度。如果 $\lambda(A)>0$ 意味着，对于所有 $A\in\mathcal{S}$ 均有 $\mu(A)>0$，那么 λ 关于 μ 是**绝对连续的**（absolutely continuous）（$\lambda<<\mu$）。如果存在不相交可测集 A、B，使得对于任意可测集 C 和 D，均有 $\lambda(C)=\lambda(A\cap C)$ 和 $\mu(D)=\lambda(B\cap D)$，那么 λ 和 μ 是**相互奇异的**（mutually singular），用 $\lambda\perp\mu$ 表示。

Radon-Nikodym 定理 令 λ 和 μ 为 $(S,\mathcal{S})$ 上的 σ-有限的正测度，满足 $\lambda<<\mu$。那么存在可积函数 h 使得

$$\lambda(A)=\int_A h(s)\mu(\mathrm{d}s),\quad \text{对于所有 } A$$

此函数几乎是唯一的。

函数 h 称为 λ 关于 μ 的 **Radon-Nikodym 导数**（Radon-Nikodym derivative），用 $\mathrm{d}\lambda/\mathrm{d}\mu$ 表示。如果 $\lambda<<\mu$ 且 $\mu<<\lambda$，那么 λ 和 μ 是**相互绝对连续的**（mutually absolutely continuous）或者**等价的**（equivalent）。在这种情况下，$\mathrm{d}\lambda/\mathrm{d}\mu=(\mathrm{d}\mu/\mathrm{d}\lambda)^{-1}$。

随机变量的概率密度函数是诱导测度关于某个基准测度（通常是连续随机变量的 Lebesgue 测度）的 Radon-Nikodym 导数。Radon-Nikodym 定理在金融学中是重

要的，它可用来把真实概率测度转化成风险中性测度。

利用这个定理，我们可以表明：任意两个测度都可以唯一地表示成“公共”部分和相互奇异部分的和。正式地，令 λ_1 和 λ_2 为 $(S,\mathcal{S})$ 上的有限测度。那么存在三个测度 υ、α_1 和 α_2 使得 $\lambda_i=\upsilon+\alpha_i(i=1,2)$ 且 $\alpha_1\perp\alpha_2$。

Radon-Nikodym 定理可以用来证明概率测度的条件期望的存在性。令 $(\Omega,\mathcal{F},\mu)$ 为概率空间。令 $\mathcal{A}\subset\mathcal{F}$ 为 σ-代数，$f:\Omega\to\mathbb{R}$ 是可积的。那么 f 关于 $\mathcal{A}$ 的**条件期望**（conditional expectation）是 $\mathcal{A}$-可测函数 $E[f|\mathcal{A}]:\Omega\to\mathbb{R}$，满足

$$\int_C E[f|\mathcal{A}](\omega)\mu(\mathrm{d}\omega)=\int_C f(\omega)\mu(\mathrm{d}\omega),\quad \text{对于所有 } C\in\mathcal{A}$$

令 f 和 g 为两个随机变量，令 $\mathcal{G}$ 为由 g 生成的 σ-代数，即形如 $\{\omega\in\Omega:g(\omega)\leqslant a\}$ $(a\in\mathbb{R})$ 的集合。那么 $\mathcal{G}\subset\mathcal{F}$，我们把 $E[f|\mathcal{G}]$ 记为 $E[f|g]$。

令 P 和 Q 为 $(\Omega,\mathcal{F})$ 上满足 $Q<<P$ 的两个概率测度。如果 $E^Q[|f|]<\infty$，那么

$$E^Q[f|\mathcal{G}]=\frac{E^P\left[\frac{\mathrm{d}Q}{\mathrm{d}P}f|\mathcal{G}\right]}{E^P\left[\frac{\mathrm{d}Q}{\mathrm{d}P}|\mathcal{G}\right]},\quad \text{对于任意 } \mathcal{G}\subset\mathcal{F}$$

其中 E^Q 代表关于测度的期望算子。

令 $(X,\mathcal{X})$ 和 $(Y,\mathcal{Y})$ 为可测空间，令 $Z=X\times Y$。如果 $A\subset\mathcal{X}$，$B\subset\mathcal{Y}$，集合 $C=A\times B\subset Z$ 就是**可测矩形**（measurable rectangle）。令 $\mathcal{C}$ 为所有可测矩形的集合，$\mathcal{A}$ 为可测矩形所有有限并的集合。那么 $\mathcal{A}$ 是一个代数。令 $\mathcal{Z}=\mathcal{X}\otimes\mathcal{Y}$ 代表由代数 $\mathcal{A}$ 生成的代数。可测空间 $(Z,\mathcal{Z})$ 或者 $(X\times Y,\mathcal{X}\otimes\mathcal{Y})$ 称为**乘积空间**（product space）。

为了定义乘积空间上的测度，我们利用下述结果：

定理 令 $\mu:\mathcal{C}\to\mathbb{R}_+$ 具有下述性质：(a) $\mu(\varnothing)=0$，(b) 如果 $\{C_i\}=\{A_i\times B_i\}_{i=1}^{\infty}$ 是 $\mathcal{C}$ 中的一列不相交集合，且 $\bigcup_{i=1}^{\infty}C_i$ 在 $\mathcal{C}$ 中，那么 $\mu(\bigcup_{i=1}^{\infty}C_i)=\sum_{i=1}^{\infty}\mu(C_i)$。于是，存在定义在由 $\mathcal{C}$ 生成的代数上的测度，与定义在 $\mathcal{C}$ 上的测度 μ 一致。

利用这个定理以及 Caratheodory 延拓定理和 Hahn 延拓定理，我们推断，为了定义乘积空间上的测度，只要找到一个定义在可测矩形上的函数满足上面定理中的性质（a）和（b）即可。上述定理可以扩展至任意有限多个可测空间的乘积空间。

令 $(\Omega_1,\mathcal{F}_1,\mu_1)$ 和 $(\Omega_2,\mathcal{F}_2,\mu_2)$ 为两个 σ-有限的测度空间。对于任意可测矩形

$A_1 \times A_2$，我们定义

$$\mu(A_1 \times A_2) = \mu_1(A_1)\mu_2(A_2)$$

那么 μ 可以延拓至 $\mathcal{F}_1 \otimes \mathcal{F}_2$，使得对于所有 $A \in \mathcal{F}_1 \otimes \mathcal{F}_2$，均有

$$\mu(A) = \int_{\Omega_1} \left(\int_{\Omega_2} \mathbf{1}_A(x,y) \mathrm{d}\mu_2(y) \right) \mathrm{d}\mu_1(x)$$

我们称 μ 为**乘积测度**（product measure），并用 $\mu_1 \otimes \mu_2$ 来表示它。

为了研究乘积测度的性质，我们介绍下述概念和一个有用的引理。一个**单调类**（monotone class）是集合的非空族 $\mathfrak{M}$，使得 $\mathfrak{M}$ 包含：(1) $\mathfrak{M}$ 中所有嵌套递增集合序列 $A_1 \subset A_2 \subset \cdots$ 的并；(2) $\mathfrak{M}$ 中所有嵌套递减集合序列 $A_1 \supset A_2 \supset \cdots$ 的交。每个 σ-代数都是一个单调类。如果一个单调类是一个代数，那么它就是一个 σ-代数。

单调类引理　令 S 为一个集合，$\mathcal{A}$ 为 S 的子集的代数。那么，由 $\mathcal{A}$ 生成的单调类 $\mathfrak{M}$ 与由 $\mathcal{A}$ 生成的 σ-代数 $\mathcal{S}$ 相同。

一个非常有用的论证直接来自这个引理。令 P 为集合的某些性质。那么，为了证明 P 对于 S 中的所有集合都成立，我们只需要证明：

(1) P 对于代数 $\mathcal{A}$ 中的所有集合都成立；

(2) P 成立的集合族是一个单调类。

证明一个性质成立的集合族是一个单调类通常比证明族是一个 σ-代数更容易。我们将通过关注由可测矩形生成的代数来证明：性质 P 对于一个乘积 σ-代数中的所有集合都成立。

令 $(X, \mathcal{X})$ 和 $(\Upsilon, \mathcal{X})$ 为可测空间，$(X \times \Upsilon, \mathcal{X} \otimes \mathcal{Y})$ 为乘积空间。令 $B \subset X \times \Upsilon$，$x \in X$。那么，$B$ 的 x-**截面**（section）是 Υ 中的集合，$B_x = \{y \in \Upsilon : (x,y) \in B\}$。可以类似地定义由 B_y 表示的 B 的 y-截面。令 $f: X \times \Upsilon \to \mathbb{R}$，$x \in X$。那么，$f$ 的 x-截面是由 $f_x(y) = f(x,y)$ 定义的函数 $f_x: \Upsilon \to \mathbb{R}$。$f$ 的 y-截面 $f_y: X \to \mathbb{R}$ 可以类似地定义。利用单调类引理，我们可以证明：可测集的每一个截面都是可测的，可测函数的每一个截面都是可测的。

Fubini 定理　令 $(\Omega_1, \mathcal{F}_1, \mu_1)$ 和 $(\Omega_2, \mathcal{F}_2, \mu_2)$ 为两个 σ-有限的测度空间。令 $f: \Omega_1 \times \Omega_2 \to R$ 为一个可积的可测函数，即

$$\int_{\Omega_1 \times \Omega_2} |f| \mathrm{d}\mu_1 \otimes \mu_2 < \infty$$

那么，

附录D　测度论和概率论

$$\int_{\Omega_1 \times \Omega_2} f \mathrm{d}\mu_1 \otimes \mu_2 = \int_{\Omega_1} \left(\int_{\Omega_2} f \mathrm{d}\mu_2 \right) \mathrm{d}\mu_1 = \int_{\Omega_2} \left(\int_{\Omega_1} f \mathrm{d}\mu_1 \right) \mathrm{d}\mu_2$$

收敛方式 我们固定概率空间 $(\Omega, \mathcal{F}, P)$。如果对于任意有界连续函数 $f: \mathbb{R} \to \mathbb{R}$，我们有 $E[f(X_t)] \to E[f(x)]$，那么我们称随机变量序列 $\{X_t\}$ **以分布收敛**（converge in distribution）于随机变量 X，记为 $X_t \xrightarrow{d} X$。如果 $\{X_t\}$ 是实值的，那么定义等价于：$\lim_{t \to \infty} F_t(x) = F(x)$，对于每个 x，F 都是连续的，其中，F_t 和 F 分别是 X_t 和 X 的累积分布函数。

如果对于所有 $\varepsilon > 0$，均有

$$p(\omega \in \Omega : |X_t(\omega) - X(\omega)| \geqslant \varepsilon) \to 0$$

那么过程 $\{X_t\}$ **以概率收敛**（converge in probability）于 X，记为 $X_t \xrightarrow{p} X$。

如果

$$p(\omega \in \Omega : X_t(\omega) - X(\omega)) = 1$$

那么过程 $\{X_t\}$ **几乎处处收敛**（converge almost surely）于 X，记为 $X_t \xrightarrow{a.s.} X$。

如果

$$\lim_{t \to \infty} E[|X_t - X|^p] = 0, \quad 0 < p < \infty$$

那么过程 $\{X_t\}$ 在 L^p 中**收敛**（converge）于 X，记为 $X_t \xrightarrow{L^p} X$。

几乎处处收敛意味着以概率收敛，以概率收敛转而意味着以分布收敛。在 L^p 中收敛意味着以概率收敛，进而意味着沿着一个子列几乎处处收敛。

令 $(\mathbb{X}, \mathcal{X})$ 为一个可测空间，令 $\{\lambda_n\}$ 和 λ 为它上面的测度。(1) 如果对于任意的有限连续函数 $f: \mathbb{X} \to \mathbb{R}$，均有

$$\lim_{n \to \infty} \int f \mathrm{d}\lambda_n = \int f \mathrm{d}\lambda$$

那么定义 $\{\lambda_n\}$ **弱收敛**（converge weakly）于 λ。

(2) 如果对于所有有界连续可测函数 $f: \mathbb{X} \to \mathbb{R}$，均有

$$\lim_{n \to \infty} \int f \mathrm{d}\lambda_n = \int f \mathrm{d}\lambda$$

以及对于所有 f，收敛速率都是一致的，而且满足 $\|f\| = \sup_{x \in \mathbb{X}} |f(x)| \leqslant 1$，那么定义 $\{\lambda_n\}$ **强收敛**（converge strongly）于 λ。

当且仅当下面两个等价结果：

$$\lim_{n\to\infty}\|\lambda_n-\lambda\|_{TV}=0$$

或者

$$\lim|\lambda_n(A)-\lambda(A)|=0,\quad A\in\mathcal{X}$$

中有一个成立时，测度序列 $\{\lambda_n\}$ 强收敛于 λ。后面的收敛在 A 中是一致的。

如果对于任意有限子集 $\{X_1,\cdots,X_k\}$ 和任意有界可测函数 $f_i:\mathbb{R}\to\mathbb{R}$，$1\leqslant i\leqslant k$，我们都有

$$E[f_1(X_1)f_2(X_2)\cdots f_k(X_k)]=E[f_1(X_1)]E[f_2(X_2)]\cdots E[f_k(X_k)]$$

成立，那么定义在给定概率空间上的随机变量序列 $\{X_n\}$ 是**独立分布的**（independently distributed）。

$(\Omega,\mathcal{F},P)$ 上的**随机过程**（stochastic process）是 σ-代数 $\mathcal{F}_1\subset\mathcal{F}_2\subset\cdots\subset\mathcal{F}$、可测空间 $(Z,\mathcal{Z})$ 和满足每一个 X_t 都 $\mathcal{F}_t$ 可测的函数序列 $X_t:\Omega\to Z$ 的递增序列。序列 $\{\mathcal{F}_t\}$ 称为**滤波**（filtration）。我们把这个随机过程简记为 (X_t) 或者 $\{X_t\}$，并称它**适应于**（adapted to）$\{\mathcal{F}_t\}$。随机过程 (X_t) 的**有限维概率测度**（finite-dimensional probability measure）是

$$P_{t+1,\cdots,t+n}(C)=P(\{\omega\in\Omega:(X_{t+1}(\omega),\cdots,X_{t+n}(\omega))\in C\})$$

如果对于所有的 n 和 C，$P_{t+1,\cdots,t+n}(C)$ 均独立于 t，那么这个过程就是**平稳的**（stationary）。**停时**（stopping time）是一个随机变量 $\mathcal{T}:\Omega\to\{0,1,\cdots+\infty\}$，满足对于每个时刻 t，事件 $\{\omega\in\Omega:\mathcal{T}(\omega)\geqslant t\}$ 在 $\mathcal{F}_t$ 中。

如果对于每个 t，X_t 均是可积的，且对于所有的 $t\geqslant s$，$E[X_t|\mathcal{F}_s]\leqslant(\geqslant)X_s$，那么过程 (X_t) 是**上鞅（下鞅）**[supermartingale（submartingale）]。如果它既是上鞅又是下鞅，那么它是**鞅**（martingale）。鞅也可以等价地定义为一个适应的可积过程，它使得对于任意有界的停时 $\mathcal{T}$，我们均有 $E[X_{\mathcal{T}}]=E[X_0]$。

定义 Q 关于 P 的**条件密度过程**（conditional density process）：

$$\xi_t=E_t\left[\frac{\mathrm{d}Q}{\mathrm{d}P}\right],\quad t=0,1,2,\cdots$$

过程 (ξ_t) 是满足 $E[\xi_t]=1$ 的鞅。对于任意适应性过程 (x_t)，

$$E_t^Q[x_{t+1}]=E_t^P\left[\frac{\xi_{t+1}}{\xi_t}x_t\right]$$

鞅收敛定理　令（X_t）为满足 $\sup_t E[|X_t|]<\infty$的下鞅。那么 $\lim_{t\to\infty} X_t$ 存在且几乎处处有限。

对于任意非正下鞅、任意非负上鞅，或者任意一致有上界或者下界的鞅，定理的条件都是满足的。例如，如果（X_t）是非负上鞅，那么对于所有 t，都有 $E[|X_t|]=E[X_t]\leqslant E[X_0]<\infty$。

参考文献

Abel, Andrew B. 1980. Empirical investment equations: An integrated framework. *Journal of Monetary Economics* 12 (6, suppl.): 39–91.

Abel, Andrew B. 1982. Dynamic effects of permanent and temporary tax policies in a Q model of investment. *Journal of Monetary Economics* 9 (3): 353–73.

Abel, Andrew B. 1999. Risk premia and term premia in general equilibrium. *Journal of Monetary Economics* 43 (1): 3–33.

Abel, Andrew B. 2002. An exploration of the effects of pessimism and doubt on asset returns. *Journal of Economic Dynamics and Control* 26 (7–8): 1075–92.

Abel, Andrew B., and Janice C. Eberly. 1994. A unified model of investment under uncertainty. *American Economic Review* 84 (5): 1369–84.

Abreu, Dilip 1988. On the theory of infinitely repeated games with discounting. *Econometrica* 56 (2): 383–96.

Abreu, Dilip, David Pearce, and Ennio Stacchetti. 1986. Optimal cartel equilibria with imperfect monitoring. *Journal of Economic Theory* 39: 251–69.

Abreu, Dilip, David Pearce, and Ennio Stacchetti. 1990. Toward a theory of discounted repeated games with imperfect monitoring. *Econometrica* 58 (5): 1041–63.

Acemoglu, Daron. 2008. *Introduction to Modern Economic Growth*. Princeton: Princeton University Press.

Acemoglu, Daron, and Martin K. Jensen. 2012. Robust comparative statics in large dynamic economies. Working paper. MIT.

Adda, Jerome, and Russell W. Cooper. 2003. *Dynamic Economics: Quantitative Methods and Applications*. Cambridge: MIT Press.

Adjemian Stéphane, Houtan Bastani, Michel Juillard, Frédéric Karamé, Ferhat Mihoubi, George Perendia, Johannes Pfeifer, Marco Ratto, and Sébastien Villemot. 2011. *Dynare: Reference Manual*, Version 4. Dynare working papers, 1. CEPREMAP.

Aiyagari, S. Rao. 1994. Uninsured idiosyncratic risk and aggregate saving. *Quarterly Journal of Economics* 109 (3): 659–84.

Allais, Maurice F. C. 1953. Le comportement de l'homme rationnel devant le risque: Critique des postulats et axiomes de l'école Américaine. *Econometrica* 21 (4): 503–46.

Allais, Maurice F. C. 1979. The so-called Allais paradox and rational decisions under uncertainty. In Maurice F. C. Allais and Ole Hagen, eds., *Expected Utility Hypotheses and the Allais Paradox*. Berlin: Springer, 437–681.

Atlug, Sumru. 1989. Time-to-build and aggregate fluctuations: Some new evidence. *International Economic Review* 30 (4): 889–920.

Alvarez, Fernando, and Nancy L. Stokey. 1998. Dynamic programming with homogeneous functions. *Journal of Economic Theory* 82 (1): 167–89.

Amemiya, Takeshi. 1985. *Advanced Econometrics*. Cambridge: Harvard University Press.

An, Sungbae, and Frank Schorfheide. 2007. Bayesian analysis of DSGE Models. *Econometric Reviews* 26 (2–4): 113–72.

Anderson, Evan W. 2005. The dynamics of risk-sensitive allocations. *Journal of the Economic Theory* 125 (2): 93–150.

Anderson, Evan W., Lars Peter Hansen, Ellen R. McGrattan, and Thomas J. Sargent. 1996. Mechanics of forming and estimating dynamic linear economies. In Hans M. Amman, David A. Kendrick, and John Rust, eds., *Handbook of Computational Economics*, vol. 1. Amsterdam: Elsevier, 171–252.

Anderson, Evan W., Lars Peter Hansen, and Thomas J. Sargent. 2003. A quartet of semigroups for model specification, robustness, prices of risk, and model detection. *Journal of the European Economic Association* 1 (1): 68–123.

Andolfatto. David. 1996. Business cycles and labor-market search. *American Economic Review* 86 (1): 112–32.

Andrews, Donald W. K. 1991. Heteroskedasticity and autocorrelation consistent covariance matrix estimation. *Econometrica* 59 (3): 817–58.

Arellano, Manuel. 2003. *Panel Data Econometrics*. New York: Oxford University Press.

Aruoba, S. Borağan, Jesús Fernández-Villaverde, and Juan F. Rubio-Ramírez. 2006. Comparing solution methods for dynamic equilibrium economies. *Journal of Economic Dynamics and Control* 30 (12): 2477–2508.

Auerbach, Alan J. 1979. Wealth maximization and the cost of capital. *Quarterly Journal of Economics* 99 (1): 433–46.

Azariadis. Costas. 1993. *Intertemporal Macroeconomics*. Oxford, UK: Blackwell.

Backus, David, and John Driffill. 1986. The consistency of optimal policy in stochastic rational expectations models. Discussion paper 124. Centre for Economic Policy Research, London.

Backus, David, Bryan Routledge, and Stanley E. Zin. 2004. Exotic preferences for macroeconomists. In Mark Gertler and Kenneth Rogoff, eds., *NBER Macroeconomics Annual 2004*. Cambridge: MIT Press, 319–90.

Balasko, Yves, and Karl Shell. 1980. The overlapping-generations model I: The case of pure exchange without money. *Journal of Economic Theory* 23 (3): 281–306.

Bansal, Ravi, and Amir Yaron. 2004. Risks for the long run: A potential resolution of asset pricing puzzles. *Journal of Finance*, 59 (4): 1481–1509.

Barillas, Francisco, Lars Peter Hansen, and Thomas, J. Sargent. 2009. Doubts or variability? *Journal of Economic Theory* 144 (6): 2388–2418.

Barro, Robert J., and David B. Gordon. 1983. Rules, discretion and reputation in a model of monetary policy. *Journal of Monetary Economics* 12 (1): 101–21.

Baumol, William J. 1952. The transaction demand for cash: An inventory theoretic approach. *Quarterly Journal of Economics* 66 (4): 545–56.

Becker, Robert A. 1980. On the long-run steady State in a simple dynamic model of equilibrium with heterogeneous households. *Quarterly Journal of Economics* 95 (2): 375–82.

Bellman, Richard E. 1957. *Dynamic Programming*. Princeton: Princeton University Press.

Benigno, Pierpaolo, and Michael Woodford. 2004. Inflation stabilization and welfare: The case of a distorted steady state. *Journal of the European Economic Association* 3 (6): 1185–1236.

Bernanke, Ben S., and Alan S. Blinder. 1992. The Federal Funds rate and the channels of monetary transmission. *American Economic Review* 82 (4): 901–21.

Bernanke, Ben S., and Ilian Mihov. 1997. What does the Bundesbank target. *European Economic Review* 41 (6): 1025–53.

Bernanke, Ben S., Mark Gertler, and Simon Gilchrist. 1998. The financial accelerator in a quantitative business cycle framework. In John B. Taylor and Michael Woodford, eds., *Handbook of Macroeconomics*, Vol. 1, Dordrecht: Elsevier, 1341–93.

Berry, Donald A., and Bert Fristedt. 1985. Bandit problems: Sequential allocation of experiments. *Monographs on Statistics and Applied Probability*. London: Chapman and Hall.

Bertsekas, Dimitri P. 1987. *Dynamic Programming: Deterministic and Stochastic Models*. Englewood Cliffs, NJ: Prentice-Hall.

Bertsekas, Dimitri P., and Steven E. Shreve. 1978. *Stochastic Optimal Control: The Discrete Time Case*. New York: Academic Press.

Bewley, Truman F. 1980. The optimum quantity of money. In John H. Kareken and Neil Wallace, eds., *Models of Monetary Economies*. Minneapolis: Federal Reserve Bank of Minneapolis, 169–210.

Bewley, Truman F. 1983. A difficulty with the optimum quantity of money. *Econometrica* 51 (5): 1485–1504.

Bewley, Truman F. 1986. Knightian decision theory: Part 1. Discussion paper 807. Cowles Foundation. Yale University.

Billingsley, Patrick. 1961. Statistical methods in Markov chains. *Annals of Mathematical Statistics* 32 (1): 12–40.

Billingsley, Patrick. 1995. *Probability and Measure*. New York: Wiley.

Billingsley Patrick. 1999. *Convergence of Probability Measures*, 2nd ed. New York: Wiley.

Blackwell, David. 1965. Discounted dynamic programming. *Annals of Mathematical Statistics* 36 (1): 226–35.

Blanchard, Olivier J., and Charles M. Kahn. 1980. The solution of linear difference models under rational expectations. *Econometrica* 48 (5): 1305–11

Blanchard, Olivier J., and Mark. W. Watson. 1982. Bubbles, rational expectations and speculative markets. In Paul Wachtel, ed., *Crisis in Economic and Financial Structure: Bubbles, Bursts, and Shocks*. Lexington, MA: Lexington Books.

Blanchard, Olivier J., and Stanley Fischer. 1989. *Lectures on Macroeconomics*. Cambridge: MIT Press.

Bolton, Patrick, and Mathias Dewatripont. 2005. *Contract Theory*. Cambridge: MIT Press.

de Boor, Carl. 1978. *A Practical Guide to Splines*. Berlin: Springer.

Boyd III. John H. 1990. Recursive utility and the Ramsey problem. *Journal of Economic Theory* 50 (2): 326–45.

Bradford, David F. 1981. The incidence and allocation effects of a tax on corporate distributions. *Journal of Public Economics* 15 (1): 1–22.

Breeden, Douglas T. 1979. An intertemporal asset pricing model with stochastic consumption and investment opportunities. *Journal of Financial Economics* 7 (3): 265–96.

Brock, William A., and Leonard Mirman. 1972. Optimal economic growth and uncertainty: The discounted case. *Journal of Economic Theory* 4 (3): 479–513.

Brock, William A. 1974. Money and growth: The case of long run perfect foresight. *International Economic Review* 15 (3): 750–77.

Bruno, Michael, and Stanley Fischer. 1986. The inflationary process: Shocks and accommodation. In Yoram Ben Porath, ed., *The Israeli Economy: Maturing through Crises*. Cambridge: Harvard University Press, 347–71.

Bullard, James, and Kaushik Mitra. 2002. Learning about monetary policy rules. *Journal of Monetary Economics* 49 (6): 1105–29.

Cagan, Phillip. 1956. The monetary dynamics of hyperinflation. In Milton Friedman, ed., *Studies in the Quantity Theory of Money*. Chicago: University of Chicago Press.

Campbell, John Y., Andrew W. Lo, and A. Craig MacKinglay. 1997. *The Econometrics of Financial Markets*. Princeton, Princeton University Press.

Campbell, John Y., and Robert J. Shiller. 1988. Stock price, earnings, and expected dividends. *Journal of Finance* 43 (3): 661–76.

Calvo, Guillermo A. 1983. Staggered prices in a utility-maximizing framework. *Journal of Monetary Economics* 12 (3): 383–98.

Campanale, Claudio, Rui Castro, and Gian Luca Clementi. 2010. Asset pricing in a production economy with Chew–Dekel preferences. *Review of Economic Dynamics* 13 (2): 379–402.

Carlstrom, Charles T., and Timothy S. Fuerst. 2001. Real indeterminacy in monetary models with nominal interest rate distortions. *Review of Economic Dynamics* 4 (4): 767–89.

Cass, David. 1965. Optimum growth in an aggregative model of capital accumulation. *Review of Economic Studies* 32 (3): 233–40.

Cass, David. 1972. On capital overaccumulation in the aggregate neoclassical model of economic growth: A complete characterization. *Journal of Economic Theory* 4 (2): 200–23.

Cecchetti, Stephen G., Pok-sang Lam, and Nelson C., Mark. 1990. Mean reversion in equilibrium asset prices. *American Economic Review* 80 (3): 398–418.

Cayley, Arthur. 1875. Mathematical questions with their solutions. *The Educational Times* 23: 18–19. See *The Collected Mathematical Papers of Arthur Cayley*, vol. 10. Cambridge: Cambridge University Press, 587–88.

Chamberlain, Gary, and Charles Wilson. 2000. Optimal intertemporal consumption under uncertainty. *Review of Economic Dynamics* 3 (3): 365–95.

Chang, Roberto. 1998. Credible monetary policy in an infinite horizon model: Recursive approach. *Journal of Economic Theory* 81 (2): 431–61.

Chari, V. V., and Patrick J. Kehoe. 1990. Sustainable plans. *Journal of Political Economy* 98 (4): 783–802.

Chari, V. V., Patrick J. Kehoe, and Ellen R. McGrattan. 2007. Business cycle accounting. *Econometrica* 75 (3): 781–836.

Chari, V. V., Patrick J., Kehoe, and Edward C., Prescott. 1989. Time consistency and policy. In Robert

Barro, ed., *Modern Business Cycle Theory*. Cambridge: Harvard University Press, 265–305.

Chen, Hui, Nengjiu Ju, and Jianjun Miao. 2012. Dynamic asset allocation with ambiguous return predictability. Working paper 15. Boston University. Department of Economics.

Chew, Soo Hong. 1983. A generalization of the quasilinear mean with application to the measurement of income inequality and decision theory resolving the allais paradox. *Econometrica* 51 (4): 1065–92.

Chew, Soo Hong, and Larry G. Epstein. 1989. The structure of preference and attitudes towards the timing of the resolution of uncertainty. *International Economic Review* 30 (1): 103–17.

Chow, Chee-Seng, and John N. Tsitsiklis. 1991. An optimal multigrid algorithm for continuous state discrete time stochastic control. *IEEE Transactions on Automatic Control* 36 (8): 898–914.

Chow, Gregory. 1997. *Dynamic Economics: Optimization by the Lagrange Method*. New York: Oxford University Press.

Christiano, Lawrence J., and Martin Eichenbaum. 1992. Current real business cycle theories and aggregate labor-market fluctuations. *American Economic Review* 82 (3): 430–50.

Christiano, Lawrence J., and Martin Eichenbaum. 1996. Sticky price and limited participation models of money: A comparison. Working paper 5804 NBER.

Christiano, Lawrence J., and Martin Eichenbaum. 1998. Modeling money. Working paper 6371. NBER.

Christiano, Lawrence J., and Jonas D. M. Fisher. 2000. Algorithms for solving dynamic models with occasionally binding constraints, *Journal of Economic Dynamics and Control* 24 (8): 1179–1232.

Christiano, Lawrence J., Martin Eichenbaum, and Charles Evans. 2005. Nominal rigidities and the dynamic effects of a shock to monetary policy. *Journal of Political Economy* 113 (1): 1–45.

Clarida, Richard H. 1987. Consumption, liquidity constraints and asset accumulation in the presence of random income fluctuations. *International Economic Review* 28 (2): 339–51.

Clower, Robert W. 1967. A reconsideration of the microfoundations of monetary theory. *Western Economic Journal* 6 (1): 1–8.

Cochrane, John H. 2001. *Asset Pricing*. Princeton: Princeton University Press.

Cochrane, John H. 2005. Financial markets and the real economy, Working paper 11193. NBER.

Cogan, John F., Tobias Cwik, John B., Taylor, and Volker Wieland. 2010. New Keynesian versus old Keynesian government spending multipliers. *Journal of Economic Dynamics and Control* 34 (3): 281–95.

Cogley, Timothy, and James M. Nason. 1995. Output dynamics in real-business-cycle models. *American Economic Review* 85 (3): 492–511.

Collard, Fabrice, Sujoy Mukerji, Kevin Sheppard, and Jean-Marc Tallon. 2009. Ambiguiy and the historical equity premium. Working paper. Oxford University.

Cooley, Thomas F. 1995. *Frontier of Business Cycle Research*, Princeton: Princeton University Press.

Cooper, Russell W., and John C., Haltiwanger. 2005. On the nature of capital adjustment costs. *Review of Economic Studies* 73 (3): 611–33.

Cronshaw, Mark B., and David G. Luenberger. 1994. Subgame perfert equilibria in infinitely repeated games with perfect monitoring and discounting. *Games and Economic Behavior* 6 (2): 220–37.

Currie, David, and Paul Levine. 1985. Macroeconomic policy design in an interdependent world. In Willem H. Buiter and Richard C. Marston, eds., *International Economic Policy Coordination*. Cambridge, UK: Cambridge University Press, 228–68.

Currie, David, and Paul Levine. 1986. Credibility and time inconsistency in a stochastic world. Discussion paper 94. CEPR.

Currie, David, and Paul Levine. 1993. *Rules, Reputation and Macroeconomic Policy Coordination*. Cambridge, UK: Cambridge University Press.

Dekel, Eddie. 1986. An axiomatic characterization of preferences under uncertainty: Weakening the independence axiom. *Journal of Economic Theory* 40 (2): 304–18.

DeJong, David N., and Chetan Dave. 2007. *Structural Macroeconometrics*. Princeton: Princeton University Press.

Den Haan, Wouter J., and Albert Marcet. 1990. Solving the stochastic growth model by parameterizing expectations. *Journal of Business Economics and Statistics* 8 (1): 31–34.

Den Haan, Wouter J., Gary Ramey, and Joel Watson. 2000. Job destruction and Propagation of shocks. *American Economic Review* 90 (3): 482–98.

Den Haan, Wouter J., Kenneth L. Judd, and Michel Juillard. 2009. Computational suite of models with heterogeneous agents: Incomplete markets and aggregate uncertainty. *Journal of Economic Dynamic and Control* 34 (1): 1–3.

Dennis, Richard, and Tatiana Kirsanova. 2010. Expectation traps and coordination failures: Selecting among multiple discretionary equilibria. Working paper 02. CAMA, Crawford School of Public Policy, Australian National University.

Diamond, Peter A. 1965. National debt in a neoclassical growth model. *American Economic Review* 55 (5): 1126–150.

Diamond, Peter A. 1982. Aggregate demand management in search equilibrium. *Journal of Political Economy* 90 (5): 881–94.

Dixit, Avinash K., and Robert S. Pindyck. 1994. *Investment under Uncertainty*, Princeton: Princeton University Press.

Dornbusch, Rudiger. 1976. Expectations and exchange rate dynamics. *Journal of Political Economy* 84 (6): 1161–76.

Dotsey, Michael, and Robert G. King. 2001. Pricing, production and persistence. Working paper 12076. NBER.

Duffie, Darrell, and Larry G. Epstein. 1992. Stochastic differential utility. *Econometrica* 60 (2): 353–94.

Duffie, Darrell, and Kenneth J. Singleton. 1993. Simulated moments estimation of markov models of asset prices. *Econometrica* 61 (4): 929–52.

Duffie, Darrell, Mark Schroder, and Costis Skiadas. 1996. Recursive valuation of defaultable securities and the timing of resolution of uncertainty. *Annals of Applied Probability* 6 (4): 1075–90.

Duffie, Darrell, and Costis Skiadas. 1994. Continuous-time security pricing: A utility gradient approach. *Journal of Mathematical Economics* 23 (2): 107–31.

Dumas, Bernard, Raman Uppal, and Tan Wang. 2000. Efficient intertemporal allocations with recursive utility. *Journal of Economic Theory* 93 (2): 240–59.

Durán Jorge. 2000. On dynamic programming with unbounded returns. *Economic Theory* 15 (2): 339–52.

Durán Jorge. 2003. Discounting long-run average growth in stochastic dynamic programs. *Economic Theory* 22 (2): 395–413.

Eberly, Janice C., Sergio Rebelo, and Nicolas Vincent. 2011. What explains the lagged investment effect. NBER Working paper 16889.

Edge, Rochelle M., Thomas Laubach, and John C. Williams. 2007. Learning and shifts in long-run productivity growth. *Journal of Monetary Economics* 54 (8): 2421–38.

Eggertsson, Gauti B. 2009. What fiscal policy is effective at zero interest rates? In Daron Acemoglu and

Michael Woodford, eds., *NBER Macroeconomics Annual 2010* 25: 59–112.

Ekeland, Ivar, and José A. Scheinkman. 1986. Transversality conditions for some infinite horizon discrete time optimization problems. *Mathematics of Operations Research* 11 (2): 216–29.

Ellsberg, Daniel. 1961. Risk, ambiguity, and the savage axioms. *Quarterly Journal of Economics* 75 (4): 643–69.

Epstein, Larry G., Emmanuel Farhi, and Tomasz Strzalecki. 2012. How much would you pay to resolve long-run risk? Working paper. Boston University.

Epstein, Larry G., and Allan J. Hynes. 1983. The rate of time preference and dynamic economic analysis. *Journal of Political Economy* 91 (4): 611–35.

Epstein, Larry G., and Jianjun Miao. 2003. A two-person dynamic Equilibrium under ambiguity. *Journal of Economics Dynamics and Control* 27: 1253–88.

Epstein, Larry G., and Martin Schneider. 2003. Recursive multiple-priors. *Journal of Economic Theory* 113 (1): 1–31.

Epstein, Larry G., and Tan Wang. 1994. Intertemporal asset pricing under Knightian uncertainty. *Econometrica* 62 (2): 283–322.

Epstein, Larry G., and Stanley E. Zin. 1989. Substitution, risk aversion, and the temporal behavior of consumption and asset returns: A theoretical framework. *Econometrica* 57 (4): 937–69.

Farmer, Roger E. A. 1993. *Macroeconomics of Self-fulfilling Prophecies*. Cambridge: MIT Press.

Feng, Zhigang, Jianjun Miao, Adrian Peralta-Alva, and Manual Santos. 2012. Numerical simulation of nonoptimal dynamic equilibrium models. *International Economic Review*, forthcoming.

Fernández-Villaverde, Jesús, and Juan F. Rubio-Ramírez. 2005. Estimating dynamic equilibrium economies: Linear versus nonlinear likelihood. *Journal of Applied Econometrics* 20: 891–910.

Fernández-Villaverde, Jesús, and Juan F. Rubio-Ramírez. 2007. Estimating macroeconomic models: A likelihood approach. *Review of Economic Studies* 74 (4): 1059–87.

Fernández-Villaverde, Jesús. 2010. The econometrics of DSGE models. *Journal of the Spanish Economic Association* 1: 3–49.

Fisher, Jonas D. M. 2006. The dynamic effects of neutral and investment-specific technology shocks. *Journal of Political Economy* 114 (3): 413–51.

Fisher, Irving. 1906. *The Nature of Capital and Income*. Norwood, MA: Norwood Press.

Fudenberg, Drew, and Jean Tirole. 1991. *Game Theory*. Cambridge: MIT Press.

Gali, Jordi. 1992. How well does the IS-LM model fit postwar U.S. data? *Quarterly Journal of Economics* 107 (2): 709–38.

Gali, Jordi. 2008. *Monetary Policy, Inflation, and the Business Cycle: An Introduction to the New Keynesian Framework.* Princeton: Princeton University Press.

Gallager, Robert G. 1996. *Discrete Stochastic Processes*. Boston: Kluwer.

Gallant, A., Ronald, and George Tauchen. 1996. Which moments to match? *Econometric Theory* 12 (4): 657–81.

Garsia, A. M. 1965. A simple proof of E. Hopf's maximal ergodic thoerem. *Journal of Mathematics and Mechanics* 14: 381–82.

Geoffard, Pierre-Yves. 1996. Discounting and optimizing: Capital accumulation problems as variational minmax problem. *Journal of Economic Theory* 69 (1): 53–70.

Gilboa, Itzhak, and David Schmeidler. 1989. Maxmin expected utility with non-unique prior. *Journal of Mathematical Economics* 18 (2): 262–67.

Gilchrist, Simon, and Masashi Saito. 2008. Expectations, asset prices, and monetary policy: The role of learning. In John Y. Campbell, ed., *Asset Prices and Monetary Policy*. Chicago: University of Chicago Press.

Gittins, John, Kevin Glazebrook, and Richard Weber. 2011. *Multi-armed Bandit Allocation Indices*, 2nd ed. New York: Wiley.

Golub, Gene H., and Charles F. van Loan. 1996. *Matrix Computations*. Baltimore: Johns Hopkins University Press.

Goodfriend, Marvin, and Robert G. King. 1997. The new neoclassical synthesis and the role of monetary policy. In Ben S. Bernanke and Julio Rotemberg, eds., *NBER Macroeconomics Annual 1997* 12: 231–96.

Gordin, M. I. 1969. The Central Limit Theorem for stationary process (in Russian). *Dokl. Akad. Nauk. SSSR* 188: 739–41.

Gould, John P. 1968. Adjustment costs in the theory of investment of the firm. *Review of Economic Studies* 35 (1): 47–55.

Gouriéroux, Christian, and Alain Monfort. 1996. *Simulated-based Econometric Methods*. Oxford, UK: Oxford University Press.

Gourio, François, and Jianjun Miao. 2010. Firm heterogeneity and the long-run effects of dividend tax reform. *American Economic Journal: Macroeconomics* 2 (1): 131–68.

Gourio, François, and Jianjun Miao. 2011. Transitional dynamics of dividend and capital gains tax cuts. *Review of Economic Dynamics* 14 (2): 368–83.

Grant, Simon, Atsushi Kajii, and Ben Polak. 1998. Instrinsic preference for information. *Journal of Economic Theory* 83 (2): 233–59.

Grant, Simon, Atsushi Kajii, and Ben Polak. 2000. Temporal resolution of uncertainty and recursive non-expected utility models. *Econometrica* 68 (2): 425–34.

Greene, William H. 2011. *Econometric Analysis*, 7th ed. Upper Saddle River, NJ: Prentice-Hall.

Greenwood, Jeremy, Zvi Hercowitz, and Gregory W. Huffman. 1988. Investment, capacity utilization, and the real business cycle. *American Economic Review* 78 (3): 402–17.

Greenwood, Jeremy, Zvi Hercowitz, and Per Krusell. 1997. Long-run implications of investment-specific technological change. *American Economic Review* 87 (3): 342–62.

Grossman, Sanford J., and Robert J. Shiller. 1981. The determinants of the variability of stock market prices. *American Economic Review* 71 (2): 222–27.

Gul, Faruk. 1991. A theory of disappointment aversion. *Econometrica* 59 (3): 667–86.

Guvenen, Fatih. 2007. Learning your earning: Are labor income shocks really very persistent? *American Economic Review* 97 (3): 687–712.

Hall, Alasdair R. 2005. *Generalized Methods of Moments*. New York: Oxford University Press.

Hall, Robert E. 1978. Stochastic implications of the life cycle-permanent income hypothesis: Theory and evidence. *Journal of Political Economy* 86 (6): 971–87.

Hall, Robert E. 1997. Macroeconomic fluctuations and the allocation of time. *Journal of Labor Economics* 15 (1): 223–50.

Hall, Robert E. 2005. Employment fluctuations with equilibrium wage stickiness. *American Economic Review* 95 (1): 50–65.

Hamilton, James D. 1994. *Time Series Analysis*. Princeton: Princeton University Press.

Hansen, Gary, D. 1985. Indivisible labor and the business cycle. *Journal of Monetary Economics* 16 (3): 309–27.

Hansen, Lars P. 2007. Beliefs, doubts and learning: Valuing macroeconomic risk. Richard T. Ely Lecture. *American Economic Review* 97 (2): 1–30.

Hansen, Lars P., John C. Heaton, and Nan Li. 2008. Consumption strikes back? Measuring long-run risk. *Journal of Political Economy* 116 (2): 260–302.

Hansen, Lars P., and James J. Heckman. 1996. The empirical foundations of calibration. *Journal of Economic Perspectives* 10 (1): 87–104.

Hansen, Lars P., and Thomas J. Sargent. 1995. Discounted linear exponential quadratic Gaussian control. *IEEE Transactions on Automatic Control* 40: 968–71.

Hansen, Lar P., and Thomas J. Sargent. 2001. Robust control and model uncertainty. *American Economic Review* 91 (2): 60–66.

Hansen, Lars P., and Thomas J. Sargent. 2005. Robust estimation and control under commitment. *Journal of Economic Theory* 124 (2): 258–301.

Hansen, Lars P., and Thomas J. Sargent. 2007. Recursive robust estimation and control without commitment. *Journal of Economic Theory* 136 (1): 1–27.

Hansen, Lars P., and Thomas J. Sargent. 2008. *Robustness*. Princeton: Princeton University Press.

Hansen, Lars P., and Thomas J. Sargent. 2010. Fragile beliefs and the price of uncertainty. *Quantitative Economics* 1 (1): 129–62.

Hansen, Lars P., and Kenneth J. Singleton. 1983. Stochastic consumption, risk aversion, and the temporal behavior of asset returns. *Journal of Political Economy* 91 (2): 249–65.

Hayashi, Fumio. 1982. Tobin's marginal Q and average Q: A neoclassical interpretation. *Econometrica* 50 (1): 213–24.

Hayashi, Fumio, and Christopher A. Sims. 1983. nearly efficient estimation of time series models with predetermined, but not exogenous, instruments. *Econometrica* 51 (3): 783–98.

Hayashi, Takashi. 2005. Intertemporal substitution, risk aversion and ambiguity aversion. *Economic Theory* 25 (4): 933–56.

Hayashi, Takashi, and Jianjun Miao. 2011. Intertemporal substitution and recursive smooth ambiguity preferences. *Theoretical Economics* 6 (3): 423–72.

Heyde, C. C. 1974. On the Central Limit Theorem for stationary processes. *Z. Wahrschein-lichkeitsth* 30 (4): 315–20.

Hopenhayn, Hugo A. 1992. Entry, exit, and firm dynamics in long run equilibrium. *Econometrica* 60 (5): 1127–50.

Holmstrom, Bengt. 1979. Moral hazard and observability. *Bell Journal of Economics* 10 (1): 74–91.

Huang, Kevin X. D. 2002. Valuation in infinite-horizon sequential markets with portfolio constraints. *Economic Theory* 20 (1): 189–98.

Huggett, Mark. 1993. The risk-free rate in heterogeneous-agent incomplete-insurance economies. *Journal of Economic Dynamics and Control* 17 (5–6): 953–69.

Iglehart, Donald L. 1963. Optimality of (*s*, *S*) policies in the infinite horizon dynamic Inventory problem. *Management Science* 9 (2): 259–67.

Imrohoroglu, Ayse. 1992. The welfare cost of inflation under imperfect insurance, *Journal of Economic Dynamics and Control* 16 (1): 79–91.

Ireland, Peter N. 2001. Endogenous money or sticky prices. *Journal of Monetary Economics* 50 (8): 1623–648.

Ireland Peter N. 2004. A method for taking models to the data. *Journal of Economic Dynamics and Control*

28 (6): 1205–26.

Jensen, Michael C., and William H. Meckling. 1976. Theory of the firm: Managerial behavior, agency costs and ownership structure. *Journal of Financial Economics* 3 (4): 305–60.

Ju, Nengjiu, and Jianjun Miao. 2007. Ambiguity, learning, and asset returns. Working paper. Boston University.

Ju, Nengjiu, and Jianjun Miao. 2012. Ambiguity, learning, and asset returns. *Econometrica* 80 (2): 559–91.

Judd, Kenneth L. 1992. Projection methods for solving aggregate growth models. *Journal of Economic Theory* 58 (2): 410–52.

Judd, Kenneth L. 1998. *Numerical Methods in Economics*. Cambridge: MIT Press.

Judd, Kenneth L., Sevin Yeltekin, and James Conklin. 2003. Computing supergame equilibria. *Econometrica* 71 (4): 1239–54.

Kamihigashi, Takashi. 2000. A simple proof of Ekeland and Scheinkman's result on the necessity of a transversality condition. *Economic Theory* 15 (2): 463–68.

Kandel, Shmuel, and Robert F. Stambaugh. 1991. Asset returns and intertemporal preferences. *Journal of Monetary Economics* 27 (1): 39–71.

Karlin, Samuel, and Howard M. Taylor. 1975. *A First Course in Stochastic Processes*, 2nd ed. New York: Academic Press.

Kehoe, Patrick J., and Fabrizio Perri. 2002. International business cycles with endogenous incomplete markets. *Econometrica* 70 (3): 907–28.

Kim, Chang-Jin, and Charles R. Nelson. 1999. *State Space Models with Regime Switching*. Cambridge: MIT Press.

Kim, Jinill, Sunghyun Kim, Ernst Schaumburg, and Christopher A. Sims. 2008. Calculating and using second-order accurate solutions of discrete time dynamic equilibrium models. *Journal of Economic Dynamics and Control* 32 (11): 3397–3414.

Kim, Jinill. 2000. Constructing and estimating a realistic optimizing model of monetary policy. *Journal of Monetary Economics* 45 (2): 329–59.

King, Mervyn A. 1977. *Public Policy and the Corporation*. London: Chapman and Hall.

King, Robert G., Charles I. Plosser, and Sergio T. Rebelo. 1988. Production, growth and business cycles: I. The basic neoclassical model. *Journal of Monetary Economics* 21 (2–3): 195–232.

King, Robert G., Charles I. Plosser, James H. Stock, and Mark W. Watson. 1991. Stochastic trends and economic fluctuations. *American Economic Review* 81 (4): 819–40.

King, Robert G., and Sergio T. Rebelo. 1999. Resuscitating real business cycles. In John B. Taylor and Michael Woodford, eds., *Handbook of Macroeconomics*, vol. 1. Amsterdam: Elsevier, 927–1007.

King, Robert G., and Mark W. Watson. 1998. The solution of singular linear difference systems under rational expectations. *International Economic Review* 39 (4): 1015–26.

King, Robert G., and Mark W. Watson. 2002. System reduction and solution algorithms for singular linear difference systems under rational Expectations. *Computational Economics* 20 (1–2): 57–86.

Kiyotaki, Nobuhiro, and Randall Wright. 1989. On money as a medium of exchange. *Journal of Political Economy* 97 (4): 927–54.

Klein, Paul. 2000. Using the generalized Schur form to solve a multivariate linear rational expectations model. *Journal of Economic Dynamics and Control* 24 (10): 1405–23.

Klibanoff, Peter, Massimo Marinacci, and Sujoy Mukerji. 2005. A smooth model of decision making under ambiguity. *Econometrica* 73 (6): 1849–92.

Klibanoff, Peter, Massimo Marinacci, and Sujoy Mukerji. 2009. Recursive smooth ambiguity preferences. *Journal of Economic Theory* 144 (3): 930–76.

Knight, Frank H. 1921. *Risk, Uncertainty, and Profit*. Boston: Houghton Mifflin.

Kocherlakota, Narayana R. 1992. Bubbles and constraints on debt accumulation. *Journal of Economic Theory* 57 (1): 245–56.

Kocherlakota, Narayana R. 1996. The equity premium: It's still a puzzle. *Journal of Economic Literature* 34 (1): 43–71.

Kocherlakota, Narayana R. 2008. Injecting rational bubbles. *Journal of Economic Theory* 142 (1): 218–32.

Kocherlakota, Narayana R. 2009. Bursting bubbles: Consequences and cures. Working paper. University of Minnesota.

Koopmans, Tjalling C. 1960. Stationary ordinal utility and impatience. *Econometrica* 28 (2): 287–309.

Koopmans, Tjalling C. 1972a. Representations of preference orderings with independent components of consumption. In C. B. McGuire and Roy Radner, eds., *Decision and Organization*. Amsterdam: North-Holland, 57–78.

Koopmans, Tjalling C. 1972b. Representations of preference orderings over time. In C. B. McGuire and Roy Radner, eds., *Decision and Organization*. Amsterdam: North-Holland, 79–100.

Koopmans, Tjalling C., Peter A. Diamond, and Richard E. Williamson. 1964. Stationary utility and time perspective. *Econometrica* 32 (1–2): 82–100.

Koopmans, Tjalling C. 1965. On the concept of optimal economic growth. Discussion Paper 163A. Cowles Foundation, Yale University.

Kreps, David M., and Evan L. Porteus. 1978. Temporal resolution of uncertainty and dynamic choice theory. *Econometrica* 46 (1): 185–200.

Krusell, Per, and Anthony A. Smith. Jr. 1998. Income and wealth heterogeneity in the macroeconomy. *Journal of Political Economy* 106 (5): 867–96.

Kubler, Felix, and Karl Schmedders. 2002. Recursive equilibria in economies with incomplete markets. *Macroeconomic Dynamics* 6 (2): 284–306.

Kydland, Finn E., and Edward C. Prescott. 1977. Rules rather than discretion: The inconsistency of optimal plans. *Journal of Political Economy* 85 (3): 473–92.

Kydland, Finn E., and Edward C. Prescott. 1980. Dynamic optimal taxation, rational expectations and optimal control. *Journal of Economic Dynamics and Control* 2 (1): 79–91.

Kydland, Finn E., and Edward C. Prescott. 1982. Time to build and aggregate fluctuations. *Econometrica* 50 (6): 1345–71.

Kydland, Finn E., and Edward C. Prescott. 1996. The computational experiment: An econometric tool. *Journal of Economic Perspectives* 10 (1): 69–85.

Laffont, Jean-Jacques, and David Martimort. 2001. *The Theory of Incentives: The Principal-Agent Model.* Princeton: Princeton University Press.

Laxton, Douglas, and Michel Juillard. 1996. A robust and efficient method for solving nonlinear rational expectations models. Working paper 96/106. IMF.

Le Van, Cuong, and Lisa Morhaim. 2002. Optimal growth models with bounded or unbounded returns: A unifying approach. *Journal of Economic Theory* 105 (1): 158–87.

Lee, Bong-Soo, and Ingram, Beth Fisher. 1991. Simulated estimation of time-series models. *Journal of Econometrics* 47 (2–3): 197–205.

Leeper, Eric M., and Christopher Sims. 1994. Toward a modern macroeconomic model usable for policy analysis, In Stanley Fischer and Julio Rotemberg, eds., *NBER Macroeconomics Annual 1994*. Cambridge: MIT Press, 81–140.

Leeper, Eric M., Christopher A. Sims, and Tao Zha. 1996. What does monetary policy do? *Brookings Papers on Economic Activity* 27 (2): 1–78.

Levhari, David, Leonard J. Mirman, and Itzhak Zilcha. 1980. Capital accumulation under uncertainty. *International Economic Review* 21 (3): 661–71.

Levhari, David, and T. N. Srinivasan. 1969. Optimal savings under uncertainty. *Review of Economic Studies* 36 (2): 153–63.

Lintner, John. 1965. The valuation of risk assets and the selection of risky investments in stock portfolios and capital budgets. *Review of Economics and Statistics* 47 (1): 13–37.

Ljungqvist, Lars, and Thomas J. Sargent. 2004. *Recursive Macroeconomic Theory,* 2nd ed. Cambridge: MIT Press.

Ljungqvist, Lars, and Thomas J. Sargent. 2012. *Recursive Macroeconomic Theory,* 3rd ed. Cambridge: MIT Press.

Long Jr., John B., and Charles I. Plosser. 1983. Real business cycles. *Journal of Political Economy* 91 (1): 39–69.

Lubik, Thomas A., and Frank Schorfheide. 2003. Computing sunspots equilibria in linear rational expectations models. *Journal of Economic Dynamics and Control* 28 (2): 273–85.

Lucas, Robert E., Jr. 1967. Adjustment costs and the theory of supply. *Journal of Political Economy* 75 (4): 321–34.

Lucas, Robert E., Jr. 1978. Asset prices in an exchange economy. *Econometrica* 46 (6): 1429–45.

Lucas, Robert E., Jr., and Nancy L. Stokey. 1984. Optimal growth with many consumers. *Journal of Economic Theory* 32 (1): 139–71.

Luenberger, David G. 1969. *Optimization by Vector Space Methods*. New York: Wiley.

Maccheroni, Fabio, Massimo Marinacci, and Aldo Rustichini. 2006. Dynamic variational preferences. *Journal of Economic Theory* 128 (1): 4–44.

Magill, Michael, and Martine Quinzii. 1994. Infinite horizon incomplete markets. *Econometrica* 62 (4): 853–80.

Magill, Michael, and Martine Quinzii. 1996. Incomplete market over an infinite horizon: Long-lived securities and speculative bubbles. *Journal of Mathematical Economics* 26 (1): 133–70.

Mailath, George J., and Larry Samuelson. 2006. *Repeated Games and Reputations: Long-Run Relationships*. Oxford, UK: Oxford University Press.

Mancini-Griffoli, T. 2010. *An Introduction to the Solution and Estimation of DSGE Models: Dynare v4 User Guide*. Public Beta Version edition.

Mankiw, N. Gregory, and David Romer, eds. 1991. *New Keynesian Economics.* Vol. 1: *Imperfect Competition and Sticky Prices,* and Vol. 2: *Coordination Failures and Real Rigidities.* Cambridge: MIT Press.

Marcet, Albert. 1988. Solving nonlinear stochastic models by parametrizing expectations. Working paper. Carnegie Mellon University.

Marcet, Albert, and Ramon Marimon. 1992. Communication, commitment, and growth. *Journal of Economic Theory* 58 (2): 219–49.

Marcet, Albert, and Ramon Marimon. 2011. Recursive contracts. Economics working paper ECO2011/15. European University Institute, Florence.

Marcet, Albert, and Thomas J. Sargent. 1989. Least squares learning and the dynamics of hyperinflation. In William Barnett, John Geweke, and Karl Shell, eds., *Economic Complexity: Chaos, Sunspots, and Nonlinearity*. New York: Cambridge University Press.

Martins-da-Rocha, Victor F., and Yiannis Vailakis. 2010. Existence and uniqueness of a fixed point for local contractions. *Econometrica* 78 (3): 1127–41.

Mas-Colell, Andrew, Michael D. Whinston, and Jerry R. Green. 1995. *Microeconomic Theory*. New York: Oxford University Press.

Maskin, Eric, and Jean Tirole. 1987. A theory of dynamic oligopoly. III: Cournot competition. *European Economic Review* 31 (4): 947–68.

Maskin, Eric, and Jean Tirole. 1988. A theory of dynamic oligopoly. I: Overview and quantity competition with large fixed costs. *Econometrica* 56 (3): 549–69.

Matkowski, Janusz, and Andrzej S. Nowak. 2011. On discounted dynamic programming with unbounded returns. *Economic Theory* 46 (3): 455–74.

McCall, John J. 1970. Economics of information and job search. *Quarterly Journal of Economics* 84 (1): 113–26.

McCallum, Bennett T., and Marvin S. Goodfriend. 1988. Theoretical analysis of the demand of money. *Federal Reserve Bank of Richmond: Economic Review* 74 (1): 16–24.

McCallum, Bennett T., and Edward Nelson. 1999. An optimizing IS-LM specification for monetary policy and business cycle analysis. *Journal of Money, Credit and Banking* 31 (3): 296–316.

McFadden, Daniel. 1989. A method of simulated moments for estimation of discrete response models without numerical integration. *Econometrica* 57 (5): 995–1026.

McGrattan, Ellen R. 1994. The macroeconomic effects of distortionary taxation. *Journal of Monetary Economics* 33 (3): 573–601.

McGrattan, Ellen R. 1996. Solving the stochastic growth model with a finite element method. *Journal of Economic Dynamics and Control* 20 (1–3): 19–42.

McGrattan, Ellen. R., and Edward C. Prescott. 2005. Taxes, regulations, and the value of U.S. and U.K. corporations. *Review of Economic Studies* 72 (3): 767–96.

Mehra, Rajnish, and Edward C. Prescott. 1985. The equity premium: A puzzle. *Journal of Monetary Economics* 15 (2): 145–61.

Merz, Monika. 1995. Search in the labor market and the real business cycle. *Journal of Monetary Economics* 36 (2): 269–300.

Messner, Matthias, Nicola Pavoni, and Christopher Sleet. 2011. On the dual approach to recursive optimization. Working papers 423. IGIER, Bocconi University.

Messner, Matthias, Nicola Pavoni, and Christopher Sleet. 2012. Recursive methods for incentive problems. *Review of Economic Dynamics* 15 (4): 501–25.

Meyn, S. P., and R. L. Tweedie. 1993. *Markov Chains and Stochastic Stability* Berlin: Springer.

Miao, Jianjun. 2006. Competitive equilibria of economies with a continuum of consumers and aggregate shocks. *Journal of Economic Theory* 128 (1): 274–98.

Miao, Jianjun, and Neng Wang. 2011. Risk, uncertainty and option exercise. *Journal of Economic Dynamics and Control* 35 (4): 442–61.

Miao, Jianjun, and Pengfei Wang. 2009. Lumpy investment and corporate tax policy. Working paper. Boston University.

Miao, Jianjun, and Pengfei Wang. 2011a. A Q-theory model with lumpy investment. Working paper. Boston University.

Miao, Jianjun, and Pengfei Wang, 2011b, Bubbles and credit constraints, Working paper WP2011-030. Boston University.

Miao, Jianjun, and Pengfei Wang. 2011c. Sectoral bubbles and endogenous growth. Working paper WP2011-032. Boston University.

Miao, Jianjun, and Pengfei Wang. 2012a. Bubbles and total factor productivity. *American Economic Review* 102 (3): 82–87.

Miao, Jianjun, and Pengfei Wang. 2012b. Banking bubbles and financial crisis. Working paper WP2012-010. Boston University.

Miao, Jianjun, Pengfei Wang, and Zhiwei Xu. 2013. A Bayesian DSGE model of stock market bubbles and business cycles. Working paper. Boston University.

Miao, Jianjun, Pengfei Wang, and Lifang Xu. 2013. Stock market bubbles and unemployment. Working paper. Boston University.

Mirrlees, James A. 1975. The theory of moral hazard and unobservable behavior: Part I. Mimeo. Nuffield College, Oxford.

Mortensen, Dale T. 1982. The mating process as a noncooperative bargaining game. In John J. McCall, ed., *The Economics of Information and Uncertainty*. Chicago: University of Chicago Press, 233–58.

Muth, John F. 1960. Optimal properties of exponentially weighted forecasts. *Journal of the American Statistical Association* 55: 299–306.

Negishi, Mario T. 1960. Welfare economics and existence of an equilibrium for a competitive economy. *Metroeconomica* 12: 92–97.

Newey, Whitney K., and Kenneth D. West. 1987. A simple, positive semi-definite, heteroskedasticity and autocorrelation consistent covariance matrix. *Econometrica* 55 (3): 703–08.

Onicescu, Octav. 1969. *The Principles of Probability Theory*. Bucharest: Publishing House of the Romanian Academy.

Oudiz, G., and Jeffrey D. Sachs. 1985. International policy coordination in dynamic macroeconomic models. In Willem H. Buiter and Richard C. Marston, eds., *International Economic Policy Coordination*. Cambridge, UK: Cambridge University, 275–319.

Phelan, Christopher, and Ennio Stacchetti. 2001. Sequential equilibria in a Ramsey tax model. *Econometrica* 69 (6): 1491–1518.

Phelan, Christopher, and Robert M. Townsend. 1991. Computing multi-period, information-constrained optima. *Review of Economic Studies* 58 (5): 853–81.

Pearlman, Joseph, David Currie, and Paul Levine. 1986. Rational expectations models with partial information. *Economic Modelling* 3 (2): 90–105.

Phelps, Edmund S. 1962. The accumulation of risky capital: A sequential utility analysis. *Econometrica* 30 (4): 729–43.

Pissarides, Christopher A. 1985. Short-run equilibrium dynamics of unemployment, vacancies, and real wages. *American Economic Review* 75 (4): 676–90.

Pissarides, Christopher A. 2000. *Equilibrium Unemployment Theory*, 2nd ed. Cambridge: MIT Press.

Pontryagin, L. S., V. G. Boltyanskii, R.V. Gamkrelidze, and E. F. Mishchenko. 1962. *The Mathematical Theory of Optimal Processes*, transl. from the Russian by K. N. Trirogoff, ed. by L. W. Neustadt. New York: Wiley.

Porteus, Evan L. 1980. Improved iterative computation of the expected discounted return in Markov and semi-Markov chains. *Mathematical Methods of Operations Research* 24 (5): 155–70.

Poterba, James M., and Lawrence H. Summers. 1985. The economic effects of dividend taxation. In

Edward Altman and Marti Subrahmanyam, eds., *Recent Advances in Corporate Finance*. Scar borough, ON: Irwin Professional Publishing.

Prescott, Edward C., and Rajnish Mehra. 1980. Recursive competitive equilibrium: The case of homogeneous households. *Econometrica* 48 (6): 1365–79.

Puterman, Martin L., and Shelby L. Brumelle. 1979. On the convergence of policy iteration in stationary dynamic programming. *Mathematics of Operations Research* 4 (1): 60–69.

Puterman, Martin L. 1990. Markov decision processes. In D. P. Heyman and M. J. Sobel, eds., *Handbooks in Operations Research and Management Science*, vol. 2. Amsterdam: Elsevier, 331–434.

Puterman, Martin L. 1994. *Markov Decision Processes: Discrete Stochastic Dynamic Programming*. New York: Wiley.

Qu, Zhongjun, and Denis Tkachenko. 2012. Identification and frequency domain quasi-maximum likelihood estimation of linearized dynamic stochastic general equilibrium models. *Quantitative Economics* 3 (1): 95–132.

Ramsey, Frank P. 1928. A Mathematical theory of saving. *Economic Journal* 38 (152): 543–59.

Rincón-Zapatero, Juan. P., and C. Rodríguez-Palmero. 2003. Existence and uniqueness of solutions to the Bellman equation in the unbounded case. *Econometrica* 71 (5): 1519–55.

Rivlin, Theodore J. 1990. *Chebyshev Polynomials*. New York: Wiley.

Rogerson, Richard. 1988. Indivisible labor, lotteries, and equilibrium, *Journal of Monetary Economics* 21 (1): 3–16.

Rogerson, William P. 1985a. Repeated moral hazard. *Econometrica* 53 (1): 69–76.

Rogerson, William P. 1985b. The first-Order approach to principal–agent problems. *Econometrica* 53 (6): 1357–68.

Romer, Christina D., and David H. Romer. 1989. Does monetary policy matter? A new test in the spirit of Friedman and Schwartz. In Olivier Jean Blanchard and Stanley Fischer, eds., *NBER Macroeconomics Annual 1989* 4: 121–84.

Romer, David H. 2012, *Advanced Macroeconomics*, 4th ed. New York: McGraw-Hill.

Ross, Stephen. 1976. The arbitrage theory of capital asset pricing. *Journal of Economic Theory* 13 (3): 341–60.

Rotemberg, Julio J., and Michael Woodford. 1991. Markups and the business cycle. In Oliver J. Blanchard and Stanley Fischer, eds., *NBER Macroeconomics Annual 1991*, 6: 63–128.

Rotemberg, Julio J., and Michael Woodford. 1997. An optimization based econometric framework for the evaluation of monetary policy. In Oliver J. Blanchard and Stanley Fischer, eds., *NBER Macroeconomic Annual 1997*12: 297–346.

Rotemberg, Julio J., and Michael Woodford. 1999. The cyclical behavior of prices and costs. In John B. Taylor and Michael Woodford, eds., *Handbook of Macroeconomics*, vol. 1B. Amsterdam: Elsevier, 1051–1131.

Rothschild, Michael, and Joseph Stiglitz. 1970. Increasing risk. I: A definition. *Journal of Economic Theory* 2 (3): 225–43.

Royden, Halsey L. 1988. *Real Analysis*. London: Pearson.

Rudin, Walter. 1991. *Functional Analysis*, 2nd ed. New york: McGraw-Hill.

Rust, John. 1985. Stationary equilibrium in a market for durable assets. *Econometrica* 53 (4): 783–805.

Rust, John. 1986. When is it optimal to kill off the market for used durable goods? *Econometrica* 54 (1): 65–86.

Rust, John. 1996. Numerical dynamic programming in economics. In H. Amman, D. Kendrick, and J. Rust, eds., *Handbook of Computational Economics*. Amsterdam: Elsevier, 620–729.

Samuelson, Paul A. 1958. An exact consumption-loan model of interest with or without the social contrivance of money. *Journal of Political Economy* 66 (6): 467–82.

Santos, Manuel S., and Michael Woodford. 1997. Rational asset pricing bubbles. *Econometrica* 65 (1): 19–57.

Sargan, John D. 1958. The estimation of economic relationships using instrumental variables. *Econometrica* 26 (3): 393–415.

Sargan, John D. 1959. The estimation of relationships with autocorrelated residuals by the use of instrumental variables. *Journal of the Royal Statistical Society* 21 (1): 91–105.

Sargent, Thomas J. 1987. *Dynamic Macroeconomic Theory*. Cambridge: Harvard University Press.

Scarf, Herbert E. 1959. The optimality of (S, s) Policies in the dynamic inventory problem. In K. J. Arrow, S. Karlin, and P. Suppes, eds., *Mathematical Methods in the Social Sciences*, Stanford: Stanford University Press, 196–202.

Schechtman, Jack, and Vera L. S. Escudero. 1977. Some results on "An Income Fluctuation Problem." *Journal of Economic Theory* 16 (2): 151–166.

Schmitt-Grohé, Stephanie, and Martin Uribe. 2004. Solving dynamic general equilibrium models using a second-order approximation to the policy function. *Journal of Economic Dynamics and Control* 28 (4): 755–75.

Schumaker, Larry L. 1983. On shape preserving quadratic spline interpolation. *SIAM Journal on Numerical Analysis* 20 (4): 854–64.

Shapley, Lloyd Stowell. 1953. Stochastic games. *Proceedings of National Academy of Science* 39: 1095–1100.

Sharpe, William F. 1964. Capital asset prices: A theory of market equilibrium under conditions of risk. *Journal of Finance* 19 (3): 425–42.

Shimer, Robert. 2005. The cyclical behavior of equilibrium unemployment and vacancies. *American Economic Review* 95 (1): 25–49.

Shimer, Robert. 2010. *Labor Markets and Business Cycles*. Princeton: Princeton University Press.

Shiryaev, Albert N. 1996. *Probability*, 2nd Ed. New York: Springer.

Sidrauski, Miguel. 1967. Rational choices and patterns of a growth in a monetary economy. *American Economic Review* 57 (2): 534–44.

Sims, Christopher A. 1989. Solving nonlinear stochastic optimization and equilibrium problems backwards. Mimeo 15. Institute for Empirical Macroeconomics, Federal Reserve Bank of Minneapolis.

Sims, Christopher A. 1996, Macroeconomics and methodology. *Journal of Economic Perspectives* 10 (1): 105–20.

Sims, Christopher A. 2000. Solving linear rational expectations models. Working paper. Department of Economics, Princeton University.

Singleton, Kenneth J. 2006. *Empirical Dynamic Asset Pricing: Model Specification and Econometric Assessment*. Princeton: Princeton University Press.

Smets, Frank, and Rafael Wouters. 2007. Shocks and frictions in US business cycles: A Bayesian DSGE approach. *American Economic Review*97 (3): 586–606.

Söderlind, Paul. 1999. Solution and estimation of RE macromodels with optimal policy. *European Economic Review* 43 (4–6): 813–823.

Solow, Robert M. 1956. A contribution to the theory of economic growth. *Quarterly Journal of Economics* 70 (1): 65–94.

Sotomayor, Marlida A. de Oliveira. 1984. On income fluctuations and capital gains. *Journal of Economic Theory* 32 (1): 14–35.

Spear, Stephen E., and Sanjay Srivastava. 1987. On repeated moral hazard with discounting. *Review of Economic Studies* 54 (4): 599–617.

Stokey, Nancy L. 1989. Reputation and time consistency *American Economic Review* 79: 134–39.

Stokey, Nancy L. 1991. Credible public policy. *Journal of Economic Dynamics and Control* 15 (4): 627–56.

Stokey, Nancy, Robert Lucas, and Edward C. Prescott. 1989. *Recursive Methods in Economic Dynamics*. Cambridge: Harvard University Press.

Strang, Gilbert. 2006. *Linear Algebra and Its Applications*, 4th ed. Stamford, CT: Brooks Cole.

Streufert, Peter A. 1990, Stationary recursive utility and dynamic programming under the assumption of biconvergence. *Review of Economic Studies* 57 (1): 79–97.

Summers, Lawrence H. 1981. Taxation and corporate investment—A Q-theory approach. *Brookings Papers on Economic Activity* 12 (1): 67–140.

Swan, Trevor W. 1956. Economic growth and capital accumulation. *Economic Record* 32 (2): 334–61.

Tauchen, George. 1986. Finite state Markov chain approximations to univariate and vector autoregressions. *Economic Letters* 20 (2): 177–81.

Tauchen, George, and Robert Hussey. 1991. Quadrature-based methods for obtaining approximate solutions to nonlinear asset pricing models. *Econometrica* 59 (2): 371–96.

Taylor, John B. 1993. Discretion versus policy rules in practice. *Carnegie-Rochester Confernce Series on Public Policy* 39 (1): 195–214.

Thomas, Jonathan, and Tim Worrall. 1988. Self-enforcing wage contracts. *Review of Economic Studies* 55 (4): 541–54.

Thomas, Jonathan, and Tim Worrall. 1990. Income fluctuation and asymmetric information: An example of repeated principal–agent problem, *Journal of Economic Theory* 51 (2): 367–90.

Tirole, Jean. 1985. Asset bubbles and overlapping generations. *Econometrica* 53 (6): 1499–1528.

Tobin, James. 1969. A general equilibrium approach to monetary theory. *Journal of Money, Credit and Banking* 1 (1): 15–29.

Treadway, A. B. 1969. On rational entrepreneurial behavior and the demand for investment. *Review of Economic Studies* 36 (2): 227–39.

Uzawa, Hirofumi. 1968. Time preference, the consumption function, and optimal asset holdings. In J. N. Wolfe, ed., *Capital and Growth: Papers in Honour of Sir John Hicks*. Chicago: Aldine, 485–504.

Uzawa, Hirofumi. 1969. Time preference and the Penrose effect in a two-class model of economic growth. *Joumal of Political Economy* 77 (4): 628–52.

Wallace, Neil. 1980. The overlapping generations model of fiat money. In John Kareken and Neil Wallace, eds., *Models of Monetary Economies*. Minneapolis: Federal Reserve Bank of Minneapolis.

Walsh, Carl. 1998. The new output–inflation trade-off. *Economic Letter*, Federal Reserve Bank of San Francisco, issue Sep 10.

Walsh, Carl. 2010. *Monetary Theory and Policy*, 3rd ed. Cambridge: MIT Press.

Weil, Philippe. 1987. Confidence and the real value of money in an overlapping generations economy. *Quarterly Journal of Economics* 102 (1): 1–22.

Weil, Philippe. 1989. The equity premium puzzle and the risk-free rate puzzle. *Journal of Monetary Economics* 24 (3): 401–421.

Weil, Philippe. 1990. Nonexpected utility in macroeconomics. *Quarterly Journal of Economics* 105 (1): 29–42.

Weil, Philippe. 1993. Precautionary savings and the permanent income hypothesis. *Review of Economic Studies* 60 (2): 367–83.

Weitzman, Martin L. 1973. Duality theory for infinite horizon convex models. *Management Science* 19 (7): 783–89.

Weitzman, Martin L. 1979. Optimal search for the best alternative. *Econometrica* 47 (3): 641–54.

Wessels, J. 1977. Markov programming by successive approximations with respect to weighted supremum norms. *Journal of Mathematical Analysis and Applications* 58 (2): 326–35.

Whittle, Peter. 1982. *Optimization over Time*. New York: Wiley.

Woodford, Michael. 1999. Optimal monetary policy inertia. Working paper 7201. NBER.

Woodford, Michael. 2001. Inflation stabilization and welfare. Working paper 8673. NBER.

Woodford, Michael. 2003. *Interest and Prices: Foundations of a Theory of Monetary Policy*, Princeton: Princeton University Press.

Woodford, Michael. 2011. Simple analytics of the government expenditure multiplier. *American Economic Journal: Macroeconomics* 3 (1): 1–35.

Yun, Tack. 2005. Optimal monetary policy with relative price distortions. *American Economic Review* 95 (1): 89–109.

Zhang, Yuzhe. 2012. Characterization of a risk sharing contract with one-sided commitment. *Journal of Economic Dynamics and Control* 37 (4): 794–809.

Zhou, Kemin, John C. Doyle, and Keith Glover. 1996. *Robust and Optimal Control*. Englewood Cliffs, NJ: Prentice-Hall.

经济科学译丛						
序号	书名	作者	Author	单价	出版年份	ISBN
1	离散时间的经济动力学	苗建军	Jianjun Miao	108.00	2020	978-7-300-28814-7
2	微观经济学(第四版)	戴维・A. 贝赞可	David A. Besanko	125.00	2020	978-7-300-28647-1
3	经济建模:目的与局限	劳伦斯・A. 博兰德	Lawrence A. Boland	49.00	2020	978-7-300-28532-0
4	计量经济分析(第八版)(上下册)	威廉・H. 格林	William H. Greene	158.00	2020	978-7-300-27645-8
5	微观经济学(第四版)	保罗・克鲁格曼等	Paul Krugman	86.00	2020	978-7-300-28321-0
6	发展宏观经济学(第四版)	皮埃尔・理查德・阿根诺等	Pierre-Richard Agenor	79.00	2020	978-7-300-27425-6
7	平狄克《微观经济学》(第九版)学习指导	乔纳森・汉密尔顿等	Jonathan Hamilton	42.00	2020	978-7-300-28281-7
8	经济地理学:区域和国家一体化	皮埃尔-菲利普・库姆斯等	Pierre-Philippe Combes	56.00	2020	978-7-300-28276-3
9	公共部门经济学(第四版)	约瑟夫・E. 斯蒂格利茨等	Joseph E. Stiglitz	96.00	2020	978-7-300-28218-3
10	递归宏观经济理论(第三版)	拉尔斯・扬奎斯特等	Lars Ljungqvist	128.00	2020	978-7-300-28058-5
11	策略博弈(第四版)	阿维纳什・迪克西特等	Avinash Dixit	85.00	2020	978-7-300-28005-9
12	劳动关系(第10版)	小威廉・H. 霍利等	William H. Holley, Jr.	83.00	2020	978-7-300-25582-8
13	微观经济学(第九版)	罗伯特・S. 平狄克等	Robert S. Pindyck	93.00	2020	978-7-300-26640-4
14	宏观经济学(第十版)	N. 格里高利・曼昆	N. Gregory Mankiw	79.00	2020	978-7-300-27631-1
15	宏观经济学(第九版)	安德鲁・B. 亚伯等	Andrew B. Abel	95.00	2020	978-7-300-27382-2
16	商务经济学(第二版)	克里斯・马尔赫恩等	Chris Mulhearn	56.00	2019	978-7-300-24491-4
17	管理经济学:基于战略的视角(第二版)	蒂莫西・费希尔等	Timothy Fisher	58.00	2019	978-7-300-23886-9
18	投入产出分析:基础与扩展(第二版)	罗纳德・E. 米勒等	Ronald E. Miller	98.00	2019	978-7-300-26845-3
19	宏观经济学:政策与实践(第二版)	弗雷德里克・S. 米什金	Frederic S. Mishkin	89.00	2019	978-7-300-26809-5
20	国际商务:亚洲视角	查尔斯・W. L. 希尔等	Charles W. L. Hill	108.00	2019	978-7-300-26791-3
21	统计学:在经济和管理中的应用(第10版)	杰拉德・凯勒	Gerald Keller	158.00	2019	978-7-300-26771-5
22	经济学精要(第五版)	R. 格伦・哈伯德等	R. Glenn Hubbard	99.00	2019	978-7-300-26561-2
23	环境经济学(第七版)	埃班・古德斯坦等	Eban Goodstein	78.00	2019	978-7-300-23867-8
24	管理者微观经济学	戴维・M. 克雷普斯	David M. Kreps	88.00	2019	978-7-300-22914-0
25	税收与企业经营战略:筹划方法(第五版)	迈伦・S. 斯科尔斯等	Myron S. Scholes	78.00	2018	978-7-300-25999-4
26	美国经济史(第12版)	加里・M. 沃尔顿等	Gary M. Walton	98.00	2018	978-7-300-26473-8
27	组织经济学:经济学分析方法在组织管理上的应用(第五版)	塞特斯・杜玛等	Sytse Douma	62.00	2018	978-7-300-25545-3
28	经济理论的回顾(第五版)	马克・布劳格	Mark Blaug	88.00	2018	978-7-300-26252-9
29	实地实验:设计、分析与解释	艾伦・伯格等	Alan S. Gerber	69.80	2018	978-7-300-26319-9
30	金融学(第二版)	兹维・博迪等	Zvi Bodie	75.00	2018	978-7-300-26134-8
31	空间数据分析:模型、方法与技术	曼弗雷德・M. 费希尔等	Manfred M. Fischer	36.00	2018	978-7-300-25304-6
32	《宏观经济学》(第十二版)学习指导书	鲁迪格・多恩布什等	Rudiger Dornbusch	38.00	2018	978-7-300-26063-1
33	宏观经济学(第四版)	保罗・克鲁格曼等	Paul Krugman	68.00	2018	978-7-300-26068-6
34	计量经济学导论:现代观点(第六版)	杰弗里・M. 伍德里奇	Jeffrey M. Wooldridge	109.00	2018	978-7-300-25914-7
35	经济思想史:伦敦经济学院讲演录	莱昂内尔・罗宾斯	Lionel Robbins	59.80	2018	978-7-300-25258-2
36	空间计量经济学入门——在R中的应用	朱塞佩・阿尔比亚	Giuseppe Arbia	45.00	2018	978-7-300-25458-6
37	克鲁格曼经济学原理(第四版)	保罗・克鲁格曼等	Paul Krugman	88.00	2018	978-7-300-25639-9
38	发展经济学(第七版)	德怀特・H. 波金斯等	Dwight H. Perkins	98.00	2018	978-7-300-25506-4
39	线性与非线性规划(第四版)	戴维・G. 卢恩伯格等	David G. Luenberger	79.80	2018	978-7-300-25391-6
40	产业组织理论	让・梯若尔	Jean Tirole	110.00	2018	978-7-300-25170-7
41	经济学精要(第六版)	巴德、帕金	Bade, Parkin	89.00	2018	978-7-300-24749-6
42	空间计量经济学——空间数据的分位数回归	丹尼尔・P. 麦克米伦	Daniel P. McMillen	30.00	2018	978-7-300-23949-1
43	高级宏观经济学基础(第二版)	本・J. 海德拉	Ben J. Heijdra	88.00	2018	978-7-300-25147-9
44	税收经济学(第二版)	伯纳德・萨拉尼耶	Bernard Salanié	42.00	2018	978-7-300-23866-1
45	国际贸易(第三版)	罗伯特・C. 芬斯特拉	Robert C. Feenstra	73.00	2017	978-7-300-25327-5

经济科学译丛						
序号	书名	作者	Author	单价	出版年份	ISBN
46	国际宏观经济学(第三版)	罗伯特·C. 芬斯特拉	Robert C. Feenstra	79.00	2017	978-7-300-25326-8
47	公司治理(第五版)	罗伯特·A.G. 蒙克斯	Robert A. G. Monks	69.80	2017	978-7-300-24972-8
48	国际经济学(第15版)	罗伯特·J. 凯伯	Robert J. Carbaugh	78.00	2017	978-7-300-24844-8
49	经济理论和方法史(第五版)	小罗伯特·B. 埃克伦德等	Robert B. Ekelund. Jr.	88.00	2017	978-7-300-22497-8
50	经济地理学	威廉·P. 安德森	William P. Anderson	59.80	2017	978-7-300-24544-7
51	博弈与信息:博弈论概论(第四版)	艾里克·拉斯穆森	Eric Rasmusen	79.80	2017	978-7-300-24546-1
52	MBA宏观经济学	莫里斯·A. 戴维斯	Morris A. Davis	38.00	2017	978-7-300-24268-2
53	经济学基础(第十六版)	弗兰克·V. 马斯切纳	Frank V. Mastrianna	42.00	2017	978-7-300-22607-1
54	高级微观经济学:选择与竞争性市场	戴维·M. 克雷普斯	David M. Kreps	79.80	2017	978-7-300-23674-2
55	博弈论与机制设计	Y. 内拉哈里	Y. Narahari	69.80	2017	978-7-300-24209-5
56	宏观经济学(第十二版)	鲁迪格·多恩布什等	Rudiger Dornbusch	69.00	2017	978-7-300-23772-5
57	国际金融与开放宏观经济学:理论、历史与政策	亨德里克·范登伯格	Hendrik Van den Berg	68.00	2016	978-7-300-23380-2
58	经济学(微观部分)	达龙·阿西莫格鲁等	Daron Acemoglu	59.00	2016	978-7-300-21786-4
59	经济学(宏观部分)	达龙·阿西莫格鲁等	Daron Acemoglu	45.00	2016	978-7-300-21886-1
60	中级微观经济学——直觉思维与数理方法(上下册)	托马斯·J. 内契巴	Thomas J. Nechyba	128.00	2016	978-7-300-22363-6
61	环境与自然资源经济学(第十版)	汤姆·蒂坦伯格等	Tom Tietenberg	72.00	2016	978-7-300-22900-3
62	货币金融学(第十一版)	弗雷德里克·S. 米什金	Frederic S. Mishkin	85.00	2016	978-7-300-23001-6
63	动态优化——经济学和管理学中的变分法和最优控制(第二版)	莫顿·I. 凯曼等	Morton I. Kamien	48.00	2016	978-7-300-23167-9
64	投资学精要(第九版)	兹维·博迪等	Zvi Bodie	108.00	2016	978-7-300-22236-3
65	环境经济学(第二版)	查尔斯·D. 科尔斯塔德	Charles D. Kolstad	68.00	2016	978-7-300-22255-4
66	MWG《微观经济理论》习题解答	原千晶等	Chiaki Hara	75.00	2016	978-7-300-22306-3
67	横截面与面板数据的计量经济分析(第二版)	杰弗里·M. 伍德里奇	Jeffrey M. Wooldridge	128.00	2016	978-7-300-21938-7
68	宏观经济学(第十二版)	罗伯特·J. 戈登	Robert J. Gordon	75.00	2016	978-7-300-21978-3
69	动态最优化基础	蒋中一	Alpha C. Chiang	42.00	2015	978-7-300-22068-0
70	管理经济学:理论、应用与案例(第八版)	布鲁斯·艾伦等	Bruce Allen	79.80	2015	978-7-300-21991-2
71	微观经济分析(第三版)	哈尔·R. 范里安	Hal R. Varian	68.00	2015	978-7-300-21536-5
72	财政学(第十版)	哈维·S. 罗森等	Harvey S. Rosen	68.00	2015	978-7-300-21754-3
73	经济数学(第三版)	迈克尔·霍伊等	Michael Hoy	88.00	2015	978-7-300-21674-4
74	发展经济学(第九版)	A.P. 瑟尔沃	A. P. Thirlwall	69.80	2015	978-7-300-21193-0
75	宏观经济学(第五版)	斯蒂芬·D. 威廉森	Stephen D. Williamson	69.00	2015	978-7-300-21169-5
76	现代时间序列分析导论(第二版)	约根·沃特斯等	Jürgen Wolters	39.80	2015	978-7-300-20625-7
77	空间计量经济学——从横截面数据到空间面板	J. 保罗·埃尔霍斯特	J. Paul Elhorst	32.00	2015	978-7-300-21024-7
78	战略经济学(第五版)	戴维·贝赞可等	David Besanko	78.00	2015	978-7-300-20679-0
79	博弈论导论	史蒂文·泰迪里斯	Steven Tadelis	58.00	2015	978-7-300-19993-1
80	社会问题经济学(第二十版)	安塞尔·M. 夏普等	Ansel M. Sharp	49.00	2015	978-7-300-20279-2
81	时间序列分析	詹姆斯·D. 汉密尔顿	James D. Hamilton	118.00	2015	978-7-300-20213-6
82	微观经济理论	安德鲁·马斯-克莱尔等	Andreu Mas-Collel	148.00	2014	978-7-300-19986-3
83	产业组织:理论与实践(第四版)	唐·E. 瓦尔德曼等	Don E. Waldman	75.00	2014	978-7-300-19722-7
84	公司金融理论	让·梯若尔	Jean Tirole	128.00	2014	978-7-300-20178-8
85	公共部门经济学	理查德·W. 特里西	Richard W. Tresch	49.00	2014	978-7-300-18442-5
86	计量经济学导论(第三版)	詹姆斯·H. 斯托克等	James H. Stock	69.00	2014	978-7-300-18467-8
87	中级微观经济学(第六版)	杰弗里·M. 佩罗夫	Jeffrey M. Perloff	89.00	2014	978-7-300-18441-8
88	计量经济学原理与实践	达摩达尔·N. 古扎拉蒂	Damodar N. Gujarati	49.80	2013	978-7-300-18169-1
89	经济学简史——处理沉闷科学的巧妙方法(第二版)	E. 雷·坎特伯里	E. Ray Canterbery	58.00	2013	978-7-300-17571-3

经济科学译丛						
序号	书名	作者	Author	单价	出版年份	ISBN
90	环境经济学	彼得・伯克等	Peter Berck	55.00	2013	978-7-300-16538-7
91	高级微观经济理论	杰弗里・杰里	Geoffrey A. Jehle	69.00	2012	978-7-300-16613-1
92	高级宏观经济学导论:增长与经济周期(第二版)	彼得・伯奇・索伦森等	Peter Birch Sørensen	95.00	2012	978-7-300-15871-6
93	卫生经济学(第六版)	舍曼・富兰德等	Sherman Folland	79.00	2011	978-7-300-14645-4
94	现代劳动经济学:理论与公共政策(第十版)	罗纳德・G. 伊兰伯格等	Ronald G. Ehrenberg	69.00	2011	978-7-300-14482-5
95	计量经济学基础(第五版)(上下册)	达摩达尔・N. 古扎拉蒂	Damodar N. Gujarati	99.00	2011	978-7-300-13693-6
96	《计量经济学基础》(第五版)学生习题解答手册	达摩达尔・N. 古扎拉蒂等	Damodar N. Gujarati	23.00	2012	978-7-300-15080-8

金融学译丛						
序号	书名	作者	Author	单价	出版年份	ISBN
1	金融工程学原理(第三版)	罗伯特・L. 科索斯基等	Robert L. Kosowski	109.00	2020	978-7-300-28541-2
2	金融市场与金融机构(第12版)	杰夫・马杜拉	Jeff Madura	99.00	2020	978-7-300-27836-0
3	个人理财(第11版)	E. 托马斯・加曼等	E. Thomas Garman	108.00	2020	978-7-300-25653-5
4	银行学(第二版)	芭芭拉・卡苏等	Barbara Casu	99.00	2020	978-7-300-28034-9
5	金融衍生工具与风险管理(第十版)	唐・M. 钱斯	Don M. Chance	98.00	2020	978-7-300-27651-9
6	投资学导论(第十二版)	赫伯特・B. 梅奥	Herbert B. Mayo	89.00	2020	978-7-300-27653-3
7	金融几何学	阿尔文・库鲁克	Alvin Kuruc	58.00	2020	978-7-300-14104-6
8	银行风险管理(第四版)	若埃尔・贝西	Joël Bessis	56.00	2019	978-7-300-26496-7
9	金融学原理(第八版)	阿瑟・J. 基翁等	Arthur J. Keown	79.00	2018	978-7-300-25638-2
10	财务管理基础(第七版)	劳伦斯・J. 吉特曼等	Lawrence J. Gitman	89.00	2018	978-7-300-25339-8
11	利率互换及其他衍生品	霍华德・科伯	Howard Corb	69.00	2018	978-7-300-25294-0
12	固定收益证券手册(第八版)	弗兰克・J. 法博齐	Frank J. Fabozzi	228.00	2017	978-7-300-24227-9
13	金融市场与金融机构(第8版)	弗雷德里克・S. 米什金等	Frederic S. Mishkin	86.00	2017	978-7-300-24731-1
14	兼并、收购和公司重组(第六版)	帕特里克・A. 高根	Patrick A. Gaughan	89.00	2017	978-7-300-24231-6
15	债券市场:分析与策略(第九版)	弗兰克・J. 法博齐	Frank J. Fabozzi	98.00	2016	978-7-300-23495-3
16	财务报表分析(第四版)	马丁・弗里德森	Martin Fridson	46.00	2016	978-7-300-23037-5
17	国际金融学	约瑟夫・P. 丹尼尔斯等	Joseph P. Daniels	65.00	2016	978-7-300-23037-1
18	国际金融	阿德里安・巴克利	Adrian Buckley	88.00	2016	978-7-300-22668-2
19	个人理财(第六版)	阿瑟・J. 基翁	Arthur J. Keown	85.00	2016	978-7-300-22711-5
20	投资学基础(第三版)	戈登・J. 亚历山大等	Gordon J. Alexander	79.00	2015	978-7-300-20274-7
21	金融风险管理(第二版)	彼德・F. 克里斯托弗森	Peter F. Christoffersen	46.00	2015	978-7-300-21210-4
22	风险管理与保险管理(第十二版)	乔治・E. 瑞达等	George E. Rejda	95.00	2015	978-7-300-21486-3
23	个人理财(第五版)	杰夫・马杜拉	Jeff Madura	69.00	2015	978-7-300-20583-0
24	企业价值评估	罗伯特・A. G. 蒙克斯等	Robert A. G. Monks	58.00	2015	978-7-300-20582-3
25	基于Excel的金融学原理(第二版)	西蒙・本尼卡	Simon Benninga	79.00	2014	978-7-300-18899-7
26	金融工程学原理(第二版)	萨利赫・N. 内夫特奇	Salih N. Neftci	88.00	2014	978-7-300-19348-9
27	国际金融市场导论(第六版)	斯蒂芬・瓦尔德斯等	Stephen Valdez	59.80	2014	978-7-300-18896-6
28	金融数学:金融工程引论(第二版)	马雷克・凯宾斯基等	Marek Capinski	42.00	2014	978-7-300-17650-5
29	财务管理(第二版)	雷蒙德・布鲁克斯	Raymond Brooks	69.00	2014	978-7-300-19085-3
30	期货与期权市场导论(第七版)	约翰・C. 赫尔	John C. Hull	69.00	2014	978-7-300-18994-2
31	国际金融:理论与实务	皮特・塞尔居	Piet Sercu	88.00	2014	978-7-300-18413-5
32	货币、银行和金融体系	R. 格伦・哈伯德等	R. Glenn Hubbard	75.00	2013	978-7-300-17856-1
33	并购创造价值(第二版)	萨德・苏达斯纳	Sudi Sudarsanam	89.00	2013	978-7-300-17473-0
34	个人理财——理财技能培养方法(第三版)	杰克・R. 卡普尔等	Jack R. Kapoor	66.00	2013	978-7-300-16687-2
35	国际财务管理	吉尔特・贝克特	Geert Bekaert	95.00	2012	978-7-300-16031-3
36	应用公司财务(第三版)	阿斯沃思・达摩达兰	Aswath Damodaran	88.00	2012	978-7-300-16034-4
37	资本市场:机构与工具(第四版)	弗兰克・J. 法博齐	Frank J. Fabozzi	85.00	2011	978-7-300-13828-2

Economic Dynamics in Discrete Time

By Jianjun Miao

图书在版编目（CIP）数据

离散时间的经济动力学 /（美）苗建军著；王高望译. -- 北京：中国人民大学出版社，2020.12
（经济科学译丛）
ISBN 978-7-300-28814-7

Ⅰ.①离… Ⅱ.①苗… ②王… Ⅲ.①离散时间系统—经济动力学 Ⅳ.①F019

中国版本图书馆 CIP 数据核字（2021）第 031971 号

“十三五”国家重点出版物出版规划项目
经济科学译丛
离散时间的经济动力学
苗建军　著
王高望　译
Lisan Shijian de Jingji Donglixue

出版发行	中国人民大学出版社		
社　　址	北京中关村大街 31 号	**邮政编码**	100080
电　　话	010－62511242（总编室）		010－62511770（质管部）
	010－82501766（邮购部）		010－62514148（门市部）
	010－62515195（发行公司）		010－62515275（盗版举报）
网　　址	http://www.crup.com.cn		
经　　销	新华书店		
印　　刷	涿州市星河印刷有限公司		
规　　格	185 mm×260 mm　16 开本	**版　　次**	2020 年 12 月第 1 版
印　　张	41.5 插页 2	**印　　次**	2020 年 12 月第 1 次印刷
字　　数	720 000	**定　　价**	108.00 元